# Spuren des Terrors

FSC
www.fsc.org
MIX
Papier aus verantwortungsvollen Quellen
Paper from responsible sources
FSC® C105338

Bibliografische Information der Deutschen Nationalbibliothek: Die Deutsche Nationalbibliothek verzeichnet diese Publikation in der Deutschen Nationalbibliografie; detaillierte bibliografische Daten sind im Internet über dnb.dnb.de abrufbar.



Verlag: BoD · Books on Demand GmbH, In de Tarpen 42, 22848 Norderstedt
Druck: Libri Plureos GmbH, Friedensallee 273, 22763 Hamburg

ISBN: 978-3-7597-6137-8

Bildnachweis Einband
Eric J. Tilford, U.S. Navy Photo, U.S. Federal Government (Public Domain)

# Spuren des Terrors

Eine Chronik:
Hintergründe, Attentate, Täter

Band II

Matthias Plügge

# INHALT

Seite

# Kapitel 1

## Der 11. September 2001

Am 29. August 2001 um 2.30 Uhr morgens Mitteleuropäischer Zeit (MEZ) rief Mohammed Atta, der Anführer der Flugzeugentführer, von den USA aus seinen al-Qaida-Betreuer Ramzi Binalshibh in Hamburg an und forderte ihn auf, folgendes Rätsel zu lösen: „Zwei Stäbchen, ein Strich und ein Kuchen mit einem Stock unten – was ist das?" Binalshibh erkannte, dass die beiden Stäbchen die Zahl 11 und der Kuchen mit dem Strich nach unten eine 9 darstellten und dass Atta ihm damit sagte, dass die Anschläge in zwei Wochen am 11. 9. stattfinden würden. Dieses Datum ist in den Vereinigten Staaten, wo man den Monat zuerst nennt, als 9/11 (Nine-Eleven) bekannt.

Binalshibh war ein gemäßigt religiöser Jemenite, der sich freiwillig als einer der Flugzeugentführer gemeldet hatte, dem aber das amerikanische Visum verweigert worden war. Dafür, dass er nun nicht „Märtyrer" werden konnte, sollte er von seiner Wohnung in Hamburg aus die Koordination der Anschlagspläne von al-Qaida gegen die USA übernehmen. Atta kommunizierte per E-Mail von den Vereinigten Staaten aus mit Binalshibh und informierte ihn über den Fortgang des Plans. In seinen E-Mails gab sich Atta als Universitätsstudent aus und schrieb an seine Freundin „Jenny". Atta benutzte einen unverfänglichen Code, um Binalshibh darauf hinzuweisen, dass das Komplott kurz vor dem Abschluss stand: „Das erste Semester beginnt in zwei Wochen [...] Neunzehn Scheine für Privatunterricht und vier Prüfungen." Die neunzehn „Scheine" bezogen sich auf die neunzehn al-Qaida-Entführer und die vier „Prüfungen" auf die vier Ziele der bald zu entführenden Flugzeuge.(Bergen, The Longest War, S. 3)

Vor 1993 hatten sich nur wenige Amerikaner Gedanken über die Bedrohung durch den radikalen muslimischen Terrorismus gemacht. Bin Laden war noch nicht als Terrorist identifiziert, und die amerikanischen Behörden wussten noch nicht einmal, wer oder was al-Qaida war, obwohl die Gründung bereits 1988 erfolgt war.

Am 27. Februar 1993, sechs Wochen nach Beginn der ersten Amtszeit von Präsident Clinton, als Terroristen in der Tiefgarage des World Trade Center eine Bombe zündeten und sechs Menschen töteten, änderte sich dies schlagartig: Die Clinton-Regierung verstärkte ihre Bemühungen zur Bekämpfung des Terrorismus drastisch. Da die Bedrohung durch al-Qaida ständig wuchs, verschärfte auch die Clinton-Regierung ihre Maßnahmen, wobei diese nur teilweise Erfolge zeitigten. Zwar kann man über die Wirksamkeit der Antiterrormaßnahmen der Clinton-Regierung streiten, doch für Präsident Clinton und seine Regierung hatte die sich abzeichnende Bedrohung durch al-Qaida bis Ende 2000 höchste Priorität.

Der Bush-Regierung zufolge, die seit dem 20. Januar 2000 im Amt war, hieß es, dass die Terrorismusbekämpfung in diesen ersten acht Monaten des Jahres 2001 weiterhin oberste

Priorität gehabt habe – so jedenfalls Condoleezza Rice vor der „National Commission on Terrorist Attacks upon the United States“, die nach den Anschlägen von 9/11 gegründet worden war. Allerdings wurden alle Informationen, die diese Behauptung hätten belegen können, verweigert. Jedoch geht aus Pressemeldungen, z. B. der Washington Post und der New York Times, hervor, dass die intensive Beschäftigung mit dem Terrorismus, wie sie am Ende der Clinton-Regierung stattgefunden hatte, unter der Bush-Regierung deutlich abnahm. Mit wenigen Ausnahmen wurde dem Terrorismus wenig Aufmerksamkeit geschenkt, obwohl die Zahl der Warnungen ein noch nie dagewesenes Maß erreichte.

Eine neue, aggressivere Politik gegen al-Qaida, die im Dezember 2000 entworfen worden war, wurde in den ersten acht Monaten des Jahres 2001 nicht umgesetzt und war Anfang September noch nicht fertiggestellt. Der neue stellvertretende Verteidigungsminister Wolfowitz erklärte in einem internen Treffen am 30. April 2001, dass der Fokus auf al-Qaida falsch sei. Wörtlich sagte er: „Wer kümmert sich um einen kleinen Terroristen in Afghanistan?“ (Newsweek, 22.3.2004)

## Ein „normaler“ Dienstag

Die Wettervorhersage für New York lautet am Dienstag, dem 11. September 2001: niedrige Luftfeuchtigkeit, ganztags Sonnenschein und Tageshöchsttemperatur 26 °C. In den USA befinden sich 19 Kämpfer der al-Qaida, haben ihre Flugausbildung absolviert und sollen in den folgenden Stunden vier Flugzeuge – zwei von „United Airlines“ (UA) und zwei von „American Airlines“ (AA) – entführen und in verschiedene Gebäude fliegen. So die Planung.

**06.00 Uhr** Die angegebenen Uhrzeiten sind Ortszeiten von der Ostküste der USA (Eastern Standard Time, EST)
Die Nationale Sicherheitsberaterin Condoleezza Rice betritt ihr Büro im Westflügel des Weißen Hauses. In den Meldungen auf ihrem Schreibtisch: nichts Besonderes.

**06.00 Uhr** Im Kommandozentrum von NORAD (North American Aerospace Defense Command), der zentralen Führungsstelle der amerikanischen Luftverteidigung, bereiten sich die Offiziere auf die zweitägige Übung „Vigilant Guardian 01-2“ vor, eine sogenannte Heimatschutzübung.

Präsident George W. Bush, der am Abend zuvor in Sarasota, Florida, eingetroffen war – am Dienstag Morgen stand ein Termin in einer Schule an – verbrachte die Nacht im „Colony Beach & Tennis Resort“ in Longboat Key, Florida. Um 6.30 Uhr begann er seine morgendliche Jogging-Runde in Begleitung der Agenten des Secret Service. Nach einer Dusche und einem leichten Frühstück blätterte Präsident Bush durch die Morgenpresse. Die Schlagzeilen: Bürgermeisterwahl in New York und Fälle von Rinderwahnsinn in Japan.

Präsident Bush erhielt sein tägliches Briefing der Geheimdienste um 8.00 Uhr. Themen: Russland, China und der Palästinenser-Aufstand in der West Bank und im Gazastreifen. Das Briefing enthielt offenbar auch Hinweise auf eine erhöhte Terrorgefahr, über die im Laufe des Sommers immer wieder berichtet worden war. Es enthielt aber gemäß dem „Daily Telegraph“

vom 16. Dezember 2001 nichts Ernstes, das Bush veranlasst hätte, die Nationale Sicherheitsberaterin Condoleezza Rice zu kontaktieren. Gegen 8.20 Uhr endet das Briefing.

**7.45 Uhr** Mohammed Atta, der Hijacker-Pilot, und Abdulazis al-Omari besteigen in Boston den Flug AA 11. Die Maschine ist eine Boeing 767-223 mit 81 Passagieren, 9 Flugbegleitern und 2 Piloten. Das Ziel: Los Angeles. Die anderen drei Terroristen sind bereits an Bord: Waleed al-Shehri, Wail al-Shehri und Satam al-Suqami.

**7.59 Uhr** Flug AA 11 erhält die Startfreigabe und startet nach Los Angeles. Die Kommunikation mit dem FAA-Tower und der Abflugkontrolle in Boston verläuft routinemäßig und normal

**8.09 Uhr** AA Flug 11 meldet sich bei der Federal Aviation Administration (FAA) Boston: „Guten Morgen, Boston Center, hier ist American 11, steigen von 19.000 Fuß auf 23.000 Fuß." Boston Center bestätigt.

**8.13 Uhr** AA Flug 11 erhält von FAA Boston eine neue Richtungsanweisung: „American Elf drehen Sie zwanzig Grad nach rechts." Dies ist die letzte routinemäßige Anweisung für den Flug AA 11.

**8.14 Uhr** UA Flight 175, eine Boeing 767, startet mit einer Verspätung von 14 Minuten von Terminal C in Boston nach Los Angeles. An Bord der Maschine befinden sich 2 Piloten, 7 Flugbegleiter, 56 Passagiere und 5 Terroristen: Marwan al-Shehhi, der Hijacker-Pilot, Mohand al-Shehri, Fayez Banihammad, Hamza al-Ghamdi und Ahmed al-Ghamdi.

**8.14 Uhr** AA Flug 11 ist inzwischen auf 27.000 Fuß. Zu diesem Zeitpunkt wird das Zeichen „Fasten Seatbelt" normalerweise ausgeschaltet und die Flugbegleiter beginnen mit dem Kabinenservice. Vermutlich zu diesem Zeitpunkt wird Flug AA 11 von den Terroristen übernommen und ein Passagier dabei getötet. Die FAA Boston versucht seit 8.13 Uhr, Flug 11 der AA zu erreichen.

**8.18 Uhr** Die Stewardess Betty Ong vom Flug AA 11 meldet die Entführung über das „Seatback Airphone" im Heck der Maschine, mit dem sie direkt mit der Zentrale der Fluggesellschaft in Gary, North Carolina, in Verbindung treten kann.

**8.20 Uhr** AA Flug 11 sendet sein Kennungssignal nicht mehr.

**8.20 Uhr** Die Flugkontrolle in Boston entscheidet, dass Flug AA 11 mit großer Wahrscheinlichkeit entführt wurde, benachrichtigt aber erst nach fünf Minuten die anderen Flugkontrollzentren und nach etwa 20 Minuten NORAD, die zentrale Führungsstelle der amerikanischen Luftverteidigung.

**8. 20 Uhr** Mit einer Verspätung von zehn Minuten startet AA 77, eine Boeing 757-223, von Dulles Airport außerhalb von Washington D.C. nach Los Angeles mit 2 Piloten, 4 Flugbegleitern, 58 Passagieren und 5 Terroristen: Khalid al-Mihdhar, Majed Moqed, Nawaf al-Hazmi, Salem al-Hazmi und Hani Hanjour. Letzterer war vermutlich der Pilot.

**8. 24 Uhr** Auf einem Radarschirm der Flugkontrolle Boston wird der Flug von AA 11 verfolgt, der eine 100-Grad-Wende nach Süden macht.

**8.24 Uhr** Da die Talkback-Taste in Flug 11 unbeabsichtigt aktiviert wurde, können die Fluglotsen in Boston hören, wie ein Entführer zu den Passagieren spricht: „Wir haben einige Flugzeuge. Bleiben Sie einfach ruhig und es wird Ihnen nichts passieren. Wir kehren jetzt zum Flughafen zurück. Wenn Sie versuchen, sich zu wehren, bringen Sie sich und das Flugzeug in Gefahr."

**8.25 Uhr** Die Flugkontrolle in Boston informiert das Command Center der Flugkontrollen über die Entführung von Flug AA 11. Es wird eine Konferenz geschaltet zwischen Boston, Cleveland und New York. Man nimmt an, dass Flug 11 in New York landen will.

**8.25 Uhr** Flug AA 77 meldet dem FAA Washington Center, dass die Marke 13.000 Fuß soeben passiert wurde. Die weiteren Gesprächskontakte verlaufen normal und Flug 77 steigt auf 27.000 Fuß.

**8.26 Uhr** Eine weitere Stewardess des Fluges AA 11, Amy Sweeney, telefoniert mit der Fluggesellschaft, und zusammen mit ihrer Kollegin Betty Ong gibt sie die Sitzplätze der Entführer durch, damit sie identifiziert werden können. Die Stewardessen haben keinen Kontakt mehr zum Cockpit.

**8.28 Uhr** Die Flugkontrolle Boston behandelt den AA Flug 11 nun als bestätigte Entführung. Andere Flugzeuge werden entsprechend umgeleitet.

**8.30 Uhr** Im Pentagon meldet sich Hauptmann Leidig als stellvertretender Einsatzleiter (DDO) für das Operationsteam 2, eines von fünf, im Nationalen Militärkommandozentrum (NMCC) zum Dienst. Der Einsatzleiter, Armee-Brigadegeneral Montague Winfield, befindet sich bis 10.45 Uhr in einer Sitzung.

**8.34 Uhr** Die Flugsicherung in Boston versucht, über die FAA-Station in Cape Cod, Massachusetts, Kontakt mit dem Militär aufzunehmen. Zwei Kampfflugzeuge sind auf der Otis Air National Guard Base in Cape Cod rund um die Uhr in Alarmbereitschaft. Offenbar geschieht dies, ohne die üblichen NORAD-Kanäle zu nutzen.

Präsident Bush verabschiedete sich vom Manager des Resorts, und gegen 8.35 Uhr, fünf Minuten später als geplant, startete seine Autokolonne in Richtung Emma E. Booker Elementary School (Grundschule) in Sarasota, Florida. Es sollte sich um einen Fototermin handeln, mit dem der Präsident seine Bildungspolitik bewerben wollte. Niemand in seinem Umfeld oder im Weißen Haus war bisher über die Entführung der Flugzeuge informiert worden.

**8.36 Uhr** Die beiden Stewardessen Betty Ong und Amy Sweeney berichten, dass das Flugzeug in einen schnellen Sinkflug übergegangen ist. Sweeney beschreibt die Entführer als aus dem Nahen Osten.

**8.37 Uhr** Erst jetzt ruft Boston flight control NORAD an: „Hi, hier ist Boston flight control, wir haben ein Problem: ... eine entführte Maschine, die sich New York nähert. Dies ist ein Ernstfall und keine Übung“ Zur gleichen Zeit lief ja auch die Heimatschutzübung „Vigilant Guardian“. Erst 17 Minuten nachdem der Flug AA 11 als „Entführt“ eingestuft wurde, wird NORAD informiert.

**8.40 Uhr** Auf dem Weg zu ihren F-15 Abfangjägern erhalten die beiden Piloten die letzten Informationen über den Flug AA 11. Auf den Startbefehl müssen sie aber noch warten.

**8.41 Uhr** Flug UA 175 erreicht den Kontrollbereich von New York und wird etwas später entführt.

**8. 42 Uhr** Flug UA 93, eine Boeing 757, startet mit 41 Minuten Verspätung von Newark International Airport nach San Francisco mit nur 38 Passagieren, 5 Flugbegleitern, 2 Piloten und 4 Terroristen: Ahmed Alhaznawi, Ahmed Alnami, sowie Saeed Alghamdi und Ziad Jarrah, als vermuteten Piloten.

**8.43 Uhr** New York flight control informiert NORAD, dass Flug UA 175 entführt worden ist.

**8.45 Uhr** Die Stewardess Amy Sweeney telefoniert immer noch mit dem Flight Service Manager, ihrem Boss Michael Woodward und beschreibt die Situation an Bord des Flugzeuges. Das Flugzeug nähert sich New York City, aber die Passagiere in der Touristenklasse sind immer noch ruhig, offenbar ohne zu erkennen, dass eine Entführung im Gange ist. Woodward bittet Sweeney, aus dem Fenster zu sehen und zu erzählen, wo sie gerade sind. Sie antwortet: „Ich sehe das Wasser. Ich sehe die Gebäude. Ich sehe Häuser." Sie sagt ihm, dass das Flugzeug sehr niedrig fliegt. Dann atmet sie tief ein und sagt langsam und ruhig: „Oh, mein Gott!" Woodward hört ein lautes Klicken und dann Stille.

Von Betty Ong am anderen Telefon hört man nur: „Betet für uns, betet für uns!" Dann ist die Verbindung unterbrochen.

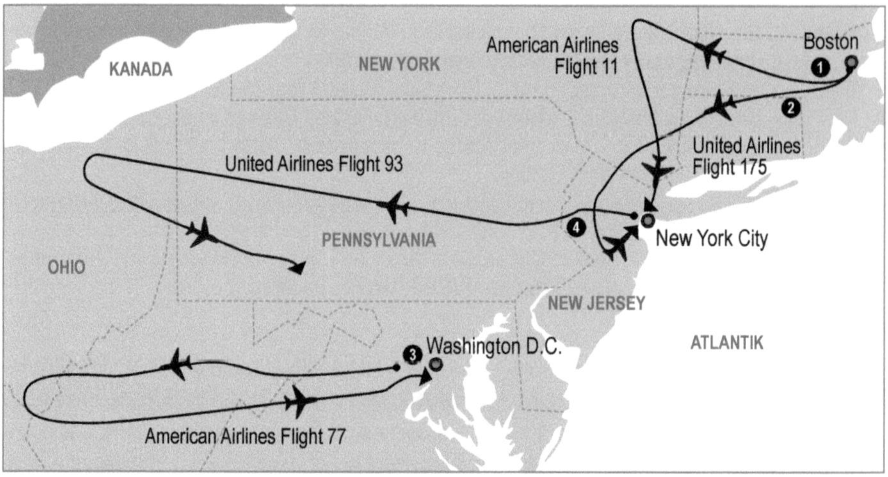


*Die Flugrouten der vier entführten Flugzeuge, die bei den Terroranschlägen vom 11. September 2001 benutzt wurden: 1. AA-Flug 11 von Boston, 2. UA-Flug 175 von Boston, 3. AA-Flug 77 von Washington D.C. 4. UA-Flug 93 von Newark (bei New York City)*

**8.46 Uhr** Flug AA 11 fliegt direkt in den Nordturm des World Trade Center. Nach seismischen Aufzeichnungen erfolgt der Zusammenstoß genau 26 Sekunden nach 8.46 Uhr.

Ermittler vermuten, dass das Flugzeug noch rund 38.000 Liter Kerosin in seinen Tanks hat und mit einer Geschwindigkeit von etwa 750 km/h in das Gebäude flog. Das Flugzeug trifft das 110 Stockwerke hohe Gebäude zwischen dem 93. und 98. Stockwerk. Niemand oberhalb der Absturzlinie überlebt; etwa 1360 Menschen sterben. Unterhalb der Absturzlinie sterben etwa 72 Menschen, mehr als 4.000 überleben. In beiden Türmen befindet sich zum Zeitpunkt des Angriffs etwas weniger als die Hälfte des Personals, denn viele Büroangestellte sind noch nicht zur Arbeit erschienen. In jedem Turm befinden sich zwischen 5.000 und 7.000 Menschen.

**8.46 Uhr** Flug UA 175 sendet sein Transpondersignal nicht mehr aus. Er befindet sich 50 Meilen nördlich von New York, auf dem Weg nach Baltimore. Der Transponder wird jedoch nur für etwa 30 Sekunden ausgeschaltet und dann auf ein Signal umgeschaltet, das für kein Flugzeug bestimmt ist.

**8.46 Uhr** Zwei F-15-Kampfflugzeuge erhalten den Befehl, von der Otis Air National Guard Base in Massachusetts aus nach Flug 11 zu suchen, der etwa 300 Kilometer von der bekannten Position des Flugzeugs und 290 Kilometer von New York City entfernt sein muss.

Die CNN-Sendung „Live at Daybreak“ (Live zum Tagesanbruch) sendete um 8.47 Uhr einen kurzweiligen Bericht über eine Modenschau für Umstandsmode in New York. Dann, um 8.48 Uhr, unterbrach die Moderatorin Carol Lin einen Werbespot über Schuldenhilfe und sagte: „Das kam gerade herein. Sie sehen hier offensichtlich eine sehr beunruhigende Live-Aufnahme. Das ist das World Trade Center, und wir haben heute Morgen unbestätigte Berichte, dass ein Flugzeug in einen der Türme des World Trade Center gestürzt ist.“ CNN schaltete dann zu einem Telefoninterview mit Sean Murtagh, dem Vizepräsidenten des Senders, der den Absturz des Flugzeugs vom 21. Stockwerk des Bürohauses 5 Penn Plaza beobachtet hat: „Ich sah gerade ein Flugzeug, das anscheinend in einer etwas niedrigeren als der normalen Flughöhe über New York City flog. Und es scheint in einen der World Trade Towers gestürzt zu sein – ich weiß nicht, um welchen Turm es sich handelt –, aber es schlug direkt in der Mitte eines der Türme ein,“ sagte er. „Es war ein Jet, vielleicht ein zweimotoriger Jet, vielleicht eine 737 ... ein großes Passagierflugzeug ... es schwankte hin und her, von Flügelspitze zu Flügelspitze, und es sieht so aus, als sei es in das – etwa 120 Stockwerke hohe – World Trade Center gestürzt, vielleicht in das 80. bis 85 Stockwerk. Und dann stieg Rauch aus dem World Trade Center auf.“ (James Bamford, A Pretext for War, S. 16 f.)

**8.50 Uhr** Ein Mechaniker eines Wartungszentrums in San Francisco informiert Rich Miles, den Leiter des System Operation Center von United Airlines in Chicago, dass eine Flugbegleiterin von Flug 175 soeben angerufen und berichtet hat: „Oh mein Gott, die Besatzung wurde getötet, eine Flugbegleiterin erstochen. Wir sind entführt worden!“

**8.50 Uhr** Flug AA 77 erbittet die Freigabe, höher zu fliegen. Sechs Minuten später antwortet das Flugzeug nicht auf eine Routine-Anweisung.

**8.53 Uhr** NORAD wird informiert, dass Flug 175 entführt worden ist. Vorausgegangen sind Versuche, Kontakt mit dem Flugzeug aufzunehmen.

Als der Auto-Konvoi von Präsident Bush die Booker-Grundschule um 8.55 Uhr erreichte, erwarteten der Pressesprecher Ari Fleischer und die Berater Karl Rove und Dan Bartlett den Präsidenten auf dem Bürgersteig vor der Schule, um ihn zu informieren, dass ein Flugzeug in das World Trade Center geflogen sei. Der Grund sei unklar. „Was für ein furchtbares Unglück“, sagte Bush. Ari Fleischer sagte später: „Der Präsident dachte, es sei ein Unfall gewesen.“ Damit, so scheint es, wusste der amerikanische Präsident deutlich weniger als 10 Millionen Fernsehzuschauer in aller Welt, denn zahllose TV-Stationen übernahmen die Bilder sofort, die CNN sendete. In Mitteleuropa war es zum Zeitpunkt des Anschlags auf den Nordturm, also des ersten Anschlags, 14.46 Uhr.

**8.56 Uhr** Das Transponder-Signal des Fluges AA 77 ist ausgeschaltet und aufgrund eines technischen Fehlers kann das Flugzeug nicht über das normale Radarsystem angezeigt werden. Zu diesem Zeitpunkt übernehmen die Entführer das Flugzeug.

**9.00 Uhr** Ed Ballinger, Flugdienstleiter der United Airlines, schickt dem Flug UA 93 eine Warnung, die Cockpittür zu verriegeln. Dieselbe Warnung erhalten 16 weitere UA-Flüge.

Kaum war der Präsident im Schulgebäude angelangt, um 9.00 Uhr, informierte die Schuldirektorin Gwen Tose-Rigell ihn ihrerseits, dass ein Linienflugzeug in das World Trade Center gestürzt sei. Trotzdem machte der Präsident, wie geplant, mit dem Vorlesen und dem Fototermin weiter. Eigentlich hätte er sich sofort zur Präsidentenmaschine Air Force One begeben und Sarasota verlassen müssen – so jedenfalls formulierte es das Sicherheitsprotokoll.

**9.00 Uhr** Richard Clarke, Terror-Experte unter Clinton und nun auch unter Bush, befindet sich auf einer Konferenz nicht weit vom Weißen Haus entfernt, als er telefonisch über die Ereignisse informiert wird. Seine Antwort: „Aktiviert die CSG (Counterterrorism and Security Group), ich bin in fünf Minuten da."

**9.03 Uhr** Die Maschine des Flugs 175 fliegt in den Südturm des World Trade Center um genau sechs Sekunden vor 9.03 Uhr; Millionen Fernsehzuschauer werden Zeugen. Das Flugzeug trifft den 110 Stockwerke hohen Turm zwischen dem 78. und dem 84. Stockwerk. Etwa 100 Menschen, die sich dort befinden, werden bei dem Aufprall getötet, weitere 600 sterben anschließend. Die Zahl der Todesopfer ist weitaus geringer als im Nordturm, da etwa zwei Drittel der im Südturm befindlichen Menschen das Gebäude in den 17 Minuten seit dem Einschlag in den ersten Turm fluchtartig verlassen haben.

**9.04 Uhr** In mehreren Schritten erteilen die Verantwortlichen der Flugkontrolle entsprechende Flugverbote. Alle Starts und Landungen in New York City werden innerhalb einer Minute nach dem Aufprall von Flug 175 gestoppt. Die Flugkontrollzentren in Boston und Newark folgen in den nächsten Minuten. Gegen 9.08 Uhr werden landesweit Abflüge in oder durch den Luftraum von New York und Boston gestrichen und alle Abflüge von Washington gestoppt.

**9.05 Uhr** Im Weißen Haus trifft Richard Clarke die Nationale Sicherheitsberaterin Condoleezza Rice und den Vizepräsidenten Dick Cheney in dessen Büro. Cheney begrüßt Clarke mit den Worten: „Es ist ein al-Qaida-Angriff. Sie mögen gleichzeitige Angriffe; es ist wohl noch nicht vorbei." Rice fragt Clarke nach Vorschlägen. Er antwortet: „Wir richten eine sichere Telefonkonferenz ein, um die Krise zu bewältigen." Er empfiehlt auch die Evakuierung des Weißen Hauses, doch diese beginnt erst um 9.45 Uhr, nachdem kritische 40 Minuten verstrichen sind.

Inzwischen war Präsident Bush in einem Klassenzimmer der 2. Schulklasse angekommen. Der Chef des Stabes, Andrew Card, kam um 9.06 Uhr herein und flüsterte dem Präsidenten ins Ohr: „Ein zweites Flugzeug traf den anderen Turm, ... Amerika wurde angegriffen."

James Bamford, ein renommierter US-Journalist und Autor, übt deutliche Kritik am Verhalten von Präsident Bush und beschreibt dessen Reaktion so: „Unmittelbar nachdem Card Bush informiert hat, geht ein Ausdruck der Verblüffung über das Gesicht des Präsidenten. Nachdem er gerade erfahren hat, dass das Land angegriffen wird, scheint der Oberbefehlshaber nicht an weiteren Einzelheiten interessiert zu sein. Er fragt nicht, ob es weitere Bedrohungen gegeben hat, woher die Angriffe kommen, wie man das Land am besten vor weiteren Angriffen schützen kann ... Stattdessen wendet er sich mitten in einem modernen Pearl Harbour einfach wieder der Sache zu, deretwegen er hier ist: dem Fototermin des Tages."
(Body of Secrets, S. 633)

**9.08 Uhr** Die beiden F-15 Flugzeuge, die den Flug AA 11 über New York finden sollen, erhalten den Befehl, in einem 150-Meilen-Fenster des Luftraums vor der Küste von Long Island zu kreisen. Die Kampfflugzeuge bleiben bis 9.13 Uhr in der Warteschleife über dem Ozean, bevor sie auf Befehl um 9.25 Uhr eine CAP (Combat Air Patrol, Luftraumüberwachungseinsatz mit Kampfauftrag) über der Stadt einrichten und für die nächsten vier Stunden über New York City bleiben.

**9.09 Uhr** Die Flugkontrolle in Indianapolis berichtet dem FAA Regional Zentrum, dass sie den Kontakt zu Flug AA 77 verloren haben. Das Zentrum wartet 16 Minuten, ehe es die Information an die FAA-Zentrale weiterleitet.

**9.12 Uhr** Renee May, Stewardess auf Flug AA 77, ruft ihre Mutter vom Handy aus an und teilt ihr mit, dass ihr Flug entführt worden sei und sie „American Airlines“ informieren möge.

**9.15 Uhr** Richard Clarke beginnt mit der Krisenreaktions-Videokonferenz, an der die FAA, das FBI, die CIA, das Pentagon, das Justizministerium und das Außenministerium teilnehmen. Jane Garvey, die Direktorin der FAA, erklärt, dass sie alle Starts und Landungen in New York und Washington gestoppt habe. Clarke und Garvey erörtern dann die Möglichkeit, landesweit alle Starts zu streichen und ein generelles Flugverbot zu verhängen. Das sei möglich, sagt Garvey, aber es werde wohl Zeit brauchen.

Nachdem der Fototermin in der Schule vorüber war, verließ Präsident Bush um 9.16 Uhr den Klassenraum. Mit seinem Stab begab er sich in einen anderen Raum der Schule mit einem Fernseher, um an einer Ansprache zu den Terroranschlägen zu arbeiten, die er um 9.29 Uhr halten wollte. Zwischendrin schaute er immer wieder auf den aufgestellten Fernseher. Dann sagte er: „Wir sind im Krieg.“

**9.21 Uhr** Die Stadtverwaltung von New York City schließt alle Brücken und Tunnel der Stadt.

**9.26 Uhr** Jane Garvey erlässt ein landesweites Startverbot und ordnet an, dass Flugzeuge, die sich in der Luft befinden, unverzüglich landen. Die Anordnung, die seit der Erfindung der Fliegerei im Jahr 1903 noch nie umgesetzt wurde, gilt für jede Art von Maschine, die abheben kann: zivile, militärische und polizeiliche. Eine begrenzte Anzahl von Militärflügen ist während dieses Verbots erlaubt.

**9.28 Uhr** Flug 93 bestätigt eine Anweisung eines Fluglotsen aus Cleveland. Das ist der letzte reguläre Kontakt mit dem Flugzeug. Eine Minute später hören der Fluglotse und die Piloten der in der Nähe befindlichen Flugzeuge „eine Funkübertragung von unverständlichen Geräuschen, die möglicherweise auf Schreie oder einen Kampf hindeuten und von unbekannter Herkunft sind. ... Jemand, vermutlich der Pilot Jason Dahl, wird von den Fluglotsen gehört, als er „Mayday“ ruft. Sekunden später antwortet der Lotse: „Hat jemand Cleveland angerufen?“ Dann sind weitere Schreie zu hören und jemand brüllt: „Raus hier, raus hier!“ Handy-Anrufe von Passagieren beschreiben zwei tote oder verletzte Körper direkt vor dem Cockpit: Vermutlich handelt es sich dabei um die Piloten.

Wie kurzfristig geplant, hielt Präsident Bush um 9.29 Uhr vor 200 Schülern, Lehrern, Reportern und TV-Crews eine knappe, aber bedeutungsschwere Ansprache: „Heute haben wir eine nationale Tragödie erlebt. Zwei Flugzeuge sind in das World Trade Center gestürzt, offenbar ein terroristischer Anschlag auf unser Land.“

**9.31 Uhr** Über den eingeschalteten Stimmenrekorder im Cockpit von Flug 93 hört man eine Stimme, die einer Frau befiehlt, sich hinzusetzen. Die Frau, wahrscheinlich eine Stewardess, bittet: „Nicht, nicht!" Sie bittet nochmals: „Bitte, ich will noch nicht sterben!" Während der Entführung des Flugzeugs wird die Stewardess Debbie Welsh erstochen.

**9.32 Uhr** Einer der Entführer des Flugs 93 sagt über Funk: „Meine Damen und Herren, hier spricht der Kapitän. Bitte setzen sie sich, bleiben sie bitte sitzen. Wir haben eine Bombe an Bord." Die Fluglotsen in Cleveland hören etwa eine Minute lang Schreie, bis eine Stimme wieder etwas von einer „Bombe an Bord" sagt. Ein Entführer sagt, dass sie zum Flughafen zurückkehren würden. Der Fluglotse benachrichtigt seinen Vorgesetzten, der die Meldung an die FAA-Zentrale weiterleitet.

**9.35 Uhr** Die Fluglotsen in Washington verfolgen den Flug 77 als Blips (Leuchtsignale) auf dem Radarschirm. Die FAA-Zentrale wird informiert, dass das Flugzeug kreist und sich vom Weißen Haus entfernt. Dann verschwinden die Blips; die letzte bekannte Position ist 10 km vom Pentagon und 6 km vom Weißen Haus entfernt. Das Flugzeug hat eine Geschwindigkeit von 800 km/h.

**9.36 Uhr** Flug 93 nimmt einen neuen Kurs auf. Das Radar zeigt, dass das Flugzeug um 180 Grad gedreht hat. Es fliegt nun Richtung Washington.

**9.37 Uhr** Flug 77 stürzt in das Pentagon. 125 Personen am Boden werden später als tot oder vermisst ermittelt. Flug 77 trifft die Seite des Pentagons, die kürzlich renoviert worden ist. Es ist der einzige Bereich des Pentagon mit einer Sprinkleranlage, und er ist mit einem Geflecht aus Stahlträgern und -streben verstärkt worden, um einer Bombenexplosion standzuhalten. Dieser Bereich hat außerdem sprengstoffsichere Fenster. Wegen der Renovierungsarbeiten befinden sich dort nur 800 Menschen.

**9.40 Uhr** Das Transponder-Signal von Flug 93 verstummt. Allerdings kann das Flugzeug weiter auf dem Radar verfolgt werden, doch seine Flughöhe ist nicht mehr zu ermitteln. Die Geschwindigkeit schwankt zwischen 650 und 950 km/h.

Das Weiße Haus begann mit der Evakuierung um 9.45 Uhr – 30 Minuten nachdem Vizepräsident Cheney evakuiert worden war. Zunächst verlief die Evakuierung geordnet, doch schon bald riefen die Agenten des Secret Service den Leuten zu, so schnell wie möglich aus dem Gebäude zu fliehen.

**9.45 Uhr** Die FAA ordnet die Schließung des gesamten landesweiten Luftverkehrs an. Alle Flüge auf US-Flughäfen werden gestoppt. Etwa 3950 Flüge sind noch in der Luft und rund 75 Prozent der Flugzeuge landen innerhalb einer Stunde nach der Anordnung.

**9.50 Uhr** Die Stewardess Sandy Bradshaw ruft vom Flug 93 aus ihren Mann an und berichtet, dass das Flugzeug von drei Männern mit Messern entführt worden sei und dass einige Passagiere in der hinteren Bordküche Behälter mit heißem Wasser füllen, um gegen die Hijacker vorzugehen.

**9.53 Uhr** Laut dem Cockpit-Stimmenrekorder von Flug 93 befürchten die Entführer, dass die Passagiere sich gewaltsam wehren könnten.

Die Air Force One startete um 9.59 Uhr und gewann schnell an Höhe. Präsident Bush hatte seine Entscheidung getroffen: Anstatt nach Washington zurückzukehren, würde er ins Landesinnere fliegen. Sein Plan war, zum Luftwaffenstützpunkt Barksdale in der Nähe von Shreveport,

Louisiana, zu fliegen. Barksdale beherbergte einen unterirdischen Kommandoposten des Strategischen Kommandos der USA, einen Bunker, von dem aus Bush notfalls einen Krieg führen konnte. Die Air Force One landete um 11.45 Uhr auf Barksdale. Bush wurde zum Gebäude 245 gebracht, dem Hauptquartier der Eight Air Force, einer der beiden aktiven amerikanischen Luftflotten. (James Bamford, A Pretext for War, S. 84 ff.)

**9.57 Uhr** Eine Analyse der Cockpit-Aufzeichnung legt nahe, dass der Kampf der Passagiere tatsächlich vorn im Flugzeug beginnt. Die Beamten stellen später die Theorie auf, dass die Passagiere des Flugs 93 das Cockpit mit Hilfe eines Lebensmittelwagens als Rammbock und Schutzschild erreichen. Sie meinen, das Geräusch von umherfliegenden Tellern und Gläsern zu erkennen.

**9.58 Uhr** „Ins Cockpit! Ins Cockpit!" ist aus Flug 93 zu hören. Die Entführer sollen sich gegenseitig aufgefordert haben, von innen die Tür zuzuhalten. Einer der Passagiere ruft draußen: „Let's get them!" Die Entführer schreien „Allah o akbar!" (Gott ist groß). Einer der Entführer will die Sauerstoffzufuhr in der Kabine abschalten, ein anderer fragt: „Sollen wir es beenden?" Ein anderer: „Noch nicht." Die Geräusche der Passagiere werden deutlicher. Es ist zu hören: „Give it to me!" und etwas wie „Roll it up!" und „Lift it up!"

**9.59 Uhr** Der Südturm des World Trade Center stürzt nach 56 Minuten Brand ein.

**10.00 Uhr** Ziad Jarrah, der Hijacker-Pilot, fragt einen anderen: „Sollen wir es beenden?" Eine andere Stimme antwortet: „Nein, noch nicht. Wenn sie alle kommen, beenden wir es." Ein paar Sekunden später ist die Stimme eines Passagiers zu hören: „Ins Cockpit! Wenn wir es nicht tun, werden wir sterben." Eine andere Stimme sagt: „Lass es rollen." Um 10.01 Uhr stoppt der Pilot das Stampfen der Maschine und fragt: „War's das? Ich meine, sollen wir runtergehen?" Ein Entführer antwortet: „Ja, zieht es runter." Die Entführer bleiben am Steuerknüppel, weil offensichtlich die Passagiere nur noch Sekunden davon entfernt sind, sie zu überwältigen.

**10.03 Uhr** Flug 93 wird von seinen Entführern auf einem Feld in Somerset County, Pennsylvania, zum Absturz gebracht. Aus späteren Berichten geht hervor, dass die Passagiere zuvor von den Angriffen auf das World Trade Center und das Pentagon erfahren haben. Alle Menschen kommen bei dem Absturz ums Leben.

**10.28 Uhr** Der Nordturm des World Trade Center stürzt ein, eine Stunde und 42 Minuten nachdem Flug 11 ihn gerammt hat. (Paul Thompson, The Terror Timeline, S. 351–451)

Die Anschläge forderten 2.977 Todesopfer und mehr als 25.000 Verletzte. Sie führten zu erheblichen gesundheitlichen Spätfolgen sowie zu Infrastruktur- und Sachschäden in Höhe von mindestens zehn Milliarden Dollar. Es ist nach wie vor der verheerendste Terroranschlag in der Geschichte der Menschheit und der tödlichste Einsatz für Feuerwehrleute und Polizeibeamte in der Geschichte der Vereinigten Staaten mit 340 bzw. 72 Toten.

Die Zerstörung des World Trade Center und der umliegenden Infrastruktur hat der Wirtschaft von New York City schweren Schaden zugefügt und zudem eine weltweite wirtschaftliche Rezession ausgelöst. Viele Länder verschärften ihre Anti-Terror-Gesetze und erweiterten teilweise die Befugnisse der Strafverfolgungs- und Nachrichtendienste, um Terroranschläge zu verhindern. Der Luftraum der USA und Kanadas blieb bis zum 13. September für zivile Flugzeuge geschlossen, der Handel an der Wall Street wurde bis zum 17. September ausgesetzt.

Am Abend des 11. September sollte eigentlich die Nationale Sicherheitsberaterin Condoleezza Rice eine Rede halten, in der sie über „die Bedrohungen und Probleme von heute und morgen, nicht der Welt von gestern“ sprechen wollte. Die Rede wurde aber aufgrund der Anschläge vom Vormittag abgesagt. Später wurde das Manuskript aber den Medien zugespielt. Die „Washington Post“ bezeichnete die Rede als einen „aufschlussreichen Einblick in die Denkweise der Regierung“, da sie die Raketenabwehr in den Mittelpunkt stelle und keine Erwähnung von al-Qaida, bin Laden oder islamischen Extremistengruppen enthalte. Die einzige Erwähnung des Terrorismus steht im Zusammenhang mit der Gefahr, die von Schurkenstaaten wie dem Irak ausgehe. (Washington Post, 1. April 2002)

## Ahnungslose Arroganz

Wie nach schwerwiegenden Ereignissen fast immer, tauchte auch in den USA die Frage auf: Hätten die Anschläge nicht verhindert werden können? Was wussten die Geheimdienste? Warum haben sie nicht gewarnt, die NSA, die CIA, der FBI?

FBI-Direktor Mueller bezeichnete am 14. September 2001 die Berichte, wonach mehrere der Entführer eine Flugausbildung in den USA absolviert hätten, als „ganz offensichtlich neu“ und fügte hinzu: „Wenn wir das gewusst hätten, hätten wir es vielleicht verhindern können.“ Später stellte sich heraus, dass das FBI entgegen Muellers Behauptungen von 1996 bis wenige Wochen vor dem 11. September 2001 bei zahlreichen Gelegenheiten Mitarbeiter von Flugschulen über Flugschüler aus dem Nahen Osten befragt hatte. (Washington Post, 23.9.2001)
Drei Tage später sagt er: „Meines Wissens gab es keine Warnsignale, die auf diese Art von Operationen im Lande hingedeutet hätten.“ (Department of Justice, Transcript, 17.9.2001)
Bei einer Kongress-Anhörung am 2. Mai 2002 erklärt FBI-Direktor Mueller erneut: „Es gab nichts, was die Sicherheitsbehörden hätten tun können, um die 9/11-Anschläge vorherzusehen und zu verhindern.“ (9/11 Congressional Inquiry, 18.9.2002)

„Niemals hätten wir bei unseren Überlegungen, wie wir Amerika schützen könnten, gedacht, dass die Verbrecher nicht nur eines, sondern vier Verkehrsflugzeuge in Ziele in den USA lenken würden ... niemals.“ So Präsident Bush am 16. September 2001.

Einen Monat später erklärte Paul Pillar, der ehemalige stellvertretende Direktor des CIA-Zentrums für Terrorismusbekämpfung: „Die Idee, ein Flugzeug zu kapern, es in den Boden zu rammen und hohe Verluste zu verursachen, daran haben wir natürlich gedacht.“ (Los Angeles Times, 14.10.2001)

Für die Bush-Regierung war es verheerend, was der Fernsehsender CBS in den Abendnachrichten enthüllte: Der Präsident war im August 2001 in einem Memo vor Anschlägen von al-Qaida im Inland gewarnt worden. Bush hatte wiederholt behauptet, er habe „keinerlei Warnung“ erhalten. Pressesprecher Ari Fleischer erklärte, dass Bush zwar vor möglichen Flugzeugentführungen gewarnt worden sei, „der Präsident aber keine Informationen über die Verwendung von Flugzeugen als Waffe durch Selbstmordattentäter erhielt“. (Washington Post, 16.5.2002)

Fleischer behauptete, das Memo vom August habe den Titel getragen „Bin Laden entschlossen, die USA anzugreifen". Doch der wirkliche Titel endete mit „... strike in U.S. (in den USA anzugreifen)". (Washington Post, 18.5.2002)

Das Memo, der „President's Daily Brief" (PDB), der von der CIA erstellt und am Montag, den 6. August 2001, an US-Präsident George W. Bush übergeben wurde, lautete tatsächlich: „Bin Laden Determined to Strike in US" (Bin Laden entschlossen, in den USA zuzuschlagen). Darin wurde 36 Tage vor den Anschlägen vom 11. September vor terroristischen Bedrohungen durch Osama bin Laden und al-Qaida gewarnt und auf „Muster verdächtiger Aktivitäten [...], die mit den Vorbereitungen für eine Flugzeugentführung in den USA übereinstimmen", hingewiesen. Der Inhalt des PDB wurde, wie bei allen anderen PDBs, geheim gehalten, bis er im Jahr 2002 durchsickerte. Die CBS-Abendnachrichten berichteten am 15. Mai 2002 über das Dokument. Das PDB wurde dann am 10. April 2004 für die 9/11-Kommission freigegeben und am 22. Juli 2004 im Bericht der 9/11-Kommission veröffentlicht.

Im „Guardian" hieß es einige Tage nach den CBS-Enthüllungen: „Das Memo lässt wenig Zweifel daran, dass die entführten Flugzeuge als Raketen eingesetzt werden sollten und dass die beabsichtigten Ziele innerhalb der USA liegen würden." (Guardian, 19.5.2002)

Gemäß Antonia Felix, Autorin der Condoleezza-Rice-Biografie „Condi", betonte die Nationale Sicherheitsberaterin vor der 9/11-Kommission, dass die Regierung nicht mit Anschlägen im Inland gerechnet habe. Sie habe sich auf terroristische Aktivitäten in anderen Teilen der Welt konzentriert. Kommissionsmitglied Richard Ben-Veniste sei jedoch auf das Memo zurückgekommen, indem er darauf hinwies, dass der Titel des Memos auf einen Angriff im Inland hingedeutet habe. Ben-Veniste: „Ist es nicht eine Tatsache, Dr. Rice, dass das PDB vom 6. August vor möglichen Anschlägen in diesem Land warnte?" [...]

Rice: „Sie fragten, ob nicht vor Anschlägen gewarnt wurde? Es wurde nicht vor Anschlägen innerhalb der Vereinigten Staaten gewarnt. Es handelte sich um historische Informationen, die auf alten Berichten basierten. Es gab keine neuen Bedrohungsinformationen. Und er warnte tatsächlich nicht vor kommenden Angriffen innerhalb der Vereinigten Staaten." (Condi, S. 228 f.)

In dem „White House Briefing" vom 16. Mai 2002 beschrieb die Nationale Sicherheitsberaterin Rice den PDB als sehr unspezifisch, da nichts Neues enthalten gewesen sei. Es sei ein analytisches Papier über verschiedene verfügbare Methoden gewesen. Auch Präsident Bush erklärte, dass das PDB nichts über einen Angriff auf Amerika gesagt habe. „Es ging um Absichten, um jemanden, der Amerika hasst – nun, das wussten wir". (The National Security Archive, 12.4.2004)

In dem PDB stand natürlich nicht, dass al-Qaida am Tag X einen Bombenanschlag auf das WTC verüben werde. Aus dem deklassifizierten Teil des Memos, also dem Teil, der zur Veröffentlichung freigegeben wurde, wird aber ersichtlich, dass bin Laden in den USA Anschläge verüben wollte, dass er den Einsatz von Flugzeugen erwog und es in den USA bereits Unterstützer gab. „Geheimen ausländischen Regierungs- und Medienberichten zufolge wollte bin Laden seit 1997 Terroranschläge in den USA verüben. In US-Fernsehinterviews deutete bin Laden schon 1997 und 1998 an, dass seine Anhänger dem Beispiel des WTC-Attentäters Ramzi Yousef folgen und den Kampf nach Amerika bringen werden."

In dem Briefing heißt es zudem: „Wir waren nicht in der Lage, einige der aufsehenerregenden Drohungen zu bestätigen, wie z. B. die Meldung des [...] Dienstes aus dem Jahr 1998, dass bin Laden ein US-Flugzeug entführen wolle, um die Freilassung des ‚Blinden Scheichs', eines ägyptischen Islamisten, zu erpressen. [...] Dennoch deuten FBI-Informationen seit dieser Zeit auf verdächtige Aktivitäten in diesem Land hin, die mit Vorbereitungen für Entführungen oder andere Arten von Anschlägen zusammenhängen, einschließlich der jüngsten Beobachtung von Bundesgebäuden in New York." (PDB Bin Ladin Determinded to Strike in US, 10.4.2004)

Nachdem im Januar 1995 in Manila der sogenannte Bojinka Plot (Operation „Bojinka", siehe auch Band I, S. 369) aufgeflogen war – die Planung von drei Terroranschlägen, finanziert von Osama bin Laden –, war es offensichtlich, dass Terroristen in Zukunft Flugzeuge als Waffen einsetzen würden. Neben einem Attentat auf den Papst waren auch Bombenanschläge auf Verkehrsflugzeuge sowie ein Anschlag auf die CIA-Zentrale geplant gewesen. Im letzteren Fall sollte ein mit Sprengstoff gefülltes Flugzeug von einem Selbstmordpiloten in das Gebäude geflogen werden. Der Bojinka Plot und der Terroranschlag vom 11. September auf das World Trade Center weisen dieselbe Handschrift auf, denn beide wurden von derselben Person geplant, von Khalid Sheik Mohammed, dem Onkel von Ramzi Yousef, dem ersten WTC-Attentäter.

## Die Suche nach dem Sündenbock

Während der Kongressuntersuchung über die Hintergründe von 9/11 wurde deutlich, dass es bei CIA und FBI nicht genügend Mitarbeiter gab, die sich mit al-Qaida befassten. In der entsprechenden Sondereinheit des FBI arbeiteten nur etwa 20 Personen, und von den 27.000 Mitarbeitern waren nur 153 mit Terrorismus-Analyse befasst. Zusätzlich war viel analytisches Fachwissen des FBI durch Versetzung von Experten in operative Einheiten verloren gegangen, und nur ein einziger strategischer Analytiker war in Vollzeit mit al-Qaida befasst. Ein hochrangiger FBI-Beamter erklärte vor dem Kongress, dass im August 1998, als die Bombenanschläge auf die US-Botschaft in Nairobi bin Laden zu einem Begriff machten, mehr FBI-Agenten mit der Terrorismusbekämpfung betraut waren als im September 2001. Die CIA wiederum hatte nur etwa 35 bis 40 Personen, die einer bin-Laden-Sondereinheit zugeteilt waren, darunter fünf strategische Analysten, die ausschließlich an al-Qaida arbeiteten. Einzelne Mitarbeiter sowohl der FBI- als auch der CIA-Einheiten berichteten, dass sie vor dem 11. September 2001 mit der Menge an Informationen und der entsprechenden Arbeitsbelastung völlig überfordert waren. (9/11 Congressional Inquiry, 18.9.2002)

## Freigabe des CIA-Berichts im Juni 2015

Zehn Jahre nachdem das Büro des Generalinspekteurs der CIA seine Untersuchung der nachrichtendienstlichen Versäumnisse im Vorfeld der Terroranschläge vom 11. September 2001 abgeschlossen hatte, gab die Behörde am Freitag, den 12. Juni 2015, ihren Bericht in einer gekürzten Fassung für die Öffentlichkeit frei. Der Joint Inquiry genannte und im Original fast 500 Seiten umfassende Bericht enthält eine Liste von „systemimmanenten Problemen", die dazu beitrugen, dass Warnungen vor Osama bin Ladens Plan, Flugzeuge zu entführen und sie als Waffen zu benutzen, nicht beachtet wurden. In dem Bericht wird dargelegt, dass es auch nicht gelang, die Bedeutung von Khalid Sheikh Mohammed zu erkennen und die Bedrohung vollständig zu bewerten. Dem Bericht zufolge wussten 50 bis 60 CIA-Beamte im Jahr 2000 von Geheimdienstberichten, dass sich zwei Gefährder und spätere Attentäter vom 11. September, Nawaf al-Hamzi und Khalid al-Mihdhar, in den Vereinigten Staaten aufhielten. Doch keiner dieser Beamten dachte daran, das FBI über die potenzielle inländische Bedrohung zu informieren, was als Beweis für ein systemisches Versagen gelten musste. Der Generalinspekteur empfahl deshalb, dass mehrere Spitzenbeamte der Behörde, einschließlich des ehemaligen Direktors George J. Tenet, für ihr Versagen bei der Entwicklung einer Strategie zur Zerschlagung von al-Qaida in den Jahren vor dem 11. September 2001 zur Verantwortung gezogen werden sollten. (https://edition.cnn.com/2015/06/12/politics/cia-inspector-general-report-declassified/index.html)

Es gab aber keine Disziplinarmaßnahmen; Direktor Tenet war bereits 2004 zurückgetreten und hatte die CIA verlassen.

In dem Bericht der Joint Inquiry über die Untersuchung der Terroranschläge vom 11. September 2001 werden zehn „operative Gelegenheiten" aufgeführt, bin Laden und seinen Attentätern auf die Spur zu kommen. Im Januar 2000 zum Beispiel wurde das FBI nicht von der CIA darüber informiert, dass der Gefährder und später Attentäter Khalid al-Mihdhar ein gültiges US-Visum besaß. Im März 2000 informierte die CIA das FBI nicht, dass Nawaf al-Hazmi am 15 Januar 2000 nach Los Angeles geflogen war; am 11. September befand er sich in der Maschine, die ins Pentagon gestürzt wurde. Auch erhielt das FBI keine Informationen darüber, dass Taufik al-Atasch, ein Beteiligter des Anschlages auf die USS Cole, sich in Kuala Lumpur mit Mihdhar und Hazmi getroffen hatte.

Neben einer gewissen Rivalität zwischen den Diensten ist auch der Versuch des Justizministeriums aus dem Jahre 1995, den Informationsaustausch zwischen den Diensten zu reglementieren, eine weitere Ursache, die die Weitergabe von Informationen einschränkte, natürlich in Verbindung mit dem Widerwillen der CIA und der NSA, „sensible Quellen und Methoden" preiszugeben. Es war eine Richtlinie, die als „The Wall" bekannt ist. Aber auch das FBI meidet den Informationsaustausch mit den Strafverfolgern, denn die dürfen ohne einen entsprechenden Gerichtsbeschluss keine Informationen der Geheimdienste nutzen. Die ehemalige Nationale Sicherheitsberaterin Condoleezza Rice sagte vor dem Untersuchungsausschuss aus, CIA und FBI hätten eher konkurriert als kooperiert, und nannte dies einen „Fehler des Systems".

Michael Scheuer, von 1996 bis 1999 Leiter der Bin-Laden-Einheit der CIA und bis 2004 Analyst für Terrorismusbekämpfung, sieht das Ergebnis des Ausschusses eher kritisch: „Seltsamerweise hat die Untersuchungskommission nach dem 11. September 2001 keine Schuld an den Personen gefunden, die den ununterbrochenen Betrieb von Ausbildungslagern [...] zugelassen haben. In der Tat konnte die Kommission nicht einmal den Mut aufbringen, einen Kommentar abzugeben, als Richard Clarke, der die Lager während der gesamten 1990er-Jahre beobachtet, aber keine Maßnahmen gegen sie ergriffen hatte, die Regierung von George W. Bush dafür tadelte, dass sie die al-Qaida-Lager nach ihrem Amtsantritt nicht angegriffen hatte."

Clarke sagte den 9/11-Kommissionsmitgliedern, er könne nicht verstehen, „warum wir weiterhin die Existenz großer al-Qaida-Stützpunkte zulassen, von denen wir wissen, dass die Leute dort trainiert werden, Amerikaner zu töten". Könnte es sein, dass das Bush-Team einfach Mr. Clarkes jahrzehntelanger Demonstration der Zurückhaltung folgte?" (Scheuer, Marching Toward Hell, S. 37)

In ihrem Report kam die Joint Inquiry schließlich zu dem Schluss, dass weder die US-Regierung noch die Geheimdienste vor dem 11. September 2001 über eine umfassende Strategie zur Bekämpfung von al-Qaida verfügt haben. Sie beschuldigte den Director of Central Intelligence (DCI), den CIA-Direktor Tenet, entweder nicht willens oder nicht in der Lage gewesen zu sein, die gesamte Bandbreite der nachrichtendienstlichen Ressourcen zu mobilisieren, um der wachsenden Bedrohung der Vereinigten Staaten gerecht zu werden.

### Ermittlungen

Unmittelbar nach den Anschlägen leitete das FBI die Untersuchung „PENTTBOM" ein, die größte strafrechtliche Ermittlung in der Geschichte der USA. Auf ihrem Höhepunkt arbeiteten mehr als die Hälfte aller FBI-Agenten an den Ermittlungen und verfolgten eine halbe Million Hinweise. Das FBI, so Dale L. Watson, stellvertretender Direktor der Abteilung Terrorismusbekämpfung/Spionageabwehr, sei zu dem Schluss gekommen, dass es „klare und unwiderlegbare" Beweise gab, dass al-Qaida und bin Laden mit den Anschlägen in Verbindung standen.

Das FBI konnte die Entführer, insbesondere den Anführer Mohammed Atta, in kürzester Zeit identifizieren: Sein Gepäck wurde auf dem Bostoner Flughafen Logan entdeckt. Atta war gezwungen gewesen, zwei seiner drei Gepäckstücke gesondert aufzugeben, da der Platz auf dem 19-sitzigen Shuttleflug nach Boston begrenzt war. Aufgrund einer neuen Regelung, die Flugverspätungen vermeiden sollte, gelangte das Gepäck nicht wie geplant an Bord von American Airlines Flug 11. Das Gepäck enthielt alle wichtigen Informationen für die Ermittler: die Namen der Entführer, ihre Aufträge und die Verbindungen zu al-Qaida. Bereits wenige Stunden nach den Anschlägen veröffentlichte das FBI die Namen und in vielen Fällen auch die persönlichen Daten der mutmaßlichen Piloten und Entführer. Am 27. September 2001 wurden Fotos aller 19 Entführer veröffentlicht, zusammen mit Informationen über mögliche Nationalitäten und Aliasnamen. 15 der Männer stammten aus Saudi-Arabien, zwei aus den Vereinigten Arabischen Emiraten, einer aus Ägypten und einer aus dem Libanon.

Bis zum Mittag des 11. September 2001 hatten die Nationale Sicherheitsbehörde der USA und der deutsche Bundesnachrichtendienst Telefonate abgefangen, die auf Osama bin Laden hinwiesen. Von zweien der Entführer wusste man, dass sie im Jahr 2000 mit einem Mitarbeiter bin Ladens nach Malaysia gereist waren, und der Entführer Mohammed Atta war zuvor nach

Afghanistan gereist. Er und andere gehörten zu einer Terrorzelle in Hamburg, der sogenannten „Hamburger Zelle“. Es wurde festgestellt, dass ein Mitglied dieser Zelle in Verbindung mit Khalid Sheik Mohammed stand, der als Mitglied von al-Qaida identifiziert worden war und hinter dem ersten Anschlag auf das World Trade Center stand.

## Die Hamburger Zelle

Die Hamburger Zelle war nach Angaben der Geheimdienste eine Gruppe radikaler Islamisten in Hamburg. Studenten aus verschiedenen arabischen Ländern gehörten ihr an, die schließlich zu den Hauptakteuren der Anschläge vom 11. September 2001 wurden. Zu den wichtigsten Mitgliedern gehörten Mohammed Atta, der 2001 die vier Entführungsteams anführte und den American-Airlines-Flug 11 steuerte, Ramzi Binalshibh, der sich mit den anderen drei Mitgliedern verschworen hatte, aber nicht in die Vereinigten Staaten einreisen konnte, Marwan Alshehhi, der den United-Airlines-Flug 175 steuerte, und Ziad Jarrah, der den United-Airlines-Flug 93 steuerte und die Maschine in einen Acker stürzen ließ. Sein Ziel in Washington D.C. zu treffen war nicht möglich, da die Passagiere Widerstand leisteten. Khalid Sheikh Mohammed sagte nach seiner Verhaftung aus, dass das Ziel das Kapitol gewesen sei.

Am 1. November 1998 zogen die späteren Entführer Mohammed Atta, Marwan Alshehhi und Ramzi Binalshibh gemeinsam in eine Wohnung in der Hamburger Marienstraße. Hier bildeten sie die sogenannte Hamburger Zelle, zu der auch andere, weniger wichtige Teilnehmer an der Verschwörung vom 11. September gehörten. Im Jahr 1999 hatten die vier Kernmitglieder der Gruppe die Absicht, den Dschihad in Tschetschenien zu unterstützen, wo islamische Dschihadisten gegen Russland rebellierten. Dem 9/11-Kommissionsreport zufolge führte ein zufälliges Treffen in einem Zug in Deutschland dazu, dass die Gruppe stattdessen nach Afghanistan reiste. Eine Person namens Khalid al-Masri sprach Binalshibh und Alshehhi an und begann ein Gespräch über den Dschihad in Tschetschenien. Als sie später al-Masri anriefen und ihr Interesse bekundeten, riet er ihnen, Abu Musab in Duisburg zu kontaktieren. Abu Musab entpuppte sich als Mohamedou Ould Slahi, ein bedeutender al-Qaida-Aktivist, der den US-amerikanischen und deutschen Geheimdiensten schon damals gut bekannt war. Keine der beiden Regierungen wusste jedoch, dass er sich Ende 1999 in Deutschland aufhielt.

Binalshibh, Alshehhi und Jarrah fuhren nach Duisburg, wo Slahi sie davon überzeugte, dass es am besten wäre, zunächst in Afghanistan zu trainieren, da weitere Erfahrungen nützlich seien und es zu diesem Zeitpunkt ohnehin schwierig war, nach Tschetschenien zu gelangen. Slahi wies sie an, nach Pakistan zu reisen, und zwar erst nach Karatschi, dann zum Taliban-Büro in Quetta. Dort sollten sie einen Mann namens Umar al-Masri kontaktieren. Atta und Jarrah verließen Hamburg in der letzten Novemberwoche 1999. Alshehhi reiste etwa zur gleichen Zeit allein ab; Binalshibh folgte zwei Wochen später. Es stellte sich heraus, dass es Umar al-Masri gar nicht gab. Der Name war ein Codewort, mit dem Mitglieder des Taliban-Büros angewiesen wurden, die Männer ins afghanische Kandahar zu bringen, wo sie aufgefordert wurden, sich dem al-Qaida-Netzwerk und dem Dschihad gegen die USA anzuschließen. Sie trafen Osama bin Laden persönlich und schworen ihm ihre Loyalität. Mohammed Atta wurde von bin Laden als Anführer der Gruppe ausgewählt, die Amerika angreifen sollte; später, vor den Anschlägen sollte Atta noch mehrere Male Kontakt zu bin Laden aufnehmen. Die Männer kehrten dann nach Deutschland zurück, um eine Flugschule zu besuchen, und wechselten später zu Flugschulen in den Vereinigten Staaten.

Für bin Laden waren die Mitglieder der Hamburger Zelle von allergrößtem Wert, denn ohne sie hätte es den Anschlag vom 11. September wohl nicht gegeben, den Khalid Sheik Mohammed schon 1996 vorgeschlagen hatte. Die Hamburger Studenten hatten den Vorteil, dass sie fließend Englisch sprachen, gebildet und an den westlichen Lebensstil gewöhnt und dabei radikal islamisch waren. Und sie waren in der Lage, das Führen eines Flugzeugs zu erlernen. „Bin Laden und Mohammed Atef zögerten nicht, die Hamburger Gruppe mit der ehrgeizigsten Operation zu beauftragen, die al-Qaida je geplant hatte", heißt es im Bericht der 9/11-Kommission. (9/11 Congressional Inquiry, 18.9.2002)

### Die Planung

Mohammed Atta, Ramzi Binalshibh, Marwan Alshehhi und Ziad Jarrah, die vier Freunde aus Hamburg, kamen im November 1999 zu einem Vorbereitungskurs in das afghanische Ausbildungslager Khaldan. Sie kamen zu einem günstigen Zeitpunkt.

In den drei Jahren nach 1996, als Khalid Sheikh Mohammed in einer Höhle in Tora Bora bin Laden seine Flugzeug-Operation vorgeschlagen hatte, hatte al-Qaida an einem alternativen Plan für einen Angriff auf die USA gearbeitet. Mohammed hatte zwei Wellen entführter Flugzeuge vorgesehen, fünf an der Ostküste aus und fünf an der Westküste, von Asien aus. Sie sollten in ausgewählte Ziele wie die CIA, das FBI oder Atomkraftwerke stürzen. Zunächst hatte bin Laden diese Idee abgelehnt, aber im Frühjahr 1999 zitierte er Mohammed nach Kandahar und gab ihm grünes Licht für die Umsetzung seines Plans.

Ein paar Monate später trafen sich bin Laden, sein „Leutnant" Abu Hafs und Khalid Sheikh Mohammed in Kandahar, um potenzielle Ziele auszuwählen; nur diese drei Männer waren daran beteiligt. Ihr Ziel war es nicht nur, symbolischen Schaden anzurichten – bin Laden wollte auch das Weiße Haus und das Kapitol angreifen. Zudem setzte er das Pentagon auf seine Liste. Khalid Sheikh Mohammed schlug das World Trade Center vor, das sein Neffe Ramzi Yousef sechs Jahre zuvor bei einem Bombenanschlag nicht zum Einsturz gebracht hatte. Bin Laden beschloss dann, dass der Angriff auf Ziele an der Westküste noch warten konnte.

Zunächst hatte der Plan vorgesehen, Flugzeuge in der Luft zu sprengen, sodass es keinen Bedarf an ausgebildeten Piloten gab. Doch das Konzept wurde weiterentwickelt, und als der Entwurf des endgültigen Plans klar wurde, bedeutete dies, dass das Fliegen von Flugzeugen eine disziplinierte Gruppe mit Kenntnissen erfordern würde, deren Vermittlung wohl Jahre dauern würde. Bin Laden beauftragte vier seiner zuverlässigsten Männer, an der Operation teilzunehmen. Doch keiner der Vier konnte fliegen oder Englisch, was aber für eine Pilotenlizenz erforderlich war; auch hatten sie keine Erfahrung mit dem Leben im Westen. Mohammed versuchte zwar, ihnen Nachhilfe zu geben: Er brachte ihnen englische Redewendungen bei und sammelte Broschüren von Flugschulen in den USA. Sie spielten Flugsimulator-Computerspiele und sahen sich Hollywood-Filme über Flugzeugentführungen an, aber die Kluft zwischen den Fähigkeiten der Männer und den Anforderungen der Mission muss gewaltig gewesen sein. Da bin Laden nicht in der Lage war, alle seine Männer nach Amerika einzuschleusen, da nur die Kämpfer mit saudischem Pass Visa erhielten, schickte er die Männer nach Südostasien, um zu prüfen, ob Mohammeds Plan, amerikanische Flugzeuge während des Fluges zu sprengen, durchführbar war. Zu diesem Zeitpunkt schien es so, als ob der große Plan, die USA in ihrem eigenen Land anzugreifen, hinfällig geworden sei.

Doch dann tauchten Mohammed Atta und seine Freunde zum ersten Mal in Afghanistan auf; ihre Ankunft erfolgte gestaffelt über einen Zeitraum von zwei Wochen Ende November, kurz vor dem Ramadan. Abu Hafs erkannte sofort: Das waren gebildete, technisch versierte Männer, deren Englischkenntnisse von rudimentär bis fließend reichten. Man musste ihnen nicht erklären, wie man im Westen lebt, und Visa würden auch kein Problem sein – die Studenten waren entweder Saudis oder aus den Vereinigten Arabischen Emiraten. Alles, was sie brauchten, war zu lernen, wie man fliegt, und bereit zu sein, zu sterben.

Als Ramzi Binalshibh dann eintraf, erzählten ihm Atta, Jarrah und Alshehhi, dass sie für eine geheime Mission ausgewählt worden seien. Die vier wurden zu einem Ramadan-Festmahl mit bin Laden eingeladen. Sie sprachen über die Taliban und bin Laden erkundigte sich nach den Lebensbedingungen von Muslimen in Europa. Dann teilte er ihnen mit, dass sie Märtyrer sein würden. Sie sollten nach Deutschland zurückkehren und sich bei Flugschulen in den Vereinigten Staaten bewerben.

Al-Qaida hatte inzwischen eine neue „Managementphilosophie“ entwickelt: „Zentralisierung der Entscheidung und Dezentralisierung der Ausführung.“ Bin Laden entschied über die Ziele, wählte die Anführer aus und sorgte für zumindest einen Teil der Finanzierung. Danach wurden die Planung der Operation und die Methode des Angriffs den Männern überlassen, die die Verantwortung für die Durchführung tragen sollten.

### Ankunft in den USA

Atta, Alshehhi und Jarrah besorgten sich zunächst neue Pässe, ohne den verräterischen Einreisestempel von Afghanistan. Mit den neuen Pässen beantragten sie dann US-Visa. Atta, Jarrah und Binalshibh kehrten Anfang 2000 nach Hamburg zurück, während Alshehhi in die Vereinigten Arabischen Emirate zurückkehrte, um sich dort einen neuen Pass und ein US-Visum zu besorgen. Zurück in Deutschland bemühte sich die Gruppe, weniger radikal zu erscheinen: Sie hörten auf, die extremistische al-Quds-Moschee in Hamburg zu besuchen, die ihre geistige Heimat war, und änderten ihr Aussehen, etwa indem sie sich die Bärte abnahmen.

Khalid al-Mihdhar und Nawaf al-Hazmi kamen am 15. Januar 2000 in Los Angeles an. Bin Laden hatte die beiden ausgewählt, aber da sie keine Flugschule besuchen konnten, sollten sie im entführten Flugzeug als „Muskel" fungieren und die Passagiere in Schach halten. Am 18. Januar beantragte Marwan Alshehhi in den Vereinigten Arabischen Emiraten ein Visum für die USA. Binalshibh beantragte in Hamburg mehrmals ein Visum für die Vereinigten Staaten, aber als Jemenit wurde er abgelehnt, weil man befürchtete, dass er das Visum nützen würde, um illegal einzuwandern. Also blieb er in Hamburg und sorgte für die Koordination zwischen Atta und Sheik Mohammed.

Im März 2000 verschickte Mohamed Atta 50 bis 60 gleichlautende E-Mails an Flugschulen in den USA und wurde in Florida bei Huffman Aviation fündig. Am 18. Mai 2000 beantragte und erhielt er ein Visum für die USA. Er reiste nach Prag, bevor er in die USA flog. Zusammen mit Marwan Alshehhi und Ziad Jarrah kam Atta in Venice, Florida, an. Sie besuchten die Huffman Aviation und begannen dort ihre Pilotenausbildung. Im Dezember erhielten Atta und Alshehhi eine Pilotenlizenz, Jarrah einen Monat später.

Etwa drei Wochen vor den Anschlägen wurden den vier Teams die Ziele zugeteilt. Das Kapitol der USA erhielt den Codenamen „Die juristische Fakultät". Das Pentagon wurde als „Fakultät der Schönen Künste" betitelt. Mohammed Atta nannte das World Trade Center „Fakultät für Stadtplanung".

Entgegen dem weit verbreiteten Mythos, al-Qaida habe das Datum 9/11 wegen seiner Ähnlichkeit mit der US-Notrufnummer 9-1-1 gewählt, wurde das Datum von dem Terrornetzwerk wegen seiner Beziehung zum Islam ausgewählt. Wie Lawrence Wright in seinem Buch „The Looming Tower" schreibt, begann der König von Polen am 11. September 1683 die „Schlacht am Kahlenberg", die den Vormarsch der muslimischen Armeen endgültig zurückwarf. „Für die nächsten dreihundert Jahre sollte der Islam vom Aufblühen der westlichen christlichen Gesellschaften überschattet werden", so Wright. Osama bin Laden betrachtete den Angriff auf das World Trade Center als das große Comeback des Islams. (https://foreignpolicy.com/2013/05/03/how-jihadists-schedule-terrorist-attacks/)

Dieses Datum wurde seither auch von anderen Terroristen genutzt, z. B. von den Dschihadisten von Ansar al-Scharia, die am 11. September 2012 den US-Botschafter Chris Stevens und drei weitere Amerikaner töteten, als sie das US-Gelände in Bengasi, Libyen, angriffen.

### Hätte 9/11 verhindert werden können?

Eigentlich ist das eine rhetorische Frage. Wenn die Amerikaner den Anschlag vom 11. September verhindert hätten, so wäre es al-Qaida zu einem späteren Zeitpunkt sicherlich doch ein Anschlag gelungen. Es wäre also nur eine Frage der Zeit gewesen. Der Terror-Experte Richard Clarke drückte es so aus: „Es wäre zu einfach, dies zu bejahen. Klar ist, dass die Organisationen, auf deren Schutz wir vertrauten, versagt haben, dass es nicht gelungen ist, Informationen zur richtigen Zeit an den richtigen Ort zu bringen, und dass es nicht gelungen ist, entschlossen zu handeln, um die Bedrohung zu verringern oder zu verhindern." (Clarke, Against all Enemies, S. 238)

CIA und FBI, so der Autor an anderer Stelle, hätten zu spät erkannt, dass es eine Bedrohung für die USA gab, und selbst nachdem sie sich einig waren, dass die Bedrohung real und bedeutend war, seien sie nicht in der Lage gewesen, sie zu vereiteln.

Wenn man die Entwicklung von al-Qaida bis zum11. September betrachtet, so spielte auch das Verhalten von vier Präsidenten eine große Rolle:

• **Ronald Reagan (20.1.1981–20.1.1989)** Er ordnete keine Vergeltungsmaßnahmen für die Ermordung von 278 US-Marines in Beirut an und verstieß gegen seine eigene Terrorismuspolitik, indem er im Rahmen des so genannten Iran-Contra-Skandals Waffen gegen Geiseln tauschte.
• **George H.W. Bush (20.1.1989–20.1.1993)** Er rächte die Ermordung von 259 Passagieren des Pan-Am-Flugs 103 (Lockerbie-Anschlag) nicht. Er verfolgte keine offizielle Politik zur Bekämpfung des Terrorismus und beließ Saddam Hussein im Amt, was die Vereinigten Staaten dazu zwang, ihre große Militärpräsenz in Saudi-Arabien aufrecht zu erhalten.
• **Bill Clinton (20.1.1993–20.1.2001)** Er erkannte den Terrorismus als die größte Bedrohung nach dem Kalten Krieg und ergriff Maßnahmen zur Verbesserung der Terrorismusbekämpfung der USA. Was der Öffentlichkeit kaum bekannt ist: Er unterdrückte den antiamerikanischen Terrorismus durch den Irak und den Iran und vereitelte einen Versuch von al-Qaida, Bosnien zu beherrschen. Doch geschwächt durch anhaltende politische Angriffe konnte er die CIA, das Pentagon und das FBI nicht dazu bringen, ausreichende Maßnahmen zu ergreifen, um der Terrorismusbedrohung wirksam zu begegnen.
• **George W. Bush (20.1.2001–20.1.2009)** Er unternahm trotz wiederholter Warnungen in der Zeit vor dem 11. September nichts gegen die Bedrohung durch al-Qaida und erntete dann nach den Anschlägen mit offensichtlichen, aber unzureichenden Maßnahmen politische Lorbeeren. (Clarke, Against all Enemies, S. XXIV)

Zu Bill Clinton und George W. Bush sei noch angemerkt, dass Richard Clarke unter diesen beiden Präsidenten für die Terrorismusbekämpfung zuständig war und in dieser Zeit nicht durch irgendeine Art von Aktivismus oder besondere Tätigkeit auffiel. Seine Kritik ist zwar berechtigt, doch aus seinem Mund wirkt sie eher wie der Versuch, die eigene Untätigkeit zu kaschieren bzw. sich selbst reinzuwaschen.

Der nach dem 11. September beginnende Afghanistan-Krieg, der schließlich 20 Jahre dauerte, hätte nicht geführt werden müssen, wenn die Regierung Clinton es nicht versäumt hätte, bin Laden zu töten, obwohl sie mehrfach die Gelegenheit dazu hatte. Der ehemalige Präsident Clinton brachte dieses Thema in die Kongresswahlen 2006 ein, indem er gegenüber Chris Wallace von Fox News erklärte, dass seine Regierung jede sich bietende Gelegenheit genutzt habe, um Osama bin Laden und die von ihm ausgehende Gefahr zu beseitigen. Das war zwar gelogen, aber immerhin gab er zu, dass er versagt habe, so Michael Scheuer. Er, Bill Clinton, fügte hinzu, dass sein Nationales Sicherheitsteam der nachfolgenden Bush-Regierung einen vollständigen Masterplan für die Invasion Afghanistans, den Sieg über die Taliban und die Beseitigung bin Ladens und al-Qaidas hinterlassen habe. Clinton bezeichnete diesen Plan als „umfassende Anti-Terrorismus-Strategie". Michael Scheuer zufolge war auch dies eine Lüge von Bill Clinton, denn es gab keinen Masterplan, den die Clinton-Regierung für die nachfolgende Bush-Regierung hinterlassen hätte. Allerdings hatte das Militär eine Liste mit Zielen in Afghanistan erstellt, die sofort hätten angegriffen werden können, doch Clinton wollte diese Liste nicht nutzen wegen der beginnenden Präsidentschaftswahl, aus der er das Thema heraushalten wollte.

Nach dem al-Qaida-Anschlag auf die USS Cole am 12. Oktober 2000, so Michael Scheuer, wies der Nationale Sicherheitsrat (NSC) die CIA und andere zuständige Dienste an, eine stets aktuell zu haltende Liste von Taliban- und al-Qaida-Zielen in Afghanistan zu erstellen, die vom US-Militär angegriffen werden könnten, falls bin Laden erneut US-Interessen verletze. Diese NSC-Direktive beruhte auf dem Konzept „Wenn Al-Qaida erneut US-Interessen angreift", was belegte, dass die Mitglieder von Clintons Nationalem Sicherheitsrat, die sich mit Terrorismusabwehr befassten, die Urheberschaft al-Qaida am Cole-Anschlag für erwiesen hielten. Was auch immer der Grund für Präsident Clintons Entscheidung war, nicht militärisch auf den Beinahe-Untergang der Cole zu reagieren: Es lag nicht an fehlenden Erkenntnissen, die auf al-Qaida hinwiesen. Es könnte auch sein, dass der Director of Central Intelligence, George Tenet, sowie hochrangige FBI-Beamte, die mit Präsident Clinton und seinem Stab in dieser Angelegenheit zu tun hatten, spürten, dass das Weiße Haus nicht mitten in den Präsidentschaftswahlen einen Krieg in Afghanistan beginnen wollte. (Scheuer, Marching Toward Hell, S. 102–104)

So groß die Versäumnisse der Clinton-Regierung nach dem Cole Anschlag auch gewesen sein mögen – die neue Bush-Regierung verwarf die Zielliste des Militärs aus der Clinton-Ära noch vor dem 11. September und gab damit freiwillig die einzige gut vorbereitete Grundlage für einen sofortigen Vergeltungsschlag der USA auf. (Scheuer, Marching Toward Hell, S. 105)

## Krisensitzungen

Noch am Abend des 11. September wurde der Präsident wieder nach Washington zurückgeflogen. Die erste Sitzung zur Erörterung der Anschläge begann um 21.30 Uhr im Presidential Emergency Operations Center (Notfall-Operationszentrum), einem Raum im Bunker des Weißen Hauses. Die Kabinettsmitglieder wurden von Geheimdienstmitarbeitern durch dicke Panzertüren und einen langen unterirdischen Tunnel unter dem Ostflügel geführt, wo sich der Bunker befindet. Die Sitzung war kurz und konzentrierte sich hauptsächlich auf die Schäden.

Am Morgen des 12. September trat der Nationale Sicherheitsrat erneut zusammen. Verteidigungsminister Donald Rumsfeld und sein oberster Stellvertreter Paul Wolfowitz drängten sofort auf einen Krieg mit Saddam Hussein, nachdem sie dieses Thema bereits am Vorabend angesprochen hatten. Bush sagte: „Moment mal, ich habe kein Wort darüber gehört, dass er für den Angriff verantwortlich sei." Wolfowitz und Rumsfeld versuchten, die Katastrophe vom 11. September zu nutzen, um den Sturz Saddams zu forcieren.

Am 15 September, einem Samstag, traf sich das Kabinett in Camp David, Maryland. Rumsfeld wollte mehr Staaten angreifen als nur Afghanistan: auch die Sponsoren von Terrorismus, wie etwa den Irak, Libyen und auch den Sudan. Wolfowitz zufolge muss bin Laden die Unterstützung eines Landes gehabt haben, etwa des Irak, um einen solchen Angriff durchzuführen. Wolfowitz war überzeugt, Saddam Hussein sei der Kopf der Schlange, doch der CIA-Vertreter widersprach ihm: Saddam habe nichts mit den Anschlägen zu tun.

Der Chef des Generalstabs, General Hugh Shelton, stellte zwei militärische Optionen zur Wahl: einen Angriff mit Cruise-Missiles (Marschflugkörpern) oder einen Angriff mit Cruise-Missiles und strategischen Bombern auf Ziele in Afghanistan. Damit konnte er die Kabinettsmitglieder aber nicht überzeugen. CIA-Direktor George Tenet verteilte dann Hintergrundmaterial für seinen Vorschlag: Zunächst sollte sich eine kleine Gruppe von CIA-Beamten, die Afghanistan kannten, mit den Anti-Taliban-Kräften, auch bekannt als Nord-Allianz, verbünden. Gemeinsam sollten dann die Taliban und al-Qaida angegriffen werden. Tenet befürwortete auch den Einsatz von bewaffneten Drohnen für die Jagd auf bin Laden.

Am Montag, dem 17. September, erklärte Präsident Bush im Weißen Haus seinem Kriegskabinett, er wünsche, dass die CIA zuerst nach Afghanistan gehe, um den Einsatz von Soldaten vorzubereiten. „Ich möchte, dass Sie einen Plan entwickeln, der die Maßnahmen der CIA ergänzt, sobald diese vor Ort sind, und dass Sie einen Plan für weitere, aber robustere militärische Maßnahmen vor Ort entwickeln."

Drei Tage später, am 20. September, verlangte Präsident Bush in einer Kongress-Rede von den Taliban die Auslieferung Osama bin Ladens. Die geistlichen Führer der Taliban debattierten zwei Tage lang und forderten bin Laden dann auf, das Land freiwillig zu verlassen. Doch bin Laden ignorierte die Aufforderung. (Bergen, The Rise and Fall, S. 160–164)

Osama bin Laden und al-Qaida waren auf den schwersten Angriff der USA und des Westens so gut vorbereitet, dass sie den Sturz der Taliban nicht nur überlebten, sondern auch einer Verhaftung entgingen. Darüber hinaus gab Washington ihnen Zeit, ihre Ressourcen zu verteilen, da es erst am 7. Oktober angriff. Der Grund für die Verzögerung war die mangelnde Planung des Pentagons für einen Krieg in Afghanistan und die Angst der Bush-Regierung vor dem Verlust oder der Gefangennahme von eigenen Soldaten – insbesondere von Piloten –, bevor genügend Such- und Rettungseinheiten in das Kriegsgebiet entsandt werden konnten.

Aus den aufgefundenen Dokumenten geht hervor, dass die Evakuierung al-Qaidas zwar bis zum 7. Oktober nicht abgeschlossen war, aber sie war gut geplant und auch durchgeführt worden. Man hatte nichts zurückgelassen, was für al-Quaida gefährlich werden konnte – um ihre Anführer ausfindig zu machen, um ihr weltweites Netzwerk zu verfolgen, um Einblick in ihre finanziellen Mittel und Transfermechanismen zu erhalten oder um ihre Absichten, Ziele oder Zeitpläne kennenzulernen. (Scheuer, Osama Bin Laden, S. 129 f .)

# Quellen: Der 11. September 2001


## Bücher

- Arkin, William M., On that Day, The definitive Timeline of 9/11, New York 2021
- Bamford, James, A Pretext for War, 9/11, Iraq, and the Abuse of America's Intelligence Agencies, New York 2005
- Clarke, Richard A., Against all Enemies, New York 2004
- Coll, Steve, Ghost Wars, The Secret History of the CIA, Afghanistan, and bin Laden, from the Soviet Invasion to September 10, 2001, New York 2004
- Felix, Antonia, Condi, the Condoleezza Rice Story, New York 2005
- Miniter, Richard, Loosing Bin Laden, How Bill Clinton Failures Unleashed Global Terror, Washington 2003
- McDermott, Terry, The 9/11 Hijackers, Perfect Soldiers, New York 2006
- Scheuer, Michael, Marching Toward Hell, America and Islam after Iraq, New York 2008
- Scheuer, Michael, Osama Bin Laden, New York 2011
- Strasser, Steven, The 9/11 Investigations, Staff Reports of the 9/11 Commission, New York 2004
- Thompson, Paul, Center for Cooperative Research, The Terror Timeline, New York 2004

## Zeitschriften/Studien

- https://www.cia.gov/readingroom/docs/DOC_0006184107.pdf, OIG Report on CIA Accountability with Respect to the 9/11 Attacks
- https://www.9–11commission.gov/report/911Report.pdf
- https://www.theguardian.com/world/2002/nov/24/theobserver
- https://www.theguardian.com/world/2006/feb/24/freedomofinformation.september11
- https://www.spiegel.de/panorama/zeitgeschichte/warum-gab-die-cia-informationen-ueber-die-terroris-ten-nicht-ans-fbi-weiter-a-435697.html
- https://foreignpolicy.com/2013/05/03/how-jihadists-schedule-terrorist-attacks/

# Kapitel 2

## Tora Bora oder die USA gegen al-Qaida

Nachdem Osama bin Laden gesehen hatte, wie Washington nach dem Bombenanschlag auf die Marineinfanteriekaserne in Beirut 1983 in Panik geriet, sich nach dem Verlust einiger Soldaten in Somalia 1993 und dem Bombenanschlag auf zwei US-Botschaften in Ostafrika 1998 zurückzog und nach dem Selbstmordattentat auf die USS Cole im Jahr 2000 überhaupt nicht reagierte, ging er davon aus, dass seine Mudschaheddin in den afghanischen Bergen eine Offensive der USA überdauern könnten, insbesondere auf einem Terrain, das er gut kannte.

Bin Ladens Sohn, Omar bin Laden, erzählte, dass sein Vater, als sie 1996–1997 in Tora Bora gewesen seien, häufig über die Grenze nach Pakistan gewandert sei; er, Omar, habe ihn begleiten müssen. Osama habe zu ihm gesagte: „Omar, wir wissen nie, wann der Krieg ausbricht. Wir müssen wissen, wie wir aus diesen Bergen herauskommen." Er sei unzufrieden gewesen, wenn er nicht jeden Zentimeter des Weges kannte, und habe darauf bestanden, dass sie sich jeden Stein einprägten. Nichts sei wichtiger, als geheime Fluchtwege zu kennen. Als Omar nach dem 11. September erfuhr, dass sich sein Vater nach Tora Bora begeben hatte, war er überzeugt, dass es schwer sein würde, ihn dort zu finden; denn Osama kannte das Gebiet genau und sprach fließend Paschtu. „Niemand kennt diese Berge so gut wie mein Vater." (Michael Scheuer, Osama bin Laden, S. 132)

### Entwicklung eines Invasionsplans

Wie schon erwähnt, hatte das US-Verteidigungsministerium nach den Anschlägen vom 11. September 2001 keinen Plan für eine Invasion in Afghanistan. Deshalb trafen sich am 15. September Präsident Bush und sein Kabinett in Camp David. Die Militärführung stellte drei Optionen vor: Die erste war ein Angriff mit Marschflugkörpern, die zweite eine Kombination von Marschflugkörpern und Bomben, mit einer Dauer von drei bis zehn Tagen. Die dritte Version sah Marschflugkörper, Bombenangriffe und den Einsatz von Bodentruppen vor, die in Afghanistan operieren sollten. Doch kein Vorschlag fand die uneingeschränkte Zustimmung der Anwesenden.

Auch die CIA legte einen Kriegsplan vor, der den Einsatz von paramilitärischen Teams vorsah, die mit amerikanischen Spezialeinheiten und der afghanischen Nordallianz zusammenarbeiten sollten, die als Gegner der Taliban bekannt waren. Die Planer wollten den Einsatz amerikanischer Bodentruppen auf ein Minimum beschränken, um die afghanische Bevölkerung nicht zu provozieren.

Gemeinsam, so hoffte man, würden relativ wenige Amerikaner und viele Afghanen die Taliban mit Hilfe der US-Luftstreitkräfte besiegen und al-Qaida ausschalten. Gleichzeitig wollten die Amerikaner verhindern, dass die Nordallianz die Kontrolle über Afghanistan übernahm. Die CIA-Führung war überzeugt, dass die Herrschaft der Nordallianz die paschtunische Mehrheit des Landes verärgern würde. (Daniel P. Bolger, Why We Lost, p. 38)

In einem Interview für Bob Woodwards Buch „Bush at War“ verwendete Präsident Bush Begriffe wie „Dead or alive“ (tot oder lebendig), „bring ’em on“ (bringt sie her), und ähnliche, die für seine Anti-Terrorismus-Rhetorik typisch werden sollten. „Ich muss dem amerikanischen Volk doch als entschlossener Oberbefehlshaber gegenübertreten, der alles tun wird, um zu gewinnen“, erklärte Bush. „Kein Nachgeben. Keine Zweideutigkeiten. Kein, Sie wissen schon, die Sache juristisch zu Tode reiten.“ Der zu der Zeit für die Terrorismusbekämpfung zuständige Richard Clarke erinnert sich in seinem Buch „Against All Enemies“ an den Abend des 11. September 2001, als Bush einen Beamten zornig zurechtwies, da dieser anführte, dass das Völkerrecht militärische Gewalt als Mittel der Rache nicht zulasse. „Es ist mir egal, was die internationalen Juristen sagen, wir werden jemandem in den Hintern treten“, erwiderte der Präsident. Seine Botschaft war unmissverständlich: Gesetze sind bei einer wirksamen Terrorismusbekämpfung nur lästig. Sich über Feinheiten des Völkerrechts Gedanken zu machen ist in der Welt nach dem 11. September hinderlich bei der wesentlichen Aufgabe des „asskicking“ (in-den-Hintern-Tretens).

### Die Nordallianz

Die Nordallianz, die hauptsächlich aus Tadschiken bestand, war der letzte Rest des alten antisowjetischen Guerillakonglomerats, das 1996 von den Taliban besiegt worden war. Diese Männer waren aus der Hauptstadt Kabul vertrieben worden und hielten das Pandschschir-Tal nordöstlich der Stadt sowie einige abgelegene Regionen in Afghanistan. Ihr fähigster Anführer, Ahmed Shah Massoud, war am 9. September 2001 durch zwei al-Qaida-Selbstmordattentäter umgebracht worden. Die Attentäter hatten sich als TV-Interviewer ausgegeben und eine Kamera mit sich geführt, die im vorgesehenen Moment explodierte. Die Ermordung Massouds erfolgte im Auftrag Osama bin Ladens im Vorfeld der Flugzeugentführungen vom 11. September 2001 und war zufälligerweise auch ein nützlicher Gefallen für bin Ladens Gönner Mullah Omar und dessen Taliban.

Nach Massouds Tod ging die Führung der Nordallianz auf vier Kommandeure über. Fahim Kahn, dem Bismullah Khan Mohammedi zur Seite stand, führte die östlichen Tadschiken an. Ismail Khan im Westen befehligte ein zweites tadschikisches Kontingent. Abdul Rashid Dostum führte die Usbeken an und Karim Khalili leitete die Gruppe der Hazara-Kämpfer. Zusammen verfügten sie über etwa zwanzigtausend Kämpfer mit leichten Waffen. (Daniel P. Bolger, Why We Lost, S. 41 f.)

Am 17. September billigte Bush den Plan der CIA und wies das Militär an, einen detaillierten Kriegsplan auszuarbeiten. Die Planung wurde jedoch dadurch behindert, dass die Taliban kaum über eine physische Infrastruktur verfügten, die das Militär hätte angreifen können. (Bob Woodward, Bush at War, S. 79–80)

Dieser Kriegsplan wurde bis zum 21. September fertiggestellt und hieß Operation „Infinite Justice“ (Operation unendliche Gerechtigkeit). Dieser Name wurde aber als kulturell unsensibel empfunden, da die islamische Theologie nur Allahs Gerechtigkeit als unendlich ansieht.

Verteidigungsminister Donald Rumsfeld änderte dann den Namen in Operation „Enduring Freedom", Operation andauernde Freiheit. (Bob Woodward, Bush at War, S. 134–135)

Während des sowjetischen Einmarsches in Afghanistan waren die Pakistaner so etwas wie Freunde Amerikas gewesen. Doch sie hatten auch lange Zeit die Taliban gefördert und unterstützt. Pakistans starker Mann, Präsident und General Pervez Musharraf, entschied sich zur Zusammenarbeit mit den USA nach einem Anruf von Außenminister Powell, der ihn bat, die Grenze zu Afghanistan zu sichern. Musharraf war einverstanden, denn auf diese Weise konnte er die amerikanische Operation besser beobachten.

Damit war Phase eins des amerikanischen Kriegsplans abgeschlossen. Phase zwei entsprach dem üblichen Vorgehen: Zerstörung von Luftabwehr und Kommandoposten der Taliban, die allerdings kaum vorhanden waren. Diese Aufgabe dürfte wohl keine große Herausforderung für die Amerikaner darstellen. Phase drei sah zwei Offensiven vor: eine im tadschikischen Norden des Landes, um Mazar-i-Sharif einzunehmen, und eine im paschtunischen Süden, um Kabul und Kandahar einzunehmen. Aus historischer Sicht kam die Kontrolle über diese drei Städte und über den Korridor zwischen ihnen der Kontrolle über ganz Afghanistan gleich.

Und die übliche Phase vier? Der Wiederaufbau? Nach Ansicht von General Tommy Franks, des Kommandeurs des US Central Command, der für die Kriegsplanung verantwortlich war, und auch vieler Mitglieder des US-Militärs sollten die Amerikaner zwar die Türen eintreten, es aber anderen Ländern überlassen, die angegriffene Nation wieder aufzubauen. Daher stieß die Planung der vierten Phase auf kein großes Interesse und fand auch nicht statt. General Franks wollte so viel des Aufbaus wie möglich an die anderen NATO-Länder, die UNO und auch an private Nichtregierungsorganisationen abgeben. (Daniel P. Bolger, Why We Lost, S. 41–44)

## Der Afghanistan-Krieg

Am 26. September setzten die USA im Geheimen – mit einem von der CIA geflogenen russischen Mi-17-Hubschrauber – zehn CIA-Mitglieder im Pandschschir-Tal ab, der Hochburg der Nordallianz. Die CIA-Mission wurde von Gary Schroen geleitet. Sie war das Verbindungsteam für Nordafghanistan, das unter dem Rufnamen „Jawbreaker" bekannt wurde. Zusätzlich hatte das Team drei Millionen Dollar in 100-Dollar-Scheinen dabei, um sich Unterstützung kaufen zu können. Jawbreaker nahm Kontakt zu General Mohammed Fahim auf, der nach Massouds Ermordung Befehlshaber der Nordallianz-Truppen im Pandschschir-Tal geworden war, und bereitete die Ankunft der Spezialeinheiten der Armee vor. Das Jawbreaker-Team brachte Satellitenkommunikationsausrüstung mit, sodass seine Geheimdienstberichte dem CIA-Hauptquartier unverzüglich zur Verfügung standen. Das Team sollte auch Ziele für die folgende Operation definieren, Such- und Rettungseinsätze im Extremfall leisten und Bombenschäden durch die Luftkampagne bewerten. (Bob Woodward, Bush at War, S. 139–155)

Als langsam klar wurde, dass die USA militärisch auf die Anschläge vom 11. September reagieren würden, schrieb bin Laden am 3. Oktober einen Brief an den Taliban-Führer Mullah Omar.

Darin vertrat er die Ansicht, dass jede „US-Kampagne gegen Afghanistan den Vereinigten Staaten große langfristige wirtschaftliche Belastungen“ auferlegen würde, denen – wie einst bei den Sowjets – „der Rückzug aus Afghanistan, Zerfall und Schrumpfung“ folgen würden.

Am 7. Oktober interviewte der Journalist Faraj Ismail, der für ein saudisches Magazin arbeitete, den Taliban-Führer Mullah Omar in Kandahar. Dieser erklärte, er glaube nicht, dass bin Laden hinter den Anschlägen vom 11. September stecke: „Ich habe die Kontrolle über Afghanistan. Ich bin sicher, dass er es nicht getan hat. Ich glaube, die Täter kamen aus den Vereinigten Staaten selbst.“

Doch am selben Tag trat bin Laden überraschend im Fernsehen auf – das erste Mal seit den Anschlägen vom 11. September. Die Bilder gingen um die ganze Welt. Gekleidet in eine Tarnweste und mit einer Waffe an der Seite sagte bin Laden, die Anschläge seien die Rache für die langjährige Demütigung der muslimischen Welt durch den Westen. „Da ist Amerika, voller Angst von Norden bis Süden, von Westen bis Osten. Gott sei Dank dafür. Was Amerika jetzt auszukosten bekommt, ist unbedeutend im Vergleich zu dem, was wir seit zig Jahren genießen mussten. Unsere Nation, die islamische Welt, hat diese Demütigung und diese Erniedrigung seit mehr als achtzig Jahren erfahren.“ (Peter Bergen, Osama bin Laden, S.168)

### Erste Angriffe der Amerikaner

Am 7. Oktober begannen die USA ihre Militäroperationen in Afghanistan mit Luftangriffen auf 31 Ziele im ganzen Land. Die meisten der veralteten Boden-Luft-Raketen der Taliban, die wenigen MIG-21 und Su-22 Kampfflugzeuge sowie Radar- und Kommandoeinheiten wurden bereits in der ersten Nacht zerstört.

In derselben Nacht führte die CIA den ersten Luftangriff mit einer Predator-Drohne durch. Diese kreiste über dem Haus von Mullah Omar und verfolgte mehrere Männer beim Verlassen des Hauses. CIA-Analysten vermuteten, dass Omar zu der Gruppe gehörte, die zunächst zum Haus von Omars Mutter und dann zu einer Schule westlich von Kandahar fuhr. Die Männer hielten sich mehrere Stunden in der Schule auf, und die CIA beantragte, dass die Luftwaffe die Schule mit einer konventionellen Bombe angreifen sollte, doch General Franks lehnte dies ab, mit dem Hinweis auf das Risiko von Kollateralschäden; zudem sei es unsicher, ob sich Omar wirklich dort aufhielte. Die CIA feuerte eine Hellfire-Rakete der Predator-Drohne auf einen Lastwagen vor der Schule, um die Männer herauszulocken; diese verließen tatsächlich die Schule, aber Omar entkam.

Seit Anfang der 1990er-Jahre war die Predator-Drohne in der Entwicklung gewesen. Ab 2000 wurde sie auch für die Suche nach bin Laden eingesetzt und bereits vor dem 11. September als Mittel zur Ermordung bin Ladens vorgeschlagen. Der erstmalige Einsatz bewaffneter Predator-Drohnen in Afghanistan markierte den Beginn einer neuen Ära der Drohnenkriegsführung. (Steve Coll, Directorate S, S. 70–74)

Richard A. Clarke kritisiert in seinem Buch „Against all Enemies“ die zögerliche Kriegsführung von Präsident Bush. „Der Krieg, den die USA in Afghanistan geführt haben, war nicht die schnelle, kompromisslose Operation, die man vielleicht erwartet hätte. Wir haben nicht sofort US-Truppen entsandt, um die Führung von al-Qaida und den Taliban gefangen zu nehmen. Die Bush-Regierung beschloss, weiterhin an die Taliban zu appellieren, bin Laden und seine Gefolgsleute auszuliefern, und als wir dann angriffen, behandelten wir den Krieg eher als Regimewechsel denn als Suche nach Terroristen und deren Vernichtung."

„Merkwürdigerweise waren es das Weiße Haus und das Pentagon, die nach dem 11. September versuchten, den Taliban noch eine weitere Chance zu geben. Selbst vier Tage nach Beginn der Bombardierung von al-Qaida-Einrichtungen am 7. Oktober 2001 appellierte Präsident Bush erneut öffentlich an die Taliban, zu kooperieren und bin Laden auszuliefern. Als sie dies nicht taten, sagte er später, die USA würden ihn „tot oder lebendig" ergreifen. (Richard A. Clarke, Against all Enemies, S. 274 f.)

Nach dem Beginn der Luftangriffe waren in wenigen Tage die meisten Ausbildungslager der Taliban zerstört und eine sogenannte Luftabwehr gab es nicht mehr. Danach konzentrierten sich die Luftangriffe auf Kommando-, Kontroll- und Kommunikationsziele. In der ersten Woche der Bombardierung warfen die Vereinigten Staaten rund 1500 Bomben ab. Auch wurde mit dem Abwurf von Nahrungsmitteln und medizinischen Hilfsgütern für die Zivilbevölkerung in den von der Nordallianz kontrollierten Gebieten begonnen. In der zweiten Woche der Kampagne waren die meisten der geplanten Ziele zerstört worden, die schon von der Clinton-Regierung festgelegt worden waren.

Am 19. Oktober wurden die Teams 555 und 595 des ODA (Operational Detachment Alpha), beides 12-Mann-Teams der 5th Special Forces Group, sowie Air Force Combat Controllers vom Luftwaffenstützpunkt Karshi-Khanabad in Usbekistan über 300 Kilometer nach Afghanistan eingeflogen. ODA 555 begab sich in das Pandschschir-Tal, um General Fahim zu unterstützen, und ODA 595 war General Dostum im Darya-Suf-Tal, südlich von Mazar-e-Sharif, zugeteilt worden.

Die Special Forces der ODA 595 teilten sich in zwei Gruppen auf, Alpha und Bravo. Alpha ritt zu Pferd mit General Dostum zu dessen Hauptquartier, um einen Angriff auf Mazar-e-Sharif zu planen. Bravo hatte den Auftrag, das Darya-Suf-Tal von den Taliban zu säubern und in die Alma-Tak-Berge vorzudringen, um dort Aufklärungsarbeit zu leisten.

Dostum und General Mohammad Atta hatten den ganzen Sommer über gegen die Taliban gekämpft und allmählich an Boden verloren. Ab Anfang November begann die US Air Force damit, die Stellungen der Taliban zu bombardieren, wobei die Special Forces Teams mit den Air Force Combat Controllers durch ihre Laser-Zielbeleuchtung die abgeworfenen Bomben punktgenau ins Ziel führen konnten.

Am 9. November eroberte die Nordallianz den Tanghi-Pass und löste damit den Rückzug der Taliban aus Mazar-i-Sharif aus. Am 10. November marschierten die Truppen der Nordallianz in die Stadt ein. Am 12. November töteten die USA bei einem Luftangriff auf Kabul die Nummer drei der al-Qaida, Mohammed Atef. An diesem Tag verließen die Taliban Kabul ebenfalls und beschlossen, sich in Dschalalabad und Kandahar neu zu gruppieren. Am Abend des 13. November hatten die Taliban-Verbände die Stadt geräumt; am folgenden Tag trafen die Truppen der Nordallianz – unterstützt von der ODA 555 – ein und übernahmen die Stadt.

Der Fall von Kabul bewirkte einen massiven Zusammenbruch der Taliban-Stellungen im Nordwesten. Innerhalb von 24 Stunden waren alle afghanischen Provinzen entlang der iranischen Grenze, einschließlich Herat, gefallen. Lokale paschtunische Befehlshaber und Kriegsherren übernahmen auch im gesamten Nordosten Afghanistans die Kontrolle, einschließlich Dschalalabad. Ein Teil der Taliban zog sich in die Stadt Kundus im Norden zurück, während sich andere in ihr Kernland rund um Kandahar zurückzogen.

### Osama bin Laden vor und nach dem 11. September

Es sei nicht so einfach gewesen, so der Journalist und al-Qaida-Kenner Peter Bergen, die Aufenthaltsorte von Osama bin Laden vor und nach dem 11. September nachzuverfolgen. Am 8. November jedenfalls war er in Kabul, obwohl sich die Nordallianz der Stadt näherte. An jenem Morgen gab er während des Frühstücks dem pakistanischen Journalisten Hamid Mir, der bin Ladens Biografie schrieb, ein Interview. Er verteidigte die Angriffe auf New York und Washington mit den Worten: „Amerika und seine Verbündeten massakrieren uns in Palästina, Tschetschenien, Kaschmir und im Irak. Die Muslime haben das Recht, Amerika als Vergeltung anzugreifen." (Peter Bergen, https://newrepublic.com/article/72086/the-battle-tora-bora)

Am 10. November 2001 hielt Osama bin Laden seine wohl letzte öffentliche Rede in Dschalalabad. Der al-Qaida-Chef hatte seine rechte Hand auf das Herz gelegt, das traditionelle paschtunische Zeichen für Ehrerbietung. Er trug eine lockere graue Tunika und seine charakteristische Tarnweste. Die Leibwache, 15 Kämpfer, trugen grüne Tarnanzüge, und ihre neuen Kalaschnikows waren mit Granatwerfern ausgerüstet worden. Bin Laden schilderte, wie er die weitere Entwicklung sah: „Die Amerikaner haben einen Plan, um einzumarschieren, aber wenn wir uns einig sind und an Allah glauben, werden wir ihnen eine Lektion erteilen, die gleiche, die wir den Russen erteilt haben." Mit dieser Rede erläuterte bin Laden seine Pläne, um der US-Kampagne einen Schritt voraus zu sein. Er würde sich zu seinem bevorzugten und befestigten Stützpunkt in Tora Bora begeben, wie es die USA von ihm erwarteten, aber er würde auch für sichere Fluchtwege sorgen. Während bin Laden seine Rede hielt, riefen immer wieder Zuhörer aus dem Publikum: „Gott ist groß! Nieder mit Amerika! Nieder mit Israel!"

Mit einer seiner typischen Botschaften richtete bin Laden einen letzten Appell an seine Zuhörer: „Gott ist mit uns, und wir werden den Krieg gewinnen. Eure arabischen Brüder werden uns den Weg weisen. Wir haben die Waffen und die Technologie. Was wir am meisten brauchen, ist eure moralische Unterstützung. Und möge Gott mir die Gelegenheit geben, euch zu sehen und euch an der Front wiederzutreffen." Nach diesen Worten verließ bin Laden mit seinen Männern Dschalalabad in Richtung Tora Bora. (Philip Smucker, https://www.csmonitor.com/2002/0304/p01s03-wosc.html)

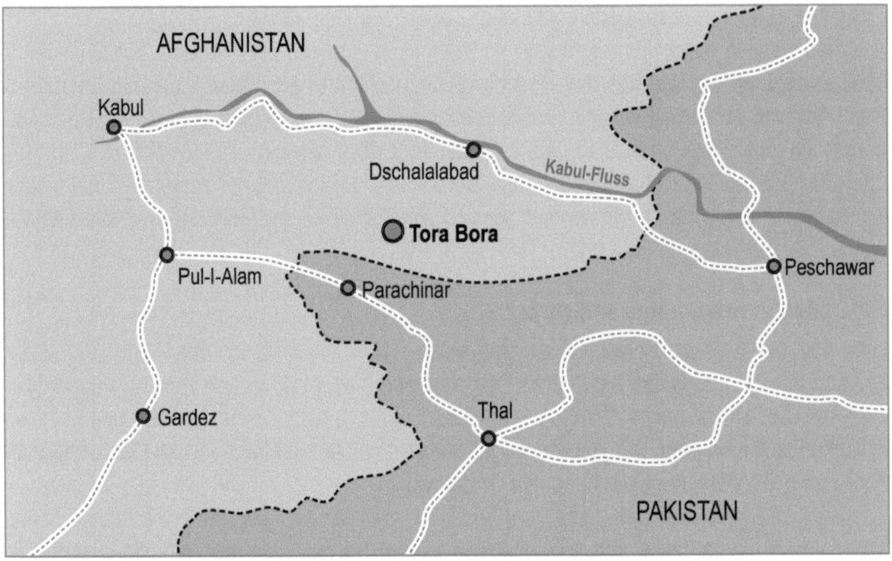


*Tora Bora, bin Ladens Unterschlupf, liegt etwa 10 km nördlich der pakistanischen Grenze. Bin Laden kannte jeden Pfad, der durch das Hochgebirge nach Pakistan führte.*

Tora Bora (Paschtu für „Schwarze Höhle") ist ein Höhlensystem im Gebirgszug Spin Ghar, der zu den sogenannten Weißen Bergen im Osten Afghanistans gehört. Dieses Höhlensystem befindet sich rund 50 km westlich des Khyber-Passes und 10 km nördlich der Grenze zur pakistanischen Provinz Khyber Pakhtunkhwa. Das Spin-Ghar-Gebirge verfügt über natürliche Höhlen, gebildet von Bächen und Flüssen, die sich in den Kalkstein gefressen hatten. In den 1989er-Jahren wurde das Höhlensystem zu einem von der CIA finanzierten Komplex ausgebaut, der für die afghanischen Mudschaheddin eingerichtet wurde. Tora Bora galt als Hochburg der afghanischen Mudschaheddin, die in den 1980er-Jahren im Kampf gegen die Sowjetunion genutzt wurde.

Bereits im Jahr 1987 hatte Osama bin Laden von seinem etwa 30 km westlich von Tora Bora gelegenen Camp Jaji aus mit dem Bau einer Gebirgsstraße von Tora Bora nach Dschalalabad begonnen. Als der in London lebende palästinensische Journalist Abdel Bari Atwan 1996 einer Einladung bin Ladens nach Tora Bora folgte, erklärte Osama bin Laden ihm, dass Tora Bora für ihn eine besondere Bedeutung habe, weil der Ort während des Kampfes gegen die Sowjetunion sein militärisches Hauptquartier gewesen sei. Der Tora-Bora-Komplex erstreckt sich über ein Gebiet von etwa 9,5 km Breite und 9,5 km Länge und hielt in den 1980er-Jahren den sowjetischen Angriffen stand.

Im Mai 1996 kehrte bin Laden mit seiner Familie aus dem Sudan nach Afghanistan zurück und siedelte sich einige Monate später im Höhlenkomplex von Tora Bora an. Am 23. August 1996 erklärte er von dort aus den USA den Krieg, da immer noch amerikanische Truppen in Saudi-Arabien stationiert waren. Im September 1996 nahmen die Taliban die Provinz Nangarhar ein und schickten eine Delegation nach Tora Bora, um bin Laden willkommen zu heißen. Im April 1997 verließ bin Laden Tora Bora wieder und verlagerte seinen Wohnsitz nach Kandahar, etwa 400 km (Luftlinie) südwestlich von Tora Bora gelegen. (Anne Stenersen, Al-Qaida in Afghanistan, S. 58–66.)

**Bin Laden in Erwartung der Schlacht**

Ende Oktober 2001, also etwa sieben Wochen nach dem Anschlag auf das World Trade Center, schickte bin Laden, der sich noch in Kandahar aufhielt, eine Gruppe von al-Qaida-Mitgliedern nach Tora Bora, um mit der Planung für den Kampf zu beginnen und Waffen und Munition in Höhlen zu deponieren. Die Vorbereitungen waren nicht sehr umfangreich, al-Qaida hatte nur sehr wenig Munition und auch nur einen Granatwerfer.

Als bin Laden in Tora Bora eintraf, war Abu Hafs, der Mitbegründer und militärische Befehlshaber von al-Qaida, bei einem US-Luftangriff getötet worden. Bin Ladens anderer wichtiger militärischer Befehlshaber, Saif al-Adel, der die Anschläge vom 11. September abgelehnt hatte, weil er das Ausmaß der wahrscheinlichen amerikanischen Reaktion fürchtete, war seinem Chef nicht nach Tora Bora gefolgt. So machte bin Laden Ayman al-Zawahiri zu seinem Stellvertreter in der zu erwartenden Schlacht.

Teile des paramilitärischen Teams der CIA mit dem Codenamen „Jawbreaker“ hatten in einem alten Schulhaus in den Ausläufern des Gebirges von Tora Bora eine Kommandozentrale errichtet. Satellitenbilder und Fotos von Aufklärungsflugzeugen zeigten tiefen Schnee, der sich von den Pässen bis in die Täler erstreckte. Daraus schloss das Team, dass bin Laden wohl nicht in der Lage sein würde, die Berge bald zu verlassen. Abgefangene Signale und Verhöre von gefangenen Taliban- und al-Qaida-Kämpfern deuteten auch darauf hin, dass sich in dem Gebiet eine beträchtliche Anzahl ausländischer Kämpfer und mögliche hochrangige Führungspersönlichkeiten von al-Qaida aufhielten. Das Weiße Haus, wie auch das Pentagon, beschlossen nun, diese al-Qaida-Einheiten in dem Gebiet zu isolieren und zu vernichten. Dabei sollten die Spezialeinheiten der USA die lokal rekrutierten afghanischen Milizen unterstützen.

In Tora Bora verabschiedete sich bin Laden von dreien seiner jüngeren Kinder, die von einem seiner Gefolgsleute aus dem Kampfgebiet gebracht werden sollten. Bin Laden war sehr gerührt, so Peter Bergen, als sie sich voneinander verabschiedeten, denn er wusste nicht, ob sie sich je wiedersehen würden. (Peter Bergen, Osama bin Laden, S. 175)

ODA 572 und ein CIA-Team wurden nach Tora Bora entsandt, um die östlichen Anti-Taliban-Milizen zu unterstützen, die unter dem Kommando von zwei „Warlords“ standen: Hazrat Ali und

Mohammed Zaman. Der Leiter des CIA-Teams war Gary Berntsen, der im November 2001 Gary Schroen als ranghöchster CIA-Offizier in Afghanistan abgelöst hatte.

Am 2. Dezember beantragte Berntsen die Entsendung eines Ranger-Bataillons in die Berge, um entlang der potenziellen Fluchtwege aus Tora Bora nach Pakistan Blockadepositionen einzurichten. Neben den Rangern hätten auch 1.000 Marines unter Brigadegeneral Jim Mattis in Kandahar und Soldaten der 10. Gebirgsdivision in Usbekistan zur Verfügung gestanden. General Franks lehnte jedoch Berntsens Anfrage ab.

Am 3. Dezember befahl der General den Einsatz schwerer Bomber. In den folgenden vier Tagen warfen B-52-Bomber und andere Flugzeugtypen aus großen Höhen etwa 350 Tonnen an Bomben auf die mutmaßlichen Stellungen von al-Qaida ab. ODA 572 mit den ihr zugeordneten Combat Controllern leiteten die Bomben ins Ziel, während die Afghanen eine Reihe schlecht ausgeführter Angriffe auf bekannte al-Qaida-Stellungen starteten, mit begrenztem Erfolg. Die Milizen gewannen am Morgen nach den US-Luftangriffen zumeist an Boden, gaben die Kontrolle über das Gelände aber noch am selben Tag wieder ab. Außerdem zogen sie sich jeden Abend zum Schlafen und Fastenbrechen in ihre Stützpunkte zurück, da die Schlacht während des Ramadans stattfand, dem Monat, in dem Muslime tagsüber weder essen noch trinken.

Da die afghanische Offensive ins Stocken geraten war und die CIA- und ODA-Teams überfordert waren, beschloss Franks, am 9. Dezember ein 40-Mann-Detachement der Delta Force in den Kampf zu schicken. Kleine Teams von Delta-Force- und CIA-Offizieren beobachteten von den Berghängen aus die Bombardierungen der al-Qaida-Stellungen und leiteten von dort die weiteren Angriffe. Es wurden auch Funksprüche abgefangen, die nach Einschätzung von CIA-Analysten darauf deuteten, dass bin Laden mit seinen Anhängern sprach. Al-Qaida war der kleinen, nur 70 Mann starken amerikanischen Truppe am Berg zahlenmäßig weit überlegen, ebenso die Heerscharen von ausländischen Journalisten, die von Dschalalabad aus über den Kampf berichteten. Mit anderen Worten: Es waren mehr Journalisten im Kriegsgebiet als amerikanische Soldaten, nämlich 100. (Steve Coll, Directorate S, 104)

Die Delta-Soldaten hatten kleine Teams gebildet, die auf die Suche nach bin Laden geschickt wurden. Der Kommandeur der Delta-Einsatzgruppe schloss sich der Lage-Einschätzung der Gruppe Jawbreaker an und forderte das Verlegen von Landminen aus der Luft, um dem Feind die Bergpässe zu versperren. Als der Einsatz des Ranger-Bataillons verweigert wurde, schlug er vor, dass seine Soldaten die vorgeschlagene Aufgabe übernehmen sollten, doch auch dieser Antrag wurde von General Franks abgelehnt.

## Der entscheidende Moment

Inzwischen waren die Anhänger von bin Laden verzweifelt. Die Höhlen, in denen sie Schutz suchten, befanden sich in einer Höhe von über 3000 Metern, wo die Temperatur zehn Grad unter Null betrug. Die Lage wurde immer prekärer. Es gab kein Wasser, nur Eis. Es schneite unaufhörlich, während rund um die Uhr ein Bombenhagel niederging. Bin Laden wandte sich an seine Anhänger mit den Worten: „Es tut mir leid, dass ich euch in diesen Kampf verwickelt habe; wenn ihr keinen Widerstand mehr leisten könnt, dürft ihr euch mit meinem Segen ergeben." (Peter Bergen, Osama bin Laden, S. 175)

Der 12. und 13. Dezember 2001 waren ereignisreiche Tage: Am 12. Dezember stellte General Franks Verteidigungsminister Rumsfeld seinen seit dem 4. Dezember überarbeiteten Angriffsplan für den Irak vor. Am 13. Dezember griffen militante Pakistani das indische Parlament an; Indien mobilisierte und schickte Truppen an die Grenze zu Pakistan. Pakistans Hauptaugenmerk galt daher nicht mehr seiner nordwestlichen Grenze und einer möglichen Flucht von al-Qaida. Der Konflikt mit Indien war wichtiger.

Wie sich herausstellte, waren der 12. und 13. Dezember auch der entscheidende Moment in der Schlacht um Tora Bora. Hajji Zaman, einer der afghanischen Warlords, nahm mit Mitgliedern von al-Qaida Verhandlungen über eine Kapitulation auf. Sie sprachen über Funk, wonach Zaman erklärte, al-Qaida sei um 16.00 Uhr bereit, sich zu ergeben. Er informierte die anderen Kommandanten und die Amerikaner. Al-Qaida erklärte dann: „Wir müssen ein Treffen mit unseren Leuten organisieren. Könntet ihr bis morgen früh um 8.00 Uhr warten?" Zaman stimmte zu. Es war der 27. Tag des Ramadans, im muslimischen Kalender als „Nacht der Macht" gefeiert, wenn die Tore des Himmels geöffnet werden. In diesem Jahr wurde die Nacht aber eher für die Flucht genutzt, durch die es mehreren hundert al-Qaida Kämpfern und Taliban gelang, in Richtung Pakistan zu entkommen. Am 13. Dezember morgens um 8.00 Uhr ergaben sich keine Kämpfer von al-Qaida in den Bergen von Tora Bora. (Peter Bergen, https://newrepublic.com/article/72086/the-battle-tora-bora)

Der Leiter des Jawbreaker-Teams der CIA im Schulhaus ging davon aus, dass zwei große al-Qaida-Gruppen entkommen waren: Die kleinere Gruppe von 130 Dschihadisten war nach Osten in Richtung Pakistan geflohen, während die zweite Gruppe, zu der 200 saudi-arabische und jemenitische Dschihadisten und eventuell auch Osama bin Laden gehörte, zunächst in Afghanistan geblieben waren und dann in der Nähe des Khyber-Passes den Weg über die Berge in die Stadt Parachinar in Pakistan genommen hatten. Der Kommandeur des Delta-Kommandos vermutete, dass bin Laden um den 16. Dezember herum die Grenze nach Pakistan überquerte. Ein Delta-Aufklärungsteam mit dem Rufzeichen „Schakal" entdeckte einen großen Mann in einer Tarnweste, der mit einer großen Anzahl von Kämpfern eine Höhle betrat. Das Team forderte mehrere Luftangriffe an, weil es davon ausging, dass es sich um bin Laden handelte, aber spätere DNA-Analysen der sterblichen Überreste jenes Mannes stimmten nicht mit denen bin Ladens überein.

Am 12. Dezember, gegen 23.00 Uhr, hatten Osama bin Laden und sein Stellvertreter Zawahiri den Waffenstillstand zur nächtlichen Flucht aus Tora Bora genutzt. Bin Laden hatte die Flucht sorgfältig geplant. In der ersten Novemberhälfte 2001, vor Beginn der Schlacht um Tora Bora, hatte er einem lokalen Kommandanten, Awal Gul, 100.000 US-Dollar gezahlt. Er vertraute Gul, weil dieser sich um bin Ladens Sicherheit gekümmert hatte, als dieser 1996 in Tora Bora lebte.

Am Morgen des 13. Dezember erreichten bin Laden und Zawahiri Guls Haus in Dschalalabad, etwa 50 Kilometer nördlich von Tora Bora, wo sie eine Rast einlegten. Die nächste Etappe war 160 Kilometer entfernt, im nordöstlich gelegenen Bezirk Shigal in der Provinz Kunar. Shigal war ein Tal auf 1500 Meter Höhe, umgeben von hohen Bergen des Hindukusch. Die Region war so abgelegen, dass es keine befestigten Straßen gab, sodass bin Laden und Zawahiri zu Pferde dorthin reiten mussten. Sie ließen sich in dem Weiler Khwarr nieder, der ebenfalls so abgelegen war, dass er auf keiner Landkarte verzeichnet war. Es war ein idealer Ort, um unterzutauchen. Dort standen bin Laden und Zawahiri unter dem Schutz des Warlords Hekmatyar, den bin Laden von dem anti-sowjetischen Dschihad her kannte. (Peter Bergen, Osama bin Laden, S. 176 f.)

## Blockierung der Fluchtwege gescheitert

Die pakistanischen Generäle, die für die Schließung der „Hintertür" zu Afghanistan verantwortlich waren, hatten keine Möglichkeit, Truppen in der verfügbaren Zeit hoch in das Hindukusch-Gebirge zu transportieren. Als sie die USA um Hilfe – um Hubschrauber – baten, wurden sie abgewiesen. Der damalige pakistanische Generaldirektor für Militäroperationen erklärte später, dass er zum „ersten Mal von Tora Bora aus dem Fernsehen erfahren" habe, und dass die pakistanische Armee auf die Schlacht mit einem Alarm für die Einheiten reagiert habe. [...] Erst am 8. oder 9. Dezember, nachdem tagelang schwere Bombardements stattgefunden hatten, forderte General Franks das XI. Corps in Pakistan auf, die Grenze abzuriegeln. [...] Die pakistanische Armee verlegte zwar Bodentruppen mit Lastwagen in die Region, doch wurden dadurch nur wenige Fluchtwege aus Pakistan blockiert. (Steve Coll, Directorate S, S. 107 f.)

Am 27. Dezember wurde ein Video auf den Fernsehkanälen der Welt ausgestrahlt, das bin Laden in recht schlechtem Zustand und sichtlich gealtert zeigte. Obwohl er normalerweise beim Sprechen mit beiden Händen gestikulierte, bewegte er in dem 34-minütigen Video seine gesamte linke Seite nicht, obwohl er Linkshänder war. Das deutete darauf hin, dass er eine schwere Verletzung erlitten haben musste. „Ich bin ein armer Sklave Gottes", sagte er resigniert. „Ob ich lebe oder sterbe, der Krieg wird weitergehen."

Doch auch auf amerikanischer Seite war die Stimmung gedrückt. Eine Woche später, am 4. Januar 2002, hatte Michael Morell, der den Präsidenten über den Erkenntnisstand der CIA auf dem Laufenden zu halten hatte, die wenig beneidenswerte Aufgabe, Bush mitzuteilen, dass bin Laden nach Einschätzung der CIA aus Tora Bora entkommen sei. Bush erhob selten die Stimme, aber nun war er zorniger, als Morell ihn je gesehen hatte. Bush fragte: „Wie zum Teufel konnte er Ihnen entkommen? Was sind Ihre Pläne jetzt?" Morell antwortete nicht. Daraufhin führte Bush eine Videokonferenz mit dem damaligen Verteidigungsminister Cheney, Sicherheitsberaterin Rice und Tenet, dem Direktor der CIA. Der Präsident fragte: „Was zum Teufel ist los? Michael hat mir gerade etwas über die Flucht von bin Laden erzählt?"

Später behaupteten Spitzenbeamte der Bush-Regierung, es gebe keine Beweise dafür, dass bin Laden überhaupt in Tora Bora gewesen sei. Immerhin kam es einer Niederlage gleich, dass der Mann, der für die Anschläge vom 11. September 2001 verantwortlich war, entkommen war. Und Präsident Bush sagte später: „Wenn wir jemals mit Sicherheit gewusst hätten, wo er sich aufhielt, hätten wir Himmel und Erde in Bewegung gesetzt, um ihn vor Gericht zu bringen." Verteidigungsminister Rumsfeld behauptete: „Niemand wusste mit Sicherheit, ob Osama bin Laden dort war", und fügte hinzu, dass „die Bedrohung durch den islamistischen Extremismus weitaus größer ist als ein einzelner Mann". Rice behauptete: „Es gab zu diesem Zeitpunkt widersprüchliche Berichte über den Aufenthaltsort, und deshalb hat das Militär keine zusätzlichen Quellen angefordert, um einen Angriff durchzuführen." In Wahrheit jedoch gab es umfangreiche Geheimdienstinformationen, dass sich bin Laden im Spätherbst 2001 wochenlang in Tora Bora aufhielt. Den Spitzenbeamten der Bush-Regierung war dies zu jenem Zeitpunkt bekannt und sie sprachen sogar öffentlich darüber. (Peter Bergen, Osama bin Laden, S. 177 f.)

### Gründe für das strategische Scheitern

Die schärfste Kritik an dem Versuch, bin Laden in oder um Tora Bora zu ergreifen, lautete: die Bush-Regierung habe es versäumt, genügend US-Truppen zu entsenden; dadurch sei bin Laden der Gefangennahme oder dem Tod entgangen. Der stellvertretende Befehlshaber, Generalleutnant Mike DeLong, sagte dazu: „Tatsache ist, dass wir keine große Anzahl unserer Truppen in Tora Bora stationieren konnten." Es wären 9.000 bis 15.000 Soldaten erforderlich gewesen, um die 100 bis 150 möglichen Fluchtwege aus Tora Bora vollständig abzuriegeln. Die Straßen von Dschalalabad nach Tora Bora waren schlecht und führten durch Dörfer, die den Taliban und al-Qaida treu ergeben waren, so dass ein heimlicher oder effizienter Einsatz einer großen Zahl von US-Truppen kaum möglich war. Darüber hinaus hätten die Wetterbedingungen in den großen Höhen von Tora Bora und das Fehlen potenzieller Lande- oder Abwurfzonen für den Einsatz aus der Luft und die Versorgung mit Nachschub eine solche Mission gefährlich unvorhersehbar und logistisch beispiellos gemacht.

General Tommy Franks erklärte: „Ich war mir der Erfahrung der Sowjets bewusst, die sie in mehr als zehn Jahren gemacht hatten – mit 620.000 in Afghanistan eingesetzten Soldaten." Er war der Meinung, dass die Stationierung großer US-Truppen unweigerlich zu Konflikten mit der afghanischen Dorfbevölkerung führen und die afghanischen Verbündeten vor den Kopf stoßen würde. Warlord Zaman hatte deutlich gemacht, dass die Ost-Afghanen nicht an der Seite der amerikanischen Ungläubigen kämpfen würden. General Franks vertrat schließlich die Auffassung, dass das Konzept des „Light Footprint" – US-Luftstreitkräfte zur Unterstützung einheimischer Bodentruppen – bereits beim Sturz der Taliban erfolgreich gewesen sei und auch in Tora Bora erfolgreich sein würde.

Das Committee on Foreign Relations (Senatsausschuss für auswärtige Angelegenheiten) stellte in einem Bericht aus dem Jahr 2009 fest, dass „das gesamte Spektrum amerikanischer militärischer Macht, von Scharfschützenteams bis hin zu den mobilsten Divisionen des Marine Corps und der Armee, an der Seitenlinie gehalten wurde", während „bin Laden und seine Entourage von Leibwächtern unbehelligt aus Tora Bora herauskamen und in Pakistans unkontrollierten Stammesgebieten verschwanden". Der Bericht erschien unter dem Titel „Tora Bora Revisited. How we failed to get bin Laden and why it matters today" und kam zu dem Schluss, dass die militärische Führung hätte flexibler sein müssen.

Nach Osama bin Ladens Untertauchen wollten Präsident Bush und seine Berater gern glauben, dass sein Überleben keine große Rolle spiele. Nötig sei nur, den Opfern von al-Qaida in New York, Washington, Nairobi, Daressalaam und anderswo Gerechtigkeit widerfahren zu lassen. Doch das Scheitern in Tora Bora hatte weiterreichende und kaum vorhersehbare Folgen. Wie die Ermittler des Senats später feststellten, veränderten die Ereignisse in Tora Bora den Verlauf des Konflikts in Afghanistan und die Zukunft des internationalen Terrorismus für immer. (Steve Coll, Directorate S. 109)

Ironischerweise war eines der Leitprinzipien des sogenannten „afghanischen Modells", das von Verteidigungsminister Rumsfeld und General Franks entwickelt worden war, dass die Vereinigten Staaten nicht in einen langwierigen Aufstand verwickeln werden sollten. Deshalb wurden kaum Truppen entsendet; anderenfalls hätte man eine anti-amerikanische Stimmung geschürt. Nach Ansicht des Committee hätte dieser Einsatzplan geändert werden müssen. Man hätte die benötigten Truppen entsenden müssen, die auf Grundlage verlässlicher Informationen bin Laden hätten gefangen nehmen oder töten können. Die mangelnde Bereitschaft, den Einsatzplan zu ändern, führte zum gegenteiligen Effekt: einem langwierigen Aufstand, der inzwischen mehr Menschenleben gekostet habe als nach den vorliegenden Schätzungen bei einem vollständigen Angriff auf Tora Bora.

Außerdem griffen die zunehmende Gewalt und die instabilen Verhältnisse in Afghanistan auf Pakistan über, einen nuklear bewaffneten Verbündeten der Vereinigten Staaten: Pakistan wurde von terroristischen Bombenanschlägen heimgesucht, während es eine Militärkampagne gegen einen von den Taliban initiierten Aufstand führte.

Das Committee vertrat allerdings ebenfalls die Ansicht, dass das Ende von Osama bin Laden die weltweite Bedrohung durch Extremisten nicht beseitigt hätte. Aber das Versäumnis, ihn zu töten oder gefangen zu nehmen, ermöglichte es bin Laden, seinen Einfluss auf die Ereignisse in der Region und in weiteren Ländern auszuweiten. Die Geschichte zeigt, dass terroristische Gruppen mit charismatischen Anführern viel stärker sind als ohne sie, und die Fähigkeit von bin Laden und seiner Terrororganisation, sich vom Verlust ihres afghanischen Zufluchtsortes zu erholen, unterstreicht diese Lektion.

## Nach dem Krieg

Acht Jahre nach ihrer Vertreibung aus Afghanistan hatte sich al-Qaida neu formiert, und bin Laden hatte eine neue Generation von Extremisten inspiriert, die die Doktrin von al-Qaida übernahmen und anpassten.

Und die Amerikaner und ihre Verbündeten, die NATO-Staaten? Nach 19 Jahren, 10 Monaten, 3 Wochen und 2 Tagen, also am 30. August 2021, erfolgte ein mehr oder weniger überstürzter Rückzug aus Kabul, der afghanischen Hauptstadt: Die Taliban hatten die Kontrolle im Land wieder übernommen. In diesen fast 20 Jahren eines nie erklärten Krieges starben zwischen 170.000 (Zahlen der Brown University) und 210.000 Menschen (Zahlen der UCDP – Uppsala Conflict Data Program)

## Quellen: Tora Bora oder die USA gegen al-Qaida

### Bücher


- Bergen, Peter, The Longest War, The Enduring Conflict Between America and Al-Qaeda, London 2011
- Bergen, Peter, The Rise and Fall of Osama Bin Laden, New York 2021
- Berntsen, Gary, Jawbreaker, The Attack on Bin Laden and Al-Qaeda, New York 2005
- Bolger, Daniel P., Why We Lost, a General's Inside Account of the Iraq and Afghanistan Wars, New York 2014
- Clarke, Richard A., Against all Enemies, New York 2004
- Coll, Steve, Directorate S, The C.I.A. and America's Secret Wars in Afghanistan and Pakistan, New York 2019
- Scheuer, Michael, Osama bin Laden, Oxford 2011
- Schroen, Gary C., First In, An Insider's Account of How the CIA Spearheaded the War on Terror, New York 2006
- Woodward, Bob, Bush at War, New York 2003


### Zeitschriften/Studien


- Bergen, Peter, https://newrepublic.com/article/72086/the-battle-tora-bora
- Krause, Peter, http://web.mit.edu/SSP/people/krause/PKrause%20_The%20Last%20Good%20Chance_.pdf
- Senate Foreign Relations Committee Majority Staff, Tora Bora Revisited: How We failed to Get bin Laden and Why It Matters Today, Washington D.C. 2009
- Smucker, Philip, https://www.csmonitor.com/2002/0304/p01s03-wosc.html

# Kapitel 3

## Krieg im Zeichen der Rumsfeld-Doktrin

Am 2. März 2002 wurden im Morgengrauen 200 Soldaten der 101. Luftlandedivision und der 10. Gebirgsdivision aus der Luft im afghanischen Shahi-Kot-Tal abgesetzt, um die Koalitionsstreitkräfte im Kampf gegen das Taliban-Regime zu unterstützen. Anders als erwartet kam es zu einem harten Kampf gegen einen widerstandsfähigen Feind. Im weiteren Verlauf waren es 1.700 US-Soldaten und 1.000 Afghanen, die sich mit 500 bis 1.000 Taliban- und Al-Qaida-Kämpfern konfrontiert sahen und das Tal zu sichern versuchten. Eine Kombination aus strategischen Fehlkalkulationen des Oberkommandos und ein Mangel an Infanterie, Artillerie und Luftunterstützung führte zu acht toten und 72 verwundeten US-Soldaten.

Es war der neue Verteidigungsminister Donald Rumsfeld, der mehr auf Special Forces und weniger auf konventionelle Streitkräfte setzte. Der designierte Vizepräsident Cheney hatte ihn dem Präsidenten für den Posten des Verteidigungsministers empfohlen. Beide kannten einander aus der neokonservativen Denkfabrik „Project for the New American Century" (PNAC). Diese Denkfabrik, mitgegründet von Richard Perle, strebte eine Vorherrschaft der USA in der Weltpolitik an. Die folgenden Thesen wurden vertreten: Eine US-amerikanische Führerschaft sei nicht nur gut für die USA, sondern auch für die ganze Welt. Eine solche Führerschaft erfordere militärische Stärke und diplomatische Energie. Wenn die Diplomatie scheitere, seien Militäraktionen ein akzeptables und nötiges Mittel. Kritiker warfen dem PNAC vor, dass es nur eine neue Form des Imperialismus propagiere, der von der Energiepolitik, also vom Erdöl, motiviert sei.

Bush hatte Rumsfeld berufen, um die sogenannte „Revolution in Military Affairs" in den USA durchzusetzen. Seit dem Ende des Kalten Krieges bzw. seit dem Zusammenbruch der Sowjetunion 1991 war die Militärstrategie der USA nicht der politischen Entwicklung angepasst worden. „Die derzeitige Strategie funktioniert nicht", erklärte Rumsfeld am 21. Juni 2001 bei seinem ersten öffentlichen Auftritt vor dem Kongress nach seiner Amtseinführung im Januar. Minister Rumsfeld skizzierte eine neue vielschichtige Strategie, die seiner Meinung nach im Laufe der vierjährigen Verteidigungsüberprüfung weiter getestet werden würde. Die alte Forderung, dass das Militär in der Lage sein muss, zwei regionale Kriege gleichzeitig zu gewinnen, wurde abgeschwächt; stattdessen sollten die US-Streitkräfte lediglich in der Lage sein, einen Feind schnell zu besiegen und zugleich einen weiteren Gegner in Schach zu halten.

In Rumsfelds Äußerungen zeigte sich die Bereitschaft für eine aggressivere militärische Haltung. Dem alten Konzept der Abschreckung hatte Rumsfeld einen neuen Aspekt hinzugefügt, der darauf abzielte, die Gegner davon abzuhalten, auch nur daran zu denken, bestimmte Waffen zu entwickeln oder für die USA bedrohliche Maßnahmen zu ergreifen. Insgesamt, so

Minister Rumsfeld, versuche er, die Grundlage für eine, wie er hoffe, tiefgreifende Umstrukturierung der Streitkräfte zu schaffen, die neue Waffen ermögliche und die Investitionen in High-Tech-Bereiche wie Raumfahrt, Informationssysteme und auch in nachrichtendienstliche Aufklärung begünstige. (Bradley Graham, By his Own Rules, S. 243 f.)
Der New York Times vom 8. September 2001 zufolge war der Auftritt von Donald Rumsfeld vor dem Kongress wohl nicht sehr überzeugend: Er habe seine Militärreform-Pläne „lausig" verkauft – nicht nur den Generälen und Admirälen, sondern vor allem dem Kongress. (https://www.nytimes.com/2001/09/08/opinion/the-bush-merry-go-round.html)

## Die Rumsfeld-Doktrin

Rumsfelds Ziel war es, die Einsatzbereitschaft der Streitkräfte zu erhöhen und die dafür benötigte Versorgung zu verringern. Dies sollte durch eine Reduktion der Truppenstärke erreicht werden. Die verbleibenden Truppen waren deshalb sehr mobil und nur leicht bewaffnet; sie sollten den Feind lediglich ausfindig machen, damit er durch Luftangriffe vernichtet werden konnte. Die frühen Phasen des Afghanistankrieges wie auch der Irakkrieg gelten als die beiden ersten Umsetzungen dieser sogenannten Rumsfeld-Doktrin.

Als Minister leitete Rumsfeld auch die Planung für den Krieg in Afghanistan. Am 21. September 2001 unterrichtete General Tommy Franks den Präsidenten über einen Plan zur Vernichtung von al-Qaida in Afghanistan und zur Beseitigung der Taliban-Regierung. General Franks schlug zunächst vor, dass die USA mit einer konventionellen Truppe von 60.000 Mann in Afghanistan einmarschieren sollten, bei einer sechsmonatigen Vorbereitungszeit. Rumsfeld befürchtete jedoch, dass eine konventionelle Invasion Afghanistans ins Stocken geraten könnte, wie dies bei den Sowjets und den Briten der Fall gewesen war, und lehnte den Plan ab. Stattdessen wurden CIA-Paramilitärs und Special Forces eingesetzt, mit der Folge, dass Osama bin Laden und ein Teil von Al-Qaida-Kämpfern aus Tora Bora fliehen konnten. Der Fehler habe in der mangelnden Flexibilität der militärischen Führung bestanden, so das Committee on Foreign Relations in seinem Abschlussbericht.

## Operation „Anaconda"

Im Februar 2002 fand ein Geheimdienstanalyst der Special Forces Hinweise, die ihn annehmen ließen, dass sich überlebende Al-Qaida-Kräfte im unteren Shahi-Kot-Tal, etwa 90 Kilometer südlich von Gardez, sammelten. Das untere Shahi-Kot-Tal grenzte an die pakistanischen Stammesgebiete, in die viele Al-Qaida-Kämpfer vermutlich aus Tora Bora geflohen waren. Andere Analysten und auch die CIA kamen zu demselben Schluss. Immer mehr Hinweise aus der Bevölkerung deuteten auf eine starke Präsenz von Taliban- und Al-Qaida-Kämpfern im Shahi-Kot-Tal hin; man nahm an, dass etwa 150 bis 200 Kämpfer im Tal überwinterten und sich möglicherweise auf eine Frühjahrsoffensive vorbereiteten. Die nachrichtendienstlichen Informationen ließen auch vermuten, dass sich im Tal hochrangige Zielpersonen aufhielten. Im Februar wurden Pläne für einen Angriff auf das Shahi-Kot-Tal mit afghanischen Streitkräften (AMF) ausgearbeitet, die von US-Spezialkräften beraten und unterstützt wurden. Der Plan sah einen Angriff auf das Tal vor, zusammen mit Einheiten, die vorher in den Bergen im Osten Stellung beziehen sollten, um eine Flucht nach Pakistan zu verhindern. Man rechnete damit, dass die Taliban- und Al-Qaida-Kämpfer, wie im Fall von Tora Bora einige Monate zuvor, auch bei diesem Angriff fliehen würden und dass die Blockadeeinheiten sie dann aufhalten würden.

Laut Seymour M. Hersh, dem wohl bekanntesten amerikanischen investigativen Journalisten, wollte General Franks die in Kandahar stationierten Marines schon in Tora Bora einsetzen. Seinem Buch „Chain of Command" zufolge weigerten sich die Einheiten, unter den gegebenen Bedingungen an dem Einsatz teilzunehmen. Dies wiederholte sich bei der Planung für Operation „Anaconda"; auch diesmal weigerten sich die Marines, ohne eigene Artillerie und Luftunterstützung an dem Einsatz teilzunehmen. Hinzu kam, dass sich General Franks und das United States Central Command (CENTCOM) weigerten, den Angriffsplan zu ändern, nachdem ein SEAL-Team ein Höhlensystem in dem Shahi-Kot-Tal entdeckt hatte, das von al-Qaida besetzt zu sein schien. Das SEAL-Team verlangte eine Bombardierung. Doch General Franks und CENTCOM lehnten eine Bombardierung ab, der Überraschungseffekt gehe dann verloren. Lakonisch stellte die US-Luftwaffe fest, dass ein Überraschungsangriff problematisch sei; in der Region sei bereits bekannt, dass ein Angriff bevorstehe. Darüber hinaus habe ein Pentagon-Mitarbeiter noch erklärt, dass die Schlüsselaspekte des Gefechtsplans, die im Voraus von CENTCOM mitgeteilt wurden, nicht vom Generalstab, sondern von zivilen Beamten im Büro des Verteidigungsministers festgelegt worden waren. Dazu zählten etwa der Einsatz von Special Forces. (Seymour M. Hersh, Chain of Command, S. 136 ff.)

Das Hochtal Shahi-Kot („Platz des Königs") ist etwa 9 km lang, an seiner weitesten Stelle ungefähr 5 km breit und liegt auf einer Höhe von 2700 m. Es besteht aus dem unteren und dem oberen Shahi-Kot, die ungefähr parallel zueinander verlaufen. Im unteren Shahi-Kot dominieren mehrere imposante Berge die Landschaft; der wichtigste von ihnen ist der Takur Ghar am südöstlichen Ende des Tals. Im Nordosten überragt der Tsapare Ghar den nördlichen Eingang des Tals. Während des sowjetisch-afghanischen Krieges war der Mudschaheddin-Führer Mansoor für das Tal zuständig und befestigte es: Er ließ Schützengräben ausheben, Bunker bauen und Feuerstellungen in den Bergkämmen errichten, von denen viele auch bei der Operation „Anaconda" genutzt werden sollten.

Der amerikanische Plan sah einen Angriff auf das Tal vor, unterstützt von Einheiten, die vorher in den Bergen in Stellung gehen sollten, um eine Flucht der Taliban- und Al-Qaida-Kämpfer nach Pakistan zu verhindern. Das Zielgebiet im Hochtal war Shir Khan Kheyl. CENTCOM hatte auch den Einsatz konventioneller US-Infanterie beschlossen: das 187. Infanterie-Regiment („Rakkasans") der 101. Luftlandedivision und Soldaten des 1. Bataillons des 87. Infanterie-Regiments der 10. Gebirgsdivision. Mit Chinook-Hubschraubern sollten die Soldaten, gesichert von sechs Kampfhubschraubern, eingeflogen werden, um ihre Blockadepositionen einzunehmen.

Die ersten Lastwagen, die afghanische Kämpfer die Straße hinauffuhren, wurden von Granatwerfern beschossen, bis zu 40 Menschen wurden verletzt oder getötet. Die Afghanen zogen sich zurück und zögerten, als ihnen befohlen wurde, wieder den Berg hinaufzugehen; sie wussten, dass die erste Welle beschossen worden war. Ein Berater des Pentagons erklärte gegenüber Seymour M. Hersh, dass wohl versäumt worden war, das Gebiet für den Angriff systematisch mit Mörsern oder Artillerie zu beschießen.

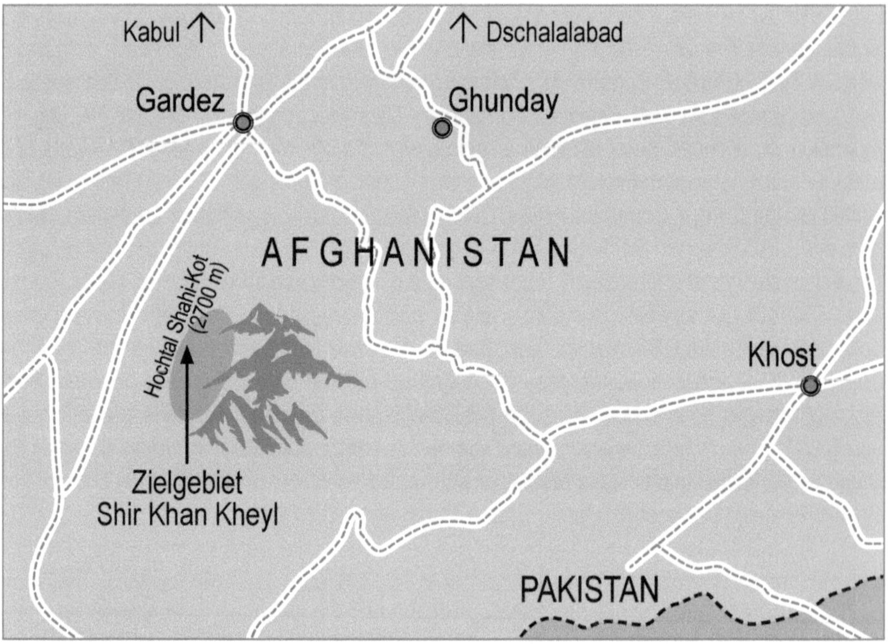


*Die Operation „Anaconda" hatte zum Ziel, Einheiten der al-Qaida und der Taliban im Shahi-Kot-Tal, gelegen in einer Höhe von 2700 m, zu bekämpfen.*

General Franks erklärte am 4. März auf einer Pressekonferenz: „Ich denke, man sollte sehr vorsichtig sein, wenn man willkürlich bombardiert." Anaconda sei eine Aufgabe für eine konventionelle Armee gewesen. „Letzten Endes ist der sicherste Weg, gegen den Feind vorzugehen, Soldaten auf den Boden zu bringen, und das ist es, was wir in diesem Fall getan haben und warum wir es so gemacht haben." Der amerikanische Bodenangriff sollte durch einen Hubschrauberangriff in den Bergen ergänzt werden. Die Hubschrauber sollten Truppen der 10. Gebirgsdivision und der 101. Luftlandedivision in der Landezone am Ende des Tals absetzen; es waren die Blockadeeinheiten, die die Al-Qaida-Kräfte und Taliban angreifen und vernichten sollten, sofern alles nach Plan verlief. Man erwartete, dass der Gegner vor den Spezialkräften und den Afghanen fliehen werde.

Es kam dann aber anders: Die Amerikaner gerieten unter Beschuss, sobald sie die Hubschrauber verließen und erlitten sofort Verluste. Es kam zu einem totalen Zusammenbruch der

Einheit; junge Soldaten weinten und warfen ihre Waffen weg. Die Landezone war übersät mit Waffen, Rucksäcken, Nachtsichtgeräten und Funkgeräten, als die Soldaten den Berg hinunter in Sicherheit flohen. In einem Gespräch mit Seymour M. Hersh verteidigte der pensionierte General Wesley Clark (von 1997 bis 2000 der Supreme Allied Commander Europe) die flüchtenden Soldaten. Er kritisierte die Armeeführung dafür, dass sie Truppen in den Kampf schicke, die kaum ausgebildet seien und über keine ausreichenden Informationen verfügt hätten.

Sieben der acht amerikanischen Todesopfer während der Operation „Anaconda" waren Mitglieder der Special Forces, die zusammen mit anderen Spezialeinheiten die Aufgabe hatten, Al-Qaida-Kämpfer aus ihren Verstecken in die Arme der wartenden Armeeeinheiten zu treiben. Dieser Teil des Angriffsplans war schon am ersten Morgen hinfällig, als ein SEAL aus dem Hubschrauber absprang, um den amerikanischen Soldaten am Boden zu helfen, und auf sich gestellt und kaum bewaffnet beschossen wurde.

Zu seiner Rettung flog ein Trupp seiner Spezialeinheiten zum Absprungort, ohne zu wissen, dass der SEAL bereits tot war. Einer ihrer Hubschrauber wurde durch Beschuss vom Boden schwer beschädigt. In den folgenden zwölf Stunden starben sechs weitere Amerikaner und wurden elf verletzt, bevor es weiteren Hubschraubern gestattet wurde, trotz des Beschusses vom Boden den in Not geratenen Special Forces zu helfen. „Was in diesen Stunden genau geschah, blieb im Dunkeln", schrieb die Los Angeles Times später. Hersh erfuhr, dass die Überlebenden nicht von amerikanischen Kameraden gerettet wurden, sondern von einem Team australischer Special Forces, die ihre Mission in den Bergen abbrachen und die Taliban- und Al-Qaida-Kämpfer angriffen. Ohne die Australier wäre wohl das ganze Rettungsteam getötet worden. (Seymour M. Hersh, Chain of Command, S. 138-142)

Am 18. März 2002 erklärte General Tommy Franks die Operation „Anaconda" für beendet und bezeichnet sie später als „einen uneingeschränkten und vollen Erfolg". Nach den geschilderten Ereignissen wurden die beteiligten Einheiten ausgetauscht, das Tal bombardiert und die Höhlen gesprengt.

Diese Fehlschläge im Kampf gegen al-Qaida waren kein Zufall, sondern Folgen des neuen Systems des Verteidigungsministers Donald Rumsfeld, der kleine und mobile Einheiten bevorzugte. In gewisser Weise war das verständlich: Die Vorbereitung und die Verlegung von 60.000 US-Soldaten nach Afghanistan hätte nach General Franks sechs Monate gedauert. Doch ein kurzfristig erfolgender Angriff hatte gewisse Nachteile, wie sich in Tora Bora und bei der Operation „Anaconda" zeigte und wie sich im Irak-Krieg noch zeigen wird. In den Planungen wurde die Phase vier, die sogenannte Staaten- oder Nationbildung, kaum umgesetzt oder ersatzlos gestrichen. Das galt für Afghanistan und erst recht für den Irak. Infolge der sogenannten Rumsfeld-Doktrin konnte sich die Terrororganisation Islamischer Staat im Nahen Osten sehr schnell ausbreiten. Am 1. Mai 2003, an dem Tag, als Präsident George W. Bush das Ende der Kampfhandlungen erklärte, begann der Aufstand der verschiedensten Dschihad-Gruppen im Irak gegen die Amerikaner.

## Der Irak-Krieg

Schon Stunden nach dem Einschlag eines Flugzeuges in das Pentagon am 11. September 2001 hatte US-Verteidigungsminister Donald Rumsfeld seinen Mitarbeitern den Befehl erteilt, nach Beweisen für eine irakische Beteiligung zu suchen, wie aus den Notizen eines Mitarbeiters hervorging. Diese handschriftlichen Notizen, von denen einige Teile unkenntlich gemacht waren, wurden im Februar 2006 im Rahmen des US-Gesetzes über die Informationsfreiheit freigegeben. Das Pentagon bestätigte, dass die Notizen von Stephen Cambone, dem heutigen Unterstaatssekretär für Geheimdienstangelegenheiten und damaligen hochrangigen politischen Beamten, angefertigt worden waren. Er war für die Krisenplanung zuständig und in dieser Funktion an jenem Nachmittag beim Minister.

In dem Bericht heißt es: „An jenem Nachmittag des 11. Septembers wies Minister Rumsfeld den Vorsitzenden des Generalstabs, General Myers, an, schnellstmöglich so viele Informationen wie möglich zu beschaffen." Aus den Notizen geht hervor, dass er Myers auch mitteilte, „dass er nicht nur daran interessiert sei, leere Ausbildungsstätten anzugreifen. Seiner Meinung nach sollte die Reaktion der USA eine breite Palette von Optionen in Betracht ziehen. Der Minister sagte, sein Gefühl rate ihm, Saddam Hussein zu treffen und nicht nur bin Laden. Minister Rumsfeld erklärte später, dass er damals entweder einen der beiden oder vielleicht jemand anderen als Verantwortlichen in Betracht gezogen habe." Die Notizen legen nahe, dass der Schwerpunkt auf Saddam lag. (Guardian, 24. Februar 2006, Julian Borger Washington, Blogger bares Rumsfeld's post 9/11 orders)

Am Morgen des 12. September trat der nationale Sicherheitsrat erneut zusammen. Verteidigungsminister Donald Rumsfield und sein erster Stellvertreter, Paul Wolfowitz, drängten sofort auf einen Krieg mit Saddam Hussein, nachdem sie diese Frage bereits am Vorabend angesprochen hatten. Bush sagte: „Moment mal, ich habe kein Wort darüber gehört, dass er für den Angriff verantwortlich sei." Wolfowitz und Rumsfeld versuchten bereits die Terrorangriffe vom 11. September zu nutzen, um den Sturz Saddams zu forcieren.

Laut Richard Clarke, dem Terrorismusbeauftragten, habe Verteidigungsminister Rumsfeld schon während der ersten Sitzung am Tag nach den Anschlägen gefordert, dass der Irak bombardiert werden solle. „Wir waren uns sicher", so Richard Clarke, „dass al-Qaida die Schuld trage und es keinen Hinweis auf eine irakische Beteiligung gebe. Doch Donald Rumsfeld sagte, wir müssten den Irak bombardieren. Darauf antworteten die Anwesenden, dass al-Qaida in Afghanistan sei und nicht im Irak." In einem Interview in der CBS-Sendung „60 Minutes Tonight" erklärte Clarke, dass er glaube, die Regierung habe versucht, den Irak mit den Anschlägen in Verbindung zu bringen, weil sie seit Langem am Sturz von Saddam Hussein interessiert gewesen sei. „Ich vermute, sie wollten glauben, dass es eine Verbindung zwischen dem Irak und den Al-Qaida-Anschlägen in den USA gibt", sagte er. (Independent, 21. März 2004)

Diese Fixierung auf Saddam Hussein in einem Kabinett von Georg W. Bush ist überraschend und wohl auch ungewöhnlich, sodass ein Blick in die Vergangenheit hilfreich sein kann.

## Die Vorgeschichte

Es war der 2. August 1990, als Saddam Hussein Kuwait überfiel und besetzte. Am 12. Januar 1991 beschloss der US-Kongress, den Irak unter Anwendung militärischer Gewalt aus Kuwait zu vertreiben. Mit 250 zu 183 Stimmen im Repräsentantenhaus und 52 zu 47 Stimmen im Senat wurde der US-Präsident George H. W. Bush, der Vater des amtierenden Präsidenten George W. Bush, zu einem Militäreinsatz ermächtigt. Am 17. Januar 1991 begann die Operation „Desert Storm", die Befreiung Kuwaits durch alliierte Truppen unter der Führung der USA. Schon am 3. März 1991 wurden Waffenstillstandsverhandlungen aufgenommen und am 12. März trat der Waffenstillstand zwischen dem Irak und den Koalitionsstreitkräften in Kraft; damit war der Krieg beendet. Saddam Hussein blieb im Amt, seine republikanische Garde war auch nicht vernichtet worden und so blieben amerikanische Truppen in Saudi-Arabien stationiert – wie von Osama bin Laden vorhergesagt.

**14. April 1993** Der zweite Teil dieser Geschichte beginnt in den USA am Mittwoch, dem 14. April 1993, als sich viele Amerikaner auf die angespannte Pattsituation in Waco, Texas, zwischen dem Sektenführer David Koresh und den Bundespolizisten konzentrierten. (siehe Band 1, S. 250). Hunderte Kilometer weiter südlich, in Houston, besteigt George H. W. Bush eine gecharterte 747 der Kuwait-Airlines für eine Reise in den Nahen Osten. Zum ersten Mal seit über einem Jahrzehnt ist der ehemalige Präsident Privatmann und die kuwaitische Regierung will ihm für die Vertreibung der irakischen Armee aus dem Emirat danken.

Jenseits der Grenze von Kuwait, im Irak, sind immer noch viele verbittert und wollen Rache. Laut einem hochrangigen Beamten der Clinton-Regierung „habe Saddam während des Krieges und auch danach über die von ihm kontrollierten Medien angedeutet, dass Präsident Bush persönlich für den Krieg verantwortlich sei und nach seinem Ausscheiden aus dem Amt gejagt und bestraft werden würde".

Auch die CIA hat Hinweise erhalten, dass der irakische Geheimdienst ISS ein Attentat auf Bush plane, nachdem er ins Privatleben zurückgekehrt war. Das Attentat werde aber nur mit der Genehmigung von Saddam Hussein stattfinden. Andere Informationen der CIA legen aber nahe, dass das Attentat bereits autorisiert worden sei. Er wolle sich persönlich rächen und zugleich Kuwait und andere arabische Staaten einschüchtern.

**12. April 1993** Zwei Tage früher treffen sich in der südirakischen Stadt Basra, etwa 160 Kilometer von Kuwait entfernt, Mitglieder des irakischen Geheimdienstes zu einer geheimen Besprechung. Dabei ist auch Wali al-Ghazali, ein irakischer Staatsbürger. Laut FBI-Dokumenten sollen bei diesem Treffen die letzten Vorbereitungen für die Ermordung des ehemaligen Präsidenten Bush und des Emirs von Kuwait getroffen werden.

Al-Ghazali erhält einen handelsüblichen Toyota Land Cruiser, der den Fahrzeugen im Irak und in Kuwait gleicht. Allerdings ist die Karosserie des Fahrzeuges mit etwa 100 kg Plastiksprengstoff ausgekleidet worden, verbunden mit einem Detonator. Diese Menge Sprengstoff reicht aus, um Zerstörung auf einer Fläche von vier Fußballfeldern zu erzeugen. Außerdem sind im Auto zehn weitere Bomben in Form von Paketen versteckt, die in dem Geschäftsviertel von Kuwait platziert werden sollen. Die Autobombe ist so konstruiert, dass sie entweder per Fernsteuerung, durch einen elektrischen Zeitzünder oder durch einen Selbstmordschalter gezündet werden kann. Al-Ghazali erhält auch ein Foto des Gebäudes der Universität Kuwait, in dem Bush eine Ehrendoktorwürde verliehen werden soll.

Er wird angewiesen, die Grenze nach Kuwait zu überqueren und die Autobombe per Fernsteuerung vor der ankommenden Wagenkolonne an der Universität zu zünden. Auch erhält er einen Selbstmordgürtel, um sich im Falle eines Scheiterns so dicht wie möglich Bush zu nähern und die Bombe zu zünden.

**13. April 1993** Noch vor Sonnenaufgang am 13. April startet al-Ghazali den bombenbeladenen Toyota und fährt in Richtung Kuwait. Einige Stunden später passiert er den Grenzposten Salmi, einen Treffpunkt für Schmuggler und Schwarzhändler, und gelangt ohne Probleme über die Grenze nach Kuwait.

**15. April 1993** Die Begrüßung in Kuwait am 15. April muss für George H. W. Bush eine Genugtuung sein, nachdem er fünf Monate zuvor eine bittere Wahlniederlage gegen Bill Clinton erlitten hat. Tausende von Kuwaitis, gekleidet in wallende weiße Gewänder, begrüßen ihn, wie auch Mädchen mit Blumenkörben und wirbelnde SchwerttänzerInnen. Zur Ehrung gehört zudem eine Autokolonne für den ehemaligen Oberbefehlshaber der Operation Wüstensturm. Bush nennt den Empfang „furchtbar emotional und wunderbar".

Dann ist es Zeit für die große Zeremonie in der Universität von Kuwait. Niemand auf der Bühne oder im Publikum ahnt, wie nahe sie dem Tod hätten sein können. Die Attentäter werden gefasst, kurz bevor Bush an der Universität ankommt.

„Es war ein ausgeklügelter Plan der irakischen Regierung, der sich gegen einen ehemaligen Präsidenten der Vereinigten Staaten richtete, weil er als Präsident gehandelt hatte", erklärte Präsident Clinton, nachdem er einen Vergeltungsschlag mit Cruise-Missiles auf das Hauptquartier des Irakischen Geheimdienstes befohlen hatte. (https://www.washingtonpost.com/wp-srv/inatl/longterm/iraq/timeline/062793.htm)

Die Mitglieder der Denkfabrik PNAC, die in der Regierung von George W. Bush hohe Ämter bekleideten, hatten schon 1996 den Sturz Saddam Husseins gefordert, um den Nahen Osten politisch neu zu ordnen. 1998 verlangten sie von Präsident Clinton, einen Regimewechsel im Irak anzustreben. Im „Iraq Liberation Act" des amerikanischen Kongresses vom Oktober 1998 wurde ein Regimewechsel ohne militärische Maßnahmen gefordert; die demokratische Opposition sollte gefördert werden. Zwar unterzeichnete Clinton die Gesetzesvorlage, doch die Umsetzung wollte er seinem Nachfolger überlassen. Am 31. Oktober 1998 beendete der Irak die Kooperation mit den Waffeninspektoren, verwies sie aber nicht des Landes. Vom 16. bis 19. Dezember 1998 ließ Präsident Clinton den Irak in der Operation „Desert Fox" bombardieren.

### Zweitrangig: Die Suche nach Massenvernichtungswaffen

Die offizielle Begründung für diese Operation bestand darin, die Fähigkeit des Irak zur Herstellung von Massenvernichtungswaffen zu zerstören und die irakische Bedrohung für seine Nachbarn zu vermindern. Aber die Zielliste besagt etwas anderes. 35 der 100 Ziele wurden wegen ihrer Bedeutung für das irakische Luftverteidigungssystem ausgewählt – ein wesentlicher erster Schritt in jedem Krieg. Nur 13 Ziele auf der Liste waren Einrichtungen, die mit chemischen und biologischen Waffen in Verbindung gebracht werden konnten. Das Herzstück der Desert-Fox-Liste, und zwar 49 der 100 Ziele, war das irakische Regime selbst: ein halbes Dutzend Palastanlagen und die sie unterstützenden Einrichtungen der Geheimpolizei, des Wachdienstes und von Transportorganisationen. Es ging also ganz wesentlich darum, das Regime von Saddam Hussein zu schwächen. (Washington Post, 17. Januar 1999, Page B1, Analysis, The Difference was in the Details)

## Der Irak und Saddam Hussein

Um den Unmut der Mitglieder des PNAC besser einordnen zu können, folgt ein Rückblick auf die Entwicklung im Irak. 1968, also ein Jahr nach dem von Israel gewonnenen Sechs-Tage-Krieg, übernahm im Irak die nationalistische Baath-Partei die Macht unter Führung von Ahmad Hasan al-Bakr und seinem 31-jährigen Verwandten Saddam Hussein. „Baath" ist das arabische Wort für „Wiedergeburt" und erinnert somit an ein neues arabisches Königreich. Die Beziehungen zu den USA verbesserten sich erst recht nicht, als die Baathisten 1972 die Kontrolle über den irakischen Erdölsektor übernahmen und westliche Unternehmen, z. B. Exxon, verstaatlichten. Außerdem wurde ein „Freundschaftsabkommen" mit der Sowjetunion unterzeichnet, in dem diese sich verpflichtete, sich dem Kampf gegen Imperialismus und Zionismus anzuschließen.

Sonderlich beunruhigt waren die amerikanischen Politiker aber nicht, denn noch hatten sie Reza Pahlavi auf ihrer Seite, den Schah des Iran. Mit ihm im Zentrum war die damalige US-Politik im Nahen Osten aufgebaut worden. Im Juli 1979, kurz nach der islamischen Revolution im Iran durch Ajatollah Chomeini, übernahm Saddam selbst die Macht im Irak und ließ seine möglichen Konkurrenten innerhalb der Partei liquidieren. Khomeini, der einst von Saddam beschützt worden war, erklärte sich nun zum Feind des Diktators. Nach der Besetzung der amerikanischen Botschaft in Teheran im November 1979 und als Reaktion auf die drastischen Veränderungen in der Region näherten sich die Amerikaner vorsichtig dem irakischen Herrscher Saddam Hussein an, nach dem Motto: Der Feind meines Feindes ist mein Freund.

In der Folge von Streitigkeiten über den Grenzverlauf im Flussgebiet des Schatt al-Arab begann Saddam im September 1980 den Iran-Irak-Krieg, um eine Vormachtstellung in der Region zu erreichen. Unterstützt wurde er durch die Sowjetunion wie auch durch westliche Staaten, etwa Frankreich, die BRD und die USA. Finanziert wurde der Krieg hauptsächlich von Kuwait und Saudi-Arabien. Nicht nur im Irankrieg setzte Saddam Giftgas ein, sondern auch während der sogenannten Anfal-Operation gegen die Kurden im Norden des Landes. Im März 1988 bombardierte die irakische Luftwaffe die Stadt Halabdscha mit Giftgas und tötete dabei etwa 4.000 Kurden, rund 10.000 erlitten Verletzungen. Im Gegensatz zu früheren Giftgasangriffen wurde dieser Angriff von den westlichen Medien mit Entsetzen kommentiert. Im August 1990 besetzte Saddam Hussein Kuwait, da es, so die Behauptung, irakische Ölfelder angezapft habe. Der wahre Grund war wohl, dass Saddam seine Kredite für den Krieg gegen den Iran nicht zurückzahlen konnte. Im Januar 1991 begann eine von den USA geführte Allianz, legitimiert durch eine UN-Resolution, mit der Befreiung Kuwaits. Die irakische Armee wurde von den alliierten Truppen fast vollständig geschlagen, doch ein Vormarsch auf Bagdad erfolgte nicht. Die UN-Resolution sah nur die Befreiung von Kuwait vor, nicht aber einen Regimewechsel im Irak.

## Suche nach Alliierten

Im Januar 2002 setzte George W. Bush in seiner ersten Rede zur Lage der Nation einen rhetorischen Meilenstein für das kommende Jahr: Der Irak, sagte er, gehöre zur „Achse des Bösen“. Im Februar wies er General Tommy Franks vom Zentralkommando an, mit der Verlegung von Truppen aus Afghanistan an den Golf zu beginnen. Im März unterbrach er ein Treffen seiner nationalen Sicherheitsberaterin Condoleezza Rice und drei Senatoren: „Scheiß auf Saddam“, sagte der Präsident. „Wir werden ihn ausschalten.“ Im Frühjahr 2002, ein ganzes Jahr vor der Invasion, war die Regierung schon unaufhaltsam auf Kriegskurs. (George Packer, The Assassins' Gate, S. 45)

Am 5. April 2002 wollte der britische Premierminister Tony Blair Bush auf dessen Ranch in Crawford besuchen, um das Saddam-Problem zu besprechen. Blair wollte sich ein Bild davon machen, was die Amerikaner dachten. Der britische Botschafter in den Vereinigten Staaten, Christopher Meyer, und sein Kollege David Manning, der außenpolitische Berater Großbritanniens, hatte sich zu einem Mittagessen mit Condoleezza Rice getroffen. „Condis Enthusiasmus für einen Regimewechsel ist ungebrochen“, sollte Manning später an Blair berichten. Er fügte hinzu: „Laut dem, was sie sagte, muss Bush noch Antworten auf die großen Fragen finden – vor allem darauf, wie man die internationale Öffentlichkeit davon überzeugen kann, dass ein militärisches Vorgehen gegen den Irak notwendig und gerechtfertigt ist. Er leidet noch immer unter den Aussagen anderer europäischer Staats- und Regierungschefs über seine Irakpolitik.“

Premierminister Blair befürwortete zwar einen Regimewechsel im Irak, aber er verlangte einen ausgearbeiteten Plan. Für Botschafter Meyer bedeutete dies, ein militärisches Vorgehen gegen Saddam gegenüber der UNO juristisch begründen zu müssen. Am 4. Dezember 2002 schrieb Blair erneut an Bush. Sein siebenseitiges Memo trug den Titel „The War Against Terrorism: The Second Phase“ und war eine Bestätigung dafür, dass sich Bushs Aufmerksamkeit nun auf Saddam gerichtet hatte. Die Strategie, zu der Blair riet, war jedoch auf die Kriegsbereitschaft abgestimmt: „Bauen Sie das Ganze mit der Zeit auf, bis wir den Punkt erreichen, an dem wir notfalls militärisch eingreifen könnten; aber in der Zwischenzeit bringen Sie die Menschen zu uns, unterminieren Sie Saddam, ohne die Menschen zu beunruhigen, ohne Russland und/oder halb Europa und nervöse arabische Staaten zu verlieren und ohne dass wir vor die Wahl gestellt werden zwischen einer massiven Intervention und gar nichts.“

Der Premierminister sah seine Aufgabe darin, den Präsidenten daran zu erinnern, dass die Welt zuschaue und alle Sympathien für Amerika schwinden würden, wenn das Weiße Haus rücksichtslos danach strebe, Bombenziele außerhalb von Afghanistan zu suchen. (Robert Draper, To Start a War, S. 106-109)

## Das „Office of Special Plans“

Das Office of Special Plans wurde eingerichtet, um Beweise für das zu finden, was Paul Wolfowitz, der stellvertretende Verteidigungsminister, und sein Chef, Verteidigungsminister Donald Rumsfeld, für wahr hielten: enge Verbindungen von Saddam Hussein zu al-Qaida; und dass der Irak über ein riesiges Arsenal an chemischen, biologischen und eventuell nuklearen Waffen verfüge, die die Region und möglicherweise auch die Vereinigten Staaten bedrohen könnten. Umstritten war, wie viele von diesen Waffen, wenn überhaupt, den Krieg von 1991 und die folgenden Jahre der Inspektionen der Vereinten Nationen, Flugverbotszonen und Sanktionen überstanden hatten. Rumsfeld und seine Kollegen waren der Meinung, dass die CIA nicht in der Lage sei, den Ernst der Lage im Irak zu erkennen. „Die Agentur war darauf aus, die Verbindung zwischen dem Irak und dem Terrorismus zu widerlegen", erklärte einer der neuen Pentagon-Berater. Das Ziel des Office of Special Plans sei es gewesen, „Daten unter das Mikroskop zu legen, um zu enthüllen, was die Geheimdienste nicht sehen können oder wollen". (Seymour M. Hersh, Selective Intelligence, https://www.newyorker.com/magazine/2003/05/12/selective-intelligence)

Schon vor dem 11. September hatte Richard Perle, eines der Gründungsmitglieder des PNAC und damaliger Vorsitzender des Defense Policy Board des Pentagons, ein ähnliches Argument in Bezug auf die Kenntnisse der Geheimdienste über die irakischen Waffen vorgebracht. Bei einer Anhörung des Unterausschusses für Außenbeziehungen des Senats im März 2001 sagte er: „Besitzt Saddam jetzt Massenvernichtungswaffen? Sicher hat er sie. Wir wissen, dass er chemische Waffen hat. Wir wissen, dass er biologische Waffen hat. [...] Wie weit er bei den Atomwaffen ist, wissen wir nicht wirklich. Meine Vermutung ist, dass er weiter ist, als wir denken. Er ist immer weiter, als wir denken, denn wir beschränken uns bei unseren Überlegungen auf das, was wir beweisen und nachweisen können. Und wenn man nicht glaubt, dass wir alles aufgedeckt haben, muss man davon ausgehen, dass es mehr gibt, als wir belegen können." Donald Rumsfeld argumentierte auf ähnliche Weise. „Man weiß nicht, was man nicht weiß."

## Der Nutzen von Überläufern

Da das Office of Special Plans nach neuen Erkenntnissen über den Irak suchen wollte, waren Überläufer mit Kenntnissen aus erster Hand eine der naheliegendsten Quellen. Das Office wandte sich daher an den Irakischen Nationalkongress von Ahmad Chalabi. Der INC, eine Dachorganisation für verschiedene irakische Oppositionsgruppen, suchte nach irakischen Überläufern und betreute sie. Das Office of Special Plans entwickelte eine enge Arbeitsbeziehung zum Irakischen Nationalkongress. Aber auch zwischen Chalabi, Wolfowitz und Perle bestanden schon seit vielen Jahren enge persönliche Beziehungen, die sich nach dem Amtsantritt der Bush-Regierung noch intensivierten. (Seymour M. Hersh, Selective Intelligence, https://www.newyorker.com/magazine/2003/05/12/selective-intelligence)

Der Umgang mit Überläufern schien der Bush-Administration nicht besonders fremd zu sein. Hussein Kamel, der ranghöchste irakische Beamte, der jemals aus Saddam Husseins innerem Zirkel übergelaufen war, erklärte im Sommer 1995 gegenüber CIA- und britischen Geheimdienstmitarbeitern sowie UN-Inspektoren, dass der Irak nach dem Golfkrieg alle chemischen und biologischen Waffen und die Raketen für deren Einsatz vernichtet habe. Kamel war der

Schwiegersohn von Saddam Hussein und hatte direkte Kenntnis von dem, was er behauptete. Zehn Jahre lang hatte er die nuklearen, chemischen, biologischen und Raketenprogramme des Irak geleitet. Kamels Enthüllungen über die Zerstörung der irakischen Bestände an Massenvernichtungswaffen sollen von den UN-Inspektoren vertuscht worden sein, heißt es. Der Irak hatte nie Unterlagen vorgelegt, die Kamels Ausführungen belegen. Trotzdem blieb nach der Aussage des Überläufers die Frage, ob die dem Irak zugeschriebenen Bestände an Massenvernichtungswaffen noch existierten. Rolf Ekeus, der Sprecher der Sonderkommission der Vereinten Nationen für Abrüstung im Irak, glaubte dem Überläufer nicht. (Newsweek, 12. März 2013, The Defector's Secrets)

### Die Vorbereitung der Invasion

Im Januar 2002 bereitete Präsident Bush in seiner Rede zur Lage der Nation den Boden für eine Invasion des Irak. Er bezeichnete den Irak als Mitglied der „Achse des Bösen" und erklärte: „Die Vereinigten Staaten von Amerika werden es nicht zulassen, dass die gefährlichsten Regime der Welt uns mit den tödlichsten Waffen der Welt bedrohen." Darüber hinaus stellte Bush weitere Behauptungen auf, die schlicht gelogen waren. Die Bush-Regierung wusste, dass der Irak keine Atomwaffen besaß und dass es auch keine Informationen darüber gab, ob das Land über biologische Waffen verfügte. Der Einschätzung der 16 amerikanischen Geheimdienste zufolge hatte der Irak derzeit keine Nuklearwaffen, sei aber in der Lage, bis 2007 oder 2009 welche zu entwickeln. Und laut George Tenet, dem CIA-Direktor, seien die politischen Entscheidungsträger darüber informiert worden, dass die CIA keine spezifischen Informationen über die Arten oder Mengen von Kampfstoffen oder deren Vorräte in Bagdad besitze. (https://www.vox.com/platform/amp/2016/7/9/12123022/george-w-bush-lies-iraq-war)

Ende August 2002 überraschte Vizepräsident Dick Cheney alle Skeptiker, als er vor der amerikanischen Veteranenvereinigung erklärte, dass das Regime von Saddam Hussein zweifellos über chemische und biologische Waffen verfüge und „sein Atomwaffenprogramm wiederaufgebaut" habe. Innerhalb eines Jahres könne Saddam Hussein eine Atombombe besitzen. Cheney wies zudem darauf hin, dass der Diktator eine solche auch an al-Qaida liefern könnte.

Diese öffentliche Äußerung stand in krassem Widerspruch zu den Erkenntnissen der Geheimdienste. Generalmajor Glen Shaffer stellte am 5. September 2002 fest, dass die Geheimdienstabteilung J2 der Generalstabschefs zu dem Schluss gekommen sei, dass das Wissen der Vereinigten Staaten über verschiedene Aspekte des irakischen Programms für Massenvernichtungswaffen zwischen null und 75 % liege und dass das Wissen über Aspekte eines möglichen Kernwaffenprogramms besonders schwach sei: „Unser Wissen über das irakische Atomwaffenprogramm basiert größtenteils – vielleicht zu 90 % – auf der Analyse ungenauer Informationen", so die Schlussfolgerung. „Unsere Einschätzungen stützen sich in hohem Maße auf analytische Annahmen und Einschätzungen und nicht auf konkrete Beweise. Die Beweislage für das irakische Nuklearprogramm ist besonders dürftig."(https://web.archive.org/web/20160424014613/ https://www.documentcloud.org/documents/2697361-Myers-J2-Memo.html)

Auch die britische Regierung fand keine Beweise dafür, dass der Irak Atomwaffen oder andere Massenvernichtungswaffen besaß und dass der Irak eine Bedrohung für den Westen darstelle – eine Schlussfolgerung, die die britischen Diplomaten der US-Regierung mitteilten.

Im Oktober 2002 verabschiedete der US-Kongress die „Irak-Resolution“, die den Präsidenten ermächtigte, „alle erforderlichen Mittel“ gegen den Irak einzusetzen. Bei einer Umfrage im Januar 2003 sprachen sich die Amerikaner weitgehend für weitere diplomatische Schritte statt einer Invasion aus. Im weiteren Verlauf des Jahres begannen sie jedoch, Bushs Plan zuzustimmen, denn die US-Regierung hatte eine aufwendige PR-Kampagne im Inland durchgeführt, um die Akzeptanz für den Krieg bei den Bürgern zu erhöhen.

## Deckname „Curveball“

Am 5. Februar 2003 trat Außenminister Colin Powell vor die UNO, um Beweise dafür vorzulegen, dass der Irak chemische und biologische Massenvernichtungswaffen versteckt hielt. Trotz der Warnungen des deutschen Bundesnachrichtendienstes und des britischen Geheimdienstes, dass die Quelle nicht vertrauenswürdig sei, enthielt Powells Präsentation Informationen, die auf den Behauptungen von einem in Deutschland lebenden irakischen Emigranten beruhten. Der irakische Chemiker Rafid Ahmed Alwan war 1999 als Flüchtling nach Deutschland gekommen. Der Bundesnachrichtendienst (BND) wurde auf ihn aufmerksam und verhörte ihn. Man erhoffte sich Informationen über die Massenvernichtungswaffen von Saddam Hussein. Alwan, dessen Deckname „Curveball“ lautete, erkannte sehr schnell, dass sein Status davon abhing, welche Informationen er lieferte, je mehr, desto besser.

Dem BND gelang es, den ehemaligen Chef Alwans aufzuspüren, der die Ausführungen seines ehemaligen Untergebenen zu Hirngespinsten erklärte. Der CIA wurde vom BND über den letzten Stand der Entwicklung informiert. Nach den Anschlägen vom 11. September erwachte plötzlich das amerikanische Interesse an „Curveball“. Der damalige Präsident des BND, August Hanning, schrieb im Dezember 2002 dem CIA-Chef George Tenet, dass die Angaben des Informanten „Curveball“ nicht bestätigt werden konnten. Auch der Europa-Chef der CIA, Tyler Drumheller, hatte mehrfach CIA-Chef Tenet gewarnt, dass die Aussagen von „Curveball“ nicht zuverlässig seien – sogar noch in der Nacht vor Powells Rede. (https://www.theguardian.com/world/2011/feb/15/curveball-cia-europe-chief-vindicate)

Der Höhepunkt in der Präsentation des US-Außenministers Colin Powell war die detaillierte Beschreibung von mobilen Laboren, von Lastwagen, die zu rollenden Chemie- und Biowaffenlaboren umgebaut worden waren, um der Kontrolle der Waffeninspektoren zu entgehen. Darüber hinaus behauptete Powell, dass der Irak enge Kontakte zu al-Qaida habe. Nicht alle Staaten waren von dieser Präsentation überzeugt, wie etwa Russland, Frankreich und China. Diese Länder lehnten einen Angriff ab und befürworteten eine Fortsetzung der Inspektionen. Laut Seymour M. Hersh drangen amerikanische Special Forces im März, noch vor der eigentlichen Invasion, in den Irak ein und suchten an verdächtigen Orten nach Raketen oder Lagern für chemische und biologische Waffen; sie hätten aber nichts gefunden.

Die USA und Großbritannien bildeten daraufhin eine „Koalition der Willigen“ und griffen den Irak ohne Kriegserklärung am 20. März 2002 von Kuwait und Jordanien aus mit 309.000 Soldaten an; die Amerikaner stellten 192.000 und das Vereinigte Königreich 45.000 Mann. Die irakische Truppenstärke betrug rund 400.000 Soldaten. Die Invasion war eine schnelle und entschlossene Operation, die zwar auf Widerstand stieß, aber nicht in dem Maß, wie es die USA, Großbritannien und andere Verbündete erwartet hatten.

Am 1. Mai 2003 erklärte Präsident Bush auf dem Flugzeugträger Abraham Lincoln den Krieg für beendet. Doch schon vom 28. bis zum 30. April 2003 war es in Fallujah zur ersten bewaffneten Auseinandersetzung zwischen US-Soldaten und irakischen Demonstranten gekommen, die die Öffnung einer Schule für die Kinder verlangten, denn Soldaten der 82. Luftlandedivision hatten sich dort einquartiert. In der Folge waren 15 irakische Tote und 65 Verletzte zu verzeichnen.

## Quellen: Krieg im Zeichen der Rumsfeld-Doktrin

### Bücher


- Bradley, Graham, By His Own Rules, The Ambitions, Successes, and Ultimate Failures of Donald Rumsfeld, New York 2009
- Draper, Robert, To Start A War, How the Bush Administration took America into Iraq, New York 2020
- Hersh, Seymour M., Chain of Command, London 2004
- Moore, Robin, Taskforce Dagger, The Hunt for Bin Laden, On the ground with Special Operations Forces, New York 2003
- Naylor, Sean, Not A Good Day To Die, The Untold Story of Operation Anaconda, New York 2005
- Neville, Leigh, Special Forces in The War on Terror, Oxford 2015
- Packer, George, The Assassins' Gate, America in Iraq, New York 2006
- Ricks, Thomas E., Fiasco, The American Military Adventure in Iraq, London 2007


### Zeitschriften/Studien


- https://www.theguardian.com/world/2006/sep/12/september11.usa2
- https://www.washingtonpost.com/wp-srv/inatl/longterm/iraq/analysis.htm
- https://www.newyorker.com/magazine/2003/05/12/selective-intelligence

# Kapitel 4

## Der Islamische Staat – die Anfänge

Die Industriestadt Zarqa liegt rund 27 km nordöstlich von Amman in Jordanien. Bevor ihr berüchtigtster Sohn den Namen der Stadt zu seinem Kriegsnamen machte, gab es zwei Hauptassoziationen mit dem Namen: eine liturgische und eine humanitäre. Zarqa war zum einen der biblische Schauplatz des berühmten Kampfes Jakobs mit Gott und zum anderen beherbergt die Stadt auch heute noch das älteste palästinensische Flüchtlingslager in Jordanien, das 1949 errichtete Zarqa-Camp.

### Der Junge aus Zarqa

Abu Musab al-Zarqawi, der später einen Vorläufer des Islamischen Staates gründen sollte, wurde am 30. Oktober 1966 als Ahmad Fadeel al-Nazal al-Khalayleh geboren. Er war kein Palästinenser, sondern gehörte zum Stamm der Bani Hassan, einer Konföderation von Beduinen, die am Ostufer des Jordans wohnten und für ihre Loyalität zum haschemitischen Königreich bekannt waren. Al-Zarqawi war kein guter Schüler, er beherrschte die arabische Sprache nur halbwegs. 1984, im selben Jahr, in dem sein Vater starb, brach er die Schule ab und schlug eine kriminelle Laufbahn ein. Er trank und schmuggelte Alkohol; es wird auch behauptet, er sei Zuhälter gewesen. Seinen ersten Gefängnisaufenthalt verbrachte er wegen Drogenbesitzes und sexueller Nötigung.

Aus Sorge, dass ihr Sohn in die Unterwelt abtauchen würde, aus der er wohl niemals entkommen könnte, meldete seine Mutter ihn in der Al-Husayn-Ben-Ali-Moschee in Amman zum Religionsunterricht an. Die Erfahrung war tiefgreifend: Der Glaube hatte zwar die beabsichtigte Wirkung, die Gesetzlosigkeit zu verdrängen, aber nicht so, wie es sich seine Mutter erhofft hatte. In der Moschee entdeckte al-Zarqawi zum ersten Mal den Salafismus, eine Doktrin, die in ihrer heutigen Form eine Rückkehr zur theologischen Reinheit und zu den Traditionen befürwortet. Salafisten betrachten die westliche Demokratie und die Moderne nicht nur als fundamental unvereinbar mit dem Islam, sondern auch als die „Hauptverschmutzer" der arabischen Zivilisation, die nach dem Ersten Weltkrieg unter den illegitimen und „abtrünnigen" Regierungen in Ägypten, Jordanien, Syrien und Irak stagnierte. In ihrer extremsten Ausprägung sind die Salafisten auch Anhänger des Dschihad, was im Arabischen ungefähr „Kampf" bedeutet. Als die Sowjets 1979 in Afghanistan einmarschierten, verstand man darunter jedoch „bewaffneter Widerstand". (Weiss/Hassan, ISIS, Inside the Army of Terror, S. 2 f.)

Al-Zarqawi ging nach Afghanistan, um sich den Mudschaheddin anzuschließen, die gegen die sowjetischen Truppen kämpften. Als er 1989 dort ankam, waren die Sowjets bereits abgezogen. Anstatt zu kämpfen, wurde er Reporter für eine islamistische Zeitung. Er lebte in Hayatabad, einem Vorort von Peschawar in Pakistan, wo er 1990 auch seinen künftigen geistigen Mentor kennenlernte, den salafistischen Dschihad-Ideologen Abu Muhammad al-Maqdisi. Beide kehrten 1992 nach Jordanien zurück und al-Maqdisi gründete eine jordanische Dschihad-Zelle mit dem Namen „Das Haus des Imams" und warb al-Zarqawi an. Im März 1994 wurden beide verhaftet und wegen illegalen Waffenbesitzes und der Mitgliedschaft in einer terroristischen Organisation zu 15 Jahren Gefängnis verurteilt und sofort in ein Hochsicherheitsgefängnis verlegt.

Während der Zeit im Gefängnis wurde al-Zarqawi konzentrierter, brutaler und entschlossener. Als Mitglied der Bani Hassan stand er über den anderen Häftlingen, selbst über al-Maqdisi. Al-Zarqawi nutzte seinen Einfluss auf die gefügigen oder korrupten Wärter, um seiner Gruppe, die aus Mitgliedern der Dschihad-Zelle bestand, das Leben zu erleichtern. Es gelang ihm sogar durchzusetzen, dass seine Mithäftlinge keine Standarduniformen mehr tragen mussten. Ein Gefängnisarzt erinnerte sich, dass „er seinen Gefolgsleuten Befehle erteilen konnte, indem er nur die Augen bewegte". Letztendlich verbüßte al-Zarqawi nur einen Bruchteil seiner Strafe, da nach dem Tod des jordanischen Königs Hussein dessen Sohn Abdullah II. die Nachfolge antrat. Er war ein im Westen ausgebildeter Reformist, der eine Politik der Versöhnung mit den Muslimbrüdern, dem größten Oppositionsblock im jordanischen Parlament, einleitete. Im März 1999 verkündete der neue König eine Generalamnestie für rund 3.000 Gefangene. Viele Islamisten wurden freigelassen, darunter auch al-Zarqawi. (Weiss/Hassan, ISIS, Inside the Army of Terror, S. 9 ff.)

## Konfliktreiche Treffen mit bin Laden

Innerhalb weniger Monate nach seiner Freilassung versuchte al-Zarqawi nach jordanischen Angaben, die alte Dschihad-Organisation wieder aufleben zu lassen. Laut dem jordanischen Geheimdienst GID (General Intelligence Directorate) war er an dem Millenniumskomplott beteiligt – einem Versuch, das Radisson SAS Hotel in Amman vor dem Neujahrstag 2000 zu bombardieren. Der Plan wurde aufgedeckt, und Zarqawi floh nach Pakistan. Als Pakistan sein Visum aufhob, floh er nach Afghanistan und landete in einem dschihadistischen Unterschlupf in einem Dorf westlich von Kabul. Nach Angaben jordanischer Beamter und Gerichtsaussagen inhaftierter Anhänger in Deutschland traf sich Zarqawi in Kandahar mit bin Laden und anderen Al-Qaida-Führern. Es lief ziemlich schlecht. Bin Laden verdächtigte ihn und die jordanische Gruppe, mit der er angereist war, vom jordanischen Geheimdienst GID infiltriert zu sein. Auch die vielen Tätowierungen des Ex-Häftlings, die sich al-Zarqawi in seinen weniger frommen Tagen zugelegt und dann im Gefängnis erfolglos versucht hatte zu entfernen, störten den puritanischen bin Laden. Mehr als alles andere war es jedoch seine Arroganz, seine „starren Ansichten", die bin Laden beleidigten. Al-Zarqawi hatte auch einen viel weiteren Begriff von „Ungläubigen" („kuffar"), der seiner Meinung nach auch alle Schiiten und Sunniten einschloss, die sich nicht an die strenge salafistische Konvention hielten. Bin Laden hatte sich nie nach diesen Kategorien gerichtet, wohl aufgrund seiner Ausbildung und wohl auch wegen seiner Mutter, die eine syrische Alawitin war, also Mitglied eines Ablegers der schiitischen Glaubensrichtung.

## Die Gruppe Jama'at al-Tawhid wal-Jihad

Im Jahr 2000 wurde al-Zarqawi die Verantwortung für ein Ausbildungslager übertragen. Das Lager wurde mit Al-Qaida-Geldern errichtet. Bin Laden hatte al-Zarqawi 200.000 Dollar in Form eines „Darlehens" gewährt. Es handelte sich um ein Lager, das weder eine Grundausbildung noch eine Spezialausbildung anbot, sondern die körperliche Betätigung diente nur dazu, festzustellen, wer den Mut zum Kampf hatte. Die Absolventen sollten künftige Terroranschläge in Israel/Palästina und Jordanien verüben. Al-Zarqawi hatte Herat im Nordwesten Afghanistans gewählt, weit entfernt von den etablierten Operationen von al-Qaida in Kandahar und Dschalalabad, und weil seine Rekruten über den Iran nach Afghanistan einreisen sollten. Es kamen hauptsächlich palästinensische und jordanische Rekruten ins Lager. Über dem Eingang stand der Slogan, der später der Name seiner Zelle im Irak werden sollte: „Jama'at al-Tawhid wal-Jihad" (Monotheismus und Dschihad).

Al-Zarqawi begann sich Anfang 2001 für die islamische Geschichte zu interessieren und las viel über die historischen Ereignisse. Er war beeindruckt von Nur ad-Din Zengi, dem unbarmherzigen Herrscher eines mittelalterlichen Gebietes, das sich von Aleppo in Syrien bis Mossul im Irak erstreckte und der die Kreuzfahrer aus Syrien vertrieben hatte. Al-Zarqawi bewunderte Nur ad-Dins Ehrgeiz und unbarmherzige Effizienz. Einem Bericht zufolge hatte Nur ad-Din eine Kreuzfahrerzitadelle in Syrien belagert. Die Kreuzfahrer kapitulierten schließlich und traten an Nur ad-Din heran, um über die Bedingungen zu verhandeln. „Er wollte ihrer Bitte nicht nachkommen", wie es ein mittelalterlicher muslimischer Historiker euphemistisch ausdrückte. Als die Verstärkung der Kreuzfahrer eintraf, um die Belagerung aufzuheben, sah sie, dass die Mauer der Zitadelle „und die Behausungen ihrer Bewohner völlig zerstört waren". Al-Zarqawi fragte nach jedem verfügbaren Buch über Nur ad-Din und seinen Schützling Saladin, den späteren ersten Sultan von Ägypten. Als „Sultan Saladin" wurde er zu einem Mythos der muslimischen Welt und galt als vorbildlicher islamischer Herrscher, der während der Kreuzzüge Richard Löwenherz bekämpft hatte.

Während der Terroranschläge vom 11. September in den USA hielt sich al-Zarqawi im Iran auf. Nach dem Beginn der US-geführten Invasion in Afghanistan im Oktober 2001 kehrte al-Zarqawi nach Afghanistan zurück, um bei der Abwehr des US-Angriffs zu helfen. Er schloss sich Taliban- und Al-Qaida-Kämpfern an. Ende 2001 wurde er verwundet. Im Dezember 2001 oder am 5. Januar 2002 floh er in den Iran und wurde in Maschhad medizinisch behandelt. Die iranische Regierung soll ein jordanisches Ersuchen um Auslieferung von al-Zarqawi abgelehnt haben. Indizien deuten jedoch darauf hin, dass die iranischen Behörden al-Zarqawis Aktivitäten bis zu einem gewissen Grad eingeschränkt haben könnten.

Nach jordanischen Gerichtsdokumenten hat al-Zarqawi im Sommer 2002 einen Plan für Anschläge auf westliche und jüdische Ziele in Jordanien geschmiedet und mit der Ausbildung einer kleinen Gruppe von Kämpfern in einem Stützpunkt in Syrien begonnen. Am 28. Oktober

2002 soll die Gruppe ihren ersten Anschlag ausgeführt haben. Der US-Diplomat Laurence Foley, ein leitender Angestellter der US-Behörde für internationale Entwicklung, wurde in Amman erschossen. Von jordanischen Quellen heißt es, dass die Attentäter sich mit al-Zarqawi in Syrien getroffen und Geld für die Operation erhalten hätten. Trotz der Beweise für al-Zarqawis Anwesenheit in ihrem Land ignorierten die Syrer nach Angaben arabischer Geheimdienstquellen die Auslieferungsersuche der Vereinigten Staaten und Jordaniens.

Nach dem Sturz der Taliban floh al-Zarqawi aus Afghanistan in den Iran. Nach langen Überlegungen beschloss al-Zarqawis Gruppe, in den Irak umzusiedeln. Sie rechneten damit, dass die Amerikaner früher oder später in den Irak einmarschieren würden, um das Regime zu stürzen. Für al-Zarqawi war es notwendig, eine wichtige Rolle in der Konfrontation und im Widerstand zu spielen: „Es ist unsere historische Chance, den Staat des Islam zu errichten, der mit Gottes Erlaubnis die größte Rolle bei der Beseitigung der Ungerechtigkeit und der Überführung der Wahrheit in diese Welt spielen wird", so Zarqawi in seiner Analyse. Für Zarqawi war der „Staat des Islam" das Kalifat selbst.

Im Jahr 2002 und Anfang 2003 begann al-Zarqawi mit dem Aufbau seines geheimen Netzwerks im Irak. Nach Angaben arabischer Geheimdienstquellen plante er im Februar 2003 den militärischen Widerstand gegen die erwartete US-Invasion im Irak. Im Oktober 2003 wurde während der sogenannten Ramadan-Offensive sehr deutlich, dass al-Zarqawi und seine Gruppe Jama'at al-Tawhid wal-Jihad im Iran aktiv war.

Al-Zarqawi wollte zunächst die lokalen Autokraten stürzen und die schiitischen Verräter beseitigen, von denen er glaubte, dass sie mit den Amerikanern zusammenarbeiteten, um die Sunniten zu unterjochen. Seine Strategie bestand darin, einen konfessionellen Bürgerkrieg zu entfachen. Im Gegensatz dazu waren die Al-Qaida-Führer zurückhaltender. Bin Laden wollte das US-Militär dazu zwingen, den Nahen Osten zu verlassen und die Unterstützung lokaler Autokraten einzustellen. Ihre Strategie bestand darin, die Amerikaner anzugreifen und muslimische Ressentiments gegen sie zu schüren. Die Unterstützung der Muslime in der Bevölkerung für ihre Sache war von entscheidender Bedeutung; denn ohne sie konnte das gewünschte Kalifat nicht errichtet werden. (McCants, The ISIS Apocalypse, S. 9 ff.)

## Operation „Iraqi Freedom"

Am 20. März 2003 um 5:34 Uhr morgens – Ortszeit Bagdad – begann die militärische Bodeninvasion des Irak, Operation „Iraqi Freedom", die von US-Armeegeneral Tommy Franks geleitet wurde. Es gab keine amerikanische Kriegserklärung. Etwa vierzig andere Regierungen, die sogenannte „Koalition der Willigen", beteiligten sich mit der Bereitstellung von Truppen und Ausrüstung. 192.000 US-Soldaten, 45.000 britische Soldaten und 2.000 australische Soldaten waren für die Invasion nach Kuwait verlegt worden. Diese Invasionstruppe wurde auch von irakisch-kurdischen Miliztruppen unterstützt, deren Zahl auf über 70.000 geschätzt wurde.

Die Invasion der Amerikaner führte zum Zusammenbruch der Baath-Regierung; Saddam Hussein wurde im Dezember desselben Jahres im Rahmen der Operation „Red Dawn“ (Rote Morgendämmerung) gefangen genommen und drei Jahre später hingerichtet. Das Machtvakuum nach Saddams Sturz und die Misswirtschaft der provisorischen Koalitionsverwaltung unter Bremer führten zum Bürgerkrieg zwischen Schiiten und Sunniten sowie zu einem langwierigen Aufstand gegen die Koalitionstruppen.

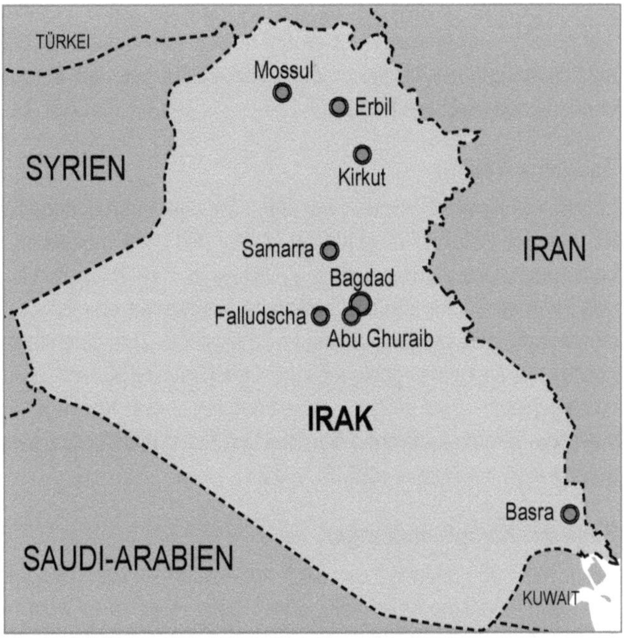


*Die Orte, die während der Operation „Iraqi Freedom“ eine Rolle spielen*

Der Diplomat Paul Bremer wurde am 9. Mai 2003 von Präsident Bush zum Gesandten des Präsidenten für den Irak ernannt und Donald Rumsfeld unterstellt. Im Juni übernahm er in Bagdad die neu gebildete Coalition Provisional Authority (CPA), die provisorische Koalitionsverwaltung. Damit wurde Bremer zum Leiter der obersten Exekutivbehörde des Landes. Er, der Inhaber des wohl mächtigsten Auslandspostens, den ein Amerikaner seit General MacArthur in Japan innehatte, verglich sich gern sowohl mit MacArthur als auch mit General Lucius Clay, der nach dem Ende des Zweiten Weltkrieges für die amerikanische Zone in Deutschland zuständig war.

Unzählige Artikel und Bücher haben die Fehler der Bush-Regierung dokumentiert, von der Weigerung, die massiven Plünderungen nach der Invasion zu stoppen, bis hin zur völligen Demontage der irakischen Militär- und Sicherheitsstruktur durch die CPA von Paul Bremer. Doch kaum ein Amerikaner war sich des Ausmaßes dieser Fehler mehr bewusst als die Geheimdienstler und US-Diplomaten im Irak, die beobachteten, wie sich die Organisation von al-Zarqawi weiterentwickelte.

Da die US-Streitkräfte weder über ein Mandat noch über militärisch-polizeiliche Brigaden verfügten, um die Ordnung wiederherzustellen, wirkten sie sowohl ohnmächtig als auch gleichgültig gegenüber den irakischen Wahrnehmungen von Ungerechtigkeit und Elend. Als Konsequenz begannen immer mehr Iraker, die Besatzungstruppen mit Misstrauen zu betrachten. Das Versäumnis, nach der Invasion für Sicherheit zu sorgen, war keine Unterlassungssünde:

Die US-Beamten hatten den Zusammenbruch der zivilen Autorität, der auf die Invasion folgen würde, nicht vorhergesehen. Darüber hinaus waren die Entscheidungen, die irakische Armee aufzulösen und die Mitglieder der Baath-Partei aus den Führungspositionen zu verbannen, ebenso unüberlegt wie falsch.

### Saddams Regime

Im Irak von Saddam Hussein war jeder, der eine Führungsposition anstrebte, vom Schuldirektor über den Polizeichef bis hin zum Leiter des Geheimdienstes, verpflichtet, der Baath-Partei beizutreten. Das Gleiche galt für Bewerber an den irakischen Universitäten. Über Nacht wurden zahllose Fachkräfte und erfahrene Bürokraten arbeitslos. Dadurch sahen sich die USA plötzlich mit zwei großen Problemen konfrontiert. Zum einen fehlten die lokalen Sicherheitsbehörden, die am besten geeignet waren, die Ordnung aufrechtzuerhalten und illegale Netzwerke zu zerschlagen. Zum anderen gab es nun ein großes Kontingent verbitterter und gut vernetzter irakischer Beamter, die ohne Gehälter und Pensionen für sich selbst sorgen mussten. (Warrick, Black Flags, the Rise of ISIS, S. 170 ff.)

### Ende der Kampfhandlungen

Am 1. Mai 2003 erklärte Bush nach der Niederlage der irakischen Streitkräfte zwar das Ende der Kampfhandlungen im Irak, jedoch betonte er, dass wohl noch viel zu tun sei. General Franks, der Planer der Invasion, reichte nur drei Wochen später, am 22. Mai 2003, seinen Rücktritt ein und schied aus der US-Army aus; einen neuen Posten hatte er abgelehnt.

Nach Bushs Rede über das Ende der Kampfhandlungen stellten die Koalitionsstreitkräfte fest, dass die Angriffe auf ihre Truppen in verschiedenen Regionen allmählich zunahmen. Diese irakischen Aufständischen wurden aus zahlreichen Waffenlagern versorgt, die vor der Invasion von der irakischen Armee und der Republikanischen Garde angelegt worden waren. Diese Erkenntnis führte dazu, dass der von Minister Rumsfeld geplante Truppenabzug aufgehoben wurde. Der ursprüngliche Plan der Armee sah vor, im Frühsommer 2003 mit dem Rückzug der Truppen zu beginnen und die Truppenpräsenz bis zum Spätsommer auf etwa 30.000 Mann zu reduzieren. Stattdessen war der Spätsommer der Zeitpunkt, an dem sich die Situation im Irak für viele der verbliebenen 130.000 US-Soldaten wirklich wie ein Krieg anfühlen sollte.

Das Weiße Haus und die CPA behaupteten weiterhin, der Befehl zur Auflösung der irakischen Armee habe wenig bis gar keine praktischen Auswirkungen, da sich die Armee angesichts der Invasion selbst aufgelöst habe; auch Paul Bremer war dieser Ansicht. Erstaunlicherweise hatten aber die amerikanischen Militärbefehlshaber zu diesem Zeitpunkt mit hochrangigen irakischen Armeeoffizieren darüber verhandelt, wie die irakische Armee für Sicherheitszwecke eingesetzt werden sollte. Bremer dagegen behauptete, dass viele irakische Soldaten sich nach dem Fall von Bagdad einfach davongemacht hätten, um ihre Familien vor den grassierenden Plünderungen zu schützen.

Was die Amerikaner nicht wussten, war, dass Saddam einen grauen Markt im Irak errichtet hatte, um die UN-Sanktionen zu umgehen. Es handelte sich um ein staatlich geduldetes

Netz des organisierten Verbrechens, das von Izzat Ibrahim ad-Duri, Saddams Vizepräsidenten, geleitet wurde. In dieser Funktion und als Mitglied eines im 14. Jahrhundert gegründeten islamischen Ordens, des Naqshbandi-Ordens, war er in der Lage, Waffen für die Geheimdienste und das Militär des Regimes zu beschaffen. Es war eine Form der ethnischen Unterstützung, die sich 2006, nach der Hinrichtung Saddams, in der Gründung der Armee der Männer des Naqshbandi-Ordens (JRTN) manifestierte, einer der mächtigsten sunnitischen Aufstandsgruppen im Irak, die dem ISIS bei der Übernahme von Mossul im Jahr 2014 half. Nach der US-Invasion waren al-Douri und ein Großteil des Baath-Netzwerkes nach Syrien geflohen, wo sie vom Assad-Regime beherbergt wurden.

## Überraschender Guerillakrieg

Der Guerillakrieg, der nach der Invasion des Irak folgte, überraschte das US-Militär, obwohl es vor dem Krieg mehrere Geheimdienstberichte der CIA gegeben hatte, in denen vor der Möglichkeit eines Aufstandes gewarnt worden war. Die ersten Selbstmordattentate wurden schon an amerikanischen Kontrollpunkten verübt, als Bagdad gerade besetzt wurde. Einige Wochen später wurden mit den sogenannten improvisierten Sprengsätzen (IEDs) Militär-Konvois in der Hauptstadt in die Luft gesprengt.

Der Sturz des Saddam-Regimes durch General Frank in nur drei Wochen war zwar als brillante neue Form der Kriegsführung gefeiert worden, doch das hatte Tausenden von Irakern ermöglicht, in der Bevölkerung unterzutauchen, um irgendwann später wieder kämpfen zu können. Die US-Regierung bezeichnete das Chaos und die Aufstände, die auf den Sturz des Regimes folgten, als unbeabsichtigte und marginale Folgen ihres Erfolgsplans zur Eroberung des Landes.

## Keine Massenvernichtungswaffen

Laut dem Abschlussbericht vom Chefwaffeninspektor Charles Duelfer der „Iraq Survey Group" im Oktober 2004 gab es im Irak keine Massenvernichtungswaffen. Saddam hatte seine Programme nie wieder aufgebaut, nachdem sie durch Inspektionen, Sanktionen und Bombardierungen in den 1990er-Jahren zerstört worden waren. Er hatte vorgegeben, die Waffen zu besitzen, um einen iranischen Angriff abzuschrecken, wobei er in einigen Fällen seine höchsten Offiziere täuschte und in anderen Fällen von seinen besten Wissenschaftlern getäuscht wurde; so George Packer in seinem Buch „The Assassins' Gate". Der Abschlussbericht stellte aber auch fest, dass der Irak von Anfang an einen Guerillakrieg geplant hatte. Saddam glaubte, das irakische Volk werde sich von den Vereinigten Staaten nicht besetzen oder erobern lassen, sondern Widerstand leisten – was zu einem Aufstand führen werde. Dulfer stützte seine Schlussfolgerungen auf Verhöre der CIA von Spitzenmitgliedern des Regimes, einschließlich von Saddam selbst.

Im Sommer 2003 wurden pro Woche schon mehrere alliierte Soldaten durch Sprengstoffanschläge oder andere Hinterhalte getötet, besonders im sogenannten sunnitischen Dreieck, dem Gebiet im Zentrum des Irak zwischen Bagdad, Ramadi und Mossul. In Washington bezeichnete Donald Rumsfeld diese Angriffe als das Werk einiger „Totschläger". Dieser Ausdruck suggerierte, dass nur eine Handvoll „dickbäuchiger Baathisten mit gefärbten Schnurrbärten" einen letzten Kampf im Namen einer schon fast vergessenen Vorstellung von arabischem Ruhm führten. (Parker, The Assassins' Gate, S. 298 ff.)

## Der irakische Aufstand

Die am irakischen Aufstand beteiligten Gruppierungen waren ein lockeres Netzwerk, das keine zentrale Kommandostruktur hatte. Zwar wurde der Aufstand dadurch teilweise ineffizienter, aber er war schwerer zu bekämpfen. Auch gab es keine einheitliche Ideologie bei den Gruppierungen, und die Mitglieder lernten aus ihren Erfahrungen, indem sie die Berichterstattung auf Al Jazeera, einem staatlichen arabischsprachigen internationalen Fernsehsender in Katar, über ihre Aktionen verfolgten. Gezielt instrumentalisierten sie auch die Bevölkerung, vor allem durch Einschüchterung, um die Amerikaner zu gewalttätigen Überreaktionen zu verleiten, die ihnen dann weitere Unterstützung bringen sollte.

General John Abizaid, ein arabischstämmiger Amerikaner, der die strategischen Gefahren im Irak besser verstanden hatte als sein Vorgänger General Franks, erklärte am 16. Juli 2003, dass die US-Streitkräfte mit „einem klassischen Guerillakrieg" konfrontiert seien. Er widersprach damit direkt seinem Chef Donald Rumsfeld, der ein paar Wochen zuvor gesagt hatte: „Ich verwende den Begriff Guerillakrieg wohl deshalb nicht, weil es keinen gibt." Die Soldaten im Irak waren der obersten Führung in Washington jedoch weit voraus, da sie die Gefährlichkeit des Feindes, dem sie nun gegenüberstanden, erkannt hatten. (Parker, The Assassins' Gate, S. 302)

Der eigentliche Krieg im Irak, der über die Zukunft des Landes entscheiden sollte, begann am 7. August 2003, als vor der jordanischen Botschaft eine Autobombe explodierte, bei der elf Menschen getötet und mehr als 50 verletzt wurden. Am nächsten Tag, es war ein bemerkenswertes Timing, veröffentlichte die CPA ein Dokument zur Öffentlichkeitsarbeit, in dem hundert Indikatoren aufgeführt wurden, wie gut die Dinge im Irak liefen. „Der größte Teil des Iraks ist ruhig, und die Fortschritte auf dem Weg zu Demokratie und Freiheit sind so groß wie seit Jahrzehnten nicht mehr", heißt es in dem Dokument, das auf der Website des Weißen Hauses unter der Überschrift „10 Anzeichen für mehr Sicherheit" veröffentlicht wurde: „Nur in vereinzelten Gebieten gibt es noch Angriffe."

Außer in den als geheim eingestuften Berichten der CIA war al-Zarqawis Rolle bei den Aufständen im Irak noch weitgehend unbekannt. Die Analysten der CIA waren sich nicht einig, ob sich der Terrorist im Irak aufhielt oder ob er die Ereignisse von Syrien oder einem anderen Land aus lenkte. Doch während Washington im Herbst 2003 darüber debattierte, ob es im Irak einen Aufstand gab, ging die Serie spektakulärer Anschläge weiter.

Am 19. August 2003 rammte ein mit Artilleriegranaten und anderem Sprengstoff beladener Zementlaster die Außenwand des irakischen Hauptquartiers der Vereinten Nationen im Osten

Bagdads. Die Wucht der Explosion war so stark, dass selbst in einer Entfernung von etwa einem Kilometer noch Fenster zerbarsten. Sie tötete 22 Menschen und verletzte 70 weitere. Eines der Opfer war der Leiter der UN-Mission, der brasilianische Diplomat Sergio Vieira de Mello. Er überlebte die Explosion, war aber in den Trümmern eingeschlossen und starb, bevor er gerettet werden konnte.

Am 29. August kam es zum nächsten großen Autobombenanschlag, als Aufständische einen weiteren Verbündeten der USA, den schiitischen politischen Führer Ayatollah Muhammad Baqir al-Hakim, angriffen. Er war eine der wichtigsten politischen Persönlichkeiten im Irak, die die US-Besatzung offen unterstützt hatten. Die Autobombe, die ihn kurz nach dem Freitagsgebet in Nadschaf tötete, riss auch mehr als 90 weitere Menschen in den Tod.

Am 22. September 2003 erfolgte erneut ein Selbstmordanschlag mit einer Autobombe auf das UN-Hauptquartier in Bagdad, bei dem ein Sicherheitsbeamter getötet und 19 Menschen verletzt wurden. Die Reaktion der Vereinten Nationen war verheerend für das Land. Die UN verkleinerte ihren Mitarbeiterstab von 800 auf 15, andere internationale Organisationen – wie die Weltbank, der Weltwährungsfond und Hilfsorganisationen – verließen das Land. (Ricks, Fiasco, The American Military Adventure in Iraq, S. 215 f.)

## Die Ramadan-Offensive

Zu Beginn dieser Offensive, am Morgen des 26. Oktober 2003, dem ersten Tag des Ramadan, sprengten sich in Bagdad fünf Selbstmordattentäter mit sprengstoffbeladenen Fahrzeugen vor fünf Gebäuden in die Luft, nämlich vor dem Sitz des Internationalen Komitees des Roten Kreuzes und vor vier irakischen Polizeistationen. Auch griffen an diesem Morgen Aufständische mit einem selbstgebauten Raketenwerfer, der auf einem Anhänger montiert war, in Bagdad aus 400 Meter Entfernung das Hotel al-Rashid an. Dort hielt sich zu diesem Zeitpunkt der stellvertretende US-Verteidigungsminister Paul Wolfowitz auf. Etwa acht bis zehn Raketen schlugen in das Hotel ein, töteten dabei einen US-Soldaten und verletzten 15 Menschen, darunter sieben amerikanische Zivilisten und vier Soldaten. Die Raketen konnten jedoch nur das elfte Stockwerk treffen; Wolfowitz befand sich aber im zwölften Stock des Hotels.

Bei den Anschlägen vom 27. Oktober 2003 griffen Selbstmordattentäter das Hauptquartier des Roten Kreuzes und vier irakische Polizeistationen an. Dabei starben 34 Menschen und 224 weitere wurden verletzt. Die Bombenanschläge begannen gegen 8:30 Uhr morgens, im Abstand von 45 Minuten explodierte jeweils ein mit Sprengstoff beladenes Auto. Vier Selbstmordattentäter starben; der fünfte und der sechste, beide Syrer, versuchten, die vierte Polizeistation in die Luft zu sprengen, doch ihr Plan wurde vereitelt, da ihr Auto offenbar nicht explodierte. Einer der beiden wurde während der Schießerei mit der Polizei getötet, der andere verwundet und festgenommen. (https://www.washingtoninstitute.org/policy-analysis/ramadan-offensive-iraq)

Am 10. November berichtete der Leiter der CIA-Station in Bagdad, Gerry Meyer, erneut über die sich verschlechternde Sicherheitslage in einem offiziellen Bericht an das Hauptquartier. Der Aufstand, den er beschrieb, weitete sich aus. Die Terroristen, die von ehemaligen

Mitgliedern der Baath-Partei unterstützt wurden, waren gut ausgerüstet und konnten sich offenbar frei bewegen, ohne die amerikanischen Truppen oder die neuen ineffektiven örtlichen Polizeibehörden zu fürchten. „Für den einfachen Iraker schienen sie mächtig und weitgehend unbehelligt zu sein", schrieb er und verneinte jegliche Hoffnung, dass das amerikanische Militär in der Lage sein könnte, das Land zu stabilisieren.

Am 11. November, dem Tag der Veteranen, berief das Weiße Haus ein Treffen ein, um Meyers neuesten Bericht und seine Auswirkungen zu erörtern. Mit dabei waren CIA-Direktor Tenet, sein oberster Stellvertreter John McLaughlin sowie Verteidigungsminister Rumsfeld und einige Sicherheitsberater. Der Präsident begann das Treffen mit einer scharfen Frage an die CIA-Mitarbeiter. „Ihr glaubt also, dass es sich um einen Aufstand handelt?", fragte er. McLaughlin referierte darauf über die Frage „Wer ist der Feind?". Doch als er das Wort „Aufständische" verwendete, unterbrach ihn ein skeptischer Rumsfeld und bat um eine Definition von „Aufstand". Mit anderen Worten: Die Militärs und Rumsfeld waren nicht daran interessiert, eine Analyse zu hören. Sie hofften, dass der Krieg vorbei war, und sie ließen sich auch nicht auf Diskussionen über Aufstände ein. Bush hingegen war nachdenklich und ruhig. Sein Abschiedskommentar am Ende des Treffens deutete darauf hin, dass er die Wende der Ereignisse im Irak akzeptiert hatte, auch wenn er nicht bereit war, öffentlich darüber zu sprechen. „Ich möchte keine Kommentare", sagte er. (Warrick, Black Flags, the Rise of ISIS, S. 174 f.)

Am 12. November 2003 griff ein Selbstmordattentäter mit einem Tankwagen das Hauptquartier der italienischen Militärpolizei in Nasiriyah etwa 360 km südlich von Bagdad an, zerstörte es und tötete 28 Menschen, darunter 17 italienische Soldaten und zwei italienische Zivilisten. Weitere 20 Italiener und 80 Iraker wurden verwundet.

Der Angriff begann kurz vor 11:00 Uhr, als ein großer Tanklastwagen auf den Eingang des Stützpunktes zufuhr. Die irakischen Truppen schossen in einem vergeblichen Versuch, das Fahrzeug zu stoppen, auf den Lastwagen, und mindestens einer der Angreifer feuerte mit einem Gewehr zurück. Zeugen berichteten, dass dem Lastwagen ein Lockvogel vorausgefahren sei. Der Tankwagen prallte gegen das Tor des Gebäudes und explodierte in einem gewaltigen Feuerball. Häuser in der Nähe wurden beschädigt, und ein Auto, in dem fünf irakische Frauen saßen, verbrannte, wobei die Insassen ums Leben kamen. Das dreistöckige Gebäude, das als italienisches Hauptquartier diente, wurde zerstört.

Während der Ramadan-Offensive wurden auch noch fünf US-Militärhubschrauber abgeschossen; dabei hatten die US-Streitkräfte eine große Zahl von Opfern zu beklagen. Bei dem Abschuss von drei UH-60 Black Hawks und einem CH-47D Chinook wurden 39 Soldaten getötet und 31 verwundet. Zwei der Hubschrauber wurden mit russischen Strela-Luftabwehrraketen abgeschossen, die wohl über den Schwarzmarkt in die Hände der Aufständischen gelangt waren. Schon einen Tag vor Beginn der Offensive, am 25. Oktober 2003, war ein weiterer UH-60 Black Hawk abgeschossen worden, wobei fünf Soldaten verwundet wurden. Insgesamt hatten die US-Truppen im November 2003 82 Tote und 337 Verwundete zu beklagen. Amerikanische und irakische Beamte erklärten auf einer Pressekonferenz zu den Selbstmordanschlägen, dass sie glaubten, die Anschläge seien das Werk ausländischer Kämpfer, die möglicherweise nach der amerikanischen Invasion in das Land gekommen seien. Die Selbstmordattentate seien das Werk einer ganz anderen Gruppe, so die Amerikaner, als diejenige, die den Raketenangriff auf das Hotel verübt habe.

Die amerikanischen Befehlshaber im Irak hatten erkannt, dass ihnen die Kenntnisse über diese irakischen Gegner fehlten, und beschlossen, die Informationsbeschaffung wie auch die Analyse der Informationen zu verbessern. Am 1. Oktober erließ General Abizaid deshalb den Befehl, die nachrichtendienstlichen Operationen im Irak neu zu organisieren, sodass alle gesammelten Daten in einem neuen „Intelligence Fusion Center“ zusammenlaufen würden. In dieser neuen Organisation sollten Analysten Seite an Seite mit Ermittlern arbeiten und die CIA auch mit dem militärischen Geheimdienst. Diese neue Art der Informationsbeschaffung führte dann zu dem Folterskandal von Abu Ghraib.

### Das Gefängnis Abu Ghraib

Abu Ghraib ist ein kleiner Ort etwa 30 km von Bagdad entfernt. Das Gefängnis in diesem Ort war schon unter Saddam Hussein berüchtigt und bekannt für Folterungen und Hinrichtungen. Nach dem Sturz Saddams wurde das Gefängnis geplündert. Die US Army richtete es wieder her und nutzte es als Gefängnis, in dem drei Klassen von Gefangenen untergebracht waren: normale Iraker, die bei einer Kontrolle aufgefallen waren, gewöhnliche Kriminelle und Personen, die verdächtigt wurden, „Anführer“ der Aufständischen zu sein. Durch die vermehrte „Informationsbeschaffung“ kam es zu dem Abu-Ghuraib-Folterskandal.

Am 1. November 2003 veröffentlichte die Associated Press (AP) einen ausführlichen Bericht über unmenschliche Behandlung, Schläge und Todesfälle in Abu Ghraib. Den Gefangenen wurde über längere Zeit der Schlaf entzogen, sie wurden grellem Licht und lauter Musik ausgesetzt, und sie mussten in unbequemen Positionen verharren. Auch wurden sie sexuell gedemütigt. Die Bush-Regierung erklärte dies zu vereinzelten Auswüchsen.

Der Abu-Ghuraib-Skandal hatte für viele die letzten Reste der moralischen Rechtschaffenheit, die Amerikas Krieg gegen den Irak noch haben mochte, vernichtet. Das populäre Bild einer hochtechnisierten US-Militärmaschine, die den irakischen Streitkräften Furcht einflößt, wurde nun durch Videoclips in den Abendnachrichten über Sprengstoffanschläge und in Fahnen gehüllte Särge ersetzt. Ebenso wurden die Amerikaner in ihren Wohnzimmern Zeugen einer neuen Art von Grausamkeit.

Am 6. November 2006 reichte Verteidigungsminister Donald Rumsfeld schließlich seinen Rücktritt ein, da er als Minister für die Vorfälle politisch verantwortlich sei, wie er sagte.

### „Scheich des Gemetzels“

Erstmals trat Abu Musab al-Zarqawi im Irak am 7. August 2003 in Erscheinung: Mitglieder seiner Organisation hatten die jordanische Botschaft bombardiert. Wie immer sah er die

Regierung seines Heimatlandes als ein primäres Ziel an. Bei der Ramadan-Offensive 2003 im Irak wurde al-Zarqawi bei allen Anschlägen von Mitgliedern der verbotenen Baath-Partei unterstützt. Die Unterschlupfe der Selbstmordattentäter befanden sich direkt in den Anlagen und Wohnhäusern der Offiziere der Special Security Organisations (SSO). Diese SSO war die mächtigste Organisation im Vorkriegsirak und unterstand der Republikanischen Garde und den Spezialkräften. Die SSO lieferte al-Zarqawis Männern die Autos, die dann zu fahrbaren Sprengfallen umgebaut wurden, und sie transportierten die Selbstmordattentäter auch zu ihren Zielorten. (Weiss/Hassan, ISIS, im Inneren der Armee des Terrors, S. 27)

Al-Zarqawi erwies sich auch in einer anderen Hinsicht als unheilvoller Pionier: Er verbreitete, wie später die ISIS-Kommandeure, seine grausame Gewalt über die Massenmedien. Er hatte eine besondere Vorliebe für Enthauptungen und das Entsetzen, das sie im Westen hervorriefen. Es ist wahrscheinlich, dass er im Jahr 2004 persönlich den amerikanischen Geschäftsmann Nicholas Berg enthauptete. Das Video wurde im Internet veröffentlicht und ging um die Welt. Die Inszenierung dieses grotesken Ereignisses hatte auch eine gewisse Bedeutung. Nicholas Berg war in einen orangefarbenen Overall im Stil von Guantanamo gekleidet. Er wurde auf die Knie gezwungen und musste sich vor der Kamera identifizieren. Von den fünf Entführern, die hinter ihm standen, wurden Verwünschungen aufgesagt, bevor Al-Zarqawi ihn tötete. In Bergs Fall wurde die vollständige Enthauptung gezeigt, während es der ISIS später vorzog, den größten Teil der Morde nicht zu zeigen.

## Rivale bin Ladens

Am 13. Mai 2004 wurde auf dschihadistischen Websites eine Nachricht veröffentlicht, in der eine neue Organisation mit dem Namen „al-Tawhid Wal-Jihad" (Einheit und Dschihad) angekündigt wurde. Sie sollte eine Art islamistische Supergruppe sein, ein Zusammenschluss kleinerer Fraktionen irakischer Aufständischer und ausländischer Kämpfer unter einem einzigen Dach, mit al-Zarqawi als Anführer. Mit der Veröffentlichung des Berg-Videos und der Gründung einer neuen Gruppe mit ihm als Führer hatte sich al-Zarqawi schon einen Platz an der Spitze der weltweiten dschihadistischen Bewegung erobert. Er war nun ein Rivale von bin Laden: ein Terrorist, den der Westen zu fürchten begann und dem junge Islamisten nacheifern wollten. Al-Zarqawi war zwar ein Emporkömmling, dem es an formaler Bildung mangelte und dem man die Leitung einer großen Organisation nicht zutraute. Auch fehlte ihm die Art von institutioneller Unterstützung, die bin Laden zum Erfolg verholfen hatte, einschließlich des Rückhalts durch anerkannte islamische Gelehrte. Al-Zarqawi hatte sich nie um solche Hilfe bemüht, und er hatte selbst entschieden, wie er den Dschihad gegen die US-Streitkräfte führte.

Bin Laden blieb die respektierte Galionsfigur, ein Mann, der vor Jahren die Sowjets bekämpft und die Anschläge auf New York und Washington geplant hatte. Doch al-Zarqawi wurde nun als „Scheich des Gemetzels" gefeiert: ein Terrorist für ein neues Zeitalter. Die Übertragung der Metzelei über das Internet wurde als Taktik eingesetzt, um die Unterstützung der hartgesottenen Dschihadisten zu gewinnen und bei allen anderen Angst zu verbreiten.

## Al-Qaida im Irak

Osama bin Laden hatte nie versucht, seine persönliche Abneigung gegen den Jordanier zu verbergen. Aber drei Jahre nach den Anschlägen vom 11. September 2001 bot al-Zarqawi ihm die Möglichkeit, etwas zu erreichen, das bin Laden dringend brauchte: einen Sieg. Der Al-Qaida-Gründer war in seinem Exil gefangen und konnte kaum mehr tun, als nur Anweisungen und Ratschläge per Kurier an weit entfernte Mitglieder weiterzugeben. Durch diese Kooperation mit al-Zarqawi konnte al-Qaida an den Erfolgen teilhaben und von seinem Ruhm profitieren. Die Partnerschaft wurde offiziell von bin Laden in einem Tonband bestätigt, das auf arabischen Kabelnachrichtensendern ausgestrahlt wurde. In seinem üblichen Stil kündigte er einen neuen Zweig der Al-Qaida-Bewegung wie auch den Anführer an: „Es sollte bekannt sein, dass der Mudschaheddin-Bruder Abu Musab al-Zarqawi der Emir der al-Qaida für die Dschihad-Organisation im Land der zwei Flüsse ist", sagte bin Laden. „Die Brüder in der dortigen Gruppe sollten seine Befehle beachten und ihm in allem, was gut ist, gehorchen." Al-Qaida hatte jetzt offiziell einen neuen Ableger im Irak, und der einstige Kriminelle einen neuen Titel: „Emir", auf Deutsch: „der Prinz".

Im Oktober 2004, nachdem al-Zarqawi Osama bin Laden und al-Qaida die Treue geschworen hatte, benannte er die Gruppe in „Tanzim Qa'idat al-Jihad fī Bilad al-Rafidayn" (Organisation des Dschihad in Mesopotamien) um, allgemein bekannt als al-Qaida im Irak (AQI). Obwohl sich die Gruppe nie selbst als „al-Qaida im Irak" bezeichnete, blieb dies viele Jahre lang ihr inoffizieller Name. Die Angriffe der Gruppe auf Zivilisten, irakische Regierungstruppen, ausländische Diplomaten und Soldaten sowie amerikanische Konvois wurden mit der gleichen Intensität fortgesetzt wie vorher.

## Amerikanische Sicherheitskonferenz

Am 29. Juni 2005 hatte Präsident George W. Bush die erste Sicherheitssitzung im Weißen Haus einberufen, die sich mit dem jordanischen Terroristen al-Zarqawi befasste. Das Treffen fand am Morgen in den beengten Räumlichkeiten des „Situation Room" statt. Bush, der seit sechs Monaten seiner zweiten Amtszeit erneut Präsident war, ließ sich in einen Ledersessel am einen Ende des polierten Holztisches nieder, während auf den anderen Plätzen alte Bekannte Platz nahmen: Dick Cheney, der Vizepräsident, Donald Rumsfeld, der Verteidigungsminister und Condoleezza Rice, jetzt Außenministerin. Rumsfeld stellte einen Neuling vor: Generalmajor Stanley McChrystal, den Chef des Joint Special Operations Command und Verantwortlichen für die Jagd auf al-Zarqawi. Nach seinem Bericht fragte Bush McChrystal: „Wollen Sie ihn töten oder gefangen nehmen?" „Ich würde ihn gerne gefangen nehmen, Herr Präsident." „Warum töten wir ihn nicht einfach?" fragte Bush und erntete damit nervöses Gelächter im Raum. „Nun, Herr Präsident, um ehrlich zu sein, ich möchte mit ihm reden. Er weiß Dinge, die wir wissen wollen." Bush schien zufrieden. Er lächelte. „Gutes Argument", sagte er. General McChrystal war zuversichtlich, auch wenn es noch keine handfesten Beweise dafür gab, dass er der Ergreifung al-Zarqawis nähergekommen war. Seine Task Force 6-26 hatte mehrere Leutnants des Terroristen ins Visier genommen, einige getötet und andere verhört. (Warrick, Black Flags, S. 263 f.)

## Eine spezielle Bombe

Am 29. Februar 2004 starb die Mutter von Abu Musab al-Zarqawi nach einem langen Kampf gegen Leukämie. Jordanische Agenten hatten das Haus wochenlang beobachtet, als sie im Sterben lag, und die Trauerfeier überwacht, um zu sehen, ob ihr Sohn sich blicken lassen würde. Er kam nicht. Nicht nur die USA, auch Jordanien war auf der Jagd nach diesem Terroristen. Am 6. April 2004 wurde al-Zarqawi dann in Abwesenheit von einem jordanischen Gericht für die Ermordung des amerikanischen Diplomaten Laurence Foley zum Tode verurteilt.

Al-Zarqawi blieb seinem Heimatland fern, mit Absicht: Er bereitete eine Erinnerung an die Führer der Monarchie vor, dass er sie nicht vergessen hatte. Für ihn musste es eine Geste von epischem Ausmaß sein, größer als alles, was er bisher im Irak erreicht hatte. Mit einem einzigen gewaltigen Schlag wollte er versuchen, den jordanischen Sicherheitsapparat auszulöschen, die Monarchie zu lähmen und Osama bin Laden als den furchtbarsten islamistischen Kämpfer in den Schatten zu stellen.

Der Mann, den er für diese Mission ausgesucht hatte, war ein Jordanier palästinensischer Herkunft mit dem Namen Azmi al-Jayousi. Dieser war ein stämmiger Fünfunddreißigjähriger mit schütterem, kastanienbraunem Haar und hellen, europäischen Gesichtszügen. Beide Männer kannten sich aus Afghanistan von dem Lager in Herat, wo al-Jayousi das Bombenbauen gelernt hatte. Diesmal, so al-Zarqawi, sollte es eine massive Bombe sein, die stark genug war, um Gebäude zu zerstören, und die auch gleichzeitig eine große Giftgaswolke im Herzen der jordanischen Hauptstadt freisetzen sollte. Da al-Jayousi dem jordanischen Geheimdienst bekannt war, musste ein Weg gefunden werden, ihn unerkannt ins Land zu schleusen. Die Lösung war ein Tanklastwagen: Der Tank wurde umgebaut, sodass der Bombenbauer sich darin verstecken konnte. Viel Platz brauchte er nicht, denn er hatte nichts dabei außer 250.000 US-Dollar. Nachdem er unerkannt in Jordanien eingeschleust worden war, brachten ihn Freunde in einem sicheren Haus unter.

Al-Jayousi kaufte zunächst vier gebrauchte PKWs bei verschiedenen Händlern, darunter einen Chevy Caprice mit einer Acht-Zylinder-Maschine und Stahlrahmen; der Wagen erschien stark genug, um Eingangstore zu durchbrechen. Drei Lagerhäuser im Norden von Jordanien wurden angemietet. Danach kaufte er drei Lastwagen, von denen zwei zu fahrbaren Bomben umgebaut werden sollten und einer für den Transport der Fässer mit den Chemikalien vorgesehen war. In kurzer Zeit hatten seine angeheuerten Helfer die Materialien für den Bombenbau, insgesamt 20 Tonnen, in den Lagerhäusern verteilt.

Die Aktivitäten der Bombenbauer waren nicht unbemerkt geblieben, denn die Autokäufe und die Chemikalien waren allesamt bar bezahlt worden. Der jordanische Geheimdienst begann sich gezielter umzuhören und stieß auf einen einheimischen Geschäftsmann, der eine Garage und ein Lagerhaus an Fremde vermietet hatte. Die Mieter hätten im Voraus bar bezahlt und seien sehr vage in ihren Absichten gewesen. Kunden habe es nicht gegeben, nur einen großen Lastwagen in der Lagerhalle. Als die Polizei diese kurz darauf stürmte, leisteten die wenigen Helfer keinen Widerstand und ergaben sich sofort. In der Halle fand der Geheimdienst, der die Durchsuchung leitete, die Säcke mit Chemikalien und in der Garage einen MAN-Lastwagen mit einem anmontierten Rammbock. Es dauerte nicht lange, dann waren die anderen Lagerhäuser wie auch das Labor gefunden und durchsucht. Es fehlte nur noch der Bombenbauer; den fand man etwas später im Schlafzimmer seiner jordanischen Frau in einem Apartmenthaus.

Mit leicht monotoner Stimme schilderte Azmi al-Jayousi beim Verhör durch den jordanischen Geheimdienst das geplante Attentat: Die Männer im Chevy waren das Vorkommando, bewaffnet mit Panzerfäusten, und sie sollten Hindernisse beseitigen und die Wachen töten. Der MAN-Lastwagen sollte dann durchbrechen, notfalls mit dem Rammbock, der so konstruiert war, dass er Wände einreißen konnte. Er sollte bis zum Zentrum des Geheimdienstgebäudes vordringen, um dann zu explodieren. Als die Frage nach den Motiven für den Anschlag kam, wurde seine Stimme lebhaft. Alles, so al-Jayousi sei im Auftrag seines Mentors und Kommandeurs geschehen. „Ich habe Abu Musab al-Zarqawi Loyalität geschworen. Wenn ich jetzt sterbe, werde ich zum Märtyrer."

Zu den vermuteten Zielen des Anschlages gehörten neben der Zentrale des jordanischen Geheimdienstes die US-Botschaft und das Büro des jordanischen Premierministers. Der US-Geheimdienst äußerte sich gegenüber CNN am 26. April 2004 sehr zurückhaltend, ob die von den Behörden sichergestellten Chemikalien dazu bestimmt waren, eine Giftgaswolke zu erzeugen. Sie erklärten aber, dass die großen Mengen, um die es sich hier handelte, zumindest dazu geeignet waren, „massive Explosionen" zu erzeugen.

## Geständnis im Fernsehen

Um die Grausamkeit des geplanten Verbrechens aufzuzeigen, strahlte der Geheimdienst Ausschnitte aus dem auf Video aufgenommenen Geständnis von al-Jayousi im staatlichen Fernsehen aus. Ganz Jordanien konnte den Palästinenser dabei beobachten, wie er eiskalt seine Pläne vortrug, einen Teil der Hauptstadt dem Erdboden gleichzumachen. Arabische Fernsehstationen übernahmen das Programm und verbreiteten es im Mittleren Osten. Dieser Anschlag sollte schockieren und vor allem al-Zarqawi berühmt machen. Er wollte, dass sein Name vor dem von bin Laden genannt werde.

Al-Zarqawi hatte sicherlich gewusst, was in Amman mit al-Jayousi und seinen weiteren Kampfgefährten geschehen war. Nachdem er aber das Video gesehen hatte, entschied er sich, darauf zu antworten. „Ja, es gab einen Plan, das Direktorat des jordanischen Geheimdienstes zu zerstören", bestätigte al-Zarqawi in einer Audio-Datei, die auf islamischen Webseiten abgespielt werden konnte. Er insistierte, dass er nur militärische Ziele angreife und die Verhaftung seines Bombenbauers lediglich ein zwischenzeitlicher Rückschlag gewesen sei. „Der Kampf zwischen uns und dem jordanischen Königreich hat seine Höhen und Tiefen", erklärte er und fügte eine Warnung an den jordanischen Monarchen Abdullah II. hinzu: „Schreckliche Ereignisse werden auf Sie zukommen."

**Strategie der Grausamkeit**

Al-Zarqawis Strategie folgte einem Text mit dem Titel „Indarat al-Tawahhush" oder auf Deutsch „Management der Grausamkeit", der 2004 im Internet veröffentlicht worden war und eine Kombination aus Feldhandbuch und Manifest für die Errichtung eines Kalifats darstellte. Sein Autor, Abu Bakr Naji, hatte einen Schlachtplan zur Schwächung feindlicher Staaten durch die von ihm so benannte „Macht der Verärgerung und Erschöpfung" entworfen.

Ziel dieses Manifests war es, die Vereinigten Staaten in einen offenen Krieg im Nahen Osten zu verwickeln. Naji glaubte, dass der „mediale Heiligenschein", der sie angeblich umgab, verschwinden würde, sobald die amerikanischen Soldaten auf dem Schlachtfeld von Mudschaheddin getötet würden. Die Muslime wären dann berauscht von dem Schaden, den sie einer schwachen und moralisch korrumpierten Supermacht zufügen könnten, und würden sich gegen die Besetzung ihres heiligen Landes auflehnen, was sie dann zum Dschihad treiben würde. „Die Öffentlichkeit wird sehen, wie die Truppen fliehen, ohne Rücksicht auf Verluste. An diesem Punkt", so Naji, „beginnen dann die Grausamkeiten und das Chaos, und diese Regionen werden unter mangelnder Sicherheit zu leiden haben. Hinzu kommen noch die Erschöpfung und die Zermürbung, die sich aus den Angriffen und dem Widerstand gegen die Behörden ergeben."

An einer anderen Stelle belehrt Naji den Leser noch darüber, dass die Art und Weise, wie der Dschihad „auf dem Papier" gelehrt wird, es den jungen Mudschaheddin erschwert, die wahre Bedeutung des Konzepts zu verstehen. „Jemand, der sich zuvor mit dem Dschihad beschäftigt hat, weiß, dass er nichts anderes ist als Gewalt, Rohheit, Terrorismus, das Einschüchtern anderer und Massakrieren. Ich spreche über den Dschihad und den Kampf, nicht über den Islam, und man sollte sie nicht verwechseln. Er – der Kämpfer – kann nicht weiterkämpfen und von einer Etappe zur nächsten wechseln, wenn in der Anfangsphase nicht eine Etappe enthalten ist, in der der Feind massakriert und obdachlos gemacht wird." Durch diese Definition des Dschihad wurden die Enthauptungen von Gefangenen als nicht nur religiös zulässig eingestuft, sondern sogar als von Gott und seinem Propheten empfohlen. (Weiss/Hassan, ISIS, Inside the Army of Terror, S. 40 f.)

Im Februar 2004 veröffentlichte das US-Außenministerium einen abgefangenen Brief, den al-Zarqawi an die Al-Qaida-Führung in Afghanistan geschrieben hatte. Darin legte er seinen Plan dar, die Schiiten im Irak anzugreifen, um einen religiösen bzw. konfessionellen Konflikt zu entfachen. Al-Zarqawi gab sich sicher, dass die Vereinigten Staaten sich dann schnell aus dem Irak zurückziehen würden. Er schrieb jedoch, dass schiitische Milizionäre bereits die Neue Irakische Armee dominieren und seine Gruppe in die Defensive drängen würden. Die Lage war nach al-Zarqawis Analyse so schlimm, dass er bereit sei, einen strategischen Bruch mit bin Laden und al-Zawahiri zu riskieren. Er schrieb: „Wenn ihr mit uns in Bezug auf die Bekämpfung der Schiiten übereinstimmt, werden wir eure einsatzbereiten Soldaten sein. Wenn euch die Dinge anders erscheinen, bleiben wir Brüder, und die Meinungsverschiedenheit wird unsere Freundschaft nicht verderben." Im Dezember 2004 gab bin Laden eine Audiobotschaft heraus, in der er al-Zarqawi als einen der wichtigsten Al-Qaida-Führer bezeichnete.

Einer der brutalsten Angriffe auf die schiitische Gemeinschaft im Irak folgte fast unmittelbar nach der Veröffentlichung von al-Zarqawis Brief im Februar 2004. Am 2. März 2004 verübte er eine Reihe von Bombenanschlägen auf Schiiten, die das Ashura-Fest feierten. Dabei wurden mindestens 100 Menschen getötet und mehr als 200 verletzt. Diese Bombenanschläge führten zu einem der tödlichsten Tage während der amerikanischen Besatzung des Iraks.

Die neun Bombenanschläge in Karbala, einer Stadt rund 100 km südwestlich von Bagdad, wurden von Granaten- und Raketenbeschuss begleitet; dabei kamen über 100 Menschen ums Leben. Bei der Explosion dreier Bomben zur gleichen Zeit in Bagdad wurden weitere 58 Menschen getötet. An den Angriffen waren neben einem Dutzend Selbstmordattentäter auch bewaffnete Gruppen beteiligt, die die Verwundeten und die vor dem Blutbad Fliehenden töten sollten. Auch gab es ein mit Sprengstoff beladenes Fahrzeug, das bei dem Versuch, nach Basra zu gelangen, aufgehalten wurde.

In den folgenden Monaten verübte al-Zarqawis Gruppe mehrere Attentate, Entführungen und Bombenanschlägen gegen schiitische Zivilisten, darunter ein Selbstmordattentat auf eine schiitische Moschee im Juli 2004, bei dem 98 Menschen getötet wurden, und ein Selbstmordattentat auf schiitische Arbeiter im August, bei dem mehr als 100 Menschen starben.

## Krieg den Schiiten

Am 14. September veröffentlichte al-Zarqawi ein Tonband, auf dem er den „totalen Krieg" gegen die schiitische Bevölkerung des Irak erklärte. Damit kündigte er de facto eine Strategie an, die er bereits vor mehr als einem Jahr in die Tat umzusetzen begonnen hatte. Obwohl al-Zarqawi den Angriff auf die schiitische Zivilbevölkerung mit religiösen Gründen rechtfertigte und argumentierte, sie seien Abtrünnige, war sein Angriff auf die schiitische Gemeinschaft nicht religiös, sondern politisch motiviert. Er veröffentlichte seine Kriegserklärung kurz nach den Anti-Terror-Angriffen auf Tal Afar im September 2004, bei denen 5.000 Soldaten der Neuen Irakischen Armee 156 Terroristen töteten und 246 weitere gefangen nahmen. Es ist fast unmöglich, genaue Informationen über die ethnische und religiöse Zusammensetzung der irakischen Armee zu erhalten, aber die schiitische Mehrheit im Irak und die Bemühungen der Terroristen, Sunniten von der Rekrutierung abzuhalten, bedeuten, dass schiitische Soldaten mit ziemlicher Sicherheit die Offensive von Tal Afar anführten.

Al-Zarqawis eskalierende Kampagne gegen Schiiten hatte die sunnitischen Widerstandsführer beunruhigt. Sie glaubten, dass Angriffe auf muslimische Zivilisten die dringend benötigte öffentliche Unterstützung für einen Aufstand untergruben. Die öffentlichkeitswirksamste Kritik kam von Ayman al-Zawahiri, dem mutmaßlichen Stellvertreter bin Ladens. Im Oktober veröffentlichte der jordanische Geheimdienst einen Brief, den al-Zawahiri im Juni 2005 an al-Zarqawi geschrieben hatte und in dem er al-Zarqawi aufforderte, Angriffe auf muslimische Zivilisten einzuschränken. Solche Angriffe, so schrieb al-Zawahiri, „werden von der muslimischen Bevölkerung nicht akzeptiert, wie sehr Sie auch versucht haben, dies zu erklären". Al-Zawahiris Kritik fand in den Medien die größte Beachtung, aber auch andere sunnitische Führer des Widerstands haben al-Zarqawis ungewöhnlich brutale Methoden in Frage gestellt. Diese Debatte über al-Zarqawis Vorgehensweise deutete darauf hin, dass die Spaltung unter den sunnitischen Widerstandskämpfern tiefer und die Entfremdung von der Öffentlichkeit größer sein könnten, als es in al-Zawahiris Brief eingeräumt wurde.

### Anschläge in Amman 2005

Am 9. November erschütterten drei gleichzeitig verübte Selbstmordattentate in drei Luxushotels die jordanische Hauptstadt Amman. Bei den Tätern handelte es sich um Iraker, die aus dem Nachbarland eingereist waren und auf Anweisung von al-Zarqawi handelten. Diese Anschläge waren die dem König Abdullah II. angekündigten „schrecklichen Ereignisse".

Die Explosionen im Radisson SAS Hotel, im Grand Hyatt Hotel und im Days Inn begannen gegen 21:00 Uhr Ortszeit im Radisson. Vorwiegend wurden die drei Hotels von ausländischen Diplomaten und Delegationen besucht. Die Bombe im Radisson explodierte im Philadelphia-Ballsaal, wo eine jordanische Hochzeit mit Hunderten von Gästen stattfand. Bei den drei Anschlägen wurden insgesamt 60 Menschen getötet und 115 weitere verletzt.

Im Radisson SAS Hotel, heute als „Landmark Hotel" bekannt, drangen die beiden Selbstmordattentäter unbehelligt in den Philadelphia-Ballsaal vor. Die Attentäter, Ali al-Shamari und Sajida al-Rishawi, gaben sich als Ehepaar aus, das angeblich an der Hochzeit teilnehmen wollte, um mit den rund 900 jordanischen und palästinensischen Gästen zu feiern.

**Mittwoch, 9.November 2005**

**Morgens** Sajida al-Rishawi erwacht zum Morgengebet. Sie ist sich sicher, dass der neue Tag ihr letzter sein werde. Danach vertreibt sie sich die Zeit in der leeren angemieteten Wohnung, bis ihr Partner Ali mit den Paketen zurückkehrt, um die letzten Vorbereitungen zu treffen. Endlich kommt er, und in wenigen Minuten hat er die beiden Bomben vorsichtig ausgepackt. Sie waren der Grund für ihre gefährliche Reise durch die irakische Wüste nach Amman.

Die beiden Selbstmordwesten liegen nun auf dem Bett. Sie sind so konstruiert, dass sie eine hohe Sprengkraft haben, aber dennoch unter der Straßenkleidung nicht auffallen. Solch eine Weste hat Sajida bisher noch nie gesehen. Sie nimmt ihre Weste in die Hand, spürt das überraschende Gewicht und berührt die mit Stahlkugeln gefüllten Taschen. Sie weiß: Es ist wichtig, sich mit den Kabeln und dem Detonationsschalter vertraut zu machen und kleine Anpassungen vorzunehmen, damit die Weste gut an ihrem Oberkörper und der Taille anliegt. Auch eine Selbstmordweste sollte bequem sitzen.

**Familie** Sajida al-Rishawi stammt aus der sunnitischen Stammesregion des Irak. Sie hatte zwei Brüder, die sich in den ersten Wochen der amerikanischen Besatzung der Bewegung von al-Zarqawi angeschlossen hatten. Einer ihrer Brüder wurde ein mittlerer Offizier der AQI, bevor er von den US-Truppen in der Stadt Falludscha getötet wurde; auch den zweiten Bruder und einen Schwager hatten die Amerikaner getötet. Sajida war über deren Tod verzweifelt und fühlte sich verpflichtet, die Tötung von Familienmitgliedern zu rächen.

**Herbst 2005** Der Tod des ersten Bruders jährt sich, und schmerzhafte Erinnerungen werden wach. Hinzu kommt ein Bericht vom ersten Einsatz von Frauen als Selbstmordattentäterinnen in der irakischen Hauptstadt. Also meldet sich Sajida: „Ich will Amerikaner töten."

**Plan** Es ist al-Zarqawis Plan, die unverheiratete Sajida und Ali, einen Mann, den sie aus ihrer Heimatstadt kennt, als scheinbares Ehepaar zu Selbstmordattentätern zu machen.

**Vorbereitung** Anfang November erhalten Sajida und ihr Partner die gefälschten Pässe, die sie als Ehepaar ausweisen, und ihnen wird mitgeteilt, dass sie an einer wichtigen Mission über die Grenze nach Jordanien teilnehmen, die sich gegen amerikanische und israelische Geheimdienstmitarbeiter richtet.

Sie warten noch das Eid-al-Fitr-Fest ab, mit dem der Ramadan traditionell beendet wird. Am folgenden Morgen beginnt die fast 900 km lange Reise durch die Wüste nach Amman in Jordanien. Müde erreichen sie die gemietete Wohnung in einem der überwiegend von Irakern bewohnten Viertel Ammans. Es sind noch vier Tage bis zum Anschlag am 9. November.

**9.11.2005** Der Tag ist gekommen: Ali hilft Sajida beim Anlegen der Weste. Er befestigt das neun Kilogramm schwere Band mit dem Sprengstoff und den Schrapnells um ihre Taille und wickelt dann noch Lagen von Klebeband um die Außenseite, damit alles gut befestigt ist. Dann steigen sie in einen Mietwagen und fahren zum Radisson Hotel, wo sie kurz vor 21:00 Uhr eintreffen.

**Ballsaal** Der festliche Anblick und die Klänge, die sie im großen Philadelphia-Ballsaal des Hotels empfangen, verwirren Sajida. Anstelle von Englisch sprechenden Geheimdienstlern in westlichen Anzügen sieht sie etwas Gewöhnlicheres und Vertrauteres: eine Hochzeit.

Als sie durch die Tür des Ballsaals schaut, sieht sie Familien mit Kindern und junge Mädchen und Frauen in den formellen Kleidern einer Hochzeitsgesellschaft. Auf der einen Seite des Raumes stehen die Männer, auf der anderen die Frauen für den Dabke-Tanz, der bei arabischen Hochzeiten Tradition ist. Sie sieht zu und weiß nicht, was sie tun soll. Ein Hotelangestellter spricht das Paar an. Suchen sie jemanden? Ali murmelt, dass er eine echte jordanische Hochzeit sehen wolle. Dann betreten sie den Ballsaal.

**Getrennt** Im Ballsaal trennen sich die beiden und begeben sich in gegenüberliegende Ecken, wobei Sajida einen Platz in der Nähe der Frauen und Mädchen sucht. Mit einer Hand greift sie in ihren Mantel und beginnt, an dem Schalter der Bombe herumzufummeln. Warum sie nicht explodiert, wird nie geklärt: ein mechanischer Fehler oder Absicht? Sie gibt ihrem Partner ein Zeichen, dass sie ein Problem hat. Ali deutet auf die Tür zum Ballsaal. Als sie sich umdreht, sieht sie, wie er auf einen Tisch klettert. Dann kommt es zur Explosion.

**Flucht** Sajida flieht mit den Hochzeitsgästen durch die Lobby, dabei stolpert sie über Verwundete und Sterbende; sie weiß nicht, was sie tut. Als sie schließlich nach Luft schnappend stehen bleibt, ist sie weit vom Hotel entfernt. Sie trägt noch immer die Selbstmordweste und den schwarzen Mantel, der nun mit Blut bespritzt ist. Sie erinnert sich nur noch, wie sie in die Wohnung ihrer Schwägerin stolpert und auf einem Bett zusammenbricht. Dort finden die Männer des jordanischen Geheimdienstes sie schließlich.

In den Verhören durch den jordanischen Geheimdienst äußert Sajida mehrfach: „Sie sagten mir, ich würde Amerikaner töten. Alles was ich wollte, war, den Tod meiner Brüder zu rächen.“ Sie war überlistet worden, und doch hielt sie, fast wie ein Kind, an dem Glauben fest, dass bei der Planung der Operation etwas schiefgelaufen war. Obwohl sie al-Zarqawi nie getroffen hatte, konnte sie es sich nicht vorstellen, dass der Anführer von al-Qaida in Irak wirklich wollte, dass sie ihr eigenes Leben opfere, um Mütter und Kinder auf einer Hochzeitsfeier zu töten. Vermutlich war es wohl ihr Fehler, vermutete sie, denn sie sei sich nie sicher gewesen, ob sie in der Lage sein würde, den Zünder zu betätigen. „Ich wollte nicht sterben“, sagte sie leise. Sie war sicherlich keine kluge Frau, aber für al-Zarqawi und seine Männer war Sajida al-Rishawi perfekt: eine trauernde Frau, die sich zu einem scheinbaren Rachefeldzug überreden ließ.

Unter den 38 Menschen, die bei der Explosion ums Leben kamen, befanden sich auch die Väter der Braut und des Bräutigams. Darüber hinaus zerstörte die Explosion den Ballsaal, sprengte die großen Fenster zur Straße hin und riss Deckenplatten herunter. Auch die Hotellobby mit ihrer gesamten Einrichtung wurde zerstört.

**Zwei weitere Explosionen**

Die zweite Explosion ereignete sich etwa 500 Meter vom Radisson SAS Hotel entfernt im Grand Hyatt Hotel. Sie zerstörte den Hoteleingang, riss Deckenplatten herunter und beschädigte die Rezeption wie auch den Cafébereich schwer. Nachdem der Bombenleger im Café des Hotels Orangensaft bestellt hatte, ging er in einen anderen Raum (möglicherweise, um seinen Sprengstoffgürtel zu holen), kehrte dann zurück und zündete seine Bombe. Sieben Hotelangestellte wurden bei der Explosion getötet, ebenso wie zwei Gäste.

Im dritten Hotel, dem Days Inn, betrat der Selbstmörder fast zur gleichen Zeit wie in den anderen Hotels das Restaurant im Erdgeschoss des Hotels. Er versuchte, seinen Sprengstoffgürtel zu zünden, was aber zunächst nicht gelang. Ein Kellner bemerkte dies und alarmierte den Sicherheitsdienst. Der Bombenleger rannte aus dem Hotel und sprengte sich in die Luft. Dabei tötete er drei Mitglieder einer chinesischen Militärdelegation. (Warrick, Black Flags, S. 268 ff.)

**Missbilligende Reaktionen**

Verärgert über die Empörung und die Proteste gegen die Bombenanschläge in Amman, versuchte es al-Zarqawi zunächst mit der Behauptung: Es sei nur eine Verzerrung der Medien. Doch nur wenige Stunden, nachdem er sich zu der Explosion bekannt hatte, veröffentlichte er eine zweite Audiobotschaft, in der er behauptete, die toten Hochzeitsgäste seien Kollateralschäden eines Angriffs auf ausländische Geheimdienste gewesen, die sich im Hotel befunden hätten. Nicht einmal al-Qaida kaufte ihm dies ab. Einer der engsten Berater bin Ladens, Abd al-Rahman, forderte al-Zarqawi schriftlich auf, das Image von al-Qaida bei den Muslimen nicht weiter zu beschmutzen. Von nun an müsse al-Zarqawi für jede größere Operation eine Genehmigung einholen, so al-Rahman. „Lasst uns nicht nur Menschen des Tötens, des Schlachtens, des Blutes und der Härte sein.“

Ausnahmsweise machte al-Zarqawi keine Anstalten, seine Taten zu verteidigen. Nach Wochen der relativen Ruhe hatte al-Zarqawi einen Anschlag vorbereitet, der seinen Fehler in Amman zumindest vorübergehend vergessen machen sollte. Sein Plan zeugte von einem gewissen Ehrgeiz und einem theatralischen Flair, wie man es in der irakischen Aufstandsbewegung bisher kaum gesehen hatte.

## Weiterer Bombenanschlag

Noch vor der Morgendämmerung am 22. Februar 2006 betraten fünf bewaffnete Männer in Militäruniformen den Innenhof der eintausend Jahre alten Al-Askari-Moschee, eines Heiligtums im Herzen der alten irakischen Stadt Samarra. Ohne große Mühe gelang es den Bewaffneten, die Wachen der Moschee zu überwältigen und Sprengladungen auf dem Dach anzubringen.

Um 6:44 Uhr wurde die Stadt durch zwei gewaltige Explosionen wachgerüttelt. Anwohner eilten auf die Straße und sahen einen Schutthaufen, wo die Kuppel gestanden hatte. Eine ganze Außenwand war eingestürzt. Die Kuppel war nach innen gestürzt und hatte einen Betonstumpf und ein Gewirr von verbogenem Baustahl hinterlassen.

Die Bombe selbst hatte niemanden verletzt; diesmal würde es keine Anschuldigungen geben, dass al-Zarqawi unschuldige Muslime ermordet hatte. Doch die Zerstörung des Schreins löste eine Welle von Morden und Vergeltungsschlägen aus. Rivalisierende Gruppen von Schiiten und Sunniten bahnten sich mordend ihren Weg durch die Stadt. Dabei wurden sogar ganze Häuserblocks zerstört. Tage später wurden im Leichenschauhaus der Stadt mehr als 1.300 Tote gezählt.

## US-Jagd auf al-Zarqawi

Seit Mai 2005 war al-Zarqawi der meistgesuchte Mann in Jordanien und im Irak. Er hatte sich zu zahlreichen Anschlägen im Irak bekannt und wurde wahrscheinlich sogar für noch mehr Anschläge verantwortlich gemacht. Die US-Regierung hatte daraufhin eine Belohnung von 25 Millionen Dollar für Informationen ausgesetzt, die zu seiner Ergreifung führen. Es war die gleiche Summe, die vor dem März 2004 für die Ergreifung von bin Laden ausgesetzt worden war. Al-Zarqawi feierte seinen Aufstieg in der Rangliste der meistgesuchten Personen mit einem Video, das auf dschihadistischen Websites veröffentlicht wurde. Darin wurde er unter seinem neuen Lieblingsnamen „Scheich des Gemetzels“ vorgestellt und seine Stimme strotzte vor Selbstbewusstsein.

Mit der Zahl der muslimischen Toten war aber auch die Zahl der Feinde al-Zarqawis gewachsen – selbst in der Provinz Anbar, wo früher viele die ausländischen Kämpfer willkommen geheißen hatten. Fast täglich gingen nun Hinweise ein: an Polizeistationen, an Militärpatrouillen, an Informanten, die mit anderen Informanten entlang einer Kette sprachen, die schließlich in der CIA-Einsatzzentrale in Bagdad endete. Nach solch einem Hinweis im Februar 2005 wäre al-Zarqawi beinahe gefasst worden, doch er konnte entkommen. In seinem Wagen fanden die Mitglieder der Task Force al-Zarqawis Laptop neben einem Sack mit 100.000 Dollar in verschiedenen Währungen. Die Task Force 6-26 war extra gebildet worden, um al-Zarqawi aufzuspüren und/oder zu eliminieren. Die Mitglieder dieser Task Force bestanden vornehmlich aus Soldaten der Special Operations Forces.

Die amerikanischen Spezialeinheiten begannen im Frühjahr 2006 damit, Mitglieder der unteren Ebenen von al-Qaida zu verhaften, um so den Aufenthaltsort von al-Zarqawi herauszufinden. Bei einer Razzia, bei der der Anführer einer Gruppe gefangen genommen wurde, fanden die US-Kommandos ein unbearbeitetes Propagandavideo, auf dem al-Zarqawi mit einem Maschinengewehr hantiert. Der Gefangene und ein weiterer gefangener Al-Qaida-Kämpfer aus der mittleren Führungsebene beschrieben das dschihadistische Netzwerk im Detail und nannten den Amerikanern auch den Namen von al-Zarqawis aktuellem spirituellen Berater, Abd al-Rahman. Von da an ging es darum, al-Rahmans Kommunikationswege mit al-Zarqawi über eine Reihe von Kurieren nachzuverfolgen. Die US-Streitkräfte entdeckten, dass sich ihre Zielperson die ganze Zeit über im Verborgenen gehalten hatte: Al-Zarqawis Unterschlupf befand sich in Hibhib, einer Stadt nordöstlich von Bagdad und nur 20 km von ihrem eigenen Hauptquartier auf dem Luftwaffenstützpunkt Baland entfernt.

**Der Tod al-Zarqawis**

Zwei Wochen mussten die Amerikaner warten, bis al-Rahman telefonisch Kontakt zu al-Zarqawi aufnahm. Eine Drohne beobachtete unbemerkt den Kleriker und folgte ihm, als er von einem blauen Kleinlaster abgeholt wurde. Kreuz und quer fuhren sie durch Bagdad, dann folgte ein erneuter Wagenwechsel, und in einem weißen Pickup ging es nun in Richtung Hibhib. Etwa fünf Kilometer außerhalb der Ortschaft bog der Pickup in einen kleinen, von dichten Palmen gesäumten Feldweg ab und fuhr eine Auffahrt entlang, die zu einem beigen zweistöckigen Haus mit Carport führte. Ein schwarz gekleideter Mann kam heraus und begrüßte den Kleriker: Es war al-Zarqawi. Zu diesem Zeitpunkt befanden sich zwei F-16-Kampfflugzeuge auf einem Routine-Patrouillenflug über dem Irak. Eine Maschine war nur fünf Minuten von Hibhib entfernt. Es war fast 18:00 Uhr Ortszeit, als der Befehl kam: „Bombe abwerfen“. Erst beim zweiten Anflug wurde eine gelenkte 250-Kilogramm-Bombe abgeworfen, etwa 100 Sekunden später eine zweite, die auch das Haus traf. Nachdem sich der Rauch gelegt hatte, waren von dem Haus und dem Carport nur noch Trümmer übrig. 20 Minuten später erschien ein Delta-Team vor Ort und fand al-Zarqawi mit inneren Blutungen auf einer Bahre von Sanitätern liegend, aber noch bei Bewusstsein. Er hatte nur noch Minuten zu leben, und um 19:04 Uhr Ortszeit wurde sein Tod festgestellt. (Warrick, Black Flags, S. 296 ff.)

# Quellen: Der Islamische Staat – die Anfänge


## Bücher

- Atwan, Abdel Bari, Islamic State, The digital Caliphate, Croydon 2015
- Draper, Robert, To start a War, How the Bush Administration took America into Iraq, New York 2020
- McCants, William, The Isis Apocalypse, The History, Strategy, and Doomsday Vision of the Islamic State, New York 2015
- Packer, George, The Assassins' Gate, America in Iraq, New York 2006
- Ricks, Thomas E., Fiasco, The American Military Adventure in Iraq, New York 2006
- Sookhdeo, Patrick, Unmasking Islamic State, McLean 2015
- Soufan, Ali, Anatomy of Terror, From the Death of Bin Laden to the Rise of the Islamic State, New York 2017
- Warrick, Joby, Black Flags, The rise of ISIS, London 2015
- Weiss, Michael, Hassan, Hassan, ISIS, Inside the Army of Terror, New York 2015
- Woodward, Bob, State of Denial, Bush at War, Part III, New York 2006

## Zeitschriften/Studien

- https://www.washingtonpost.com/wp-dyn/content/article/2006/06/08/AR2006060800299_pf.html
- https://www.theguardian.com/world/2006/jun/08/iraq.alqaida1
- https://www.theatlantic.com/international/archive/2015/10/how-isis-started-syria-iraq/412042/
- https://web.archive.org/web/20060930220648/http://www.dni.gov/press_releases/Declassified_NIE_Key_Judgments.pdf
- https://edition.cnn.com/2004/WORLD/meast/04/26/jordan.terror/
- https://www.swp-berlin.org/publikation/the-amman-suicide-bombings

# Kapitel 5

## Der Islamische Staat – Höhepunkt und Ende

Umm Qasr ist eine Hafenstadt im Irak, die 2003 rund 50.000 Bewohner hatte. Sie liegt am westlichen Rand der Halbinsel al-Faw am Persischen Golf und grenzt direkt an Kuwait. Wie es heißt, soll hier, im alten Mesopotamien, Alexander der Große 328 v.Chr. gelandet sein. Auch der Irak-Krieg 2003 begann hier mit einer Landung der Royal Marines und der U.S. Marines am 21. März 2003.

Außerhalb der Stadt, direkt an der Grenze zu Kuwait, errichteten die Briten einen sogenannten „vorgeschobenen Stützpunkt" mit einem Internierungslager, den die Amerikaner später übernahmen. Der Stützpunkt wurde nun nach „Ronald Bucca" benannt, einem New Yorker Feuerwehrmann, der bei den Anschlägen vom 11. September 2001 ums Leben gekommen war. Anfänglich bestand das Internierungslager aus nicht viel mehr als ein paar Zelten in einem umzäunten Areal. Doch innerhalb weniger Jahre wuchs Camp Bucca zu einer Kleinstadt heran. Rund 100.000 Häftlinge sollen in den sechs Jahren, in denen Camp Bucca bestand, das stacheldrahtbewehrte Eingangstor passiert haben. Aus den Zelten waren mit der Zeit Holzhütten geworden, die aber auch kaum Schutz vor den Temperaturen von über 40 Grad Celsius in den Sommermonaten boten. Wie in Abu Ghraib wurden die Gefangenen misshandelt und gefoltert. Doch es gibt einen Unterschied: Camp Bucca gilt als die Brutstätte des Islamischen Staates.

## Camp Bucca

Die bürgerkriegsähnlichen Zustände im Irak, willkürliche Verhaftungen und die Abwesenheit von rechtsstaatlichen Grundsätzen hatten nach 2003 dazu geführt, dass Aufständische, Kriminelle und auch einfache Iraker, die nur zur falschen Zeit am falschen Ort gewesen waren, inhaftiert wurden. Hinzu kamen die ehemaligen Mitglieder der Baath-Partei des gestürzten Diktators Saddam Hussein. Es war eine brisante Mischung, die in den irakischen Gefängnissen einsaß.

Laut der Washington Post, die aus einem Militärbericht zitiert, wurden die Insassen nach konfessionellen Gesichtspunkten aufgeteilt, um die Spannungen zu verringern. Die Streitigkeiten wurden nach islamischem Recht beigelegt. „Innerhalb der Zäune dieser Anlagen befinden sich islamische Extremisten, die Mitgefangene verstümmeln oder töten, wenn sie sich ihrer Meinung nach islamfeindlich verhalten", heißt es in dem Militärbericht weiter. „Die Scharia-Gerichte setzen viele Regeln innerhalb der Lager durch", so ein in dem Bericht zitierter Soldat. „Jeder, der sich an einem Verhalten beteiligt, das als ‚westlich' angesehen wird, wird [...] hart bestraft." Die Wachmannschaften des Gefängnisses beobachteten den wachsenden Extremismus. „Es wurde ein enormer kollektiver Druck auf die Häftlinge ausgeübt, sich zu radikalisieren", heißt es. Dieses Umfeld in Bucca, das Saddam Husseins Baathisten und islamistische

Fundamentalisten zusammenbrachte, schuf die Voraussetzungen für eine sehr gefährliche Zusammenarbeit. Im Gefängnis schlossen sich die beiden scheinbar unvereinbaren Gruppen zu einer Vereinigung zusammen, die „mehr als eine Vernunftehe" war. Die Washington Post schrieb: „Die Dschihadisten fanden in den Ex-Baathisten Organisationsfähigkeit und militärische Disziplin, die Ex-Baathisten ihrerseits in den Dschihadisten eine Motivation."

## Abu Bakr al-Baghdadi

„Ein Dschihadist, der sich Abu Ahmed nannte, kam vor zehn Jahren als junger Mann nach Camp Bucca und wurde ein hochrangiger Funktionär des Islamischen Staates (IS), der mit vielen der Männer, die mit ihm im Gefängnis saßen, aufgestiegen ist. Wie er wurden auch die anderen Gefangenen von US-Soldaten aus irakischen Städten abgeholt und an einen Ort geflogen, der bereits berüchtigt war: eine Wüstenfestung, die das Vermächtnis der US-Präsenz im Irak prägen sollte. Die anderen Gefangenen brauchten nicht lange, um sich mit ihm anzufreunden, erinnert sich Abu Ahmed. Auch sie hatten sich vor Bucca gefürchtet, merkten aber schnell, dass das von den USA geführte Gefängnis nicht ihren schlimmsten Erwartungen entsprach. In Bagdad oder einer anderen Stadt hätten sie sich nie so treffen können. [...] Hier waren sie nicht nur sicher, sondern auch nur ein paar hundert Meter von der gesamten Al-Qaida-Führung entfernt. [...] In Camp Bucca traf Abu Ahmed zum ersten Mal auf Abu Bakr al-Baghdadi, den Emir von Isis, der später häufig als der gefährlichste Terroristenführer der Welt bezeichnet wurde. Von Anfang an, so Abu Ahmed, schienen die anderen im Lager ihm zu gehorchen. Damals war er nur Abu Bakr; keiner von uns wusste, dass er jemals Anführer werden würde." (https://www.theguardian.com/world/2014/dec/11/-sp-isis-the-inside-story)

Abu Bakr al-Baghdadi war ein Pseudonym, denn der Mann hatte viele Namen. Sein Geburtsname soll „Ibrahim Awad Ibrahim al-Badri al-Samarrai" sein. Von den US-Streitkräften im Irak wurde er am 2. oder 4. Februar 2004 in der Nähe von Falludscha festgenommen, als er das Haus eines alten Studienfreundes besuchte. Dieser Studienfreund, mit dem al-Baghdadi an der Islamischen Universität Bagdad studiert hatte, stand auf der amerikanischen Fahndungsliste. Al-Baghdadi wurde in dem Gefangenenlager Camp Bucca unter dem Namen Ibrahim Awad Ibrahim al-Badri als ziviler Gefangener inhaftiert. Der damals 33-Jährige war ein weitgehend noch unbeschriebenes Blatt, ein einfacher „Straßengauner" so ein US-Beamter in der New York Times. In seinem Häftlingsausweis wird sein Beruf mit „Verwaltungsarbeit (Sekretär)" angegeben. Nach Angaben des US-Verteidigungsministeriums war al-Badri in „Compound 6" inhaftiert, einem sunnitischen Lager mit mittlerer Sicherheitsstufe. Am 8. Dezember 2004 wurde er als Gefangener mit „niedrigem Status" entlassen, nachdem er vom „Combined Review and Release Board" zur Entlassung empfohlen worden war.

Camp Bucca bot ein ideales Umfeld für die Radikalisierung von Gefangenen und war für die Entwicklung des Islamischen Staates prägend. Insgesamt waren neun Mitglieder der Führungsspitze des Islamischen Staates in Bucca inhaftiert. Neben al-Baghdadi selbst, der dort zehn Monate verbrachte, war dort auch sein Stellvertreter Abu Muslim al-Turkmani, der Oberstleutnant im irakischen Geheimdienst unter Saddam Hussein gewesen war, sowie der Militärberater Haji Bakr, Geheimdienstoberst bei der Luftwaffe unter Saddam Hussein, der Stratege des IS wurde. Ein weiterer war Abu Kasim, der sogenannte Ausländerbeauftragte, dessen besonderes Augenmerk den Selbstmordattentätern galt. Man kann vermuten, dass diese Männer bereits als Extremisten nach Bucca kamen, doch es ist absolut sicher, dass sie es waren, als sie Bucca wieder verließen. Während ihrer Zeit im Gefängnis radikalisierten sie sich und nutzten auch die Möglichkeit, weitere Anhängerschaft zu rekrutieren. Das Gefängnis entwickelte sich zur „Universität der Terroristen“: Die Radikalen waren die Professoren, die Häftlinge die Studenten und die Gefängnisbehörden spielten die Rolle der – abwesenden – Aufseher. (https://www.washingtonpost.com/news/morning-mix/wp/2014/11/04/how-an-american-prison-helped-ignite-the-islamic-state/)

## Ein Mann mit vielen Alias-Namen

Al-Baghdadi wurde als al-Badri al-Samarrai vermutlich am 28. Juli 1971 in Samarra, Irak, als dritter von vier Söhnen der Familie geboren. Die Familie gehörte offenbar zu einer Stammesgruppe, die als Al-BU Badri-Stamm bekannt ist. Dieser Stamm umfasst eine Reihe von Unterstämmen, darunter auch die Quraisch. Al-Baghdadi behauptete später, er sei ein Nachfahre des Quraisch-Stammes, der zur Zeit des Propheten Mohammed über Mekka herrschte und damit auch ein Nachfahre von Mohammed, obwohl es keine Beweise für diese Behauptung gab oder gibt.

Al-Badri war kein gewalttätiger Unruhestifter wie Zarqawi oder ein Abenteurer wie Osama bin Laden, der nach dem College nach Pakistan zog, um sich der Sache der afghanischen Mudschaheddin anzuschließen. Stattdessen erinnern sich Bekannte an einen schüchternen, kurzsichtigen Jugendlichen, der Fußball mochte und meist für sich blieb. Tatsächlich scheint al-Badri in seinen ersten zweiunddreißig Jahren selbst in seiner eigenen Nachbarschaft kaum Beachtung gefunden zu haben. Ein Freund der Familie erinnerte sich an einen jungen Mann, der „so ruhig war, dass man seine Stimme kaum hören konnte“.

Sein Vater war im religiösen Leben der Gemeinde tätig. Er unterrichtete Ibrahim im Teenageralter und dieser begann dann selbst als Lehrer zu wirken, indem er Kinder den Koran singen ließ. Seine Mutter, deren Name nicht bekannt ist, wurde als eine religiöse Person beschrieben, die im al-Badri-Stamm bekannt war. Aus den offiziellen Schulunterlagen des Gymnasiums von Samarra geht hervor, dass al-Badri 1991 das Abitur wiederholen musste, weil er nur 481 von 600 möglichen Punkten erreicht hatte. Auch danach reichten seine Schulnoten nicht aus, um seine Wunschfächer Jura, Erziehungswissenschaften und Sprachen an der Universität Bagdad zu studieren. Deshalb schrieb er sich an der Islamischen Universität Bagdad ein, der heutigen Irakischen Universität. Dort studierte er islamisches Recht und später den Koran. Vom irakischen Militär wurde er aufgrund seiner Kurzsichtigkeit als untauglich eingestuft.

In einem Interview mit der britischen Zeitung „Daily Telegraph“ beschrieben Zeitgenossen al-Badri als schüchternen, unscheinbaren jungen Mann, als religiösen Gelehrten und als jemanden, der Gewalt mied. Manchen Berichten zufolge radikalisierte er sich in der Muslimbruderschaft, der er schon als Jugendlicher beigetreten war. Mehr als ein Jahrzehnt lang, bis 2004, soll er in einem Zimmer gelebt haben, das an eine kleine Moschee in Tobchi angeschlossen war. In Tobchi, einem armen, heruntergekommenen Viertel am westlichen Rand von Bagdad, in dem sowohl schiitische als auch sunnitische Muslime wohnten, galt al-Badri als begnadeter Fußballspieler. https://www.telegraph.co.uk/news/worldnews/middleeast/iraq/10948846/ 11 November 2014)

## Al-Qaida im Irak

Im Anschluss an die US-Invasion im Irak 2003 gründete al-Badri zusammen mit einigen Verbündeten die „Jamaat Jaysh Ahl al-Sunnah wa-l-Jamaah“ (JJASJ), die „Armee der sunnitischen Volksgruppe“, die vorwiegend in Samarra, Diyala und Bagdad die Besatzungstruppen bekämpfte. Innerhalb der Gruppe war al-Badri Leiter des Scharia-Komitees.

Die Bemühungen von al-Qaida im Irak (AQI), irakische sunnitische und nationalistische Gruppen zu rekrutieren, wurden durch al-Zarqawis gewaltsames Vorgehen gegen Zivilisten und seine fundamentalistische Doktrin untergraben. Aus diesem Grunde wurde im Januar 2006 der sogenannte Mudschaheddin-Schura-Rat (MSC) gegründet, um die sunnitischen Aufständischen im Irak zu vereinen. Diesem Rat schlossen sich al-Badri und seine „Armee der sunnitischen Volksgruppe“ sowie vier weitere kleine unbekannte Gruppen an. Al-Badri war wieder Mitglied im Scharia-Ausschuss. Über die Organisationsstruktur des Rates ist nur wenig bekannt, was zum großen Teil auf den Charakter der Organisation selbst zurückzuführen ist, die aus dem Untergrund agierte. Demgegenüber war al-Qaida im Irak die mächtigste und sichtbarste Gruppe, wie auch die Person Zarqawi.

Da die Führung des Schura-Rates vermutlich über mehrere Anführer verfügte, scheint durch den Tod al-Zarqawis im Juni 2006 die Fähigkeit, Anschläge zu verüben, nicht beeinträchtigt worden zu sein. In dem Monat nach Zarqawis Tod starben mehr als 1.600 irakische Zivilisten bei Attentaten, die größte Zahl, die bis dahin in einem Monat getötet wurde. Nach dem Tod Zarqawis führte der Ägypter Abu Ayyub al-Masri die al-Qaida im Irak bzw. den Mudschaheddin-Schura-Rat.

## Die Mutayibeen-Koalition

Am 12. Oktober 2006 schloss sich der MSC mit drei kleineren Gruppen und sechs sunnitischen Stämmen zur „Mutayibeen-Koalition“ zusammen und verpflichtete sich, „die Sunniten von der Unterdrückung durch die Ablehner (schiitische Muslime) und die Kreuzfahrer-Besatzer zu befreien ... die Rechte wiederherzustellen, selbst um den Preis unseres eigenen Lebens [...] Allahs Wort in der Welt an die Spitze zu stellen und den Ruhm des Islam wiederherzustellen“. Am 15. Oktober verkündete der MSC die Gründung des Islamischen Staates Irak (ISI), der die sechs mehrheitlich sunnitischen arabischen Gouvernements des Irak umfasste; insgesamt gab es 19 Gouvernements im Irak. Abu Omar al-Baghdadi wurde Emir und al-Masri Kriegsminister im zehnköpfigen Kabinett des ISI.

## Islamischer Staat Irak (ISI)

Bin Laden und Zawahiri wurden von dieser Entwicklung überrumpelt. Die Entscheidung, die Staatsgründung zu erklären, wurde ohne Rücksprache mit der Führung von al-Qaida getroffen. Weder bin Laden noch Zawahiri waren um ihre Zustimmung gefragt, konsultiert oder auch nur gewarnt worden, bevor die Gründung des „Islamischen Staates Irak" verkündet wurde. Das arabische Wort Dawla für „Staat" kann entweder einen modernen Nationalstaat bezeichnen oder aber die Erinnerung an mittelalterliche Kalifate wie die Dawla Abbasiyya wachrufen, die sich einst über Mesopotamien, den Persischen Golf und Nordafrika erstreckten. Der Islamische Staat nutzte diese Zweideutigkeit, um seine Anhänger zu ermutigen, ihn als Proto-Kalifat, als Vorstufe des Kalifats zu betrachten.

Al-Masri, nach Zarqawi der Chef von al-Qaida und Gründer des Islamischen Staates, versuchte einerseits, die Verbindungen des Islamischen Staates zu al-Qaida aufrechtzuerhalten, andererseits die Öffentlichkeit aufzufordern, den Islamischen Staat als eigenständige Organisation und nicht als terroristische Gruppierung anzusehen.

Einen Monat nach der Gründung des Islamischen Staates bezeichnete al-Masri diesen als einen wichtigen Schritt im „Programm des islamischen Kalifats". In derselben Erklärung sagte al-Masri dem weitgehend unbekannten „Befehlshaber der Gläubigen", Abu Omar al-Baghdadi, seine Solidarität zu, verkündete die Auflösung von al-Qaida und ordnete deren Kämpfer dem Islamischen Staat im Irak zu. Al-Masri versicherte dem „Befehlshaber der Gläubigen": „Wir werden nur auf das hören, was du sagst, und dem gehorchen, was du befiehlst."

In den darauffolgenden fünf Monaten betonten Abu Omar al-Baghdadi und der Islamische Staat immer wieder: „Al-Qaida im Irak gibt es nicht mehr. Al-Qaida ist nur eine der Gruppen im Islamischen Staat." Die Kämpfer, die zuvor al-Qaida im Irak angehört hatten, wurden Teil der „Armee des Staates", zu der Dutzende von Bataillonen und Tausende von Kämpfern aus den verbliebenen dschihadistischen Gruppen gehörten. Sie alle hatten dem „Befehlshaber der Gläubigen" nach der Ausrufung des Staates die Treue geschworen – so der Minister für Medien des Islamischen Staates Irak.

## Geschlossenes Auftreten

Trotz der Bedenken der Führer von al-Qaida traten diese in der Öffentlichkeit geschlossen auf und befürworteten die Gründung des Islamischen Staates. Wahrscheinlich wollten sie in der Irak-Frage weiterhin mitreden und weitere Unstimmigkeiten in den eigenen Reihen vermeiden. „Ich möchte klarstellen, dass es im Irak nichts gibt, das den Namen al-Qaida trägt", sagte Zawahiri im Dezember 2007. „Vielmehr hat sich die Organisation al-Qaida im Irak durch die Gnade Gottes mit anderen dschihadistischen Gruppen zum Islamischen Staat im Irak zusammengeschlossen, möge Gott sie schützen. Es ist ein legitimes Emirat, das auf einer legitimen und soliden Grundlage ruht. Es wurde durch Konsultationen gegründet, und die meisten Mudschaheddin und Stämme im Irak haben ihm den Treueeid geleistet." (William McCants, The Isis Apocalypse, S. 16–19)

Durch die Aufstockung der US-Truppen im Irak im Jahr 2007 verfügte das US-Militär nun über mehr Soldaten für Anti-Terror-Operationen. Dutzende von hochrangigen ISI-Mitgliedern wurden gefangen genommen oder getötet. Zwischen Juli und Oktober 2007 verlor der Islamische Staat Irak Berichten zufolge seine zuvor sicheren Militärstützpunkte in der Provinz al-Anbar und im Raum Bagdad. Im Laufe des Jahres 2008 gelang es einer Reihe US-amerikanischer und irakischer Offensiven, die mit dem ISI verbündeten Aufständischen aus ihren früheren Zufluchtsorten, wie den Gouvernements Diyala und al-Anbar, in das Gebiet um die Stadt Mosul zurückzudrängen.

## Die Krise des ISI

Im Jahr 2008 befand sich der ISI nach eigenen Angaben in einer „außerordentlichen Krise". Seine Versuche, mithilfe von Gewalt bestimmte Gebiete zu beherrschen, hatte zu einer Gegenreaktion sunnitischer Araber und anderer aufständischer Gruppen geführt. Die Konsequenz war ein Rückgang der Gruppenmitglieder, besonders nach dem sogenannten „Anbar-Erwachen". Der Terrorismus, den der ISI förderte, entsprach nicht mehr den Interessen der Scheichs in der Provinz Anbar. Sie wechselten die Seiten und bezeichneten die Unterstützung der US-Truppen und der irakischen Polizei nun als „Erwachen" – gefördert durch die Bezahlung in US-Dollar. Ende 2009 erklärte der Befehlshaber der US-Streitkräfte im Irak, General Ray Odierno, dass sich der ISI „in den letzten zwei Jahren erheblich verändert hat. Die Organisation, die einst von ausländischen Personen dominiert wurde, wird nun mehr und mehr von Irakern selbst geprägt". Am 18. April 2010 wurden die beiden führenden Köpfe des ISI, al-Masri und Omar al-Baghdadi, bei einer gemeinsamen Razzia der USA und des Irak in der Nähe von Tikrit getötet.

Nun trat Abu Bakr auf den Plan. Unter denen, die ihn unterstützten, war ein irakischen Armeeobersts namens Samir al-Khlifawi, Chef des Militärrats der Gruppe und ehemaliger Baathist, der sich nach der US-Invasion den Aufständischen angeschlossen hatte. Khlifawi drängte Abu Bakr, die Führung zu übernehmen, und versprach, als sein erster Stellvertreter und Mentor zu fungieren – dies geht aus Dokumenten hervor, die erst Jahre später, nach Khlifawis Tod bei Kämpfen in Syrien, entdeckt wurden. Der weißbärtige Khlifawi, besser bekannt unter seinem Dschihadisten-Namen Hadschi Bakr, galt Geheimdienstanalysten als versierter Stratege, der maßgeblich für die frühen militärischen Erfolge des Islamischen Staats verantwortlich war. Am 16. Mai 2010 wurde Abu Bakr al-Baghdadi zum neuen Anführer des ISI ernannt. Er baute eine eigene Führungsriege auf, indem er ehemalige irakische Militär- und Geheimdienstoffiziere in seinen Stab holte, die unter Saddam Hussein gedient hatten. Fast alle diese Männer waren im Camp Bucca inhaftiert gewesen.

## Der Arabische Frühling

Der Arabische Frühling begann am 17. Dezember 2010 in Tunesien. Es war ein geringfügiges Ereignis, das eine Lawine im Nahen Osten auslöste. Innerhalb von acht Wochen wurden zwei der vermeintlich stabilsten Autokratien des Nahen Ostens gestürzt und in fast allen arabischen Ländern brachen Unruhen aus.

Der 17. Dezember 2010 war ein Freitag. In der kleinen Bezirkshauptstadt Sidi Bouzid, rund 200 km südwestlich von Tunis, beschlagnahmten die lokalen Ordnungskräfte den Verkaufswagen des Gemüsehändlers Mohammed Bouazizi, weil er keine Verkaufslizenz besaß. Das war nicht ungewöhnlich, doch dem jugendlichen Händler, der nach dem Tod des Vaters die Familie ernährte, fehlte es mit seinen 26 Jahren wohl an „Beziehungen" und dem nötigen Kleingeld für eine Bestechung. So blieb seine Beschwerde bei der Stadtverwaltung erfolglos, und sein Besuch der Polizeiwache endete mit einer öffentlichen Demütigung: Eine Polizistin schlug ihm ins Gesicht. Es war wohl eine Mischung aus Demütigung und Ohnmacht, die ihn dann dazu trieb, sich vor dem städtischen Verwaltungsgebäude mit Benzin zu übergießen und anzuzünden.

Die zunächst spontanen und regional begrenzten Solidaritätskundgebungen breiteten sich bald landesweit aus. Die tunesischen Sicherheitskräfte reagierten entsprechend der üblichen Praxis und versuchten, die Proteste gewaltsam niederzuschlagen. Es gab die ersten Toten. Doch die Entwicklung geriet außer Kontrolle, als der arabische Nachrichtenkanal Al Jazeera, mit Sitz in Katar, zum Berichterstatter der Ereignisse wurde und sich zum wichtigsten Medium des beginnenden Arabischen Frühlings entwickelte. Die Empörung der Bevölkerung über das Vorgehen der Sicherheitskräfte verbreitete sich rasch über die Grenzen Tunesiens hinaus und löste im Ausland neue Protestwellen aus. Die jahrelang aufgestaute Unzufriedenheit und Machtlosigkeit schlugen in offene Wut gegen die autoritären Regimes um. Am 14. Januar 2011 wurde der tunesische Präsident Zine el-Abidine Ben Ali gestürzt, am 11. Februar 2011 der ägyptische Präsident Hosni Mubarak. In fast allen arabischen Ländern brachen Unruhen aus.

### Syrischer Bürgerkrieg

Die Unruhen in Syrien begannen am 15. März 2011 im Zusammenhang mit dem Arabischen Frühling aus Unzufriedenheit mit der syrischen Regierung. Die Auseinandersetzungen eskalierten schließlich zu einem bewaffneten Konflikt, nachdem Proteste, die die Absetzung Assads forderten, gewaltsam unterdrückt worden waren. Im August 2011, nach dem Beginn des syrischen Bürgerkrieges, begann al-Baghdadi, syrische und irakische ISI-Mitglieder mit Erfahrung im Guerillakrieg nach Syrien zu schicken, um den staatlichen Machtverlust für sich zu nutzen. Sie sollten dort eine eigene Organisation gründen, die dann unter dem Namen „Jabhat an-Nusrah li-Ahli ash-Shām", „Unterstützungsfront für die Menschen in Großsyrien", besser bekannt als al-Nusra-Front, in die Kämpfe eingriff. Der Name deutete auf eine Art Hilfsgruppe hin, die der unterlegenen syrischen Opposition zu Hilfe kommen sollte. In Wirklichkeit jedoch hatten al-Baghdadis Pläne nichts mit einer Unterstützung der Syrer zu tun. Die al-Nusra-Front entwickelte sich in eine unabhängige Richtung und brach mit ihrer Mutterorganisation, dem Islamischen Staat im Irak (ISI) in allen Bereichen, von der Ideologie bis hin zu Taktik und Stil.

Zunächst konnte die al-Nusra-Front in den mehrheitlich sunnitischen Provinzen Raqqa, Idlib, Deir ez-Zor und Aleppo Fuß fassen. Unter der Führung eines Syrers mit dem Kampfnamen „Abu Muhammad al-Julani" begann die Gruppe, in Syrien Kämpfer zu rekrutieren. Schnell wuchs al-Nusra zu einer fähigen Kampftruppe heran, die unter den Syrern, die das Assad-Regime ablehnten, großen Rückhalt fand.

Am 8. April 2013 veröffentlichte al-Baghdadi eine Audiobotschaft, in der er verkündete, dass die al-Nusra-Front vom ISI gegründet, finanziert und unterstützt worden sei und dass sich beide Gruppen nun unter dem Namen „Islamischer Staat Irak und Levante (ISIL)" zusammenschließen würden. Doch Abu Mohammad al-Julani und Ayman al-Zawahiri, die Führer von al-Nusra und al-Qaida, lehnten den Zusammenschluss ab. Al-Julani gab eine Erklärung ab, in der er den Zusammenschluss abstritt und sich darüber beklagte, dass weder er noch ein anderes Mitglied der al-Nusra-Führung konsultiert worden sei.

Im Juni 2013 berichtete Al Jazeera, es sei in den Besitz eines Schreibens von al-Qaida-Führer al-Zawahiri gelangt, in dem er sich gegen den Zusammenschluss aussprach. Er habe auch einen Abgesandten ernannt, der die Beziehungen zwischen den beiden Parteien kontrollieren sollte, um die Spannungen zu beenden. Noch im selben Monat veröffentlichte al-Baghdadi eine Audiobotschaft, in der er die Entscheidung al-Zawahiris zurückwies und erklärte, dass der Zusammenschluss stattfinden werde.

## Befreiungsaktionen

Danach organisierte der ISIL Aktionen zur Befreiung seiner inhaftierten Mitglieder im Irak. Im Juli 2013 wurden bei gleichzeitigen Angriffen auf die Gefängnisse von Tadschi, rund 25 km nördlich von Bagdad, und Abu Ghraib mehr als 500 Gefangene befreit, viele von ihnen Veteranen des irakischen Aufstands. Im Oktober 2013 ordnete al-Zawahiri die Auflösung des ISIL an und übertrug der al-Nusra-Front die Verantwortung für die dschihadistischen Aktionen in Syrien, doch al-Baghdadi lehnte al-Zawahiris Befehl ab, und seine Gruppe operierte weiter in Syrien. Im Februar 2014, nach einem achtmonatigen Machtkampf, leugnete al-Qaida öffentlich jegliche Beziehung zum ISIL. Begründet wurde dies mit fehlenden Konsultationen und einer „notorischen Unnachgiebigkeit".

Die pragmatischen Denker von al-Qaida betrachteten das Kalifat als ein weit entferntes Ziel, das warten müsse, bis die säkularen Regimes im Nahen Osten gestürzt wären. Doch al-Baghdadi war vom Gegenteil überzeugt: Man erhebe das alte Banner des Kalifats sofort, und die rechtschaffenen Muslime würden sich ihm anschließen.

Es gab aber noch weitere Unterschiede zwischen der al-Nusra-Front und dem ISIL. Während al-Nusra aktiv zum Sturz der Assad-Regierung aufrief, war der ISIL eher darauf bedacht, seine eigene Herrschaft in den eroberten Gebieten zu etablieren. Der ISIL ging bei dem Aufbau seines islamischen Staates rücksichtslos vor: Er verübte weitere separatistische Anschläge und führte die Scharia in den besetzten Gebieten ein. Obwohl al-Nusra über ein großes Kontingent ausländischer Kämpfer verfügte, wurde sie von vielen Syrern als einheimische Gruppe angesehen. Im Gegensatz dazu bezeichneten viele syrische Flüchtlinge die ISIL-Kämpfer als „ausländische Besatzer".

Im Januar 2014 starteten in Syrien die Kämpfer der „Islamischen Front" und der Freien Syrischen Armee, die von den USA ausgebildet worden waren, eine Offensive gegen den ISIL in und um die Stadt Aleppo. In den Monaten zuvor war es aufgrund des Verhaltens des ISIL zu Spannungen gekommen; dazu gehörten die Beschlagnahmung von Eigentum und Waffen von anderen Rebellengruppen und die Verhaftung und Ermordung von deren Kämpfern. In den folgenden Monaten tobten heftige Kämpfe, die Tausende von Opfern forderten. Der ISIL zog seine Truppen aus den Provinzen Idlib und Latakia ab und verlegte sie zur Verstärkung seiner Hochburgen in Raqqa und Aleppo. Darüber hinaus begann er eine Offensive gegen alle anderen oppositionellen Kräfte, die in der östlichen Provinz Deir ez-Zor an der Grenze zum Irak aktiv waren. Bis Juni 2014 hatte der ISIL seine Rivalen in der syrischen Provinz weitgehend besiegt, und viele, die nicht getötet oder vertrieben worden waren, hatten sich ihm angeschlossen.

Anfang 2014 konnte der ISIL auch die irakischen Regierungstruppen durch die Offensive in der Provinz Anbar – westlich von Bagdad – aus den wichtigsten Städten, wie etwa Falludscha, vertreiben, worauf auch die Einnahme von Mosul im Juni 2014 erfolgte, sowie das „Sindschar-Massaker“ an den Jesiden. Diese Gebietsgewinne des ISIL führte fast zum Zusammenbruch der irakischen Regierung und veranlasste die USA unter Präsident Obama zu einer erneuten Militäraktion im Irak, der Operation „Inherent Resolve“, die „Operation der Inneren Entschlossenheit“.

## Das „wiedergeborene Kalifat“

Am 29. Juni 2014 rief der ISIL ein weltweites Kalifat aus: Abu Bakr al-Baghdadi wurde zum Kalifen ernannt, und die Gruppe benannte sich in „Islamischer Staat" (IS) um. Als „Kalifat“ beanspruchte sie nun die religiöse, politische und militärische Autorität über alle Muslime weltweit. Das erklärte Ziel war die Eroberung der ganzen Welt, wie es im IS-Magazin „Dabiq“ dargelegt worden war.

Das Konzept eines Kalifats wie auch der Name „Islamischer Staat“ wurde jedoch von Regierungen und muslimischen Führern weltweit abgelehnt. Im September 2014 erklärte US-Präsident Obama, dass der „Islamische Staat“ weder „islamisch“ sei – weil es keine Religion gebe, die die die Tötung von Unschuldigen gutheiße – noch ein „Staat“ sei, weil es keine Regierung gebe, die die Gruppe als Staat anerkenne. Darüber hinaus würden auch viele die Bezeichnung „Islamischer Staat“ ablehnen, weil dieser Name weitreichende religiöse und politische Autoritätsansprüche impliziere. (https://obamawhitehouse.archives.gov/the-press-office/2014/09/10/statement-president-isil-1)

Vom 28. Juni 2014 an kontrollierte das selbsternannte „Kalifat“ bzw. der „Islamische Staat“ von Abu Bakr al Baghdadi ein Gebiet, das sich von nördlich von Aleppo (Syrien) bis südlich von Bagdad (Irak) erstreckte und die Städte Raqqa in Syrien und Mosul im Irak einschloss. Es war dasselbe Gebiet, das Nur al-Din Zengi vor rund 1000 Jahren erobert und beherrscht hatte. Etwa sechs Millionen Menschen auf beiden Seiten der syrisch-irakischen Grenze lebten nun im wiedergeborenen „Kalifat“ unter der Herrschaft von Abu Bakr al-Baghdadi.

Der Islamische Staat war zwar eine gut sichtbare, aber trotzdem geheime bzw. verschlossene Organisation. Obwohl es ab 2011 eine Menge an veröffentlichten Daten und auch Analysen gab, waren nachprüfbare Fakten über Führung und Struktur dünn gesät. Das Bild wurde noch unklarer durch irreführende Propaganda des IS selbst, aber auch durch fragwürdige Berichte von „Insidern“. Der IS war eine Bewegung, die sich vom Terrorismus über den Aufstand hin zu einer scheinbaren Staatlichkeit entwickelt hatte, und das in einer relativ kurzen Zeit.

Ab Ende 2011 zeigte sich der Islamische Staat sowohl taktisch als auch strategisch geschickt, während er jahrelang als eine gewalttätige terroristische Gruppe überlebt hatte, die lediglich in der Lage gewesen war, mehrere synchrone Anschläge im Irak zu verüben.

## Die Ideologie des IS

Der Islamische Staat (IS) war ein selbsternanntes Kalifat, in dem die religiös legitimierte Herrschaftsgewalt von einer als „Stellvertreter Gottes auf Erden“ angesehenen Einzelperson ausgeübt wurde. Seine Ideologie stand in einer langen Tradition radikalislamischen Denkens, das von einer entsprechenden Interpretation der islamischen Quellen wie auch der frühen Periode der islamischen Geschichte bestimmt war. Alle islamistischen Bewegungen gehen davon aus, dass die Ursache für den demütigenden Niedergang der Muslime in den letzten Jahrhunderten darin liegt, dass die muslimische Welt vom wahren Islam abgewichen ist und die Scharia, die islamischen Gesetze, nicht vollständig angewandt wurde.

Im Laufe der Jahrhunderte bildeten sich drei Denkrichtungen von drei Autoren aus verschiedenen Zeiten und mit verschiedenen Zielrichtungen heraus, die für die kämpfenden radikalen Muslime im heutigen Islam entscheidend und prägend waren.

## Ibn Taimiya (1263–1328)

Dieser Gelehrte sprach sich für die Möglichkeit eines Dschihad gegen häretische (abweichende, abtrünnige) Muslime aus. Als häretische Muslime bezeichnete er jeden, der Neuerungen propagierte, die dem Koran und der Sunna zuwiderliefen, und legitimierte daher den Dschihad gegen jeden, der sich weigerte, ein islamisches Gesetz zu befolgen, oder der sich gegen die wahren muslimischen Autoritäten auflehnte. Taimiya zufolge hat Gott sowohl den Koran als auch das Schwert bereitgestellt, um die Welt für seine Religion zu gewinnen. Er verherrlichte den militärischen Dschihad als die beste religiöse Handlung, die ein Mensch vollziehen kann, besser noch als Pilgerfahrt (Hadsch), Gebet oder Fasten. Taimiyas Ideen hatten großen Einfluss auf den Wahhabismus, der später zur vorherrschenden Ideologie in Saudi-Arabien wurde. Viele moderne radikale Islamisten beziehen sich auf Taimiyas Schriften.

## Abd al-Wahhab (1703–1792)

Eine der wichtigsten Bewegungen, die für die Entwicklung des heutigen Islamismus maßgeblich sein sollte, entstand im späten 18. Jahrhundert, als auf der arabischen Halbinsel eine puritanische Reformbewegung namens Wahhabismus aufkam. Sie wurde von Abd al-Wahhab begründet, der seine Bewegung mit dem Haus Saud verband. Der Wahhabismus war ein Schlüsselfaktor für die Entwicklung der salafistischen Bewegung, die in der muslimischen Mehrheit großen Einfluss erlangte und die aktivistische Ideologie der radikalen Islamisten prägte.

Als Salafisten werden die Muslime bezeichnet, die die Rückkehr zu einem als „ursprünglich" angesehenen Islam propagieren und fordern. Moderne Islamisten belebten in diesem Zusammenhang auch eine alte Doktrin wieder, die Lehre vom Takfir. Dies ist eine Doktrin, die Muslime für jeden vermeintlichen Verstoß gegen die Scharia zu Ungläubigen erklären und in der Folge Todesstrafen über sie verhängen kann.

Der politische Aktivismus Anfang des 20. Jahrhunderts führte zur Gründung großer Bewegungen wie der „Jamaat-i-Islami" und der „Muslimbruderschaft", die für die Verbreitung des Islamismus in der ganzen Welt entscheidend waren.

### Sayyid Qutb (1906–1966)

Der Denker, der die heutigen radikalen Islamisten am meisten inspirierte, ist der Hauptideologe der ägyptischen Muslimbruderschaft, Sayyid Qutb. Er forderte die totale Unterwerfung unter die Scharia, die dadurch zum einzigen Identitätsmerkmal eines wahren muslimischen Individuums und seiner Gesellschaft werden sollte. Dies bedeutet, dass alle Personen oder Gruppen, die sich der Umsetzung der Scharia widersetzen, Abtrünnige, Ungläubige und Ketzer seien, die mit einem gewaltsamen Dschihad bekämpft werden sollten. Alle muslimischen Regime wie auch der größte Teil der muslimischen Gesellschaft müsse durch eine gewaltsame islamische Revolution beseitigt werden. Danach werde eine islamistische Utopie eingeleitet.

Während des afghanischen Dschihad (1979–1989) gegen die Sowjets vermischten sich diese ideologischen Strömungen, darunter die des ägyptischen Dschihad und der Takfiri-Gruppen sowie die der wahhabitisch-salafistisch inspirierten Gruppen. Dies führte Radikale aller Art zusammen und ermöglichte es ihnen, sich gegenseitig zu beeinflussen. Die Mischung aus Dschihad, Takfiri und Salafismus führte zur Entstehung von entsprechenden Organisationen, darunter vor allem al-Qaida. Ermutigt durch den Erfolg des afghanischen Dschihad gegen die Sowjetunion wandten sie sich dem Angriff auf die USA zu, die als einzige verbleibende „ungläubige" Supermacht die Wiederbelebung des globalen islamischen Kalifats behinderte. Die salafistische Dschihad-Ideologie von al-Qaida entwickelte sich ab Anfang der 1990er-Jahre zur dominierenden Form des islamischen Radikalismus. Sie verwendete eine Mischung aus neu interpretierten traditionellen Konzepten wie Takfir, Dschihad und Märtyrertum, um Terrorismus, willkürliche Gewalt und Selbstmordattentate zu rechtfertigen. Die Unterschiede zwischen der Ideologie des IS und derjenigen von al-Qaida sind nicht groß. Es gibt jedoch einen wichtigen Unterschied: Das Ausmaß, in dem sich der IS auf die Endzeit konzentrierte. (Patrick Sookhdeo, Unmasking Islamic State, S. 20–26)

In der Literatur besteht ein allgemeiner Konsens, dass die Ideologie des Islamischen Staates in erster Linie auf den Schriften von Sayyid Qutb, dem radikalen ägyptischen Theoretiker der Muslimbruderschaft, beruht, sowie auf denen von Ibn Taimiya, der zu den meistzitierten ideologischen Denkern des IS zählt. Diese Ideologie vertritt einen radikalen dschihadistisch-salafistischen Islam und damit eine strenge, puritanische Form des sunnitischen Islam. Der IS strebte eine Rückkehr zu den Anfängen des Islam an und lehnte alle religiösen Neuerungen ab, die ihrer Meinung nach den ursprünglichen Geist der Religion korrumpieren würden. Er verurteilte spätere Kalifate, die nach der Dawla Abbasiyya entstanden, sowie das Osmanische Reich für die Abweichung von dem, was er als reinen Islam bezeichnete. Der IS versuchte, das ursprüngliche Projekt von Sayyid Qutb, die Wiederherstellung eines globalen Kalifats, wiederzubeleben, das von einer strengen salafistisch-dschihadistischen Doktrin regiert werden sollte. In Anlehnung an diese Doktrin bezeichnete der IS die Anhänger des sogenannten Bürgerlichen Rechts als Ungläubige und stufte auch die derzeitige saudi-arabische Regierung in diese Kategorie ein.

Die Ideologie des IS wird auch durch die Symbolik der schwarzen Standardflagge, der legendären Kampfflagge Mohammeds, repräsentiert. Die Flagge zeigt das Siegel Mohammeds innerhalb eines weißen Kreises mit dem Satz „Es gibt keinen Gott außer Allah". Dies symbolisiert die Überzeugung des IS, dass er die Erneuerung des Kalifats des frühen Islams repräsentiert, mit allen politischen, religiösen und endzeitlichen Elementen, die die Wiederherstellung mit sich bringen würde. Der wichtigste Unterschied zwischen dem IS und den anderen islamistischen und dschihadistischen Bewegungen besteht darin, dass die Gruppe einen Schwerpunkt auf Endzeitstimmung und Apokalypse legte, d. h. auf den Glauben an einen Tag des Jüngsten Gerichts durch Allah. Der IS war sich sicher, dass er die Armee „Roms" in der Stadt Dabiq – rund 40 km nordöstlich von Aleppo in Syrien – besiegen würde. Auch war er davon überzeugt, dass es nach al-Baghdadi nur noch vier rechtmäßige Kalifen geben würde.

## Krieg gegen den IS

Als Reaktion auf die raschen Gebietsgewinne des Islamischen Staates Anfang 2014, auf die Hinrichtungen, die gemeldeten Menschenrechtsverletzungen wie auch die Befürchtung eines weiteren Übergreifens des syrischen Bürgerkriegs begannen nun viele Staaten, sowohl im syrischen Bürgerkrieg als auch im Krieg im Irak gegen den IS zu intervenieren.

- **Mitte Juni 2014** begann der Iran – amerikanischen und britischen Angaben zufolge –, Drohnen über dem Irak einzusetzen, und nach Angaben von Reuters sollen auch iranische Soldaten im Irak gegen den IS gekämpft haben.
- **Im Juli 2014** schickte nach Angaben des Internationalen Instituts für Strategische Studien der Iran russische Suchoi Su-25-Kampfflugzeuge in den Irak, und die Hisbollah soll Ausbilder und Berater in den Irak geschickt haben, um die schiitischen Milizen zu unterstützen.
- **Im September 2015** begannen die russischen Streitkräfte mit Einwilligung der syrischen Regierung mit der Bombardierung von Stellungen des Islamischen Staates, der al-Nusra-Front und der Freien Syrischen Armee (FSA) in Syrien.
- **Am 5. September 2014**, auf dem NATO-Gipfel in Wales, stimmten die Minister von Australien, Kanada, Dänemark, Frankreich, Deutschland, Italien, der Türkei und des Vereinigten Königreichs zu, den Kampf gegen den IS militärisch und finanziell zu unterstützen.
- **Am 17. Oktober 2014** bildete das US-Verteidigungsministerium offiziell die Combined Joint

Task Force für die „Operation Inherent Resolve“ (Unbeugsame Entschlossenheit), um die geplanten militärischen Maßnahmen gegen den Islamischen Staat im Irak und in Syrien zu institutionalisieren.

• **Am 3. Dezember 2014** versammelten sich im NATO-Hauptquartier in Brüssel Diplomaten und Außenminister aus 59 Ländern, um einen Plan für das weitere Vorgehen gegen die Bedrohung durch den IS zu erarbeiten. Sie bezeichneten sich selbst als „Globale Koalition gegen den Islamischen Staat (IS)“ und vereinbarten folgende Strategie: die Offenlegung der wahren Natur des IS; die Unterbindung der Finanzierung des IS und die Unterstützung der militärischen Operationen gegen den IS.

## Die Irak-Front

Die Kampagne wurde in erster Linie von amerikanischen und britischen Luftstreitkräften zur Unterstützung lokaler Verbündeter durchgeführt, vor allem der irakischen Sicherheitskräfte und der Syrischen Demokratischen Kräfte (SDF). Auch Bodentruppen, insbesondere Spezialeinheiten, Infanterie und Artillerie, wurden eingesetzt, in erster Linie im Irak. Von den Luftangriffen wurden 70 Prozent vom Militär der USA durchgeführt, 20 Prozent vom Vereinigten Königreich und 10 Prozent von Frankreich und den andern Alliierten aus dem Nahen Osten.

Anfang August 2014 hatte der IS seine Offensive im Nord-Irak begonnen. Am 5. August lieferten die Vereinigten Staaten Waffen an die kurdischen Peschmerga-Kräfte, und am 8. August erfolgten die ersten Luftangriffe der US Air Force gegen die IS-Stellungen im Irak. Neun weitere Länder starteten ebenfalls Luftangriffe gegen den IS, mehr oder weniger gemeinsam mit den Bodentruppen der kurdischen und irakischen Regierung. Die sogenannte „Westirak-Kampagne 2017“ war die letzte große Militäroperation des Irak-Kriegs von 2013 bis 2017 in der westlichen Provinz Anbar und an der Grenze zu Syrien, um den IS vollständig aus seinen Hochburgen im Irak zu vertreiben. Vom Dezember 2017 an kontrollierte der IS kein Gebiet mehr im Irak.

Neben der direkten militärischen Intervention unterstützte die amerikanisch geführte Koalition die irakischen Sicherheitskräfte umfassend durch Ausbildung, Aufklärung und Personal. 189.000 irakische Soldaten und Polizisten waren von den Koalitionsstreitkräften in der Zeit ausgebildet worden. Die Koalition beendete ihren Kampfeinsatz im Irak offiziell im Dezember 2021, aber US-Truppen verblieben im Irak, um die irakischen Sicherheitskräfte zu beraten, auszubilden und sie bei der Bekämpfung des ISIL-Aufstands zu unterstützen. Dazu gehörte auch die Bereitstellung von militärischer Hilfe und Luftunterstützung.

## Die Syrien-Front

Am 26. August 2014 begannen die USA mit Überwachungsflügen, einschließlich Drohnen, über Syrien, um IS-Ziele aufzuklären. Zunächst wurden Informationen gesammelt, die für Luftangriffe von Nutzen sein würden, auch wenn Luftangriffe zu diesem Zeitpunkt noch nicht genehmigt waren. Für die Flüge in den syrischen Luftraum gab es zudem keine Genehmigung der Assad-Regierung.

Am 10. September kündigte US-Präsident Obama an, dass er mit oder ohne Zustimmung des Kongresses Luftangriffe in Syrien befehlen werde. Ab dem 22. September 2014 begannen dann die USA, Jordanien und weitere Verbündete aus dem Nahen Osten mit Luftangriffen gegen den IS in Syrien. Außer Kampfflugzeugen und Bombern wurden auch seegestützte Tomahawk-Marschflugkörper eingesetzt, und zwar fast täglich. Zusätzlich starteten die US-Streitkräfte in der ersten Nacht acht Marschflugkörper zu einem Angriff auf die mit al-Qaida verbundene Chorasan-Gruppe. Anfang November und Anfang Dezember 2014 griffen die USA die gleiche Gruppe erneut an.

Am 24. Dezember 2014 schoss der IS ein jordanisches Kampfflugzeug über Syrien ab und nahm den Piloten, Luftwaffenleutnant Al-Kasasbeh, gefangen. Al-Kasasbeh wurde vom IS im Austausch gegen gefangene ISIL-Kämpfer angeboten. Jordanien willigte in den Austausch ein, verlangte aber zuvor ein aktuelles Lebenszeichen des Piloten. Dieser war jedoch bereits hingerichtet worden. Als das Video von der Hinrichtung veröffentlicht wurde, hob die jordanische Regierung ihr Moratorium für Hinrichtungen auf. Die Selbstmordattentäterin Sajida al-Rishawi, die von Zarqawi nach Amman ins Hotel Radisson geschickt worden war und sich in Haft befand (siehe S. 76–78), wurde nun hingerichtet.

## Das Eingreifen von Russen und Franzosen

Im September 2015 begann die russische Militärintervention im syrischen Bürgerkrieg, nach einem Ersuchen der syrischen Regierung um militärische Hilfe gegen Rebellen und dschihadistische Gruppen. Die Intervention umfasste zunächst russische Luftangriffe vom Stützpunkt Hmeimim und richtete sich gegen Ziele vor allem im Nordwesten Syriens sowie gegen militante syrische Oppositionsgruppen. Russische Spezialeinheiten, Militärberater und private Militärfirmen wie die Wagner-Gruppe wurden ebenfalls nach Syrien geschickt, um das Assad-Regime zu unterstützen, das kurz vor dem Zusammenbruch stand.

„Operation Chammal" wiederum war eine französische Militäroperation im Irak und in Syrien, die dazu beitragen sollte, die Ausbreitung des Islamischen Staates imIrak und der Levante einzudämmen und die irakische Armee zu unterstützen. Die französischen Luftangriffe auf den Irak begannen am 19. September 2014, die Luftangriffe auf Syrien Ende September 2015. Die französische Operation beschränkte sich zunächst auf Luftangriffe; Präsident François Hollande hatte erklärt, dass keine Bodentruppen eingesetzt werden würden.

Am 14. November 2015 behauptete der IS, die Terroranschläge in Paris am Vortag, bei denen 130 Menschen ums Leben gekommen und mehrere hundert verletzt worden waren, seien eine Vergeltungsmaßnahme für die „Operation Chammal" gewesen. Daraufhin beschloss Frankreich, seine Operationen gegen die islamistische Gruppe auszuweiten. Als Vergeltung für die Anschläge von Paris verstärkte die französische Luftwaffe ihre Luftangriffe gegen IS-Ziele in Syrien erheblich und bombardierte unter anderem die syrische Stadt Raqqa, die „Hauptstadt" des IS. Die französische Marine setzte den Flugzeugträger „Charles de Gaulle" mit 28 Flugzeugen und vier Hubschraubern ein. Am 4. Dezember 2015 reagierte auch Deutschland auf die Anschläge von Paris, bei denen auch Deutsche ums Leben gekommen waren, und entsandte die Fregatte Augsburg (F213) und sechs Tornado-Aufklärungsflugzeuge in die Region. Die Fregatte Augsburg, Geleitschutz für den Flugzeugträger „Charles de Gaulle", beendete ihren Einsatz im März 2016. Der Einsatz der Tornados endete am 31. Januar 2022.

## Erste US-Bodentruppen in Syrien

Im November 2015 entsandte die Obama-Regierung US-Spezialkräfte nach Syrien mit dem Auftrag, die Rebellen im Kampf gegen den IS zu unterstützen. Mehrere Dutzend Spezialeinheiten wurden von Präsident Obama nach Rojava in Nordsyrien geschickt, um die dortigen Kämpfer in ihrem Einsatz gegen den IS zu unterstützen. Damit genehmigte der Präsident den ersten unbefristeten Einsatz amerikanischer Bodentruppen in Syrien.

Der US-Raketenangriff auf den Luftwaffenstützpunkt Schairat am 7. April 2017 war dann der erste gezielte Angriff der USA auf syrische Regierungstruppen und markierte den Beginn einer Reihe direkter Militäraktionen der US-Streitkräfte gegen die syrische Regierung und ihre Verbündeten, die im Zeitraum von Mai bis Juni 2017 und im Februar 2018 stattfanden.

Am 19. Dezember 2018 erklärte Präsident Donald Trump öffentlich, dass der IS besiegt sei, und erneuerte seine Absicht, die 2.000 US-Soldaten abzuziehen, die die Demokratischen Kräfte Syriens (SDF) im Kampf gegen den IS unterstützten. Am Abend des 21. Februar 2019 gab das Weiße Haus bekannt, dass 200 US-Soldaten als „Friedenstruppe" in Syrien verbleiben würden. Am nächsten Tag wurde bekannt, dass die tatsächliche Zahl der Truppen nicht 200, sondern 400 betragen würde, da die Hälfte in Rojava und die andere Hälfte in al-Tanf stationiert werden sollte.

Die Demokratischen Kräfte Syriens setzten auch ohne die UDS-Truppen ihre Offensive fort und begannen im Februar 2019 mit der Belagerung der IS-Kräfte in Baghouz, der letzten Hochburg des IS. Am 23. März 2019 fiel Baghouz und beendete damit formell den Anspruch des Kalifats auf jegliches Gebiet. Doch die massenhafte Kapitulation von ISIS-Kämpfern und ihren Familien stellte ein großes Problem dar: Wie sollte mit den Dschihadisten umgegangen werden, und wie könnte man einen erneuten Aufstand im Irak und in Syrien verhindern?

## Die Verfolgung Abu Bakr al-Baghdadis

Monatelang hatten Geheimdienstmitarbeiter Präsident Trump über die Jagd auf den weltweit meistgesuchten Terroristen Abu Bakr al-Baghdadi auf dem Laufenden gehalten, die der Präsident zur obersten Priorität erklärt hatte. Doch der abrupte Rückzugsbefehl unterbrach die sorgfältige Planung und zwang das Pentagon, einen riskanten Nachtangriff zu wagen, bevor die Möglichkeiten, Truppen, Agenten und Aufklärungsflugzeuge zu kontrollieren, mit dem Abzug schwanden, hieß es gegenüber der New York Times (27.10.2019). Der Tod al-Baghdadis bei diesem Angriff sei deshalb eher trotz als wegen des Rückzugsbefehls Trumps eingetreten.

Die Verfolgung al-Baghdadis war schwierig, denn bisher hatte er sich allen Verfolgern entziehen können; auch die beste Technologie, die die Geheimdienste der Welt aufbieten konnten, hatte nicht zum Ziel geführt. Der Terroristenführer hatte die Risiken einer Flucht im digitalen Zeitalter längst erkannt. Doch die Jagd nach ihm begann und endete mit den altmodischen Methoden der Spionage: Eine Person kannte ein Geheimnis.

**September 2019** Mitte September, so irakische Regierungsvertreter, identifizieren sie einen Syrer, mit dessen Hilfe die Ehefrauen von zwei Brüdern Baghdadis, Ahmad und Jumah, vom Irak über die Türkei in die syrische Provinz Idlib geschmuggelt worden seien. Derselbe Mann habe zuvor auch geholfen, Baghdadis Kinder aus dem Irak zu holen. Dem irakischen Geheimdienst gelingt es dann, Informationen über die benutzte Route und das Ziel zu erhalten. Dieser entscheidende Durchbruch wird an die CIA weitergegeben.

**Oktober** Nach späteren offiziellen Angaben verfolgt der US-Geheimdienst Baghdadi bis zu einem Stützpunkt in der syrischen Provinz Idlib. Es ist ein unruhiges Gebiet nahe der Grenze zur Türkei, in dem eine Reihe extremistischer Gruppen aktiv ist und unter der Kontrolle von al-Qaida steht.

Eine wichtige Information über Baghdadis Aufenthaltsort liefert ein unzufriedener Kämpfer des Islamischen Staates, der als Informant für die Kurden arbeitet, die mit den Amerikanern in Syrien und auch im Irak zusammenarbeiten.

**Planung** Mitte Oktober ist die Planung, Baghdadi zu fangen oder zu töten, in vollem Gange. Die Operation erhält den Namen „Kayla Mueller“, zu Ehren der Entwicklungshelferin aus Arizona, die von Baghdadi versklavt wurde und später in Raqqa starb.

Washington wird mit Echtzeitinformationen versorgt, während Baghdadi sich in Idlib bewegt. Der paranoide, von Kriegsverletzungen gezeichnete und an Diabetes leidende 48-Jährige ist es gewohnt, seinen Aufenthaltsort zu wechseln. Während seines Lebens auf der Flucht pendelt er regelmäßig zwischen Ost-Syrien und dem West-Irak, bevor er sich in diesem kleinen Gebiet der Provinz Idlib an der türkischen Grenze niederlässt.

**Barischa** Von nun an greifen die technischen Möglichkeiten Washingtons: Das Haus, in dem Baghdadi nun wohnt, wird rund um die Uhr überwacht. Bei dem Besitzer des Hauses handelt es sich um Abu Mohammed al-Halabi, den Anführer einer rivalisierenden salafistischen Dschihadistengruppe mit Namen „Hurras al-Dein“. Ein überraschender Logiergast für den IS-Führer: Nur wenige Wochen zuvor hat Hurras al-Dein noch Sympathisanten des IS hingerichtet. Aber wer kann schon bei einer Mietzahlung von mindestens 67.000 US-Dollar Nein sagen?

Nach Angaben aus der Region ist das Haus al-Halabis Anfang des Vorjahres über einem Tunnelkomplex erbaut worden – ein ideales Versteck für einen Flüchtigen, das nicht so leicht angegriffen werden kann.

Letztlich haben die USA den Aufenthaltsort von al-Baghdadi mit der Hilfe eines gut platzierten Informanten ausfindig machen können: das bereits genannte Mitglied des IS aus der unmittelbaren Umgebung al-Baghdadis. Die detaillierten Kenntnisse dieses Maulwurfs über Baghdadis Aufenthaltsort sowie über die Raumaufteilung seiner Zufluchtsstätte wurden entscheidend für die Operation, die am 26. Oktober stattfinden soll.

**End-planung** Die finale Planung für die Operation wird zu Beginn der Woche, vom 21. bis 23. Oktober, abgeschlossen. Ein Regierungsvertreter erklärt, dass al-Baghdadi kurz davor sei, abzureisen. Die Militärs sind sich deshalb einig, dass sie schnell handeln müssen. Sollte al-Baghdadi erneut den Aufenthaltsort wechseln, wäre es viel schwieriger, ihn aufzuspüren, da das amerikanische Militär seine Truppen und Überwachungsanlagen in Syrien abziehen wird.

| | |
|---|---|
| **24.10.2019** | Der US-Präsident und der Vizepräsident werden an diesem Donnerstag darüber informiert, dass al-Baghdadi sich höchstwahrscheinlich in der Provinz Idlib aufhält. Der Vizepräsident erklärt dies am Sonntag, den 27. Oktober, in der CBS-Nachrichtensendung „Face the Nation". |
| **26.10.2019** | Am Samstag gibt Präsident Trump in Washington den Einsatzbefehl. |
| **17.00 Uhr ET** | Wenige Augenblicke nachdem sich ein Team (dem auch der US-Präsident angehört) im Situation Room des Weißen Hauses versammelt hat, starten acht Hubschrauber – vorwiegend vom Typ CH-47 – vom Luftwaffenstützpunkt Erbil im Nordirak. |
| **23.00 Uhr Syrien** | Die Maschinen fliegen über die Türkei und Gebiete, die von den Russen überwacht werden. Zuvor werden noch alle möglichen Beteiligten, also auch die Kurden, informiert. |
| **00.10 Uhr** | Nach einer Stunde und 10 Minuten erreichen sie ihr Ziel, ein kleines Gelände außerhalb von Barischa in der syrischen Provinz Idlib, 5 km südlich der türkischen Grenze.<br>Dorfbewohner in Barisha berichten, dass rund 30 Minuten lang aus den Hubschraubern geschossen wird. Sie sagen, die Hubschrauber hätten Raketen auf zwei Häuser abgefeuert und eines davon vollkommen zerstört.<br>Dann setzen die Hubschrauber Mitglieder der Delta Force und des 75th Ranger Regiments ab. Sie stürmen al-Baghdadis Anwesen. Bei den Gefechten werden mindestens neun weitere IS-Mitglieder getötet, darunter mehrere Familienangehörige. Der Hausherr al-Halabi ist unter den Toten, ebenso zwei von al-Baghdadis Ehefrauen, die beide ihre Selbstmordwesten gezündet haben sollen. |

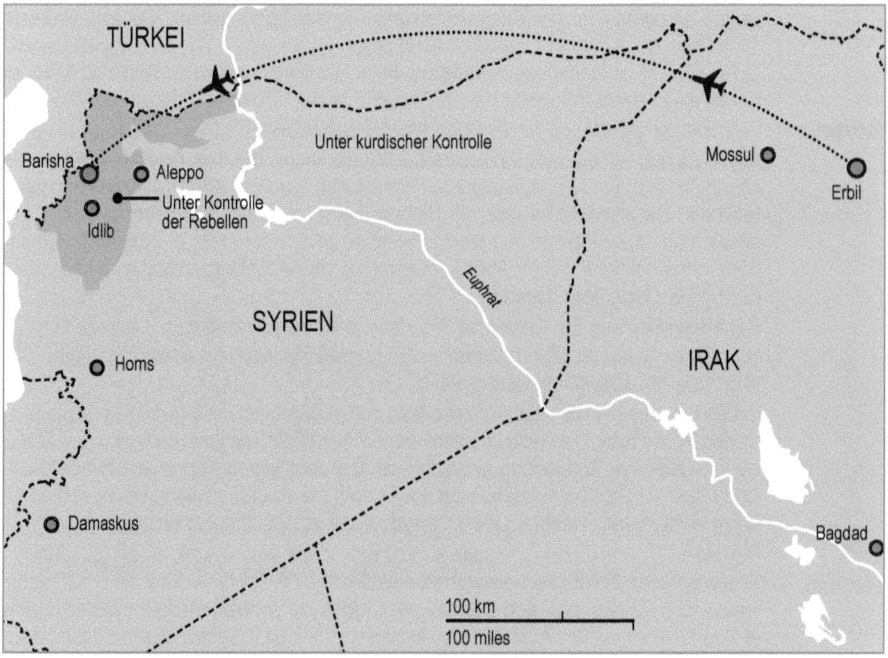


*Die amerikanischen Hubschrauber mit der Delta Force starteten von Erbil (Irak) aus zu einem 70-minütigen Flug nach Barisha im syrischen Rebellengebiet.*

Nach diesem Feuergefecht sprengen sich die Kommandos den Weg in das Haus und drängen al-Baghdadi in den Tunnel unter dem Gebäude. Er nimmt drei seiner Kinder mit, die ihm offenbar als menschliche Schutzschilde dienen sollen.

Nachdem einer der Militärhunde des US-Teams al-Baghdadi aufgespürt hat, zündet dieser seinen Selbstmordgürtel. Seine drei Kinder nimmt er mit in den Tod. Als die Decke des Tunnels einstürzt, werden ihre Leichen teilweise unter Trümmern begraben.

Um an al-Baghdadis Leiche heranzukommen, müssen sich die Soldaten durch die Trümmer wühlen. Labortechniker führen vor Ort einen DNA-Test durch und identifizieren ihn innerhalb von 15 Minuten nach seinem Tod eindeutig.

Die US-Truppen bleiben nach al-Baghdadis Tod noch etwa zwei Stunden in der Anlage und sichern hochsensibles Material über den Islamischen Staat, darunter auch Informationen über dessen Zukunftspläne.

**03.30 Uhr** Nachdem die Truppen abgeflogen sind, schießen US-Kampfjets sechs Raketen auf das Haus und machen es dem Erdboden gleich.

Der Informant war während des Angriffs auf al-Baghdadis Unterschlupf dabei; zwei Tage später wurde er mit seiner Familie ausgeflogen. Es wird erwartet, dass der Mann, dessen Nationalität nicht bekannt gegeben wurde, einen Teil oder die Gesamtheit des Kopfgeldes von 25 Millionen US-Dollar erhält, das auf al-Baghdadi ausgesetzt war. Wie es heißt, soll der Mann ein sunnitischer Araber sein, der sich gegen den Islamischen Staat gewandt habe, weil einer seiner Verwandten von der Organisation getötet worden sei.

## Nachtrag: 20 Jahre später

Es gibt Freudsche Fehlleistungen und es gibt das, was der ehemalige Präsident George W. Bush während einer Rede am 19. Mai 2022 sagte. Vor Publikum in seiner Präsidentenbibliothek in Texas verurteilte Bush den russischen Präsidenten Wladimir Putin dafür, dass er eine groß angelegte Invasion in seinem Nachbarland Ukraine gestartet habe. Doch dann unterlief Bush ein folgenschwerer Fauxpas: Er beklagte öffentlich „die Entscheidung eines Mannes, eine völlig ungerechtfertigte und brutale Invasion des Irak zu starten".

Schnell korrigierte er sich, indem er kopfschüttelnd „die Ukraine" sagte, und berief sich auf seinen Status als Siebzigjähriger. Ein leichtes Kichern ging durch die wohlwollende Menge. Aber es gab auch viele andere, die nicht lachten. Die US-Invasion im Irak, die 20 Jahre zuvor stattfand, wurde damals von Kritikern als „völlig ungerechtfertigt" und potenziell „brutal" bezeichnet – Ansichten, die sich in den darauffolgenden Jahren noch verstärkten.
(Washington Post, Today's Worldview, Ishaan Tharoor, 17. März 2023)

Die Bush-Regierung hatte die Weltöffentlichkeit belogen, um ihre Präventivintervention bzw. ihren Angriff auf das Regime des irakischen Diktators Saddam Hussein zu rechtfertigen. Die von Außenminister Powell beschriebenen irakischen Massenvernichtungswaffen hatte es nie gegeben und Powell wusste dies.

Die Behauptung, dass ein Regimewechsel dem Nahen Osten mehr Stabilität bringen würde, erwies sich als grundfalsch: 20 Jahre später gibt es immer noch kein Ende der Gewalt.

Allein im Februar 2023 wurden nach Angaben der „Deutschen Welle“ mindestens 52 Menschen erschossen, durch Anschläge getötet oder durch Bomben zerrissen.

Ohne den amerikanischen Angriff hätte es auch keine terroristische Organisation wie den Islamischen Staat gegeben, der über ein zusammenhängendes Gebiet in Syrien und Irak von der Größe Großbritanniens herrschte und dem nach Angaben der „Global Terrorism Database“ der Universität Maryland 43.411 Menschen zum Opfer fielen.

Die Vision, im Irak eine liberale Demokratie aufzubauen, erwies sich als illusorisch, weil dies nie Bestandteil der Planungen war, wie auch schon in Afghanistan. US-Verteidigungsminister Donald Rumsfeld hatte nie besonderen Wert auf dieses Kriegsziel gelegt, obwohl die Richtlinien für eine amerikanische militärische Planung dies verlangen.

## Quellen: Der Islamische Staat – Höhepunkt und Ende

### Bücher


- Atwan, Bari Abdel, Islamic State, The Digital Caliphate, London 2015
- Clarke, Colin P., After the Caliphate, Cambridge 2019
- Cockburn, Patrick, The Rise of Islamic State, ISIS and the New Sunni Revolution, New York 2015
- McCants, William, The Isis Apocalypse, The History, Strategy, and Doomsday Vision of the Islamic State, New York 2015
- Sookhdeo, Patrick, Unmasking Islamic State, McLean (VA) 2015
- Soufan, Ali, Anatomy of Terror, From the Death of bin Laden to the Rise of The Islamic State, New York 2017
- Verini, James, They Will Have To Die NOW, Mosul and the Fall of The Caliphate, New York 2019
- Warrick, Joby, Black Flags, The Rise of ISIS, London 2015
- Weiss, Michael, Hassan, Hassan, ISIS, Inside the Army of Terror, New York 2015


### Zeitschriften/Studien


- https://www.theguardian.com/world/2014/dec/11/-sp-isis-the-inside-story
- https://www.spiegel.de/politik/ausland/is-islamischer-staat-anfuehrer-kennen-sich-aus-us-gefaengnis-a-1000908.html
- https://www.bbc.com/news/world-middle-east-27801676
- https://www.nytimes.com/2014/10/02/opinion/how-america-helped-isis.html?_r=0
- https://www.washingtonpost.com/news/morning-mix/wp/2014/11/04/how-an-american-prison-helped-ignite-the-islamic-state/
- https://www.telegraph.co.uk/news/worldnews/middleeast/iraq/10948846/How-a-talented-footballer-became-worlds-most-wanted-man-Abu-Bakr-al-Baghdadi.html

- https://web.archive.org/web/20110524071632/http://www.timesonline.co.uk/tol/news/world/iraq/article1782088.ece
- https://www.csis.org/analysis/real-world-capabilities-isis-threat-continues
- https://ciaotest.cc.columbia.edu/wps/tsg/0032688/f_0032688_26581.pdf
- https://web.archive.org/web/20191030000040/https://www.theguardian.com/world/2019/oct/27/nowhere-left-to-run-how-the-us-finally-caught-up-with-isis-leader-baghdadi
- https://www.nytimes.com/2019/10/27/us/politics/baghdadi-isis-leader-trump.html
- https://www.washingtonpost.com/world/national-security/us-forces-launch-operation-in-syria-targeting-isis-leader-baghdadi-officials-say/2019/10/27/081bc257-adf1-4db6-9a6a-9b820dd9e32d_story.html
- https://www.washingtonpost.com/national-security/islamic-state-turncoat-inside-baghdadis-hideout-critical-to-success-of-raid-officials-say/2019/10/29/e702c2fa-fa86-11e9-ac8c-8eced29ca6ef_story.html

# Kapitel 6

## Anschläge des Islamischen Staates – weltweit

Die Frage, wie viele Menschen durch die Anschläge des Islamischen Staates weltweit getötet worden sind, lässt sich nicht eindeutig beantworten. Es gibt keine absolute Zahl, es kann auch keine geben, denn es ist nicht immer möglich abzuklären, wer für den Anschlag verantwortlich war oder ist. Die New York Times ist dieser Frage nachgegangen und kommt in ihrer Analyse zu dem Schluss, dass von September 2014 bis zum Juli 2016 mehr als 1.200 Menschen außerhalb von Syrien und dem Irak bei vom Islamischen Staat inspirierten oder koordinierten Anschlägen getötet wurden. Fast die Hälfte der Opfer wurde bei Angriffen auf westliche Bürger getötet. Bei den anderen handelte es sich um Zivilisten in arabischen und anderen nichtwestlichen Ländern, die in Moscheen, Regierungsgebäuden und anderswo getötet wurden. Tote durch militärische Aktionen in Syrien und im Irak wurden nicht berücksichtigt.

Laut CNN hat der Islamische Staat seit der Ausrufung des Kalifats im Juni 2014 mehr als 140 Terroranschläge in 29 Ländern (abgesehen von Irak und Syrien) verübt oder zu solchen inspiriert. Bei diesen Anschlägen wurden mindestens 2.043 Menschen getötet und Tausende weitere verletzt. Der überprüfte Zeitraum, über den berichtet wurde, umfasste zwei Jahre und endete mit dem Anschlag in Nizza im Juli 2016. Nach amerikanischen Angaben hat es bei diesem Anschlag aber keine Hinweise auf den Islamischen Staat gegeben, wobei der Attentäter nach Angaben der Franzosen Unterstützung und Komplizen gehabt habe. Es wurde deshalb vermutet, dass der Anschlag vom IS inspiriert worden war.

### Der Global Terrorism Index

Etwas umfangreicher dagegen ist der „Global Terrorism Index“, der für den Islamischen Staat die Jahre von 2014 bis 2018 abdeckt und hier nach https://www.statista.com/chart/20255/the-rise-and-fall-of-isis/ zitiert wird: Im Jahr 2014 starben 6.073 Menschen bei Anschlägen des Islamischen Staates, 2015 waren es 6.141, 2016 9.150 – das ist die höchste Zahl –, 2017 4.350 und 2018 1.328. Insgesamt starben bei den Anschlägen des IS weltweit von 2014 bis 2018 nach dem Global Terrorism Index 27.042 Menschen.

Nach en.wikipedia.org gab es 2019 nur sechs Anschläge des IS, bei denen 406 Menschen getötet und 756 verletzt wurden. Es war das Jahr, in dem der Anführer des IS, Abu Bakr al-Baghdadi, von den Amerikanern bei einem Angriff auf sein Versteck getötet worden war. Als Nachfolger war nur Tage später Abu Ibrahim al-Hashimi al-Kuraishi präsentiert worden. Dies war offensichtlich ein Kampfname, hinter dem sich nach dem britischen „Guardian“ Baghdadis langjähriger Stellvertreter Amir Mohammed Abdulrahman al-Mawli al-Salbi verbarg. Nach der Schlacht von Baghuz, die am 23. März 2019 beendet wurde, gingen die verbliebenen Kämpfer und die Führung in den Untergrund.

2020 gab es weltweit acht Anschläge des IS mit 329 Toten und 315 Verletzten, 2021 waren es elf Anschläge mit 475 Toten und 715 Verletzten, 2022 erfolgten sechs Anschläge mit 143 Toten und 359 Verletzten und in den ersten vier Monaten des Jahres 2023 kam es zu vier Anschlägen mit 76 Toten und etwa 93 Verletzten. (https://en.wikipedia.org/wiki/List_of_terrorist_incidents_linked_to_the_Islamic_State)

**Mordbefehl an jeden Muslim**

Seine Grausamkeiten hatte der IS nicht auf die von ihm kontrollierten Gebiete in Syrien und im Irak beschränkt, sondern seine Anhänger verübten auf der ganzen Welt eine Reihe von gewalttätigen Angriffen. In Nordamerika und Westeuropa ist der IS für die Anleitung, Unterstützung und Inspiration von über 50 Terroranschlägen verantwortlich, bei denen mehr als 400 Menschen starben. Die von den Tätern angewendeten Methoden und Taktiken sind eine direkte Folge der IS-Strategie für die Anschläge im Westen. Die Organisation vermied im Allgemeinen weitreichende Verbindungen zwischen ihrem Kern und der Basis westlicher Unterstützer. Sie ermutigte ihre Anhänger, die Dinge mit dem Segen des IS, aber nicht unbedingt mit dessen Unterstützung, selbst in die Hand zu nehmen. „Wenn ihr einen ungläubigen Amerikaner oder Europäer töten könnt", forderte der ehemalige Sprecher der Gruppe, Abu Muhammad al-Adnani, in einer Rede im September 2014, „dann verlasst euch auf Allah und tötet ihn auf jede Art und Weise oder wie auch immer. Wenn du keine Kugel finden kannst, dann nimm dir einen ungläubigen Amerikaner, Franzosen oder einen ihrer Verbündeten vor. Schlagt ihm den Kopf mit einem Stein ein oder ersticht ihn mit einem Messer; überfahrt ihn mit eurem Auto, erstickt oder vergiftet ihn." Diesem Aufruf von al-Adnani folgend, haben die Anhänger des IS weltweit Dutzende von Methoden für ihre Anschläge genutzt, von Schusswaffen und Sprengstoff bis hin zu Angriffen mit Fahrzeugen oder Messerstechereien. (Hughes/Meleagrou-Hitchens/Clifford, Homegrown, ISIS in America, S. 31)

Trotz der neuen Methodenvielfalt und der zunehmend unterschiedlichen Hintergründe der Täter lässt sich ein wichtiger Faktor bei den Anschlägen des IS im Westen erkennen. Im Vergleich zu den Terroranschlägen der Al-Qaida-Generation waren bei den Anschlägen des IS in Westeuropa und Nordamerika weniger umfangreiche logistische Planungen, finanzielle Ressourcen oder ausgebildete Angreifer erforderlich. Dadurch ist die Gesamtzahl der von IS-Anhängern verübten Anschläge erheblich gestiegen.

In der folgenden Aufstellung sind die wohl berüchtigtsten und bekanntesten Anschläge des Islamischen Staates aufgelistet und beschrieben.

## Anschläge in den Jahren 2014 und 2015

**Am 12. Juni 2014** beginnt die Chronik mit dem „Massaker von Camp Speicher", das der zweittödlichste Terrorakt der neueren Geschichte war. Er wurde nur noch von den Anschlägen am 11. September 2001 in New York übertroffen. Camp Speicher war ein Luftwaffenstützpunkt in Tikrit im Irak; zu dem Zeitpunkt des Massakers befanden sich mehr als 5.000 unbewaffnete Kadetten auf dem Stützpunkt. Die Mitglieder des IS hatten die Schiiten und die Nichtmuslime ausgesondert und sollen dann insgesamt 1.095 irakische Kadetten hingerichtet haben. Auf Fotos sind maskierte IS-Kämpfer zu sehen, die die Kadetten fesseln und auf Lastwagen verladen. Andere Fotos zeigen IS-Kämpfer, die Dutzende von Kadetten mit Sturmgewehren töten, während sie am Boden liegen. Auf IS-Propagandavideos ist zu sehen, wie sie auf Hunderte von Männern schießen, die in Massengräbern in der Wüste liegen. Einige Kadetten wurden auch erschossen und in den Fluss Tigris geworfen. Andere Kadetten täuschten ihren Tod vor, indem sie sich mit Blut beschmierten und dann in der Nacht flohen.

Nach dem Sieg der irakischen Streitkräfte über den IS Anfang April 2015 wurden in Tikrit Massengräber mit einem Teil der ermordeten Kadetten gefunden und es wurde begonnen, die verwesten Leichen zu exhumieren. Im Dezember 2015 konnten zwei der mutmaßlichen Täter des Massakers in Forssa, Finnland, verhaftet werden. Die Verdächtigen waren anhand von IS-Propagandavideos identifiziert worden, auf denen die Exekutionen von elf Männern zu sehen sind.

**Am 18. März 2015** überfielen Terroristen das Bardo-Nationalmuseum in der tunesischen Hauptstadt Tunis und nahmen Geiseln. 21 Menschen, überwiegend europäische Touristen, wurden am Tatort getötet, ein weiteres Opfer starb zehn Tage später. Etwa 50 weitere Personen wurden verletzt. Der Islamische Staat bekannte sich zu dem Anschlag, die tunesische Regierung machte jedoch eine lokale Splittergruppe von al-Qaida im islamischen Maghreb, die „Okba-Ibn-Nafaa-Brigade“, für den Anschlag verantwortlich.

Am Morgen des Anschlags hatten die Kreuzfahrtschiffe „MSC Splendida“ und „Costa Fascinosa“ im Hafen von Tunis / La Goulette angelegt. Ein Teil der Passagiere wollte das Bardo-Museum besuchen und zum Zeitpunkt des Anschlags befanden sich mehr als 200 Touristen in der Nähe des Museums. Gegen 12.30 Uhr begann der Angriff, denn die Sicherheitskräfte, die das Museum und das nahegelegene Parlamentsgebäude bewachten, waren in einer Kaffeepause. Als die Touristen aus den Bussen stiegen, um in das Museum zu gehen, wurde auf sie geschossen. Zahlreiche Besucher rannten in Richtung des Museums, um den Schüssen zu entgehen. Zwei Angreifer verfolgten die Flüchtenden in das Museum und nahmen sie als Geiseln. Die folgende Belagerung dauerte drei Stunden. Sicherheitskräfte stürmten dann das Gebäude und töteten die zwei Angreifer. Eine Suchaktion nach Komplizen wurde unmittelbar nach dem Anschlag eingeleitet. Am 22. März erklärte der tunesische Präsident Beji Caid Essebsi, dass ein dritter Bewaffneter an dem Anschlag beteiligt gewesen sei und sich noch auf der Flucht befinde.

Am 28. März wurde bei einer Razzia in der südlichen Region Gafsa der Algerier Lokman Abu Sakhra, der verdächtigt wurde, den Anschlag geplant zu haben, zusammen mit acht weiteren bewaffneten Männern getötet. Es soll sich um mutmaßliche Mitglieder der Okba-Ibn-Nafaa-Brigade, einer Splittergruppe von al-Qaida im islamischen Maghreb, gehandelt haben. Laut der tunesischen Regierung sei die Brigade für den Anschlag verantwortlich, obwohl der Islamische Staat die Verantwortung dafür übernommen habe.

**Am 21. März 2015** wurden bei Selbstmordanschlägen im Jemen mindestens 142 Menschen getötet. Dadurch sollte der Jemen in „Chaos, Gewalt und interne Kämpfe“ gestürzt werden, so Präsident Hadi. Diese Serie von koordinierten Anschlägen auf zwei Moscheen in Sanaa während des Freitagsgebets wurden von einer Gruppe verübt, die sich als jemenitischer Ableger des Islamischen Staates bezeichnete. Die Kämpfer erklärten, fünf Selbstmordattentäter hätten eine „gesegnete Operation“ gegen die „Höhlen der Schiiten“ durchgeführt. Die Badr- und Al-Hashoosh-Moscheen wurden von Selbstmordattentätern angegriffen, als Gläubige beim Gebet waren. Neben den 142 Toten wurden auch 345 Betende verletzt, darunter 13 Kinder. Die Anschläge waren die ersten, zu denen sich der IS im Jemen bekannte, und stellen eine Machtdemonstration der Gruppe dar. Al-Qaida distanzierte sich von den Bombenanschlägen vom Freitag und betonte, dass sie keine Moscheen angreife.

**Am 26. Juni 2015** kam es im Ferienort Port El Kantaoui, etwa zehn Kilometer nördlich der Stadt Sousse in Tunesien, zu einer Schießerei. 38 Menschen, darunter 30 Briten, wurden getötet, als der bewaffnete Seifeddine Rezgui ein Hotel angriff. Es war der tödlichste nichtstaatliche Anschlag in der Geschichte des modernen Tunesiens, mit mehr als den 22 Todesopfern des Anschlages auf das Bardo-Nationalmuseum drei Monate zuvor.

Das spanische Fünf-Sterne-Hotel „Riu Imperial Marhaba“ in Port El Kantaoui beherbergte an diesem Tag 565 Gäste, hauptsächlich aus Westeuropa. Touristen aus dem Hotel sowie aus dem nahe gelegenen Hotel „Soviva“ benutzten gemeinsam den Strand. Um die Mittagszeit kam Rezgui, als Tourist verkleidet, an den Strand, gesellte sich zu den anderen Touristen und kam mit ihnen ins Gespräch. Plötzlich holte er eine in einem Sonnenschirm versteckte Kalaschnikow heraus und begann auf die Touristen am Strand zu schießen. Er folgte den Fliehenden ins Hotel und schoss dabei auf sie. Dann wurde er von Sicherheitskräften getötet. Es wurde festgestellt, dass er vier Magazine mit Munition gehabt hatte. Ein Sprecher des Innenministeriums erklärte, man sei sicher, dass andere ihm geholfen hätten, aber nicht direkt beteiligt gewesen seien: Sie hätten die Kalaschnikow zur Verfügung gestellt und Rezgui zum Tatort gebracht.

**Ebenfalls am 26. Juni 2015** fanden vier weitere islamistische Anschläge statt: in Frankreich, Kuwait, Syrien und Somalia. Die Anschläge folgten einer veröffentlichten Audiobotschaft des ranghohen IS-Anführers Abu Mohammad al-Adnani, die drei Tage zuvor veröffentlicht worden war. Darin wurden die Kämpfer überall zu Anschlägen während des Ramadan-Monats aufgerufen. Bei einem Anschlag auf eine französische Fabrik wurde eine Person enthauptet; bei einem weiteren Bombenanschlag auf eine schiitische Moschee in Kuwait-Stadt wurden mindestens 27 Menschen getötet; bei einem weiteren Anschlag auf einen Stützpunkt der Afrikanischen Union in Somalia, der von Al-Shabaab verübt wurde, wurden mindestens 70 Menschen getötet. Ein direkter Zusammenhang wurde angenommen.

**Am 10. Oktober 2015** wurden in Ankara, der Hauptstadt der Türkei, zwei Bomben vor dem Hauptbahnhof gezündet. Mit 109 Todesopfern unter der Zivilbevölkerung übertraf der Anschlag die „Reyhanli-Bombenanschläge“ von 2013 als tödlichster Terroranschlag in der Geschichte der Türkei. Weitere 500 Menschen wurden verletzt. Die Bomben richteten sich offenbar gegen eine Kundgebung unter dem Motto „Arbeit, Frieden und Demokratie“, die von verschiedenen Gewerkschaften veranstaltet wurde. Der Friedensmarsch fand statt, um gegen den wachsenden Konflikt zwischen den türkischen Streitkräften und der Arbeiterpartei Kurdistans (PKK) zu protestieren. Der Vorfall ereignete sich 21 Tage vor den für den 1. November geplanten Parlamentswahlen.

Die erste Bombe explodierte am 10. Oktober gegen 10.04 Uhr Ortszeit und die zweite ein paar Sekunden später. Es fiel auf, dass sich die Bombenanschläge in unmittelbarer Nähe des Hauptquartiers der Nationalen Geheimdienstorganisation (MİT) befanden. Kurz nach dem Bombenanschlag räumten die Sicherheitskräfte den Platz als Vorsichtsmaßnahme für eine mögliche dritte und vierte Bombe. Am Tag der Anschläge wurde die Zahl der Todesopfer zunächst mit 86 und 186 Verletzten angegeben, am nächsten Tag schon mit 97 Toten. Nach der Erklärung des Premierministers vom 14. Oktober wurden insgesamt 99 Menschen getötet. Die Zahl stieg in den folgenden Tagen, als die Menschen in den Krankenhäusern ihren Verletzungen erlagen, auf 100 und 102. Der türkische Ärzteverband (TTB) machte unabhängige Angaben und berichtete von 97 Toten und über 400 Verletzten, die er später auf 105 bzw. 106 aktualisierte. Internationale Medien sprechen von 109 Toten und 508 Verletzten.

Das Fehlen eines Bekennerschreibens eines Täters führte zu Spekulationen. Die Partei der Nationalistischen Bewegung (MHP) erklärte, dass die Anschläge Ähnlichkeiten mit der Explosion in Suruç im Juli aufwiesen. Das löste eine Debatte aus, ob der Islamische Staat dafür verantwortlich sein könnte. Es hieß auch, dass die Art der benutzten Bombe große Ähnlichkeit mit den Materialien aufwies, die bei dem Bombenanschlag in Suruç verwendet worden waren. Das könnte auf einen möglichen Zusammenhang zwischen den beiden Vorfällen hindeuten. Am darauffolgenden Tag bekannte sich der Islamische Staat zu dem Anschlag in Suruç.

Zunächst vermutete die Regierung, dass es sich bei den Tätern um eine der folgenden regierungsfeindlichen Gruppen handeln könnte: Islamischer Staat (IS), Arbeiterpartei Kurdistans (PKK), Revolutionäre Volksbefreiungspartei-Front (DHKP-C) oder Marxistisch-Leninistische Kommunistische Partei (MLKP). Einen Tag nach dem Bombenanschlag erklärte Premierminister Davutoğlu, die ersten Ermittlungen deuteten auf eine Beteiligung des IS hin. Im August 2018 verurteilte ein Gericht neun Angeklagte wegen des Bombenanschlags zu lebenslanger Haft. Während des Prozesses waren 36 mutmaßliche Mitglieder des IS angeklagt worden.

**Am 31. Oktober 2015** explodierte um 06.13 Uhr Ortszeit ein Airbus A321 auf dem Flug vom internationalen Flughafen Scharm El-Scheich in Ägypten zum Flughafen Pulkovo in Sankt Petersburg in Russland über der nördlichen Sinai-Halbinsel. Alle 224 Passagiere und Besatzungsmitglieder an Bord kamen ums Leben. Die Absturzursache war höchstwahrscheinlich ein Sprengsatz, wie die russischen Ermittler feststellten. Die Russen erklärten auch, sie hätten Sprengstoffreste als Beweismittel gefunden. Sie gingen davon aus, dass in Scharm El-Scheich eine Bombe in dem Flugzeug platziert wurde, um die Fluggesellschaften zu veranlassen, die Flüge nach Scharm El-Scheich einzustellen.

Die Explosion im Flugzeug hatte zu einer unkontrollierten Dekompression geführt, das Flugzeug brach in der Luft auseinander. Die Wrackteile waren über eine Fläche von 20 Quadratkilometern verstreut. Kurz nach dem Absturz übernahm der Sinai-Ableger des Islamischen Staates (IS) die Verantwortung für den Anschlag. Auf Twitter wurden ein entsprechendes Video und eine Erklärung von Abu Osama al-Masri, dem Anführer der Sinai-Gruppe, veröffentlicht. Der IS brachte außerdem in seinem Online-Magazin „Dabiq" Bilder von der „angeblichen Bombe".

**Am 12. November 2015** zündeten zwei Selbstmordattentäter Sprengsätze in Bourj el Barajneh, einem überwiegend von schiitischen Muslimen bewohnten südlichen Vorort von Beirut, Libanon. Berichten über die Zahl der Todesopfer zufolge starben 43 Menschen unmittelbar durch die Detonation. Der Islamische Staat (IS) übernahm die Verantwortung für die Anschläge. Die zwei Selbstmordattentate ereigneten sich in der Nähe des Sicherheitspostens in der Hussaineya-Straße, einer bekannten Hochburg der schiitischen Hisbollah. Der erste Anschlag ereignete sich vor einer schiitischen Moschee, während der zweite in einer nahe gelegenen Bäckerei stattfand, rund 20 Meter entfernt und fünf bis sieben Minuten später. Ein möglicher dritter Angreifer wurde getötet, bevor seine Weste explodierte. Einem libanesischen Sicherheitsbeamten zufolge wurde er mit abgerissenen Beinen aufgefunden, trug aber noch seinen Sprengstoffgürtel. Es wurde daraus geschlossen, dass er durch die zweite Explosion getötet wurde, da er sich in ihrer unmittelbaren Nähe befand.

Die Bombenanschläge waren der schwerste Terroranschlag in Beirut seit dem Ende des libanesischen Bürgerkriegs. Sie ereigneten sich zwölf Tage nach dem Bombenanschlag auf ein russisches Verkehrsflugzeug über der Sinai-Halbinsel, bei dem 224 Menschen getötet wurden, und einen Tag vor den Anschlägen in Paris, bei denen 137 Menschen ums Leben kamen. Der IS bekannte sich zu all diesen Anschlägen.

Rund 48 Stunden nach dem Anschlag verhafteten die Sicherheitskräfte des Landes elf Personen, zumeist Syrer. Später wurde die Verhaftung von zwei weiteren syrischen und libanesischen Verdächtigen bekannt gegeben. Sie wurden in einem palästinensischen Flüchtlingslager und in einer Wohnung im östlichen Bezirk der Hauptstadt festgenommen, in der angeblich die Sprengstoffgürtel vorbereitet worden waren. Ursprünglich war es geplant, fünf Selbstmordattentäter in ein Krankenhaus in der Nachbarschaft zu schicken, aber die starken Sicherheitsvorkehrungen zwangen sie, das Ziel zu verlegen. Der IS hatte Berichten zufolge die Verantwortung für die Explosionen übernommen und erklärt, zwei Palästinenser und ein Syrer hätten die Anschläge verübt. In einem Beitrag auf einem Twitter-Account erklärte die Gruppe: „Lasst die schiitischen Abtrünnigen wissen, dass wir nicht ruhen werden, bis wir uns im Namen des Propheten gerächt haben."

## Anschläge des IS in Paris

Seit den Schüssen auf die Redaktion der Satire-Zeitung „Charlie Hebdo" und einer Reihe damit verbundener Anschläge im Januar 2015, die von Al-Qaida-Attentätern verübt worden waren (siehe Kap. 9), war Frankreich in höchster Alarmbereitschaft und hatte die Sicherheitsvorkehrungen erhöht. Im Laufe des Jahres 2015 kam es in Frankreich zu kleineren Anschlägen: Im Februar wurden drei Soldaten, die ein jüdisches Gemeindezentrum in Nizza bewachten, niedergestochen, im Juni wurde versucht, eine Fabrik in Saint-Quentin-Fallavier in die Luft zu sprengen, und im August gab es einen Schusswaffen- und Messerangriff in einem Personenzug.

In Paris handelte es sich um eine von zwei Terrorzellen, die der Islamische Staat 2015 nach Europa entsandt hatte. Die andere Zelle, eine Schläferzelle aus drei Syrern, wurde Mitte September 2016 von der deutschen GSG 9 in Schleswig-Holstein festgenommen.

## Paris, 13. November 2015

Am 13. November 2015 erfolgte in Paris eine Serie von koordinierten Terroranschlägen an fünf verschiedenen Orten: im 10. und 11. Arrondissement, in der Umgebung des Stade de France im Vorort Saint-Denis. Nach Angaben der französischen Regierung wurden neben den Attentätern 130 Menschen getötet und 683 verletzt, darunter 97 schwer. Die Terroranschläge richteten sich gegen die Besucher eines Fußballspiels, eines Rockkonzertes im Bataclan-Theater und gegen die Gäste in verschiedenen Cafés, Restaurants und Bars.

Der Islamische Staat bekannte sich zu diesen Anschlägen, wie auch zu den Anschlägen in Beirut am Vortag, und erklärte, es handele sich um Vergeltungsmaßnahmen für französische Luftangriffe auf Hochburgen des IS in Syrien und im Irak. Frankreichs Präsident François Hollande erklärte, die Anschläge seien eine Kriegshandlung des Islamischen Staates. Die Anschläge waren in Syrien geplant und von einer in Belgien ansässigen Terrorzelle organisiert worden. Zwei der Attentäter von Paris waren Iraker, aber die meisten waren in Frankreich oder Belgien geboren und hatten in Syrien gekämpft.

An diesem Freitagabend, dem 13. November 2015, war der Himmel über Paris klar und die Luft kühl. Auf den von Bäumen gesäumten Boulevards der Stadt herrschte reger Verkehr, und die Straßen waren voll mit Parisern, die sich auf das bevorstehende Wochenende freuten. Während des regen Treibens in der Stadt bereiteten sich die militanten Islamisten auf ihre Anschläge vor.

Der für die Logistik verantwortliche Salah Abdeslam war einige Wochen zuvor über Österreich und Deutschland nach Frankreich eingereist. Es war ihm gelungen, Logis und Transportmittel für die Mission zu organisieren. Er hatte einen schwarzen Volkswagen Polo und zwei Hotelzimmer in der Stadt Alfortville südlich von Paris gemietet, während sein Bruder Brahim ein Haus nordöstlich der Hauptstadt in Bobigny gemietet hatte, das in der Nacht der Anschläge als Unterschlupf dienen sollte. In Bobigny dagegen wurde nur die Ausrüstung an die Attentäter verteilt. Später stellten die Ermittler noch fest, dass für die Operation zwei weitere Fahrzeuge angemietet worden waren, ein schwarzer Seat Leon und ein Volkswagen Golf, wobei diese

Reservierung von Belgien aus durchgeführt worden war. Bei den Waffen handelte es sich um AK-47 (Kalaschnikow) und M70-Sturmgewehre serbischer Bauart. Die Sprengstoffwesten, die von sieben der als Selbstmordattentäter vorgesehenen Terroristen getragen werden sollten, waren identisch und anscheinend in Europa zusammengebaut worden. Jede Weste enthielt eine Batterie, einen Zünder, Schrauben und Bolzen sowie die selbst hergestellte chemische Verbindung TATP (Triacetontriperoxid), die zu mehr Verletzten führen sollte.

Abdelhamid Abaaoud, einer der gefährlichsten Extremisten in Belgien, wird als eine Schlüsselfigur für den Terror in Paris bezeichnet. Der im belgischen Anderlecht geborene Islamist galt als mutmaßlicher Planer der Anschläge, der bei einer Razzia am 18. November im Pariser Vorort Saint-Denis erschossen wurde. Nach dem Plan von Abaaoud sollten die drei Teams sechs verschiedene Ziele angreifen, an denen sich viele ahnungslose Personen aufhielten, ob nun Frauen, Männer oder Kinder, die sich einfach vergnügten. Zu diesen Zielen sollten das nationale Sportstadion zählen, eine Reihe von Cafés und Bars sowie eine Konzerthalle. Es wird angenommen, dass Abaaoud jedes seiner drei Teams über die Einzelheiten der Einsätze der anderen Teams im Unklaren ließ, eine beim Islamischen Staat übliche Praxis.

Die Stadt Paris war auf diese Art von Gewalt, die sich ereignen würde, nicht vorbereitet. Erst zehn Tage zuvor war zwar ein geheimer Bericht verbreitet worden, in dem davor gewarnt wurde, dass es sechs IS-Terroristen gelungen sei, nach Frankreich einzureisen. Unerklärlicherweise wurde diese Information aber nicht an den französischen Geheimdienst DGSI weitergeleitet, der auch für die Terrorismusbekämpfung zuständig ist. Der französische Geheimdienst ging davon aus, dass der Islamische Staat um den 30. November herum ein oder mehrere Attentate in Paris plane, und zwar im Zusammenhang mit der UN-Klimakonferenz, die in der Hauptstadt stattfinden sollte.

Das Stade de France ist das nationale Rugby- und Fußballstadion von Frankreich und liegt im Norden von Paris im Stadtbezirk Saint-Denis. Ein Freundschaftsspiel sollte dort am Freitag, dem 13. November 2015, zwischen den Fußballnationalmannschaften Frankreichs und Deutschlands stattfinden, zu dem auch Präsident François Hollande und andere Würdenträger, wie etwa der deutsche Außenminister Frank-Walter Steinmeier, erwartet wurden. Neben den Millionen an den Fernsehern waren auch rund 78.000 Zuschauer im Stadion.

**Stade de France**

**21.00 Uhr** Pünktlich wird das Freundschaftsspiel zwischen Frankreich und Deutschland angepfiffen.

**21.05 Uhr** Kurz danach fährt Salah Abdeslam mit einem Renault Clio vor und lässt seine drei Selbstmordattentäter aussteigen: Bilal, Ahmad und al-Mahmod. Zu diesem Zeitpunkt sind nur noch drei Eingänge geöffnet und nur Ahmad hat ein Ticket. Bilal und al-Mahmod werden an den Toren im Sektor Ost und im Sektor Nordost abgewiesen. Ahmad versucht es am Tor D in der Avenue Jules Rimet, etwa 50 m vom Stadion entfernt. Er hat ein Ticket und sein gefälschter Pass ist kein Hindernis, doch die Sicherheitsleute entdecken bei der Kontrolle beim Abtasten die Sprengstoffweste.

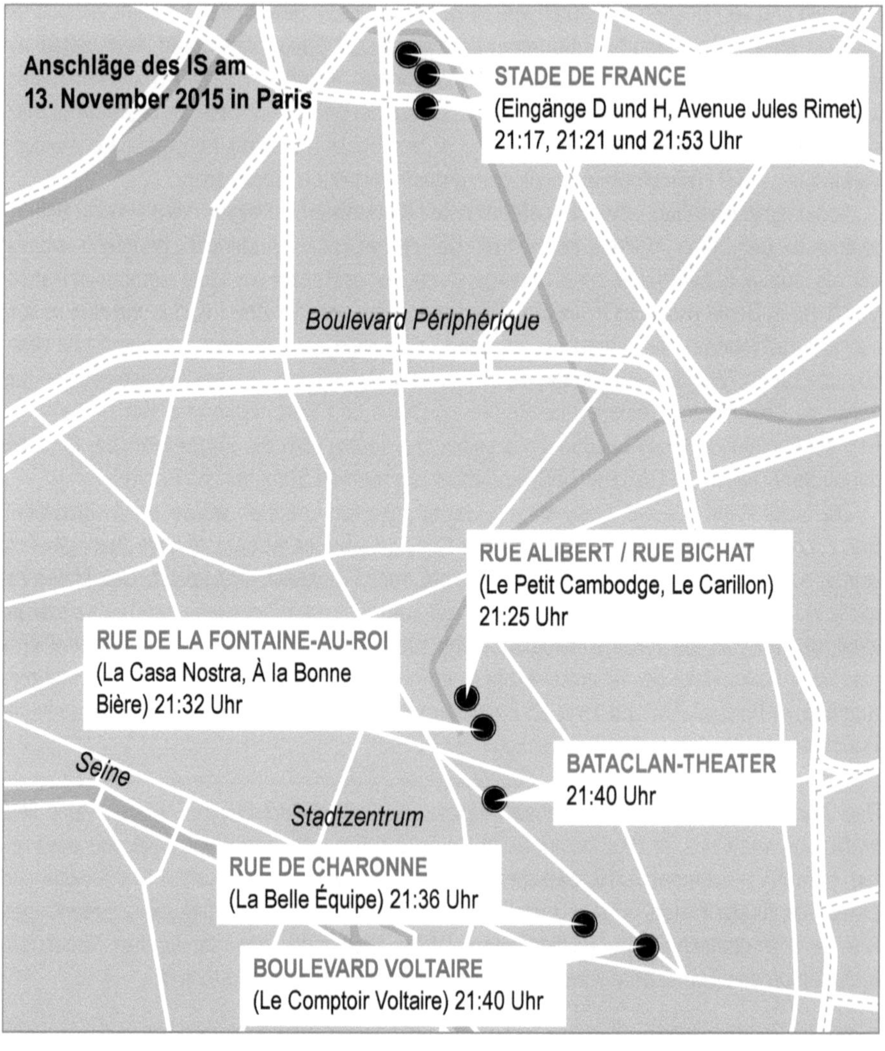


*Die von Brüssel aus koordinierten Anschläge des IS am 13.11.2015 in Paris*

**21.17 Uhr** Der Terrorist flieht und zwischen dem Stadioneingang und dem „Bistro Events“ auf der anderen Straßenseite zündet er die Bombe, die einen Passanten tötet. Es ist die 16. Spielminute und im Stadion wundert sich der deutsche Verteidiger Jérôme Boateng darüber, dass er einen Knall hört, aber keinen Rauch bei zündelnden Fans sieht, wie er später dem „Kicker“ erzählt. Im Stadion bleibt es aber ruhig. „Wir sind es gewöhnt, im Stadion Feuerwerke oder laute Geräusche zu hören“, erklärt Frank, ein französischer Verkäufer.

**21.20 Uhr** Der Attentäter Al-Mahmod im Sektor Ost hat wohl mitbekommen, dass die erste Bombe im Freien gezündet worden ist. Damit ist der ursprüngliche Plan gescheitert. Er verlässt den Eingangsbereich und überquert die Straße in Richtung eines Schnellrestaurants der Kette Quick. Vor dem Restaurant zündet er seine Bombe; kein Passant wird getötet, nur einer verletzt.

**21.36 Uhr** Präsident Hollande befindet sich in der Kabine der Sicherheitsleute des Stadions und telefoniert im Rahmen einer kurzfristig anberaumten Konferenz. Da die Eingänge gesichert seien, müsse das Spiel nicht unterbrochen werden. Auch werden im Stadion alle Monitore ausgeschaltet. Dadurch soll eine Massenpanik verhindert werden.

**21.45 Uhr** Halbzeitpause: Die beiden Trainer Didier Deschamps und Joachim Löw werden informiert, geben die Informationen aber nicht weiter an die Teams.

**21.52 Uhr** Bilal, der dritte Selbstmordattentäter, soll plangemäß warten, bis im Stadion Panik ausbricht. Doch es gibt keine Panik und so geht er in Richtung einer U-Bahnstation. Vor einem McDonald's in der Rue de la Cockerie stoppt er, zündet seine Bombe und mehr als 50 Personen im Restaurant werden verletzt.

**22.05 Uhr** Präsident Hollande verlässt mit seinen Personenschützern das Stadion, während Frank-Walter Steinmeier bleibt. Alle Ein- und Ausgänge sind abgeriegelt, Hubschrauber kreisen über dem Stadion. Das Spiel wird fortgesetzt, Frankreich gewinnt 2:0 und die Fans jubeln, ohne zu ahnen, was sich außerhalb des Stadions abspielt.

Vincent, Journalist und Augenzeuge, berichtete in der BBC: „Das Spiel ging weiter, als ob nichts passiert wäre, aber wir haben alles auf Twitter verfolgt, vor allem die Tatsache, dass Präsident Hollande evakuiert wurde, obwohl niemand von uns gesehen hat, wie er gegangen ist. Von der zweiten Halbzeit habe ich nichts mitbekommen. Es gab eine Durchsage, dass die Leute über die Süd-, Nord- und Westausgänge das Stadion verlassen sollten, aber fünf Minuten später waren viele der Zuschauer zurückgekehrt."

Xavier Barret, Fotograf und ebenfalls Augenzeuge, wurde im „Guardian" zitiert: „Die Leute versuchten, das Stadion durch die anderen drei Ausgänge zu verlassen, kamen aber zurück und gingen auf das Spielfeld", so Xavier Barret. „Die meisten Leute hatten Angst, denn zu diesem Zeitpunkt hatten sie per Telefon oder Internet erfahren, dass es draußen und in Paris Bombenanschläge gab", sagte er. „Fünfzehn Minuten später durften die Menschen das Stadion durch einen der Ausgänge verlassen."

**22.50 Uhr** Nach dem Spielende informiert der Stadionsprecher die Zuschauer, dass es außerhalb des Stadions zu Gewalttaten gekommen sei und dass deshalb einige Parkplätze und Ausgänge gesperrt worden seien. Die meisten Zuschauer verlassen das Stadion, doch nicht alle. Auch einige Tausend Zuschauer drängen wieder zurück ins Stadion, denn Gerüchte gehen um, dass Attentäter draußen lauern würden.

**Das DFB-Team** Aufgrund der unmittelbaren Gefahr, in einem ungesicherten Mannschaftsbus zu reisen, und der Tatsache, dass es zuvor eine Bombendrohung im Hotel der deutschen Mannschaft gegeben hat, wird beschlossen, dass die deutschen Spieler über Nacht im Stade de France bleiben und am nächsten Morgen einen frühen Flug zurück nach Frankfurt nehmen. Zu diesem Zweck werden Matratzen hergeholt, und die deutschen Spieler, die zugeben, dass sie durch die Terroranschläge erschüttert seien, bereiten sich darauf vor, im Stadion zu schlafen.

**Solidarität** Dann geschieht etwas Unerwartetes: Die französische Mannschaft erklärt, dass sie auch so lange bleiben werde, wie die Deutschen bleiben müssen. So kommt es, dass die französischen Spieler in einer anrührenden Demonstration von Solidarität und Kameradschaft ebenfalls die Matratzen im Stadion nutzen.

## Terror-Angriffe auf Cafés

Nur wenige Minuten, nachdem die Terroristen ihren Angriff auf das Stade de France gestartet haben, beginnt das zweite Team mit dem Angriff auf einige Lokale. Sie konzentrieren sich auf den Pariser Stadtteil Canal Saint-Martin, der bei den Einwohnern wegen seiner gemütlichen Bars und Straßencafés beliebt ist.

### „Le Carillon" und „Le Petit Cambodge"

An der Ecke Rue Bichat und Rue Alibert befinden sich zwei Lokale: „Le Carillon" und das „Le Petit Cambodge", ein asiatisches Restaurant. Die Lokale liegen einander gegenüber; draußen stehen Tische, an denen an diesem Abend viele Gäste sitzen.

**21.25 Uhr Le Carillon** Das Blutbad beginnt acht Minuten nach der ersten Bombe im Stade de France. Fünf Schüsse fallen, abgefeuert aus einem schwarzen Seat Leon mit belgischen Kennzeichen. Das Ziel ist der Fahrer im Wagen davor, der den Verkehr behindert.

Nachdem sie den Fahrer getötet haben, schaltet Abaaoud, der belgische Rädelsführer und Fahrer des Seat Leon, die Warnblinkanlage ein und dann gehen er und die beiden Terroristen Brahim und Chakib einige Meter in Richtung der beiden Lokale „Le Carillon" und „Le Petit Cambodge". Sie sind schwarz gekleidet und werden von Zeugen als jung aussehend, körperlich fit und professionell wirkend beschrieben. Aufgrund ihrer Disziplin und Entschlossenheit werden sie mit Kampfsoldaten verglichen.

„Allahu akbar" ruft einer der Terroristen und das Gemetzel beginnt. Die Salven der Kalaschnikows reißen die Gäste auf der Straßenterrasse des „Le Carillon" von den Stühlen. Insgesamt sind mehr als 50 Gäste im „Le Carillon", und die Terroristen setzen ihren Angriff im Inneren des Lokals fort, nachdem sie die Gäste auf der Terrasse erschossen haben. Die Schießerei ist so heftig, dass sich eine Rauchwolke im Raum ausbreitet.

**Le Petit Cambodge** Am Eingang von „Le Petit Cambodge" schwenkt einer der Terroristen seine Kalaschnikow mehrmals nach links und rechts und feuert drei bis vier kurze Salven in jede Richtung ab. Dabei kriechen einige der Verwundeten sowie diejenigen, die noch unverletzt sind, über den Boden und gehen unter Tischen in Deckung, während Glasscherben auf sie niederprasseln.

Ein weiterer Terrorist zielt auf Menschen, die auf der Suche nach Zuflucht durch die Straßen laufen. Innerhalb weniger Minuten finden sich im Speisesaal des Restaurants eine Reihe von Leichen und weitere Opfer, die bewegungsunfähig oder leblos auf dem Bürgersteig liegen.

Im „Guardian" berichtete ein Augenzeuge aus dem Restaurant „Le Petit Cambodge": „Alle lagen auf dem Boden, niemand bewegte sich. Ein Mädchen wurde von einem jungen Mann auf dem Arm getragen. Sie schien tot zu sein."

In diesen beiden Lokalen wurden insgesamt 13 Menschen getötet und zehn weitere schwer verletzt. Danach flüchteten die Angreifer in dem SEAT Leon. Ärzte und Krankenschwestern des nahe gelegenen Hospital Saint-Louis, die zum Zeitpunkt der Anschläge im „Le Carillon" waren, leisteten den Verletzten erste Hilfe.

**„À la Bonne Bière", „La Casa Nostra", „La Belle Équipe" und „Le Comptoir Voltaire"**

**21.32 Uhr** Abaaoud fährt mit seinen beiden Komplizen rund 700 m nach Süden in die Rue Faubourg du Temple 32. Einer der Dschihadisten steigt aus dem Auto, ruft „Allah ist groß" und schießt auf die Gäste von „À la Bonne Bière", einem beliebten Bistro. Fünf Menschen werden getötet und acht weitere schwer verwundet, und wie bei den anderen Tatorten findet die Polizei rund einhundert Patronenhülsen.

Fast nebenan befindet sich das italienische Restaurant „La Casa Nostra". Wie andere Restaurants, auf die es die Angreifer an diesem milden Abend abgesehen haben, ist auch dieses voll mit Gästen, sowohl im Innen- als auch im Außenbereich. Doch im Gegensatz zu den anderen Restaurants gibt es hier keine Todesopfer. Der Schütze hat eine Ladehemmung.

**21.36 Uhr** Die Angreifer erreichen das Restaurant „La Belle Équipe" in der Rue de Charonne. Dort schießen sie drei Minuten lang auf die Gäste auf der Außenterrasse. 21 Menschen werden getötet und sieben weitere schwer verletzt, bevor die Terroristen mit ihrem SEAT Leon wegfahren.

**21.42 Uhr** Abaaoud und Akrouh setzen Brahim am Boulevard Voltaire in der Nähe der Place de la Nation ab. Er geht in das Restaurant „Le Comptoir Voltaire" bis in die Mitte des inneren Speisesaals. Obwohl er als ordentlich und gepflegt beschrieben wird, wirkt sein Auftreten etwas seltsam. Als sich eine Kellnerin nähert, senkt er den Kopf und hält sich die linke Hand vors Gesicht. Er zündet den Sprengsatz: ein grelles weißes Licht, die Gäste und das Personal sind vorübergehend geblendet. Durch die Explosion werden 15 Personen verletzt, eine davon schwer.

Marie Cavan, die über „La Casa Nostra" wohnt, sprach mit Gavin Lee von der BBC. Sie war gerade vom Büro nach Hause gekommen, als sie Schüsse hörte. „Sie erzählte mir, dass sie das Bild, das sie aus ihrem Fenster sah, nicht mehr loswurde: zwei Männer im Eingang, von denen einer noch lebte und um Hilfe winkte." Sie sagte, sie habe einen Blick auf den Angreifer geworfen und sich hingehockt, um sich vor Blicken zu verstecken. (BBC, Marie Cavan)

Ein Mann, der sich Leo nennt und in der Nähe der Rue de Charonne wohnt, berichtete dem Radiosender Europe 1, dass seine Frau zu den ersten Leuten gehörte, die den Opfern in der Nähe des Restaurants „Le Petit Cambodge" halfen, und beschrieb die Szene als „Massaker" und „apokalyptisch". (New York Times, Leo)

## Reaktion der Bürgermeisterin

„Es fühlt sich an, als hätten wir ein Monster erschaffen, bei dem die Terroristen besser wissen, wie sie zu manövrieren haben, als unsere eigenen Sicherheitskräfte", sagte Anne Hidalgo, die Bürgermeisterin von Paris. „Diese Leute sind agil, jung, haben keine Moral und kennen keine Grenzen." (New York Times)

## Bataclan-Theater

Das Bataclan-Theater ist ein farbenfrohes Gebäude am Boulevard Voltaire, das 1865 im ostasiatischen Stil erbaut und mit einem Pagodendach versehen wurde. Benannt wurde es nach der asiatisch beeinflussten Operette „Ba-ta-clan" von Jacques Offenbach. Seit 1991 ist es als nationales historisches Wahrzeichen eingetragen. In den mehr als 150 Jahren seines Bestehens waren hier so unterschiedliche Künstler wie Buffalo Bill Cody, Edith Piaf, Kraftwerk und Prince zu Gast.

Entsprechend der Tradition der Vielfalt war das Theater an diesem Abend des 13.11.2015 Gastgeber für eine amerikanische Band aus Kalifornien, die „Eagles of Death Metal", die trotz Ihres Namens keine Metal-Band sind. Angesichts der Tausenden von Fans in Frankreich ist es nicht verwunderlich, dass die Karten für das Konzert um 9.00 Uhr ausverkauft sind.

**21.40 Uhr** „Es geht los, wir fangen an", so lautet die Textnachricht, die ein Terrorist schreibt, während er in einem schwarzen VW Polo mit belgischen Kennzeichen 300 Meter entfernt vor dem Bataclan sitzt. Es ist das Fahrzeug der dritten Terroristengruppe.

**21.49 Uhr** Amimour, Mostefai und Aggad steigen aus und gehen zu dem rot-gelben Bataclan-Gebäude. Rechts und links vom Theatereingang befindet sich die Bürgersteig-Terrasse des Bataclan-Cafés. Hier eröffnen die drei unmaskierten Terroristen das Feuer auf die Café-Gäste.

**21.50 Uhr** Eine Minute später betreten sie das Theater und bleiben im Bereich des Eingangs unter dem halbrunden Balkon mit Blick auf die Bühne stehen. Seit etwa einer halben Stunde spielt die Band und rund 1.200 Fans tanzen Schulter an Schulter im Dunkeln.

Die Terroristen rufen „Allahu akbar", fluchen auf Frankreichs Militäreinsätze in Syrien und im Irak und schießen dann mit ihren Kalaschnikows in die Menge.

Viele der 300 Fans auf dem Balkon glauben, dass es sich bei den mechanischen Geräuschen um Pyrotechnik handelt, die zum Konzert gehört, denn sie können die Angreifer nicht sehen.

Die Eagles of Death Metal aber wissen ganz genau, was geschieht: Die Band steht den Angreifern gegenüber auf der anderen Seite des Ballsaals und kann das Mündungsfeuer der Kalaschnikows sehen. „Ich habe zwei Typen vorne gesehen, und das war vielleicht das Schrecklichste, was es je gab", sagt Schlagzeuger Julian Dorio später, „sie schossen einfach unablässig ins Publikum." Dorio verschwindet hinter seinem Schlagzeug, während die anderen vier Bandmitglieder von der Bühne stürmen. Alle Musiker können sich in Sicherheit bringen. (https://www.abc.net.au/news/2015-11-26/eagles-of-death-metal-vice-interview/6975940)

### Berichte von Augenzeugen

„Das Konzert lief bereits seit etwa 30 Minuten. Ich hörte die Schüsse, aber ich dachte, es sei ein Geräusch, das mit der Show zusammenhängt. Ich sah zwei Personen mit Kalaschnikows. Einen sah ich von hinten, den anderen sah ich von vorne, und er trug keine Maske. Sie standen einfach da und feuerten wahllos in die Menge." (Guardian, Frédéric Nowak)

Michael O'Connor berichtete in der Stephen Nolan Show von BBC-Radio 5 Live: „Wir hörten einen lauten Knall, aber ich glaube, wir dachten, es sei nur ein Teil des Sets. Ich habe zuerst nicht reagiert, und dann hörte ich Leute hinter mir schreien, und ich drehte mich um … Und ich glaube, es waren zwei Leute. Sie kamen von hinten in die Arena und fingen einfach an, das Feuer mit etwas zu eröffnen, das wie eine AK-47 aussah." (BBC, Michael O'Connor)

„Nun, ich habe von meinem Standpunkt aus gesehen, wie zwei Terroristen mit AK-47er-Kalaschnikows den Konzertsaal betraten und wahllos in die Menge feuerten. Die Leute schrien und schrien, alle lagen auf dem Boden. Und es dauerte zehn Minuten, zehn Minuten, zehn schreckliche Minuten, in denen alle auf dem Boden lagen und sich die Ohren zuhielten und wir so viele Schüsse hörten. Die Terroristen waren sehr ruhig, sehr entschlossen und sie luden ihre Waffen drei- oder viermal nach. Und sie haben nichts geschrien. Sie haben nichts gesagt." (New York Times, Julien Pearce)

**Wenige Minuten später** Kurz nachdem klar ist, dass es sich um einen Angriff von Terroristen handelt, schaltet eine Mitarbeiterin die Saalbeleuchtung ein, obwohl ein Bewaffneter mit seiner Kalaschnikow auf sie zielt. Die Mitarbeiterin hofft offenbar, dass die plötzliche Beleuchtung einigen Zuschauern den Weg zu den Ausgängen erleichtern werde oder dass sie Verstecke innerhalb des Theaters finden könnten. Aber es erleichtert auch den Schützen, ihre Ziele zu erkennen. Und das kostet die Mitarbeiterin das Leben.

**Ab 22.00 Uhr** Reihenweise werden Menschen durch Schüsse niedergestreckt oder lassen sich auf den Boden fallen, um nicht erschossen zu werden. Überlebende berichten von Hunderten von Menschen, die neben- und übereinander in Blutlachen liegen und vor Angst und Schmerzen schreien. Die Terroristen schießen auch auf den Balkon und die Leichen fallen auf die Parkettflächen darunter.

In den Räumen hinter der Bühne verbarrikadieren sich Gruppen von Menschen. Einige schlagen die Decke einer Toilette im Obergeschoss ein und verstecken sich zwischen den Dachsparren unter dem Dach. Diejenigen, die nicht fliehen können, liegen regungslos auf dem Boden und stellen sich tot.

**Ab 22.15 Uhr** Die erste Polizeieinheit, die BRI, eine Such- und Eingreifbrigade, erreicht das Theater, gefolgt von der Anti-Terror-Einheit RAID. Kurz darauf betreten zwei Polizisten mit Pistolen bewaffnet das Gebäude. Sie sehen Amimour, der auf der Bühne steht und nach Überlebenden auf der Tanzfläche Ausschau hält. Sie schießen sofort. Amimour wird getroffen und seine Sprengstoffweste detoniert. Aggad und Mostefai eröffnen daraufhin das Feuer auf die beiden Polizisten und zwingen sie, sich zurückzuziehen und auf Verstärkung zu warten.

Aggad und Mostefai erkennen sehr schnell, dass sie nicht mehr die Jäger, sondern die Gejagten sein werden. Sie nehmen etwa zwanzig Geiseln und führen ihre Gefangenen, die als menschliche Schutzschilde oder Verhandlungsobjekte dienen sollen, hinauf in das Obergeschoss und treiben sie in einen Raum am Ende eines Korridors. Sie sammeln auch die Mobiltelefone der Geiseln ein und versuchen, ins Internet zu kommen. Es gibt keine Verbindung. Einige der Geiseln werden gezwungen, in den Flur und aus den Fenstern zu schauen und den Terroristen zu sagen, was sie sehen. Während dieser Zeit schießen Aggad und Mostefai weiter auf die Polizei, die vermehrt am Tatort eintrifft.

**22.30 Uhr** Eine Gruppe von BRI-Kommandos, fünfzehn an der Zahl, stürmt in den Ballsaal, schwarz gekleidet und schwer bewaffnet. Sie tragen kugelsichere Westen und unter ihren Helmen Masken. Bei ihrem Betreten herrscht Stille, die nur durch das Klingeln von Handys unterbrochen wird. Auch die BRI-Kommandos sind geblendet von dem Licht, das die Lampen im Saal abstrahlen. In diesem Licht liegen schätzungsweise 700 bis 800 Menschen. Was die Polizisten nicht wissen: Viele tun nur so, als ob sie tot seien.

**23.00 Uhr** Zwei Gruppen von BRI-Kommandos durchkämmen mit Unterstützung der RAID-Beamten das Gebäude auf der Suche nach Personen, die sich noch versteckt halten, und es stellt sich heraus, dass es eine ganze Reihe davon gibt. Und sie suchen Aggad und Mostefai.

**23.15 Uhr** Alle Türen im Gebäude sind geöffnet, mit einer Ausnahme: eine hölzerne Tür im Obergeschoss. Dahinter finden sie Aggad und Mostefai, die ihre Geiseln als menschliche Schutzschilde benutzen. Sie rufen den Polizisten die Nummer des Telefons einer Geisel zu. In den folgenden 50 Minuten führen sie vier Gespräche mit einem Unterhändler der Polizei, in denen sie drohen, die Geiseln hinzurichten, wenn sie nicht ein unterschriebenes Papier erhalten, in dem Frankreich den Rückzug aus muslimischen Ländern zusagt.

**00.20 Uhr** Mit Pistolen und G36-Sturmgewehren bewaffnet, schlagen die Männer der BRI die Tür ein. Mit zwei Kommando-Polizisten an der Spitze stürmt das Team in den Korridor, wobei es von einem ballistischen Schild geschützt wird. Der 80 Kilogramm schwere Schild ist 1,20 m hoch und hat ein kugelsicheres Fenster. Es kann AK-47-Geschosse und Granatsplitter abwehren. Ein Terrorist feuert eine Salve bis zu 30 Schuss aus seiner AK-47 ab. Einer der Kommando-Polizisten wird durch einen Querschläger an der Hand getroffen, doch das Team hat zuvor vereinbart, nicht anzuhalten, wenn jemand verletzt wird.

Die Polizisten setzen nun sechs Lärm- und Blendgranaten ein, um die Terroristen zu blenden, zu betäuben und zu verwirren. Obwohl diese Granaten die gleiche Wirkung auf die Geiseln haben, können die Männer und Frauen sich mithilfe des Schildes durch den Gang hinaus in Sicherheit bringen.

Die beiden Terroristen wissen, es ist ihr Ende, und Mostefai zündet seine Weste, die ihn tötet und Aggad verletzt. Bevor der sich aber selbst in die Luft sprengen kann, wird er durch zwei Schüsse eines Kommando-Polizisten getötet.

Drei Minuten nur hatte die Geiselbefreiung gedauert, alle Geiseln überlebten. Insgesamt starben an diesem Abend 130 Menschen durch die Hand der Terroristen, 416 Menschen wurden verletzt, darunter mehr als 80 lebensgefährlich. Sieben Täter wurden bereits an den Tatorten getötet, die beiden anderen wurden fünf Tage später bei einer Polizeirazzia im Pariser Vorort Saint-Denis erschossen. (Mark E. Vargo, The French Terror Wave 2015–2016, S. 96–120)

Am 14. November übernahm der IS die Verantwortung für die Anschläge. Präsident François Hollande erklärte, der IS habe die Anschläge mit Hilfe aus Frankreich organisiert. Genannte Motive waren die Ablehnung von Paris als Hauptstadt der „Abscheulichkeit und Perversion", Vergeltung für Luftangriffe auf den IS in Syrien und im Irak und die Außenpolitik von Hollande gegenüber Muslimen weltweit. Die meisten der Attentäter von Paris waren in Frankreich und Belgien geborene Staatsbürger marokkanischer und algerischer Herkunft, die ohne Schwierigkeiten die Grenzen überschritten hatten, obwohl sie als Terrorismusverdächtige registriert waren. Zwei weitere Angreifer waren Iraker.

## Das Vorbild

Dieser Terroranschlag in Paris wurde anscheinend nach dem Vorbild eines früheren Terroranschlages verübt, nämlich desjenigen von Mumbai in Indien. Vom 26. bis zum 29. November 2008 töteten dort zehn Terroristen 164 Menschen und verwundeten mehr als 300 (siehe Kap. 10).

Der Anschlag von Mumbai wurde sowohl von Terroristen als auch von Terrorismusbekämpfern studiert, weil er zeigt, wie eine kleine Gruppe selbstmörderischer Fanatiker eine Großstadt lahmlegen, weltweite Aufmerksamkeit erregen und einen Kontinent terrorisieren kann.

Bei den Anschlägen in beiden Städten wurden kleine, gut bewaffnete Gruppen von Terroristen eingesetzt, die gleichzeitig und nacheinander mehrere sogenannte weiche Ziele, wie etwa Cafés oder Restaurants, in einem städtischen Gebiet angriffen. Die Attentäter von Paris fügten noch Selbstmordwesten hinzu, um das Blutbad zu vergrößern. In Mumbai kämpften alle, mit Ausnahme von einem, bis zum Tod, wie von den Drahtziehern des Anschlags befohlen. Die Attentäter von Mumbai benutzten Mobiltelefone, um mit ihren Vorgesetzten in Pakistan zu kommunizieren, die ihnen Anweisungen gaben, während sie ihre Operation durchführten. In Paris schien diese Form der Befehlsgewalt zu fehlen.

Die Anschläge von Mumbai wurden zum Vorbild für andere Terroristen. Al-Qaida plante Ende 2009 einen ähnlichen Anschlag in Kopenhagen, aber die Verhaftung des Hauptverschwörers durch das FBI im Juli 2009 vereitelte dies. Schließlich nutzten somalische Terroristen die Mumbai-Taktik in Nairobi beim Westgate-Einkaufszentrum im September 2013.

Was in Paris auffiel, so Bruce Hoffman, der Leiter des Programms für Sicherheitsstudien der Georgetown University in der „Washington Post“, waren die Fähigkeiten der Terroristen bei den Anschlägen. „Mit der Rückkehr ausländischer Kämpfer aus Syrien und dem Irak gibt es jetzt im Grunde eine andere Kategorie von Terroristen“, erklärte Hoffman und ergänzte: „Sie haben jetzt abgehärtete Kampfveteranen, die Befehle befolgen und in Einheiten zusammenarbeiten können und die völlig selbstmörderisch sind.“ Hoffman weiter: Die Anschläge in Paris hätten Elemente von Terroranschlägen aus den letzten 15 Jahren – darunter die Belagerung des Moskauer Theaters im Jahr 2002 und die Anschläge von Mumbai im Jahr 2008 – in einem einzigen gewalttätigen Ereignis vereint. Auch die Londoner Anschläge der „Rucksackbomber“ von 2005 seien in diesem Kontext zu nennen (siehe Kap. 9). (https://www.washingtonpost.com/news/checkpoint/wp/2015/11/14/the-paris-attacks-combined-more-than-a-decade-of-terrorist-tactics-into-one-night/)

## Operation „Chammal“

Operation „Chammal“ war eine französische Militäroperation im Irak und Syrien, die die Ausbreitung des Islamischen Staates verhindern und die irakische Armee unterstützen sollte. Der Name stammt vom „Shamal“ (französisch „Chammal“), einem Nordwestwind, der im Irak und in den Staaten des Persischen Golfes weht. Die französischen Luftangriffe über dem Irak begannen am 19. September 2014, die Luftangriffe über Syrien Ende September 2015. Die Operation beschränkte sich zunächst auf Luftangriffe, und der französische Präsident François Hollande hatte erklärt, dass keine Bodentruppen in dem Konflikt eingesetzt werden würden.

Am 14. November 2015 hatte der IS erklärt, die Terroranschläge vom 13. November 2015 in Paris seien eine Vergeltung für die Operation Chammal. Nach den Terroranschlägen verstärkten die französischen Streitkräfte ihre Angriffe. Am 15. November 2015 begann die französische

Luftwaffe ihren größten Luftangriff der bisherigen Bombenkampagne mit zwölf Flugzeugen, darunter zehn Kampfflugzeuge, die die Ausbildungs- und Munitionslager in Rakka, Syrien, der De-facto-Hauptstadt des IS, angriffen. Als Reaktion auf die Anschläge von Paris unterstützte auch Deutschland die Franzosen mit der Entsendung einer Fregatte als Geleitschutz für den Flugzeugträger „Charles de Gaulle" und von Tornado-Aufklärungsflugzeugen, die in der Türkei stationiert wurden. Der deutsche Einsatz gegen den Islamischen Staat, Codename „Operation Counter Daesh", wurde am 4. Dezember 2015 vom Parlament gebilligt. Diese deutsche Beteiligung führte zu dem Terroranschlag am 19. Dezember 2016 auf dem Berliner Weihnachtsmarkt am Breitscheidplatz (siehe Band I, S. 8 ff.).

### San Bernardino, Kalifornien

**Am 2. Dezember 2015** erfolgte im Regional Center in San Bernardino, Kalifornien, ein Terroranschlag: eine Massenerschießung wie auch ein versuchter Bombenanschlag. Die Täter, ein in der 20 Kilometer entfernten Stadt Redlands lebendes Ehepaar, griffen eine Weihnachtsfeier des San Bernardino County Department of Public Health mit etwa 80 Mitarbeitern in einem gemieteten Bankettsaal an. 14 Menschen wurden getötet und 22 weitere schwer verletzt. Das Ehepaar war pakistanischer Abstammung, und die Ehefrau hatte dem IS-Führer Abu Bakr al-Baghdadi am Tag des Massakers in einem Facebook-Post die Treue geschworen. Nach der Schießerei floh das Paar in einem gemieteten Auto. Vier Stunden später wurden die Flüchtigen von der Polizei gestellt und die beiden Attentäter bei dem folgenden Schusswechsel getötet und zwei Beamte verletzt. Nach den Ermittlungen des FBI handelte es sich bei den Tätern um einheimische gewalttätige Extremisten, die von ausländischen terroristischen Gruppen inspiriert waren. Sie wurden von keiner solchen Gruppe angeleitet und waren auch nicht Teil einer terroristischen Zelle oder eines Netzwerkes.

### Anschläge in Brüssel: Flughafen und Metro

**Am 22. März 2016** wurden zwei koordinierte Terroranschläge in Brüssel, der Hauptstadt von Belgien, vom Islamischen Staat verübt. Zwei Selbstmordattentäter zündeten Bomben am Brüsseler Flughafen Zaventem, und einer zündete eine Bombe in einem Zug, der den Metro-Bahnhof Maelbeek im Zentrum von Brüssel gerade verließ. 32 Menschen wurden getötet, mehr als 300 wurden verletzt. Die drei Täter starben ebenfalls. Ein weiterer Angreifer floh vom Flughafen, ohne seine Bombe zu zünden. Sie wurde später bei einer Durchsuchung des Flughafens gefunden. Auch in der Metro floh ein weiterer Attentäter ebenfalls und nahm seine Bombe mit. Der Islamische Staat bekannte sich zu den Anschlägen.

Die zwei Selbstmordattentäter am Flughafen führten den Sprengstoff in großen Koffern mit sich und griffen die Abflughalle des Brüsseler Flughafens Zaventem an. Die erste Explosion ereignete sich um 07.58 Uhr in der Abfertigungsreihe 11; die zweite Explosion erfolgte etwa neun Sekunden später in der Abfertigungsreihe 2.

Etwas mehr als eine Stunde später, um 9:11 Uhr, zündete ein Selbstmordattentäter eine Bombe in seinem Rucksack im mittleren Waggon eines dreiteiligen Zuges an der Metrostation Maelbeek. Diese Station befindet sich in der Nähe des Hauptsitzes der Europäischen Kommission im Europaviertel von Brüssel und ist rund 10 km vom Brüsseler Flughafen entfernt. Der Zug war auf der Linie 5 in Richtung Stadtzentrum unterwegs und fuhr gerade aus dem Metro-Bahnhof Maelbeek, als die Bombe explodierte. Der Lokführer hielt den Zug sofort an und half bei der Evakuierung der Fahrgäste. Die Brüsseler Metro stellte um 9.27 Uhr den Zugverkehr ein.

Die Täter gehörten zu einer Terrorzelle, die an den Anschlägen von Paris im November 2015 beteiligt war, und diese Anschläge ereigneten sich kurz nach einer Reihe von Polizeirazzien gegen die Gruppe. Auch Belgien hatte sich an der militärischen Intervention gegen den Islamischen Staat beteiligt. Im September 2014 stimmte die belgische Abgeordnetenkammer für die Entsendung von sechs F-16-Kampfflugzeugen zur Unterstützung der US-geführten Koalition.

**Am 12. Juni 2016** tötete Omar Mateen, ein 29-jähriger Mann, 49 Menschen und verletzte 53 weitere bei einer Massenschießerei im „Pulse", einem von Homosexuellen besuchten Nachtclub in Orlando, Florida. In einem Anruf, den der Mann kurz nach Beginn der Schießerei tätigte, schwor Mateen dem Anführer des Islamischen Staates, Abu Bakr al-Baghdadi, die Treue und erklärte, die Tötung von Abu Waheeb durch die USA im Irak im Monat zuvor sei der Grund für seine Tat. Später sagte er einem Unterhändler der Polizei, er sei wegen der von den USA geführten Interventionen im Irak und in Syrien „gerade hier draußen", und forderte, die USA müssten die Bombardierungen einstellen. Der Vorfall wurde von den FBI-Ermittlern als terroristischer Anschlag eingestuft.

Das „Pulse" veranstaltete – wie jeden Samstag – eine „Latin Night". Etwa 320 Personen befanden sich noch im Club, in dem am 12. Juni gegen 2.00 Uhr morgens Ortszeit die letzten Drinks ausgeschenkt wurden.

## Orlando, Florida: Massaker im „Pulse"

Zur gleichen Zeit erreichte Omar Mateen den Club in einem Mietwagen. Er stieg aus und ging auf das Gebäude zu, bewaffnet mit einem halbautomatischen SIG Sauer MCX-Gewehr und einer halbautomatischen Glock-17-Pistole. Um 2.02 Uhr Ortszeit passierte Mateen Officer Adam Gruler, einen uniformierten Beamten des Orlando Police Department, der im Nebenjob als Wachmann arbeitete. Er betrat das Gebäude durch den Südeingang und begann sofort, auf die Besucher zu schießen. Dutzende von Menschen wurden in dem überfüllten Nachtclub getötet oder schwer verletzt, entweder direkt oder durch Querschläger. Gruler ging in Deckung und rief über sein Funkgerät um Hilfe. Als er sah, wie Mateen zwei Gäste erschoss, die versuchten, durch einen Notausgang zu entkommen, zog Gruler seine Dienstwaffe und schoss auf ihn. Mateen zog sich daraufhin in den Nachtclub zurück und setzte das Massaker fort, wobei er manchmal auf Körper schoss, ohne zu prüfen, ob sie bereits tot waren. In den folgenden 45 Minuten erschienen bis zu 100 Polizisten am Nachtclub. Um 2.45 Uhr rief Mateen den Nachrichtensender News 13 aus Orlando an und sagte: „Ich bin der Schütze. It's me. Ich bin der Schütze." Dann sagte er, dass er die Schießerei im Namen des IS durchführe und begann, schnell auf Arabisch zu sprechen.

In dem Nachtclub entwickelte sich eine Belagerung von Mateen durch die Polizei. Erst um 5.07 Uhr Ortszeit gelang es zwei SWAT-Teams, Löcher in die Außenwände zu sprengen. Der Durchbruch trieb Mateen auf einen Flur hinaus, und um 5.14 Uhr Ortszeit kam es zu dem finalen Schusswechsel. Bei der Schießerei waren mindestens elf Beamte beteiligt, die etwa 150 Kugeln abfeuerten. Omar Mateen wurde achtmal angeschossen und schließlich tödlich getroffen. Um 5.17 Uhr Ortszeit wurde sein Tod gemeldet. Der Schütze wurde als der 29-jährige Omar Mateen identifiziert, ein Amerikaner, der in New Hyde Park, New York, geboren wurde. Seine Eltern waren Afghanen, und er war muslimisch erzogen worden.

## Nizza: Lastwagen als Mordwaffe

Am 14. Juli 2016, dem französischen Nationalfeiertag, wurde in Nizza ein 19 Tonnen schwerer Lastwagen absichtlich in eine Menschenmenge gelenkt, die abends auf der Promenade des Anglais feierte. Dabei wurden 86 Menschen getötet und 434 verletzt. Der Islamische Staat reklamierte den Anschlag für sich.

**14. Juli 2016** Seit 1880 wird in Frankreich der 14. Juli gefeiert. Es ist das Datum, an dem im Jahr 1789 mehrere hundert Franzosen die Bastille Saint-Antoine, königliche Festung und Gefängnis im Osten von Paris, stürmten. Im Grunde war dies die erste Schlacht der Französischen Revolution. „Bastille Day“ wird der 14. Juli von US-Amerikanern und Briten genannt. Zu den Feierlichkeiten gehören häufig Militärparaden und Konzerte, der Höhepunkt des Abends ist meist ein großes Feuerwerk über dem Meer.

**Zuvor** An einem Montag im Sommer ruft ein Mann bei einer Autovermietung in einem Vorort von Nizza an. Er erkundigt sich in stockendem Französisch, wie sich die Empfangsdame später erinnert, nach einem großen Lastwagen. Er werde in einer Woche, am 11. Juli, nach Montpellier umziehen, erklärt der Mann. Für dieses Datum seien keine Lastwagen verfügbar, lautet die Antwort. Der Anrufer bedankt sich und verabschiedet sich.

**Der Täter** Einige in Nizza kennen den Mann wohl als einen der vielen Möchtegern-Playboys, die es in solchen Städten gibt: schwarzes Haar, das streng nach hinten gekämmt ist, spitz zulaufende, lackierte Schuhe, ein dunkles Hemd, das tief aufgeknöpft ist, um seine Brustmuskeln zu zeigen, die er sich antrainiert hat. Er ist 31, bevorzugt aber ältere Frauen, sowohl wegen ihrer erotischen Offenheit als auch, wie es scheint, wegen ihres Geldes. Diejenigen, die ihn kennen, wissen, dass er ein kalter und brutaler Mann ist. Er ist auch sehr distanziert und interessiert sich für fast nichts, nur für rohen Sex und Gewalt.

Er lebt jedoch unauffällig und arbeitet als Zusteller mit einem 13-Tonnen-LKW. Ende Juni hat er sich Urlaub genommen und wirkt auf die Menschen, die ihn kennen, ruhelos und gelangweilt; vielleicht ist er auch, wie mehrere Zeugen später aussagen, von einem zunehmenden Wahn befallen. Er radelt, wie üblich, mit seinem blauen Fahrrad durch die Stadt, macht Selfies, telefoniert mit Bekannten und belästigt sie mit SMS.

**5. Juli** Es ist Dienstag, als der Mann wieder bei der Autovermietung anruft. Er habe Glück, so die Rezeptionistin, es habe eine Stornierung gegeben: Ein weißer Renault Premium mit einer Gesamtzuladung von 21 Tonnen sei frei geworden. Der Mann ist begeistert und kommt am Nachmittag mit seinem Führerschein und einem Scheck über 1.600 Euro als Kaution in die Autovermietung. Sein Führerschein weist ihn als Mohamed Salmène Lahouaiej Bouhlel aus, einen in Nizza lebenden Tunesier. Er sei ruhig und aufmerksam gewesen, so die Angestellte in ihrer Aussage vor der Polizei.

**11. Juli** Sechs Tage später kehrt Bouhlel am Morgen zurück, um den Lastwagen abzuholen. Als er zurückfährt, lenkt er den weißen LKW über die Promenade des Anglais, eine viel befahrene Straße neben der Fußgänger-Promenade, die am Mittelmeer entlangführt. In den folgenden 72 Stunden fährt er noch mindestens zehnmal die Promenade entlang.

Bouhlel wurde am 3. Januar 1985 in der Stadt M'saken, im Nordosten Tunesiens, in der Nähe von Sousse, geboren. Sein Vater war Grundbesitzer und Viehhändler und die zwölfköpfige Familie galt als finanziell abgesichert und geachtet. Bouhlel entwickelte sich zu einem launischen Jugendlichen, der für seine Eltern nur schwer zu kontrollieren war. Er war als Junge trotzig, manchmal auch jähzornig. Er war auch dafür bekannt, dass er andere Kinder angriff. Seine Aggressivität hielt während seiner gesamten Jugend an und erreichte ihren Höhepunkt, als er zwischen 17 und 19 Jahren alt war. „Nach einem Nervenzusammenbruch wurde er wütend, schrie und zerbrach alles, was ihm ihn die Hände kam", berichtete sein Vater der Nachrichtenagentur AFP. (https://time.com/4409306/france-nice-attack-terrorist/)

Als er 19 Jahre alt war, brachte ihn sein Vater zu einem Psychiater, um ihn untersuchen zu lassen. Die Ergebnisse deuteten darauf hin, dass Bouhlel sich im Anfangsstadium einer psychotischen Störung befand. „Er war nicht jemand, der in der realen Welt lebte", erklärte der Arzt, der ihn untersuchte. (https://www.nytimes.com/2016/07/15/world/europe/nice-france-truck-attack-what-we-know.html)

Im Jahr 2005 zog Bouhlel nach Nizza, wo bereits über 40.000 tunesische Einwanderer leben, unter anderem auch eine enge Gemeinschaft aus seinem Geburtsort. Seine Cousine, eine Tunesierin namens „Hajer", hatte sich schon früher in Nizza niedergelassen. Möglicherweise war sie es, die Bouhlel auf die Stadt aufmerksam gemacht hatte. Die beiden heirateten einige Monate nach seiner Ankunft, und er erhielt eine Aufenthaltsgenehmigung, die dem Staatsbürgerschaftsstatus seiner Frau entsprach. Im Laufe des nächsten Jahrzehnts wurden sie zu einer fünfköpfigen Familie.

Von Anfang an waren aber religiöse Unterschiede offensichtlich: Hajer war eine praktizierende Muslimin, die einen traditionellen Hidschab trug, während Bouhlel nie ein religiöser Mann gewesen war, er hielt sich auch nicht an den Ramadan. Schon bald galt er als notorischer Flirter, als ein gut aussehender Mann, aber narzisstisch und selbstverliebt. Er hegte eine Leidenschaft für Bodybuilding und einen Großteil seiner Freizeit verbrachte er im Fitnessstudio.

Etwa um 2010 wurde er gewalttätig: Er hatte zwar nie viel Zuneigung für seine Ehefrau oder die Kinder gezeigt, aber nun begann er sie zu schlagen. Die Polizei wurde mehrmals gerufen. Im Laufe der Zeit nahmen seine Aggressionen immer mehr zu. Schließlich beschloss das Paar, sich scheiden zu lassen. Bouhlel zog in ein kleines Apartment im Osten von Nizza, aber dort fanden ihn die Nachbarn eher abschreckend. „Sie beschrieben ihn als launischen und aggressiven Spinner, der nie in die Moschee ging", berichtete die „New York Times".

Im Januar 2016 verhaftete die Polizei Bouhlel, da sein Verhalten in der Öffentlichkeit außer Kontrolle geraten war. Er schlug einen Mann mit einem Holzbrett nieder, das er aus einer

Transportpalette gerissen hatte. Der Mann hatte sich darüber beschwert, dass Bouhlel den Verkehr mit seinem Lieferwagen blockiere.

Anfang des Sommers 2016 nahm der künftige Terrorist dann einen längeren Urlaub. Diejenigen, die ihn kannten, bemerkten, dass Bouhlel vom radikalen Islamismus besessen zu sein schien, sich aus religiösen Gründen plötzlich einen Bart wachsen ließ und in seiner spärlich eingerichteten Wohnung täglich laut Koranrezitationen hörte.

### Mord auf der Promenade

**14. Juli 2016** Es ist ein Dienstag, der 14. Juli, ein warmer und sonniger Tag, kleine Schauer soll es aber geben. Mittags besucht Bouhlel seinen Onkel und eine Tante, die auch in Nizza leben, und zusammen nehmen sie ein leichtes Mittagessen ein. Ihre Beziehung ist herzlich, aber seine Verwandten halten Bouhlel für seltsam und undurchschaubar. Zur Verwirrung seines Onkels hat er sich in letzter Zeit wohlwollend über die Dschihadisten in Syrien geäußert. „Ich verstand seine Überzeugungen nicht", sagt sein Onkel später in der Vernehmung, „denn er war absolut nicht religiös". Als er geht, sagt er noch, dass er sich an diesem Abend das Feuerwerk ansehen werde.

**21.34 Uhr** Bouhlel fährt mit seinem Fahrrad zu dem weißen Lastwagen, den er in der Nähe geparkt hat. Er lädt das Fahrrad ein und fährt in das Viertel Magnan in Nizza, das nördlich der Promenade des Anglais liegt, und beginnt zu warten.

Schon früh ist die „The Prom" genannte öffentliche Party mit etwa 30.000 Teilnehmern auf der Promenade in vollem Gange, mit mehreren Bands und Feiernden, die auf dem Gehweg tanzen. Pünktlich um 22.00 Uhr erhellt dann das Feuerwerk den Nachthimmel und die Menge bricht in Jubel aus.

**22.20 Uhr** Nachdem die Veranstaltung ihren Höhepunkt erreicht hat und das Feuerwerk zu Ende ist, verlassen die Zuschauer allmählich den Küstenstreifen und schlendern über die Promenade zurück in die Stadt. Die Promenade des Anglais ist wie in den Vorjahren für den Durchgangsverkehr gesperrt, zudem ist ein langer Abschnitt in eine Fußgängerzone umgewandelt worden.

**22.30 Uhr** Von der Avenue de Fabron aus, einer Querstraße, die einige Blocks westlich der Menschenmenge liegt, lenkt Bouhlel den LKW auf die Promenade des Anglais.

Mit einer Geschwindigkeit von fast 90 Stundenkilometern rast er über die Promenade, als ob er außer Kontrolle geraten wäre. Als er am Centre Universitaire Méditerranéen vorbeikommt, wo er von der städtischen Polizei gemeldet wird, ist er schon mit zahlreichen Passanten zusammengestoßen und hat sie getötet.

**22.33 Uhr** Der erste Polizeibeamte, der den weißen Lastwagen sieht, ist ein Militärveteran namens Christophe. Er meldet mit unsicherer Stimme: „Wir haben hier einen völlig verrückten LKW, der auf der Promenade fährt und dabei Leute überfährt!" Zwei Kollegen nehmen die Verfolgung im Streifenwagen auf. Da sie jedoch Gefahr laufen, auch Fußgänger zu überfahren, haben sie keine andere Wahl, als die Verfolgung einzustellen.

**22.34 Uhr** Auf Höhe der Abzweigung zum Boulevard Gambetta fährt er den LKW über die Bordsteinkante und bahnt sich den Weg durch die Polizeiabsperrungen: ein Polizeiauto, ein Absperrgitter und Fahrbahnpoller, die den Beginn der Fußgängerzone markieren.

Nachdem er die Absperrung durchbrochen hat, schaltet Bouhlel das Licht aus und fährt im Zickzackkurs durch die Menschenmenge, die auf dem Bürgersteig und den drei Fahrspuren auf der Seeseite der Promenade unterwegs ist. Er versucht, den LKW auf dem Bürgersteig zu halten und kehrt erst auf die Straße zurück, als er durch ein Wartehäuschen oder einen Pavillon blockiert wird, um die Zahl der Todesopfer zu erhöhen.

Als er das Hotel „Negresco" passiert, wird die Geschwindigkeit des ohnehin schon langsamer fahrenden LKW durch einen Radfahrer weiter gebremst: Der Radfahrer versucht, die Fahrertür zu öffnen, gibt aber auf, als Bouhlel ihn durch das offene Fenster mit einer Waffe bedroht.

Wenig später lenkt ein Motorrollerfahrer an der Abzweigung zur Rue Meyerbeer seinen Roller unter die Vorderräder des Lastwagens, klettert auf das Trittbrett und schlägt auf den Fahrer ein. Er wird von Bouhlel mit dem Pistolenknauf am Kopf getroffen und fällt vom Lastwagen. Als die Polizei eintrifft, feuert Bouhlel mehrere Schüsse auf die Polizisten ab; diese erwidert das Feuer, verfolgt das Fahrzeug und versucht, es außer Gefecht zu setzen.

**22.35 Uhr** Der LKW fährt noch 200 m weiter, bis er um 22.35 Uhr, etwa fünf Minuten nach Beginn des Anschlags, in schwer beschädigtem Zustand neben dem Palais de la Méditerranée zum Stehen kommt. Dort schießen zwei Beamte der Nationalpolizei auf Bouhlel im Fahrerhaus und töten ihn. (Marc Vargo, The French Terror Wave 2015–2016, S. 167–183)

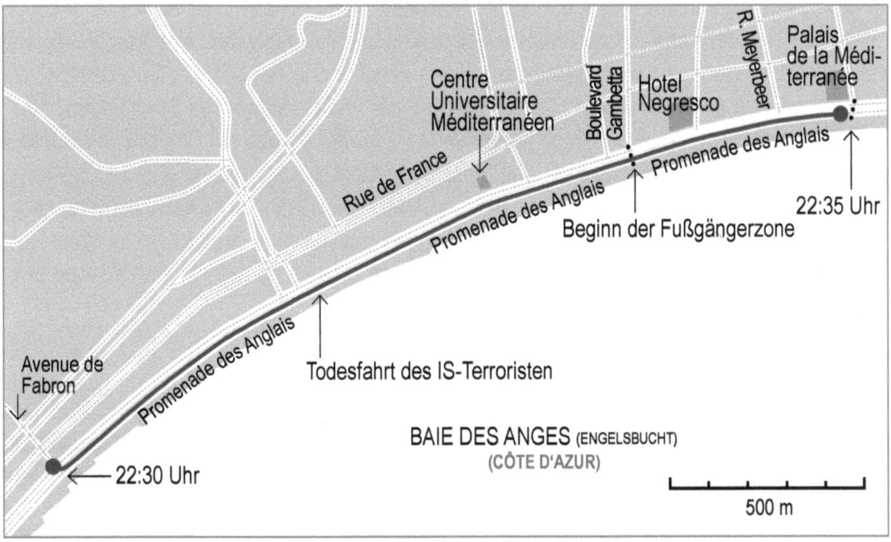


*Nur fünf Minuten dauerte die LKW-Fahrt des Islamisten Bouhlel auf dem Boulevard des Anglais, die 86 Menschen das Leben kostete und bei der 434 weitere verletzt wurden. Die meisten Opfer gab es in der abgesperrten Fußgängerzone im Bereich des berühmten Hotels Negresco.*

Insgesamt wurden 434 Menschen bei diesem Anschlag verletzt und 86, viele von ihnen Kinder und Jugendliche, starben an ihren schweren Verletzungen. Nach Angaben der Union der Muslime des Departements Alpes-Maritimes waren mehr als 30 Prozent der Opfer Muslime – Nizza hat eine große muslimische Gemeinde.

Gegen 23.00 Uhr erfuhr Präsident François Hollande während eines Abendessens in Avignon von dem Anschlag. Er kehrte nach Paris und in den Präsidentenpalast zurück, wo er kurz vor 4 Uhr morgens eine Fernsehansprache hielt. „Das Grauen hat Frankreich wieder einmal heimgesucht", erklärte er. Zu diesem Zeitpunkt waren bereits 77 Menschen für tot erklärt worden. Die Identität des Fahrers des weißen Lastwagens sei noch nicht überprüft worden, aber seine Motive seien offensichtlich, fügte Hollande hinzu. „Frankreich wurde am Tag seines Nationalfeiertags, dem 14. Juli, einem Symbol der Freiheit, getroffen, weil die Fanatiker die Menschenrechte verweigern und weil Frankreich notwendigerweise ihr Ziel ist." Er verwies auf die dschihadistischen Anschläge vom November 2015 in Paris, bei denen 130 Menschen getötet wurden. „Jetzt ist Nizza das Ziel", sagte er. „Ganz Frankreich ist vom islamistischen Terrorismus bedroht."

Der Islamische Staat bekannte sich zwei Tage nach dem Anschlag an der Côte d'Azur zu dem Attentat. In einer Erklärung der IS-Propaganda- und Nachrichtenquelle „Amaq", in der Bouhlel als „Soldat" bezeichnet wurde, hieß es, er sei dem Aufruf der Organisation gefolgt, Zivilisten in den Ländern zu töten, die gegen den Islamischen Staat kämpfen. Auf einer Pressekonferenz beschrieb der französische Staatsanwalt Molins Bouhlel jedoch als „eine Person, die von religiösen Erwägungen weit entfernt war, die die muslimische Religion nicht praktizierte, die Schweinefleisch aß, Alkohol trank, Drogen konsumierte und ein zügelloses Sexualleben hatte".

In einem Bericht, der einige Tage später verfasst wurde, schrieb ein Ermittler der Terrorismusbekämpfung, dies sei das erste Mal, dass der Islamische Staat einen Mörder, der keine formelle Loyalitätserklärung abgegeben hat, als einen seiner Soldaten bezeichnet habe. Angesichts des Ausmaßes des Ereignisses, schrieb der Ermittler, könne der Islamische Staat wohl eine Gelegenheit gesehen haben, in der Öffentlichkeit präsent zu sein. (https://www.gq.com/story/nice-france-bastille-day-attack-untold-story)

**Berlin und Istanbul**

**Am 19. Dezember 2016** wurde ein Lastwagen absichtlich in den Weihnachtsmarkt neben der Kaiser-Wilhelm-Gedächtniskirche am Breitscheidplatz in Berlin gefahren. Dabei wurden 12 Menschen getötet und 56 weitere verletzt. Eines der Opfer war der ursprüngliche Fahrer des Lkw, der erschossen auf dem Beifahrersitz gefunden wurde. Der Täter war Anis Amri, ein abgelehnter Asylbewerber aus Tunesien. Vier Tage nach dem Anschlag wurde er bei einem Schusswechsel mit der Polizei in der Nähe von Mailand getötet. Für weitere Einzelheiten siehe Band I, S. 8 ff.

**Am 1. Januar 2017** wurden in einem Istanbuler Nachtclub gegen 1.15 Uhr 39 Menschen von einem Terroristen aus Usbekistan erschossen und 79 weitere verletzt. Im bekannten Nachtclub „Reina" in Istanbul, Türkei, hatten Hunderte den Neujahrstag gefeiert. Der aus Usbekistan stammende Abdulkadir Masharipov wurde am 17. Januar 2017 in Istanbul verhaftet. Der Islamische Staat bekannte sich zu dieser Tat.

Hintergrund: Der Islamische Staat (IS) stand seit dem Sommer 2016 unter Druck und hatte durch drei gleichzeitige Offensiven erhebliche Gebietsverluste erlitten, nämlich durch die Offensive der Türkisch-Freien Syrischen Armee im Westen von al-Bab und die Schlacht von al-Bab, die Offensive der Demokratischen Kräfte Syriens im Norden von Rakka und die Schlacht um Mossul im Irak. Die türkische Militärintervention in Syrien war die erste militärische Konfrontation zwischen dem IS und der türkischen Armee und führte zu Spannungen. In Istanbul waren schon vor dem Anschlag auf den Nachtclub die Sicherheitsmaßnahmen verstärkt worden: Rund 17.000 Polizeibeamte waren im Einsatz. In der Stadt und der Region waren schon früher Anschläge verübt worden, darunter der Anschlag auf den Istanbuler Atatürk-Flughafen am 28. Juni 2016, bei dem 48 Menschen getötet wurden, und ein Bombenanschlag in der Vodafone Arena am 10. Dezember 2016, bei dem 46 Menschen starben.

Etwa um 1.15 Uhr Ortszeit eröffnete der Terrorist das Feuer in dem Nachtclub „Reina". Er war Berichten zufolge mit einem Kalaschnikow-Sturmgewehr bewaffnet. Nachdem er einen Polizeibeamten und einen Passanten am Eingang getötet hatte, betrat er den Club und schoss, angeblich als Weihnachtsmann verkleidet, um sich. Berichten zufolge sprach der Angreifer während des Angriffs Arabisch und rief die arabische Phrase „Allahu Akbar". Während des siebenminütigen Angriffs feuerte er mehr als 180 Schüsse ab und benutzte Betäubungsgranaten, um besser nachladen zu können. Nach dem Angriff ging er in die Küche, wechselte seine Kleidung und entkam, indem er sich unter die Menge mischte.

Zum Zeitpunkt des Anschlags befanden sich etwa 600 Personen in dem Nachtclub, um das neue Jahr zu feiern. 39 Menschen wurden getötet, darunter der diensthabende Polizeibeamte am Eingang des Clubs, und mindestens 79 weitere wurden verletzt. Mehrere Menschen sprangen sogar in den Bosporus, um dem Anschlag zu entgehen. In der Folgezeit bildete die Polizei einen Kordon um den Nachtclub. Als Reaktion auf den Angriff führte das türkische Militär Angriffe gegen IS-Ziele in der syrischen Stadt al-Bab durch. Bei diesen Angriffen sollen 22 Menschen getötet worden sein.

Am 9. Januar 2017 identifizierte die türkische Polizei den mutmaßlichen Terroristen. Es war der usbekischen Staatsangehörige Abdulkadir Masharipov, geboren am 2. August 1988, der auch unter dem Namen Abu Muhammed Horasani bekannt ist. Er wurde am 16. Januar in der Wohnung eines kirgisischen Freundes im Istanbuler Stadtteil Esenyurt festgenommen. In der Wohnung wurden außerdem Schusswaffen, Munition, zwei Drohnen und etwa 200.000 Dollar gefunden. Es wurde vermutet, dass der Täter in Afghanistan ausgebildet worden war.

## Morde in London

**Am 22. März 2017** fuhr Khalid Masood, ein 52-jähriger Brite, mit seinem Auto in Fußgänger auf dem Bürgersteig an der Südseite der Westminster Bridge und der Bridge Street und verletzte dabei mehr als 50 Menschen, vier davon tödlich. Die Polizei stufte den Anschlag als islamistisch motivierten Terrorismus" ein. In einer letzten Textnachricht erklärte Masood, er wolle Rache für westliche Militäraktionen in muslimischen Ländern des Nahen Ostens.

Um 14.40 Uhr war Masood mit einem grauen Hyundai Tucson, der in Birmingham gemietet worden war, mit einer Geschwindigkeit von bis zu 122 km/h auf den Bürgersteig gefahren. Eines der Opfer, ein rumänischer Tourist, wurde durch die Wucht des Aufpralls über die Brüstung der Brücke in die darunter liegende Themse geschleudert. Der Wagen fuhr weiter und prallte gegen das Geländer der Bridge Street am nördlichen Rand des Westminster-Palastes. Masood, der schwarz gekleidet war, stieg aus dem Auto aus und rannte um die Ecke auf den Parliament Square und durch die offenen Kutschen-Tore, wo er einen unbewaffneten Polizeibeamten niederstach, der darauf verstarb. Ein bewaffneter Polizeibeamter, vermutlich der Begleitschutz des damaligen Verteidigungsministers Michael Fallon, wurde Zeuge der Messerstecherei, lief zum Tatort und erschoss Masood. Der gesamte Angriff dauerte nur 82 Sekunden. Trotz Wiederbelebungsversuchen starb Masood noch am Tatort, da ihn alle drei von dem Polizisten abgegebenen Schüsse getroffen hatten.

Am 23. März teilte die dem Islamischen Staat nahestehende Nachrichtenagentur „Amaq" mit, dass es sich bei dem Angreifer um einen „Soldaten des Islamischen Staates" handelte.

### Tote nach einem Konzert von Ariana Grande in Manchester

**Am 22. Mai 2017** zündete ein Selbstmordattentäter eine selbstgebaute Bombe mit Schrapnell-Splittern, als die Menschen nach einem Konzert der amerikanischen Popsängerin Ariana Grande die Manchester Arena verließen. 23 Menschen wurden getötet, darunter der Angreifer, und 1.017 verletzt, darunter viele Kinder. Zahlreiche weitere erlitten ein psychisches Trauma.

Um 22:15 Uhr Ortszeit war der Attentäter, der schwarze Kleidung und einen großen Rucksack trug, dem Sicherheitsdienst in der Manchester Arena gemeldet worden. Ein Wachmann beobachtete ihn, erklärte aber, dass er nicht eingriff aus Angst, als Rassist angesehen zu werden, wenn seine Vermutungen falsch seien. Er habe versucht, über sein Funkgerät den Sicherheitsleitstand zu alarmieren, kam aber nicht durch. Für die Öffentlichkeit waren auch keine Polizeibeamten ansprechbar, da sie die Anweisungen ignoriert hatten, ihre Pausen während des Konzerts zeitlich zu staffeln und sich 30 Minuten vor Ende des Konzerts am Eingang zum City Room der Arena einzufinden. Zwei Beamte der britischen Verkehrspolizei waren auch nicht anwesend, obwohl sie in der Arena hätten sein sollen. Sie waren auf einer 16 km langen Fahrt, um Kebab zu kaufen.

Etwa eine Viertelstunde später, um 22:31 Uhr, zündete der Selbstmordattentäter im Foyer der Manchester Arena seinen improvisierten Sprengsatz, der mit Schrauben und Muttern gespickt war. 14.200 Menschen hatten das Konzert besucht, das Teil der „Dangerous Woman Tour" Ariana Grandes gewesen war. Zum Zeitpunkt der Explosion befanden sich viele der Konzertbesucher und wartenden Eltern im Foyer. Laut dem Bericht des Gerichtsmediziners war die Bombe stark genug, um Menschen in einer Entfernung von bis zu 20 Metern zu töten. Die Polizei erklärte den Vorfall zu einem terroristischen Anschlag und einem Selbstmordattentat. Es handelte sich um den tödlichsten Anschlag im Vereinigten Königreich seit den Bombenanschlägen vom 7. Juli 2005 in London. Am 23. Mai erklärte der Islamische Staat über einen Telegramkanal, der Anschlag sei von „einem Soldaten des Kalifats" verübt worden.

Der Attentäter, Salman Ramadan Abedi, war ein 22-jähriger britischer Muslim libyscher Abstammung. Er wurde in Manchester als Sohn einer salafistischen Familie libyscher Flüchtlinge geboren, die sich im Süden Manchesters niederließ, nachdem sie in das Vereinigte Königreich geflohen waren. Laut einer geheimen Aufnahme, die von der BBC veröffentlicht wurde, habe der Imam der Didsbury-Moschee, in die Salman Abedi und seine Familie regelmäßig gingen, zehn Tage bevor Abedi sich eine Konzertkarte kaufte, zum bewaffneten Dschihad aufgerufen.

## Barcelona, Cambrils und Alcanar

**Am 17. August 2017** fuhr der 22-jährige Younes Abouyaaqoub mit einem Lieferwagen in der Fußgängerzone „La Rambla" in Barcelona in Fußgänger hinein, tötete 13 Menschen und verletzte mindestens 130 weitere. Der Täter flüchtete zu Fuß und tötete noch eine weitere Person, um das Auto des Opfers zu stehlen und damit zu fliehen.

Um 16:56 Uhr Ortszeit war der Täter mit einem weißen Fiat Talento auf den Fußgängerbereich „La Rambla" in Barcelona gefahren. Er rammte Fußgänger auf einer Strecke von etwa 550 Metern zwischen der Plaça de Catalunya und dem Liceu, bevor er auf dem in den Straßenbelag eingelassenen Mosaik von Joan Miró zum Stehen kam. Laut Zeugenaussagen fuhr das Fahrzeug mit hoher Geschwindigkeit im Zickzack-Kurs und rammte Fußgänger und Radfahrer. Durch die zahlreichen Aufpralle wurde der Airbag ausgelöst, und das Fahrerschutzsystem schaltete automatisch die Elektrik des Fahrzeugs ab, sodass der Wagen abgebremst wurde. In dem Durcheinander gelang es Abouyaaqoub zu entkommen. Er floh zu Fuß in das Universitätsviertel, stahl ein Auto und erstach dabei den Fahrer.

Neun Stunden nach dem Anschlag von Barcelona fuhren fünf Männer, die vermutlich derselben Terrorzelle angehörten, in der nahegelegenen Ortschaft Cambrils in Fußgänger, wobei eine Frau getötet und sechs weitere verletzt wurden. Alle fünf Terroristen wurden von der Polizei erschossen.

In der Nacht vor dem Anschlag von Barcelona kam es in einem Haus in der katalanischen Stadt Alcanar zu einer Explosion, die das Gebäude zerstörte. Dabei starben zwei Mitglieder einer Terrorzelle, darunter auch der 40-jährige Imam, der als Drahtzieher galt. In dem Haus befanden sich mehr als 120 Gaskanister, die die Zelle nach Ansicht der Polizei zu drei Bomben zusammenbauen wollte, die in den drei gemieteten Lieferwagen installiert werden sollten. Doch die Gaskanister wurden versehentlich zur Explosion gebracht. Die dem IS nahestehende Nachrichtenagentur „Amaq" behauptete, der Angriff sei auf die Aufforderung des IS erfolgt, die Staaten der Anti-IS-Koalition anzugreifen. Zu dieser Koalition gehörte auch Spanien, das etwa 400 Soldaten zur Ausbildung der irakischen Streitkräfte und Polizei bereitgestellt hatte.

Am 21. August erschoss die Polizei den Terroristen von „La Rambla" in einem Weinanbaugebiet etwa 40 km westlich von Barcelona. Anwohner hatten bemerkt, dass sich ein Unbekannter in der Nähe aufhielt, der der Beschreibung des gesuchten Terroristen entsprechen könnte.

**Crocus City Hall – Terroranschlag in Moskau**

Am 22. März 2024 verübte der Islamische Staat (IS) einen Terroranschlag auf das Veranstaltungszentrum Crocus City Hall in Krasnogorsk, Oblast Moskau. Der Angriff begann gegen 20.00 Uhr, kurz bevor die russische Band „Picnic" in der ausverkauften Halle spielen sollte. Vier bewaffnete Männer verübten unter den 6.200 Konzertbesuchern ein Massaker und legten mit Brandbomben Feuer in der Halle, sodass sie teilweise ausbrannte.

In einer Erklärung, die von Amaq, der Nachrichtenagentur des IS, verbreitet wurde, bekannte sich der IS zu dem Anschlag. Es ist davon auszugehen, dass sein regionaler Zweig „Islamischer Staat – Khorasan" (IS-KP) für den Terroranschlag verantwortlich war, der von der afghanisch-pakistanischen Grenzregion aus operiert. Amaq veröffentlichte außerdem ein Video, das von einer Bodycam eines Angreifers gefilmt wurde. Es zeigt, wie die Angreifer auf die Opfer schießen und einem die Kehle durchschneiden, während der filmende Angreifer das Takbir ausruft (das entspricht dem „Allahu akbar"), Gott lobt und Ungläubige verflucht.

Bereits Anfang 2014, noch bevor sich der Islamische Staat offiziell von al-Qaida trennte und ein Kalifat im Irak und in Syrien ausrief, hatten der Emir al-Baghdadi und die Führung der damals ISIS genannten Organisation nachdrücklich dafür plädiert, dass Freiwillige einen neuen Zweig („wilayah") in Afghanistan und Pakistan gründen sollten, der später weitere Gebiete des Irans und Zentralasiens umfassen sollte. Dieses Zielgebiet sollte ungefähr der historischen Region Khorasan entsprechen, die sich über die heutigen Grenzen hinweg über Afghanistan, Iran, Tadschikistan, Usbekistan und Turkmenistan erstreckte. Im Januar 2015 schlossen sich drei Gruppierungen, die sich aus den afghanischen Taliban, dem Haqqani-Netzwerk und den pakistanischen Taliban rekrutierten, zum „Islamischen Staat – Provinz Khorasan" (IS-KP) mit Hafiz Saeed Khan als Führer zusammen. So gab es am 26. Januar 2015 der Hauptsprecher der ISIS-Zentrale, Abu Muhammad al-Adnan, offiziell bekannt.

Der IS-KP begann mit der Entsendung von afghanischen und pakistanischen Kämpfern in den syrischen Bürgerkrieg. Diese kehrten dann, mit entsprechenden Anweisungen und finanziellen Mitteln ausgestattet, in die Region zurück, um Kämpfer für den Ableger des Islamischen Staates in der Region Khorasan zu rekrutieren. Die Machtbasis der Gruppe lag und liegt im Osten Afghanistans an der Grenze zu Pakistan. Sie rekrutierte sich aus unzufriedenen Dissidenten der Taliban, aber auch aus Mitgliedern von al-Qaida.

Nach Jahren geringer Aktivitäten begann der noch verbliebene Islamische Staat 2024, seine Angriffe zu verstärken. Am 3. Januar 2024 verübte der IS-KP Bombenanschläge im iranischen Kerman, bei denen mindestens 103 Menschen getötet wurden. Die USA hatten den Iran vor der Gefahr einen solchen Angriffes gewarnt.

Am 2. März 2024 wurden sechs mutmaßliche Kämpfer des Islamischen Staates bei einem Feuergefecht mit russischen Sicherheitskräften in Inguschetien getötet. Am 7. März gab der russische Föderale Sicherheitsdienst (FSB) bekannt, dass er eine Terrorzelle des Islamischen Staates in Moskau neutralisiert habe, die einen Anschlag auf eine Synagoge geplant hatte.

Am 7. März warnte die Botschaft der Vereinigten Staaten in Moskau, dass „Extremisten unmittelbar bevorstehende Pläne haben, große Versammlungen in Moskau anzugreifen". Auch Kanada und Großbritannien gaben ähnliche Warnungen an ihre Bürger in Russland heraus. Doch drei Tage vor dem Anschlag auf die Crocus City Hall erklärte Präsident Wladimir Putin vor dem russischen Inlandsgeheimdienst FSB, dass westliche Warnungen vor einem möglichen Anschlag in Russland „provokativ" seien und „einer offenen Erpressung sowie der Absicht ähneln, unsere Gesellschaft einzuschüchtern und zu destabilisieren".

Gegen 20:00 Uhr, bevor die Band „Picnic" mit ihrem Auftritt begann, eröffneten unmaskierte Bewaffnete in Kampfanzügen mit Sturmgewehren das Feuer auf die Menge. Da der Auftritt der Band kurz bevorstand, glaubten manche Zuschauer, dass das Geräusch der Schüsse zu der Bühnenshow gehörten. Einem IS-KP-Bericht zufolge waren die Angreifer zusätzlich mit Pistolen und Messern bewaffnet.

Spezialeinheiten der russischen Polizei, wie SOBR und OMON, wurden zum Tatort beordert, wo sie aber erst eine Stunde nach Beginn des Terrorangriffs eintrafen – Verkehrsstaus hätten ihre Ankunft verzögert. Der Anschlag forderte mindestens 145 Tote und etwa 550 Verletzte. Am 28. März erklärten die russischen Behörden, dass 95 Menschen noch vermisst würden. Es war der verheerendste Terroranschlag auf russischem Boden seit der Belagerung der Schule in Beslan im Jahr 2004 und dem Bombenanschlag auf den internationalen Flughafen Domodedowo im Jahr 2011 (siehe S. 269 ff. und S. 265 f.)

Bis zum 27. April 2024 wurden 12 Personen festgenommen, denen man Verbindungen zu dem Terrorangriff in der Crocus City Hall zur Last legte. Darunter waren auch die vier mutmaßlichen Angreifer; sie wurden am Abend des 22. März in der Nähe des Dorfes Chatsun, das etwa 350 Kilometer südwestlich von Moskau liegt, festgenommen, als sie in einem weißen PKW auf der Autobahn M3 in Richtung der ukrainischen Grenze fuhren.

Hier endet die Zusammenfassung von Terroranschlägen, für die der Islamische Staat die Verantwortung übernahm. Es sind Anschläge, die in westeuropäischen Staaten wie auch in den USA und in Russland erfolgt sind. Die Mehrheit der dem IS zugeschriebenen Anschläge erfolgte allerdings im Nahen Osten. Insgesamt führt „eng.wikipedia.org" in der Liste von Terrorangriffen, die dem IS zugeschrieben werden, 201 Anschläge von 2013 bis Ende 2023 auf. Mit dem Anschlag vom 22. März 2024 in der Crocus City Hall sind es dann 202 Terrorangriffe.

# Quellen: Anschläge des Islamische Staates – weltweit


## Bücher

- Clarke, Colin P., After the Caliphate, Cambridge 2019
- Meleagrou-Hitchens, Alexander, Hughes, Seamus, Clifford, Bennett, Homegrown: ISIS in America, London 2021
- Vargo, Marc E., The French Terror Wave 2015–2016, Al-Qaeda and ISIS Attacks from Charlie Hebdo to the Bataclan Theatre, Jefferson 2021
- Weiss, Michael, Hassan, Hassan, ISIS, Inside the Army of Terror, New York 2015

## Zeitschriften/Studien

- https://www.nytimes.com/interactive/2016/03/25/world/map-isis-attacks-around-the-world.html
- https://edition.cnn.com/2015/12/17/world/mapping-isis-attacks-around-the-world/index.html
- https://www.statista.com/chart/20255/the-rise-and-fall-of-isis/
- https://www.nytimes.com/2014/09/04/world/middleeast/surviving-isis-massacre-iraq-video.html
- https://www.nytimes.com/2015/03/19/world/africa/gunmen-attack-tunis-bardo-national-museum.html?_r=0
- https://www.theguardian.com/world/2015/jun/26/tunisia-tourist-hotel-reportedly-attacked
- https://www.bbc.com/news/world-europe-34495161
- https://www.bbc.com/news/live/uk-34687309#post_5634ca2a3d00008b4fbb678f
- https://www.nytimes.com/2015/11/13/world/middleeast/lebanon-explosions-southern-beirut-hezbollah.html?_r=0
- https://www.nytimes.com/2015/11/15/world/europe/paris-terrorist-attacks.html
- https://edition.cnn.com/2015/12/04/us/san-bernardino-shooting/index.html
- https://www.wsj.com/articles/how-belgium-became-a-jihadist-recruiting-hub-1411958283
- https://www.theguardian.com/world/live/2016/dec/19/berlin-truck-crash-christmas-market-live
- https://www.nytimes.com/2016/07/15/world/europe/nice-bastille-day.html
- https://edition.cnn.com/2017/01/04/europe/turkey-istanbul-attack/
- https://www.washingtonpost.com/news/post-nation/wp/2016/06/12/orlando-nightclub-shooting-about-20-dead-in-domestic-terror-incident-at-gay-club/
- https://web.archive.org/web/20170327211218/http://news.met.police.uk/news/update-westminster-terror-attack-231086
- https://www.nytimes.com/2017/05/23/world/europe/manchester-arena-attack-ariana-grande.html
- https://www.theguardian.com/world/2017/aug/21/police-searching-barcelona-van-driver-shoot-man
- https://www.nytimes.com/2015/11/23/world/europe/paris-attacks-isis-threatens-west.html
- https://edition.cnn.com/2016/03/21/europe/inside-paris-terror-attack/index.html
- https://www.kicker.de/2015_die_anschlaege_von_paris-773861/artikel
- https://www.zeit.de/gesellschaft/zeitgeschehen/2015-11/terror-paris-attentate-rekonstruktion-ablauf
- https://www.huffpost.com/archive/au/entry/eyewitness-franck-benarroch-reveals-frenzied-afterma-th-of-paris_n_8561016
- https://www.nytimes.com/2015/11/14/world/europe/paris-shooting-attacks.html
- https://www.abc.net.au/news/2015-11-26/eagles-of-death-metal-vice-interview/6975940
- https://www.bbc.com/news/world-europe-34813570

- https://www.nytimes.com/2015/11/14/world/europe/paris-attacks.html
- https://www.theguardian.com/world/2015/nov/13/eyewitness-accounts-paris-attacks
- https://www.washingtonpost.com/news/checkpoint/wp/2015/11/14/the-paris-attacks-combined-more-than-a-decade-of-terrorist-tactics-into-one-night/
- https://www.gq.com/story/nice-france-bastille-day-attack-untold-story
- https://time.com/4409306/france-nice-attack-terrorist/
- https://www.nytimes.com/2016/07/15/world/europe/nice-france-truck-attack-what-we-know.html
- https://www.thelocal.fr/20160717/nice-attacker-body-building-drug-taking-womanising
- https://www.cbc.ca/news/world/russia-moscow-concert-hall-attack-1.7152498
- https://www.swp-berlin.org/publications/products/aktuell/2022A08_IS_Afghanistan.pdf

# Kapitel 7

## Al-Qaida nach 9/11

Vor dem 11. September 2001 war al-Qaida eine relativ kleine, zentralisierte und hierarchisch strukturierte Gruppe mit Sitz in Afghanistan. Sie wurde fast zerstört, als die USA als Vergeltung für die Angriffe auf New York und Washington (9/11) ihre Verstecke mit massiven Bombardements belegten. Wäre Osama bin Laden damals getötet worden, hätte sich al-Qaida höchstwahrscheinlich aufgelöst. Doch der Einmarsch der Koalitionstruppen in den Irak im Jahr 2003 hauchte der Organisation neues Leben ein, und Tausende junger Männer folgten dem Ruf in den Dschihad.

Die Entscheidung von Präsident Bush, 2003 in den Irak einzumarschieren und das Land zu besetzen, war geradezu ein Geschenk für al-Qaida. Die Ausweitung des „Krieges gegen den Terror“ ermöglichte das Fortleben der Organisation, denn der Irak wurde nun zu einem Sammelbecken für den Dschihad gegen die USA, den ausländischen Eindringling, und seine „Koalition der Willigen“. Die Folge: al-Qaida konnte sich neu aufstellen, militärisch reorganisieren und Entscheidungsprozesse dezentralisieren.

### Al-Qaida im Irak

Nach der Invasion wurde Amerika zur Besatzungsmacht im Irak, und al-Qaida nutzte die dadurch entstandene Atempause, um Kämpfer ins Land zu holen. Innerhalb weniger Monate gründete eine kleine Gruppe von etwa dreißig arabischen Kämpfern aus Afghanistan eine Organisation mit dem Namen „Jama'at al-Tawhid wal-Jihad“, die nach dem Vorbild von al-Qaida aufgebaut war und von al-Zarqawi geführt wurde. Zarqawi verfügte über eine große Anzahl an Selbstmordattentätern und setzte sie auch ein. Sein Ziel war es, so viele Iraker wie möglich, insbesondere Schiiten, zu töten. So wollte er einen Konfessionskrieg zwischen Sunniten und Schiiten, den beiden führenden Glaubensgemeinschaften, auslösen. Dies gelang ihm auch – fast im Alleingang.

Bin Laden, der sich in Pakistan versteckt hielt, geriet immer mehr in die Isolation, während die Selbstmordattentäter von Zarqawi weltweit für Schlagzeilen sorgten. Doch bin Laden erkannte, dass ihm der Zusammenschluss mit Zarqawi eine einzigartige Gelegenheit bot, die Konfrontation mit den Vereinigten Staaten auszuweiten und seine dschihadistischen Verbündeten und die Muslime im Allgemeinen davon zu überzeugen, dass seine Organisation immer noch relevant war. Im Oktober 2004 kündigte Zarqawi an, dass er den Namen seiner Gruppe offiziell in „Al-Qaida im Zweistromland“ ändern werde – ein Bezug auf Euphrat und Tigris –, und erklärte seine Zugehörigkeit zu bin Laden. Zwei Monate später bestätigte bin Laden Zarqawi als seinen Stellvertreter, ernannte ihn zum Emir von „Al-Qaida im Irak“ und lobte seine mutigen Operationen gegen die Amerikaner.

Doch im Jahr 2005, also zwei Jahre nach der US-Invasion, hatten die unzähligen Bombenanschläge, Entführungen und Enthauptungen die große Mehrheit der irakischen und muslimischen Öffentlichkeit gegen „Al-Qaida im Irak“ aufgebracht, aber auch gegen „Al-Qaida Zentral“ – so der Name für die Zentrale mit bin Laden und der Führung im pakistanisch-afghanischen Grenzgebiet. Viele, die mit der dschihadistischen Sache im Irak sympathisierten, hatten ernsthafte Vorbehalte gegen das Blutvergießen, für das Zarqawi verantwortlich war. Bin Laden und sein Stellvertreter Zawahiri hatten mehrfach versucht, Zarqawi zu zügeln. Es gibt mehrere Briefe bin Ladens, in denen er Zarqawi auffordert, das Blutvergießen unter den Schiiten zu beenden und sich auf den Feind in der Ferne, die Amerikaner, zu konzentrieren. Zarqawi ignorierte diese Aufforderungen. Zu den Gründen, warum er sich das leisten konnte, sagte der religiöse Führer Zarqawis, der einflussreiche Dschihad-Theoretiker Abu Mohammad Maqdisi, dass Zarqawi von Extremisten umgeben sei, die ihm die Treue hielten und seine Befehle widerspruchslos befolgten. Auch die wichtigsten Verbündeten Zarqawis, die sunnitischen Aufständischen, wandten sich schließlich gegen al-Qaida. Im Juni 2006 lösten zwei amerikanische 250-kg-Bomben dieses Problem: Zarqawi wurde bei einem Luftangriff auf ein Haus, in dem er ein Treffen abhielt, getötet. Damit gehörte „Al-Qaida im Irak“ der Vergangenheit an. Nach einem Bericht der „New York Times“ vom 8. Juni 2006 wurde ein Verrat mindestens eines Al-Qaida-Mitglieds als Tatsache bezeichnet: Eine Zarqawi nahestehende Person habe die Identität und den Aufenthaltsort von Scheich Abu Abdul Rahman an den jordanischen und den amerikanischen Geheimdienst weitergegeben, und die Überwachung von Abu Abdul Rahman habe dann zu Zarqawi geführt.

### Bin Ladens Entschuldigung

Laut Fawaz Gerges, Professor an der London School of Economics and Political Science, habe „al-Qaida nicht nur eine Schlacht im Irak verloren, sondern auch die historische Chance, sich in eine sunnitische Gemeinschaft zu integrieren, die ihre Anwesenheit zunächst toleriert, dann aber abgelehnt hatte. Damit begab sich al-Qaida der Möglichkeit, in benachbarte arabische Länder vorzudringen. Al-Qaida hätte ein akzeptierter Flügel des sunnitisch dominierten Aufstands werden können, wenn Zarqawi und seine Männer Zurückhaltung geübt und die lokale Kultur und Tradition respektiert hätten“. (Fawaz A. Gerges, The Rise and Fall of Al-Qaeda, S. 116)

Zarqawis massenhaftes Abschlachten von Zivilisten hatte eine öffentliche Abneigung gegen al-Qaida ausgelöst. Bin Laden wiederum konnte sich nicht von Zarqawi distanzieren, so sehr er es auch versucht haben mag, da er ihn ja als Stellvertreter im Irak, als Emir, eingesetzt hatte. In den Augen der Muslime war Zarqawi bin Ladens Leutnant im Irak. Dessen Aktionen hatte bin Laden zunächst als „mutige Operationen“ gegen die Feinde des Islam gelobt. Doch nun entschuldigte er sich zum ersten Mal öffentlich für die Fehler, die im Irak gemacht wurden. Er bat auch um Toleranz und Vergebung. Kurze Zeit später veröffentlichte Osama bin Laden eine Tonaufnahme, in der er erklärte: „Unsere Brüder, die Mudschaheddin in der Al-Qaida-Organisation, haben den lieben Bruder Abu Hamza al-Muhajer, auch bekannt als Abu Ayyub al-Masri, zu ihrem Anführer gewählt, um die Nachfolge des Emirs Abu Musab al-Zarqawi anzutreten.“

Abu Ayyub al-Masri hatte sich 1982 dem „Ägyptischen Islamischen Dschihad" angeschlossen und mit Zawahiri, dem aktuellen Stellvertreter bin Ladens, zusammengearbeitet. 2002 war er in den Irak gekommen und bereits 2005 hatte die Bush-Regierung ein Kopfgeld in unbekannter Höhe auf ihn ausgesetzt. Nach seiner Ernennung zum Anführer von „Al-Qaida im Irak" im Juni 2006 wurde das Kopfgeld auf 25 Millionen US-Dollar erhöht. Im Jahr 2008 wurde es allerdings auf 100.000 Dollar gesenkt. Ein Sprecher des US-Zentralkommandos erklärte, dass „die derzeitige Einschätzung [...] gezeigt habe, dass [al-Masri] kein effektiver Anführer von Al-Qaida im Irak" sei.

Am 24. Oktober 2008 wurde ein längeres Interview mit al-Masri im Internet veröffentlicht. Darin erklärte er, dass seine Gruppe ihre letzte Operation im Juni 2007 in Großbritannien durchgeführt habe: ein Angriff auf den Flughafen Glasgow, bei dem der Attentäter umgekommen war und fünf Reisende leicht verletzt worden waren. Am 18. April 2010 wurde Abu Ayyub al-Masri bei einem gemeinsamen Angriff der US-Streitkräfte und der Iraker in seinem Haus in der Nähe von Tikrit erschossen.

Al-Masri war nur vom Juni bis Oktober 2006 Emir von „Al-Qaida in Irak" gewesen, danach hatte er die Terrorgruppe gewechselt und wurde Kriegsminister des Islamischen Staates (IS); dies blieb er bis zu seiner Erschießung. Nach der Gründung des Islamischen Staates gab es keinen Führer von „Al-Qaida im Irak" mehr. Aber erst im Februar 2014 zog al-Qaida die Konsequenzen und kündigte nach einem langen und heftigen Streit mit dem Islamischen Staat öffentlich an, jegliche Zusammenarbeit mit dieser Gruppe zu beenden. Die Begründung: die Brutalität, mit der der Islamische Staat vorging, und der unbedingte Wille, sich nicht von seinen Zielen abbringen zu lassen. Die Al-Nusra-Front in Syrien war nun die einzige Verbindung von al-Qaida zu diesem Teil des Nahen Ostens.

## Al-Qaida Zentral

Nach der Erfahrung des drohenden Untergangs in Afghanistan im Winter 2001 lösten sich die Al-Qaida-Führungsgruppe und ihre Taliban-Verbündeten nicht auf: Sie zogen einfach ein paar hundert Kilometer weiter, über die Grenze nach Pakistan. Damit waren sie sicher und außerhalb der Reichweite des US-Militärs. Die Mitglieder der Gruppe, die sich nun nahe der afghanischen Grenze etablierten, wird im internationalen Sprachgebrauch als „Al-Qaida Zentral" bezeichnet, um sie von den Niederlassungen in anderen Regionen, etwa „Al-Qaida im Irak" oder „Al-Qaida im Jemen", zu unterscheiden.

In gewissem Sinne war dies für al-Qaida, so Peter Bergen in seinem Buch „The Longest War", eine Heimkehr, denn bin Laden hatte die Gruppe 1988 in der pakistanischen Stadt Peschawar gegründet. Auch die Taliban fühlten sich in Pakistan zu Hause; mehrere ihrer Anführer hatten die Haqqania-Madrassa in der Nähe von Peschawar besucht, die sogenannte „Universität des Dschihad", die als Hochburg der Taliban bekannt war und ist.

In den ersten Jahren ihrer Flucht hatten viele Al-Qaida-Führer, im Gegensatz zu den Kämpfern, die abgelegenen Stammesgebiete Pakistans entlang der afghanischen Grenze gemieden und es vorgezogen, in der Anonymität der pakistanischen Städte zu leben. Insbesondere

Karatschi, eine kaum regierbare Megastadt mit 15 Millionen Einwohnern an der Südküste Pakistans, entwickelte sich nach dem 11. September 2001 zu einem Zentrum dschihadistischer Gewalt. Diese Gewalt ging von einer Allianz zwischen al-Qaida, militanten Kaschmir-Gruppen und sunnitischen Sektenfanatikern aus, die sich seit Langem im Krieg mit der schiitischen Minderheit Pakistans befanden. Die Slums von Karatschi waren und sind heute noch gewalttätige No-Go-Areas für die Polizei, was die Stadt zu einem idealen Versteck machte – so dachten jedenfalls die Kämpfer der Allianz.

Doch zwischen 2001 und 2004 wurden die wichtigsten gefangenen Al-Qaida-Aktivisten keineswegs in den abgelegenen Stammesgebieten Pakistans entlang der Grenze zu Afghanistan entdeckt, sondern in den großen Städten des Landes. Dort wurden sie meist gegen Geld verraten, nicht nur in Karatschi, sondern auch in Peschawar, Quetta, Faisalabad und Rawalpindi. Das wichtigste Al-Qaida-Mitglied, das gefangen genommen wurde, war Khalid Sheikh Mohammed oder KSM, der operative Befehlshaber des 11. Septembers. Er wurde am 1. März 2003 bei einer Razzia um 3 Uhr morgens in Rawalpindi verhaftet, der Stadt, in der sich das Hauptquartier der pakistanischen Armee befand und noch befindet. KSM wurde mithilfe eines pakistanischen Informanten aufgespürt, der dafür eine beträchtliche Belohnung kassiert haben soll.

In den fünf Jahren nach dem 11. September 2001 lieferte Pakistan 369 mutmaßliche Kämpfer an die Vereinigten Staaten aus, wofür die pakistanische Regierung Kopfgelder in Höhe von mehreren Millionen US-Dollar erhielt. Aufgrund dieser hohen Festnahmerate von Al-Qaida-Kämpfern erkannten viele Militante, dass die Anonymität der Städte Pakistans nicht so schützend war wie angenommen. Und so begaben sich die Al-Qaida Führung und die alliierten Taliban doch in die abgelegenen pakistanischen Stammesgebiete an der afghanischen Grenze, die als „Federally Administered Tribal Areas" (Stammesgebiete unter Bundesverwaltung), kurz FATA, bezeichnet werden. (Peter Bergen, The Longest War, S. 254)

### FATA, die Stammesgebiete in Pakistan

Der Begriff „Federally Administered Tribal Areas" ist eigentlich eine falsche Bezeichnung, denn die Region wurde nie verwaltet und stand auch nie unter der Kontrolle der Regierung. Die Briten, insbesondere das British Colonial Government, war schon Mitte des 19. Jahrhunderts zu dem Schluss gekommen, dass die Stammesgebiete mehr Ärger machten, als sie von Nutzen waren. Deshalb gestanden sie den Stämmen eine de facto Unabhängigkeit mit einem eigenen Rechtssystem zu. Nach dem Zweiten Weltkrieg übernahm Pakistan diese Regelung und änderte sie kaum.

In dieser abgelegenen und wohl auch unregierbaren Region begann al-Qaida mit dem Wiederaufbau ihrer Organisation. Was sie wollte, war eine natürliche Festung, von der aus sie die gesamte Region in ein Schlachtfeld verwandeln könnte. Die Vereinigten Staaten und ihre westlichen Verbündeten könnten dann im natürlichen Guerillagebiet Afghanistans in die Falle gelockt werden. Zudem könnte al-Qaida von dort aus ihren Aktionsradius auf Zentralasien im Norden und Indien im Osten ausdehnen. Die Organisation hatte zwar nie die Absicht, einen Dschihad in Pakistan zu beginnen, doch als Pakistan sich in Afghanistan auf die Seite der Vereinigten Staaten stellte, geriet al-Qaida in ein Dilemma. Die Organisation sah sich gezwungen, ihre Operationen in Pakistan auszuweiten – so Syed Saleem Shahzad, der pakistanische Büroleiter der „Asian Times Online" in seinem Buch „Inside al-Qaeda and the Taliban". Al-Qaida hatte ihre Strategie darauf ausgerichtet, sich auf die pakistanische Stammesregion zu konzentrieren und die Region mit ihrer Ideologie zu unterwandern. Sie hatte nur einige kleinere Operationen in Pakistan durchgeführt, in der Hoffnung, dadurch die Unterstützung Pakistans für die US-Aktionen in Afghanistan zu neutralisieren; eine größere Front wollten sie in Pakistan nicht eröffnen.

*Die unterschiedlichen Stammesgebiete im Grenzbereich zwischen Pakistan und Afghanistan wurden in der Zeit der Anglo-Afghanischen Kriege (1839 –1919) von den Briten in „Agencies" (Verwaltungseinheiten) eingeteilt, obwohl es in der Praxis keine britische Verwaltung gab.*

In den Jahren nach 9/11 war General Pervez Musharraf Machthaber in Pakistan. Er war durch einen unblutigen Militärputsch im Jahr 1999 an die Macht gekommen. Am 12. Januar 2002 hielt Musharraf eine wichtige Fernsehansprache an die Nation, in der er erklärte, dass Pakistan keine Organisationen mehr dulden werde, die im Namen der Religion Terrorismus praktizierten. Er verbot die militanten Kaschmir-Gruppen Lashkar-e-Taiba und Jaish-e-Mohammed, die beide eine Rolle bei einem bewaffneten Angriff vor dem indischen Parlamentsgebäude in Neu-Delhi einen Monat zuvor gespielt hatten. Der Anschlag brachte Pakistan und Indien erneut an den Rand eines Krieges, diesmal mit Atomwaffen auf beiden Seiten.

Musharrafs verschärfter Druck auf alle militanten Gruppen machte ihn zur Zielscheibe ihres Zorns. Im Dezember 2003 überlebte er zwei Attentatsversuche in der Garnisonsstadt Rawalpindi. In diese Anschläge waren zwar auch Militärangehörige verwickelt, aber beide Attentate waren anscheinend von al-Qaida geplant worden. Diese Anschläge erfolgten drei Monate nachdem die Nummer 2 von al-Qaida, al-Zawahiri, in einer Tonaufnahme erstmals ausdrücklich zu Anschlägen auf Musharraf wegen dessen Zusammenarbeit mit den Vereinigten Staaten im „War on Terror" aufgerufen hatte.

Al-Qaida hatte Pakistan eigentlich als wesentlichen Bestandteil ihrer strategischen Basis und als Rekrutierungsgebiet für ihre Kämpfer betrachtet, nicht aber als Schauplatz für Terroranschläge. Als jedoch der Druck der USA Pakistan zwang, sich dem Krieg gegen al-Qaida, die Taliban und andere militante Gruppen anzuschließen, war es logisch, dass al-Qaida zu Gegenstrategien, wie etwa einer Terrorkampagne in Pakistan, griff. Diese Strategie sollte eine deutliche Botschaft vermitteln: Wenn die USA in der Lage waren, Pakistan unter Druck zu setzen, dann waren die militanten Gruppen ebenso dazu in der Lage. Mit dieser Strategie gelang es ihnen dann auch, die Unterstützung Pakistans für den von den USA geführten „Krieg gegen den Terror" zu schwächen. (Shahzad, Inside Al-Qaeda and the Taliban, S. 11 f.)

Im März 2004 führten Soldaten der pakistanischen Armee auf Druck der USA die Operation „Kalusha" in der Nähe der Stadt Wanna in Waziristan durch. Die Truppen der Armee und paramilitärische Einheiten des Geheimdienstes, etwa 7.000 Mann, sahen sich schätzungsweise 500 ausländischen Al-Qaida-Kämpfern gegenüber, die sich in mehreren befestigten Siedlungen verschanzt hatten. Die Pakistani hatten geglaubt, dass eine kurze, zielgenaue Operation die Militanten ausschalten würde. Doch anders als bei den Operationen von 2002 und 2003 reagierte al-Qaida dieses Mal. Da die pakistanische Armee nicht mit einer so heftigen Gegenwehr gerechnet hatte, scheiterte die Operation. Die Al-Qaida-Kämpfer lockten die Truppen in Hinterhalte, sodass die pakistanische Armee schließlich einlenkte. Am 24. April 2004 wurde ein Waffenstillstand, das „Shakai-Abkommen", unterzeichnet.

## Eine unbedeutende Organisation?

„Der Krieg gegen al-Qaida ist vorbei: Die einst gefürchtete Organisation ist zu einer Randerscheinung degeneriert, die weitgehend von einer massiven und eigennützigen Anti-Terrorismus-Bürokratie am Leben erhalten wird, die sie in Washington und anderswo mit geschaffen hat." So argumentierte Fayez A. Gerges, Professor für Internationale Beziehungen an der London School of Economics and Political Science, in seinem Buch „The Rise and the Fall of Al-Qaeda". Mit dieser Meinung stand und steht er keineswegs allein da. Einer der prominentesten Vertreter der Ansicht, dass al-Qaida weitgehend aus dem Geschäft sei, war Dr. Marc

Sageman, ehemaliger CIA-Beamter und Soziologe, der eine Studie über dschihadistische Terroristen mit dem Titel „Understanding Terror Networks“ veröffentlicht hatte. Anfang 2008 folgte ein weiteres Buch mit dem Titel „Leaderless Jihad“ (Führerloser Dschihad), in dem er behauptete, dass „führerlose“ Dschihadisten, also Einzeltäter, die keiner formellen Terrorgruppe angehören, die größte Bedrohung für den Westen darstellen. Bruce Hoffman hingegen, Professor an der Washingtoner Universität Georgetown und Autor des Standardwerks „Inside Terrorism“, kritisierte diese Denkweise. Hoffman war auch Mitarbeiter der CIA nach 9/11. Er schrieb in der Zeitschrift „Foreign Affairs“, dass die Ansicht von Gerges und Sageman eine fundamentale Fehleinschätzung der Bedrohung durch al-Qaida sei, und wies darauf hin, dass sich die Terrorgruppe in den Jahren nach Tora Bora in Pakistan neu organisiert habe.

Das Konzept des „Führerlosen Dschihad“ war auch innerhalb von al-Qaida bereits vor dem 11. September 2001 ein Thema gewesen. Abu Musab al-Suri, ein syrischer Intellektueller, der Verbündeter und zugleich interner Kritiker bin Ladens war, hatte im Jahr 2000 ein eigenes Trainingslager in Ostafghanistan eingerichtet, wo er die Grundsätze eines solchen Ansatzes vermittelte, der im Gegensatz zur bestehenden bürokratischen Struktur von al-Qaida stand. Al-Suri war überzeugt, dass die beste Strategie für den Dschihad in Zukunft darin bestehe, sich in kleinen Zellen mit einer flachen Hierarchie zu organisieren. In diesem Sinne erklärte er seinen Schülern, dass keine ihrer Brigaden mehr als zehn Kämpfer umfassen solle. (Peter Bergen, The Longest War, S. 202 f.)

In Europa war ebenfalls aufgefallen, dass es trotz der inspirierenden Persönlichkeit bin Ladens in den Jahren nach 9/11 keine terroristischen Operationen in Europa mit Hinweisen auf al-Qaida gab. Es hatte zwar terroristische Aktionen gegeben, doch bei keiner waren Verbindungen zu al-Qaida nachgewiesen worden. In Europa hatte es vornehmlich Anschläge des Islamischen Staates (IS) gegeben.

Je mehr Zeit nach dem 11. September 2001 verging und je weniger von al-Qaida zu hören war, umso wahrscheinlicher schien es, dass al-Qaida und ihre Anführer, besonders aber Osama bin Laden, weitgehend in der Bedeutungslosigkeit verschwunden waren. Sie seien nicht mehr in der Lage, einen Anschlag auf die USA zu verüben, und anscheinend nur noch fähig, besonders die Amerikaner mit Video- und Tonaufnahmen zu bedrohen, die gelegentlich im Internet auftauchten. Auf einer Pressekonferenz im Jahr 2006 erklärte Präsident Bush: „Wir haben auf jeden Fall gewonnen. Al-Qaida ist auf der Flucht.“ Amerikanische Regierungsbeamte waren nicht die einzigen, die das glaubten. Am fünften Jahrestag von 9/11 veröffentlichte sogar das Magazin „Atlantic“ eine Titelgeschichte mit der schlichten Überschrift „Wir haben gewonnen“. (Peter Bergen, The Longest War, S. 201)

Doch auch damals konnte man wissen, dass diese Schlagzeile die Realität verkannte, denn Osama bin Laden war noch nicht gefunden und schon gar nicht getötet worden. Auch mit Bezug auf al-Qaida schien dieser Nachruf verfrüht. Im Jahr 2001 gab es laut der „Global Terrorism Database“ der University of Maryland 1.908 terroristische Vorfälle weltweit. Im Jahr 2002 waren es 1.332, im Jahr 2003 waren es 1.262 und im Jahr 2004 waren es 1.161. Im Jahr 2005 waren es dann wieder 2.011 und im Jahr 2006 schon 2.757 Anschläge. Man kann den Rückgang der terroristischen Attentate in den Jahren 2002 bis 2004 durchaus mit der Wiederaufbauphase von al-Qaida in Verbindung bringen.

Laut Nelly Lahoud, die in ihrem Buch „The Bin Laden Papers" aus den sogenannten „Abbottabad-Papers" zitiert, hatte Osama bin Laden nach dem Rückzug aus Afghanistan für drei Jahre keine Befehlsgewalt über al-Qaida, also von 2001 bis 2004. Geführt wurde al-Qaida in jener Zeit von den verbliebenen Führungskräften aus der zweiten Reihe, die trotz des Ausweichens nach Pakistan auch weiterhin Terroranschläge verüben ließen.

Zwar war bin Laden isoliert, doch gelang es ihm, mit Tonaufnahmen, die an den Nachrichtensender Al Jazeera geliefert wurden, oder mit Briefen, die im Web veröffentlicht wurden, sich an die Öffentlichkeit zu wenden. Er erklärte auf diesen Wegen, dass die Terroranschläge eine Fortsetzung der Anschläge vom 11. September 2001 seien und von den „eifrigen Söhnen des Islam zur Verteidigung ihrer Religion" verübt würden. (Nelly Lahoud, The Bin Laden Papers, S. 55)

## Die Anschläge von 2002 und 2003

**11. April 2002:** Auf der tunesischen Insel Djerba durchbrach ein Lastwagen die Sicherheitsabsperrungen an der historischen Ghriba-Synagoge und explodierte vor dem Haupteingang. 19 Touristen wurden getötet und mehr als 30 verletzt. Al-Qaida bekannte sich später zu dem Anschlag, der von Khalid Sheikh Mohammed und Saad bin Laden, einem Sohn von Osama bin Laden, organisiert worden sein soll. Es war der erste Anschlag nach 9/11.

**12. Oktober 2002:** Auf der Insel Bali wurden im Touristenviertel von Kuta zwei Bomben zur Explosion gebracht. Bei dem Anschlag kamen 202 Menschen ums Leben, weitere 209 wurden verletzt. Die Verantwortung für den Bombenanschlag übernahm die Jemaah Islamiyah, eine islamistische Gruppe, die enge Verbindungen zu al-Qaida unterhielt, die auch diesen Anschlag finanziert haben soll.

**28. November 2002:** Bei dem Anschlag eines Selbstmordattentäters auf ein Hotel in Mombasa, Kenia, starben 18 jüdische Touristen. Fast gleichzeitig wurden zwei Raketen auf ein gerade gestartetes israelisches Charterflugzeug mit 261 Passagieren abgefeuert, die ihr Ziel aber verfehlten. Der israelische Botschafter macht al-Qaida für die Anschläge verantwortlich.

**16. Mai 2003:** Bei einer Anschlagsserie wurden in Casablanca, Marokko, 45 Menschen getötet. Die an fünf verschiedenen Stellen auf dem Boulevard de Paris gezündeten Bomben richteten sich vornehmlich gegen Einrichtungen von Juden und westlichen Ausländern. Die Selbstmordattentäter gehörten der Gruppe „Salafia Jihadia" an, die Beziehungen zu al-Qaida unterhielt.

**15. und 20. November 2003:** Bei einer Serie von Selbstmordanschlägen in der türkischen Metropole Istanbul töteten die Attentäter 62 Menschen, mehr als 700 wurden verletzt. Ziele der Anschläge waren zwei Synagogen, das britische Konsulat und eine Filiale der britischen Großbank HSCB.

Die Selbstmordanschläge in Istanbul zeigten zweierlei: Wie auch andere aufgeführte Anschläge waren dies keine Anschläge nach dem Prinzip des „Führerlosen Dschihad", und zweitens hatte sich die Taktik von al-Qaida geändert. Diese Anschläge waren die Antwort auf die verstärkten Sicherheitsmaßnahmen bei den vor 9/11 angegriffenen Zielen, nämlich westlichen Botschaften, Kriegsschiffen und Militärbasen. Da diese inzwischen gut geschützt waren, wählte man sogenannte „weiche Ziele", etwa Banken, Verwaltungsgebäude oder Kirchen.

Die Gruppe der Attentäter von Istanbul, die „Front der Vorkämpfer für den islamischen Großen Osten (IBDA-C)", die enge Verbindungen zu al-Qaida unterhielt, hatte ursprünglich einen Anschlag auf die Luftwaffenbasis Incirlik geplant, die auch von der US Air Force genutzt wurde. Da aber die verschärften Sicherheitsmaßnahmen einen Angriff sehr erschwert hätten, wurden stattdessen eine westliche Bank, ein westliches Konsulat und Synagogen in Istanbul ausgewählt. Die Finanzierung soll laut Peter Bergen durch al-Qaida kurz nach 9/11 erfolgt sein. Für den Doppelangriff in Mombasa am 28. November 2002 war sogar bereits 2000 mit der Planung und der Vorbereitung begonnen worden.

## Das Franchise-System al-Qaidas

In den Jahren 2003 und 2004 bildete al-Qaida ihre ersten Franchises – Niederlassungen im Ausland. Obwohl diese Strategie der Verbreitung den Eindruck von Stärke erweckte, wurde mit der Zeit deutlich, dass die Expansion die Macht von al-Qaida nicht wesentlich stärkte und darüber hinaus verheerende Kosten verursachte. Die formale Ausdehnung von al-Qaida nach Saudi-Arabien und in den Irak war in den Augen der Organisation eine „Notwendigkeit" und führte zu riskanten und, wie sich herausstellte, selbstzerstörerischen Entscheidungen. Es zeigte sich, dass der von den USA geführte „War on Terror" und die amerikanische Invasion in Afghanistan 2001 al-Qaida doch sehr schwere Verluste zugefügt hatten. (Barak Mendelsohn, The al-Qaeda Franchise, S. 126)

**Saudi-Arabien:** Dies war das erste Land, in dem al-Qaida eine offizielle Niederlassung einrichtete, mit dem Namen „Al-Qaida auf der Arabischen Halbinsel" (nach der englischen Bezeichnung „Al-Qaeda on the Arabian Peninsula", abgekürzt AQAP). Die Franchise war eine interne Gründung, die sich auf eigene Kämpfer von al-Qaida stützte und von Al-Qaida-Führern geleitet wurde. Osama bin Laden war selbst saudischer Bürger und hatte viele Anhänger im Land. Schon bevor er AQAP gründete, hatte er zwei seiner Anhänger beauftragt, darunter Yusuf al-Uyayri, eine entsprechende Infrastruktur aufzubauen. Nachdem die USA in den Irak einmarschiert waren, soll bin Laden al-Uyayri einen Anschlag befohlen haben. Laut al-Uyayri war die Zelle noch nicht bereit, dennoch folgte er dem Befehl und ließ am 12. Mai 2003, kurz nach dem amerikanischen Einmarsch, Attentate auf drei Wohnanlagen von „Westlern" in Riad verüben. Dabei soll es 39 Tote und 194 Verletzte gegeben haben. Saad bin Laden, ein Sohn bin Ladens, soll in die Anschläge verwickelt gewesen sein.

Diese Anschläge waren das Debüt von AQAP in Saudi-Arabien, doch das Unternehmen begann erst einige Monate später, den Namen AQAP zu nutzen, als es bereits ums Überleben kämpfte. Das saudische Regime reagierte entschlossen auf den Anschlag in Riad; al-Uyayri selbst wurde eines der ersten Opfer und kam knapp drei Wochen nach dem Anschlag ums Leben. Von der Regierung gejagt und von der Öffentlichkeit abgelehnt, wurde AQAP langsam zermürbt und hatte Mühe, Mitglieder zu rekrutieren. Im Jahr 2006 war es dann offensichtlich: Die Kampagne von al-Qaida im Königreich Saudi-Arabien war ein Misserfolg.

**Irak:** Der Rückschlag in Saudi-Arabien hatte zur Zerstörung der Strukturen al-Qaidas geführt, doch der Irak bot der Organisation 2003 zunächst eine Gelegenheit, sich von der Niederlage in Saudi-Arabien zu erholen und sich neu aufzustellen. Gleichzeitig stiegen sowohl der allgemeine Handlungsdruck als auch der spezifische Anspruch, als führende Kraft gegen die USA aufzutreten. Dies führte zu einem Zusammenschluss von al-Qaida und al-Zarqawis Organisation Jama'at al-Tawhid wal-Jihad – was aber noch verheerendere Folgen hatte als die Niederlage in Saudi-Arabien, denn dieser Partner im Irak gab einem sektiererischen Ansatz den Vorzug, was die auf die USA ausgerichtete Strategie von al-Qaida unterminierte. Der Zusammenschluss mit Jama'at al-Tawhid wal-Jihad sollte al-Qaidas Ruf unter sunnitischen Muslimen auf Jahre hinaus schädigen. Zudem nutzte die Gruppierung al-Zarqawis, nachdem sie sich von al-Qaida getrennt hatte, die Lage im Irak und in Syrien, um die Zentrale von al-Qaida herauszufordern. (Barak Mendelsohn, The al-Qaeda Franchise, S. 126)

Der amerikanische „War on Terror" hatte al-Qaida veranlasst, ihr erstes Franchise im Zentrum des Nahen Ostens zu gründen, da es keine anderen Wachstumsmöglichkeiten gab. Doch in den folgenden Jahren dehnte sich die Gruppe in mehrere neue Gebiete aus: Sie erreichte das Horn von Afrika, den Maghreb und den indischen Subkontinent und gab trotz ihrer Misserfolge in Saudi-Arabien und im Irak ihre Bemühungen nicht auf, sich in der Levante und auf der arabischen Halbinsel zu etablieren.

**Ägypten:** Dass al-Qaida ein Franchise in diesem Land hatte, wurde erst am 5. August 2006 bekannt gegeben. Der stellvertretende Al-Qaida-Führer al-Zawahiri verkündete, dass eine Fraktion der al-Gama'a al-Islamiyya der Al-Qaida-Ableger in Ägypten, bzw. im Sinai geworden sei. Der Name: „Al-Qaida auf der Sinai-Halbinsel" (Al-Qaeda in the Sinai Peninsula, AQSP). Ein Führer der al-Gama'a al-Islamiyya namens Muhammad al-Hukaymah bestätigte dies in einer Videoaufnahme. Er räumte allerdings ein, dass Mitglieder der al-Gama'a von dem militanten Kurs, den er verfolgte, „abgewichen" seien, und einige Al-Gama'a-Vertreter bestritten sogar, dass sie sich mit dem internationalen Al-Qaida-Netzwerk verbünden würden. Es ist nicht bekannt, wann „Al-Qaida auf der Sinai Halbinsel" mit Operationen begann, aber im August 2011, nach bin Ladens Tod, behauptete eine Gruppe, der Al-Qaida-Flügel auf dem Sinai zu sein.

**Algerien:** Ende des Jahres 2006 schloss sich eine Salafistengruppe, die unter dem französischen Kürzel GSPC („Groupe Salafiste pour la Prédication et le Combat" – Salafistengruppe für Predigt und Kampf) bekannt ist, als viertes Franchise der al-Qaida an. Der Name: „Al-Qaida im Islamischen Maghreb" (Al-Qaeda in the Islamic Maghreb, AQIM). Die Ursprünge der GSPC gehen auf die „Bewaffnete Islamische Gruppe" (GIA) zurück. GIA war eine algerische

Dschihad-Gruppe, die sich aus ehemaligen Kämpfern des Krieges gegen die Sowjets in Afghanistan zusammensetzte und von einer großen Anzahl lokaler Radikaler unterstützt wurde. Während des algerischen Bürgerkrieges in den 1990er-Jahren entwickelte sich die GIA zur dominierenden Oppositionskraft in Algerien.

Der Zusammenschluss von al-Qaida und GSPC wurde von al-Zawahiri während eines Interviews am fünften Jahrestag des 9/11-Anschlages bekannt gegeben. Das bedeutete: al-Qaida machte die Expansion in neue Gebiete zu einem öffentlichen Indikator ihres Erfolges.

Beide Gruppen, al-Qaida und GSPC, hatten schon immer eine gewisse ideologische Affinität gehabt – eine Voraussetzung, um nicht nur zusammenzuarbeiten, sondern sich zusammenzuschließen. Beide Organisationen vertraten eine salafistische Weltanschauung, strebten die Errichtung eines islamischen Staates nach dem Vorbild des vom Propheten und seinen unmittelbaren Nachfolgern gegründeten Staates an und verstanden den Dschihad nicht nur als politische Strategie, sondern auch als religiöses Gebot. Gleichzeitig sympathisierte die GSPC zwar mit dem Ziel einer islamischen Herrschaft in muslimischen Ländern, verfolgte aber in der Praxis eine pragmatischere Agenda. So versuchte sie, das algerische Regime zu stürzen und durch eine Regierung zu ersetzen, die nach islamischem Recht regieren würde. Obwohl Algerien für die USA keine hohe Priorität hatte oder hat, passte das Land dennoch in das Konzept von al-Qaidas „Kampf gegen den fernen Feind". Die anerkannten Einsätze beschränkten sich allerdings auf die Region. (Barak Mendelsohn, The al-Qaeda Franchise, S. 129)

**Jemen:** Dies war das fünfte Land, das ein offizielles Franchise von al-Qaida beherbergte. Es handelte sich dabei um eine interne Gründung, die sich auf jemenetische Al-Qaida-Mitglieder stützte und durch Saudis verstärkt wurde, die den Razzien der saudischen Regierung entkommen waren. Ab Mitte 2007 operierten im Jemen zwei Gruppen: eine unter dem Namen „The al-Qaeda Organization of Jihad in the South of the Arabian Peninsula", eine andere unter dem Namen „The al-Qaeda Organization in the Land of Jemen". 2009 schlossen sich beide Gruppen unter dem Namen „Al-Qaeda in the Arabian Peninsula, AQAP" (Al-Qaida auf der arabischen Halbinsel) zusammen.

Ursprünglich hatte al-Qaida den Jemen als Unterstützungsbasis und Zufluchtsort für den Dschihad in Saudi-Arabien und am Horn von Afrika betrachtet, nicht als eigenständiges Dschihad-Gebiet. Doch im Laufe der Zeit wurde die AQAP zum wichtigsten Zweig von al-Qaida, und da sie im Wesentlichen aus Saudis bestand, sich also aus den eigenen Reihen rekrutierte, wurden sie auch zu ihrer zuverlässigsten Partnerorganisation. Und noch ein anderes Band bestand zwischen al-Qaida und dem Jemen: Es war das Geburtsland von bin Ladens Vater.

Die nach dem Tod bin Ladens am 2. Mai 2011 in Abbottabad gefundenen Unterlagen und Papiere werfen interessante Fragen im Zusammenhang mit AQAP auf. Das Bild, das sich aus den wenigen veröffentlichten Dokumenten ergibt, deutet darauf hin, dass sich bin Laden mit den Angelegenheiten der Niederlassung intensiv beschäftigt hatte. Daher ist es interessant, die Sorge und die Unzufriedenheit bin Ladens zu sehen, die sich in den Dokumenten widerspiegeln, ebenso wie die Diskrepanz zwischen seinen Erwartungen an das jemenitische Franchise und dessen tatsächlichen Handlungen. Selbst nachdem die Vereinigung der jemenitischen und saudischen Elemente von al-Qaida gefordert und verkündet worden waren, hielt bin Laden an seiner Auffassung fest, dass die Hauptaufgabe des Jemen in der Unterstützung anderer Niederlassungen bestehen und der Jemen eine zentrale Rolle in der Gesamtorganisation spielen sollte. Folglich warnte er, dass eine terroristische Eskalation im Jemen die Pläne von al-Qaida durchkreuzen würde und somit kontraproduktiv wäre. Von seinem Versteck aus verfolgte er die dortigen Entwicklungen und insbesondere die Aktionen der AQAP mit Unmut. Die Konzentration der AQAP auf den Jemen und auf Saudi-Arabien, die Angriffe auf die jemenitischen Streitkräfte und die jemenitische Polizei sowie die Verstrickung der Kämpfer in die erbitterten Konflikte zwischen den jemenitischen Clans hielt er für falsch. (Barak Mendelsohn, The al-Qaeda Franchise, S. 137)

Es besteht kaum ein Zweifel, dass die Niederlassung im Jemen das wichtigste Franchise von al-Qaida war und ist. Im Gegensatz zur Zentrale im pakistanisch-afghanischen Grenzgebiet setzte sie den Kampf gegen die USA fort. Laut Greg Miller von der „Washington Post" sei die CIA der Ansicht, dass der jemenitische Zweig von al-Qaida eine gefährlichere Bedrohung für das amerikanische Homeland sei als die Mutterorganisation, also die Kerngruppe um Osama bin Laden. Die Gruppe im Jemen ermutigte auch Einzelkämpfer, sogenannte „Lone Wolves", zu Operationen im Westen. Dies führte z. B. im Jahr 2009 dazu, dass der Major der US-Armee Nidal Hassan, ein Psychiater, auf einem Stützpunkt der US-Armee in Fort Hood, Texas, 13 Soldaten und Zivilisten tötete und mehr als 30 weitere verletzte. Der wohl bekannteste Anschlag der jemenitischen Zweigstelle erfolgte am 7. Januar 2015 in Paris auf die satirische Wochenzeitung „Charlie Hebdo", bei dem 12 Menschen getötet und 11 verletzt wurden.

**Somalia:** Die Schwäche von „Al-Qaida Zentral" hatte zur Folge, dass ihre Fähigkeit, Niederlassungen im gesamten Nahen Osten zu gründen, stark eingeschränkt war und sie zwang, Partner zu suchen. Damit versuchte die Organisation, sich ein Image des Erfolges und der Stärke zu geben. Doch die meisten dieser Zusammenschlüsse hatten nur geringen Wert und gingen über den symbolischen Aspekt nicht hinaus. Allerdings zeigen die Fälle von Somalia und auch Algerien, dass prominente Dschihad-Gruppen noch lange nach dem 11. September 2001 den „Markennamen" al-Qaida als inspirierend empfanden und bin Laden gern die Treue schworen.

Al-Qaida hatte einige Lehren aus dem irakischen Misserfolg gezogen und war nun bei den Expansionsentscheidungen im Allgemeinen vorsichtiger. Deshalb widersetzte sie sich den Anfragen der somalischen Miliz al-Shabaab bezüglich eines Zusammenschlusses. Erst als diese auf dem Höhepunkt ihrer Macht war, akzeptierte al-Qaida 2010 eine Gefolgschaft, ohne jedoch die Verbindung öffentlich zu machen. Der Tod bin Ladens und der sogenannte „Arabische Frühling" änderten dann die Lage für al-Qaida gänzlich: al-Zawahiri, nun Nachfolger bin Ladens, musste die Relevanz der Organisation erneut beweisen. Er entschied sich für die Expansion, um ein kontinuierliches Wachstum von al-Qaida zu demonstrieren. Da beide Gruppen, al-Qaida und die somalische al-Shabaab, ihren Zenit wohl überschritten hatten, sollte die „Gemeinsamkeit" eine gewisse Stärke symbolisieren. Die Offenlegung der Zusammenarbeit im

Jahr 2012 würde der eigenen Propaganda zusätzlichen Auftrieb verleihen. Ob diese Rechnung aufging, ist zweifelhaft, denn al-Shabaab war mehr auf einen Wechsel in Somalia fixiert und konnte daher kaum etwas für den Kampf gegen den Westen beisteuern.

## Die Rückkehr

Im Jahr 2004 war Osama bin Laden nach seiner fast dreijährigen Abwesenheit bestrebt, den internationalen Terrorismus von al-Qaida wieder aufleben zu lassen. Einer seiner ersten Briefe war an Hamza al-Rabia gerichtet, der bald darauf zum Anführer des internationalen Al-Qaida-Terrorismus ernannt werden sollte. Obwohl bin Laden eine Auflistung der Anschläge erhalten hatte, die während seines „Abtauchens" verübt worden waren, geht aus einem seiner Briefe hervor, dass er nur von den Anschlägen in Mombasa am 28. November 2002 Kenntnis hatte. Von dem Anschlag in Bali, ausgeübt von der Jemaah Islamiyah, hatte er keine Kenntnis, war aber, nachdem er darüber informiert worden war, sehr angetan: Er sah darin ein Potenzial für weitere entsprechende Aktionen in Südostasien. Er empfahl Hamza, sich mit den „Brüdern in Indonesien und Abu Sayyaf auf den Philippinen" in Verbindung zu setzen, um derartige Anschläge in der Region zu verüben. Dabei müsse aber auch die Al-Qaida-Marke geschützt werden.

Aus den Briefen geht hervor, dass bis 2004 die meisten hochrangigen Führer von al-Qaida entweder getötet oder verhaftet worden waren. Der zweite Befehlshaber von al-Qaida, Abu Hafs al-Misri, wurde im November 2001 getötet. Die Leiter der militärischen und operativen Aktivitäten von al-Qaida, Saif al-Adl und Abu Muhammad al-Musri, wurden Ende 2002 im Iran festgenommen. Neben Osama bin Laden war der einzige überlebende ranghohe Führer Ayman al-Zawahiri, dessen Dschihad-Gruppe im Jahr 2000 mit al-Qaida fusioniert hatte. Auch er war in Tora Bora untergetaucht. Im Jahr 2004 waren die verbliebenen Mitarbeiter bin Ladens zweitrangige Anführer. Sie hatten widerwillig Zuflucht in den FATA gesucht, ein Gebiet, das von lokalen Stämmen im Nordwesten Pakistans kontrolliert wird und an Afghanistan grenzt (siehe Landkarte S. 134). Diejenigen, die 2004 mit bin Laden korrespondierten, genossen eindeutig sein Vertrauen, und später im selben Jahr erhob er sie in leitende Positionen, um ihr Ansehen bei al-Qaida zu heben. Einer von ihnen war Tawfiq, der operativer Gesamtleiter von al-Qaida in Afghanistan und Pakistan werden sollte, aber ein Jahr später an Hepatitis verstarb.

Von 2002 bis 2004 konnte al-Qaida den globalen Dschihad nur aus der Ferne beobachten. Doch nachdem bin Laden wieder Kontakt zu seinen Verbündeten aufgenommen hatte, rief er al-Qaida mit einer neuen Gruppe von Anführern wieder ins Leben, um „die Arbeit fortzusetzen, nachdem sie unterbrochen worden war". (Nelly Lahoud, The Bin Laden Papers, S. 77)

## Al-Qaida nach 2004

Ende 2004 war bin Laden wieder der Chef von al-Qaida, doch er war sich der Unzulänglichkeit eines Managements aus der Ferne bewusst. Denn aus seinen Briefen war bekannt, dass er sich bei der Kommunikation mit seinen „Brüdern" in der al-Qaida auf Kuriere verließ, weil er dem Einsatz moderner Technologien misstraute. Zwar kommunizierten bin Ladens Mitarbeiter mit den „Brüdern" mithilfe einer doppelt verschlüsselten Software, doch alles, was bin Ladens persönliche Zustimmung erforderte, wurde mithilfe vertrauenswürdiger Kuriere brieflich abgewickelt. (Nelly Lahoud, The Bin Laden Papers, S. 157)

Nachdem bin Laden Ende 2004 die Zügel wieder in die Hand genommen hatte, bestand seine erste Amtshandlung darin, die „angeschlagenen" Mitarbeiter seiner Organisation schriftlich anzuweisen unterzutauchen. Denn er befürchtete, dass sie von Taliban-Führern mit mutmaßlichen Verbindungen zu pakistanischen Sicherheitskräften verraten werden könnten. Er fügte hinzu, dass dies nur eine vorübergehende Maßnahme sein würde, bis al-Qaida wieder an Dynamik gewonnen hätte.

Bin Laden wollte auch nicht auf eine Präsenz von al-Qaida in Pakistan verzichten. Daher forderte er (den kurz darauf verstorbenen) Tawfiq sowie Hamza al-Rabias, der für den internationalen Terrorismus zuständig war, auf, einige pakistanische Brüder, „die an unser Programm glauben", mit der Gründung einer Niederlassung in Pakistan zu beauftragen. Bin Laden war daran interessiert, dass die pakistanische Zweigstelle Personen rekrutierte, die sowohl innerhalb als auch außerhalb Pakistans terroristische Aktionen durchführen könnten.

## Kritik an al-Qaida

Etwa fünf Jahre nach 9/11 tauchte überraschend eine Welle von Kritik an al-Qaida auf; vor allem die Frage nach der Legitimität der Aktionen von al-Qaida wurde von ehemaligen religiösen Unterstützern bin Ladens aufgeworfen. Die Auswirkungen auf al-Qaida sollten nicht unterschätzt werden, denn die neuen Kritiker von al-Qaida verfügten über eine dschihadistische Legitimation, die ihrer Kritik Nachdruck verlieh.

In einem ausführlichen Interview von 2006 mit der „Asharq Al-Awsat", einer der größten arabischsprachigen Tageszeitungen der Welt, erklärte Abdullah Anas, ein ehemaliger Gefährte bin Ladens im Kampf gegen die Sowjets, dass die Selbstmordanschläge von 2005 in London (siehe Kapitel 8) kriminelle Akte gewesen seien. Das Sprengen von U-Bahn-Zügen und eines Restaurants hätte nur zum Tod unschuldiger Zivilisten geführt, wie etwa in London oder auch anderswo. Dadurch würden die USA keineswegs gezwungen, ihre Politik zu ändern. Die Führung von al-Qaida reagierte darauf nicht.

Ein Jahr später, im September 2007, erfolgte ein weiterer Angriff auf al-Qaida, diesmal aber von einem führenden saudischen Religionslehrer, Scheich Salman al-Auda. In einer Fernsehsendung der MBC-Gruppe, dem „Middle East Broadcasting Center", griff der Scheich bin Laden direkt an: „Mein Bruder Osama, wie viel Blut ist vergossen worden? Wie viele unschuldige Menschen, Kinder, Alte und Frauen, sind getötet worden – im Namen von al-Qaida?" Der Scheich erklärte auch, dass er keine Antwort von bin Laden erwarte; dies sei eigentlich eine Botschaft an seine Anhänger. (Peter Bergen, The Longest War, S. 298)

Weitere Zweifel an al-Qaida wurden in der muslimischen Welt durch Imam al-Sharif – auch bekannt als Dr. Fadl – verbreitet. Er war und ist wohl noch ein einflussreicher Ideologe, der von al-Qaida gehört wurde. In seinem 2007 veröffentlichtem Buch „Rationalisierung des Dschihad", das er in einem Kairoer Gefängnis geschrieben hatte, entzog er der Terror-Organisation seine

Unterstützung. Al-Sharif ist ebenfalls Autor des bereits 1993 erschienenen Werkes „The Basic Principles in Making Preparations for Jihad“ (Die Grundprinzipien der Vorbereitung auf den Dschihad) und ein Begründer der Doktrin des „taktfir“, die besagt, dass Muslime, die den bewaffneten Dschihad nicht unterstützen, „Kuffars“ seien, also Ungläubige, und entsprechend behandelt werden könnten.

Es war denn auch eine unangenehme Überraschung für die Führung von al-Qaida, als das neue Buch von Dr. Fadl im November 2007 in einer unabhängigen ägyptischen Zeitung fortlaufend veröffentlicht wurde. Der Autor kam darin zu dem Schluss, dass die Bomben von al-Qaida in muslimischen Ländern illegitim seien und dass Terrorismus gegen Zivilisten in westlichen Ländern falsch sei. (Peter Bergen, The Longest War, S. 299)

Im August 2004 hatte al-Zawahiri, der zweite Mann nach bin Laden, den Zusammenschluss von al-Qaida und der ägyptischen „al-Gama'a al-Islamiyya“ bekannt gegeben. Von 1992 bis 1998 hatte die Gruppe die ägyptische Regierung bekämpft, wobei fast 800 Personen getötet worden waren. Der großartig verkündete Zusammenschluss erwies sich dann aber als eine „one-man show“, und zwar mit Muhammad Khalil al-Hakayma, einem Gründungsmitglied von al-Gama'a. Im Jahr 2008 hatte Muhammad einen längeren Brief an Zawahiri geschrieben, der in Nelly Lahouds „Bin Laden Papers“ wiedergegeben ist.

In dem Schreiben wird ausführlich dargelegt, wie die ägyptischen Behörden die fortlaufende Veröffentlichung des Buches von Dr. Fadl, Zawahiris einstigem Mentor, im Jahr 2007 steuerten. In der Abhandlung, die er, wie erwähnt, aus seiner Gefängniszelle in Ägypten geschrieben hatte, prangerte Dr. Fadl die Anschläge vom 11. September an und beschuldigte seinen ehemaligen Schützling Zawahiri und bin Laden, „den Tod von Tausenden von Muslimen verursacht zu haben“, weil die Anschläge den Vereinigten Staaten einen Vorwand für die Invasion Afghanistans und des Iraks lieferten. Obwohl es geheißen hatte, dass die Abhandlung von Dr. Fadl von anderen Dschihad-Führern im Gefängnis gebilligt wurden, berichtet Mohammad in seinem Brief, dass die meisten von ihnen sie nicht einmal gelesen hatten. Sie waren offenbar wütend auf Dr. Fadl und weigerten sich, mit ihm zu sprechen und behandelten ihn „wie einen Hund“. (Nelly Lahoud, The Bin Laden Papers, S. 168 f.)

## Probleme in Pakistan

Im November 2014 schrieb Steve Coll, zweimaliger Pulitzerpreisträger und Autor von „Ghost Wars“ und „Directorat S.“, in der Zeitschrift „The New Yorker“ in dem Artikel „The Unblinking Star“ über Pakistans ehemaligen Präsidenten Pervez Musharraf. Im Jahr 2002 erlaubte Musharraf der CIA, Drohnen über dem Gebiet der FATA einzusetzen; dafür erhielt er von der Bush-Regierung Präzisionswaffen und Nachtsichtgeräte. Dieses Arrangement erlaubte es der CIA, militante Al-Qaida-Kämpfer in dem Gebiet aufzuspüren, und unterstützte damit auch Pakistan in seinem Krieg gegen die lokalen Kämpfer in den FATA. Insgesamt führte Pakistan in den Jahren von 2001 bis 2010 mindestens fünf große Militäroperationen in dem Gebiet der FATA durch. (Nelly Lahoud, The Bin Laden Papers, S. 105)

Die FATA war keineswegs eine sichere Zone für al-Qaida, sondern eher eine Hochburg für einheimische und ausländische Kämpfer, die sich gegen den pakistanischen Staat gestellt hatten. Nach der Schlacht von Tora Bora begann die pakistanische Armee im Jahr 2002 auf Druck der US-Regierung mit der Stationierung von Truppen in dem Gebiet. Vor allem die Pakistanische Muslimliga stand diesen Truppeneinsätzen in der FATA-Region kritisch gegenüber.

Einheiten des XI. Korps drangen zum ersten Mal seit der Unabhängigkeit Pakistans im Jahr 1947 in das Tirah-Tal in der Khyber Agency vor (siehe Karte S. 134). Später drangen auch Truppen in das Shawal-Tal in North Waziristan ein und rückten auch nach South Waziristan vor. Im Jahr 2003 richtete die Special Service Group der pakistanischen Navy dort einen Aufklärungsstützpunkt ein. In jenem Jahr wurden die Probleme dann größer, als die Stämme begannen, den Einsatz des Militärs und die wiederholten Flüge der Luftwaffe in der Region als einen Akt der Kontrolle und Unterwerfung zu betrachten. Verschiedene regionale militante Gruppierungen, die sich 2007 zur Gruppe „Tehrik-e Taliban Pakistan“ (TTP) zusammenschlossen, begannen mit Terroranschlägen in verschiedenen pakistanischen Provinzen.

## Operation „Black Thunderstorm“

Man sprach von einer besorgniserregenden Entwicklung in Pakistan, als Barack Obama im Januar 2009 sein Amt antrat. Es war die „Talibanisierung“ der Provinz Swat, einer nördlichen Region mit Seen und Bergen, die eine der wichtigsten Touristenattraktionen des Landes gewesen war. Im Februar 2009, nach der ersten Schlacht von Swat, schloss die Regierung ein Abkommen mit den Taliban, das es den selbsternannten Religionskriegern erlaubte, den Bewohnern der Region ihre Version der Scharia aufzuzwingen.

Wie schon bei anderen Friedensabkommen nahmen die Taliban das Abkommen zum Anlass, in neue Gebiete vorzudringen, diesmal in den benachbarten Bezirk Buner, nur 100 Kilometer von Islamabad entfernt. Im Mai 2009 begann dann der zweite Krieg, die Operation „Black Thunderstorm“ (Schwarzes Gewitter), mit dem Ziel der pakistanischen Regierung, die Provinzen Buner, Lower Dir, Swat und Shangla wieder unter ihre Kontrolle zu bringen. Nach mehreren Monaten der Bombardierung der Taliban-Stellungen endete am 14. Juni 2009 die Operation erfolgreich. Diese Operation, bei der 30.000 Soldaten eingesetzt wurden, fanden bei mindestens der Hälfte der pakistanischen Öffentlichkeit Unterstützung, da sie sie nicht als ausschließlich von den Interessen der USA geleitet ansah, wie dies bei früheren Operationen gegen die Taliban allgemein der Fall gewesen war.

Die Gewalt der Dschihadisten hatte exponentiell zugenommen, die Anschläge der Aufständischen waren ab 2005 um fast 800 Prozent gestiegen, und die Selbstmordattentate hatten sich verzwanzigfacht. So gelang es Selbstmordattentätern beispielsweise am 4. April 2009, innerhalb von 24 Stunden an drei Orten in Pakistan zuzuschlagen. Es gab zwar keinen einzelnen „9/11-Moment“, aber mehrere Ereignisse zusammengenommen lösten in der pakistanischen Bevölkerung Abscheu und Angst aus: die Ermordung der bedeutenden Politikerin Benazir Bhutto durch die Taliban im Jahr 2007, ein Bombenanschlag von al-Qaida auf das Marriott-

Hotel in der Hauptstadt Islamabad 2008 und ein 24-Stunden-Angriff auf das Hauptquartier der pakistanischen Armee am 10. Oktober 2009, der wiederum auf das Konto der Taliban ging.

Präsident Obama schränkte das Drohnenprogramm, das er von Präsident George W. Bush übernommen hatte, keineswegs ein, im Gegenteil: Er erhöhte die Zahl der US-Drohnenangriffe in den pakistanischen Stammesgebieten drastisch und nahm dabei nicht nur al-Qaida, sondern auch die Taliban ins Visier. Allein im Jahr 2009 gab es unter Obama 51 amerikanische Drohnenangriffe in Pakistan, während es in den gesamten acht Jahren der Bush-Regierung 45 gewesen waren. (Peter Bergen, The Longest War, S.331 f.)

## Der Drohnenkrieg

In seinem Buch „Obama's Wars", das 2010 veröffentlicht wurde, schreibt Bob Woodward, dass die CIA im Jahr 2008 ihre Predator-Drohnenangriffe auf Al-Qaida-Führer und bestimmte Lager verstärkt habe. Aus den Briefen, die nach bin Ladens Tod in Abbottabad gefunden worden waren, wurde ersichtlich, dass al-Qaida in der FATA unter starkem Druck war. Die Drohnen kreisten ständig über North Waziristan, um al-Qaida zu überwachen. Bin Laden war beunruhigt über die Daten, die die Amerikaner mithilfe von Drohneneinsätzen seit 2004 gesammelt hatten. Er warnte: Wenn einzelne Personen sowohl mit dem Auto als auch zu Fuß ein und dasselbe Haus aufsuchen, so sei dies verräterisch, „denn die Amerikaner sind in der Lage zu erkennen, dass Männer ein bestimmtes Haus häufiger als gewöhnlich betreten." Er gab den Ratschlag, für längere Zeit unterzutauchen und für Essenslieferungen zu sorgen.

Ausschnitte aus Woodwards Buch wurden in einem Brief an bin Laden zitiert. Alarmierend war die Information für bin Laden, dass die CIA rund 150 Ausbildungscamps der Taliban in der FATA lokalisiert hatte. Besonders beunruhigt war bin Laden über die berichtete Beziehung des pakistanischen Geheimdienstes ISI zu dem afghanischen Netzwerk Haqqanis, das bisher als vertrauenswürdiger Partner al-Qaidas angesehen worden war – Osama bin Laden war einst von den Haqqanis für den Kampf gegen die Sowjets ausgebildet worden.

Nachdem bin Laden dies gelesen hatte, beschloss er, die FATA aufzugeben. Er schlug seinen Kämpfern vor, das Gebiet zu verlassen und in den Städten unterzutauchen. Doch seine Männer lehnten eine Umsiedlung ab: Die Städte seien auch nicht sicherer und sie seien mit ihren Familien zu auffällig.

Der Drohnenkrieg war die amerikanische Antwort auf al-Qaidas 9/11-Anschlag; er schränkte die Möglichkeiten der Terror-Organisation, international tätig zu sein, enorm ein. Osama bin Laden hatte al-Qaida nach seiner Rückkehr zwar wieder aufgebaut, doch außerhalb des Af-Pak-Gebietes, der Grenzregion zwischen Afghanistan und Pakistan, konnte von einer Reaktivierung nicht die Rede sein. Ende 2009 beklagte sich bin Laden in einem Brief über die Unmöglichkeit, neue Operationen durchzuführen.

Die Drohnen waren auch eine ideologische Herausforderung für die Dschihadisten: Wie konnte ein Kämpfer die Verpflichtung zum Kampf mit der Notwendigkeit vereinbaren, sich zu verstecken? Al-Qaida-Kämpfer sahen sich einem unbemannten Feind gegenüber, der sie vom

Himmel aus beobachtete, sie fern vom Schlachtfeld verfolgte und ihre täglichen Bewegungen aufzeichnete. War ein Ziel identifiziert, folgte eine Rakete, die nur selten ebendieses Ziel verfehlte. (Nelly Lahoud, The Bin Laden Papers, S. 105–122)

## Eine neue Strategie

Osama bin Laden hatte Zeit genug gehabt, um über die Zukunft al-Qaidas und des weltweiten Dschihads nachzudenken. Er war zu dem Schluss gekommen, das al-Qaida im Niedergang begriffen war und dass die Gefahr bestand, als Organisation unterzugehen. Seine neue Strategie war von der Doktrin des „Gleichgewichts der Kräfte“ zwischen Staaten inspiriert, doch als nichtstaatlicher Akteur fehlte al-Qaida politische Macht. Immerhin hatte er die Bedeutung des „Gleichgewichts“ zwischen Dschihadisten und ihren Feinden erkannt. Er wollte ein Gleichgewicht des Terrors schaffen: al-Qaida auf der einen Seite, das Weiße Haus, der Kongress und das Pentagon auf der andere. So wollte er die USA unter Druck setzen. Dieses Ziel wäre erreicht, wenn al-Qaida das amerikanische Volk beeinflussen könnte, indem groß angelegte Operationen innerhalb der USA durchgeführt und die Amerikaner ihrer Sicherheit beraubt würden.

Ayman al-Zawahiri, bin Ladens Stellvertreter, stellte die neue Strategie unverblümt in Frage. Natürlich sei er ebenfalls der Meinung, dass der internationale Terrorismus wichtig und nützlich sei, aber er könne nicht verstehen, warum es für al-Qaida notwendig sei, sich ausschließlich auf Amerika zu konzentrieren. „Es stimmt, dass ein Angriff innerhalb Amerikas und Europas einen erheblichen psychologischen Effekt hätte, aber bedenke, dass Russland in Afghanistan, einem armen und elenden Land, besiegt wurde, ohne dass die Afghanen innerhalb Russlands zuschlugen. Frankreich wurde in Algerien besiegt, ohne dass die Algerier innerhalb Frankreichs militärisch operierten, und Amerika wurde in Vietnam besiegt, ohne dass die Vietnamesen innerhalb Amerikas angriffen.“ So weit ein Ausschnitt aus Zawahiris Brief an bin Laden, den er darin auch noch erinnerte, dass sie beide in ihren Reden immer wieder die Bedeutung des Kampfes in Afghanistan oder im Irak betont hätten. Eine Antwort von bin Laden scheint es nicht gegeben zu haben. (Nelly Lahoud, The Bin Laden Papers, S. 132)

## Top Secret

Vor der US-Operation „Neptuns Speer“ am 1. Mai 2011 in Abbottabad, die das Ziel hatte, bin Laden gefangen zu nehmen oder zu töten, war kaum etwas über Younis al-Mauritani bekannt gewesen. In einem Brief wurde er als Multitalent gefeiert, er sei beeindruckend und könne in vielen Bereichen eingesetzt werden. Er kam von al-Qaida im islamischen Maghreb, die von Khaled Abu al-Abbas geführt wurde, der als Mokhtar Belmokhtar bekannt war oder auch als „der Einäugige“, weil er in Afghanistan ein Auge verloren hatte. Younis sollte im Auftrag von Belmokhtar die Beziehungen zu al-Qaida Zentral verbessern, was allerdings für die Führung al-Qaidas kaum von Interesse war. Trotzdem kehrte Younis zunächst nicht nach Nordafrika zurück,sondern wurde Mitglied des Führungskreises, da er wohl Osama bin Laden beeindruckt hatte. Bin Laden sah in Younis nicht nur einen engagierten Dschihadisten, sondern auch einen strategischen und kritischen Denker, der mit ihm die Ansicht teilte, dass Extremismus unter

Dschihadisten eine Belastung für den „wahren“ Dschihadismus sei. Deshalb forderte Younis die Führungsspitze von al-Qaida auf, öffentlich davor zu warnen.

## Geplante Anschläge auf Öltanker

Ab 2010 war bin Laden davon überzeugt, dass Anschläge auf See wohl größere und auch umfassendere Auswirkungen hätten als der 11. September 2001. Vermutlich kam er auf diesen Gedanken durch das Unglück auf der Bohr-Plattform „Deepwater Horizon“ im April 2010 im Golf von Mexiko, bei dem deutlich wurde, wie stark die USA von Öl-Importen abhängig waren. Also könnten die USA mit Anschlägen auf See entscheidend getroffen werden, was sie letztendlich zwingen würde, ihre Streitkräfte aus den muslimischen Staaten abzuziehen. Younis lobte bin Ladens Idee und ergänzte, dass es einen maritimen Dschihad, das heißt Expeditionen auf See, seit dem Ende des Osmanischen Reiches 1923 nicht mehr gegeben habe. Eine Erneuerung dieser Form von Dschihad sei sicherlich ein richtiger Weg, um Allah näherzukommen. Younis war zwar leidenschaftlich in seinem Eifer, doch er wollte sich nicht unvorbereitet auf dieses Thema stürzen. Er wollte das Meer, diese gewaltige Macht, so lange studieren, wie es nötig sei, und erst dann die richtigen Mitarbeiter aussuchen. Vermutlich zu diesem Zweck reiste er nach North Waziristan. Dort fand er sechs bis acht Kämpfer, die für solche Einsätze geeignet schienen.

Al-Qaida hatte sich neun Jahre lang in einem Dämmerzustand befunden, und Younis' Enthusiasmus, die Arbeit wieder aufzunehmen, war genau die Art von Wiederbelebung, die bin Laden anstrebte. Nachdem bin Laden Younis seine „Gleichgewichts“-Strategie gegen die USA erklärt hatte, fügte er erklärend hinzu: „Eine der wichtigsten Aufgaben, die unsere Organisation erfüllen könnte, wäre die Durchführung von Operationen, die sich direkt auf die Sicherheit und die Wirtschaft des gesamten amerikanischen Volkes auswirken würden. Deshalb wären terroristische Operationen innerhalb Amerikas sowie auch solche, die auf Erdöl exportierende Länder abzielen, der schnellste Weg, um das amerikanische Volk direkt zu beeinflussen und um Druck auf seine Politiker auszuüben.“

Da die direkte Kommunikation über operative Details nach der Abreise von Younis eingestellt werden müsste, übermittelte bin Laden einen Brief, der voller Anregungen war: „Unser Plan ist es, eine große Anzahl von Rohöltankern zu versenken, wobei wir die größten Schiffe bevorzugen. Wir wollen dies in mehreren simultanen Angriffen tun [...] Die Anzahl dieser großen Schiffe ist weltweit begrenzt. Anders als Autos können sie nicht so einfach gebaut werden [...] Es ist wichtig, so viele Schiffe wie möglich anzugreifen, unabhängig davon, ob sie Rohöl transportieren oder nicht. Das Hauptziel ist es, sie zu versenken, denn das würde dem Feind große Verluste zufügen und zu einer weltweiten Wirtschaftskrise führen.“

Bin Laden war der Ansicht, dass die Vereinigten Staaten auf die Versenkung der Rohöl-Supertanker bzw. VLCCs (Very Large Crude Carriers) wahrscheinlich unverzüglich reagieren würden, und wollte, dass Younis und sein Team bereit seien für eine Serie von gleichzeitigen Anschlägen, die auf verschiedenen Meeren stattfinden sollten, um den Feind zu überraschen. (Nelly Lahoud, The Bin Laden Papers, S. 133–135)

Im April 2020 gab es weltweit 810 Rohöl-Supertanker. Diese Schiffe sind für den Transport von Erdöl vom Förderort zu den Raffinerien oder weiter zu den Verteilungszentren unverzichtbar. Die Größe der Schiffe hängt von dem Gebiet oder dem Kanal ab, den sie befahren müssen, wobei VLCCs eine Lagerkapazität von etwa 2 Millionen Barrel Rohöl haben, das sind umgerechnet 318 Millionen Liter Öl. Im Jahr 2022 belief sich die Beförderung von Rohöl auf dem Seeweg auf 13,950 Milliarden Barrel (rund 1,86 Milliarden Tonnen). (https://www.statista.com/statistics/468405/global-oil-tanker-fleet-by-type/)

Bin Laden ging davon aus, dass Younis und sein Team genügend VLCCs versenken würden, um den Ölimport der USA um 30 Prozent zu vermindern. Er schlug gleichzeitige Angriffe auf folgende Schiffsrouten vor:

1. Persischer Golf bis zur Straße von Hormuz
2. Pakistan bis zur Küste von Oman
3. Jemen Golf von Aden
4. Somalia bis Südafrika
5. Nigeria und Ghana
6. Libyen und Algerien
7. Venezuela

Pro Route sollte ein Schiff versenkt werden, das sind sieben Schiffe mit jeweils 2 Millionen Barrel Öl, also insgesamt 14 Millionen Barrel Öl (knapp 2,2 Millionen Tonnen). Die USA verbrauchten laut „Statista" im Jahr 2022 rund 19 Millionen Barrel pro Tag (gut 1 Million Tonnen). Im Jahr 2010, als bin Laden diesen Plan entwickelte, war der Verbrauch der USA in vergleichbarer Höhe. Mit der Versenkung von sieben Schiffen würde al-Qaida also noch nicht einmal den Tagesbedarf der USA vernichten, ganz zu schweigen von den angedachten 30 Prozent des gesamten US-Ölimports.

## Das Ende

Bin Laden wollte, dass die Operation zwischen Ende August und Mitte April stattfinden sollten. Außerhalb dieser Monate seien die Wetterbedingungen auf den Meeren zu ungünstig, und stürmische Wellen würde den Einsatz von kleineren Booten verhindern.

Die meisten seiner Direktiven schrieb bin Laden Ende März 2010. Kurze Zeit später gab er eine Summe von umgerechnet rund 200.000 Euro frei, die über die Brüder im Maghreb zur Verfügung gestellt werden sollte, um die Mission von Younis zu finanzieren. Einen Genauen Zeitplan gab es aber nicht für dieses Projekt: „Langsam, aber stetig" war das Motto. Etwa zu der Zeit, als Younis und sein Team bereit waren, North Waziristan zu verlassen, begann der „Arabische Frühling" mit seinen Protesten, die die autokratischen Regime in Tunesien und Ägypten schließlich stürzten.

In seinem letzten Brief mit Datum vom 26. April 2011 machte bin Laden einen Vorschlag, wie weiter vorzugehen sei: Sofern Younis und sein Team an einem sicheren Platz seien, mögen sie so lange warten, bis die Regime im Jemen und in Syrien gefallen seien – die Reisemöglichkeiten seien dann wohl besser.

Fünf Tage später stürmten die US-SEALs das Anwesen von Osama bin Laden in Abbottabad (Khyber Agency) und töteten ihn. Younis konnte aufgrund der in Abbottabad gefundenen Unterlagen im September 2011 in Quetta, Provinz Belutschistan, vom pakistanischen Geheimdienst gefangen genommen und an die Amerikaner überstellt werden. Diese lieferten ihn an sein Heimatland Mauretanien aus, wo er im April 2015 wegen terroristischer Aktivitäten zu 20 Jahren Gefängnis verurteilt wurde.

## Quellen: Al-Qaida nach 9/11

### Bücher


- Atwan, Abdel Bari, The Secret History of al-Qaeda, Berkeley 2006
- Bergen, Peter, The Longest War, The enduring conflict between America and Al-Qaeda, London 2011
- Gerges, Fawaz A., The Rise and Fall of Al-Qaeda, Oxford 2014
- Lahoud, Nelly, The Bin Laden Papers, How the Abbottabad Raid Revealed the Truth about Al-Qaeda, Its Leader and his Family, New Haven 2022
- Mendelsohn, Barak, The al-Qaeda Franchise, The Expansion of al-Qaeda and Its Consequences, Oxford 2016
- Shahzad, Syed Saleem, Inside Al-Qaeda and the Taliban, Beyond Bin Laden and 9/11, London 2011
- Woodward, Bob, Obama's Wars, New York 2010


### Zeitschriften/Studien


- https://www.cfr.org/expert-brief/al-qaedas-resurrection
- https://www.cna.org/reports/2017/DIM-2017-U-016117-2Rev.pdf
- https://www.newyorker.com/magazine/2014/11/24/unblinking-stare
- https://bloomsburypakistan.org/wp-content/uploads/2016/04/Jihadi-fata.pdf?6bfec1&6bfec1
- https://www.statista.com/statistics/468405/global-oil-tanker-fleet-by-type/

# Kapitel 8

## Jagd auf bin Laden

Am 2. Mai 2011 gegen Mitternacht wandte sich Präsident Obama an die Nation und verkündete, dass die USA Osama bin Laden, den Anführer von al-Qaida und Drahtzieher der Terroranschläge vom 11. September 2001, in Abbottabad, Pakistan, getötet hätten.

„Heute haben die Vereinigten Staaten auf meine Anweisung hin eine gezielte Operation gegen eine Anlage in Abbottabad, Pakistan, eingeleitet. Ein kleines Team von Amerikanern hat die Operation mit außerordentlichem Mut und Können durchgeführt. Es wurden keine Amerikaner verletzt. Sie achteten darauf, dass keine Zivilisten zu Schaden kamen. Nach einem Feuergefecht töteten sie Osama bin Laden und nahmen seinen Leichnam in Verwahrung."
(https://obamawhitehouse.archives.gov/blog/2011/05/02/osama-bin-laden-dead)

Die Tötung beendete eine zehnjährige Fahndung, bei der bin Laden seinen Verfolgern wiederholt entkommen war, was die Bush-Regierung und die für die Terrorismusbekämpfung zuständigen Beamten zutiefst frustriert haben muss.

Die Nachricht vom Tod des Anführers von al-Qaida, so die „New York Times", habe die Welt elektrisiert. Auch habe sich vor dem Weißen Haus eine jubelnde Menschenmenge versammelt, die darauf wartete, dass der Präsident die Nachricht bestätigte. Für viele, die in Washington feierten, war die Tötung bin Ladens ein Meilenstein in der Geschichte des Landes. Doch dass die Gefahr, die von diesem Mann für die USA ausging, den Sicherheitskräften der USA bereits seit über 20 Jahren – und nicht erst seit 9/11 – bekannt gewesen war, das wurde in der Öffentlichkeit kaum wahrgenommen.

### Jahrelange Suche

Die Jagd auf Osama bin Laden begann schon Anfang der 1990er-Jahre, als eine Gruppe weiblicher Analysten der CIA, bekannt als „The Sisterhood" (Die Schwesternschaft), die Existenz von al-Qaida und ihres Anführers bin Laden nachgewiesen hatte. Die wichtigsten Mitglieder der Sisterhood, Cindy Storer und Nada Bakos, setzten dann ihre Tätigkeit in einer Einheit des Counterterrorism Center (CTC) der CIA fort, die als „Alec Station" bekannt wurde. Die Aufgabe der Alec Station war es, die Aktivitäten von bin Laden zu verfolgen und ihn auszuschalten.

Die Idee für diese Station – so wurden alle Abteilungen oder Einheiten genannt – war aus Diskussionen innerhalb der Führungsebene der CIA und des Counterterrorism Center entstanden. David Cohen, Leiter der CIA-Direktion für Operationen, wollte nach dem Vorbild der Stations der CIA im Ausland eine virtuelle Station, die in der Nähe von Washington DC angesiedelt und nur einem Thema gewidmet sein würde. In dieser Einheit sollten sämtliche nachrichtendienstlichen Erkenntnisse gebündelt werden. Außer Aufklärung und Analysen sollte sie auch Operationen durchführen.

Cohen hatte Schwierigkeiten, jemanden für die Leitung der Station zu gewinnen. Schließlich rekrutierte er Michael Scheuer, einen Analysten, der die Abteilung für islamischen Extremismus des CTC leitete. Scheuer kannte sich besonders gut in Afghanistan aus und hatte in der letzten Zeit von einer Reihe von Berichten über bin Laden und eine Gruppe, die sich al-Qaida nannte, Kenntnis erhalten. Scheuer schlug vor, dass sich die neue Station nur auf diese eine Person konzentrieren solle. Die Station wurde im Januar 1996 gegründet und unterstand dem CTC. Scheuer baute sie auf und war bis 1999 ihr Leiter. Die Station war interdisziplinär aufgebaut und hatte Mitarbeiter von der CIA, dem FBI, der NSA (National Security Agency) und der DIA (Defense Intelligence Agency). Offiziell hieß sie „Bin Laden Issue Station“ oder „Bin Laden Unit“, doch ihr Code-Name lautete „Alec Station“, nach dem Sohn von Michael Scheuer.

Frauen stellten die Mehrheit der Analysten in der CIA; in der Alec Station waren sogar ausschließlich Frauen tätig. Nach dem 11. September leiteten sie den Aufbau des Counterterrorism Center der CIA und waren an den Verhören und dem Waterboarding von Al-Qaida-Verdächtigen beteiligt. Sie spielten eine entscheidende Rolle bei der ersten Ergreifung eines wichtigen Al-Qaida-Ziels, Abu Zubaydah; sie waren für die Suche nach Abu Musab al-Zarqawi, dem Anführer von al-Qaida im Irak, und seine Tötung zuständig; und sie leiteten die „Black Sites“, die geheimen CIA-Gefängnisse, in denen Terrorverdächtige verhört wurden.

Nada Bakos, die Leiterin des Teams, das Zarqawi tötete, erklärte, ihr Team bestehe zu „drei Vierteln aus Frauen“, und ihre unerbittliche Konzentration auf die Ausschaltung von Zarqawi und anderen Al-Qaida-Führern sei vermutlich die Folge einer weiblichen Sichtweise auf Fragen der Sicherheit. „Wir sind aggressiv, wenn es um den Schutz unserer Kinder geht“, sagte Bakos. „Wir beurteilen die Risiken anders, auf längere Sicht.“ Carol Rollie-Flynn, ehemalige Direktorin des Zentrums für Terrorismusbekämpfung des FBI, ist der Meinung, dass die Stärken dieser Frauen ihr intensives Engagement und ihre enorme Liebe zum Detail seien. (https://www.nbcnews.com/news/world/hunting-osama-bin-laden-was-women's-work-flna2d11594091)

## Alec Station

Schon bald nach ihrer Gründung gewann die Alec Station Erkenntnisse über die enorme Gefahr, die von al-Qaida ausging. Auslöser waren Ereignisse um das „Al Kifah Refugee Center“, eine Wohltätigkeitsorganisation, die in den Vereinigten Staaten tätig war und ihren Sitz in der New Yorker Faruq-Moschee in Brooklyn hatte. Über das Al Kifah Refugee Center lief die Unterstützung der USA für die Mudschaheddin und das „Services Office“ von Osama bin Laden und Abdullah Azzam im pakistanischen Peschawar. Ziel war es, Rekruten für den Kampf gegen die Sowjets in Afghanistan zu gewinnen.

Ein Mitarbeiter des Al Kifah Refugee Center in Brooklyn, Jamal Ahmed al-Fadl, floh im Mai 1996 in eine US-Botschaft in Afrika und gab sich als ehemaliger Mitarbeiter von bin Laden zu erkennen. Er hatte sich al-Qaida 1989 offenbar in Afghanistan angeschlossen, aber inzwischen hatte er 110.000 Dollar von al-Qaida veruntreut und wollte nun überlaufen.

Al-Fadl wurde von dem FBI-Agenten Jack Cloonan, der zur Alec Station abgeordnet worden war, überredet, in die Vereinigten Staaten zurückzukommen. Dort lieferte er ab Ende 1996 unter dem Schutz des FBI wichtige Informationen in Bezug auf die Gründung, die Ausrichtung und die Absichten von al-Qaida. Bin Laden, so erfuhr die CIA jetzt, hatte mehrere terroristische Operationen geplant und plane noch weitere. Eine andere Quelle, die nicht genannt werden durfte, bestätigte dann al-Fadls Behauptungen.

Im Sommer 1998 schrieb Scheuer, dass Alec Station eine außergewöhnliche Menge an Informationen über al-Qaida und ihre Absichten gesammelt habe. Er fuhr dann fort, dass diese Informationen jedoch noch nicht für die Regierung aufbereitet worden seien, da die Analysten befürchteten, als Panikmacher abgestempelt zu werden. Die politischen Entscheidungsträger wussten zwar, dass bin Laden eine gefährliche Person war, die gefasst und vor Gericht gestellt werden sollte; es war aber nicht bekannt, dass al-Qaida eine gut strukturierte, weltweit operierende Organisation war, die sich darauf vorbereitete, Tausende von potenziellen Terroristen auszubilden. In den bekannten Dokumenten hieß es nur „bin Laden und sein Netzwerk“ oder „bin Laden und seine Verbündeten“. (https://archive.org/details/911commissionrep00nati,118)

Das Counterterrorist Center (CTC) der CIA ging Ende 1999 davon aus, dass al-Qaida als Organisation in mehr als 60 Staaten existierte. Die Zahl der Mitglieder, die den Eid auf bin Laden abgelegt hatten, gehe in die Hunderte, und Tausende weitere hätten sich verbündeten Milizen angeschlossen, wie etwa den Taliban, den tschetschenischen Rebellengruppen oder der Gruppe Abu Sayyaf auf den Philippinen. (Steve Coll, Ghost Wars, S. 474)

## Das „TRODPINT“-Team

Bin Laden übersiedelte im Mai 1996 nach Afghanistan, nachdem es mehrere Attentatsversuche auf ihn gegeben und die sudanesische Regierung ihm die Unterstützung entzogen hatte. Michael Scheuer bezeichnete dies zwar als einen Glücksfall, doch die CIA hatte Afghanistan nach dem Ende der Sowjetunion und dem Sturz des nun nicht mehr von den Sowjets finanzierten afghanischen Marionettenregimes praktisch aufgegeben; ab 1991 gab es keine Verbindungen mehr, und nun mussten sie erst wieder mühsam wiederhergestellt werden.

Einer dieser Kontakte war eine Gruppe, die mit bestimmten Stämmen der Paschtunen in Afghanistan verbunden war und ist. Das von der CIA als „TRODPINT“ bezeichnete Team wurde vom CTC mit Waffen, Ausrüstung und Bargeld ausgestattet und ließ sich in der Nähe von Kandahar nieder. Im Herbst 1997 hatte die Alec Station dann einen Plan für „TRODPINT“ ausgearbeitet, um bin Laden gefangen zu nehmen und ihn entweder in den USA oder einem arabischen Land vor Gericht zu stellen. Doch im Frühjahr 1998 wurde der Plan aus Angst vor zivilen Opfern bei einem Festnahmeversuch aufgegeben.

Im August 1998 wurden die US-Botschaften in Nairobi, Kenia, und fast zeitgleich in Daressalam, Tansania, von Selbstmordattentätern der al-Qaida mit LKWs angegriffen (siehe Band I, S. 374–377). Präsident Bill Clinton befahl zwar einen Gegenschlag mit Cruise-Missiles auf die Lager von bin Laden im Sudan und in Afghanistan, doch weitere Maßnahmen folgten nicht.

Zunächst hatte man geglaubt, dass sich die Rolle von bin Laden auf die Finanzierung von militanten Aktivitäten beschränke, doch als immer mehr Informationen eintrafen, wurde das Bild dieses Mannes immer bedrohlicher. „Wir erkannten, dass er ein viel ernsthafterer Akteur war, als wir dachten", erklärte Jack Cloonan, der zuständige FBI-Agent. Eine Reihe von kriegerischen Erklärungen und die Bombenanschläge auf die beiden ostafrikanischen US-Botschaften im Jahr 1998 ließen keinen Zweifel mehr aufkommen. Cloonan und auch Michael Scheuer, der die Bin-Laden-Einheit der CIA leitete, drängten auf mehr Ressourcen und Maßnahmen seitens der Regierung von Bill Clinton, doch sie wurden ignoriert. „Die Leute dachten, wir seien verrückt geworden", sagte Michael Scheuer. (https://www.theguardian.com/world/2011/may/02/osama-bin-laden-long-hunt)

Nur wenige zweifelten an der von bin Laden ausgehenden Bedrohung, aber die Bemühungen kamen wohl zu spät und sie waren unzureichend. Wie 1998 die eher nutzlosen Raketenangriffe auf die Botschaften im Sudan und in Afghanistan nach den Bombenanschlägen gezeigt hatten, fehlten dem politischen und militärischen Establishment der USA wohl weniger die Instrumente, sondern vielmehr das praktische Verständnis, um dieses Problem zu bewältigen.

### Neue Führung – neue Pläne

Am 4. Dezember 1998 schrieb der CIA-Chef George Tenet ein Memo an seine Stellvertreter im CIA-Hauptquartier Langley. „Wir müssen jetzt eine neue Phase in unserem Kampf gegen bin Laden einleiten", sagte er und erklärte dann: „Wir sind im Krieg. Ich möchte, dass dabei keine Ressourcen oder Menschen geschont werden." Es geschah aber nichts danach.

Anfang 1999 wies George Tenet das CTC an, eine grundlegende Überprüfung der operativen Strategie der CIA gegen bin Laden einzuleiten. Im Frühjahr forderte er dann einen neuen, umfassenden Angriffsplan gegen bin Laden und seine Verbündeten. Im Zuge der neuen Strategie entließ Tenet zunächst Michael Scheuer als Leiter der Bin Laden Issue Station (Alec Station); Scheuer verließ noch im selben Jahr die CIA. Tenet ernannte dann Richard Blee, einen Assistenten aus seiner Führungsgruppe, zum Leiter der Alec Station. Tenet ließ dieser Ernennung noch eine weitere folgen: Er machte Cofer Black zum Direktor des gesamten CTC. Black war vier Jahre zuvor Stationschef in Karthum im Sudan gewesen und sollte von al-Qaida getötet werden. Der Anschlag war aber gescheitert.

CIA-Chef Tenet wollte nun, dass alles unter einem „neuen Blickwinkel" betrachtet werde. Dies jedoch war nicht seine Idee, sondern es war die Idee des Nationalen Sicherheitsberaters Richard A. Clarke gewesen, der gegenüber Tenet argumentiert hatte, dass weder Scheuer noch andere hochrangige Mitarbeiter aus der Bin Laden Issue Station die richtigen Leiter einer Kampagne gegen bin Laden seien. Zwar wurde danach eine Reihe von Operationen zur Ergreifung bin Ladens geplant, aber sie wurden immer wieder in letzter Minute abgesagt. (Steve Coll, Ghost Wars, S. 451–456)

Von der im Januar 2001 frisch ins Amt gekommenen Bush-Regierung wurden wieder neue Pläne geschmiedet, die aber ebenfalls nicht umgesetzt wurden. Dann kam der 11. September 2001, der alles änderte.

## Nach 9/11

Nachdem bin Laden im Dezember 2001 während der Schlacht von Tora Bora einer Gefangennahme hatte entgehen können, war sein Verbleib unbekannt. Es kursierten verschiedene Gerüchte über seinen Gesundheitszustand, seinen Aufenthaltsort sowie seine gegenwärtige Stellung bei al-Qaida. In dieser Zeit veröffentlichte er mehrere Video- und Audioaufnahmen.

Erst nach bin Ladens Tod und der Verhaftung seiner Ehefrauen tauchten neue Informationen über seine Aufenthaltsorte auf. Am 11. September 2001, also am Tag der Anschläge, soll sich bin Laden im Al-Qaida-Ausbildungslager Khaldan in der Nähe von Chost aufgehalten haben. Er verließ das Lager noch in der Nacht mit einigen Al-Qaida-Kämpfern, nachdem er seine Frauen und Kinder über die Grenze nach Pakistan geschickt hatte, um sie dort zu verstecken. Am folgenden Morgen kam bin Laden in Kandahar an und lebte vom 12. September 2001 bis zum 6. Oktober 2001 in einem von den Taliban kontrollierten sicheren Haus. Kurz nach Beginn des von den USA geführten Krieges in Afghanistan reiste er von Kandahar nach Kabul, wo er bis zum 12. November 2001 in einem anderen von den Taliban kontrollierten Haus lebte. Er soll dann etwa für fünf Tage nach Dschalalabad gereist sein. Von dort aus fuhr er in die Region Tora Bora, wo er vom 17. November bis zum 12. Dezember 2001 blieb. Es wird angenommen, dass er irgendwann im Januar 2002 die Grenze nach Pakistan überquerte und sich bis April 2002 in verschiedenen gesicherten Unterkünften in den Stammesgebieten Pakistans, den sogenannten „Agencies“ (siehe Karte S. 134), aufhielt.

Nach den Aussagen einer seiner Ehefrauen kam Osama bin Laden erst in der zweiten Jahreshälfte 2002 nach Peschawar, der Hauptstadt der Stammesgebiete. Nach 9/11 war er zum ersten Mal wieder bei seiner Familie, mit der er dann fünf Monate lang in einem sicheren Haus lebte. Im September 2002 brachte er seine Familie in die Berggebiete im Nordwesten Pakistans – nicht in eines der Stammesgebiete, auf die sich die Hauptaufmerksamkeit der USA konzentriert hatte. Zunächst hielten sie sich im Swat-Tal auf, wo sie acht bis neun Monate lang in zwei sicheren Häusern lebten. Im Mai 2003 zogen bin Laden und seine Familie nach Haripur. In dieser kleinen Stadt in der Nähe der pakistanischen Hauptstadt Islamabad wohnten sie zwei Jahre in einem gemieteten Haus. Im Juni 2005 zogen sie alle nach Abbottabad, wo sie ein eigenes Haus hatten bauen lassen. (www.nytimes.com/2012/03/30/world/asia/on-run-bin-laden-had-4-children-and-5-houses-a-wife-says.html?_r=1&hp=&pagewanted=all)

## Lebenszeichen

Nach dem Sturz der Taliban Ende 2001 in der Folge der Operation „Enduring Freedom“ herrschte in den USA die Meinung vor, dass die Gefangennahme von bin Laden für den Krieg gegen den Terrorismus im Endeffekt nicht viel bewirken würde. Auf einer Pressekonferenz am 13. März 2002 marginalisierte Präsident Bush die Wirkung von bin Laden. Auf die Frage, ob die Bedrohung erst dann wirklich beseitigt sei, wenn er tot oder lebendig gefunden werde, antwortete der Präsident: „Nun, wie ich schon sagte, wir haben nicht viel von ihm gehört. Und ich würde nicht unbedingt sagen, dass er sich im Zentrum einer Kommandostruktur befindet. Ich weiß nicht, wo er ist. [...] Und noch einmal, ich mache mir seinetwegen keine großen Sorgen. Ich weiß, dass er auf der Flucht ist. [...] Ich war besorgt über die Tatsache, dass er in Afghanistan das Sagen hatte und für die Taliban das Sagen hatte." (https://georgewbush-whitehouse.archives.gov/news/releases/2002/03/20020313-8.html)

Im Jahr 2005 schloss die CIA-Führung die Alec Station, die speziell für bin Laden zuständige Einheit, die mit der Jagd auf Al-Qaida-Führer betraut worden war, und versetzte ihre Analysten und Offiziere in andere Abteilungen. Die Führung der CIA hatte dies beschlossen, weil sie glaubte, dass al-Qaida nicht mehr die hierarchisch gegliederte Organisation war, als die sie einst erschien. Übrigens: Michael Scheuer, der 1999 als Leiter der Alec Station entlassen worden war, wurde nach dem 11. September 2001 ihr Sonderberater und blieb dies bis 2004. Der Aufenthaltsort bin Ladens wurde in dieser Zeit nicht herausgefunden.

Doch dass bin Laden lebte, wurde am 12. November 2002 um 22.00 Uhr zur Gewissheit. Der Bürochef von Al Jazeera in Pakistan, Ahmad Zaidan, erhielt auf seinem Handy einen Anruf von einer unbekannten Nummer. Der Anrufer erklärte auf Englisch mit pakistanischem Akzent, dass er etwas Interessantes habe. Treffpunkt sei der Melody Market hinter dem Hotel Islamabad. Bei starkem Regen fuhr der Bürochef zum vereinbarten Treffpunkt. Der Markt, der sonst recht belebt war, schien wegen des Wetters und der späten Tageszeit verlassen zu sein. Nachdem Zaidan ausgestiegen war, löste sich eine vermummte Gestalt aus dem Schatten einer Mauer und übergab Zaidan eine Tonbandkassette: „Das ist von Osama bin Laden", waren seine Worte; dann verschwand er wieder in der Dunkelheit. Zaidan stieg in seinen Wagen und steckte die Kassette in den Player. Er hörte sofort, dass bin Laden sprach, und das, was er sagte, war der Beweis, dass er Tora Bora überlebt hatte. Zurück im Büro überspielte Zaidan die Kassette ins Hauptquartier von Al Jazeera nach Katar. Die Schlagzeile ging dann um die Welt: „Bin Laden lebt."

Auf dem Tonband lobte bin Laden eine Reihe von Terroranschlägen, die von seinen Anhängern verübt worden waren, unter anderem auch die Selbstmordattentate auf zwei Nachtclubs auf der indonesischen Insel Bali, bei denen zweihundert meist junge westliche Touristen getötet worden waren. Die Nationale Sicherheitsberaterin Condoleezza Rice rief Präsident Bush in seinem Amtssitz im Weißen Haus an und teilte ihm die schlechte Nachricht mit, dass bin Laden am Leben und wohlauf sei. Doch niemand wusste, wo er war, es gab nur Spekulationen. (Bergen, Peter, Manhunt: From 9/11 to Abbottabad – The Ten-Year Search For Osama Bin Laden, New York 2012, S. 60 f.)

**Predator-Drohnen**

Um Osama bin Laden in Afghanistan aufzuspüren, wurde im Jahr 2000 eine gemeinsame Aktion von CIA und Verteidigungsministerium vereinbart. Unter dem Namen „Afghan Eyes" plante man einen 60-tägigen Testflug von Predator-Drohnen über dem Land. Der erste Testflug fand am 7. September 2000 statt. Der Sicherheitschef des Weißen Hauses, Richard A. Clarke, war von den dabei entstandenen Videoaufnahmen beeindruckt; er hoffte, dass die Drohnen auch eingesetzt werden könnten, um bin Laden mit Marschflugkörpern oder bewaffneten Flugzeugen zu bekämpfen. Charles Allen, der Leiter der CIA-Aufklärungsabteilung, und Cofer Black, der Leiter des CIA-Zentrums für Terrorismusbekämpfung (CTC), teilten Clarkes Enthusiasmus. Die drei Männer sprachen sich für einen sofortigen Testlauf von Aufklärungsflügen aus. Die Alex Station arbeitete 15 Karten und Pläne für die Flüge aus, die knapp 24 Stunden dauern sollten. Zehn der dann folgenden 15 Predator-Einsätze über Afghanistan wurden als erfolgreich bewertet. Bei mindestens zwei Flügen entdeckte eine Predator-Drohne einen großen Mann in weißen Gewändern auf bin Ladens Tarnak Farm nahe Kandahar; die Gestalt wurde später als „wahrscheinlich bin Laden" eingestuft. Im Oktober 2000 verschlechterten sich allerdings die Wetterbedingungen und die Flüge wurden eingestellt. (Steve Coll, Ghost Wars, S. 532 f.)

Die Aufnahme bewaffneter Flüge im Jahr 2001 wurde durch Streitigkeiten über die Bewaffnung der Predator-Drohne verzögert. Eine mit einer „Hellfire"-Panzerabwehrrakete ausgestattete Drohne könnte eingesetzt werden, um bin Laden und andere Al-Qaida-Führer zu töten. Cofer Black und die Alex Station gehörten zu den Befürwortern. Doch es gab rechtliche wie auch technische Probleme. Im Sommer führte die CIA „geheime Kriegsspiele" in Langley durch. Sie wollten testen, wie ihre Befehlskette einen fliegenden Roboter, der mit Raketen auf mutmaßliche Terroristen schießen sollte, sicher beaufsichtigen könne. Eine Reihe von Tests in der Wüste von Nevada mit einer Attrappe von bin Ladens Tarnak Farm brachte gemischte Ergebnisse.

Die Nationale Sicherheitsberaterin Condoleezza Rice kam zu dem Schluss, dass die bewaffnete Predator-Drohne zwar benötigt werde, aber offensichtlich noch nicht bereit sei. Man einigte sich darauf, der CIA zu empfehlen, die Aufklärungsflüge wieder aufzunehmen. Der zunächst zögernde Tenet wies die Agentur daraufhin an, dies zu tun. Die CIA war nun ermächtigt, das System mit Waffen einzusetzen, allerdings nur zu Aufklärungszwecken, da vermutet wurde, dass das Gastland – vermutlich Usbekistan – nicht zustimmen würde.

Nach dem 11. September 2001 erreichten die Predator-Drohnen und -Raketen ihren Einsatzort im Ausland am 16. September 2001. Der erste Einsatz – noch ohne Waffen – wurde am 18. September über Kabul geflogen. Am 7. Oktober wurde die Genehmigung zum Einsatz von Waffen erteilt, und der erste bewaffnete Einsatz wurde noch am selben Tag durchgeführt. (Steve Coll, Ghost Wars, S. 580 f.)

### Erfolglose Einsätze

Zwar hatte Präsident Bush sechs Tage nach den Attentaten vom 11. September eine präsidiale Verfügung unterzeichnet, nach der der Geheimdienst befugt war, den Terroristenführer und seine Vertrauten zu töten. Die seither ständig im afghanisch-pakistanischen Grenzgebiet kreisenden Predator-Drohnen sendeten ihre Bilder live in das Global Response Center im CIA-Hauptquartier Langley. Unter den Flügeln der Drohnen hingen die Hellfire-Raketen, die in Sekunden feuerbereit waren. Doch worauf sollten sie feuern? Sie fanden kein Ziel, und Präsident Bush soll sehr frustriert gewesen sein. Trotz der ganzen fortgeschrittenen Technik wie Satelliten, Drohnen und Abhöranlagen hatten die US-Geheimdienste eigentlich nichts in der Hand.

**Die Bedeutung bin Ladens**

Die saudische Regierung hatte eine Studie in Auftrag gegeben, in der sie zwei Gruppen von Extremisten befragen ließ. Eine Gruppe bestand aus 639 Gefangenen, die vor 2004 verhaftet worden waren. Die zweite Gruppe umfasste 53 Gefangene, die zwischen 2004 und 2006 verurteilt worden waren. Die Teilnehmer beider Gruppen nannten bin Laden ihr wichtigstes Vorbild.

Angesichts der anhaltenden Bedeutung bin Ladens für Dschihadisten auf der ganzen Welt: Was erbrachte die Jagd der Amerikaner auf bin Laden während der Amtszeit der Bush-Regierung? Die kurze Antwort lautet: nichts. Seit der Schlacht von Tora Bora im Winter 2001 hatte die US-Regierung keinen konkreten Hinweis mehr auf den Anführer von al-Qaida. Zwar gab es begründete Vermutungen, dass er sich in der pakistanischen Nordwest-Grenzprovinz an der afghanischen Grenze aufhielt, vielleicht in einem der nördlicheren Gebiete wie Bajaur, Dir oder Chitral, doch handelte es sich dabei nicht um verwertbare Erkenntnisse.

Ein- oder zweimal im Jahr tauchte bin Laden in einem neuen Video oder einer neuen Tonaufnahme auf, verspottete Amerikas Führer und forderte seine Anhänger auf, seinem Weg zu folgen. Sie taten dies mit Bombenanschlägen, wie in London, Madrid oder Bali.

„Es gibt nur sehr wenige Informationen über ihn persönlich", so die Aussage eines Analysten. Es ist die Umschreibung der Tatsache, dass die üblichen Methoden der Informationsbeschaffung bei bin Laden nichts gebracht hatten. Unter den „üblichen Methoden" sind in der Regel das Abhören von Telefongesprächen, das Abfangen von E-Mails sowie der Einsatz von Spionen zu verstehen.

Die Inkompetenz, die die Jagd nach bin Laden bisweilen kennzeichnete, wurde schon einige Zeit nach dem 11. September deutlich. Amerikanische Flugzeuge warfen Tausende von Streichholzschachteln über Südafghanistan ab, in denen eine Belohnung für Informationen über den Anführer von al-Qaida angeboten wurde. Der Text war in Dari, einer gängigen Sprache in Afghanistan, verfasst und besagte, dass diejenigen, die sachdienliche Informationen hätten, eine Telefonnummer in den Vereinigten Staaten anrufen oder eine E-Mail schicken sollten. Doch 98 Prozent der Afghanen hatten keinen Zugang zum Internet, und nur sehr wenige von ihnen hätten es sich leisten können, in den USA anzurufen, wenn sie denn ein Telefon gehabt hätten. (Peter Bergen, The Longest War, S. 336 ff.)

## Ein kurzer Rückblick

Monate nach den Anschlägen wurde der ehemalige US-Admiral John Pointdexter zum Leiter der von ihm mitentwickelten Initiative „Total Information Awareness" (Lückenlose Datensammlung) ernannt, die darauf abzielte, mithilfe von Supercomputern riesige Datenbanken anzulegen, um potenzielle Terroristen zu identifizieren und zu lokalisieren. Die Vergangenheit des Admirals, der den Kongress während der Iran-Contra-Affäre 1985–1987 belogen hatte, war nicht sehr vertrauenerweckend. Genauso wenig wie die beängstigende Orwell'sche Vorstellung, dass die Regierung gewaltige Datenbestände über amerikanische Bürger sammelte.

In diesem Sinne war der Name „Total Information Awareness“ ein fataler Public-Relations-Fehler, der zu einem öffentlichen Aufschrei führte. Pointdexter wurde als „Big Brother des Pentagons“ und Schlimmeres bezeichnet. Der Kongress machte das Konzept in seiner ursprünglichen Form zunichte, indem er untersagte, dass ziellos Informationen über amerikanische Bürger gesammelt würden. Reste des nun viel gezielter einzusetzenden Konzepts wurden in „Terrorism Information Awareness“ (TIA) umbenannt, und Pointdexters Plan hat trotz dieses Misserfolges mehr als nur überlebt. Denn: Eine der großen Leistungen eines Computers ist bekanntermaßen seine Fähigkeit, riesige Datenmengen zu speichern und zu sortieren. Warum also nicht diese Fähigkeit einsetzen, um ein terroristisches Netzwerk aufzuspüren und entsprechende Hinweise zu erkennen, die selbst erfahrene Analytiker als zufällige Ereignisse bewerten würden? Und so wurde das Programm TIA zur Grundlage für den gesamten „War on Terror“ (Krieg gegen den Terrorismus). Mithilfe dieses Programms wurden alle Informationen über al-Qaida und verwandte Gruppen gespeichert, welche die aktiven Militär- und Spionageagenturen des Landes sammelten. Diese Informationen wurden in Daten umgewandelt, aus denen dann Hinweise herausgefiltert werden konnten. (Mark Bowden, The Finish: The Killing of Osama bin Laden, S. 100 ff.)

2003 wurde in Palo Alto, Kalifornien, ein Start-up mit dem Namen Palantir gegründet. Eine der ersten Investitionen bestand in 2 Mio. US-Dollar von In-Q-Tel, einer Risikokapitalgesellschaft der CIA. Nach rund drei Jahren war die Software fertig, mit der die Datenbank von TIA genutzt werden konnte. Der Name der Software war Palantir Government, die heute als Palantir Gotham bekannt ist. Nach der Tötung von bin Laden tauchten in den USA Gerüchte auf, dass ein Start-up namens Palantir geholfen haben soll, Osama bin Laden zu töten.

## Die Kurier-Spuren

1998 war es zu US-Raketenangriffen auf die Lager bin Ladens im Sudan und in Afghanistan gekommen. Bis dahin hatte bin Laden regelmäßig ein Telefon benutzt – nun nicht mehr, und er war entsprechend schwer auffindbar. Er achtete darauf, dass seine Reisen und Aufenthaltsorte kaum nachverfolgbar waren. Ihn mit elektronischen Mitteln aufzuspüren, erwies sich daher für die USA als äußerst schwierig. Bin Laden kommunizierte mit der Al-Qaida-Führung oder auch seinen Kämpfern nur über vertrauenswürdige und erfahrene Kuriere.

Wenn man einen Kurier findet, so die amerikanische Überlegung, werde man auch bin Laden finden. Die Vernehmungsspezialisten auf dem US-Marinestützpunkt Guantanamo Bay wurden deshalb dazu angehalten, inhaftierte Al-Qaida-Verdächtige nach möglichen Kurieren zu befragen. Die Informationen kamen bruchstückhaft, und es dauerte Jahre, so ein US-Beamter, um sie zu bekommen.

## 2002

Die erste entscheidende „Kurier-Spur“ bei der Jagd auf bin Laden wurde zunächst nicht richtig wahrgenommen. Anfang des Jahres 2002 sammelte die CIA verschiedene Informationen über einen Mann namens Ibrahim Saeed Ahmed, einen Al-Qaida-Aktivisten, der als möglicher

Komplize bin Ladens galt. Die Informationen über ihn wurden aber zu den Akten gelegt und tauchten erst im Jahr 2010 wieder auf.

Später im Jahr begann die CIA, unbestätigte Daten über eine Person mit dem Kriegsnamen „Abu Ahmed al-Kuwaiti" zu sammeln. Zur Verwirrung trug die Übersetzung als Scheich Abu Ahmed aus Kuwait bei, zusammen mit anderen Schreibweisen. Das war ein generelles Problem, da die Aktivisten nicht nur unter verschiedenen Namen agierten, sondern die Transkription aus dem Arabischen auch nicht immer eindeutig war. Man vermutete, dass es sich bei ihm um einen Al-Qaida-Aktivisten der mittleren Ebene handelte, der die Transporte von hochrangigen Al-Qaida-Mitgliedern und ihren Familien organisierte und sichere Zufluchtsorte für sie suchte.

Ein Häftling in Guantanamo, Mohamedou Ould Salahi, versicherte, er habe miterlebt, wie ein mittlerer Al-Qaida-Agent namens Abu Ahmed al-Kuwaiti an den Wunden starb, die er sich im Dezember 2001 bei der Schlacht um Tora Bora zugezogen hatte. Dieser Agent, so Salahi, habe die Transporte und die Suche nach sicheren Unterkünften für hochrangige Al-Qaida-Mitglieder organisiert. Diese Spur, die zu al-Kuwaiti führen sollte, schien im Nichts zu enden.

Doch dann ergaben die Verhöre eines Mannes namens Mohammed Ahmed al-Qahtani, der ab Juni 2002 als feindlicher Kämpfer inhaftiert war, dass der Kurier namens Abu Ahmed al-Kuwaiti nicht tot sei, sondern immer noch als Teil des inneren Kreises von al-Qaida operiere. Über den Verbleib oder die wahre Identität dieses Mannes konnte jedoch nichts weiter in Erfahrung gebracht werden.

**2003**

Im Februar wurde der operative Leiter von al-Qaida und mutmaßliche Architekt der Anschläge vom 11. September 2001, Khalid Sheikh Mohammed, in der pakistanischen Hauptstadt Karatschi festgenommen. Bei den Verhören zwischen Oktober und Dezember 2004 leugnete er, einen Kurier namens al-Kuwaiti zu kennen. Kurze Zeit später gab er jedoch zu, dass er ihn kannte. Er sagte allerdings, dass al-Kuwaiti nicht mehr bei al-Qaida aktiv sei.

**2005**

Erst in diesem Jahr wurde die Aussage von Khalid Sheikh Mohammed für wichtig erachtet, als der im Januar des Vorjahres gefangen genommene Al-Qaida-Kämpfer Hassan Ghul berichtete, dass al-Kuwaiti bin Laden und Khalid Sheikh Mohammed sowie auch einer Al-Qaida-Führungsperson namens Abu Faraj al-Libi nahestand. Er wies aber auch darauf hin, dass al-Kuwaiti seit einiger Zeit nicht mehr gesehen worden sei.

**2006**

Am 2. Mai 2005 wurde Abu Faraj al-Libi, der Nachfolger von Khalid Sheikh Mohammed, in der nordpakistanischen Stadt Mardan gefangen genommen. Während seiner Vernehmung im folgenden Jahr erklärte er, niemanden mit dem Namen al-Kuwaiti zu kennen. Da sowohl Khalid Sheikh Mohammed als auch Abu Faraj al-Libi versuchten, die Bedeutung al-Kuwaitis herunterzuspielen, lag der Schluss nahe, dass er tatsächlich zum inneren Kreis bin Ladens gehörte.

### 2007

Abu Ahmed al-Kuwaiti blieb bis zu diesem Jahr ein geheimnisvoller Mann. Der CIA war es allerdings gelungen, über seine familiären Wurzeln in Kuwait seinen richtigen Namen herauszufinden: Ibrahim Saed Ahmed.

### 2008

Ibrahim Saed Ahmeds Telefongespräche und auch die E-Mails zwischen Kuwait und Pakistan wurden nun von der NSA abgehört bzw. abgefangen. Dadurch konnte seine Identität zweifelsfrei bestätigt werden: Ibrahim Saed Ahmed war Abu Ahmed al-Kuwaiti. Er trat auch unter den Pseudonymen Arshad Khan und Ibrahim Ahmad auf.

### 2009

Im Januar zog Barack Obama als 44. US-Präsident ins Weiße Haus ein. Der pakistanische Geheimdienst ISI kooperierte mit der CIA und übermittelte die Handy-Nummer von al-Kuwaiti, die zuletzt in Abbottabad im Netz registriert worden war. Monatelang wurden nun seine Handy-Gespräche abgehört. Er sprach nie darüber, wo er wohnte, und erklärte, dass er noch immer bei denselben Leuten sei wie früher. Selbst Familienangehörige täuschte er über seinen Wohnort.

### 2010

Als Kurier war Abu Ahmed al-Kuwaiti perfekt: Er war Pakistani, aber in Kuwait geboren. Er sprach Arabisch und Paschtu und konnte deshalb sowohl mit al-Qaida als auch mit den pakistanischen Einheimischen kommunizieren. Er konnte in Pakistan offen agieren und mit seinen gefälschten Personalausweisen ein Grundstück kaufen, ein Haus bauen und dieses auch unterhalten. Sein Anwesen beherbergte drei Familien mit bis zu 22 Personen, Männer, Frauen und Kinder. Und dies mehr als sechs Jahre lang.

Nach längerem Abhören der Telefongespräche wurde Abu Ahmed al-Kuwaiti beschattet und im August unerkannt verfolgt, als er von Peschawar nach Abbottabad fuhr und in einem stark gesicherten Anwesen verschwand. Das 2004 errichtete dreistöckige Gebäude lag am Ende eines Feldwegs und befand sich auf einem Grundstück, das achtmal größer war als die der benachbarten Häuser. Es war von einer 3,70 bis 5,50 m hohen, mit Stacheldraht bewehrten Betonmauer umgeben und verfügte über zwei Tore. Der Balkon im 3. Stock des Hauses war mit einer 2,15 m hohen Sichtschutzwand versehen, die einen 1,93 m großen Mann wie bin Laden verbergen konnte. Außerdem war es unmöglich, in das Haus hineinzuschauen: Die Fenster bestanden aus verspiegeltem Glas oder waren mit einem blickdichten Überzug versehen. Das gesamte Anwesen entsprach perfekt der CIA-Vorstellung eines „hochrangigen Zieles".

### Angreifen oder nicht?

Die Operation, in deren Rahmen das Anwesen gestürmt und bin Laden getötet werden sollte, hieß „Neptune Spear" (Neptuns Speer). Doch die Entscheidung, ob man das identifizierte Ziel angreifen sollte oder nicht, zog sich hin: Die CIA-Agenten und -Mitarbeiter waren zwar begeistert, dass ihre jahrelangen Bemühungen endlich belohnt würden, doch auf der politischen Ebene überwog die Vorsicht. Statt den sofortigen Angriff auf das verdächtige Gebäude anzuordnen, reagierte man eher zurückhaltend. Denn alle Optionen waren mit Problemen behaftet. Die drei größten Probleme waren:

1. Es war schwierig festzustellen, ob bin Laden überhaupt anwesend war.
2. Das Gelände befand sich innerhalb der Grenzen eines souveränen Staates, des amerikanischen Verbündeten Pakistan; ein Angriff wäre politisch heikel.
3. Würde das groß angelegte Unternehmen, den meistgesuchten Terroristen der Welt auszuschalten, scheitern, wären die Beteiligten – immerhin alles Top-Teams – blamiert. Eine Katastrophe für die CIA und die politischen Entscheider.

Aus all diesen Gründen wurde Operation „Neptuns Speer" zunächst nicht ausgeführt.

### Überwachung

Im November 2010 begann die CIA mit Unterstützung des US-Ministeriums für Verteidigung und anderer Behörden eine nachrichtendienstliche Erhebung, um die Anwesenheit bin Ladens in seinem Versteck bzw. seine Abwesenheit festzustellen. Die ressourcenintensive und zeitaufwendige Überwachungsoperation diente ausschließlich dem Zweck, Informationen über das Gelände und seine Bewohner in Abbottabad zu sammeln. Dies alles musste unter größter Geheimhaltung geschehen, damit die Operation unbemerkt blieb – falls bin Laden und seine Vertrauten Verdacht schöpften, könnte er sich in eine noch schwieriger aufzufindende „sichere Unterkunft" flüchten.

Die CIA beschäftigte auch ehemalige pakistanische Militärs und ISI-Mitarbeiter als private Sicherheitsdienstleister, um Fotos und detaillierte Informationen über das Anwesen zu erhalten. Diese Bemühungen erreichten zwar nicht das eigentliche Ziel, bin Laden zu identifizieren, doch erwiesen sie sich als genau genug, um viele Erkenntnisse zu gewinnen, die später bei der Planung des Angriffs nützlich sein sollten.

Ende November 2010 konnte bestätigt werden, dass bin Ladens Kurier, Abu Ahmed al-Kuwaiti, und sein Bruder oder Cousin, Abrar Saeed Ahmed, sowie ihre Familien ebenfalls auf dem Anwesen wohnten. CIA-Mitarbeiter mieteten mit pakistanischer Hilfe ein Haus in der Nähe und begannen eine monatelange Überwachung des Anwesens. Die CIA-Teams benutzten die modernsten Teleobjektive, Geräte für Wärme- und Infrarotbilder sowie Hightech-Audioausrüstung zum Abhören. Die National Security Agency (NSA) zeichnete jedes relevante Telefongespräch auf, während die National Geospital-Intelligence Agency (NGA) beauftragt war, detaillierte dreidimensionale Abbildungen von jedem Gebäude zu liefern.

Im Dezember 2010 war die Überwachungsmission so aufwendig geworden, dass die CIA beim Kongress um die Freigabe weiterer Mittel ersuchen musste, um sie fortsetzen zu können. Trotz all dieser Bemühungen scheiterten sämtliche Versuche, bin Laden anhand von Fotos oder Tonaufnahmen zu identifizieren. Auch der Versuch, über einen pakistanischen Arzt an Blutproben der Kinder zu gelangen, hatte keinen Erfolg. Doch obwohl es keine definitive Identifikation gab, wiesen zahlreiche Indizien darauf hin, dass in diesem Anwesen wohl kein anderer als bin Laden selbst lebte. Zwar ging jeden Tag ein Mann von der Größe bin Ladens im Gemüsegarten spazieren, doch ein Sonnensegel verhinderte genaue Fotos.

Die CIA engagierte sogar ein unabhängiges Analyseteam, das alle gesammelten Unterlagen sichtete. Das Ergebnis war, dass kein anderer Kandidat so gut ins Raster passte wie bin Laden. Der Bauplan des Anwesens in Abbottabad war so speziell, dass nur jemand „Besonderes" sich dort verstecken würde, wie etwa bin Laden. Allerdings war das Grundstück nur wenige hundert Meter von einem pakistanischen Militärstützpunkt und der Militärakademie entfernt, sodass die amerikanischen Möglichkeiten hier deutlich limitierter waren als in der Grenzregion. Obwohl Pakistan ein Verbündeter der USA war, wollte es als souveräner Staat natürlich wissen, was auf seinem Territorium geschah, und könnte deshalb Einfluss auf die geplante Operation nehmen. Eine Vorstellung, die den USA gar nicht gefiel.

## Vorschläge und Optionen

Anfang Januar 2011 wurde dann Vizeadmiral McRaven, Befehlshaber des Joint Special Operations Command (JSOC), von der CIA umfassend über die Situation zur Ergreifung bin Ladens informiert. Eine Kommando-Operation wäre laut McRaven recht unkompliziert durchzuführen, wobei er aber auch auf die Risiken einging, die mit einer Landung in Pakistan verbunden seien. Die Landung könnte eine Reaktion des pakistanischen Militärs provozieren.

In Vorbereitung auf den Einsatz beauftragte Vizeadmiral McRaven einen SEAL-Captain der US-Navy sowie sechs weitere JSOC-Offiziere und ein CIA-Team aus Langley, Virginia, mit der Ausarbeitung von Plänen für eine Operation bei gleichzeitiger Benennung der Risiken. Eine pakistanische Beteiligung wurde ausgeschlossen.

Nach eingehender Untersuchung und Bewertung schlug McRaven drei Optionen vor:

1. Einen Präzisionsbombenangriff aus großer Höhe durch B-2-Bomber
2. Einen „Direktschuss" durch mehrere Marschflugkörper
3. Einen Hubschrauberangriff durch US-Kommandotruppen

Wie es hieß, habe die Beraterin Obamas, Valerie Jarrett, den Präsidenten zu überzeugen versucht, keine Kommandoaktion durchzuführen, und auch die Marschflugkörper waren nicht mehr in der engeren Wahl.

Am 11. März 2011 hielt Präsident Obama eine Sitzung des Nationalen Sicherheitsrats (NSC) ab, in der das bisherige Vorgehen von McRaven überprüft wurde. Obama beschloss erneut, auf eine sichere Bestätigung von bin Ladens Anwesenheit zu warten.

Am 22. März 2011, in der nächsten Sitzung des Nationalen Sicherheitsrates, erläuterte McRaven die Grundzüge einer möglichen Kommando-Operation und erklärte, dass er sie erst dann empfehlen könne, wenn er sie gründlichst geprüft habe. Verteidigungsminister Robert Gates äußerte sich skeptisch über einen Hubschrauberangriff und bezeichnete ihn als „zu riskant". Zusätzlich wurden Experten der Air Force beauftragt, Optionen und Konsequenzen einer Bombardierung vorzulegen.

Am 29. März 2011, beim dritten NSC-Treffen, wurde zunächst der Air-Force-Bericht vorgelegt. Da die CIA nicht ausschließen konnte, dass es unter dem Haus einen Bunker gab, wären insgesamt 32 Bomben à 2000 Pounds (900 kg) nötig. Es bliebe dann von dem Anwesen nichts als ein Krater übrig. Ob bin Laden dort gewohnt habe, könne dann auch nicht mehr festgestellt werden. Der erwartete Kollateralschaden wurde mit mehr als einem Dutzend Toten angegeben.

McRaven war ebenfalls anwesend und trug einen ausgearbeiteten Plan vor. Er erklärte dem Präsidenten, dass er absolut zuversichtlich sei, dass seine Männer den Kommando-Angriff durchführen könnten. Zur allgemeinen Überraschung schlug dann noch General Cartwright, stellvertretender Vorsitzender der Joint Chiefs of Staff (Vereinigter Generalstab), einen reduzierten Luftangriff vor: einen gezielten Drohnenangriff auf den Mann im Gemüsegarten, der mit größter Wahrscheinlichkeit bin Laden sei.

Es gab gewisse Hinweise, dass Präsident Obama bereits eine Entscheidung getroffen hatte. McRaven hatte gesagt, dass sein Team in der ersten Maiwoche bereit sein würde, die Operation durchzuführen, wenn der Mond für ein paar Tage über Abbottabad nicht sichtbar somit und die Nächte dunkel sein würden. Niemand sagte etwas, aber dieses Zeitfenster schien eine sehr knappe Frist zu sein. Einen Angriff mit Drohnen konnte McRaven nicht gemeint haben, denn der Mann im Gemüsegarten war dort jeden Tag. Obama wies McRaven an, mit den Vorbereitungen für einen Kampfeinsatz zu beginnen und bereit zu sein, wenn die Nächte dunkel waren. Darüber hinaus wies der Präsident Cartwright an, sich auf einen Drohnenangriff vorzubereiten. Er wollte sich beide Optionen offenhalten, bis er eine endgültige Entscheidung getroffen hätte. (Mark Bowden, The Finish, S. 175)

### Bin Ladens Lage in Abbottabad

Für bin Laden war der April 2011 der sechste Frühling in Abbottabad. Der sogenannte „Arabische Frühling" beschäftigte zwar seine Gedanken, doch sein Tagesablauf folgte immer demselben Rhythmus: Mahlzeiten, sieben Gebete, Lektüre, Gang im Gemüsegarten, regelmäßige Vorträge und Predigten für seine drei Frauen. Den größten Teil des verbleibenden Tages verbrachte er vor dem Fernseher und verfolgte die Nachrichten aus aller Welt. Er fühlte sich ausgegrenzt und war beunruhigt. Seine gegenwärtige Existenz empfand er als eine Art Strafe: „Ich beschwere mich bei Gott über meine Isolation und mein Alleinsein", schrieb er in einem Brief. „Ich mache mir Sorgen, dass die Menschen meiner überdrüssig werden und dass ich ihnen gegenüber alt und abgenutzt erscheine! Aber ich protestiere nur vor Gott." (Mark Bowden, The Finish, S. 177 f.)

Die Rolle von al-Qaida, so erklärte er weiter, sei nun „die Aufgabe der Führung und Beratung, die mit dem Schicksal der Nation verbunden ist". Er argumentierte, dass er und seine Anhänger die richtigen Visionen gehabt hätten, die von Gott inspiriert seien, um die Veränderungen anzuführen. Angesichts von Interpretationen des Arabischen Frühlings, wonach al-Qaida irrelevant sei, führte der Scheich an, dass es seine Bemühungen gewesen seien, die den Weg bereitet hätten. „Das Wichtigste ist jetzt, den Konflikt zwischen den islamischen Gruppierungen zumindest vorübergehend zu beenden, damit sich alle Muslime dieser großen aufsteigenden Bewegung anschließen." (Mark Bowden, The Finish, S. 180 f.)

**Vorbereitungen im April 2011**

Während des gesamten Monats April 2011 probten die ausgewählten SEAL-Teams in einer originalgetreuen Nachbildung des Abbottabad-Geländes in der Harvey Point Defense Testing Activity in North Carolina. Sie probten auch in großer Höhe in Nevada, um die Auswirkungen der Höhe auf die neuen MH-X-Tarnkappenhubschrauber zu testen.

• Am 19. April 2011, während des NSC-Treffens, erteilte der amerikanische Präsident eine vorläufige Genehmigung für den Angriff. McRaven hatte noch die Auflage erhalten, dafür zu sorgen, dass das Team genügend Reserven hatte, um sich notfalls den Weg aus Pakistan freizukämpfen. Er verstärkte deshalb die Mission, indem er Chinook-Hubschrauber und ein Krisenreaktionsteam nach Pakistan verlegte.

• Am 25. April 2011 verließen McRaven und das ausgesuchte Team für die Operation „Neptuns Speer" in einem C-17-Transportflugzeug die US Naval Air Station Oceana in Virginia und flogen nach einem Zwischenstopp in Ramstein zur Bagram Air Base in Afghanistan. Nach Abschluss der letzten Vorbereitungen übersiedelte das Team auf die vorgeschobene Operationsbasis in Dschalalabad in Afghanistan.

• Am 28. April 2011, während einer weiteren NSC-Sitzung, erläuterte Admiral Mullen, Vorsitzender der Joint Chiefs of Staff, dem Präsidenten und den Anwesenden den endgültigen Angriffsplan für die Operation „Neptuns Speer". Der Name ist eine Anspielung auf die Insignien der US Navy SEALs, auf denen Neptuns Dreizack zu sehen ist. Fast alle Anwesenden stimmten dem Plan zu, nur Vize-Präsident Biden und Verteidigungsminister Robert Gates lehnten ihn ab. Gates allerdings revidierte seine Meinung am folgenden Morgen. Gegenüber McRaven, der zugeschaltet worden war, erklärte Obama, dass er seine Entscheidung noch nicht verkünden werde, er brauche noch Zeit. In einem späteren persönlichen Gespräch mit McRaven bestätigte dieser, dass sein Team einsatzbereit sei und der Mondstand einen Angriff begünstige.

• Am Morgen des 29. April 2011 erhielt CIA-Direktor Leon Panetta einen Anruf aus dem Weißen Haus, dass die Operation „Neptuns Speer" gestartet werden solle. Er zeichnete das Gespräch auf und fertigte eine handschriftliche Fassung des Protokolls an:

**MEMO FÜR DAS PROTOKOLL 29 Apr. 2011, 10.35 Uhr**

Erhielt einen Anruf von Tom Donilon, der mitteilte, dass der Präsident eine Entscheidung bezüglich AC1 [Abbottabad Komplex 1] getroffen hat. Die Entscheidung lautet, den Angriff fortzusetzen. Der Zeitpunkt, die operative Entscheidungsfindung und die Kontrolle liegen in den

Händen von Vizeadmiral McRaven. Die Genehmigung wird auf der Grundlage des dem Präsidenten vorgelegten Risikoprofils erteilt. Etwaige zusätzliche Risiken sind dem Präsidenten zur Prüfung vorzulegen. Der Befehl lautet, reinzugehen und bin Laden zu holen, und wenn er nicht da ist, wieder rauszugehen. Diese Anweisungen wurden Vizeadmiral McRaven um ca. 10.45 Uhr übermittelt. Leon Panetta DCIA. (Peter F. Panzeri Jr., Killing Bin Laden, S. 33)

Innerhalb von zehn Minuten, nachdem der Anruf aus dem Weißen Haus gekommen war, erhielt Vize-Admiral McRaven in Dschalalabad den Befehl für den Angriff, für Operation „Neptuns Speer".

## Obamas Entscheidung

Für sein Buch „The Finish" interviewte Mark Bowden Präsident Obama. Er schrieb:

„Der Präsident erzählte mir, dass er sich schon fast entschieden hatte, als er die Sitzung am Donnerstag verließ. Er hatte schon seit Monaten darüber nachgedacht. Die Vorteile eines Überfalls lagen auf der Hand und überwogen seiner Meinung nach das Risiko. Eine Rakete könnte sich verirren, und im Gegensatz zu einem Schuss von einer Drohne bot der Überfall Gewissheit. Wenn bin Laden dort wäre, hätten sie Gewissheit und würden ihn herausholen, tot oder lebendig. Ihn zu töten, ohne es beweisen zu können – schlimmer noch, ohne es überhaupt zu wissen –, würde einen großen Teil des Erfolgs zunichte machen. Hier bot sich die Chance, die große Tragödie vom 11. September zu beenden und al-Qaida einen tödlichen Schlag zu versetzen. Wenn man dann noch Obamas Vertrauen in McRaven und die fast einhellige Unterstützung seiner Berater hinzurechnete, war die Entscheidung klar.

Es gab noch einen weiteren zwingenden Grund für die Entsendung des SEAL-Teams. Wenn dies jahrelang bin Ladens Versteck gewesen war, könnte es eine Fülle wertvoller Informationen enthalten, die es den Vereinigten Staaten ermöglichen würden, al-Qaida weiter zu zerschlagen. [...] Ganz gleich, wie überzeugend eine Erstürmung auch sein mochte, die Risiken für die von ihm befehligten Männer, für das Bündnis mit Pakistan, für den Ruf des US-Militärs und der Geheimdienste und für seine eigene Präsidentschaft waren groß. [...] ‚Es ging darum, noch einmal durchzuatmen und sich zu vergewissern, ob es etwas gibt, woran ich noch nicht gedacht habe', erklärte mir Obama. ‚Gibt es etwas, das wir tun müssen?' Die Frage ließ ihn nicht mehr los, selbst als er in dieser Nacht zu schlafen versuchte. Er war der Meinung, dass längeres Warten nichts bringen würde und vielleicht sogar alles gefährden könnte. Es war unwahrscheinlich, dass sie bessere Informationen erhielten, das war ihm klar gewesen."

Am Freitagmorgen, dem 29. April 2011, am sehr frühen Morgen, noch bevor Verteidigungsminister Robert Gates anrief, um seine Zustimmung zum Angriff doch noch zu geben, hatte Obama seinem Sicherheitsberater Tom Donilon eine E-Mail geschickt mit der Bitte um ein Treffen um 8.00 Uhr im Diplomatic Room. Als Obama dann eintraf, warteten Donilon, der stellvertretende Sicherheitsberater McDonough und Stabschef Bill Daley schon auf ihn. „It's a go", sagte Obama. „Wir machen den Überfall. Bereiten Sie die Einsatz-Direktiven vor." (Mark Bowden, The Finish, S. 206 ff.)

## Die zwei Ziele der Operation

Die Ziele der Operation „Neptuns Speer" waren klar: Das Hauptziel bestand darin, Osama bin Laden gefangen zu nehmen oder zu töten und mit seinem Leichnam zur endgültigen Identifizierung zurückzukehren. Das zweite Ziel bestand darin, alle möglichen Dokumente, elektronischen Daten, Hardware und Materialien für eine nachrichtendienstliche Auswertung zu bergen.

Der Angriffsplan war zwar nur ein „einfacher" Angriff, doch zur Unterstützung der Operation brauchte man doch mehr Luftfahrzeuge als nur die beiden Transporthubschrauber. Das Haupttransportmittel für die Mission, das die SEAL-Angriffsteams beförderte, waren zwei MH-X-Stealth-(Tarnkappen-)hubschrauber.

Die weiteren Maschinen für die „Schnelle Eingreiftruppe", die den Rückzug gegebenenfalls sichern sollten, bestanden aus zwei Hubschraubern des Typs MH-47E Chinook, die mit M134-Miniguns ausgerüstet waren und Treibstoff für den Rückflug der beiden MH-X-Hubschrauber geladen hatten. Diese Hubschrauber sollten etwa 35 Kilometer östlich von Abbottabad in einem sehr dünn besiedelten Gebiet landen. Gesichert wurden sie durch ein Aufklärungsteam.

Eine dritte Unterstützungseinheit bestand aus zwei weiteren MH-47E Chinooks, mit weiteren 25 SEALs an Bord, die als Ersatz bereitstanden: Sie warteten an einem vorbereiteten Aufenthaltsort direkt an der Grenze zu Pakistan.

Mehrere „Search-and-Rescue" Teams (Such- und Rettungsteams) waren mit ihren Flugzeugen entlang der Flugroute stationiert, um im Notfall eingreifen zu können.

Hinzu kam ein fliegender Gefechtsstand vom Typ E-6A Mercury (eine Boeing 707-300) über Afghanistan, über den die Befehlskontrolle und die Kommunikation zwischen allen beteiligten Einheiten ablaufen sollten.

Dieser „fliegende Teil" des Einsatzes, zu dem auch Aufklärungsdrohnen gehörten, sollte von einem AWACS-Flugzeug aus gesichert und geleitet werden. Mehrere Kampfflugzeuge des Typs F/A-18 Super Hornet waren während der Operation in der Luft, um notfalls eingreifen zu können.

Der Hauptangriff sollte von 24 Soldaten der „Red Squadron" SEAL-Team Six durchgeführt werden, unterstützt von einem Dolmetscher und einem Hund. Insgesamt wurden 79 Soldaten des US Special Operations Command eingesetzt, wie auch verschiedene Teams des Geheimdienstes CIA, die auf pakistanischem Gebiet Sicherungsaufgaben übernehmen sollten. CIA-Agenten hatten außerdem die Aufgabe, das Bin-Laden-Anwesen mit einem Laserpointer zu markieren, als Zielhilfe für die Piloten. Aus rechtlichen Gründen – die USA befanden sich ja nicht im Krieg mit Pakistan – wurden die bei der Mission eingesetzten Soldaten vorübergehend der zivilen CIA unterstellt.

Am 29. April 2011 wurde dem Präsidenten mitgeteilt, dass sich die Operation wegen Bodennebels um einen Tag verzögern werde. Die Operation war für eine Zeit mit wenig Mondlicht geplant worden, damit die Hubschrauber im „Konturenflug" in einer Höhe von etwa 12 Metern über dem Boden unbemerkt in Pakistan eindringen konnten. Der Flug von Dschalalabad nach

Abbottabad wurde mit etwa 90 Minuten berechnet; der Angriff sollte um 01.00 Uhr morgens (Ortszeit) erfolgen. Da der Zeitunterschied zwischen Abbottabad und Washington neun Stunden beträgt, wäre es dann 16.00 Uhr in Washington.

## Der Angriff

Während sich die Teams in Dschalalabad auf den Einsatz vorbereiteten, wurde in Washington im Situation Room die Videokonferenzschaltung aufgebaut. CIA-Chef Panetta, der den Einsatz von seinem Konferenzzimmer in Langley (Virginia) aus leitete, würde auf dem großen Bildschirm in Washington auch die Live-Kommentare von Vizeadmiral McRaven übertragen, der sich als Kommandeur vor Ort auf seinem Posten in Dschalalabad befand. Hoch über Abbottabad, viel zu hoch und zu klein, um Aufmerksamkeit zu erregen, befand sich eine RQ-170 Sentinel, eine Tarnkappendrohne mit einem leistungsstarken Objektiv. Über diese Drohne sollte die Live-Videoübertragung des Angriffs gesendet werden.

Da ein langer Abend bevorstand, war neben dem Situation Room ein kleines Buffet mit Sandwiches und Getränken aufgebaut worden. Um 14.30 Uhr kam Präsident Obama vom Golfspielen zurück, im weißen Golfshirt und blauer Windjacke, und gesellte sich zu den Anwesenden.

**Washington, D.C., 1. Mai 2011 (Ortszeit)**

**16.00 Uhr** CIA-Chef Panetta gibt den finalen Einsatzbefehl: „Geht da rein und holt bin Laden; und wenn er nicht da ist, dann haut ab!“ McRaven startet die Operation „Neptuns Speer“.

**Dschalalabad, Afghanistan, 1. Mai 2011 (Ortszeit)**

**23.00 Uhr** Die beiden Stealth-Hubschrauber MH-X1 und MH-X2 heben vom Flugplatz ab. Sie sind verdunkelt und tragen eine genau berechnete Ladung. Jeder SEAL ist mit leichten Waffen und Nachtsichtgeräten ausgerüstet, und jeder hat ein Heft mit Fotos der möglichen Bewohner des Zielortes.

**23.10 Uhr** Die Stealth-Hubschrauber überfliegen eine Reihe zerklüfteter Gipfel und erreichen Pakistan. In Dschalalabad starten nun vier Chinook: Zwei fliegen mit den Ersatzteams zur pakistanischen Grenze und warten auf ihren Einsatzbefehl, während sich die beiden anderen Chinooks mit der „Schnellen Eingreiftruppe“ auf einer anderen Route zu ihrem Zielort nördlich von Abbottabad begeben.

Die beiden Stealth-Hubschrauber tauchen in das Mardan-Tal ein und fliegen nördlich an Peschawar vorbei. Sie fliegen schnell in geringer Höhe, den Geländekonturen folgend.

McRaven saß in einem großen, rechteckigen, fensterlosen Raum mit Sperrholzwänden, umgeben von Beobachtern an ihren Computern. Er blickte auf eine Wand aus Videomonitoren. Ein Monitor sollte das Video des Angriffs zeigen, doch es gab noch nichts zu sehen.

Anhand der Informationen und Bilder, die ihm übermittelt wurden, konnte McRaven genau beurteilen, ob die pakistanische Luftraumüberwachung Verdacht schöpfte. Je mehr Minuten vergingen, desto klarer wurde, dass die Pakistaner nichts taten. Während sich die verdunkelten

Hubschrauber in Richtung Abbottabad flogen, konnten die Beobachter in der nächsten Stunde nichts anderes tun als warten.

Über den großen Bildschirm im Situation Room des Weißen Hauses verkündete CIA-Chef Panetta in unregelmäßigen Abständen Positionsmeldungen der Hubschrauber. Einer der Assistenten des Präsidenten sprach Obama an und meinte, dass es wohl noch eine Weile dauern werde und ob er sich nicht einen angenehmeren Warteplatz suchen wolle? „Nein, vielen Dank, ich bleibe hier und schaue", antwortete Obama. (Mark Bowden, The Finish, S. 217 f.)

**2. Mai 2011**

**00.30 Uhr** Die beiden Chinooks der Schnellen Eingreiftruppe landen in der Nähe des Dorfes Kandar am linken Ufer des Flusses Indus, rund 35 Kilometer westlich von Abbottabad. Dort errichten sie einen vorgeschobenen Betankungspunkt in der Nähe eines Bauernhofes. Nur ein kleines Sicherungsteam verlässt die Hubschrauber, alle anderen bleiben an Bord, da die Chinooks startbereit bleiben sollen.

Der Bauer, auf dessen Feld sie gelandet sind, hält sie für Pakistanis und geht zu den Maschinen. Er wird von den SEALs festgenommen, um die Mission nicht zu gefährden.

**00.45 Uhr** CIA-Agenten verursachen in Abbottabad einen Stromausfall und einen Ausfall des Mobiltelefonnetzes in dem Bereich, in dem sich die pakistanische Militärakademie befindet.

**00.55 Uhr** CIA-Agenten markieren das Bin-Laden-Gebäude mit einem Laserpointer, als die Stealth-Hubschrauber sich von Osten nähern. Das Ziel ist nun eindeutig gekennzeichnet. Die beiden Hubschrauber verlangsamen und gehen in einen Schwebeflug über.

**00.58 Uhr** MH-X2 landet und setzt vier SEALs, den Dolmetscher und den Hund an einer Straßenkreuzung nordöstlich des Grundstücks ab. Während der Hubschrauber wieder abhebt, errichten zwei SEALS und der Dolmetscher eine Straßensperre an der Straßenkreuzung, um alle Personen und jedes Fahrzeug aufzuhalten.

Die beiden anderen SEALs mit dem Hund kontrollieren das Grundstück von außen, um jede Flucht zu verhindern.

**00.57 Uhr** MH-X1 versucht, über dem Grundstück zu schweben, damit die SEALs sich abseilen können. Dabei verursacht der Hubschrauber einen Luftwirbel und verliert an Auftrieb. Bewusst lässt der Pilot den Hubschrauber dann kontrolliert in den Innenhof E (siehe Abb. S. 170) abstürzen, wobei das Heck auf der Südmauer aufschlägt, die Nase auf dem Boden. Niemand wird verletzt. Die SEALs verlassen unverzüglich den Hubschrauber und bewegen sich in Richtung Haupthaus.

**00.58 Uhr** Ein IT-Berater in Abbottabad, der über einen Internetanschluss verfügt, postet auf Twitter, dass dort in der Nacht Hubschrauber flögen – ein sehr seltenes Ereignis.

**00.59 Uhr** Der Pilot von MH-X2 ist von MH-X1 über Funk darüber informiert worden, was geschehen ist, und entscheidet, nördlich des Geländes gegenüber dem Hauptgebäude zu landen. Dort setzt er den Teamführer und sechs SEALs ab.

Die Anwesenden im Situation Room sahen schockiert zu, wie der erste Hubschrauber, anstatt über dem Gelände zu schweben, um das SEAL-Team abzusetzen, ins Schleudern geriet, mit dem Heck auf der Mauer des Anwesens aufschlug und mit der Nase heftig auf dem Boden aufsetzte. In Langley verfolgten hochrangige CIA-Beamte zusammen mit Panetta das Ereignis und gerieten einen Moment in Panik. McRaven hingegen schien nicht sehr beunruhigt oder gar besonders überrascht zu sein. „Herr Direktor, wie Sie sehen können, haben wir einen abgestürzten Hubschrauber im Hof", sagte er zum CIA-Chef Panetta. „Meine Männer sind auf diese Eventualität vorbereitet und beherrschen die Situation."

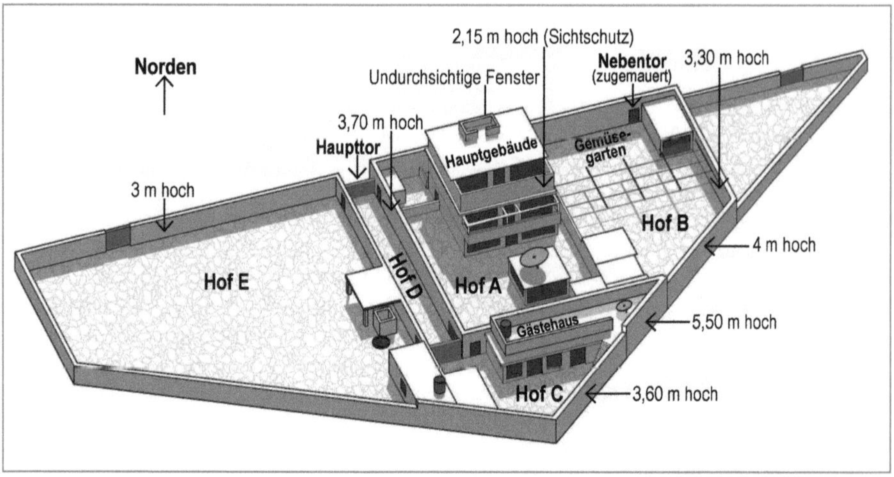


*In dem stark gesicherten Anwesen bin Ladens am Rande der rund 200.000 Einwohner zählenden pakistanischen Stadt Abbottabad hielten sich zur Zeit der Erstürmung durch die SEALs etwa 25 Personen auf – Männer, Frauen und Kinder.*

„Im Weißen Haus war unklar, was vor sich ging. Obamas Gesicht war von Sorge gezeichnet. [...] Er wusste, dass viel auf dem Spiel stand, vor allem für die Männer in dem , aber auch für das Land, für seine Regierung ... und für ihn. Er hatte sich eingeredet, dass er bereit war, ein Scheitern zu akzeptieren, aber es in Echtzeit auf dem Bildschirm mitzuerleben ... Später sollte er sagen, dass dies die längsten Minuten seines Lebens waren. [...] Den Zeugen im Situation Room schien es, als sei der gesamte Angriffsplan schiefgelaufen, doch dann strömten plötzlich SEALs aus den beiden Hubschraubern ins Innere des Anwesens. Der Angriff hatte begonnen." (Mark Bowden, The Finish, S. 226 f.)

**01.02 Uhr** Ein Scharfschütze bezieht auf dem Dach des Schuppens an der Südmauer Position und sichert das Vorgehen der anderen SEALs, die die Tür des Hofes E sprengen und auf das Gästehaus in Hof C vorrücken.

Pilot und Co-Pilot des abgestürzten Hubschraubers zerstören die wichtigsten Instrumente im Inneren der Maschine.

**01.03 Uhr** Das SEAL-Team von MH-X2 versucht, eine Tür im Nordosten der Außenmauer aufzusprengen, doch sie ist zugemauert.

| | |
|---|---|
| **01.04 Uhr** | Die SEALs von MH-X1 überprüfen das Gästehaus am Hof C. Als eine Sprengladung an der Tür angebracht wird, fallen Schüsse aus dem Inneren des Gästehauses. Die SEALs erwidern das Feuer. Dann ist Stille; plötzlich öffnet sich die Tür, eine Frau erscheint und schreit: „Er ist tot. Ihr habt ihn getötet." Im Flur finden die SEALs den Leichnam von bin Ladens Kurier, Ibrahim Saeed Ahmed. Die SEALs durchsuchen das Gästehaus und finden die Kinder des Kuriers. Zusammen mit ihrer Mutter werden sie in einen hinteren Raum gesperrt. |
| **01.05 Uhr** | Die SEALs von MH-X1 öffnen das Haupttor, und die SEALs von MH-X2 betreten das Gelände. In Hof D teilen sie sich auf: Ein Team nutzt den Nordeingang, um ins Haupthaus vorzudringen, das andere Team den Südeingang. |
| **01.06 Uhr** | Über den Südeingang dringen die SEALs in den ersten Stock vor, und es kommt zu einem Schusswechsel mit dem Bruder von Ibrahim Saeed Ahmed. Es ist dunkel im Haus, doch mit ihren Nachtsichtgeräten sind die SEALs im Vorteil. Sie erschießen den Bruder und seine Frau.<br>Am Ende des Flurs versperrt eine Stahltür den Weg. Das Team sprengt die Tür nicht, sondern schließt sich dem Team an, das durch den Nordeingang eingedrungen ist. |
| **01.07 Uhr** | Im nördlichen Treppenhaus brechen sie die Tür zum zweiten und dritten Stock auf. Systematisch wird das zweite Stockwerk im Dunkeln durchsucht. Der SEAL an der Spitze des Teams sieht einen Schatten und hört ein Geräusch im Treppenhaus. Er vermutet, es sei Khalid, der 23-jährige Sohn bin Ladens, und ruft seinen Namen. Jemand schaut um die Ecke, ein Schuss fällt. Khalid ist sofort tot. |
| **01.09 Uhr** | Die SEALs lassen sich Zeit, um das Treppenhaus leise hinaufzusteigen. Mithilfe ihrer Nachtsichtgeräte können sie gut sehen, während für die Bewohner im dritten Stock völlige Dunkelheit herrscht.<br>Die beiden führenden SEALs schleichen weiter das Treppenhaus hinauf in Richtung oberstes Stockwerk. Von den männlichen Erwachsenen, die sie in dem Haus vermuten, ist nur noch bin Laden übrig. Er muss sich im dritten Stock aufhalten.<br>Als sich der Mann an der Spitze der SEALs dem oberen Treppenabsatz nähert, sieht er eine männliche Person, die durch eine Tür in das Schlafzimmer auf der rechten Seite geht. Der SEAL gibt einen Schuss ab, aber die Gestalt zieht sich in den Raum zurück. Was dann geschieht, ist immer noch unklar, denn es gibt unterschiedliche Berichte.<br>Fest steht jedoch, dass bin Laden gegen 01.09 Uhr Ortszeit am 2. Mai 2011 von einem US Navy SEAL erschossen wird. |

Eine Version der Ereignisse besagt, dass der „Mann an der Spitze" auf die Schlafzimmertür zuging, bin Laden sah und schoss, aber verfehlte. Dabei kamen ihm zwei Frauen in der Dunkelheit schreiend aus dem Schlafzimmer entgegen. Ungeachtet der Möglichkeit, dass sie mit Sprengstoffwesten ausgerüstet sein könnten, drängte er beide zur Seite. Unter dem Geschrei der Frauen betrat der zweite SEAL das Zimmer. Er sah, wie bin Laden vor ihm stand und eine Frau festhielt. Die Frau, Amal Ahmed Abdul Fatah, war bin Ladens jüngste Ehefrau. Der Seal hob seine Waffe und feuerte über den Kopf der Frau hinweg zwei Schüsse in bin Ladens Kopf.

Eine andere Version in Mark Owens Buch „No Easy Day", eine Beschreibung der Operation „Neptuns Speer", besagt, dass der Schuss, den der Anführer auf dem Treppenabsatz abfeuerte, bin Laden in den Kopf traf, sodass dieser rückwärts ins Schlafzimmer fiel. Als sie den Raum

betraten, sahen die SEALs zwei Frauen, die über bin Ladens Körper gebeugt waren und weinten. Ein Seal schaffte die Frauen aus dem Weg, während der andere bin Laden wiederholt in die Brust schoss, um sicherzugehen, dass er tot war.
(Die Ereignisse des Kommando-Einsatzes zusammengestellt nach Peter F. Panzeri Jr., Killing Bin Laden, S. 29–37 und 43–53)

## Eine persönliche Ansicht

Der Journalist Mark Bowden wollte für sein Buch „The Finish" einen der beteiligten SEALs interviewen, doch er bekam keine Erlaubnis dafür. Also recherchierte er auf anderen Wegen. Da jeder SEAL wortreich behauptete, der Mann gewesen zu sein, der bin Laden tötete, mussten sich unterschiedliche Versionen ergeben. Unstrittig war, dass die SEALs in zwei Stealth Black Hawks nach Abbottabad gebracht wurden, von denen einer einen geschickt kontrollierten Absturz innerhalb der Mauern des Anwesens durchführen musste. Bei dem Angriff auf das Haus töteten die SEALs die Ahmed-Brüder und eine ihrer Ehefrauen im Erdgeschoss, bevor sie sich nach oben vorarbeiteten, bin Ladens Sohn im zweiten Stock töteten und dann ihr Hauptziel im dritten Stock angriffen. Dann schildert Bowden die Darstellung Mark Owens – dies war das Pseudonym von Matt Bissonnette, einem SEAL, der 2012 seinen Abschied nahm und das erwähnte Buch „No Easy Day" schrieb.

„Owen reihte sich als Zweiter in die Reihe der SEALs ein, die die letzte Treppe hinaufgingen. Er sagt, der Anführer habe auf bin Laden geschossen, als dieser seinen Kopf aus einer Schlafzimmertür steckte, und ihn getroffen. Owen selbst fand bin Laden auf dem Rücken liegend und an einer Kopfwunde sterbend auf dem Boden des Schlafzimmers. Er sagt, er und ein anderer SEAL hätten dann den sogenannten Gnadenschuss abgegeben, indem sie bin Laden mehrere Kugeln in den Rumpf geschossen hätten." Owen war der erste SEAL, der den Einsatz öffentlich beschrieb. Es folgte dann ein anderes Teammitglied, das seine Geschichte Phil Bronstein vom Center of Investigative Reporting erzählte. Diese Version des Einsatzes wurde am 11. Februar 2013 in der Zeitschrift „Esquire" unter dem Titel „The Man Who Killed Osama bin Laden is Screwed" (Der Mann, der Osama bin Laden tötete, ist am Ende) veröffentlicht.

Mark Bowden schreibt weiter: „Diese Esquire-Version stimmt mehr mit der Version überein, die ich ursprünglich gehört habe. Danach ist nicht Owen, sondern ein SEAL, der nur als ‚The Shooter' (der Schütze) bezeichnet wird, der Zweite, der die Treppe heraufkommt. Der erste SEAL feuert auf bin Laden und verfehlt ihn. Dann drängt er zwei Frauen vom Eingang des Schlafzimmers weg in den Flur, weil er befürchtet, dass sie Sprengstoffwesten tragen."

### Ausschnitt aus dem „Esquire"

**Bericht des Shooters**

„Da stand bin Laden. Er hatte seine Hände auf den Schultern einer Frau und schob sie vor sich her, nicht direkt auf mich zu, aber an mir vorbei, in Richtung des Flurs. Es war seine jüngste Frau, Amal. Er sah verwirrt aus. Und viel größer, als ich erwartet hatte. Er hatte eine Kappe auf und schien unverwundet zu sein. Ich kann es nicht hundertprozentig sagen, aber er stand da und bewegte sich. Er hat sie vor sich gehalten. Vielleicht als Schutzschild, ich weiß es nicht.

Für mich war das wie der Schnappschuss einer Zielscheibe – das war er, ganz klar. In unseren Schießständen gibt es Zielscheiben mit seinem Gesicht darauf. Das war ein reiner Reflex. Das ist er, bumm, fertig.

**Von Angesicht zu Angesicht**

In diesem ersten Moment dachte ich, wie dünn er ist, wie groß und wie kurz sein Bart ist, alles auf einmal. Er trug eine dieser weißen Kappen, und er hatte kurzrasiertes Haar. Wie ein Bürstenschnitt. Ich erinnere mich an diese ganze Wahrnehmung. Ich war erstaunt, wie groß er war, größer als wir alle, und das war ungewöhnlich, denn all diese Typen waren immer kleiner, als man denkt.

Ich sehe ihn aus dieser Entfernung an [er hält seine Hand etwa dreißig Zentimeter vor sein Gesicht]. Er hat eine Waffe auf einem Regal liegen, die kurze AK, für die er berühmt ist. Und er bewegt sich nach vorn. Ich weiß nicht, ob sie eine Sprengstoffweste trägt und beide zu Märtyrern machen soll. Er hat eine Waffe in Reichweite. Er ist eine Bedrohung. Ich muss ihm einen Kopfschuss verpassen, damit er keine Chance hat, sich selbst in die Luft zu sprengen.

In dieser Sekunde schoss ich ihm zweimal in die Stirn. Bap! Bap! Das zweite Mal, als er zu Boden ging. Er sackte vor seinem Bett auf den Boden und ich traf ihn erneut, bap! an der gleichen Stelle. Diesmal benutzte ich mein Rotpunkt-Holovisier. Er war tot. Er bewegte sich nicht. Seine Zunge war herausgestreckt. Ich sah zu, wie er seine letzten Atemzüge machte.

Und ich erinnere mich, dass ich, als ich sah, wie er die letzten Atemzüge tat, dachte: Ist das das Beste, was ich je getan habe, oder das Schlimmste, was ich je getan habe? Das ist echt und das ist er. Heilige Scheiße.

**Befehl ohne Worte?**

Alle wollten ihn tot sehen, aber niemand wollte sagen: ‚Hey, du wirst diesen Typen umbringen.' Es war einfach klar, dass wir das tun wollten."

Mark Bowden schreibt weiter: „Beide SEALs waren dort, und es gibt keinen Grund zu glauben, dass einer von ihnen lügt. Ich neige aber dazu, dem Esquire-Bericht mehr Gewicht beizumessen, und zwar aus folgender Überlegung heraus: Er stimmt mit der Geschichte überein, die mir ursprünglich erzählt wurde und die aus den Nachbesprechungen des gesamten Teams stammte." (Mark Bowden, The Finish, S. 266 ff.)

## Ende der Operation „Neptuns Speer"

Da der Hubschrauber durch die Notlandung so beschädigt worden war, dass er nicht in der Lage war, das Team auszufliegen, wurde er zerstört, vor allem, um jegliche Aufschlüsse über seine Tarnkappenfunktion zu verhindern. Der Pilot zertrümmerte die Instrumententafel, das Funkgerät und die anderen geheimen Vorrichtungen, und die SEALs sprengten die Maschine in die Luft. Da das SEAL-Team nur noch über einen einsatzfähigen Hubschrauber verfügte, wurde eine der beiden Chinooks, die in Reserve gehalten worden waren, eingesetzt, um einen Teil des Teams und bin Ladens Leichnam aus Pakistan herauszubringen.

Die Hubschrauber kehrten zum Flugplatz Bagram zurück. Der Leichnam Osama bin Ladens wurde anschließend zum Flugzeugträger USS Carl Vinson geflogen, mit Geleitschutz durch zwei Kampfjets der US Navy. Nach Angaben von US-Beamten wurde bin Laden auf See beigesetzt, weil kein Land seine sterblichen Überreste aufnehmen wollte. Zuvor hatten die USA die saudi-arabische Regierung angerufen, die einer Seebestattung zustimmte. Islamische Rituale wurden innerhalb von 24 Stunden nach bin Ladens Tod an Bord der USS Carl Vinson im Arabischen Meer durchgeführt; die Bestattung selbst dauerte dann 50 Minuten.

## Nachtrag

Seymour M. Hersh ist ein amerikanischer investigativer Journalist, der 1969, während des Vietnamkrieges, berühmt wurde: Er deckte die Massaker der US Army in der Ortschaft My Lai auf. Auch war er daran beteiligt, dass die amerikanischen Foltermethoden im irakischen Gefängnis Abu Ghraib 2004 öffentlich bekannt wurden.

Nun schreibt Seymour M. Hersh in seinem Buch „The Killing of Osama Bin Laden", erschienen 2016, dass US-Präsident Barack Obama gelogen habe. Die Aktion in Abbottabad sei als Heldengeschichte, als amerikanischer Alleingang, verbreitet worden, um die Wiederwahl von Präsident Obama zu sichern.

Die „größte Lüge", so Hersh, sei, dass General Kayani, der damalige Chef der pakistanischen Armee, und General Pasha vom pakistanischen Geheimdienst ISI, nicht informiert gewesen seien. In Wahrheit habe Washington Islamabad viel früher in die geplante Aktion eingeweiht. Hersh behauptet weiter, die pakistanischen Generäle hätten von bin Ladens Aufenthalt in Abbottabad, kaum einen Kilometer von der hochgesicherten Militärakademie entfernt, nicht nur gewusst, sondern ihn dort unter Hausarrest gehalten.

Hersh schreibt, bin Laden habe mit seinen Frauen von 2001 bis 2006 im pakistanischen Teil des Hindukusch gelebt. Stammesangehörige hätten ihn gegen Zahlung einer nicht näher bezeichneten Summe an den pakistanischen Geheimdienst ISI verraten. Pakistan habe daraufhin von Saudi-Arabien Geld erhalten, um auf eine Abschiebung bin Ladens zu verzichten. Er lebte dann in Abbottabad unter Hausarrest. Darüber hinaus sollen die Saudis Pakistan gedrängt haben, nichts über diesen Deal zu verraten. Schließlich, so Hersh, habe im Jahr 2010 ein pakistanischer ISI-Agent in der US-Botschaft von Islamabad den Aufenthalt des Al-Qaida- Führers an die CIA verraten. Dafür soll er einen Teil der 25 Millionen US-Dollar Belohnung erhalten haben, die auf die Ergreifung bin Ladens ausgesetzt waren.

Laut einem „Spiegel"-Bericht vom 11.5.2015 seien Hershs Zweifel an der offiziellen US-Version der Geschichte durchaus berechtigt, denn es gebe viele Ungereimtheiten. Jedoch trage Hersh mit seiner Version kaum zu einer Aufklärung bei, denn er habe keine Belege genannt.

Die Regierung Barack Obamas dementierte die Ausführungen von Hersh. Der Sprecher des Nationalen Sicherheitsrates des Präsidenten erklärte, die Tötung von bin Laden sei ein durchweg amerikanischer Einsatz gewesen. Jede andere Darstellung sei „schlicht falsch". Nach jahrelanger Fahndung habe die CIA den Al-Qaida-Chef im pakistanischen Abbottabad aufgespürt, und er sei bei einer Kommandoaktion im Mai 2011 getötet worden.

Im Jahr 2022 erschien das Buch „The Bin Laden Papers", eine Auswertung der in Abbottabad gefundenen rund 6.000 Dokumente über al-Qaida und bin Laden. Nach der Lektüre dieses

Buches, das teilweise auch hier für Kapitel 7 genutzt wurde, hat der Leser nicht den Eindruck, dass bin Laden in seinem Anwesen in Abbottabad, Kostenpunkt rund 250.000 US-Dollar, als Gefangener des pakistanischen Geheimdienstes gelebt haben könnte. Er und auch seine Familie hatten große Anstrengungen unternommen, sich zu verstecken – nicht nur vor den pakistanischen Behörden. In seinem letzten Brief, den er nicht mehr abschicken konnte, schrieb er: „Eines der wichtigsten Sicherheitsprobleme in den Städten ist die Kontrolle der Kinder. Sie sollen das Haus nicht verlassen, es sei denn, es ist absolut notwendig, wie z. B. für die medizinische Versorgung, und um ihnen die Landessprache beizubringen; und dass sie den Innenhof des Hauses nicht ohne einen Erwachsenen betreten sollen, der die Lautstärke ihrer Stimmen kontrolliert. Wir halten uns mit Allahs Gnade seit neun Jahren an diese Vorsichtsmaßnahmen ..." (Mark Bowden, The Finish, S. 184)

## Quellen: Jagd auf bin Laden

### Bücher


- Bergen, Peter, Manhunt: From 9/11 to Abbottabad – The Ten-Year Search For Osama Bin Laden, New York 2012
- Bowden, Mark, The Finish: The Killing of Osama Bin Laden, London 2012
- Coll, Steve, Ghost Wars, New York 2005
- Hersh, Seymour M., The Killing of Osama Bin Laden, London 2017
- Lahoud, Nelly, The Bin Laden Papers, London 2022
- Panzeri, Peter F. Jr., Killing Bin Laden, Operation Neptune Spear 2011, Oxford 2014
- Soufan, Ali H., The Black Banners, Inside the Hunt for Al Qaeda, New York, 2011


### Zeitschriften/Studien


- https://www.nbcnews.com/news/world/hunting-osama-bin-laden-was-women's-work-flna2d11594091
- https://www.pbs.org/wgbh/pages/frontline/darkside/interviews/scheuer.html
- https://archive.org/details/911commissionrep00nati
- https://www.washingtonpost.com/archive/politics/2004/02/22/a-secret-hunt-unravels-in-afghanistan/4e1b6f01-7425-4b1b-a76d-e6067c8e4c04/
- https://www.theatlantic.com/magazine/archive/2004/10/the-long-hunt-for-osama/303508/
- https://www.newyorker.com/magazine/2003/08/04/the-search-for-osama
- https://www.theguardian.com/world/2011/may/02/osama-bin-laden-long-hunt
- https://web.archive.org/web/20120119064423/http://hamptonroads.com/2011/05/phone-call-kuwaiti-courier-led-bin-laden

- www.nytimes.com/2012/03/30/world/asia/on-run-bin-laden-had-4-children-and-5-houses-a-wife-says.html?_r=1&hp=&pagewanted=all
- https://www.nytimes.com/2011/05/02/world/asia/02reconstruct-capture-osama-bin-laden.html
- https://www.latimes.com/archives/la-xpm-2011-may-03-la-fg-bin-laden-raid-20110503-story.html
- https://web.archive.org/web/20150604110616/http://www.forbes.com/sites/andygreenberg/2013/08/14/agent-of-intelligence-how-a-deviant-philosopher-built-palantir-a-cia-funded-data-mining-juggernaut/
- https://www.spiegel.de/politik/ausland/tod-von-osama-bin-laden-journalist-wirft-usa-luegen-vor-a-1033203.html
- https://www.lrb.co.uk/the-paper/v37/n10/seymour-m.-hersh/the-killing-of-osama-bin-laden
- https://www.esquire.com/news-politics/a26351/man-who-shot-osama-bin-laden-0313/

# Kapitel 9

## Al-Qaida und die weltweiten Dschihad-Zellen I

Während der Jahre nach den Anschlägen vom 11. September, besonders aber nach Tora Bora und dem Untertauchen bin Ladens, verbreitete sich in Nordamerika, aber auch in Europa eine bestimmte Sicht auf al-Qaida und die globale Terrorismusgefahr. Diese Sicht wurde nicht nur von einigen Wissenschaftlern vertreten, sondern auch von einer Reihe von Regierungsvertretern – jedoch kaum von Experten innerhalb der Geheimdienste. Nach dieser Ansicht habe der dschihadistische Terrorismus aufgrund der amerikanischen Militärintervention in Afghanistan und des „Krieges gegen den Terror" eine grundlegende Veränderung erfahren, die sich in den folgenden zwei Prinzipien zusammenfassen lässt.

- Erstens, so die Argumentation, wurde al-Qaida als aktive terroristische Einheit mit Kommando- und Kontrollstrukturen oder interner Hierarchie zerstört und damit machtlos. Osama bin Laden selbst sei nur noch ein Symbol, eine zwar charismatische Galionsfigur, die jedoch weder in der Lage sei, den Dschihad anzuführen, noch Befehle zu erteilen.
- Zweitens sei der globale Dschihad zu einem dezentralisierten und unorganisierten Phänomen ohne einheitliche Führung und Strategie geworden. Die terroristische Bedrohung für die offenen Gesellschaften im Westen gehe nicht von den bekannten dschihadistischen Organisationen aus, sondern von unabhängigen lokalen Zellen einheimischer Extremisten.

Nach der Operation „Neptuns Speer" und der Tötung Osama bin Ladens durch die US SEALs im Mai 2011 scheinen die Fakten aus Abbottabad diese Darstellung zu widerlegen. Erste Veröffentlichungen von Computerdateien und Papierdokumenten, die in bin Ladens Versteck sichergestellt wurden, zeigen, dass er bis zu seinem Tod am 2. Mai trotz der zunehmenden Diskreditierung in der muslimischen Öffentlichkeit in den letzten Jahren doch viel mehr tat, als nur seinen Anhängern gelegentlich Audio- und Videobotschaften zukommen zu lassen.

Ab 2004 war er wieder der Anführer einer terroristischen Organisation, die als Vorbild für andere dschihadistische Gruppierungen auf der ganzen Welt diente. Er gab ausdrückliche Anweisungen für die Entwicklung von Plänen, übte maßgeblichen Einfluss auf al-Qaida auf der Arabischen Halbinsel aus und traf sich in seinem Anwesen mit pakistanischen Taliban-Delegierten.

Osama bin Laden forderte bis zum Schluss Al-Qaida-Führer, wie Ayman al-Zawahiri und den in Libyen aktiven Atiyah Abd al-Rahman, auf, sich auf die USA zu konzentrieren. Allerdings sollten andere Länder, etwa Kanada, Israel, das Vereinigte Königreich, Spanien oder Deutschland nicht vergessen werden. Er schlug Zeitpunkte für Anschläge in den USA vor, darunter den 4. Juli (Unabhängigkeitstag) und den zehnten Jahrestag des 11. Septembers. Darüber hinaus ordnete er Operationen an, wie z. B. koordinierte Kommandoanschläge an Touristenorten in mindestens drei westeuropäischen Ländern, darunter Frankreich. Er plante auch konkrete Bombenanschläge, etwa den Oster-Anschlag auf ein Einkaufszentrum in Manchester im Jahr

2009, der vereitelt werden konnte. Aus diesen Informationen, die nach der ersten Durchsicht der in Abbottabad gefundenen Unterlagen der Presse zur Verfügung gestellt wurden, geht somit hervor, dass bin Laden recht produktiv war – von einem „führerlosen Dschihad", wie einige Autoren schrieben, kann wohl kaum gesprochen werden.

Die Informationen aus Abbottabad machten auch deutlich, dass al-Qaida als Organisation bis zum Tod bin Ladens aktiv war, obwohl al-Qaida ab 2002 zahlenmäßig geschwächt und in ihren Möglichkeiten beschränkt war. Die gefundenen Belege deuten darauf hin, dass bin Laden weiterhin, zumindest nach 2004, eine wichtige Kommandofunktion innehatte und eine umfassende Strategie vorgab. Die Beziehungen zu anderen Gruppen bestätigen, dass al-Qaida im globalen Dschihad eine große Rolle spielte.

Doch während des Jahrzehnts nach dem 11. September 2001 wurde die globale terroristische Bedrohung vielfältiger. Radikalisierte Einzelkämpfer und unabhängige Zellen wurden stärker aktiv, wie die Bombenanschläge in Madrid 2004 und die Selbstmordattentate in London 2005 zeigten. Darüber hinaus gab es aber auch weiterhin organisierte Dschihad-Gruppierungen, wohl weniger in Europa, dafür aber vermehrt in Asien.

### Al-Qaida nach bin Ladens Tod

Ayman al-Zawahiri, Stellvertreter bin Ladens, übernahm nach dem Tod des Al-Qaida-Führers dessen Rolle. Er löste Saif al-Adel ab, der als Interimskommandeur fungiert hatte. Al-Zawahiri selbst wurde am 31. Juli 2022 bei einem Drohnenangriff in Afghanistan getötet (siehe S. 131). In den elf Jahren unter seiner Führung gab es weltweit drei Anschläge von drei verschiedenen Al-Qaida-Franchises, bei denen 53 Menschen getötet und etwa 20 verletzt wurden.

Laut einem Geheimdienstbericht von Mitgliedsstaaten kamen die Vereinten Nationen im Februar 2023 zu dem Schluss, dass die faktische Führung von al-Qaida erneut an Saif al-Adel übergegangen war, der vom Iran aus operierte. Adel, ein ägyptischer ehemaliger Armeeoffizier, wurde in den 1990er-Jahren Militärausbilder in Al-Qaida-Lagern und war für seine Beteiligung an der Schlacht von Mogadischu bekannt. In dem Bericht heißt es, dass die Führung durch al-Adel von al-Qaida nicht offiziell bekannt gegeben werden konnte, weil die afghanische Regierung den Tod von al-Zawahiri nicht bestätigte und weil der Aufenthalt von al-Adel im schiitischen Iran „theologische" Probleme mit sich bringen würde. Das FBI hat ein Kopfgeld von 10 Millionen Dollar auf al-Adel ausgesetzt; er wird wegen der Bombenanschläge auf die US-Botschaften in Tansania und Kenia im Jahr 1998 gesucht, bei denen 224 Menschen getötet und Tausende verletzt wurden.

## Bomben in Bali 2002

Am 12. Oktober 2002 explodierten zwei Bomben im Touristenviertel von Kuta auf der indonesischen Insel Bali. Bei dem Anschlag durch islamistische Terroristen wurden 202 Menschen getötet und 209 verletzt. Die Organisation, die für die Bombenanschläge verantwortlich gemacht wurde, ist Jemaah Islamiyah (JI), eine indonesische islamistische Gruppe, die vermutlich von dem radikalen Geistlichen Abu Bakar Bashir angeführt wird. Eine Woche nach den Anschlägen veröffentlichte der arabische Satellitensender Al Jazeera eine Audiokassette mit einer Sprachnachricht, die von dem untergetauchten Osama bin Laden stammen sollte. Es hieß darin, die Bombenanschläge auf Bali seien eine direkte Vergeltung für die Unterstützung des „War on Terror" der USA und für die Rolle Australiens bei der Befreiung Osttimors. In der Aufzeichnung wurde jedoch nicht die Verantwortung für den Anschlag auf Bali übernommen.

Der ehemalige FBI-Agent Ali Soufan schrieb in seinem Buch „Die schwarzen Banner", dass al-Qaida den Anschlag tatsächlich finanziert habe. Darüber hinaus gestand ein Afghanistan-Veteran namens Riduan Isamuddin, auch unter seinem Kriegsnamen „Hambali" bekannt, dass al-Qaida ihm 30.000 US-Dollar zur Finanzierung der Bombenanschläge auf die beiden Nachtclubs geschickt habe. Hambali war der Verbindungsmann der Jemaah Islamiyah zu al-Qaida. Er wurde 2003 in der Nähe von Bangkok von der thailändischen Polizei mit Unterstützung der CIA verhaftet und wird seitdem in Guantanamo Bay festgehalten.

## Der Anschlag

Der Abend des 12. Oktober 2002 begann wie jeder andere Samstagabend auf Bali: Die Straßen in Kuta, dem Zentrum des Nachtlebens auf der Insel, waren voll mit Touristen, Souvenirhändlern und Einheimischen. Es war eine der beliebtesten Reisezeiten des Jahres. In den Bars drängten sich die Menschen, die sich amüsieren wollten – es gab genügend Gründe, um hier Urlaub zu machen. Paddy's Bar und der Sari Club, zwei beliebte Treffpunkte für „Westler", befanden sich an der Jalan Legian, der Hauptstraße im Herzen des Touristenviertels von Kuta. Der Sari Club, eine Open-Air-Bar mit Strohdach, lag schräg gegenüber von Paddy's Bar auf der anderen Straßenseite.

Bis 23.07 Uhr dröhnte die Musik, die Menge tanzte, man schlürfte Cocktails und prostete sich mit Bierflaschen zu. Doch um 23.08 Uhr änderte sich alles. Ein Selbstmordattentäter zündete in Paddy's Bar eine improvisierte Sprengstoffbombe (IED) in seinem Rucksack. Zahlreiche Gäste flüchteten auf die Straße. Viele von ihnen waren verletzt. Zwanzig Sekunden später zündete ein weiterer Selbstmordattentäter eine zweite, stärkere Autobombe. Sie war in einem weißen Mitsubishi-Van versteckt, der vor dem Sari Club geparkt war. Im Sari Club befanden sich etwa 350 Gäste und Bedienstete. Die Explosion verursachte ein gewaltiges Feuer, das durch das Strohdach des Clubs verstärkt wurde.

Das örtliche Sanglah-Krankenhaus war dem Ausmaß der Katastrophe nicht gewachsen: Die Zahl der Verletzten, insbesondere der Brandopfer, überforderte seine Kapazität. Bei der Explosion waren so viele Menschen verletzt worden, dass einige der Verletzten mit Verbrennungen in Hotelpools gelegt werden mussten, um ihre Schmerzen zu lindern.

Der Sachschaden in dem dicht besiedelten Wohn- und Geschäftsviertel war immens: Viele Gebäude in der Nachbarschaft waren durch die Explosion vollständig zerstört worden, bei anderen waren die Fensterscheiben geborsten. Der Krater, den die Explosion der Autobombe hinterlassen hatte, war einen Meter tief.

Eine dritte, aber vergleichsweise kleine Bombe explodierte 45 Sekunden nach den beiden Kuta-Bomben vor dem US-Konsulat in Denpasar, der größten Stadt auf Bali. Sie verletzte nur eine Person leicht, auch der Sachschaden war minimal. Doch die Bombe soll Berichten zufolge mit menschlichen Exkrementen gefüllt gewesen sein.

Bei den Anschlägen wurden 202 Personen getötet und 209 verletzt; viele erlitten schwere Verbrennungen. Es handelte sich hauptsächlich um junge westliche Touristen, die sich in oder in der Nähe von Paddy's Bar oder dem Sari Club aufgehalten hatten. Doch unter den Opfern befanden sich auch viele balinesische Indonesier, die dort arbeiteten oder lebten. Die meisten Opfer hatte Australien mit 88 Toten zu beklagen, denn in Kuta Beach hatten australische Sportmannschaften ihren jährlichen Saisonabschluss gefeiert.

Erst im Februar 2003 hatten die Behörden 199 der 202 Toten identifiziert. Drei Getötete konnten nicht identifiziert werden und wurden als unbekannt eingeäschert.

## Die Vorbereitung

Die Strategie für Bombenanschläge wie den in Bali wurde vermutlich im August 2002 in einem Hotelzimmer in Südthailand entwickelt. Bei einem geheimen Treffen von Mitgliedern des asiatischen Terror-Netzwerks Jemaah Islamiyah soll der Afghanistan-Veteran Hambali ein neues Vorgehen angeordnet haben. In Zukunft sollten nur noch weiche Ziele wie Nachtclubs und Bars anstelle von hochrangigen und entsprechend gesicherten Objekten, etwa ausländischen Botschaften, angegriffen werden.

Nach Angaben von Ali Imron, der 2003 wegen seiner Beteiligung an den Anschlägen von Bali zu lebenslanger Haft verurteilt wurde, verkündete der „Feldkommandant" Imam Samudra, ein Afghanistan-Veteran wie Hambali, bei einem Treffen in einem Haus in Solo (Java) den Bombenplan für Bali. Hier kamen die Hauptakteure des Plans erstmals zusammen. Ali Imron sagte aus, dass die Insel Bali ausgewählt wurde, weil sie von amerikanischen Touristen häufig besucht wird. Er zitierte Imam Samudra mit den Worten, dies sei Teil eines Dschihad, eines Heiligen Krieges, um „das afghanische Volk gegen Amerika zu verteidigen". Allerdings war es im Endeffekt so, dass bei diesem Anschlag mehr Australier und einheimische Indonesier als Amerikaner starben.

Hambali war zwar der Verbindungsmann zu al-Qaida, spielte jedoch bei dem Anschlag auf Bali keine aktive Rolle. Stattdessen wurde der 43-jährige Islamlehrer Mukhlas – auch bekannt als Ali Ghufron – als Koordinator für die Anschläge eingesetzt. Laut der indonesischen Staatsanwaltschaft hatte er die Ziele genehmigt und die Finanzierung der Bombenanschläge sichergestellt. Mukhlas selbst behauptete vor Gericht, er habe den Bombenlegern lediglich religiöse Anleitung gegeben.

Mukhlas rekrutierte auch zwei seiner jüngeren Brüder, Amrozi und Ali Imron, die bei dem Anschlag eine Schlüsselrolle spielen sollten. Mukhlas und Imam Samudra sollen im August und September vorbereitende Treffen in West-Java geleitet haben. Ali Imron sagte später, die Anschläge auf Bali seien ursprünglich für den 11. September 2002 geplant gewesen – das war der erste Jahrestag der Terroranschläge in den USA. Doch die Bomben waren offenbar nicht rechtzeitig fertig, und die Pläne mussten verschoben werden. Die weiteren Einzelheiten des Anschlags wurden dann zwischen dem 6. und 10. Oktober auf Bali ausgearbeitet.

**Die Attentäter von Bali**

Planer und Attentäter operierten von einer Basis in oder bei der Großstadt Denpasar aus, etwa zehn Kilometer nördlich von Kuta. Mukhlas fungierte als Koordinator und Geldbeschaffer. Samudra, der „Feldkommandant", war für die Planung zuständig, Amrozi für den Einkauf: Er besorgte die Chemikalien und kaufte den Mitsubishi-Van, der bei der Explosion vor dem Sari Club verwendet werden sollte. Joni Hendrawan, besser bekannt als Idris, war für die Aufklärung verantwortlich: Er kundschaftete die Ziele aus und brachte den Selbstmordattentätern das Fahren bei. Er war es auch, der die kleinere Bombe vor dem US-Konsulat in Denpasar zündete. Dulmatin, auch unter dem Namen Amar Usmanan bekannt, war der Bombenbauer, der in Lagern von al-Qaida ausgebildet worden war. Seine Aufgabe bestand darin, eine Bombe mit einem Gewicht von einer Tonne zu bauen. Ein Mann namens Abdul Ghoni oder Ghani soll ihm geholfen haben, wie auch Ali Imron.

Zwei Männer waren als Selbstmordattentäter gefunden worden: Ein Mann namens Iqbal sollte die Sprengstoffweste in Paddy's Bar tragen, während der Mitsubishi-Van von einem Mann namens Jimi zum Sari Club gefahren werden sollte. Imron sagte später aus, dass beide bereit waren, als Märtyrer zu sterben.

In einer Studie vom August 2005 der United States-Indonesia Society mit dem Titel „Indonesia's War on Terror" heißt es in Bezug auf das Attentat auf Bali: „Die Ermittler konnten die Aktivitäten der Bombenleger nachverfolgen." Man weiß also, dass Amrozi, Idris und Ali Imron einfach in ein Autohaus gingen, um ein neues Yamaha-Motorrad zu kaufen. Sie erkundigten sich dabei, zu welchem Preis sie es zurückgeben könnten, wenn sie es ein paar Tage lang genutzt hätten.

Imron nutzte das Motorrad, um die kleine Bombe vor dem US-Konsulat zu platzieren, und übergab Idris die Maschine. Dann fuhr Imron die zwei Selbstmordattentäter im Mitsubishi-Van zum Nachtclubviertel von Kuta. Er hielt in der Nähe des Sari Clubs an und wies den Selbstmordattentäter Iqbal an, seine Sprengstoffweste anzulegen, während Jimi die Autobombe scharf machte. Dann begab sich Iqbal zu Paddy's Pub. Imron überließ den Mitsubishi-Van dem zweiten Attentäter Jimi. Zwar konnte dieser nur geradeaus fahren, aber die Strecke zum Sari Club war kurz. Währenddessen holte Idris Imron mit der Yamaha ab, und das Duo fuhr die zehn Kilometer zurück nach Denpasar. Die beiden Selbstmordattentäter brachten ihre Sprengsätze zur Explosion, und keine Minute später wählte Idris die Nummer des Nokia-Handys, um die Bombe am Konsulat zu zünden. Das Motorrad, das Imron und Idris zurückgelassen hatten, wurde von einem Hausmeister gefunden. (http://www.usindo.org/publications/reports/pdf/WarOnTerror.pdf)

Die Finanzierung der drei Bombenanschläge auf Bali erfolgte größtenteils durch verschiedene kriminellen Aktivitäten. Im August 2002 raubten drei Männer 2,5 kg Gold und 500 Dollar in bar aus einem Juweliergeschäft auf Java, wobei der Wert des Goldes auf 90.000 Dollar geschätzt wurde. Zusätzlich hatte al-Qaida 30.000 Dollar geschickt, sodass mindestens 120.000 Dollar für den Anschlag zur Verfügung standen.

Ursprünglich nahm man an, dass die Bombe für den Mitsubishi-Van aus C4 bestand, einem militärischen Plastiksprengstoff, der nur schwer zu beschaffen ist. Die Ermittler fanden jedoch heraus, dass die Bombe aus Kaliumchlorat, Aluminiumpulver und Schwefel hergestellt worden war. Für die Bombe im Van bauten die Terroristen zwölf mit Sprengstoff gefüllte Plastikboxen zusammen. Diese Boxen, die das Chemikalien-Gemisch plus einen TNT-Verstärker enthielten, waren mit einer 150 m langen, mit Nitropenta gefüllten Sprengschnur verbunden. Das TNT war mit 94 elektrischen RDX-Zündern versehen. Das Gesamtgewicht der Bombe im Mitsubishi betrug 1.020 kg.

Eine Woche nach den Bombenanschlägen kam der muslimische Kleriker Abu Bakar Bashir, der religiöse Führer von Jemaah Islamiyah und einer ihrer Gründer, in Haft, doch erst 2005 wurde er wegen Konspiration zu zweieinhalb Jahren Gefängnis verurteilt. Im November 2002 gelang es, Imam Samudra und Amrozi zu verhaften sowie im Dezember desselben Jahres auch Mukhlas, den Koordinator des Anschlages. Die drei direkt am Anschlag Beteiligten wurden zum Tode verurteilt und am 9. November 2008 hingerichtet.

## Bomben in Madrid 2004

Die 13 Anschläge mit jeweils 10 kg Sprengstoff auf vier Madrider Pendlerzüge am Morgen des 11. März 2004 waren eine Serie koordinierter, fast gleichzeitiger Bombenanschläge auf das Cercanías Madrid, das Regionalbahnnetz der spanischen Hauptstadt. Die Anschläge fanden drei Tage vor den spanischen Parlamentswahlen und 911 Tage nach dem Einsturz des World Trade Center statt. Bei den Explosionen wurden 193 Menschen getötet und etwa 2.050 verletzt. Das war der schwerste Terroranschlag in der Geschichte Spaniens. Wegen des Datums – 11. März – bezeichnete man diesen Tag des Terrors als „11-M". Die Untersuchung der spanischen Justiz ergab später, dass die Anschläge von al-Qaida verübt worden waren, vermutlich als Reaktion auf die Beteiligung Spaniens an der US-geführten Invasion im Irak im Jahr 2003 (Operation „Iraqi Freedom").

Alle betroffenen Züge beförderten vor allem Pendler nach Madrid, und alle fuhren von der nahe bei Madrid gelegenen Stadt Alcalá de Henares zum Madrider Fernbahnhof Atocha. Später wurde berichtet, dass 13 improvisierte Sprengsätze (IEDs) in Rucksäcken in den Zügen platziert worden waren, von denen zehn explodierten. Bombenentschärfungsteams (TEDAX) brachten zwei der verbleibenden drei Sprengsätze durch kontrollierte Sprengungen zur Explosion, während der dritte Sprengsatz erst später am Abend gefunden wurde, da der entsprechende Rucksack in der Gepäckablagezone eines Waggons verstaut worden war. Die folgende Zeitleiste der Ereignisse stammt aus der gerichtlichen Untersuchung. Die vier Züge fuhren zwischen 07.01 und 07.14 Uhr vom Bahnhof Alcalá de Henares ab. Die Explosionen ereigneten sich zwischen 07.37 und 07.39 Uhr.

**Die Anschläge**

• Bahnhof Atocha, Zielbahnhof (Zugnummer 21431)
Drei Bomben explodierten in dem Zug. Die erste Bombe um 07.37 Uhr, die beiden weiteren innerhalb von 4 Sekunden nacheinander um 07.38 Uhr. Die betroffenen Waggons waren der sechste, fünfte und vierte. Ein vierter Sprengsatz sollte zwei Stunden später – nämlich beim Eintreffen der Rettungsdienste – explodieren. Doch das Bombenentschärfungsteam TEDAX fand ihn rechtzeitig im ersten Waggon; er konnte kontrolliert gesprengt werden.

• Bahnhof El Pozo del Tío Raimundo (Zugnummer 21435)
Um ca. 07.38 Uhr, als der Zug (sechs Waggons und ein Doppelstockwagen) den Bahnhof verließ, explodierte je eine Bombe im vierten und fünften Waggon. Eine weitere Bombe fand man im dritten Waggon; sie wurde Stunden später vom TEDAX-Team auf dem Bahnsteig gesprengt, wobei der dritte Waggon leicht beschädigt wurde. Eine weitere Bombe befand sich im zweiten Waggon. Sie wurde Stunden später im nahegelegenen Parque Azorín entschärft und ermöglichte es der Polizei, anhand der Bauteile mehrere Verdächtige ausfindig zu machen.

• Bahnhof Santa Eugenia (Zugnummer 21713)
Um etwa 07.38 Uhr explodierte eine Bombe im vierten Waggon.

• Calle de Téllez (Zugnummer 17305), etwa 800 m vor dem Zielbahnhof Atocha
Als der Zug seine Fahrt verlangsamte, um auf Zug 21431 zu warten, der Bahnsteig 2 in Atocha noch nicht verlassen hatte, explodierten um etwa 07.39 Uhr vier Bomben in verschiedenen Waggons. Betroffen waren der erste, der vierte, der fünfte und der sechste Waggon.

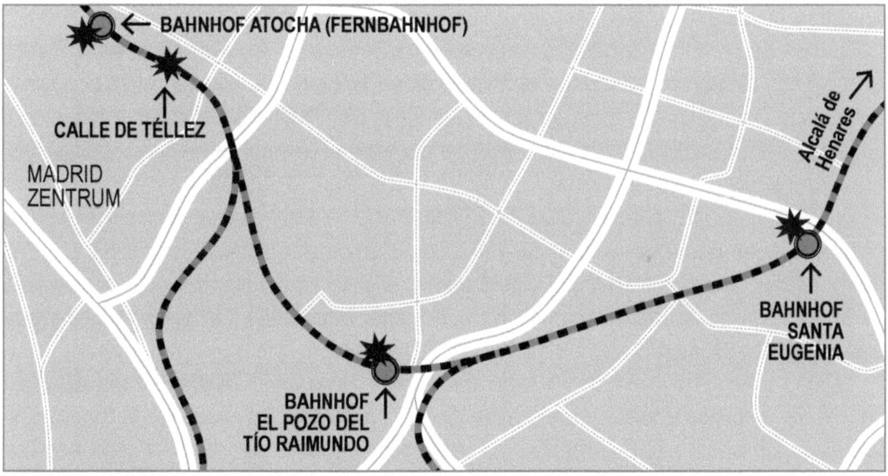


*Die Anschlagsorte der vier Madrider Terrorangriffe*

Um 08.00 Uhr trafen die ersten Rettungskräfte an den Schauplätzen der Bombenanschläge ein. Die Polizei meldete zahlreiche Opfer und sprach von 50 Verletzten und mehreren Toten. Wegen der hohen Anzahl an Verletzten richtete der städtische Rettungsdienst SAMUR (Servicio de Asistencia Municipal de Urgencia y Rescate) um 08.30 Uhr ein Feldlazarett auf einer Freifläche des Kulturzentrums Daoiz y Velarde ein, einer ehemaligen Kaserne. Passanten und Anwohner halfen den Rettungskräften bei der Bergung. Den Krankenhäusern war inzwischen mitgeteilt worden, dass sie mit der Ankunft zahlreicher Verletzter rechnen müssten. Um 08.43 Uhr meldete die Feuerwehr 15 Tote im Bahnhof El Pozo. Bis 09.00 Uhr bestätigte die Polizei den Tod von 30 Menschen: 20 in El Pozo und etwa 10 in Santa Eugenia und Atocha.

Die Menschen eilten zu den großen Krankenhäusern der Stadt, um Familienangehörige zu finden, die in den Zügen gewesen waren. Es gab 193 bestätigte Todesopfer; das letzte Opfer starb erst 2014, nachdem es aufgrund einer der Explosionen in Atocha zehn Jahre lang im Koma gelegen hatte und sich nicht von seinen Verletzungen erholen konnte. 2.015 Menschen wurden verletzt, davon 82 schwer.

Die Gesamtzahl der Opfer war höher als bei jedem anderen Terroranschlag in Spanien und übertraf bei Weitem die 21 Toten und 40 Verletzten bei einem Bombenanschlag auf einen Supermarkt der Kette „Hipercor" in Barcelona im Jahr 1987. Damals hatte sich die ETA zu dem Anschlag bekannt. In Europa war es der schwerste Terroranschlag seit dem Bombenanschlag auf den Pan-Am-Flug 103 über dem schottischen Lockerbie im Dezember 1988.
(https://www.nytimes.com/2004/03/12/world/bombings-in-madrid-the-attack-10-bombs-shatter-trains-in-madrid-killing-192.html)

### ETA-Beteiligung?

Unmittelbar nach dem Bombenanschlag behaupteten führende Vertreter der an einem Regierungsbündnis beteiligten rechtskonservativen Partei Partido Popular (PP), es gebe Beweise dafür, dass die baskische Separatistenorganisation ETA (Euskadi Ta Askatasuna, siehe Band I, S. 105 ff.) für die Bombenanschläge verantwortlich sei, während die linksgerichtete Opposition behauptete, die PP versuche nur zu verhindern, dass die Öffentlichkeit erfahre, dass es sich um einen islamistischen Anschlag handelte, der als direkte Folge der Beteiligung Spaniens am Irakkrieg interpretiert werden würde.

Die Regierung ließ verlauten, dass die ETA als Hauptverdächtige galt, doch diese Gruppe, die zuvor immer die Verantwortung für ihre Taten übernommen hatte, bestritt jegliche Beteiligung an dem Bombenanschlag. Einige Experten wiesen darauf hin, dass die angewandte Taktik eher typisch für Islamistengruppen sei, die unter Umständen auch eine Verbindung zu al-Qaida haben könnten.

Politische Analysten vertraten zudem die Ansicht, dass ein ETA-Attentat die Chancen der PP auf eine Wiederwahl gestärkt hätte. Dieser Anschlag wäre dann als „Verzweiflungstat" einer terroristischen Organisation zu verstehen, die sich durch die strenge Anti-Terror-Politik der rechtskonservativen Aznar-Regierung in ihrer Existenz bedroht sähe. Ein Anschlag von Islamisten wiederum wäre eine direkte Folge des spanischen Engagements im Irak. Diese Interpretation würde die spanischen Sozialisten stärken, denn die Kriegsbeteiligung war in Spanien unpopulär, zumal die Regierung sie ohne die Zustimmung des spanischen Parlaments beschlossen hatte.

## Al-Qaidas Rolle

Noch am Tag des Anschlags meldete die in London erscheinende arabische Zeitung Al-Quds al-Arabi, sie habe ein Bekennerschreiben im Namen von al-Qaida erhalten. „Es ist noch nicht bewiesen, dass es sich um eine authentische Mitteilung handelt", erklärte ein Beamter der spanischen Regierung, der anonym bleiben wollte. „Wir halten es für wahrscheinlicher, dass es sich um die ETA handelt als um irgendeine andere Organisation." Dieses Bekennerschreiben kam von den „Abu Hafs al-Masri Brigaden", die mit al-Qaida verbunden waren und bereits Bombenanschläge verübt hatten. US-Beamte äußerten jedoch, es sei zweifelhaft, dass diese Gruppe Urheberin des Schreibens sei.

Am 14. März 2004, drei Tage nach den Anschlägen, war in Spanien Wahltag. An diesem Tag bekannte sich Abu Dujana al-Afghani, angeblich der Sprecher von al-Qaida in Europa, in einem Videoband zu den Anschlägen: „Genau zweieinhalb Jahre nach den Anschlägen in New York und Washington erklären wir unsere Verantwortung für das, was in Madrid geschehen ist. Es ist eine Antwort auf eure Zusammenarbeit mit den Verbrechern Bush und seinen Verbündeten. Dies ist eine Antwort auf die Verbrechen, die ihr in der Welt und insbesondere im Irak und in Afghanistan verursacht habt, und es wird noch mehr geben, so Allah es will. [...] Wenn ihr eure Ungerechtigkeiten nicht einstellt, wird immer mehr Blut fließen, und diese Anschläge werden im Vergleich zu dem, was ihr Terrorismus nennt, sehr geringfügig erscheinen."
(http://news.bbc.co.uk/2/hi/europe/3509556.stm)

Abu Dujana al-Afghani wurde von den spanischen Behörden als der Marokkaner Youssef Belhadj identifiziert, der seinen in Wohnsitz in Molenbeek hatte, einem Stadtteil von Brüssel. Belhadj schien auch mit den Bombenanschlägen von Casablanca 2003 in Verbindung zu stehen. Er wurde am 1. Februar 2005 in Belgien verhaftet, an Spanien ausgeliefert und 2008 zu zwölf Jahren Gefängnis verurteilt. Belhadj war Anführer einer belgischen Zelle, der „Moroccan Islamic Combatant Group", die unter dem französischen Kürzel GICM bekannt ist. Die Zelle wurde in den 1990er-Jahren in Afghanistan gegründet und hatte enge Verbindungen zu al-Qaida.

Der Anschlag hatte große Auswirkungen auf das Ergebnis der Parlamentswahlen. Vor dem Anschlag hatte die amtierende Partido Popular (PP) in den Umfragen mit 5 Prozent in Führung gelegen. Ohne den Terroranschlag, so die meisten Analysten, hätte die PP die Wahl gewonnen. So aber gewann die linksgerichtete Partido Socialista Obrero Español (PSOE) unter der Führung von José Luis Rodríguez Zapatero die Wahl mit einem Vorsprung von 5 Prozent. Die PSOE hatte im Wahlkampf den Abzug der spanischen Truppen aus dem Irak gefordert, und Rodríguez Zapatero – nun Ministerpräsident – versprach, die Truppen bis zum 30. Juni 2004 abzuziehen, was sogar einen Monat früher geschah. Knapp ein Drittel der Wähler (28 Prozent) gab an, dass die Anschläge ihre Meinung und ihre Wahlentscheidung beeinflusst hätten.

## Ermittlungen

Die Polizei ging Berichten nach, wonach zwischen 7.00 und 7.10 Uhr in Alcalá de Henares drei Personen mit Skimasken mehrmals in die Züge einstiegen und sie wieder verließen. Und nach den Anschlägen wurde vor dem Bahnhof von Alcalá de Henares ein geparkter Renault Kangoo entdeckt, in dem sich Sprengsätze, Kassetten mit Koranversen und Mobiltelefone befanden.

Die Regierung teilte mit, dass es sich bei dem Sprengstoff, der in einem nicht explodierten Sprengsatz gefunden wurde, um den spanischen Sprengstoff Goma-2 ECO handele. Der nicht explodierte Sprengkörper enthielt 10 kg Sprengstoff und 1 kg Nägel und Schrauben, die als Schrapnell um den Sprengkörper herum verpackt waren. Jedoch erklärte der leitende Gerichtsmediziner, dass bei keinem der Opfer Nagelbombenspuren gefunden worden seien.

Eine der Bomben, die nicht explodiert waren, enthielt zwar Sprengstoff, doch die Verbindungsdrähte zum Zünder fehlten. Diese Bombe benutzte ein Mobiltelefon als Zeitzünder und benötigte eine SIM-Karte, um den Alarm und damit die Explosion auszulösen. Das Auslesen der SIM-Karte ermöglichte es der Polizei, einen mutmaßlichen Täter zu identifizieren. Als am Samstag, dem 13. März, drei Marokkaner und zwei pakistanische Muslime verhaftet wurden, bestätigte sich, dass die Anschläge von einer islamistischen Gruppe verübt worden waren. Von den fünf Festgenommenen waren zwei als Anhänger von al-Qaida bekannt. Einer war der Marokkaner Jamal Zougam aus Tanger, der einen Telefonladen im Madrider Stadtteil Lavapiés betrieb. Er wurde von Zeugen als Attentäter auf dem Bahnhof Atocha wiedererkannt. Der andere war der Marokkaner Mohamed Chaui, ebenfalls aus Tanger, der bereits vor dem 11. September überwacht worden war.

## Operationsbasis in Leganés

Am 2. April 2004 wurde auf den Gleisen einer Hochgeschwindigkeitsstrecke (AVE) ein Sprengsatz gefunden, der aus 12 kg Goma-2 ECO mit einem Zünder bestand; der 136 m lange Draht war allerdings mit nichts verbunden. Kurz nach dem AVE-Vorfall identifizierte die Polizei in Leganés, einer südlichen Vorstadt von Madrid, eine Wohnung, die offenbar als Operationsbasis für Anschläge genutzt wurde. Die in der Wohnung verkehrenden Personen wurden daraufhin verdächtigt, die Anschläge in Madrid und am AVE verübt zu haben. Die mutmaßlichen Attentäter, Sarhane Abdelmaji, „der Tunesier", und Jamal Ahmidan, „der Chinese", sollten bei einer Polizeirazzia am Samstagabend, dem 3. April, in der Wohnung festgenommen werden. Als die Polizei versuchte, in die Wohnung einzudringen, begingen die beiden um 21.03 Uhr Selbstmord, indem sie Sprengstoff zündeten. Dabei wurden nicht nur sechs weitere Komplizen getötet, sondern auch ein Polizeibeamter. Elf Polizisten wurden verletzt.

Die Ermittler stellten fest, dass der bei der Explosion in Leganés verwendete Sprengstoff vom gleichen Typ war wie jener, der bei den Zuganschlägen vom 11. März und bei dem geplanten Bombenanschlag auf die AVE-Strecke verwendet worden war. Nach Angaben von Zeugen und Veröffentlichungen in Medien sollen am Tag des Zugriffs in Leganés zwischen fünf und acht Verdächtige entkommen sein. Wie sich später herausstellte, hatte Jamal Ahmidan,

„der Chinese", den Sprengstoff Goma-2 ECO illegal in einer Mine in Nordspanien gekauft. (The Independent, London, March 16, 2004)

Nach gut zwei Jahren der Ermittlung stand fest, dass es keine direkte Verbindung zwischen den örtlichen Madrider Terroristen und al-Qaida gegeben hatte. Laut dem Abschlussbericht war die Gruppe allerdings international organisiert und folgte den zahlreichen Aufforderungen in den Videos von al-Qaida. Der Sprecher al-Qaidas, der erklärt hatte, al-Qaida sei für den Anschlag verantwortlich, konnte zwar als Mitglied der Organisation bestätigt werden, doch die Ermittler nahmen an, dass al-Qaida die Verantwortung übernahm, ohne direkt in die Vorbereitung oder den Anschlag selbst eingebunden gewesen zu sein.

Richter Juan del Olmo befand, dass „lokale Zellen islamischer Extremisten, die über das Internet inspiriert wurden", für die Anschläge vom 11. März verantwortlich seien und nicht die „Bewaffnete Islamische Gruppe" (GIA) oder die „Marokkanische Islamische Kampfgruppe" (GICM). Diese „lokalen Zellen" bestünden aus Rauschgifthändlern marokkanischer Herkunft, die in enger Verbindung zu einer bereits gefassten Al-Qaida-Zelle gestanden hätten. Diese Leute kauften den Sprengstoff (Goma-2 ECO) mit Geldern aus dem Drogenhandel. Ihre Sprengstofflieferanten waren Diebe sowie Polizei- und Guardia-Civil-Informanten in Asturien. (http://www.time.com/time/europe/magazine/printout/0%2C13155%2C901050321-1037617%2C00.html)

### Lokale Zellen islamistischer Extremisten

In den zehn Jahren nach den Anschlägen vom 11. September 2001 auf New York und Washington gab es in wissenschaftlichen und geheimdienstlichen Kreisen eine anhaltende Kontroverse über die Frage, ob die globale Bedrohung durch den dschihadistischen Terrorismus von al-Qaida mit ihren Franchises – dezentralen territorialen Ablegern und angeschlossenen Organisationen – ausgehe oder von individuellen und in Kleingruppen organisierten Akteuren, die zwar von al-Qaida inspiriert seien, aber keine Verbindung zu ihr hätten.

In diesem Zusammenhang wurden die Bombenanschläge auf die Madrider Züge am 11. März 2004 als typisch für eine unabhängige lokale Terrorzelle dargestellt. Auch wurden die Täter als Terroristen beschrieben, die sich selbst radikalisiert hatten und den „führerlosen Dschihad" verkörperten. Bei ihnen war die Propaganda von al-Qaida auf fruchtbaren Boden gefallen. Diese hatte sich nach dem Beginn des Irak-Krieges 2003 enorm verstärkt. (Fernando Reinares, Al-Qaeda's Revenge, S.1 f.)

Ausgelöst wurde diese Debatte wohl durch das Verschwinden Osama bin Ladens im Dezember 2001. Erst während des Jahres 2004 tauchte er als Führer von al-Qaida wieder auf. Eine mittlere Führungsebene hatte inzwischen al-Qaida geleitet. Doch über diese Gruppe hatten die westlichen Geheimdienste kaum Informationen. Darüber hinaus existierten noch keine Franchises von al-Qaida; die ersten Ableger oder Kooperationen mit anderen Terror-Organisationen entstanden erst ab dem Jahr 2006.

## Neue Erkenntnisse

Acht Jahre nach den Terroranschlägen von Madrid deuteten neue Erkenntnisse darauf hin, dass die Führungsspitze von al-Qaida Zentral die Operation nicht nur gebilligt, sondern wahrscheinlich auch unterstützt und beaufsichtigt hatte. Die wichtigste Verbindung zwischen der zentralen Führung von al-Qaida und dem Madrider Bombennetzwerk war Amer Azizi, ein Marokkaner, der seit fast zehn Jahren in Madrid lebte. 1968 in der marokkanischen Region Hedami geboren, emigrierte er Anfang der 1990er-Jahre nach Spanien. In Madrid heiratete er die Spanierin Raquel Burgos, die zum Islam konvertierte.

In der „Tablighi Jamaat" (Gesellschaft zur Verbreitung des Glaubens), einer großen internationalen muslimischen Organisation, radikalisierte sich Amer Azizi und wurde 1995 von der syrischen Zelle Abu Dahdah, einer Al-Qaida-Organisation, rekrutiert. Diese Zelle war kurz zuvor, um 1994, von Abu Mus'ab al-Suri und Anwar Mohamed Saleh gegründet worden. Amer Azizi erhielt eine militärische Ausbildung sowohl in Bosnien als auch in afghanischen Ausbildungscamps, die von al-Qaida geführt wurden.

Die Abu-Dahdah-Zelle hatte weltweite Verbindungen zu dschihadistischen Organisationen. Nach dem 11. September 2001 ergaben Geheimdienstberichte, dass Abu Dahdah auch eine direkte Verbindung zu der von Mohammed Atta geleiteten Hamburger Zelle hatte, deren Mitglieder für die Anschläge auf das World Trade Center und das Pentagon im Jahr 2001 verantwortlich waren. Abu Dahdah soll über die Pläne für den Anschlag in New York und auch über die laufenden Vorbereitungen informiert gewesen sein.

Die Beweise über die Verbindung zwischen der Hamburger und der Abu-Dahdah-Zelle veranlassten die spanischen Sicherheitsbehörden, die Zelle zu zerschlagen: Bei der Operation „Dátil" im November 2001 wurden die meisten Mitglieder der Abu-Dahdah-Zelle festgenommen. Doch es gab keine Beweise, und sie blieben auf freiem Fuß. Erst gute zwei Jahre später wurden Serhane ben Abdelmajid Fakhet, Said Berradj und Jamal Zougam als Hauptverantwortliche für die Anschläge in Madrid 2004 identifiziert. Amer Azizi, der mit allen drei Männern in enger Verbindung stand, befand sich während der Operation „Dátil" im Iran, wo er eine Route für die in Spanien rekrutierten Dschihadisten nach Afghanistan suchte.

Amer Azizi entzog sich der Verhaftung im Iran und gelangte Ende 2001 nach Pakistan. Dort stieg er in der zentralen Führung von al-Qaida auf. Sein Werdegang bei al-Qaida ab 2002 deutet darauf hin, dass er ein wichtiges Führungsmitglied war, das über die Erfahrung und das Wissen verfügte, terroristische Operationen im Westen im Allgemeinen und in Westeuropa im Besonderen zu leiten. Schließlich übernahm Azizi die Funktion eines Adjutanten des Befehlshabers für externe Maßnahmen, Abu Hamza Rabi'a.

## Vorbereitung die Madrider Anschläge

Die Vorbereitungen für die Anschläge von Madrid begannen im Dezember 2001 während eines Treffens zwischen Amer Azizi und Abdelatif Mourafik in Karatschi. Mourafik war Mitglied der „Libyan Islamic Fighting Group" (LIFG). Die beiden hatten sich bereits zuvor getroffen, als

Azizi im afghanischen Shahid Abu Yahya Camp, einem von der LIFG betriebenen Ausbildungslager, eine militärische Ausbildung erhalten hatte. Bis Februar 2002 folgten in unregelmäßigen Abständen weitere Treffen, an denen neben der LIFG auch andere mit al-Qaida verbundene Organisationen teilnahmen, etwa die „Moroccan Islamic Combatant Group" (GICM) und die „Tunesian Combatant Group (TCG)".

Alle waren sich einig, dass der Dschihad nicht nur auf Konfliktgebiete beschränkt, sondern auch in den beteiligten Ländern durchgeführt werden sollte. Dieser Beschluss wurde im August 2002 in Madrid beim ersten Treffen des Netzwerks propagiert und umgesetzt. Die Treffen dienten der Planung der Bombenanschläge von Madrid 2004. Mustafa Maymouni, ein Marokkaner, begann 2002 mit der Bildung einer lokalen operativen Zelle, die die Anschläge von Madrid 2004 ausführen sollte. Ab etwa 1999 war Maymouni mit Azizi befreundet, als die beiden dieselben Tablighi-Gemeinden in Madrid besuchten. Azizi hatte Maymouni für die Abu-Dahdah-Zelle rekrutiert, und Maymouni wurde sein engster Mitarbeiter.

Im Jahr 2002 mietete Maymouni das Landhaus Morata de Tajuña in Chinchón, einer Kleinstadt südlich von Madrid. Es sollte den Attentätern als Operationsbasis dienen. Im Mai 2003 wurde er allerdings auf einer Marokkoreise verhaftet, da er an den Anschlägen am 16. Mai in Casablanca beteiligt gewesen sein soll. Unter demselben Vorwurf wurde auch Mourafik von der türkischen Polizei verhaftet und an die marokkanischen Behörden ausgeliefert.

Nun übernahmen andere Marokkaner die Leitung der Madrider Ortsgruppe: Driss Chebli und Serhane ben Abdelmajid Fakhet, genannt „der Tunesier". Einige Monate später wurde Chebli unter dem Vorwurf festgenommen, der Abu-Dahdah-Zelle anzugehören. Fakhet, der enge Beziehungen zu Azizi unterhielt, wurde zum alleinigen Hauptorganisator vor Ort. Er war Ende der 1990er-Jahre von Azizi radikalisiert und für die Abu-Dahdah-Zelle rekrutiert worden. Eine Kontinuität zwischen den verbliebenen Mitgliedern der Abu-Dahdah-Zelle und dem neuen Terrornetzwerk erscheint plausibel: Fakhet soll sich fünf Tage vor den Anschlägen mit Abu Dahdah über das Komplott ausgetauscht haben, als er ihn im Gefängnis besuchte.

Es war wohl auch Azizi, der Jamal Zougam rekrutierte, um die lokale Zelle zu vervollständigen. Jamal Zougam war ebenfalls Marokkaner; gegen ihn ermittelte die spanische Nationalpolizei bereits im Fall der Abu-Dahdah-Zelle und auch im Zusammenhang mit den Anschlägen von Casablanca 2003.

## Vier Zellen

Letztendlich umfasste das Madrider Bombennetzwerk vier sich teilweise überschneidende Gruppen, die sich zwischen September 2002 und November 2003 zusammenschlossen. Fakhet und Zougam waren die Kontaktleute ihrer jeweiligen Gruppen, die sich beide aus den verbliebenen Mitgliedern der Abu-Dahdah-Zelle gebildet hatten. Eine dritte Gruppe stand mit der GICM in Verbindung; ihre Kontaktperson war Youssef Belhadj, ein in Brüssel lebender Marokkaner, der von 2002 an immer wieder nach Madrid reiste und die Stadt acht Tage vor den Bombenanschlägen endgültig verließ.

Die vierte Gruppe, die als letzte dazukam, bestand aus einem halben Dutzend ehemaliger gewöhnlicher Krimineller. Diese Männer schlossen sich dem Netzwerk an, weil sie ihrem Anführer folgten, dem Marokkaner Jamal Ahmidan, bekannt als „der Chinese". Er hatte bereits 1996 islamistische Ansichten, und seine Neigung zum radikalen Dschihad verstärkte sich noch während eines Gefängnisaufenthaltes in Marokko. Diese vierte Gruppe wurde für operative und finanzielle Zwecke eingesetzt.

Laut dem Terrorexperten Prof. Fernando Reinares waren die Anschläge von Madrid keineswegs das Werk einer unabhängigen Zelle, sondern eine „komplexe Manifestation" der Aktivitäten von al-Qaida in Westeuropa nach dem 11. September. Die koordinierten Explosionen in den Pendlerzügen am 11. März 2004 bewiesen die Existenz dschihadistischer Zellen, die über Mittelsmänner von al-Qaidas Kommando für Auslandseinsätze angeleitet und unterstützt wurden. Netze und Zellen, denen Personen angehörten, die den al-Qaida nahestehenden Organisationen zugerechnet werden, fanden sich überall in Westeuropa. Sie waren in der Lage, strategisch geplante und perfekt koordinierte Anschläge mit vielen Todesopfern in ihrer Region zu verüben. Dabei folgten sie ausdrücklich der allgemeinen Strategie von al-Qaida. (https://ctc.westpoint.edu/the-evidence-of-al-qaidas-role-in-the-2004-madrid-attack/)

Osama bin Laden erwähnte die Bombenanschläge auf die Züge in Madrid 2004 zum ersten Mal einen Monat danach in einer Audioaufnahme, die von Al Jazeera und Al Arabiya am 15. April 2004 ausgestrahlt wurde. Darin nahm bin Laden ausdrücklich Bezug auf die Anschläge vom 11. September 2001 und die Bombenanschläge vom 11. März 2004 in Madrid, indem er sagte, dass das, was passiert sei, „eure ‚Produkte' waren, die euch zurückgebracht wurden".

Am 7. Juli 2005, ein Jahr und vier Monate später, verübten Selbstmordattentäter einen Anschlag auf die Londoner U-Bahn. Die Rolle des mutmaßlichen Drahtziehers dieses Anschlags, Abu Ubaydah al-Masri, könnte mit der Rolle von Azizi bei den Anschlägen von Madrid verglichen werden.

Im Dezember 2005 tötete eine US-Drohne Amer Azizi und Hamza Rabia in einem Haus im afghanischen North Waziristan. Beide waren dabei, ähnliche Angriffe auf Züge in den Vereinigten Staaten vorzubereiten.

## Bomben in der Londoner U-Bahn 2005

Es war der Morgen des 7. Juli 2005, etwa halb neun. Vier Männer umarmten einander auf dem Londoner Bahnhof King's Cross. Die Szene wurde von einer der Überwachungskameras aufgezeichnet. Die Männer schienen heiter, gar euphorisch zu sein. Dann trennten sie sich. Sie bestiegen drei verschiedene U-Bahn-Züge und einen Doppeldeckerbus.

Innerhalb der nächsten anderthalb Stunden zündeten die vier Männer Bomben, die 52 Passagiere und sie selbst töteten und etwa 700 weitere verletzten, teilweise schwer. Es handelte sich um den Terroranschlag mit den meisten Todesopfern in der britischen Geschichte und das erste Mal, dass britische Staatsbürger in ihrem eigenen Land Selbstmordanschläge verübten. (Peter Bergen, The Longest War, S. 197 f.)

• **Die erste Bombe** explodierte um 8.49 Uhr im U-Bahn-Zug **Nr. 204**, als er mit sechs Waggons auf der Circle Line zwischen den Haltestellen Liverpool Street und Aldgate in Richtung Osten fuhr. Die Explosion ereignete sich nach Verlassen der Haltestelle Liverpool Street, als der dritte Waggon gerade in den Tunnel fuhr und etwa 100 m von der Haltestelle entfernt war. Das Parallelgleis des Hammersmith & City Railway wurde durch die Explosion ebenfalls beschädigt.
• **Die zweite Bombe** explodierte im zweiten Waggon des Zuges **Nr. 216**, der ebenfalls mit sechs Waggons auf der Circle Line fuhr, jedoch in entgegengesetzter Richtung, nach Westen. Die Bombe explodierte, als der Zug die Haltestelle Edgware Road verlassen hatte und in Richtung Paddington unterwegs war. Ein in östlicher Richtung fahrender Zug der Circle Line, der in diesem Moment neben dem bombardierten Zug fuhr, wurde ebenfalls beschädigt, ebenso wie eine Wand, die später einstürzte.
• **Die dritte Bombe** wurde in dem ebenfalls aus sechs Waggons bestehenden Zug **Nr. 311** gezündet, der nicht auf der Ringlinie fuhr, sondern auf der Piccadilly Line, als er von King's Cross in südlicher Richtung zur nächstgelegenen Haltestelle Russell Square fuhr. Der Sprengsatz explodierte etwa eine Minute nach der Abfahrt des Zuges von King's Cross, als er eine Strecke von 450 m zurückgelegt hatte. Die Explosion ereignete sich im hinteren Teil des ersten Waggons und verursachte dort und im Vorderteil des zweiten Waggons schwere Schäden.
• **Die vierte Bombe.** Innerhalb von weniger als einer Minute waren alle drei U-Bahn-Bomben gezündet worden. Doch es war nicht vorbei. Fast eine Stunde nach den Anschlägen auf die U-Bahn explodierte eine Bombe auf dem Oberdeck eines Doppeldeckerbusses der **Linie 30**, die von Marble Arch am Hyde Park nach Hackney Wick führt. Der Bus hatte Marble Arch um 9.00 Uhr verlassen und kam um 9.35 Uhr am Bahn- und Busbahnhof Euston an, wo zahlreiche Fahrgäste, die aus der U-Bahn evakuiert worden waren, in Busse umstiegen. (https://www.bbc.co.uk/news/uk-33253598)

Während der Bus mit den neu aufgenommenen Fahrgästen seine Fahrt fortgesetzt hatte, erreichte er um 9.47 Uhr den Tavistock Square. Dort explodierte die Bombe. Sie riss das Dach ab und zerstörte den hinteren Teil des Busses. Da sich die Explosion in der Nähe des BMA-House ereignet hatte, dem Sitz der British Medical Association, konnte eine Reihe von Ärzten und medizinischem Personal Nothilfe leisten. Zeugen berichteten später, sie hätten „Papiere und einen halben Bus durch die Luft fliegen sehen“. Zwei verletzte Fahrgäste gaben zudem an, sie hätten einen Mann gesehen, der im Bus explodiert sei. (https://www.theguardian.com/uk/2005/jul/13/july7.uksecurity6)

Einige Tage nach den Bombenanschlägen hatte die Polizei alle vier Attentäter anhand von Überwachungskamerabildern identifiziert. Sie waren relativ leicht zu erkennen, obwohl sie unauffällig wirkten. Drei von ihnen waren pakistanischer Abstammung, einer war Jamaikaner, und alle trugen große Rucksäcke, in denen sich ihre Bomben befanden.

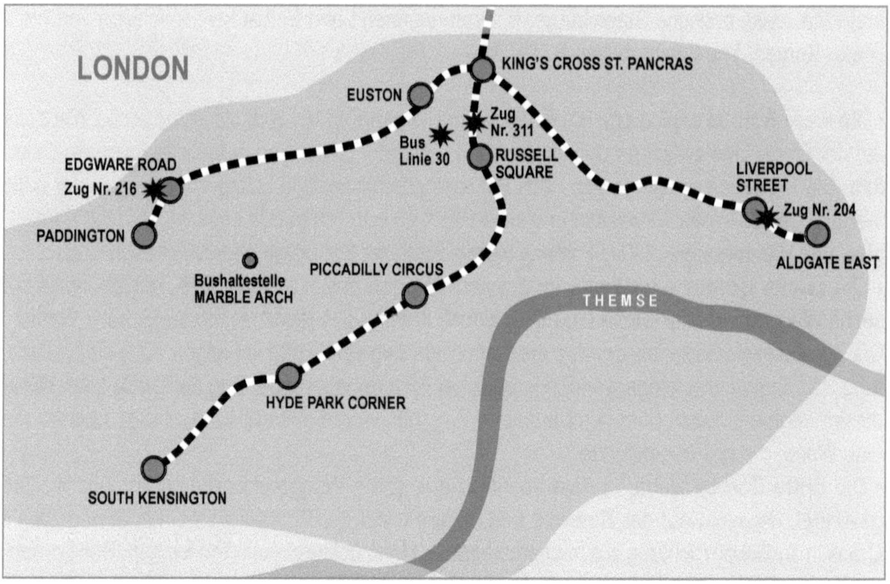


*Die Selbstmordattentate von London: drei in verschiedenen U-Bahnen, einer in einem Doppeldeckerbus. Mit diesen Anschlägen töteten die Terroristen 52 Menschen.*

## Die Bombenleger

- Shehzad Tanweer, 22 Jahre alt. Er lebte mit seiner Mutter und seinem Vater in Leeds und arbeitete in einem Fish-and-Chips-Imbiss. Er zündete seine Bombe im **Zug Nr. 204.** Acht Menschen, darunter Tanweer selbst, wurden bei der Explosion getötet.
- Mohammad Sidique Khan, 30 Jahre alt. Er lebte mit seiner Frau und einem kleinen Kind in Beeston, einem Vorort von Leeds, wo er als „learning mentor" (Förderlehrer) an einer Grundschule arbeitete. Khan zündete seine Bombe im **Zug Nr. 216** und tötete sieben Menschen, darunter sich selbst.
- Germaine Lindsay, 19 Jahre alt. Er lebte in Aylesbury, Buckinghamshire, mit seiner schwangeren Frau und seinem kleinen Sohn. Er zündete den Sprengsatz in **Zug Nr. 311.** Bei der Explosion kamen 27 Menschen ums Leben, darunter er selbst.
- Hasib Hussain, 18 Jahre alt. Er lebte mit seinem Bruder und seiner Schwägerin in Leeds. Hussain zündete die Bombe in dem **Bus der Linie 30.** Vierzehn Menschen, darunter er selbst, kamen bei der Explosion am Tavistock Square ums Leben.

Drei der Attentäter waren in Großbritannien geborene Söhne pakistanischer Einwanderer, nur Lindsay kam aus Jamaika, ein Konvertit. Sie alle waren zwar für ihre strenge Religiosität bekannt, aber keiner von ihnen wurde von seinen Freunden und Familienangehörigen als militant eingestuft. Sie schienen ganz durchschnittlich zu sein; ihre Freizeit bestand aus Cricket- und Fußballtraining, gemeinsamen Ausflügen und Paintball-Turnieren.

Es gab aber auch eine unbekannte Seite ihres Lebens: In einem islamischen Buchladen in Beeston kauften sie Dschihad-Videos, um sich Gräueltaten gegen Muslime im Irak, in Palästina und in Tschetschenien anzusehen. (Peter Bergen, The Longest War, S. 198)

## Beeston, ein Vorort von Leeds

Laut Shiv Malik, einem britischen Journalisten, der für den Guardian über Terrorismus schrieb, war Beeston einer der trostlosesten Vororte der britischen Stadt Leeds.

„Er liegt auf einem Hügel oberhalb des Stadtzentrums, und obwohl es nur 25 Minuten Fußweg in die Stadt sind, gehen nur wenige Menschen zu Fuß, weil die M621 Beeston vom Rest von Leeds wie ein Graben trennt. Vor dem Bombenanschlag auf das Londoner Stadtzentrum am 7. Juli 2005 – mit dem Beeston wohl für immer in Verbindung gebracht werden wird – gab es für Außenstehende kaum Gründe, von der Stadt zu hören. Es ist auch kein erstrebenswerter Ort zum Leben. Es ist einer der ärmsten Orte Englands und hat nicht zuletzt deshalb schon immer Einwanderer angezogen – früher die Iren, in jüngerer Zeit die Pakistaner. Doch während sich das Zentrum von Leeds rasant entwickelt hat, ist Beeston ein relativ rückständiger Stadtteil geblieben. Obwohl Armut und Ausgrenzung im Leben der Bombenleger von Beeston immer präsent waren, sind es wohl eher die internen Spannungen innerhalb einer traditionellen pakistanischen Gemeinschaft in Großbritannien, die am besten die Radikalisierung erklären, die zum Tod von 56 Menschen in London führte." (https://www.afr.com/politics/the-making-of-a-bomber-20070706-jdo0x)

Der 19-jährige Shehzad Tanweer wurde in Pakistan geboren, doch seine Eltern zogen 1984 nach Beeston. Tanweer besuchte die Wortley High School, wo er von seinen Freunden als politisch gemäßigt beschrieben wurde. Sie kannten ihn als herausragenden Sportler, der sich im Cricket, Weitsprung, Langstreckenlauf und Fußball auszeichnete. Wie die britische Times berichtete, soll Tanweer seinen Verwandten in Pakistan erklärt haben, dass er als „Heiliger Krieger" sterben wolle und dass er Osama bin Laden vergöttere.

Mohammad Sidique Khan, mit 30 Jahren der älteste der Attentäter und sicher auch der gebildetste, kam in Leeds zur Welt und wuchs in Beeston auf. Kurz vor den Attentaten, Anfang 2005, zog er nach Lees Holm, nicht weit von Leeds. Laut dem New York Times Magazine vom 25. Juni 2006 hatten Khans Freunde aus der Kindheit erklärt, dass sie ihn Sid nannten und ihn sehr schätzten. Einer von ihnen sagte der BBC: „Ich dachte immer, er sei ein Junge aus Beeston, und das war er auch – ein Junge aus Beeston, dort geboren und aufgewachsen."

Khan arbeitete an der Hillside Primary School in Leeds als Förderlehrer mit den Kindern von Einwandererfamilien, die gerade erst in Großbritannien angekommen waren. Khans Kollegen sagten, er sei ein ruhiger Mensch gewesen, der nicht über seine religiösen oder politischen Überzeugungen sprach. Von 1999 an geriet Khan unter den Einfluss des radikalen Klerikers Abdullah el-Faisal, eines Jamaikaners, der zunächst in Brixton gepredigt hatte, dann aber wegen seiner Hasspredigten entlassen worden war. Von seinen Anhängern, zu denen auch der vierte Attentäter Germaine Lindsay gehörte, wurde el-Faisal als Scheich bezeichnet. Er reiste durch England und hielt Vorträge in Moscheen – auch in der Stratford Street Moschee von

Beeston. Es war die Moschee, die Khan und Tanweer regelmäßig aufsuchten. Hier trafen sie im Jahr 2003 auch Hasib Hussain.

Der selbsternannte Scheich el-Faisal war auch die Verbindung zu Germaine Lindsay. Erst 1986 war Lindsay mit seiner Mutter von Jamaika nach England übersiedelt. 2000 konvertierten die beiden zum Islam. In islamischen Gruppen wurde Lindsay sehr bewundert, dass er so schnell fließend Arabisch sprach und lange Passagen des Korans auswendig lernte. Auch Lindsay war von dem jamaikanischen Prediger el-Faisal beeinflusst worden. Er hatte sich die Lektionen des Predigers regelmäßig auf Audio-Kassetten angehört. Weitere Einzelheiten sind nicht bekannt. Seine Mutter ging zurück nach Jamaika und ließ ihn allein. Im September 2004 mietete er dann ein Haus in Dewsbury in der Nähe von Khan.

Khan selbst war auch in dem von der Gemeinde betriebenen Hamara Healthy Living Centre in Beeston beschäftigt und arbeitete in dessen Jugendhilfeprojekt, dem Hamara Youth Access Point (HYAP). Die Mitarbeiter des Zentrums bestätigten dann auch, dass zwei der Londoner Bombenleger, Shehzad Tanweer und Hasib Hussain, den HYAP öfters aufgesucht haben. Khan scheint dieses Jugendzentrum wohl auch als Rekrutierungsmöglichkeit gesehen zu haben.

## Reise nach Pakistan

Khan soll regelmäßig nach Dubai gereist zu sein, um dort in militärischen Ausbildungslagern ausgebildet zu werden. Es heißt auch, dass er im Ausbildungslager im pakistanischen Malakand auch den Bombenbau erlernt haben soll. Dieses Lager wurde von al-Qaida betrieben.

Wie Khan dachte, geht aus einem Video hervor, das Al Jazeera am 1. September 2005 ausstrahlte, also etwa zwei Monate nach den Anschlägen und Khans Tod. In dem Video bezeichnete Khan bin Laden und seinen Stellvertreter Ayman al-Zawahiri als „Helden von heute" und fuhr fort: „Ich und Tausende wie ich haben alles aufgegeben für das, woran wir glauben. Unser Antrieb und unsere Motivation kommen nicht von den materiellen Gütern, die diese Welt zu bieten hat. Unsere Religion ist der Islam, der Gehorsam gegenüber dem einen wahren Gott und den Fußstapfen des letzten Propheten, des Gesandten, zu folgen. Eure demokratisch gewählten Regierungen begehen ständig Gräueltaten gegen mein Volk auf der ganzen Welt. Und da ihr sie unterstützt, seid ihr direkt dafür verantwortlich, so wie ich direkt dafür verantwortlich bin, meine muslimischen Brüder und Schwestern zu schützen und zu rächen." (http://news.bbc.co.uk/1/hi/uk/4206800.stm)

**Anmerkung:** Der folgende Teil basiert auf einem 46-seitigen internen Al-Qaida-Dokument, dessen Einzelheiten CNN vorliegen. Ein hochrangiger Beamter der US-Terrorismusbekämpfung sagte gegenüber CNN, dass die US-Behörden zu dem Schluss gekommen seien, dass dieses Dokument, der „Report on Operations", von dem britischen Al-Qaida- Aktivisten Rashid Rauf verfasst worden war. Das Dokument wurde von deutschen Kryptologen unter mehr als hundert anderen Dokumenten entdeckt, die in einen pornografischen Film auf einer Speicherplatte eingebettet waren. Diese gehörte einem mutmaßlichen Al-Qaida-Aktivisten, dem 22-jährigen Österreicher Maqsood Lodin, der am 16. Mai 2011 in Berlin von der Polizei verhört wurde.

Maqsood Lodin war kurz zuvor von Pakistan nach Budapest gereist und von dort auf dem Landweg nach Deutschland gekommen. Die Vernehmungsbeamten waren überrascht, in seiner Unterhose ein digitales Speichermedium und Speicherkarten zu finden. Darin befand sich ein pornografisches Video mit dem Titel „Kick Ass" und eine Datei mit der Bezeichnung „Sexy Tanja". Einige Wochen später gelang es deutschen Ermittlern, die Speicherkarten auszulesen. In dem Video fanden sie eine Fülle an geheimem Material. Die mehr als hundert Al-Qaida-Dokumente enthielten Insiderinformationen über einige der gefährlichsten Vorhaben der Terrorgruppe und einen Fahrplan für künftige Operationen.

Als Erster berichtete der Zeit-Redakteur Yassin Musharbash in einem Artikel vom 15. März 2012 mit dem Titel „In ihren eigenen Worten" über die spektakulären Dokumente. Von diesem Artikel wird später noch die Rede sein. Für die CNN-Redakteure waren allerdings vor allem die Bombenanschläge von 2005 in London von Interesse. Sie zitierten aus dem Report von Rashid Rauf an die Al-Qaida-Führung.

## Rashid Rauf

Rauf, der Verfasser des „Report on Operations", britischer Staatsbürger aus Kaschmir, floh im Jahr 2002, als die Polizei ihn nach der Ermordung seines Onkels befragen wollte, aus dem Vereinigten Königreich und schloss sich kurz nach seiner Flucht al-Qaida in Pakistan an. Er verfügte über zahlreiche Kontakte zu militanten Kreisen in Großbritannien und hatte die Telefonnummern von Khan und Tanweer erhalten, von denen in diesen Kreisen bekannt war, dass sie in den Dschihad ziehen wollten.

Im November 2004 kamen Khan und Tanweer in Pakistan an. Rauf wartete eine Weile, bevor er sie kontaktierte, um sicherzugehen, dass sie nicht verfolgt wurden, und traf sie dann in Faisalabad, eine Autostunde von Tanweers Heimatstadt entfernt. Nachdem Rauf einige Zeit mit ihnen verbracht hatte, schrieb er, er habe ihr „fundiertes Wissen" registriert, das sie aus den Kassetten der radikalen Prediger Anwar al-Awlaki und Abdullah el-Faisal bezogen hätten.

Khan war bereits 2003 nach Pakistan gereist und stand in Verbindung mit einer Gruppe, die Terroranschläge im Vereinigten Königreich geplant hatte, die im Februar 2004 im Rahmen der sogenannten Operation „Crevice" vereitelt werden konnten. Im anschließenden Prozess gegen fünf Männer sagte einer aus der Gruppe gegenüber den britischen Behörden aus, dass Khan 2003 mit ihnen in einem Trainingslager im Nordwesten Pakistans gewesen sei. Für Khan hatte dies aber keine Konsequenzen. Der MI5 kam zu dem Schluss, dass Khans Verbindung zu der Terrorgruppe nur indirekt war, und er wurde nicht überwacht. Rauf war damals der Ansicht, dass Khan und Tanweer damit rechneten, jeden Moment verhaftet zu werden, weil sie davon ausgingen, dass die Polizei über ihre Rolle bei dem Komplott Bescheid wisse. Und er war überzeugt, dass die beiden für Märtyreroperationen bereit seien.

Rauf brachte die beiden in Islamabad unter und reiste dann mit ihnen in die Stammesgebiete. Dort wollten sie sich mit einem Al-Qaida-Aktivisten treffen, den er „Haji" nannte. Der US-Geheimdienst geht davon aus, dass es sich dabei um Abu Ubaidah al-Masri handelte, ein führendes Mitglied der al-Qaida für Auslandseinsätze, der Ende 2007 an Hepatitis starb.

Rauf sagte über Haji: „Seine in Europa gemachten Erfahrungen und sein technisches Wissen über Sprengstoffe waren wichtig für die Operation." Das Treffen hatte eine tiefgreifende Wirkung auf Khan und Tanweer. Haji brauchte nur wenige Tage, um sie davon zu überzeugen, einen Selbstmordanschlag in England zu verüben. Er stellte einen Ausbilder namens Marwan Suri ab, der die beiden in der Herstellung von Bomben schulte. Rauf schrieb abschließend, er habe viel Zeit mit Khan und Tanweer verbracht. Er erinnerte sich, dass sie zusammensaßen und sich unterhielten. Er betonte, dass es für die Kommunikation mit Khan sehr hilfreich war, die beiden gut zu kennen, nachdem sie in das Vereinigte Königreich zurückgekehrt waren, um den Anschlag vorzubereiten.

Die britischen Behörden stellten nach dem Anschlag fest, dass Khan, Tanweer und die beiden von ihnen rekrutierten Selbstmordattentäter – Germaine Lindsay und Hasib Hussain – im Juni 2005 nach London gereist waren, um Ziele auszumachen. Rauf hielt fest, dass danach beschlossen wurde, Züge in vier Londoner U-Bahn-Stationen anzugreifen.
(https://edition.cnn.com/2012/04/30/world/al-qaeda-documents-london-bombings/index.html)

## Der Ablauf am Tag der Attentate

Der 7. Juli 2005 begann in London unbeständig, mit teilweise heftigen Regenschauern. Der morgendliche Berufsverkehr begann wie üblich; bei der U-Bahn kam es allerdings zu einigen Verspätungen, unter anderem auf der Nordlinie.

### Die Ereignisse aus Sicht der Überwachungskameras

| | |
|---|---|
| **03.58 Uhr** | Ein hellblauer Nissan Micra wird von Überwachungskameras in der Hyde Park Road in Leeds aufgenommen, kurz bevor er auf die Autobahn M1 fährt. Der Wagen ist von Tanweer gemietet worden; vermutlich sind auch Khan und Hussain im Wagen. Von Leeds nach Luton nördlich von London, dem Treffpunkt, sind es rund 260 km. |
| **04.54 Uhr** | Der Micra hält bei Woodall Services an der M1, um zu tanken. Tanweer geht hinein, um zu zahlen. Er kauft dann noch Snacks und schaut beim Hinausgehen direkt in die Überwachungskamera. |
| **05.07 Uhr** | Germaine Lindsay erreicht den Parkplatz des Bahnhofs von Luton in einem roten Fiat Brava. Er ist allein in dem Auto. Während der fast 90 Minuten, die er wartet, steigt er mehrmals aus und geht spazieren. Zwischendurch parkt er den Wagen um. |
| **06.49 Uhr** | Der Micra kommt in Luton an und parkt neben dem Fiat Brava. Alle vier Männer steigen aus und scheinen Gegenstände zwischen den beiden Autos hin und her zu schieben, bevor sie ihre Rucksäcke schultern. Die vier Männer sehen aus, als ob sie in einen Camping-Urlaub fahren wollen. Der Micra hat ein Tages-Parkticket hinter der Frontscheibe liegen, der Fiat hat keines. |
| **07.15 Uhr** | Die Männer betreten den Bahnhof von Luton und gehen zusammen durch die Schranken auf den Bahnsteig zum Thameslink-Regionalzug nach London King's Cross. |
| **07.21 Uhr** | Die vier werden von Überwachungskameras erfasst, als sie gemeinsam den Bahnsteig entlang gehen. Sie sind leger gekleidet und anscheinend entspannt. Tanweers Haltung und die Art und Weise, wie er den Rucksack beim Gehen trägt, lassen jedoch vermuten, dass er ihn schwer findet. Es wird geschätzt, dass sich in jedem Rucksack 2 bis 5 kg Sprengstoff befinden. |

**07.40 Uhr** Der Zug nach London verlässt den Bahnhof von Luton. Es gibt widersprüchliche Berichte über das Verhalten der Männer im Zug. Einige Zeugen berichten von lauten Gesprächen, ein anderer glaubt, zwei von ihnen gesehen zu haben, wie sie schweigend vor einem Sitz an einer Waggontür standen. Die vier unterscheiden sich aufgrund ihres Gepäcks und der legeren Kleidung ein wenig von den üblichen Berufspendlern, aber nicht genug, um Verdacht zu erregen.

**08.23 Uhr** Der Zug kommt mit leichter Verspätung in King's Cross an. Die vier werden um 8.26 Uhr auf dem Bahnsteig der Regionallinie Thameslink registriert. Um 08.30 Uhr werden vier Männer gesehen, auf die die Beschreibungen passen. Sie umarmen sich und wirken glücklich, sogar euphorisch. Dann trennen sie sich.

Tanweer muss in einen ostwärts fahrenden Zug der Circle Line umsteigen, Khan in einen westwärts fahrenden Zug der Circle Line und Lindsay in einen südwärts fahrenden Zug der Piccadilly Line. Hussain scheint ebenfalls in Richtung des Übergangs zur Piccadilly Line zu gehen.

**08.50 Uhr** Bilder einer Überwachungskamera zeigen den Bahnsteig Liverpool Street mit dem ostwärts fahrenden Zug der Circle Line. Der Bahnsteig ist voller Menschen. Tanweer muss bereits in den zweiten Waggon von vorn eingestiegen sein. Die Bilder zeigen Pendler, die den Zug gerade noch erreichen, und andere, die ihn knapp verpassen. Der Zug fährt aus dem Bahnhof und in den Tunnel hinein. Sekunden später quillt Rauch aus dem Tunnel. Die Menschen auf dem Bahnsteig laufen in Panik zu den Ausgängen.

Forensische Beweise deuten darauf hin, dass Tanweer zum Zeitpunkt der Explosion im hinteren Teil des zweiten Waggons sitzt, den Rucksack neben sich auf dem Boden. Acht Menschen werden getötet, darunter Tanweer, und 171 verletzt.

In dem Zug, der gerade die Haltestelle Edgware Road verlassen hat, befindet sich Khan ebenfalls im zweiten Waggon von vorn, wahrscheinlich in der Nähe der Stehplätze im Bereich einer der drei Doppeltüren. Vermutlich hat er den Rucksack mit der Bombe neben sich auf dem Boden stehen. Kurz vor der Explosion wird Khan gesehen, wie er sich an dem Verschluss des Rucksacks zu schaffen macht. Die Explosion tötet 7 Menschen, darunter Khan, und verletzt 163 Menschen.

Auf der Piccadilly Line, die von King's Cross nach Süden führt, ist Germaine Lindsay in den ersten Waggon gestiegen. Es ist unwahrscheinlich, dass er einen Sitzplatz hat, denn der Zug ist überfüllt. Allein im ersten Waggon befinden sich 127 Personen, was es schwierig macht, die Beteiligten anhand der Bilder der Überwachungskamera zu identifizieren. Zwischen King's Cross und der Haltestelle Russell Square zündet Lindsay die Bombe. Forensische Beweise deuten darauf hin, dass sich die Explosion in der Nähe des Stehplatzbereichs zwischen der zweiten und dritten Sitzreihe ereignet hat. Die Explosion tötet 27 Menschen, darunter Lindsay, und verletzt über 340.

**08.55 Uhr** Hussain verlässt den Bahnhof King's Cross in Richtung Euston Road. Aufzeichnungen seiner Handy-Telefonate zeigen, dass er in den folgenden Minuten erfolglos versucht, die drei anderen Bombenleger zu erreichen. Sein Verhalten in diesen Minuten wirkt aber entspannt und gelassen.

**09.00 Uhr** Hussain geht zurück in den Bahnhof King's Cross. In der Bahnhofshalle betritt er den Zeitschriftenkiosk „WHSmith" und kauft dort allem Anschein nach eine 9-V-Batterie. Es ist möglich, dass er eine neue Batterie benötigt, um den Sprengsatz zu zünden, aber das ist Spekulation.

**09.06 Uhr** Hussain sucht McDonald's in der Euston Road auf, verlässt das Burger-Restaurant aber schon zehn Minuten später wieder.

**09.19 Uhr** Hussain wird in der Grays Inn Road gesehen. Ein Mann, auf den Hussains Beschreibung passt, nimmt einen Bus der Linie 91, die zum Bahn- und Busbahnhof Euston fährt; er wirkt nervös.

Es ist ziemlich sicher, dass Hussain am Bahnhof Euston in einen Bus der Linie 30 umsteigt, der von Marble Arch kommt und in Richtung Osten fährt. Der Bus ist wegen der Sperrungen der U-Bahn-Linien Circle Line und Piccadilly Line überfüllt. Ein Mann, auf den Hussains Beschreibung passt, wird auf dem Unterdeck gesehen, als er wiederholt an seinem Rucksack herumhantiert. Danach sitzt Hussain auf dem Oberdeck, ganz hinten. Forensische Beweise deuten darauf hin, dass sich die Bombe neben ihm im Gang oder zwischen seinen Füßen auf dem Boden befindet.

**09.47 Uhr** Die Bombe explodiert und tötet 14 Menschen, darunter Hussain; mehr als 110 werden verletzt. Es bleibt unklar, warum die Bombe nicht um 08.50 Uhr gleichzeitig mit den anderen explodiert. Eine Möglichkeit ist, dass er erst eine neue Batterie kaufen musste, da er seinen Sprengsatz nicht mit der Originalbatterie zünden konnte. Es gibt jedoch keine genaueren Hinweise auf den Grund.

Noch bevor die Identität der Bombenleger bekannt wurde, erklärte der Polizeipräsident der Metropolitan Police, Lord Stevens, er gehe davon aus, dass die Attentäter mit ziemlicher Sicherheit in Großbritannien geboren oder ansässig seien und nicht eingereiste Terroristen aus Afghanistan. Die Anschläge hätten umfangreiche Vorbereitungen und vorherige Aufklärung sowie Vertrautheit mit der Bombenherstellung und dem Londoner Verkehrsnetz erfordert. Innenminister Charles Clarke bezeichnete die Attentäter als „cleanskins“ („unbeschriebene Blätter“), die den Behörden bis zur Ausführung der Anschläge unbekannt gewesen seien.

Am 1. September wurde bekannt, dass sich al-Qaida in einem vom arabischen Fernsehsender Al Jazeera ausgestrahlten Video zu den Anschlägen bekannt hatte. Eine offizielle Untersuchung der britischen Regierung ergab jedoch, dass das Video, in dem die Verantwortung für die Anschläge übernommen wurde, nach den Anschlägen bearbeitet worden war, sodass man sich sicher war, dass die Attentäter keine direkte Unterstützung von al-Qaida hatten.

Doch im Mai 2011 werteten deutsche Ermittler Unterlagen von al-Qaida aus, die den öffentlich geäußerten britischen Ansichten widersprachen (siehe S. 194–196).

## 21. Juli 2005: Mehrere Anschlagsversuche

Doch mit diesen Anschlägen hatte Rashid Rauf seine Terrorkampagne gegen London noch lange nicht beendet. Er hatte bereits ein weiteres Team mit der Vorbereitung von Anschlägen auf das Verkehrssystem beauftragt.

Am Donnerstag, dem 21. Juli 2005, brachten vier versuchte Bombenanschläge islamistischer Attentäter einen Teil des öffentlichen Nahverkehrs in London zum Erliegen. In allen Fällen zündeten nur die Sprengkapseln, die Bomben selbst explodierten nicht. Diese gescheiterten Anschläge erfolgten um die Mittagszeit auf den U-Bahnhöfen Shepherd's Bush, Warren Street und Oval sowie in einem Bus der Linie 26 auf der Hackney Road in Bethnal Green. Das Scheitern könnte auf minderwertiges Material zurückzuführen sein. Die Explosionen waren nur etwa so stark wie ein größeres Feuerwerk, und es wurden keine Verletzten gemeldet. Allerdings erlitt eine Person einen Asthmaanfall, was als Verletzung gewertet wurde. (http://news.bbc.co.uk/2/hi/uk_news/6752991.stm)

Die von Rashid Rauf verfassten Dokumente lieferten zum ersten Mal Beweise dafür, dass alle Londoner Attentate von al-Qaida Zentral in Pakistan geplant worden waren. Rauf berichtete, er habe den Rädelsführer Ibrahim und zwei weitere Mitglieder seines radikalen Kreises im Vereinigten Königreich Anfang Dezember 2004 kurz nach ihrer Ankunft in Pakistan getroffen. Ihre Absicht war, die US-Streitkräfte in Afghanistan zu bekämpfen. Ibrahim hatte Predigten des radikalen Geistlichen Abu Hamza al-Masri in der Finsbury-Park-Moschee in London besucht und an Kampftraining und Paintball-Turnieren teilgenommen, die von einem anderen radikalen Prediger im Vereinigten Königreich organisiert worden waren. Rauf beschrieb auch, dass MI5-Agenten diese Aktivitäten beobachtet hätten.

Ibrahims Reisegruppe wurde von den britischen Behörden am Flughafen Heathrow befragt, sodass sie ihren Flug verpassten. Schließlich konnten sie doch noch reisen. Das Trio habe die große Menge Bargeld, die sie bei sich trugen, damit erklärt, dass einer aus ihrer Gruppe in Pakistan heiraten wolle, und habe den Sicherheitsdiensten einen Ehering als Teil der Tarnung gezeigt. Rauf zufolge habe der britische Geheimdienst den pakistanischen Militärgeheimdienst ISI gebeten, die drei zu überwachen. Einmal besuchten ISI-Agenten sogar das Haus, in dem sich die Gruppe aufhielt. Rauf erläuterte dann Methoden der Spionageabwehr und wies sie an, sich so verhalten, als ob sie eine Hochzeit besuchen wollten.

Wie Khan und Tanweer wurde auch Ibrahims Gruppe in die Stammesgebiete Pakistans gebracht und dem ranghöchsten Al-Qaida-Aktivisten, Haji alias Abu Ubaidah al-Masri, vorgestellt.

Doch während Khans Gruppe beim Training in Pakistan erfolgreich eine 300-Gramm-Bombe zünden konnte, passierte bei Ibrahims Gruppe ein Unglück, als sie versuchte, zwei Testsprengsätze zu zünden. Ibrahim, der abseits stand, sah, wie seine beiden Freunde durch die Explosion getötet wurden. Ihr Tod hatte eine tiefgreifende Wirkung auf Ibrahim, schrieb Rauf. Haji, der die Testexplosionen beaufsichtigt hatte, konnte Ibrahim überreden, nach England zurückzukehren, um dort „operative Arbeit" zu leisten.

Als Ibrahim im März 2005 nach Großbritannien zurückgekehrt war, rief er Rauf an. „Er rief uns auf dem Handy an, um uns mitzuteilen, dass er in Sicherheit sei." Nach einiger Zeit erfuhr Rauf durch einen Vermittler, dass Ibrahim sich bald bei ihm melden werde. Erst als die Anschläge fehlgeschlagen waren und Ibrahims Identität in den Medien aufgedeckt wurde, schrieb Rauf, wurde ihm klar, dass Ibrahim daran beteiligt gewesen war. (https://edition.cnn.com/2012/04/30/world/al-qaeda-documents-london-bombings/index.html)

Am 29. Juli 2005, acht Tage nach den gescheiterten Anschlägen vom 21. Juli, nahm die Polizei alle vier Hauptverdächtigen sowie zwei weitere Verdächtige fest. Ein Mann namens Yasin Hassan Omar war bereits am 27. Juli von der Polizei in Birmingham verhaftet worden. Ein weiterer Verdächtiger, Osman Hussein, wurde in Rom festgenommen und später an das

Vereinigte Königreich ausgeliefert. Die Polizei konnte im Zuge ihrer Ermittlungen auch zahlreiche andere Personen festnehmen.

Am 9. Juli 2007 wurden die vier Angeklagten Muktar Saáid Ibrahim (29), Yasin Hassan Omar (26), Ramzi Mohammed (25) und Hussain Osman (28) wegen „Conspiracy to Murder" (Verschwörung zum Mord) für schuldig befunden. Sie alle wurden zu lebenslanger Haft verurteilt, was mindestens 40 Jahre Haft bedeutet. (http://news.bbc.co.uk/2/hi/uk_news/6291954.stm)

## Quellen: Al-Qaida und die weltweiten Dschihad-Zellen I

### Bücher


- Langley, Andrew, The Bombing of London 2005, London 2006
- Rai, Milan, 7/7, The London Bombings, Islam & The Iraq War, London 2006
- Reinares, Fernando, Al-Qaeda's Revenge, The 2004 Madrid Train Bombings, New York 2023
- Soufan, Ali H., The Black Banners, Inside the Hunt for Al Qaeda, New York 2012


### Zeitschriften/Studien


- https://www.wilsoncenter.org/article/who-said-leaderless-jihad
- https://web.archive.org/web/20230215224549/https://thehill.com/policy/international/3859954-united-nations-report-identifies-new-al-qaida-leader-with-10-million-bounty/
- https://web.archive.org/web/20090326213002/http://www.usindo.org/publications/reports/pdf/WarOn-Terror.pdf
- https://www.heraldsun.com.au/news/law-order/victims-recount-the-horrors-of-the-bali-bombing/news-story/7d78fb98e49a817c2bd46a5eebd8d5ed
- https://www.nytimes.com/2004/03/12/world/bombings-in-madrid-the-attack-10-bombs-shatter-trains-in-madrid-killing-192.html
- http://www.time.com/time/europe/magazine/printout/0%2C13155%2C901050321-1037617%2C00.html
- https://ctc.westpoint.edu/the-evidence-of-al-qaidas-role-in-the-2004-madrid-attack/
- https://www.nytimes.com/2007/04/02/world/middleeast/02qaeda.html?pagewanted=2&_r=1&hp
- https://www.washingtonpost.com/wp-dyn/content/article/2008/04/09/AR2008040901793.html?hpid=-moreheadlines
- https://www.swp-berlin.org/publications/products/comments/2007C22_sbg_ks.pdf
- https://ctc.westpoint.edu/al-qaidas-involvement-in-britains-homegrown-terrorist-plots/
- https://www.afr.com/politics/the-making-of-a-bomber-20070706-jdo0x
- https://www.bbc.com/news/uk-12621385
- https://www.zeit.de/2012/12/Al-Kaida-Deutschland
- https://edition.cnn.com/2012/04/30/world/al-qaeda-documents-london-bombings/index.html
- https://assets.publishing.service.gov.uk/media/5a7c7bc840f0b626628ac62e/1087.pdf

# Kapitel 10

## Al-Qaida und die weltweiten Dschihad-Zellen II

Bin Laden und die Führung von al-Qaida hatten das Jahr 2007 für eine beispiellose PR-Kampagne genutzt. Noch nie waren hochrangige Vertreter der Organisation so häufig in Video- und Audiobotschaften zu sehen und zu hören gewesen. Höhepunkt war ein Video von Anfang September 2007, in dem sich bin Laden erstmals seit 2004 selbst zu Wort meldete und den Irak-Krieg und die US-Präsenz in Afghanistan scharf kritisierte.

Die verstärkte Öffentlichkeitsarbeit war sicherlich ein Hinweis auf wiedergewonnene Stärke. Diese PR-Kampagne zeigte auch deutlich, dass sich die Al-Qaida-Führung in ihrem Refugium in Pakistan sicher fühlte und glaubte, mit der Verbreitung dieser Dateien kein Risiko einer Entdeckung einzugehen.

Die Jagd auf al-Qaida, die nach Tora Bora im Winter 2001 begann, hatte die Organisation an den Rand des Zusammenbruchs gebracht. Doch bin Laden war es nach seiner Rückkehr 2004 mithilfe al-Zawahiris gelungen, sich wieder als Führer der Organisation zu etablieren. Seine verstärkte öffentliche Präsenz war auch eine Reaktion auf eine Entwicklung, in der eine zunehmende Anzahl von jungen Islamisten begierig auf ideologische und strategische Anweisungen und Erlasse aus den Bergen Pakistans wartete, die sie dann häufig in eigene terroristische Aktivitäten umsetzten, wie beispielsweise die beiden Bombenanschläge in London im Juli 2005 zeigten.

## Die Angriffe in Mumbai 2008

Mumbai ist seit Mitte der 1990er-Jahre der neue Name für die Metropole, die seit der britischen Kolonialzeit den Namen Bombay trug. Das Stadtparlament wollte sich durch die Namensänderung von der Kolonialzeit distanzieren. Die Hafenstadt Mumbai ist die Hauptstadt des indischen Bundesstaates Maharashtra und mit über 15 Millionen Bewohnern im eigentlichen Stadtbereich die größte Stadt Indiens. Ab März 1993 ist die Stadt immer wieder Schauplatz von Terroranschlägen geworden, etwa jenem im Juli 2006, als innerhalb von elf Minuten in Vorortzügen während des abendlichen Pendlerverkehrs sieben Bomben explodierten, die 209 Menschen töteten und über 700 verletzten. Nach Angaben der Polizei wurde der Anschlag von „Students' Islamic Movement of India" und der pakistanischen Terrororganisation Laschkar-e Taiba (Armee der Reinen) durchgeführt. Die LeT war in den 1980er-Jahren während des sowjetischen Afghanistankrieges gegründet und von Osama bin Laden finanziert worden. Nach der US-Invasion in Afghanistan 2001 unterstützte LeT al-Qaida mit sicheren Zufluchts- und Trainingsorten und fungierte auch als Vermittler für Dschihadisten, die sich al-Qaida anschließen wollten.

Seit den 1990er-Jahren ist Kaschmir das bevorzugte Einsatzgebiet der Gruppe, vermutlich nicht zuletzt deshalb, weil die pakistanische Armee sie aufgefordert hatte, sie im

Kaschmir-Konflikt zwischen Pakistan und Indien zu unterstützen. Auch heißt es, dass die LeT vom pakistanischen Geheimdienst ISI teilweise finanziert wird. Obwohl es Beweise gab, dass Pakistan militante Gruppen einschließlich der LeT für ihre Zwecke nutzte, stritt die Regierung diese Anschuldigungen ab. Nach dem 11. September 2001 sah sich General Musharraf daher gezwungen, gegen die einheimischen Kämpfer in Kaschmir vorzugehen und sie offiziell zu verbieten. Dennoch sind Indien und einige westliche Geheimdienst-Analysten der Meinung, dass der pakistanische Geheimdienst ISI der LeT weiterhin Hilfe und Schutz gewährt und sie auch weiterhin in Kaschmir operiert. Für das pakistanische Militär und den Geheimdienst, die die eigentlichen Machthaber in Pakistan sind, haben Gruppen wie Laschkar-e Taiba große Bedeutung, insbesondere im Konflikt mit Indien. Sie werden als Instrumente der Außenpolitik eingesetzt, denn Terroranschläge sind billiger als militärische Operationen und können gegenüber der internationalen Öffentlichkeit besser abgestritten werden.

Die Anschläge von Mumbai 2008, auch als 26/11-Anschläge bezeichnet, waren zwölf koordinierte Terrorangriffe, die im November 2008 von zehn Mitgliedern der LeT durchgeführt wurden. Sie begannen am Mittwoch, dem 26. November 2008, und dauerten bis Samstag, dem 29. November. In diesen vier Tagen starben 175 Menschen, darunter neun Angreifer, und etwa 300 Personen wurden verletzt.

Die Terroristen waren vom pakistanischen Geheimdienst ISI und von al-Qaida unterstützt worden. Die Planung hatte über drei Jahre gedauert. Man wollte kleine, gut bewaffnete Gruppen von Terroristen einsetzen, die gleichzeitig oder auch nacheinander mehrere Ziele im Stadtgebiet angreifen würden. Sie alle sollten bei den Anschlägen sterben, damit keiner von ihnen würde aussagen können. Doch ein Attentäter überlebte, und dieser war dann sehr gesprächig.

Als indische 9/11-Helden wollten die Terroristen in die Geschichte eingehen. Es wurde zwar kein 9/11, aber dafür ein Vorbild für andere Terror-Aktionen. Al-Qaida plante Ende 2009 in Kopenhagen einen Anschlag wie in Mumbai, jedoch in kleinerem Maßstab. Er konnte aber durch die Verhaftung des Hauptverantwortlichen vereitelt werden. Somalische Terroristen nutzten die Mumbai-Taktik in Nairobi beim Westgate-Einkaufszentrum im September 2013, und der IS, der die Verantwortung für die Paris-Anschläge 2015 übernommen hatte, wandte die gleiche Taktik an, nur dass die Attentäter Sprengwesten nutzten.

## Die Planung

Laut dem pakistanischen Journalisten Syed Saleem Shahzad war es ein Mann namens Ilya Kashmiri, der die Al-Qaida-Führer nach der Rückkehr bin Ladens, also 2004 oder Anfang 2005, mit dem Vorschlag verblüffte, dass die Ausweitung des Kriegsschauplatzes die einzige Möglichkeit sei, um den gegenwärtigen Stillstand zu überwinden. Er schlug vor, einen gewaltigen Terroranschlag in Indien durchzuführen, sodass er einen Krieg zwischen Indien und Pakistan auslösen würde. Das würde alle gegen al-Qaida geplanten Operationen beenden.

Shahzad sagte über Kashmiri, dass er von den Geheimdiensten der Welt als „der effektivste, gefährlichste und erfolgreichste Guerillaführer der Welt“ bezeichnet werde, und eine

CNN-Schlagzeile nannte ihn den „gefährlichsten Mann der Welt". Kashmiri wusste alles über Operationen in Indien, besonders im indischen Teil von Kaschmir.

Al-Qaida stimmte dem Vorschlag, Indien anzugreifen, voll und ganz zu, hielt sich selbst aber bedeckt und half nur der LeT bei der Planung und Auswahl der Ziele. Kashmiri besprach das Vorhaben dann mit einem pakistanischen ehemaligen Major, Haroon Ashik, der auch ein ehemaliger LeT-Kommandeur war und immer noch gute Beziehungen zur LeT-Führung hatte. Haroon wusste von einem ISI-Plan, demzufolge die LeT eine unauffällige Operation in Indien durchführen sollte. Dieser Plan war bereits seit mehreren Monaten in Vorbereitung, sollte aber von offizieller Seite nicht weiter verfolgt werden. Haroon übernahm den ISI-Plan und wandelte ihn mithilfe der LeT ab. So kam es zu den verheerenden Anschlägen, die Mumbai am 26. November 2008 erschütterten. (Syed Saleem Shahzad, Inside Al-Qaeda and the Taliban, S. 68 f.)

### Vorbereitung 1

Der Terrorist, der im Namen der LeT und ihres Auftraggebers, des pakistanischen Geheimdienstes ISI, eine entscheidende Rolle bei den Terroranschlägen 2008 in Mumbai spielte, war David Coleman Headley, ein amerikanischer Staatsbürger mit pakistanischen Wurzeln.

Headley wurde am 30. Juni 1960 als Daood Syed Giliani in Washington, D.C. geboren. Seine Eltern waren die Amerikanerin Sherrill Headley und der Pakistani Syed Salim Gilani, die beide in der pakistanischen Botschaft arbeiteten. Sein Vater war Diplomat, seine Mutter arbeitete als Ortskraft in der Botschaft. Mitte der 1970er-Jahre scheiterte die Ehe, Gilani ging mit seinem Sohn nach Pakistan und schickte ihn auf die renommierte Kadettenschule in Hasan Abdal, die auf den Dienst in der pakistanischen Armee vorbereitete. Dort traf Headley auch seinen zukünftigen Terrorpartner Tahawwur Rana.

Im Jahr 1977 stürzte General Zia-ul-Haq den amtierenden Präsidenten Zulfikar Ali Bhutto und errichtete eine Militärdiktatur. Headley's Mutter, die inzwischen in Philadelphia lebte, reiste nach Pakistan und holte ihren 17-jährigen Sohn in die USA. Da legale Arbeit ihm nicht lukrativ genug erschien, wurde er ein kleiner Drogendealer, der 1987 zum ersten Mal verhaftet und zu vier Jahren Gefängnis verurteilt wurde. Er kooperierte mit der Drogenbehörde DEA und erhielt dafür Hafterleichterungen. Headley erwies sich als so nützlich, dass die US-Behörden ihn nach Pakistan schickten, um Informationen über pakistanische Heroinhändler zu sammeln.

In Pakistan fungierte Headley als „Maulwurf" im Auftrag der CIA, um die LeT zu unterwandern, und so ließ er sich von 2002 bis 2005 in den Camps der LeT zum Terroristen ausbilden. In dieser Zeit war er Doppelagent, der mit Erlaubnis der CIA sowohl für diese als auch für die LeT tätig war. Die ursprüngliche Absicht der CIA war, Informationen über die Verbindung der LeT zu dem pakistanischen Geheimdienst ISI zu bekommen. Im Februar 2006 änderte Headley seinen Namen auf Wunsch der Pakistani von Daood Syed Giliani in David Coleman Headley, weil er so leichter nach Indien reisen konnte. Im Anschluss daran erhielt er in Lahore, Pakistan, eine Spionageausbildung, organisiert vom ISI. Diese Ausbildung, die von einem Major Iqbal durchgeführt wurde, ermöglichte es Terroristen, in einer dicht bevölkerten multikulturellen Gesellschaft wie der in Indien unterzutauchen und ihren Auftrag auszuführen.

Nachdem Headley sich in den USA ein Visum für Indien besorgt hatte, landete er am 14. September 2006 in Mumbai. Drei Monate später, am 14. Dezember 2006, kehrte er nach Lahore zurück, im Gepäck zwei USB-Sticks mit Videos bedeutender Gebäude in Mumbai. Zunächst traf er Major Iqbal, übergab den Stick und berichtete von seiner Recherche bezüglich möglicher Anschlagsziele. Danach reiste er nach Muzaffarabad im pakistanischen Teil von Kaschmir und suchte dort Sajid Mir auf, den Führer der LeT. Ihm gab er den zweiten Stick. In den folgenden 18 Monaten reiste Headley achtmal nach Indien. Während seiner dritten Reise im März 2007 übernachtete er mit seiner marokkanischen Frau im Hotel Taj Mahal, einem der möglichen Anschlagsziele – dort sollten später 31 Menschen den Tod finden. Bei einer früheren Reise hatte er bereits Videoaufnahmen vom Bahnhof Chhatrapatin Shivaji Terminus (CST) gemacht. Dort sollten später 58 Menschen sterben. Im April 2008 unternahm er seine siebte Reise nach Mumbai und verbrachte fünf Tage mit Bootsfahrten um Mumbai herum – der südliche Teil der Stadt ragt als Landzunge oder Halbinsel ins Meer. Diese Erkundungsfahrten dienten dazu, eine geeignete Stelle für die Anlandung der Terroristen zu finden. Headley entschied sich für das Gebiet Cuffe Parade im Osten der Landzunge. Die Bilder erhielt Major Iqbal vom ISI, die GPS-Koordinaten für die Landung erhielt die Führung der LeT.

Nach langwierigen Diskussionen in Lahore, Rawalpindi – wo ebenfalls LeT-Leute saßen – und Muzaffarabad wurde der Plan beschlossen, eine Gruppe Terroristen auf der Seeroute nach Mumbai zu schicken und dort einen Angriff im Kommandostil durchzuführen. Letztendlich einigte man sich auf folgende Ziele: das Leopold Café, den Hauptbahnhof CST, das Hotel Taj Mahal, das Hotel Oberoi und das Nariman House, ein jüdisches Kulturzentrum mit Synagoge.

Am 3. Oktober 2009, knapp ein Jahr nach den Anschlägen, wurde Headley am International Airport Chicago vom FBI verhaftet, als er über Philadelphia nach Pakistan fliegen wollte. Die Festnahme erfolgte im Zusammenhang mit einem geplanten Attentat in Dänemark. Erst während des Verhörs erfuhren die FBI-Beamten von Headleys Beteiligung an dem Anschlag von Mumbai im November 2008. Auch sein Schulfreund Tahawwur Rana wurde einige Tage später, am 18. Oktober, in New York verhaftet, wo er ein Reisebüro betrieb. Bis zum 11. Oktober 2009 hatte Indien nichts von der Rolle des amerikanischen Bürgers Headley bei der Planung und der Ausführung des Anschlags von Mumbai gewusst.

### Vorbereitung 2

Die wertvollsten Informationen lieferte das Geständnis eines 21-Jährigen aus dem Punjab, Ajmal Kasab. Er war der einzige Terrorist, der die Anschläge von Mumbai überlebt hatte. Er schilderte während der Verhöre bei der indischen Polizei, wie die LeT vorgegangen war.

Am 21. Dezember 2007, dem Eid al-Adha, dem islamischen Opferfest, wollten Ajmal und sein Bruder sich in Rawalpindi Waffen kaufen. Dabei kamen sie mit Mitgliedern der Jamaat-ud-Dawah in Kontakt, des politischen Flügels von LeT. Diese Männer verteilten Flugblätter. Die Brüder beschlossen, sich für eine Ausbildung bei der Gruppe anzumelden, und landeten in deren Basislager, Markaz-e Taiba nahe Lahore.

Es gibt aber auch andere Schilderungen, wie Ajmal zur LeT kam und Terrorist wurde. Laut einem Vernehmungsbeamten der Polizei von Mumbai soll Ajmals Vater seinen Sohn an die LeT verkauft haben, damit er mit dem Geld die Familie unterstützen konnte. Der Vater bestritt dies. Eine andere Version besagt, ein ranghoher Kommandeur von LeT namens Zaki-ur-Rehman Lakhvi habe der Familie 150.000 PRs (etwa 500 Euro) für die Beteiligung von Ajmal an den Anschlägen angeboten.

Saroj Kumar Rath von der Universität Delhi schrieb in seinem Buch „Fragile Frontiers, The Secret History of Mumbai Terror Attacks“, dass terroristische Organisationen es besonders auf junge, ungebildete, arme, aber religiös veranlagte und beeinflussbare Menschen abgesehen haben, um sie für ihre Organisationen zu rekrutieren. Ajmal und die anderen Attentäter fielen unter die Rubrik: jung, ungebildet und arm. Sobald diese Fußsoldaten einer Terrorgruppe angehören, haben sie kaum eine andere Wahl, als zu kämpfen und zu sterben.

Als Ajmal von der LeT eine Ausbildung als Seemann und Hochseefischer angeboten wurde, die in Karatschi stattfinden sollte, dachte er, dass er einen guten Job bekommen habe, der ihm einen respektablen Lebensunterhalt gewährleisten würde. Die LeT hatte ihn aber nicht darüber informiert, warum er diese Ausbildung erhalten sollte. Für die Anschläge in Mumbai hatte die LeT zu den üblichen vier Schulungen ein Marine-Training hinzugefügt. Die vier Teile der Ausbildung waren:

**1. Daura-e-Sufa: 29 Tage, Religiöse Unterweisung**

Im ersten Teil dieser Ausbildung konvertieren die Fußsoldaten von dem sunnitischen Glauben zu der islamistischen Reformbewegung Ahl-i-Hadith und werden in den Bräuchen der Hadithe unterrichtet. Im Wesentlichen geht es bei dieser Schulung um den Dschihad, und zwar in Form von Vorträgen und Informationen über die Bedeutung des Dschihad. Ajmal schloss diesen Teil der Ausbildung im Januar 2008 ab und wurde für das weitere Training empfohlen.

**2. Daura-e-Ama, 21 Tage, Kampfausbildung**

Während der 21-tägigen Daura-e-Ama-Ausbildung werden die Rekruten im Laufen, Bergsteigen und im Umgang mit Kalaschnikow, Gewehr und Pistole geschult. Dieser Teil umfasst auch Vorlesungen und praktische Vorführungen in den Bereichen Verbergen, Tarnung, Aufklärung und Nachrichtengewinnung. Ajmal bestand auch diesen Teil und musste sich dann einer fortgeschrittenen Kampfausbildung unterziehen, der Daura-e-Khaas.

**3. Daura-e-Khaas, 75 Tage, Fortgeschrittene Kampfausbildung**

Im Gegensatz zu den beiden ersten Ausbildungsschritten ist dieses Training wesentlich härter und fordernder. Das Ausbildungslager ist schwer bewacht, der Zutritt ist verboten; auch darf es nicht ohne Genehmigung verlassen werden. Gelehrt wird das Zerlegen und Zusammenbauen einer Kalaschnikow, das Schießen mit Gewehr und Pistole, die Bedienung eines Raketenwerfers, die Verwendung einer Handgranate, das Bedienen eines Satellitentelefons, der

Umgang mit dem GPS-System und das Kartenlesen. Die Auszubildenden lernen auch, wie man 60 Stunden ohne Nahrung überlebt und trotzdem einen Berg mit schwerem Gepäck besteigt. Darüber hinaus werden die Männer im Umgang mit hochentwickelten Waffen, Mörsern, ferngesteuerten Geräten, Antipersonenminen und Sprengstoffen, einschließlich improvisierter Sprengsätze, geschult.

**4. Daura-e-Ribat, 30 Tage, Schulung über Geheimdienste**
Im Rahmen dieser Schulung werden Informationen über länderspezifische Sicherheitsgesetze sowie die Strategien von Nachrichtendiensten vermittelt. Nur einige wenige sorgfältig Ausgewählte werden zu dieser Schulung zugelassen, die in der LeT-Zentrale in Muridke nördlich von Lahore stattfindet. Den Teilnehmern wird beigebracht, wie man sich nach einer Zielperson erkundigt und wie man sie verfolgt. Außerdem unterwies man sie darin, wie man Spuren verwischt, wenn man selbst verfolgt wird, und wie man seine Identität verbirgt. Zudem werden grundlegende Kenntnisse in Medizin und erster Hilfe vermittelt. Die Teilnehmer erfahren, welche Besonderheiten es bei Überfällen aus dem Hinterhalt gibt; dazu gehört ein audiovisueller Unterricht über Kommandoeinsätze.
(Saroj Kumar Rath, Fragile Frontiers, The Secret History of Mumbai Terror Attacks, S. 125 ff.)

50 Rekruten waren für die Anschläge in Mumbai angeworben worden, doch zehn verließen das Ausbildungslager, als sie dem Training nicht mehr gewachsen waren. Diejenigen, welche die vier Ausbildungsstufen erfolgreich durchlaufen hatten, wurden nun auch auf See ausgebildet. Sie erhielten im Arabischen Meer vor Karatschi ein einmaliges Hochsee-Training, das sie auf die etwa 1100 km lange Seereise nach Mumbai vorbereiten sollte. Im Rahmen dieses Trainings wurde den Terroristen beigebracht, wie man Seekarten liest, die Meerestiefe misst, das GPS für die Seeroute nutzt und ein Schiff steuert. Sie wurden auch darin geschult, wie man ein Fischernetz benutzt, um die indische Marine im Falle einer Untersuchung zu täuschen. Aus Angst vor Verrat war der Angriffsplan für den Seeweg bis zum Einsatz im November 2008 geheim gehalten worden. Die Führung der LeT hatte aber bereits 2007 mithilfe eines Fischerbootes die Seeroute nach Mumbai erkunden lassen.

Am 13. November 2008 war die Zeit für den Dschihad gekommen, wie Hafez Saeed, einer der Gründer der LeT, erklärte. Aus den 40 Absolventen der Ausbildung waren schließlich 13 Personen für die Durchführung der Anschläge in Mumbai ausgewählt worden. Doch sechs der Ausgewählten wurden für verschiedene Operationen in Kaschmir abgezogen und drei neue Mitglieder in die Gruppe aufgenommen, sodass die Zahl schließlich zehn Personen betrug.

Nun zeigte man den Angreifern die Informationen über die Ziele, die Headley auf seinen Reisen gesammelt hatte, und gab ihnen Anweisungen, wie bei den Anschlägen vorzugehen war. Dann wurden die zehn Terroristen in ein sicheres Haus in Karatschi gebracht. In der Halle des Hauses befand sich der Kontrollraum der Medienabteilung der LeT. Auf einem großen Bildschirm wurden ihnen die Straßen gezeigt, die zu den Zielen führten, außerdem rüstete man sie mit handgezeichneten Karten aus. Der Angriff wurde auf den 26. November festgelegt.

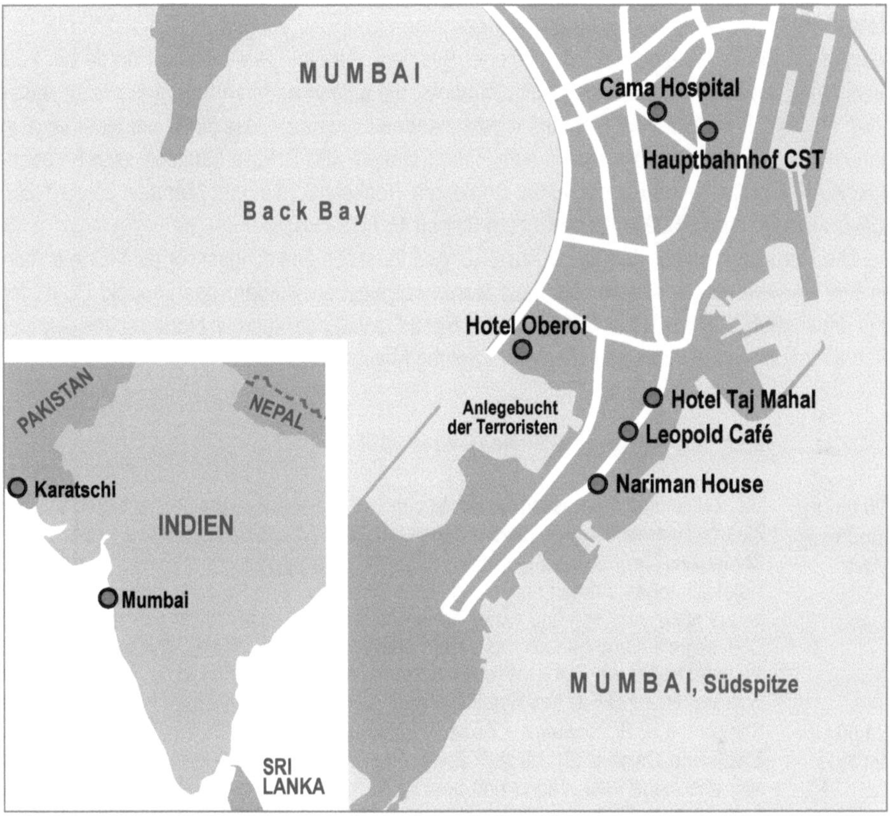


*Die Anschläge in Mumbai, von Karatschi aus organisiert, trafen die Stadt an empfindlichen Stellen. Der Hauptbahnhof CST (Chhatrapati Shivaji Terminus), einer der größten und schönsten Bahnhöfe der Welt, ist UNESCO-Kulturerbe, das Oberoi und das Taj Mahal sind berühmte Luxushotels.*

Am Nachmittag des 23. November 2008 begann die Reise der zehn Terroristen in einem Boot der LeT mit dem Namen „Al Hussaini". Zusammen mit einigen anderen LeT-Aktivisten kaperten sie die „MV Kuber", einen indischen Fischtrawler, in der Gegend von Jakhau in indischen Hoheitsgewässern. Die Besatzung des Fischtrawlers bestand aus fünf Matrosen und einem Steuermann. Sie alle wurden als Geiseln auf die „Al Hussaini" gebracht und der Steuermann gezwungen, das Boot in Richtung Mumbai zu fahren.

Nach einer Fahrt von 582 Seemeilen, rund 1100 km, erreichten die Terroristen am 26. November 2008 gegen 16.00 Uhr die Küste vor Mumbai. Während der Fahrt waren sie über Satellitentelefon in ständigem Kontakt mit der LeT-Führung in Karatschi gewesen und hatten Anweisungen erhalten. Als sie sich der Küste näherten, kam der Befehl, den Steuermann zu töten. Sie warfen den Leichnam in den Maschinenraum und stiegen in Schlauchboote um. Gegen 20.30 Uhr legten sie bei dem Viertel Budhwar Park im Distrikt Cuffe Parade an. Hier verließen acht der Terroristen die Schlauchboote, die beiden anderen fuhren per Boot weiter zum Oberoi, einem aus zwei Gebäuden bestehenden Luxushotel, das direkt am Meer liegt. In ihren Rucksäcken hatten sie jeweils acht Handgranaten, 400 Schuss Munition, eine Kalaschnikow AK-47, eine 9-mm-Pistole, einen Beutel mit Trockenfrüchten und Mandeln sowie 1.200 US-Dollar und rund 8.000 indische Rupien (knapp 100 US-Dollar).

Die Terroristen hatten detaillierte Anweisungen für jeden Anschlagsort erhalten; sie sollten in fünf Zweierteams operieren. Als Ziele waren vorgegeben worden: das Leopold Café, der Hauptbahnhof CST, das Hotel Taj Mahal, das Hotel Oberoi, das Nariman House sowie – später in die Planung aufgenommen – die Wohnsiedlung Malabar Hill.

### Mumbai, Mittwoch, 26. November 2008

| | |
|---|---|
| **20.00 Uhr Budhwar Park** | Vier Zweierteams verlassen die Schlauchboote und trennen sich, um die angewiesenen Zielorte zu erreichen. Alle Zielorte liegen im Süden Mumbais nahe der Landspitze.<br>Shoaib und Nazir sollen zunächst das Leopold Café angreifen und dann zum Taj Mahal Hotel vorstoßen. Arshad und Javed sollen sich direkt zum Hotel begeben und das Gebäude stürmen. Khan und Ajmal, der spätere Überlebende, sollen den Hauptbahnhof CST angreifen und danach das Wohnviertel Malabar Hill. Imran und Naser haben das Nariman House als Ziel. Das letzte Zweierteam, Abdur und Fahadulla, fahren mit dem Boot weiter: Ihr Ziel ist das Hotel Oberoi. |
| **21.00 Uhr Im Taxi** | Shoaib und Nazir nehmen ein Taxi zum Leopold Café, einem Treffpunkt für Touristen im Stadtviertel Colabai. Shoaib stellt seinen Rucksack auf den Rücksitz des Wagens, setzt sich aber neben den Fahrer und beginnt zu reden, um ihn abzulenken. Nazir hat die Aufgabe, vom Rücksitz aus eine Bombe unter dem Fahrersitz zu verstecken. |
| **21.30 Uhr Leopold Café** | Die beiden Terroristen erreichen das Café und stellen am Eingang ihre Rucksäcke auf den Boden. Weder dem Personal noch den Gästen fällt etwas Außergewöhnliches auf. Plötzlich ziehen beide Männer ihre Sturmgewehre AK-47 aus den Rucksäcken und beginnen zu schießen. Die dicken Säulen im Café retten vielen Touristen das Leben, doch elf Personen überleben nicht. Das Personal flieht in die Küche und verbarrikadiert die Tür. Nach kurzer Zeit sind keine Gäste mehr zu sehen, entweder sind sie tot, oder sie verstecken sich unter den Tischen. Shoaib und Nazir werfen noch Handgranaten, um sicherzugehen, dass niemand entkommt.<br>Die beiden Terroristen verlassen das Leopold Café und machen sich auf den Weg zum Hotel Taj Mahal, einem Luxushotel, das sich nur etwa 200 m entfernt an der Küste befindet. Unterwegs schießen sie weiter, obwohl niemand zu sehen ist. Vor dem Restaurant „Gakul“ verstecken sie eine Bombe unter einem geparkten Auto, die aber später entschärft werden kann. |
| **22.40 Uhr** | Die Bombe in dem benutzten Taxi explodiert im Vorort Vile Parla. Sie tötet den Fahrer und zwei Fahrgäste. 19 Passanten am Straßenrand werden verletzt. |
| **Rückblick: 21.30 Uhr** | Khan und Ajmal nehmen ein Taxi, um zum Bahnhof CST zu kommen. Auch sie lenken den Fahrer ab, indem sie ihn in Gespräche über Bollywood verwickeln, während Ajmal eine Bombe mit Zeitzünder unter dem Fahrersitz anbringt. |

**Haupt-bahnhof CST** Obwohl dieser historische Bahnhof einer der verkehrsreichsten der Welt ist, stellen die Terroristen fest, dass die Menschenmenge geringer ist als auf den Videos, die sie in Pakistan gesehen haben. Sie versuchen, per Handy die Führung in Karatschi zu erreichen, doch es gibt kein Netz. In der Bahnhofshalle stellen sie fest, dass sie nicht am richtigen Platz sind. Die hier wartenden Menschen haben viel Gepäck, und den Terroristen wird klar, dass sie im Abfahrtbereich sind. Aufgrund ihrer Rucksäcke hat der Taxifahrer sie zu dem Teil des Bahnhofs gebracht, wo die Züge abfahren.

**Änderung des Plans** Sie haben aber keine Zeit mehr, um die Ankunftshalle zu suchen. So begeben sie sich zur nächsten Toilette und bereiten sich auf den Angriff vor. Beide verlassen die Toilette und auf ein Kopfnicken hin beginnen sie, auf die wartenden Menschen zu schießen. Khan wirft in kurzen Abständen mehrere Handgranaten in die flüchtende Menge. Nach kurzer Zeit ist die Bahnhofshalle leer.

Die Schüsse und die Explosionen haben die Bahnpolizei alarmiert, doch diese Männer sind kaum bewaffnet und werden getötet.

**Als der Terror in den Hauptbahnhof kam** von Rajendra B. Aklekar

Es bedurfte zweier bewaffneter Terroristen, um die großspurigen Behauptungen der Eisenbahn und ihrer Sicherheitsbehörden zu widerlegen. Mehr als 109 Sicherheitskräfte waren am Mittwochabend am CST stationiert, als zwei Terroristen das Bahnhofsgelände betraten, schossen und wahllos Handgranaten abwarfen.

„Bahnpolizisten können nicht wahllos das Feuer eröffnen, da das Fahrgäste treffen könnte", sagte S. C. Mudgerikar, Pressesprecher der Central Railways. [...] Der Ansagensprecher V. D. Zende konnte das Drama von seiner Position aus beobachten, hatte aber nicht alles im Blick. Ohne auf Anweisungen zu warten, sagte Zende durch, dass kein Passagier aus den ankommenden Zügen aussteigen dürfe. „Am Ende hat er viele Leben gerettet", sagte Mudgerikar. (26/11: The Attack on Mumbai, Hrsg. Hindustan Times, S. 4 f.)

**Weigerung** Ein Bahnpolizist mit einem SLR-Gewehr (britisches Gewehr, bis in die 1990-Jahre im Einsatz) steht hinter einer Säule und weigert sich zu schießen. Empört stürzt ein Kollege auf ihn zu, entreißt ihm das Gewehr und feuert auf die Terroristen. Zwar verfehlt er das Ziel, aber die Terroristen denken nun, eine größere Rettungseinheit sei eingetroffen.

**22.45 Uhr** Khan und Ajmal verlassen den Bahnhof CST in aller Eile. 58 Menschen sind tot und 104 verletzt, zum Teil schwer.

Auf der Straße suchen sie nach einem Taxi, das sie nach Malabar Hill bringen soll, einem der exklusivsten Wohnviertel der Stadt. Doch die Straßen vor dem Bahnhof sind leer: Wegen des Terrorangriffs hat die Polizei das Bahnhofsgebiet für den Verkehr gesperrt.

Khan und Ajmal versuchen, geparkte Autos aufzubrechen, aber ohne Erfolg. Sie gehen die Straße entlang in Richtung Cama Hospital und schießen dabei um sich.

Ein Team des Mumbai Anti-Terrorism Squad (ATS) unter der Leitung von Hemant Karkare hat den CST gesichert und beginnt mit der Suche nach Khan und Ajmal.

**23.25 Uhr** ATS-Chef Karkare meldet sich bei der Einsatzzentrale und fordert Verstärkung an, die aber nicht kommt. Karkare und die beiden Polizeioffiziere Kamte und Salaskar beschließen, mit vier Polizisten in einem Einsatzwagen zum Krankenhaus zu fahren, von wo Schüsse zu hören sind; es ist nicht weit entfernt.

**Cama Hospital** Khan und Ajmal sind beim Krankenhaus angekommen. Dort erschießen sie zwei Wachmänner und drei Angestellte. Dann kommt es zu einem Schusswechsel mit Polizisten; dabei wird der Einsatzleiter Sadanand Date verletzt. Die beiden Terroristen stürmen auf die Bettenstationen, um Frauen und Kinder zu töten – wie sie es bei der Ausbildung gelernt haben.

Doch Krankenschwestern haben inzwischen geistesgegenwärtig alle Zimmer von innen verriegelt, sodass die Terroristen die Türen nicht öffnen können. Sie verlassen das Krankenhaus, treffen auf der Straße auf Inspektor Dhurgude und erschießen ihn.

**Am 26.11. rettet seine Lüge 25 Leben** von Kanchan Chaudhari

Mumbai, 14. Dezember: Chandrakant Tikhe ist ein ungewöhnlicher Held. Der beleibte Mann, ein Elektriker in seinen Fünfzigern, ist im Cama Hospital für die Generatoren zuständig. Mindestens 25 Menschen sind heute am Leben, weil er in der Nacht des 26. Novembers bemerkenswerte Geistesgegenwart bewies.

Tikhe und einige Krankenhausangestellte standen vor dem sechsstöckigen Gebäude, als sie Schüsse hörten. [...] Sobald der Lärm sich näherte, eilten Tikhe und die anderen in das Krankenhausgebäude. Dort begaben sich die Kollegen auf ihre jeweiligen Stationen und verriegelten die Flurtüren von innen. Eine größere Anzahl Personen, die sich gerade im Treppenhaus befanden, eilten auf die Terrasse des Krankenhauses, um sich in Sicherheit zu bringen. Tikhe wollte ihnen folgen, doch kaum erreichte er die Terrasse, sah er sich Khan und Ajmal gegenüber. Das Duo war über eine andere Treppe heraufgekommen. Die Terroristen richteten ihre Waffen auf Tikhe und fragten ihn, wer er sei und was er dort mache. „Ich sagte ihnen, dass ich ein Krankenhausangestellter auf Nachtschicht sei und dass es meine Pflicht sei, dafür zu sorgen, dass alle Türen verschlossen sind", sagte Tikhe. Es gelang ihm, die beiden davon zu überzeugen, dass sich niemand auf der Terrasse befand und dass er gerade dabei war, die Außentüren zu schließen. Dies lenkte die Aufmerksamkeit der Terroristen von der Terrasse ab, auf der mindestens 25 Personen, darunter auch Ärzte, in der Dunkelheit hockten. [...] Die Terroristen befahlen ihm dann, ihnen den Weg zum Ausgang des Krankenhausgebäudes zu zeigen. (26/11: The Attack on Mumbai, Hrsg. Hindustan Times, S. 160 f.)

**22.45 Uhr** Die beiden Terroristen sehen den Wagen des ATS-Chefs kommen. Die Offiziere sitzen vorn in der Fahrerkabine, die Kollegen hinten im Laderaum. Sie stehen an der Begrenzungsmauer des Hospitals hinter einem Busch. Als der Wagen nah genug ist, eröffnen sie das Feuer auf den Polizeiwagen. Polizeioffizier Kamte lässt sich aus dem Wagen fallen und erwidert noch das Feuer. Dann verbreitet sich Stille.

**Sechs tote Polizisten** Von den sieben Polizisten ist nur noch einer am Leben. Er liegt schwer verletzt hinten im Fahrzeug, inmitten der Leichen seiner Kollegen. Die Terroristen werfen die Leichname der beiden Polizeioffiziere auf die Straße, wo bereits Offizier Kamte liegt. Sie wollen noch die anderen vier Leichen aus dem Laderaum herausholen, doch das Auto ist von innen verriegelt. In dem Glauben, alle seien tot, fahren die Terroristen mit dem Auto in Richtung des Metro-Kinos. Vor dem Kino schießen sie in die Menschenmenge an der Straßenkreuzung vor dem Kino. Schließlich kommt das Auto in der Nähe des Hochhauses Vidhan Bhavan zum Stehen, in dem sich das Regionalparlament befindet.

Ein kaputter Reifen hat sich gelöst. Die Terroristen verlassen den Polizeiwagen und halten einen Skoda an. Sie zwingen die Insassen auszusteigen und fahren auf dem Marine Drive weiter. Khan erzählt Ajmal, dass er Schussverletzungen in einem Bein und im Oberschenkel habe. Da ihre Handys kein Netz haben, sind sie von ihren Kontaktpersonen in Pakistan abgeschnitten. Kurz darauf geraten sie auf der Uferstraße Chowpatty in eine Straßensperre der Polizei.

**00.16 Uhr** Die Polizisten sehen den Skoda auf die Barrikade zukommen und gehen hinter dem Pfeiler einer Fußgängerbrücke in Deckung.

Es ist klar, die Barrikade kann mit dem Skoda nicht durchbrochen werden. Deshalb sagt Ajmal zu Khan, er solle den Wagen vor der Barrikade anhalten und das Fernlicht einschalten. Die Polizisten fordern die Terroristen mit Handzeichen auf, das Licht auszuschalten. Khan schaltet nun den Scheibenwischer ein, fährt ein Stück vorwärts und lenkt daraufhin den Wagen auf den Mittelstreifen zwischen den Fahrbahnen. Dort bleibt der Wagen hängen.

In diesem Augenblick schießt ein Polizist dreimal auf Khan. Da die AK-47 unter seinem Sitz liegt, greift Khan zu der Pistole neben sich und schießt auf die Polizisten. Ajmal, dessen Hand verletzt ist, ergreift die AK-47. Khan ist inzwischen tot. Als Ajmal einen Polizisten auf den Wagen zulaufen sieht, öffnet er die Beifahrertür, um zu schießen. Derr Polizist erreicht den Wagen und entreißt Ajmal die AK-47. Während des Kampfes fällt Ajmal aus dem Wagen, doch er zieht noch den Abzug. Die Schüsse töten den Polizisten. Seine Kollegen überwältigen Ajmal. Ihm werden Handschellen angelegt, und mit einem Rettungswagen wird er ins Krankenhaus gebracht.

**Die Bombe im Taxi** Die Bombe, die Ajmal im Taxi versteckt hat, explodiert zwischen 22.20 Uhr und 22.25 Uhr. Sie tötet den Fahrer und seine beiden Fahrgäste. Neben dem Taxi am Straßenrand werden 15 Passanten verletzt.

**Ein bewegender Abschied** von Satyajit Joshi

Puna, 27. November: Es war ein emotionaler Tag für viele Freunde und Bewunderer, die gekommen waren, um sich von Ashok Kamte zu verabschieden, der dafür bekannt war, Geiselsituationen zu meistern. Eine solche Situation kostete den Offizier am Mittwoch das Leben, als er im Kampf gegen die Terroristen auf der Chowpatty starb. Kamte wurde am Mittwochabend wegen seines guten Rufs eingesetzt. „Dies ist einer der unglücklichsten Tage in meinem Leben. Ashok Kamte und (ATS-Chef) Hemant Karkare waren meine Zimmergenossen im Polizeiausbildungszentrum in Hyderabad", sagte Vikram Bokey tiefbewegt, ein ehemaliger IPS-Offizier, der Kamte seit seinen frühen Tagen kannte. (26/11: The Attack on Mumbai, Hrsg. Hindustan Times, S. 27)

**Rückblick: 21.40 Uhr** Auf der Polizeistation Colaba hört Polizeiinspektor Kakde Schüsse, als er Feierabend machen will. Er informiert seine Vorgesetzten und hört dabei von dem Überfall auf das Café Leopold. Als die Polizisten das Café erreichen, ist die Schießerei vorbei, und sie helfen noch bei der Versorgung der Verletzten. Dann eilen sie zum Hotel Taj Mahal.

**Das Hotel Taj Mahal** Das Hotel, das Ende des 19. Jahrhunderts in einem historisierenden Mischstil errichtet wurde, besteht aus zwei Gebäuden: dem von einer hohen Kuppel gekrönten historischen Teil, Taj Mahal Palace genannt, und einem daneben errichteten modernen Hochhaus namens Taj Mahal Tower aus den 1970er-Jahren. Die Lage des Luxushotels ist hervorragend, denn das Arabische Meer und der aus britischer Zeit stammende Torbau „Gateway of India" befinden sich unmittelbar gegenüber dem Hotel. Am 16. Dezember 1903 öffnete das Hotel mit 565 Zimmern seine Tore.

**21.45 Uhr** Zwei Personen mit Rucksäcken, Arshad und Javed, erreichen den Haupteingang des Taj Mahal Palace, des Altbaus, treten in die Halle, eröffnen das Feuer und dringen in obere Etagen vor. Als Polizeiinspektor Kakde und seine Kollegen eintreffen, finden sie im Café im Lobbybereich zwei verletzte ausländische Gäste. Viele der Menschen, die sich hinter Säulen und unter Tischen versteckt haben, sind ebenfalls verletzt.

**22.10 Uhr** Nach dem Angriff auf das Leopold Café stoßen Shoaib und Nazir im Hotel Taj Mahal zu Arshad und Javed. Sie dringen zunächst in Zimmer 551 ein und zwölf Minuten später in Zimmer 632. Sie erhalten von ihrer Führung die Anweisung, den zweiten Stock zu zerstören, da sich dort die die Sicherungsanlagen des Hotels befinden.

Der Stellvertretende Polizei-Commissioner Patil erreicht das Hotel und wird vom Hotelmanager informiert, dass die Terroristen im 6. Stock versuchen, in Zimmer einzudringen. Gleichzeitig trifft eine Einheit von zwölf Polizisten der Staatlichen Polizei-Reserve (SRPF) ein, die aber nur mit Pistolen bewaffnet sind.

Die zwölf Polizisten werden in zwei Teams aufgeteilt und greifen die Terroristen mit ihren 9-mm-Pistolen an, für die sie nur jeweils zehn Schuss haben. Die Antwort der Terroristen ist eine ohrenbetäubende Explosion. Das Licht geht aus, und die Polizisten sind in eine Wolke von Rauch gehüllt. Nur das Mündungsfeuer und die Explosionen der Handgranaten der Terroristen erleuchten den Flur.

Die Polizisten ziehen sich in den gesicherten Kontrollraum zurück, von wo aus sie über Videokameras die Bewegungen der Terroristen verfolgen können.

**22.35 Uhr** Der stellvertretende Polizeipräsident Vishwas Nangare Patil fordert Verstärkung. Statt einer Antwort kommt der Befehl, bewaffnet gegen die Terroristen vorzurücken.

**22.53 Uhr** Erneut fordert Patil Verstärkung. Diesmal lautet die Antwort: Verstanden.

Als das Verstärkungsteam vor dem Hotel steht, weiß es nicht, wohin: in den Altbau oder in den neuen Turmbau? Während die Einsatzleitung den Befehl gibt, den Neubau zu stürmen, antwortet Patil: In den Altbau, dort sind die Terroristen. Sie selbst allerdings seien im Neubau.

**Anweisung aus Pakistan** Zu diesem Zeitpunkt werden die Terroristen von den Kontaktpersonen in Pakistan informiert, dass es unmöglich sei, den Sicherheitsraum im 2. Stock zu zerstören, und dass sie von Videokameras beobachtet würden. Ihr Auftrag sei nun, die Kameras zu zerstören.

Patil informiert seinen Vorgesetzten, den Polizeipräsidenten Hasan Gafoor, dass die Terroristen sich mit vier Geiseln in Zimmer 631 befänden, dass die Fahrstühle abgeschaltet seien und der Flur im 6. Stock abgeriegelt werden müsse.

**Taj und Oberoi waren gewarnt** von Shailesh Gaikwad

Nagpur, 17. Dezember: Der Innenminister des Bundesstaates Maharashtra, Jayant Patilon, sagte am Mittwoch, die Polizei von Mumbai habe das Management der Hotels Taj und Oberoi gewarnt, dass beide Häuser von einem Terroranschlag bedroht seien.

Am 26. September hatte der stellvertretende Polizeipräsident Vishwas Nangare Patil ein dreistündiges Treffen mit den Verantwortlichen des Taj, um sie über Sicherheitsmaßnahmen zu informieren. Er sagte, die Polizei habe damals vorgeschlagen, dass das Taj nur den Haupteingang offen halten und alle anderen Türen schließen sollte. Patil habe auch vorgeschlagen, die Durchfahrt des nördlichen Hoftors zu erhöhen, die Überwachungsmonitore alle 24 Stunden zu kontrollieren und alle Besucher gründlich zu überprüfen [...].

Die Terroristen sollen am Tag des Terroranschlags über das nördliche Hoftor in das Taj Hotelgelände gelangt sein. Patil sagte, die Hotelleitung sei nicht daran interessiert gewesen, die empfohlenen Maßnahmen umzusetzen, da sie ein kommerzielles Unternehmen seien und die Kunden nicht beunruhigen wollten.

Die Landesregierung habe nach dem Anschlag auf das Marriott-Hotel in Islamabad am 20. September 2008 nachrichtendienstliche Hinweise auf Bedrohungen von Hotels erhalten, sagte Patil. (26/11: The Attack on Mumbai, Hrsg. Hindustan Times, S. 164)

**22.00 Uhr**
**MARCOS**
Der Polizeipräsident von Mumbai kommt zu dem Schluss, dass die Situation von der Polizei nicht mehr kontrollierbar sei und dass die Anti-Terror-Einheiten der NSG, der National Security Guard, eingesetzt werden müssen.

Die Marinekommandos namens MARCOS werden ebenfalls alarmiert und sind nach zwei Stunden am Einsatzort, dem Taj Mahal Hotel. Doch ohne schriftlichen Befehl verweigern sie den Einsatz im Hotel. Nach einem Gespräch mit ihrem Admiral teilen sich die Mitglieder von MARCOS in zwei Gruppen auf und begeben sich ins Taj.

**23.45 Uhr**
**Die NSG**
Ein Anruf erreicht den Innenminister Indiens mit der Bitte um NSG-Einheiten. Auf seine Frage, wie viel Mann, lautet die Antwort: Wir brauchen 200 Mann. Der Innenminister befiehlt der NSG die Mobilisierung.

### Neu-Delhi, Donnerstag, 27. November 2008

**00.30 Uhr** Die Soldaten der NSG in der Kaserne Manesar bei Neu-Delhi werden geweckt und sollen sich einsatzbereit machen. Es sind Mitglieder der 51. Special Action Group, die für Anti-Terror-Operationen ausgebildet sind.

Die Logistikabteilung meldet ein Problem: Das benötigte Flugzeug befindet sich zurzeit in Chandigarh und nicht in Delhi. Der Pilot wird geweckt, das Flugzeug wird aufgetankt und landet um 02.00 Uhr in Delhi.

**02.30 Uhr** Auf dem militärischen Teil des Flugplatzes von Neu-Delhi besteigen die 200 NSG-Soldaten das Flugzeug für ihren Dreistundenflug nach Mumbai.

**05.30 Uhr** Die Maschine erreicht Mumbai. Zehn Minuten später verlassen die Busse der Polizei von Mumbai mit den Soldaten den Flugplatz.

**06.09 Uhr** In der Einsatzzentrale der Polizei von Mumbai erfolgt eine Einweisung in die aktuelle Lage und die Zuteilung der NSG-Einheiten auf ihre Einsatzorte.

**07.00 Uhr** Die Befreiungsoperation durch die NSG kann beginnen: Die Einsatzeinheiten werden zu ihren zugewiesenen Orten gefahren.

### Mumbai, Donnerstag, 27. November

**00.52 Uhr** Polizeipräsident Gafoor teilt Patil mit, dass Marinekommandos in wenigen Minuten eintreffen würden und er die Terroristen festhalten solle. Leider erwähnt Gafoor nicht, wie die Polizisten das mit Pistolen ohne Munition machen sollen. Außerdem kommt das Marine-Team nicht.

**02.08 Uhr** Gafoor erhält die Nachricht, dass Armee-Einheiten am Hotel angekommen sind. Es sind aber Infanteristen, die das Hotel nicht betreten, sondern nur abriegeln.

Auch die alarmierte Verstärkung der Polizei erreicht das Hotel Taj Mahal mit 120 Mann. Doch sie bleiben im Erdgeschoss, da ihnen die Bewältigung der Lage wohl nicht zugetraut wird.

**02.30 Uhr** MARCOS, die Marine-Einheit, erreicht das Hotel. Doch auch diese Männer bleiben im Erdgeschoss, da sie keinen Lageplan des Hotels haben. Jeder mögliche Vormarsch wird von den schießenden Terroristen verhindert. Die Terroristen, geleitet durch Telefonanrufe ihrer pakistanischen Führer, die das indische Fernsehen verfolgen, kontrollieren alle Treppen und die Zugänge zu den Fluren. Das Hotelpersonal hat die Gäste schon früh angewiesen, in den Zimmern zu bleiben. Explodierende Handgranaten lösen im linken Flügel des historischen Gebäudes ein Feuer aus.

**Mit knapper Not gerettet** von Sujit Mahamulkar

Mumbai, 30. November: Der Chef der Feuerwehr A. V. Sawant wird wohl nie vergessen, wie er sich auf seiner Feuerwehrleiter einem Terroristen gegenübersah. Er stand im Korb an der Spitze der Drehleiter und befand sich vor einem Fenster im 5. Stock, als er den Terroristen erblickte. In letzter Sekunde änderte er die Position der Leiter und kam herunter, bevor der Terrorist reagieren konnte. Sawants Erlebnis ähnelt denen, die viele der 300 Feuerwehrleute zu erzählen hatten, die zusammen mit der NSG und der Polizei an den Rettungsaktionen in den Hotels Taj Mahal und Oberoi sowie im Nariman House beteiligt waren.

Sawant hatte sogar zweimal Glück. Er war von Mittwochabend bis Samstagmorgen im Taj im Einsatz. „Am Donnerstagmorgen [...] warf ein Terrorist eine Granate aus dem Fenster in meine Richtung. Sie fiel genau zwischen uns Feuerwehrleute und rollte unter eines der Feuerwehrautos. Wir hatten Glück, denn sie [...] explodierte nicht“, sagte Sawant und fügte hinzu, dass diese Rettungsaktionen Ereignisse seien, die er wohl nie vergessen werde. (26/11: The Attack on Mumbai, Hrsg. Hindustan Times, S. 88)

**09.20 Uhr** Die NSG übernimmt nun das Kommando über die Befreiungsoperation im Hotel Taj Mahal. Im Erdgeschoss wird eine Operationszentrale eingerichtet. Die Operation soll von oben nach unten durchgeführt werden, Stockwerk für Stockwerk. Bei 500 Zimmern liegt die verfügbare Zeit, um jedes Zimmer zu kontrollieren, bei 33 bis 40 Sekunden.

Es werden zwei Teams gebildet, die vom Dachrestaurant abwärts die Flure und Zimmer durchsuchen. Die Teams müssen die Zimmertüren aufschießen, da der einzige Generalschlüssel nicht mehr funktioniert. Angetroffene Hotelgäste werden zügig evakuiert.

**10.00 Uhr** Ein zweites Flugzeug startet in Neu-Delhi mit weiteren Soldaten als Verstärkung für die NSG in Mumbai.

**Vier Täter?** Oberst Sheoron, der die taktische Leitung der Operation hat, ist überrascht, dass seine Männer Hinweise auf vier Terroristen im Hotel haben, obwohl zuvor nur von zweien berichtet worden ist. Später wird klar, dass es tatsächlich vier sind – die Angreifer des Leopold Café sind bereits am 26. November ins Hotel gekommen. Zusammen mit seinen Männern beginnt der Oberst, die Positionen der Terroristen lokalisieren und sie in die Enge zu treiben.

**Samstag** Der Einsatz der NSG-Kommandos zieht sich hin bis in den Samstag. Es ist der 29. November. Die Soldaten verfolgen die Terroristen, während diese ständig zwischen den Stockwerken hin und her wechseln und dabei um sich schießen. Es sind tatsächlich vier.

Schließlich werden die Terroristen im Restaurant Wasabi im ersten Stock in die Enge getrieben. Doch die Granitwände des Restaurants bieten ihnen Schutz.

**08.00 Uhr** Der letzte Angriff beginnt am Morgen. Mit Sprengsätzen öffnen die NSG-Soldaten den Zugang zum Restaurant. Ein Terrorist springt aus dem Fenster und wird von der Polizei erschossen. Die anderen drei werden im Restaurant getötet. Fast 61 Stunden nachdem der erste Schuss der Terroristen gefallen ist, haben die NSG-Kommandos das Hotel zurückerobert. 31 Gäste und ein NSG-Offizier sind tot. Etwa 250 Gäste haben überlebt.

### Rückblick: 26. November 2008, Angriff auf das Hotel Oberoi Trident

**Budhwar Park 20.30 Uhr** Am 26. November fahren Abdur und Fahadulla vom Bootsanleger Budhwar Park weiter. Ihr Ziel ist das etwa 1 km entfernte Hotel Oberoi. Das Hotel besteht aus zwei Gebäuden, dem eigentlichen Oberoi und dem Hochhaus Oberoi Trident, die durch eine Passage verbunden sind. Sie steigen bei den Beton-Tetrapoden am Marine Drive aus und deponieren einen 10-kg-Sprengsatz im Blumenbeet vor dem Eingang des Oberoi Trident.

**Überfall in der Lobby** Als der Sprengsatz explodiert, betreten Abdur und Fahadulla die Hotellobby und schießen um sich. Diesem Überraschungsangriff fallen viele Menschen an der Rezeption, in der Lobby und im Restaurant Tiffin zum Opfer, und zahlreiche werden verletzt. Vor dem Restaurant deponieren die Terroristen eine weitere 10-kg-Bombe, die etwas später explodiert. Dann nehmen die Terroristen Geiseln in einem weiteren Restaurant im Erdgeschoss und ziehen sich in die höheren Stockwerke zurück.

**Kein Widerstand** In dem Hotel gibt es keinen Widerstand. Die Terroristen feuern auf alles, was sich bewegt. Als die Polizei eintrifft, haben Abdur und Fahadulla ihre Position bereits bezogen und halten die Sicherheitskräfte mit Handgranaten und Sperrfeuer auf Abstand.

**27.11.2008 02.00 Uhr** Eine Einheit der MARCOS erreicht das Hotel und sichert es. Während der Besetzung des Hotels haben die beiden Terroristen immer wieder telefonischen Kontakt zu ihrer Führung in Pakistan. Laut einem abgefangenen Telefongespräch befinden sie sich mit fünf Geiseln im 10. und 11. Stockwerk. Die folgende Anweisung aus Pakistan ist klar: Maximalen Schaden verursachen, alle Geiseln töten – aber keine Muslime – und nicht lebend gefangen nehmen lassen.

**08.00 Uhr** Die Kommando-Soldaten der NSG treffen bei dem Hotel ein. Sie bilden zwei Teams mit jeweils 25 Soldaten und steigen über die Feuerleiter hinauf in den 21. Stock des Hochhauses. Die Pläne, welche die Soldaten vom Personal erhalten haben, weisen drei Übergänge zu dem niedrigeren Oberoi-Gebäude aus, das nur 11 Stockwerke hat.

Da unbekannt ist, wo sich die Terroristen aufhalten, wird – wie schon im Hotel Taj Mahal – das Hotel von oben nach unten durchsucht, Zimmer für Zimmer.

**Kontakt** Die Kommando-Soldaten, die die Räume durchkämmen, haben im 18. Stockwerk einen ersten Kontakt mit den Terroristen: Sie begegnen einem Sperrfeuer aus automatischen Waffen. Während der Kampf heftiger wird, ziehen sich die Terroristen in Raum 1856 zurück und feuern dabei ununterbrochen.

**Eingekreist** Die Terroristen können das Stockwerk nicht verlassen, da Soldaten den Flur an beiden Seiten versperren. Einer der Terroristen versucht, den Fahrstuhl zu erreichen, und wird

| | |
|---|---|
| | dabei erschossen. Der andere versteckt sich im Bad von Zimmer 1856, wird dort aufgefunden und erschossen. |
| **28.11.2008 14.00 Uhr** | Das Hotel ist am 28. November gegen Mittag geräumt. Um die weitere Sicherheit zu gewährleisten, wird es erst am 29. November um 18.00 Uhr der Polizei übergeben. 35 Personen sind dem Terrorangriff zum Opfer gefallen, 24 wurden verletzt. |

**Die meisten Toten gab es in der ersten Stunde** von Riddhi Shah & Gigil Vargese
Mumbai, 29. November: „Die meisten Todesfälle im Oberoi Trident ereigneten sich innerhalb der ersten Stunde, vor allem im Tiffin-Restaurant, dann im Kandahar-Restaurant und schließlich in der Lobby", sagte der Geschäftsführer der Oberoi-Hotelgruppe am Samstag. Nach einer 48-stündigen Operation hatten die Sicherheitskräfte 250 Menschen gerettet. Doch 32 Menschen starben, darunter zehn Mitarbeiter und vier ausländische Gäste. Es wurden AK-47-Gewehre, acht Magazine und zwei Pistolen gefunden. Von zwei Gruppen, die als Geiseln genommen wurden, brachten die Terroristen eine in den 19. Stock, die andere in den 21. Alle wurden erschossen. Der Geschäftsführer erklärte, dass er in Zukunft gern bewaffnete Sicherheitskräfte in den Hotels hätte, doch es werde wohl eine Zeit dauern, bis die Regierung dem zustimme. (26/11: The Attack on Mumbai, Hrsg. Hindustan Times, S. 54)

### Rückblick: 26. November 2008, Angriff auf das Nariman House

| | |
|---|---|
| **Budhwar Park 20.00 Uhr** | Am 26. November gegen 20.00 Uhr trennen sich Imran und Naser von den anderen Terroristen. Ihr Ziel ist das Nariman House, ein fünfstöckiges Gebäude, das der Chabad of India Trust, eine orthodoxe jüdische Organisation, im Jahr 2006 erworben hat. |
| | Das Ziel ist zu nahe, um ein Taxi zu nehmen, daher gehen die beiden zu Fuß zum Nariman House, das ein Bildungszentrum, eine Synagoge und eine Pension beherbergt. Die Pension ist eine der bevorzugten Unterkünfte für israelische Besucher. |
| **21.30 Uhr** | Imran und Naser erscheinen vor dem Nariman House. Das Gebäude liegt 50 m von der Hauptstraße entfernt und ist durch eine schmale Gasse mit der Straße verbunden. Ein junger Wachmann, der untätig in der Nähe des Parkplatzes sitzt, vermutet, dass es sich bei den beiden Besuchern mit schwerem Gepäck um Juden handeln müsse, die dort einige Tage bleiben wollen. Er führt das Duo zum richtigen Eingang und geht, wie er es oft tut, in ein Nachbarhaus, um mit Freunden ein Schwätzchen zu halten. |
| **Zwei Bomben** | Nach kurzer Zeit kommen die beiden Terroristen wieder aus dem Haus, bleiben stehen und schauen sich draußen alles genau an. Bevor sie wieder ins Haus gehen, deponieren sie zwei Bomben in der Nähe des Einganges. Kurz darauf explodieren die Bomben. |
| **21.45 Uhr** | Als die Terroristen das Haus wieder betreten, schießen sie um sich. Ein Nachbar alarmiert die Polizei. Im 2. Stock überraschen die Terroristen Rabbi Gavriel und seine Frau und zwingen sie, das israelische Konsulat anzurufen. „Die Situation ist nicht gut", beginnt der Rabbi, doch dann ist die Leitung tot. |
| **27.11.2008 05.30 Uhr** | Nachdem die Nachricht des Angriffs auf Mumbai um die Welt gegangen ist, versucht das Chabad-Krisenzentrum in den USA, Rabbi Gavriel im Nariman House zu erreichen, aber niemand antwortet. |
| **07.00 Uhr** | Die Polizei beginnt mit der Evakuierung der umliegenden Häuser. Im weiteren Verlauf |

des Vormittags kommt es zu einem Feuergefecht, bei dem ein Terrorist verletzt wird. Wie auch in den anderen Angriffsorten haben die Terroristen Telefonkontakt zu ihrer Führung in Pakistan. Aus den abgehörten Telefongesprächen geht hervor, dass zwei Frauen bereits erschossen worden sind. Da die Führung in Pakistan erwartet, dass die NSG über das Dach kommt, werden die beiden Terroristen angewiesen, den Zugang der Kommandotruppen nach unten zu blockieren, indem sie sich an die Treppe stellen.

**14.45 Uhr** Die Terroristen werfen Granaten in die Gasse, doch niemand kommt zu Schaden.

**17.30 Uhr** Die Soldaten der NSG erreichen das Nariman House, doch die Evakuierung der umliegenden Häuser ist noch nicht abgeschlossen. Ein Bauplan ist nicht vorhanden, und es gibt niemanden, der das Innere des Nariman House beschreiben könnte.

Die Terroristen haben inzwischen die Fensterscheiben des Hauses zertrümmert; auch die Innentreppe ist teilweise zerstört, die die Stockwerke verbindet.

Ein Marinehubschrauber umkreist das Gebäude, um weitere Hinweise auf den Aufenthaltsort der Terroristen zu erhalten.

**28.11.2008**
**07.15 Uhr** Die NSG-Soldaten bilden zwei Teams: Die Angriffsgruppe aus 17 Sodaten seilt sich vom Hubschrauber ab, ein Unterstützungsteam sichert die Aktion. Auf den Dächern der umliegenden Häuser befinden sich Scharfschützen, die das Gebäude mit einem Deckungsfeuer belegen, während sich die Soldaten vom Hubschrauber aus auf das Dach des Nariman House abseilen.

**10.30 Uhr** Die beiden oberen Stockwerke sind unter Kontrolle der NSG, die sich langsam den Weg hinunter erkämpfen. Schüsse und Explosionen von Granaten sind immer wieder zu hören. Ziel der NSG ist es, die Terroristen zu ermüden, was ihnen auch gelingt; selbst die Motivation durch die Führung in Pakistan hilft kaum mehr.

**14.00 Uhr** Zu diesem Zeitpunkt kommt es zum ersten direkten Kontakt mit den Terroristen. Als Sergeant Gajendar Singh versucht, in einen Raum einzudringen, in dem sich die Terroristen befinden, erschießen sie ihn. Daraufhin sprengen die Soldaten ein Loch in die Wand, nehmen die Terroristen von zwei Seiten unter Feuer und erschießen sie.

**16.25 Uhr** Der Einsatz ist beendet. 60 Personen können befreit werden. Rabbi Gavriel und seine schwangere Frau sind tot, ebenso vier weitere Bewohner des Hauses.

(Zusammengestellt nach: Saroj Kumar Rath, Fragile Frontiers, The Secret History of Mumbai Terror Attacks, S. 132–160)

Insgesamt wurden bei dem Angriff auf Mumbai 175 Menschen getötet, die Terroristen eingeschlossen. Darunter waren auch 15 Polizisten und zwei NSG-Soldaten; 293 Menschen waren verletzt worden. Viele Tote wiesen Folterspuren oder Entstellungen auf. Ein Gerichtsmediziner erklärte: „Es war offensichtlich, dass die meisten der Toten gefoltert wurden. Was mich schockierte, waren die verräterischen Zeichen, an denen deutlich sichtbar war, wie kaltblütig die Geiseln hingerichtet wurden.“ Der einzige Überlebende der Terroristen, Ajmal Kasab, welcher der Polizei viel über die Hintergründe der Operation berichtet hatte, wurde am 21. November 2012 hingerichtet.

Die Anschläge in Mumbai waren von pakistanischem Boden aus geleitet worden. Doch das Ziel, damit einen Krieg zwischen Indien und Pakistan zu provozieren, um die Aufmerksamkeit vor allem der USA von al-Qaida abzulenken, wurde nicht erreicht. Zwar verstärkte Pakistan seine Truppen an der Grenze zu Indien, um einen möglichen indischen Angriff besser abwehren zu können, doch der Konflikt wurde durch „sanften Druck“ vonseiten der USA beigelegt.

## Der Plan: Terror in Europa 2010

Der Plan, im Jahr 2010 in Europa Terroranschläge auszuführen, wurde al-Qaida zugeschrieben und vermutlich von bin Laden selbst angordnet. Es ging dabei um Selbstmord-Attentate im Kommando-Stil wie in Mumbai, die gleichzeitig in Großbritannien, Frankreich und Deutschland verübt werden sollten.

Die Existenz des Plans wurde am 29. September 2010 bekannt. Britische Sicherheits- und Geheimdienstkreise bestätigten, dass ein Anschlag von Pakistan aus geplant war. Wie verlautete, war der Plan jedoch bereits im Vorfeld nach einer gemeinsamen Operation von US-amerikanischen, britischen, französischen und deutschen Geheimdiensten vereitelt worden, indem man militante Kämpfer in Pakistan durch Drohnenangriffe ausschaltete. Man ging davon aus, dass die beispiellose Zunahme der US-Drohnenangriffe entlang der Grenze zu Afghanistan darauf zurückzuführen war. (https://www.theguardian.com/world/2010/sep/29/terror-attack-plot-europe-foiled)

Berichten zufolge bestand die Absicht darin, die Anschläge mit schwer bewaffneten Männern in kleinen Teams auszuführen. Sie sollten Geiseln in Europa gefangen nehmen und hinrichten, ähnlich wie bei den Anschlägen in Mumbai im Jahr 2008. Der Sicherheitskorrespondent der BBC, Frank Gardner, sagte laut einem Artikel im Christian Science Monitor vom September 2010, die Planung sei vor Kurzem konkreter geworden. Der britische Nachrichtensender Sky News berichtete unter Berufung auf ungenannte Quellen, der Plan befinde sich „in einem fortgeschrittenen Stadium, doch die Realisierung stehe nicht unmittelbar bevor“.
(https://www.csmonitor.com/World/terrorism-security/2010/0929/Al-Qaeda-plot-in-Europe-possibly-revealed-by-German-terror-suspect)

Die ersten Informationen über den Anschlag stammten vermutlich von einem deutschen Terrorverdächtigen, der im Juli 2010 festgenommen wurde. Es war ein 36-jähriger Mann namens Ahmad Siddiqui aus Hamburg, der versucht haben soll, von Kabul nach Europa zu fliegen. Als Mitglied der „Islamischen Bewegung Usbekistans“ (IMU) hatte er eine Ausbildung in Pakistan absolviert und wurde vom Haqqani-Netzwerk geschützt wie einst Osama bin Laden. Der Spiegel berichtete, dass Siddiqui als Terrorverdächtiger auf dem Flugplatz Bagram, einem der größten NATO-Stützpunkte in Afghanistan, in einer Hafteinrichtung festgehalten wurde. Bei den Vernehmungen soll er sich ausführlich zu einer Reihe von geplanten Anschlägen in Deutschland und den europäischen Nachbarländern geäußert haben.

Ahmad Siddiqui und zehn andere Muslime wurden vom Hamburger Landesamt für Verfassungsschutz „die Reisegruppe“ genannt. Sie alle kannten sich aus der Taiba-Moschee am Steindamm, die unter ihrem alten Namen Al-Quds-Moschee besser bekannt und berüchtigt war. Hier hatte sich die sogenannte „Hamburger Zelle“ getroffen, die an den Flugzeugangriffen auf New York im September 2001 maßgeblich beteiligt gewesen war. Siddiqui kannte vier

Mitglieder dieser Zelle, darunter auch Mohammed Atta, der am 11. September 2001 das erste Flugzeug in einen der Türme des World Trade Center gelenkt hatte. Die Moschee wurde am 9. August 2010 endgültig geschlossen; der damaliger Hamburger Innensenator Christoph Ahlhaus bezeichnete sie als Fokus der dschihadistischen Szene.

## Die Hamburger „Reisegruppe“ in Pakistan

Laut Geheimdienstinformationen verließ die Gruppe um Siddiqui Hamburg, um in die Stammesgebiete Pakistans zu reisen. Dabei nutzte die Gruppe mehrere Routen – einige kamen auf dem Landweg durch den Iran, andere auf dem Luftweg über den Persischen Golf. Ein Mann namens Asadullah M., 52, ein Hamburger afghanischer Herkunft, der sich vermutlich im pakistanischen Stammesgebiet entlang der afghanischen Grenze aufhielt, war für die Logistik verantwortlich, so ein Geheimdienstmitarbeiter. Acht Mitglieder der Reisegruppe, darunter zwei Ehefrauen der Kämpfer, gelangten schließlich in die Stammesgebiete Pakistans, wo sich acht Personen der Islamischen Bewegung Usbekistans (IMU) anschlossen, einer usbekischen Kämpfergruppe mit engen Verbindungen zu al-Qaida.

Ein Mitglied der Gruppe war Rami Makanesi, 25, ein deutscher Staatsangehöriger, geboren in Syrien. Auch Shahab Dashti, ein deutscher Staatsbürger iranischer Abstammung, war Mitglied der Reisegruppe. Er erschien Ende 2009 auf einem Video der IMU: Mit Messer und Pistole bewaffnet forderte er andere deutsche Staatsangehörige auf, sich dem Dschihad gegen die US-Streitkräfte in Afghanistan anzuschließen. Einige Männer wurden in dem Video beim Abfeuern von Waffen gezeigt, was wie eine Schießübung aussehen sollte.

Siddiqui sagte gegenüber den Vernehmungsbeamten außerdem aus, dass Naamen Meziche, ein Franzose algerischer Abstammung, eine planende Rolle in dem neuen Komplott übernommen habe, das von Asadullah M. unterstützt und von Osama bin Laden selbst genehmigt worden sei. Meziche wurde später – Mitte Juni 2012 – bei einer Razzia in der Nähe der Grenze zum Iran von den Pakistani festgenommen.

Siddiqui erklärte darüber hinaus, dass ein Mann namens Dashti, der in dem IMU-Video ebenfalls auftaucht, in den geplanten Operationen gegen Europa eingesetzt werden sollte. Er war in den Stammesgebieten Pakistans auf freiem Fuß. Siddiqui gab auch an, dass Younis al-Mauretani sein Al-Qaida-Kontakt war. Anfang September 2011 wurde dieser in Quetta vom pakistanischen Geheimdienst ISI und dem US-Geheimdienst verhaftet.
(https://edition.cnn.com/2010/WORLD/asiapcf/10/04/pakistan.drone.germans/index.html)

Am 4. Oktober 2010 feuerte eine US-Drohne eine Rakete auf ein Gebäude im Gebiet Mir Ali in North Waziristan ab und tötete elf mutmaßliche Kämpfer. Der pakistanische Geheimdienst bestätigte am folgenden Tag, dass sich unter den Getöteten fünf deutsche Staatsangehörige sowie drei weitere Ausländer befanden. Die übrigen waren Pakistaner.

## Deutschland: Terrorwarnung

Ab Mittwoch, dem 17. November 2010, gab es laut Bundesinnenminister Thomas de Maizière konkrete Hinweise auf geplante Anschläge in Deutschland. Die USA hatten mitgeteilt, dass ihren Erkenntnissen zufolge vier mutmaßliche Terroristen nach Deutschland unterwegs seien und Anschläge für Ende November geplant hätten. In den Monaten zuvor hatte es bereits eine Zunahme der Hinweise gegeben. Zwei verhaftete Terrorverdächtige aus Deutschland berichteten von Anschlagsplanungen al-Qaidas in mehreren Staaten Europas. Amerikanischen Hinweisen zufolge sei ein zwölfköpfiges Terrorkommando auf dem Weg nach Europa, um Anschläge im Stil des Angriffes auf Mumbai 2008 durchzuführen. Und mehrere deutsche Dschihadisten im pakistanischen Grenzgebiet hätten über eine Rückreise nach Deutschland gesprochen.

Es ist anzunehmen, dass die vier mutmaßlichen Terrorplaner, vor denen die USA gewarnt hatten, nicht die einzigen auf dem Weg nach Europa waren. Man muss wohl davon ausgehen, dass die Terrorgruppen, die in Europa zuschlagen wollten, mehrgleisig vorzugehen gedachten. Mehrere Szenarien sind denkbar, aber es gab offenbar noch keinen konkreten Plan. Die Angriffe könnten sich wie in Mumbai auf einen Bahnhof oder ein Hotel richten, auch ein Kaufhaus wäre denkbar, ebenso Geiselnahmen und Anschläge auf Weihnachtsmärkte. Allerdings schrieb man das Jahr 2010, und man verfügte noch nicht über die Erfahrungen aus dem Anschlag auf den Weihnachtsmarkt am Berliner Breitscheidplatz im Jahr 2016. Aber bereits damals wurde in Betracht gezogen, dass auch Weihnachtsmärkte ein Ziel sein könnten.

Für al-Qaida war bereits die Aufdeckung der Pläne ein Erfolg, denn Terror ist nicht nur Gewalt, sondern Terror ist auch die Angst davor. Und so, wie es sich heute darstellt, war der Plan „Terror in Europa 2010“ der letzte Versuch von al-Qaida, wieder mehr Einfluss zu gewinnen. Im Mai 2011 wurde Osama bin Laden im pakistanischen Abbottabad aufgespürt und von einem amerikanischen Seal-Team erschossen. In den Jahren bis 2023 wurden elf Anschläge verübt, die al-Qaida zugeschrieben werden. Diesen Anschlägen fielen sechs Menschen zum Opfer und 31 wurden verletzt.

Das Erscheinen des Islamischen Staates (IS) und die Ausrufung des Kalifats im Sommer 2014 drängten die lange dominierende al-Qaida in den Hintergrund. Allerdings stand der IS durch den Tod seines Führers al-Baghdadi im Sommer 2019 quasi vor dem Ende, während al-Qaida durch das sogenannte Franchise-System wieder wuchs.

Die Nummer zwei von al-Qaida, al-Zawahiri, hatte die Organisation nach dem Tod von bin Laden übernommen. Der ägyptische Scheich, ein langjähriger Weggefährte bin Ladens seit der Zeit in Afghanistan, setzte einen anderen Schwerpunkt als sein Vorgänger. Im Gegensatz zu bin Laden war al-Zawahiri der Ansicht, dass zunächst der „nahe Feind“ bekämpft werden müsse und nicht der „ferne Feind“. Aufgrund des Franchise-Systems richtete sich der Blick der Al-Qaida-Führung immer mehr auf die jeweiligen Regionen und somit auch auf eine Einbettung in die örtlichen Strukturen.

Dies dürfte ein Grund sein, warum es keine Anschläge in Europa mehr gab. Ein weiterer Grund war der „Arabische Frühling“. Er führte zu Umwälzungen, die neue Handlungsmöglichkeiten für regionale Terrorgruppen bot. So war es nicht überraschend, dass al-Zawahiri die Einigkeit der Organisation beschwor und vor Verrat warnte. Die Möglichkeit für Dschihadisten, sich aufgrund der Regionalisierung selbstständig zu machen und eine eigene Agenda zu verfolgen, wurde von der Al-Qaida-Führung durchaus zwiespältig beurteilt.

Trotzdem bedeutete die Regionalisierung bzw. der Blick auf den „nahen Feind“ nicht, dass es keine Anschläge durch Einzeltäter mehr geben sollte. Denn es kamen immer wieder Forderungen der Zentrale, in denen Anhänger im Westen aufgerufen wurden, Anschläge zu begehen, und es war abzusehen, dass Einzeltäter solchen Aufrufen folgen würden. Der Anschlag auf die Redaktion von Charlie Hebdo im Januar 2015 in Paris ist solch ein Beispiel.

## Kampf gegen westliche Gedankenfreiheit

Der Terroranschlag auf die wöchentlich erscheinende Satirezeitschrift Charlie Hebdo zielte darauf ab, eine Reihe von Künstlern und Journalisten zum Schweigen zu bringen, die ihre Gedanken zu kontroversen Themen des Tages zum Ausdruck gebracht hatten und dies auch weiterhin tun wollten.

Die Angreifer waren ein französisches Brüderpaar, radikalisierte, gewaltbereite Islamisten. Da das Satire-Magazin Charlie Hebdo ihrer Meinung nach den Propheten Mohammed in Karikaturen verunglimpft hatte, war das Blutbad nicht nur ein Angriff auf die Meinungsfreiheit, sondern auch auf eine bestimmte literarische Form, die Satire, die sowohl in einer offenen Gesellschaft als auch in der Geschichte der französischen Literatur einen besonderen Platz einnimmt. Auch wenn Charlie Hebdo eine neuere Ausprägung einer fast sechshundertjährigen französischen Satiretradition ist, lässt sich die literarische Form selbst bis ins alte Rom zurückverfolgen. (Marc E. Vargo, The French Terror Wave, 2015–2016, S. 8)

## Die Entstehung von Charlie Hebdo

Seit 1960 gab es in Frankreich ein monatliches Satire-Magazin mit dem Namen Hara-Kiri. 1969 wurde beschlossen, das Magazin durch eine wöchentliche Ausgabe zu ergänzen, die den Namen L'Hebdo Hara-Kiri trug – „hebdo“ ist die Kurzform für „hebdomadaire“ (wöchentlich).

Im November 1970 waren bei einer Brandkatastrophe in dem Nachtclub „Club Cinq-Sept“ 146 Menschen ums Leben gekommen. Acht Tage später starb der ehemalige französische Staatspräsident Charles de Gaulle in seinem Heimatdorf Colombey-les-Deux-Églises. Die Satire-Zeitschrift veröffentlichte nun ein Titelbild, das die Berichterstattung der Boulevardpresse über diese Katastrophe parodierte, mit der Überschrift „Tragischer Ball in Colombey, ein Toter“. Daraufhin wurde die Wochenzeitung verboten.

Um dieses Verbot zu umgehen, beschloss die Redaktion, den Namen zu ändern, und zwar in „Charlie Hebdo“. Der Name Charlie wurde von der Hauptfigur eines im selben Pariser Verlag in Lizenz veröffentlichten amerikanischen Comics ausgeliehen: Charlie Brown von den Peanuts. Die Verwendung dieses Titels für die neue Wochenzeitschrift war natürlich eine Anspielung auf den langjährigen Präsidenten Charles de Gaulle. Die erste Ausgabe enthielt auch eine Peanuts-Story, da die Redakteure Fans der Comic-Serie waren. Nachdem ihnen in einem frühen Leserbrief vorgeworfen worden war, „dumm und böse“ („bête et méchant“) zu sein, wurde der Ausdruck zum offiziellen Slogan der Zeitschrift und fand sogar Eingang in die französische Alltagssprache. Trotzdem musste das Satireblatt im Dezember 1981 aus finanziellen Gründen eingestellt werden.

Im Jahr 1991 kam es zur Wiedergeburt des Magazins. Die Veröffentlichung des neuen Charlie Hebdo erfolgte im Juli 1992 unter großem Medienrummel. Von der ersten Ausgabe der neuen Publikation wurden 100.000 Exemplare verkauft.

### Mohammed-Karikaturen in Dänemark 2005

Am 30. September 2005 veröffentlichte die dänische Zeitung Jyllands-Posten zwölf Karikaturen, von denen die meisten den Propheten Mohammed darstellten, z. B. einen bärtigen Mann mit einem Turban, in dem sich eine Bombe mit angezündeter Lunte verbarg. Die Zeitung erklärte, dies sei ein Versuch, einen Beitrag zur Debatte über Islamkritik und Selbstzensur zu leisten. Doch die muslimischen Gruppen in Dänemark beschwerten sich, und das Thema führte schließlich zu Protesten in der ganzen Welt und in einigen muslimischen Ländern auch zu Gewalt und Unruhen.

### Mohammed-Kontroverse in Frankreich 2006

Die Ausgabe von Charlie Hebdo vom 9. Februar 2006 löste dann auch eine Kontroverse in Frankreich aus. Unter dem Titel „Mahomet débordé par les intégristes“ (Mohammed von Fundamentalisten überwältigt) zeigte die Titelseite eine Karikatur eines weinenden Mohammed mit den Worten „C'est dur d'être aimé par des cons“ (Es ist schwer, von Idioten geliebt zu werden). Die Zeitung druckte auch die zwölf Karikaturen aus der Jyllands-Posten nach und fügte sogar noch einige eigene hinzu. Verglichen mit einer regulären Auflage von 100.000 verkauften Exemplaren war diese Ausgabe ein großer kommerzieller Erfolg: 160.000 Exemplare wurden verkauft, weitere 150.000 Exemplare mussten noch am Erscheinungstag nachgedruckt werden.

Die meisten islamischen Traditionen verbieten es, Mohammed bildlich darzustellen, und so verklagten Muslime – die Große Pariser Moschee, die Islamische Weltliga und die Union Islamischer Organisationen in Frankreich – den Herausgeber von Charlie Hebdo, Philippe Val. Am 22. März 2007 wurde Val freigesprochen. Das Gericht folgte der Argumentation, dass zwei der drei Karikaturen keinen Angriff auf den Islam, sondern auf muslimische Terroristen darstellen, und dass die dritte Karikatur, die Mohammed mit einer Bombe im Turban zeigt, als Zitat aus Jyllands-Posten zu sehen sei, die den religiösen Fundamentalismus angeprangert habe.

Im November 2011 wurde auf das Büro von Charlie Hebdo im 20. Arrondissement ein Brandanschlag verübt, und die Website der Zeitung wurde gehackt. Es wird vermutet, dass die Anschläge mit der Umbenennung der Ausgabe vom 3. November 2011 in „Charia Hebdo“ zusammenhingen und Mohammed als „Chefredakteur“ aufgeführt wurde. Das Titelbild, das auch in den sozialen Medien kursierte, zeigt eine Karikatur von Mohammed mit den Worten „100 Peitschenhiebe, wenn du nicht vor Lachen stirbst“ von Renald Luzier alias LUZ. Die Charia-Hebdo-Ausgabe war eine Reaktion auf die jüngsten Nachrichten über die Einführung der Scharia in Libyen nach den Wahlen und auf den Sieg der islamistischen Ennahda-Partei in Tunesien.

Ab 2009 war der Karikaturist und Journalist Stéphane Charbonnier („Charb“) Herausgeber von Charlie Hebdo. Zwei Jahre vor dem Brandanschlag hatte er erklärt: „Wir müssen weitermachen, bis der Islam so banal geworden ist wie der Katholizismus." Im Jahr 2013 wurde er zusammen mit Redakteuren von Jyllands-Posten auf eine Todesliste gesetzt, die im Namen al-Qaidas auf einer islamistischen Internetseite erschien.

Im September 2012 veröffentlichte die Zeitung erneut eine Reihe satirischer Karikaturen über Mohammed. Eine Karikatur zeigte Mohammed als nackten Mann auf allen Vieren mit einem Stern, der seinen After bedeckt. Eine andere zeigt Mohammed, wie er sich nackt bückt und darum bettelt, bewundert zu werden. Charlie Hebdo griff dieses Thema wenige Tage nach einer Reihe von Anschlägen auf US-Botschaften im Nahen Osten auf, die vermutlich als Reaktion auf den islamkritischen Film „Innocence of Muslims" (Die Unschuld der Muslime) verübt wurden. Die französische Regierung beschloss, die Sicherheitsvorkehrungen in bestimmten französischen Botschaften zu erhöhen; außerdem umstellte die Bereitschaftspolizei die Büros der Zeitschrift, um sie vor möglichen Anschlägen zu schützen.

## Angriffe auf Ziele im Herzen Frankreichs

Vom 7. bis 9. Januar 2015 wurden in der Region Île-de-France, insbesondere in Paris, Terroranschläge verübt, nicht nur auf die Redaktion von Charlie Hebdo. Drei Angreifer töteten bei vier Anschlägen insgesamt 17 Menschen und wurden anschließend selbst von der Polizei erschossen. Außerdem erlitten 22 weitere Personen Verletzungen. Ein fünfter Anschlag hatte keine Todesopfer zur Folge.

„Al-Qaida auf der Arabischen Halbinsel" (AQAP) bekannte sich zu den Anschlägen und erklärte, diese seien seit Jahren geplant gewesen. Das Bekenntnis zu den Anschlägen auf Charlie Hebdo erfolgte in einem Video, das den AQAP-Kommandeur Nasr Ibn Ali al-Ansi mit bewaffneten Männern im Hintergrund zeigt, die als die Brüder Kouachi identifiziert wurden. Die Behörden hielten das Video für authentisch, doch es gibt keinen Beweis dafür, dass die AQAP an den Anschlägen ihrer Mitglieder beteiligt gewesen war. Amedy Coulibaly, der einen Teil der Anschläge, die Schießerei in Montrouge und die Belagerung des Hyper Cacher, eines Supermarkts für koschere Lebensmittel, verübte, behauptete vor seinem Tod, er gehöre zu ISIS.

## Mittwoch, 7. Januar 2015: Anschlag auf Charlie Hebdo

Es war ein kalter, nebliger Morgen in Paris. Corinne Rey, eine 32-jährige Zeichnerin von Charlie Hebdo, bekannt unter dem Künstlernamen „Coco", hatte gerade ihre Tochter im Kindergarten abgegeben und eilte in die Rue Nicolas Appert 10 zur wöchentlichen Redaktionssitzung. Nach dem Brandanschlag von 2011 war die Redaktion umgezogen und hatte die neue Adresse nicht veröffentlicht. Es gab auch kein Logo an der Hauswand und keinen Klingelknopf.

Auch die Brüder Kouachi, Saïd und Chérif, wollten an diesem Tag zu Charlie Hebdo. Sie waren ganz in Schwarz gekleidet, trugen Springerstiefel und schusssichere Westen. Außerdem trugen sie Balaclavas, Sturmhauben, die ihren Kopf und das Gesicht bedeckten; nur die Augen waren sichtbar. Ihr Waffenarsenal umfasste mehrere halbautomatische Pistolen, Maschinenpistolen, AK-47-Sturmgewehre, eine Schrotflinte, Molotow-Cocktails und eine Panzerfaust.

Wie geplant nahm Corinne an der Redaktionssitzung teil. Man suchte das Titelbild für die nächste Ausgabe aus und diskutierte über die Motive junger Muslime, die sich am Dschihad beteiligen wollten. Die Redaktionssitzung fand unter Leitung von Stéphane Charbonnier statt, dessen Personenschützer ebenfalls anwesend war. Nicht alle Redaktionsmitglieder waren an diesem Tag da, jedoch einige Gäste, darunter der Buchautor Gérard Gaillard und der Reiseschriftsteller Michel Renaud.

Um 11.30 Uhr neigte sich die Sitzung dem Ende zu. Ein schwarzer Citroën hielt vor der Hausnummer 10 in der Rue Nicolas Appert, und die Kouachi-Brüder stiegen aus. Sie kannten den Aufruf von al-Qaida gegen Stéphane Charbonnier: „Gesucht, tot oder lebendig, wegen Vergehens gegen den Islam." Beide hatten nur einen Teil ihres Waffenarsenals bei sich, weil sie davon ausgingen, nur auf eine Gruppe unbewaffneter Männer und Frauen zu treffen.

**Terroristenkarrieren: Die Brüder Kouachi**

Die Kouachi-Brüder wurden in Paris als Kinder algerischer Einwanderer geboren, Saïd 1980, Chérif 1982. Beide waren französische Staatsbürger. Nach dem Suizid ihrer Mutter kamen sie 1992 in eine Pflegefamilie in Rennes und wurden zwei Jahre später in ein Waisenhaus in Corrèze gebracht. Um das Jahr 2000 zogen die Brüder wieder nach Paris, in eine Wohnung im 19. Arrondissement – ein Arbeiterviertel, dicht bevölkert von muslimischen Einwanderern aus Frankreichs ehemaligen Kolonien in Nordafrika. Chérif Kouachi, der jüngere, aber wohl dominante der Brüder, bekam einen Job als Pizzafahrer bei El Primo.
(https://www.bbc.co.uk/news/world-europe-30722038)

Chérif, auch als „Abu Issen" bekannt, gehörte zu einer Bande, die sich im Parc des Buttes-Chaumont zu paramilitärischen Übungen traf. Ab 2003, nach der US-Invasion im Irak, schickte die Gruppe potenzielle Dschihadisten in den Irak, um dort für al-Qaida zu kämpfen. Im Januar 2005 wurde Chérif verhaftet, als er zusammen mit einem anderen Mann nach Syrien ausreisen wollte, wo sich Dschihadisten sammelten, die im Irak gegen die US-Truppen kämpfen wollten.

Er kam in das Gefängnis von Fleury-Mérogis, eines der größten Gefängnisse Europas, und lernte dort Amedy Coulibaly kennen. Gemeinsam fanden sie im Gefängnis einen Mentor, Djamel Beghal, der 2001 wegen seiner Beteiligung an einem Bombenanschlag auf die US-Botschaft in Paris zu zehn Jahren Gefängnis verurteilt worden war. Zuvor hatte Beghal, Schüler des radikalen Predigers Abu Hamza al-Masri, die Londoner Zentralmoschee in Finsbury Park regelmäßig besucht.

Chérif Kouachi heiratete nach seiner Entlassung aus dem Gefängnis und arbeitete auf einem Fischmarkt am Rande von Paris. Er wurde Schüler von Farid Benyettou, einem radikalen muslimischen Prediger in der Addawa-Moschee im 19. Arrondissement und wollte Anschläge auf jüdische Ziele in Frankreich verüben. Doch Benyettou erklärte ihm, dass Frankreich, anders als der Irak, kein Land des Dschihads sei.

Am 28. März 2008 wurde Chérif zu drei Jahren Gefängnis verurteilt, von denen 18 Monate zur Bewährung ausgesetzt wurden. Er hatte Kämpfer für den Islamisten Abu Musab al-Zarqawi im Irak rekrutiert. Seine Begründung lautete: Empörung über die Folterung von Häftlingen durch die US-Armee im Bagdader Zentralgefängnis Abu Ghraib habe ihn inspiriert, den Aufständischen im Irak zu helfen. Saïd Kouachi wiederum hielt sich von 2009 bis 2010 mit einem Studentenvisum im Jemen auf, um am „Institute for the Arabic Language" in Sanaa zu studieren. Im Jahr 2011 kehrte Saïd, begleitet von Chérif, für einige Monate in den Jemen zurück. Dort trainierten sie mit Kämpfern von „al-Qaida auf der Arabischen Halbinsel". Nach Angaben einer jemenitischen Geheimdienstquelle hatten sie Kontakt zum Al-Qaida-Prediger Anwar al-Awlaki, der kurz darauf durch einen Drohnenangriff getötet wurde.

Frankreich wurde noch im Jahr 2011 von den USA darüber informiert, dass die Brüder im Jemen eine militärische Ausbildung erhalten hatten. Die französischen Behörden überwachten sie bis zum Frühjahr 2014. In der Zeit vor dem Anschlag auf Charlie Hebdo lebte Saïd, der inzwischen ebenfalls verheiratet war, mit seiner Frau und seinen Kindern in einem Wohnblock in Reims, wobei die Nachbarn ihn als eigenbrötlerisch beschrieben. Sein Bruder Chérif blieb mit seiner Familie in Paris.
(https://www.nytimes.com/2015/01/18/world/europe/paris-terrorism-brothers-said-cherif-kouachi-charlie-hebdo.html)

## Das Massaker

Die Brüder stürmten in die Lobby des viergeschossigen Hauses in der Rue Nicolas Appert, wild um sich schießend, und riefen „Charlie". Das erste Todesopfer war ein Handwerker, der am Empfangstresen saß. Während Chérif und Saïd durch die Flure stürmten und nach dem Büro des Verlages suchten, alarmierten sich die Bewohner des Gebäudes gegenseitig und informierten die Polizei. Doch niemand kontaktierte das Büro von Charlie Hebdo, denn niemand hatte die Telefonnummer, und es schien zu riskant, sich über den Korridor zu wagen, um den bedrohten Nachbarn zu warnen.

Genau zu diesem Zeitpunkt entschloss sich Corinne, eine Pause einzulegen und mit Angélique, der Leiterin der Abonnementabteilung, eine Zigarette zu rauchen. Als die beiden Frauen die Treppe hinuntergingen, tauchten die Brüder Kouachi im Treppenhaus auf und stürmten auf sie zu. Einer der Brüder stieß Corinne seine AK-47 in den Rücken und forderte die Grafikerin auf, den Tür-Code zum Büro von Charlie Hebdo einzugeben. „Wir wollen Charb!" schrie er. Corinne dachte an ihre kleine Tochter und tippte den Code ein.

Im Konferenzraum saßen die Teilnehmer noch beisammen. Es war die erste Konferenz im neuen Jahr, und die Stimmung war fröhlich. Der Reporter Laurent Léger berichtete, dass sie von dem, was sie für einen Feuerwerkskörper hielten – den Schüssen in der Lobby –, unterbrochen wurden, und erinnerte sich: „Wir dachten noch, es sei ein Scherz." Doch Charbonniers Bodyguard, ein Polizist, erkannte das Geräusch sofort, sprang auf und zog seine Waffe. Aber es war zu spät. Die Angreifer, die ihre Gesichter noch immer verbargen, traten die Tür zum Konferenzraum auf und riefen auf Arabisch „Allah ist der Größte!". Die Brüder erkannten Stéphane Charbonnier und eröffneten das Feuer auf ihn und seinen Bodyguard. Dann gingen sie von einer Person zur anderen und schossen allen Teilnehmern der Konferenz, die noch am Tisch saßen, in den Kopf. Insgesamt waren es 36 Schüsse.

Corinne überlebte unverletzt, da sie sich unter einem Tisch versteckt hatte, als die Brüder in das Konferenzzimmer stürmten. Simon Fieschi, der Webmaster des Internet-Auftritts von Charlie Hebdo, überlebte schwer verletzt, der Reporter Léger ebenfalls, versteckt unter einem Tisch. Insgesamt erschossen die Brüder Kouachi zwölf Zeichner und Redakteure, zudem wurden drei weitere verletzt.

Nach dem Überfall auf Charlie Hebdo kehrten die Brüder Saïd und Chérif, ohne sich sonderlich zu beeilen, zu ihrem Citroën zurück, beobachtet von Bewohnern des Hauses, die auf das Dach geflüchtet waren. „Wir haben den Propheten Mohammed gerächt", rief einer der Brüder, der andere ergänzte, dass sie „al-Qaida im Jemen" repräsentieren. Sie stiegen in den Wagen und fuhren die Straße hinunter, als ihnen einer der alarmierten Streifenwagen mit Blaulicht entgegenkam. Die Brüder griffen zu ihren Waffen und schossen auf die Front des Streifenwagens, der rückwärts fahrend die Flucht ergriff.

Die beiden Terroristen erreichten dann den Boulevard Richard-Lenoir, als ihnen der Polizist Ahmed Merabet, ein Muslim und gebürtiger Algerier, zu Fuß entgegenkam. Merabet zog seine Pistole, schoss auf den Citroën und zwang die beiden anzuhalten. Sie schossen zurück und trafen Merabet am Bein, sodass dieser auf den Fußweg stürzte. Einer der Terroristen lief auf den verletzten Polizisten zu, hielt ihm die AK-47 an den Kopf und drückte ab. Ein Zeuge in einem Wohnhaus zeichnete die Ermordung auf Video auf.

**Die Flucht**

Im 19. Arrondissement, nur einige Kilometer vom Charlie-Hebdo-Büro entfernt und in der Nähe des ihnen gut bekannten Parc des Buttes-Chaumont, fuhren die Brüder mit ihrem Citroën in einen parkenden Wagen. Nach diesem Zwischenfall hielten sie einen Renault Clio an und forderten den Fahrer mit vorgehaltener Waffe zum Aussteigen auf. „Wenn jemand Sie fragt, sagen Sie, es war al-Qaida aus dem Jemen." Nach diesen Worten setzten die Brüder ihre Flucht im Renault fort. Auf dem Rücksitz des Citroën ließen sie Beweismaterial zurück: nicht nur ihre Fingerabdrücke und Molotow-Cocktails, sondern auch zwei Dschihad-Fahnen und den Personalausweis von Saïd Kouachi.

Während die Brüder Kouachi ihre Flucht fortsetzten, wurde die höchste Terrorwarnstufe ausgelöst. 3.000 zusätzliche Polizisten wurden in ganz Frankreich mobilisiert, 500 davon allein in Paris, um Medienbüros und Synagogen zu sichern. 90 Minuten nach dem Massaker war Präsident François Hollande am Tatort und erklärte, dass die Opfer „unsere Helden" seien, und kündigte einen Staatstrauertag an.

Überwachungskameras im Raum Paris ermöglichten es den Spezialisten der Polizei, die Fluchtroute der Brüder Kouachi nachzuverfolgen. Doch als die Terroristen Paris verlassen hatten, war ihr Aufenthaltsort unbekannt.

Am Abend des Anschlages zogen zehntausende Pariser mit Kerzen durch die Stadt, um ihre Trauer auszudrücken. „Je suis Charlie" (Ich bin Charlie) wurde zu ihrem Schlachtruf. Es war ein Satz, der nicht nur zu hören, sondern auch auf jedem der improvisierten Plakate und auf den sozialen Plattformen im Internet zu lesen war.

**Donnerstag, 8. Januar 2015: Mord in Montrouge**

Kurz nach 8.00 Uhr morgens teilte ein Polizeisprecher mit, dass ein unbekannter Angreifer in Montrouge, einem südlich an Paris angrenzenden Vorort, eine Polizistin erschossen habe.

Die Situation war folgende: In der Avenue Pierre Brissolette hatte es einen Verkehrsunfall gegeben. Eine Polizistin und ein städtischer Angestellter nahmen den Schaden auf, als plötzlich ein schwer bewaffneter Mann mit kugelsicherer Weste und einer Balaclava über dem Kopf aus einer AK-47 das Feuer auf die beiden eröffnete. Der städtische Angestellte, ein Mann mittleren Alters namens Laurent, wurde schwer verletzt, doch es gelang ihm, dem Angreifer die Balaclava vom Kopf zu reißen. Ein Schuss, der Laurent treffen sollte, verletzte die junge Polizistin so schwer, dass sie kurz darauf starb. Die unbewaffnete Frau war erst seit 14 Tagen im Dienst gewesen. Dann schlug der Angreifer Laurent mit einer Pistole auf den Kopf und zielte erneut auf ihn, aber der Abzug klemmte. Daraufhin flüchtete der Täter zu Fuß und ließ seine Balaclava zurück.

Mithilfe von Zeugen konnte der Täter als der 32-jährige Amedy Coulibaly identifiziert werden, ein Afrikaner aus Mali und Schwerkrimineller, der bereits mehrere Jahre wegen Raubüberfällen und Drogendelikten in Haft gesessen hatte. Und er war Mitglied der „Dschihadisten von Buttes-Chaumont", zu denen auch die Brüder Kouachi gehörten. Zunächst wiesen die französischen Behörden jeden Zusammenhang zwischen dem Mordanschlag in Montrouge und dem Angriff auf Charlie Hebdo zurück, bestätigten aber später, dass es einen solchen Zusammenhang gebe.

Ein Durchbruch bei der Jagd nach den Tätern von Charlie Hebdo gelang gegen 10.30 Uhr, als die Flüchtigen eine Tankstelle in der Nähe von Villers-Cotterêts nordöstlich von Paris überfielen. Die Männer, die nach Angaben des Tankstellenbetreibers mit Kalaschnikows und Panzerfäusten bewaffnet waren, feuerten Schüsse ab, als sie Lebensmittel aus dem Shop und Benzin stahlen. Sie fuhren in demselben Renault Clio davon, den sie nach dem Anschlag auf die Büros von Charlie Hebdo in ihre Gewalt gebracht hatten.

Die Brüder wurden von der Polizei dann durch den Nordosten Frankreichs verfolgt, wobei sich die Anti-Terror-Operation auf das Städtchen Crépy-en-Valois und die nahe beieinander liegenden Dörfer Corcy und Longpont konzentrierte. Die Suche wurde auch auf den Forêt de Retz bei Villers-Cotterêts ausgeweitet, wo sich die überfallene Tankstelle befand. Dieses Waldgebiet, rund 130 Quadratkilometer groß, ist eines der größten Frankreichs.

Als der Donnerstag endete, hatten sich wieder Tausende von Parisern auf dem Platz der Republik eingefunden, um ihrer Trauer und ihrer wachsenden Wut Ausdruck zu verleihen. Mit dieser Wut waren sie nicht allein, denn die Empörung über den heimtückischen Mord an Künstlern und Schriftstellern verbreitete sich in der ganzen Welt.

Die Polizei suchte nun auch nach Amedy Coulibaly, dem Freund der Kouachi-Brüder aus dem Gefängnis. Sie hatten ihn anhand einer DNA-Probe von seiner zurückgelassenen Balaclava als den Mörder der Polizistin identifiziert.

**Freitag, 9. Januar 2015**

Nachdem die Brüder die Nacht im Wald in der Nähe von Crépy-en-Valois verbracht hatten, stellten sie fest, dass ihr gestohlener Renault Clio im Matsch feststeckte. Zurück an der Straße stoppten sie das erste Fahrzeug, das vorbeikam. Es war ein Peugeot 206. Sie zwangen den Fahrer, ihnen den Wagen zu überlassen. Doch dieser Überfall wurde von einem anderen Wagen aus bemerkt: Eine vorbeifahrende Lehrerin hatte die Brüder erkannt und die Polizei um 08.32 Uhr telefonisch informiert.

Aufgrund dieser Informationen ging die GIGN, die Eingreiftruppe der Nationalgendarmerie, davon aus, dass die Brüder zurück nach Paris wollten. Mithilfe von Straßensperrungen gelang es der Gendarmerie, die Brüder auf die Fernstraße N2 zu lotsen, um sie unter Kontrolle zu halten. So gerieten sie in die Gemeinde Dammartin-en-Goëlle, wo sie sich auf dem Parkplatz der Schilderdruckerei „Création Tendance Découverte" wiederfanden, die aber noch nicht geöffnet hatte. Mit Kalaschnikows und einer Panzerfaust bewaffnet näherten sie sich dem Eingang.

Im Firmenbüro im zweiten Stock saßen Michel Catalano, der Besitzer der Firma, und der junge Angestellte Lilien bei einer Tasse Kaffee. Sie warteten auf eine Lieferung, um mit der Arbeit beginnen zu können. Als es klingelte, dachte Catalano, dass es die Lieferung sei, und sah aus dem Fenster die beiden schwer bewaffneten Männer. Lilien konnte sich noch im Nebenzimmer verstecken, als die Kouachis hereinstürmten und riefen, dass sie als Märtyrer sterben wollten. In dem Augenblick erschien ein Polizist der Eingreiftruppe GIGN am Seiteneingang des Hauses. Saïd sah ihn, lief zu dem Eingang, rief „Allahu akbar" und zielte auf ihn, doch der Polizist schoss ihm in den Hals, sodass der Terrorist in den Flur zurückfiel.

Catalano versuchte, die Terroristen zu beruhigen, indem er erklärte, er sei in Erster Hilfe ausgebildet. Er begann auch sofort, Saïd einen Druckverband anzulegen, in der Hoffnung, dass Chérif ihn freilassen würde. Der aber rief einige Zeitungen an und erklärte, dass er und sein Bruder „al-Qaida im Jemen" repräsentieren würden und sie Verteidiger des Propheten Mohammed seien. Im Telefongespräch sagte er zu Igor Sahiri, einem Journalisten des französischen Fernsehsenders BFM: „Wir sind keine Mörder. Wir sind Verteidiger des Propheten, wir töten keine Frauen. Wir töten niemanden. Wir verteidigen den Propheten. Wenn jemand den Propheten beleidigt, gibt es kein Problem, wir können ihn töten. Wir töten keine Frauen. Wir sind nicht wie ihr. Ihr seid diejenigen, die Frauen und Kinder in Syrien, Irak und Afghanistan töten. Das sind nicht wir. Wir haben einen Ehrenkodex im Islam."
(https://www.nbcnews.com/storyline/paris-magazine-attack/paris-killer-cherif-kouachi-gave-interview-tv-channel-he-died-n283206)

In der Zwischenzeit machten sich die Polizisten der GIGN daran, das Gelände rund um die Druckerei abzuriegeln. Scharfschützen waren in den umliegenden Gebäuden in Stellung gegangen. Einer der Scharfschützen konnte sogar durch ein Fenster direkt in den Raum schauen, in dem sich Catalano und die Brüder Kouachi befanden. Auf dem nahe gelegenen Flughafen Charles de Gaulle wurden zwei Start- und Landebahnen geschlossen. Und dann trat eine

Pause ein, die sich über mehrere Stunden hinzog. Die Taktik der GIGN zielte darauf ab, dass die Brüder ermüden und aufgeben würden.

### Die Belagerung des jüdischen Marktes „Hyper Cacher“

Vier Stunden nachdem die Kouachi-Brüder die Druckerei gestürmt hatten, tauchte Amedy Coulibaly im Osten von Paris auf. Der Dschihadist hatte die Nacht in einem sicheren Haus verbracht. In dem überwiegend von Juden bewohnten Viertel in der Nähe der Metro-Station Porte de Vincennes wollte er die Gewaltorgie, die er mit den beiden Brüdern abgesprochen hatte, fortsetzen. Er trug eine schusssichere Weste, einen Rucksack und Springerstiefel.

Der kleine Supermarkt, der zu der Kette „Hyper-Cacher“-Märkte gehörte und koschere Lebensmittel anbot, war gut besucht, wie jeden Freitag vor dem Schabbat. Gegen 13.00 Uhr stürmte Coulibaly, bewaffnet mit einer Maschinenpistole, zwei Kalaschnikows AK-47 und mehreren Pistolen, in den jüdischen Supermarkt. In seinem Rucksack hatte er zusätzlich 20 Stangen Dynamit. Er hatte sich auch eine Videokamera um die Brust geschnallt, mit der er seine Taten filmen und es ins Internet stellen wollte.

Zunächst entdeckte Coulibaly einen jungen Angestellten, der die Einkaufskörbe ordnete. Ohne Warnung schoss ihm der Dschihadist in den Kopf. Der junge Mann starb Minuten später. Aufgeschreckt durch die Schüsse zogen sich 13 Erwachsene und zwei Kinder in den hinteren Teil des Supermarktes zurück. Dem Terroristen war das nicht entgangen, und er eilte nach hinten, als er auf Saada traf, einen Rentner. Er fragte ihn nach seiner Herkunft, und als die Antwort lautete: „Jude“, erwiderte der Terrorist: „So, dann weißt du ja, warum ich hier bin“, und erschoss ihn.

Kurz nach dem zweiten Mord betrat ein 45-jähriger IT-Mann den Supermarkt, um Brot zu kaufen, bemerkte aber nichts. Die Kassiererin versuchte, ihn zu schützen, indem sie erklärte, der Markt sei schon geschlossen. Dabei versuchte sie, ihn hinauszuschieben. Der Mann drängte sich trotzdem hinein und erklärte, dass er noch Brot für den Schabbat brauche. In diesem Moment wurde er von Coulibaly erschossen. Der Terrorist begann nun, wahllos um sich zu schießen. Die Kassiererin bot ihm das Geld aus der Kasse an, doch er lehnte ab. Er sei nicht hier, um den Markt auszurauben, sondern um als Märtyrer zu sterben. Er fügte hinzu, dass Juden sein Ziel seien und dass dieser Angriff mit den Kouachi-Brüdern abgestimmt sei. Später bestätigte die Polizei, dass entsprechende Textnachrichten ausgetauscht worden waren.

Die Käufer, die sich in den hinteren Teil des Supermarktes zurückgezogen hatten, erhielten überraschend Hilfe. Der Angestellte Lassana Bathily, ein Muslim aus Mali, hatte im Lager gearbeitet und kam aus dem Keller herauf. Als er die in Panik zusammengedrängten Leute sah, lotste er sie in einen Kühlraum im Keller. Er forderte die Geiseln auf, leise zu sein, stieg in den Frachtlift und entkam. Dann meldete er die Geiselnahme bei der Polizei und beschrieb die Räumlichkeiten des Supermarktes. Eine Sondereinheit der Polizei, die „Brigade de Recherche et d'Intervention“ (BRI), die auf Geiselnahmen spezialisiert war, umstellte den Supermarkt.

Coulibaly forderte die Kassiererin auf, die Geiseln aus dem Keller zu holen. Nur einige willigten ein, der Kassiererin zu folgen, darunter ein Student Namens Hattab. Als Hattab wieder im Supermarkt war, sah er die drei Leichen und eine Kalaschnikow AK-47, die an der Wand lehnte. Er ergriff die Waffe und zielte auf den Terroristen. Doch Hattab kannte sich mit Waffen nicht aus und wusste nicht, dass die AK-47 gesichert war. Coulibaly erschoss ihn.

Ein Verhandlungsführer der BRI nahm telefonisch Kontakt mit Coulibaly auf. Dieser erklärte, er habe vier Geiseln erschossen und drohte damit, weitere zu erschießen, wenn die Polizei Saïd und Chérif Kouachi angreifen würde. Die Brüder waren zu dieser Zeit noch immer in der Druckerei in Dammartin-en-Goëlle, eingekreist von der Gendarmerie. Amedy Coulibaly befand sich, ohne es zu wissen, in einer ähnlichen Situation: Inzwischen waren drei BRI-Teams vor Ort und warteten auf den Einsatzbefehl.

### Ein doppeltes schnelles Ende

Es war kurz vor 17.00 Uhr, als die Kouachi-Brüder aus dem Haus stürmten und auf die Gendarmen schossen. 90 Sekunden später lagen beide Brüder tot auf dem Boden. Danach sprengte die GIGN das Hauptfenster des Gebäudes und befreite Lilien, den jungen Angestellten, der sich acht Stunden lang versteckt gehalten hatte.

Vor dem jüdischen Supermarkt bereiteten sich die Polizisten auf den Angriff vor. Die Strategie war einfach: Zwei Teams sollten gleichzeitig durch zwei Türen den Supermarkt stürmen, durch den Haupteingang und den Seiteneingang. Coulibaly konnte nicht gleichzeitig auf Angriffe von zwei Seiten reagieren. Der Hauptangriff erfolgte über die Eingangstür, hinter der sich Coulibaly verschanzt hatte, während das zweite Team durch den Seiteneingang eindrang und die Geiseln befreite. Beim Haupteingang setzte die Polizei eine Blendgranate ein, die den Terroristen orientierungslos machte. Er stürmte heran und wurde von den Polizisten erschossen.

### Nachtrag

Die Allianz zwischen den Kouachi-Brüdern und Amedy Coulibaly wirkt auf den ersten Blick überraschend: Die Brüder behaupteten, „al-Qaida im Jemen" zu vertreten, während ihr Gefängnisfreund darauf bestand, ISIS anzugehören. Dabei waren al-Qaida und ISIS zu jenem Zeitpunkt erbitterte Rivalen und befanden sich in einem Machtkampf innerhalb der dschihadistischen Bewegung. Die beiden Organisationen unterschieden sich grundlegend im Hinblick auf die Frage, wen sie als ihren Hauptfeind ansahen und welche Strategien und Taktiken sie zur Bekämpfung dieses Feindes anwenden wollten. Dementsprechend hätten sich die beiden Konkurrenten wohl kaum für die Terroranschläge von Paris zusammengetan.

Wahrscheinlicher ist es wohl, dass Saïd und Chérif eine geplante terroristische Operation durchführen sollten. Der Auftraggeber wäre in diesem Fall nicht al-Qaida Zentral gewesen, sondern das Franchise „al-Qaida im Jemen". Coulibaly wiederum führte eine eigene Operation durch, von der er vor seinem Tod behauptete, dass sie von ISIS gebilligt worden sei. Er erklärte auch, dass es darum gegangen sei, die Wirkung der separat geführten Anschläge zu erhöhen; das hätten sie ohne eine formelle Partnerschaft getan.

Es konnte nie bewiesen werden, dass „al-Qaida auf der Arabischen Halbinsel" (AQAP) die Operation in Paris geplant hatte. Es ist jedoch bekannt, dass die AQAP Chérif Kouachi während seiner Ausbildung im Jemen 20.000 Dollar gab. Dieses Geld war nach Ansicht des französischen Geheimdienstes mit ziemlicher Sicherheit für eine solche Mission bestimmt.

Coulibaly hatte seine Terroraktion mit einem Bankkredit über 25.000 € finanziert und sich davon die Waffen gekauft. Trotzdem war ISIS schnell bereit, die Verantwortung für das Massaker im „Hyper Cacher" zu übernehmen. Derartige Terrorakte konnten das gewünschte Image der Organisation als grausam und rücksichtslos nur stärken.
(Zusammengefasst nach Marc E. Vargo, The French Terror Wave, S. 52–71)

## Quellen: Al-Qaida und die weltweiten Dschihad-Zellen 2

### Bücher


- Hindustan Times, 26/11 – The Attack on Mumbai, Neu-Delhi 2009
- Rath, Saroj Kumar, Fragile Frontiers, The Secret History of Mumbai Terror Attacks, Abingdon 2019
- Vargo, Marc E., The French Terror Wave, 2015–2016, Jefferson 2021


### Zeitschriften/Studien


- https://web.archive.org/web/20081129130444/http://www.time.com/time/world/article/0,8599,1862733,00.html?imw=Y
- https://www.brookings.edu/wp-content/uploads/2016/07/avoidingarmageddon_chapter.pdf
- https://www.theguardian.com/world/2008/dec/01/mumbai-terror-attacks-india-pakistan1
- https://www.washingtonpost.com/wp-dyn/content/article/2008/12/02/AR2008120202968_pf.html
- https://www.nytimes.com/2008/12/04/world/asia/04india.html
- https://web.archive.org/web/20211111065644/https://globalecco.org/ctx-v1n1/lashkar-e-taiba
- https://www.reuters.com/article/us-india-mumbai-militants-sb-idUSTRE4AS09W20081129
- https://www.brookings.edu/opinions/mumbai-attacks-four-years-later/
- http://www.hindu.com/2008/12/01/stories/2008120157370100.htm
- https://www.theguardian.com/world/2010/sep/29/terror-attack-plot-europe-foiled
- https://www.csmonitor.com/World/terrorism-security/2010/0929/Al-Qaeda-plot-in-Europe-possibly-revealed-by-German-terror-suspect
- https://www.foxnews.com/world/pakistan-arrests-french-man-accused-of-being-prominent-al-qaeda-militant-officials-say
- https://www.spiegel.de/international/germany/disillusionment-in-afghanistan-the-fate-of-11-aspiring-jihadists-from-germany-a-723640.html
- https://edition.cnn.com/2010/WORLD/asiapcf/10/04/pakistan.drone.germans/index.html
- https://edition.cnn.com/2011/WORLD/asiapcf/09/05/pakistan.al.qaeda.arrest/
- https://www.spiegel.de/politik/deutschland/geplante-terroranschlaege-psychokrieg-gegen-deutschland-a-729664.html
- https://www.telegraph.co.uk/news/worldnews/europe/france/11330505/Murdered-Charlie-Hebdo-cartoonist-was-on-al-Qaeda-wanted-list.html

- https://www.independent.co.uk/news/world/europe/charlie-hebdo-shooting-10-killed-as-shots-fired-at-satirical-magazine-headquarters-according-to-reports-9962337.html
- https://www.bbc.co.uk/news/world-europe-30722038
- https://www.nytimes.com/2015/01/18/world/europe/paris-terrorism-brothers-said-cherif-kouachi-charlie-hebdo.html
- https://www.telegraph.co.uk/news/worldnews/europe/france/11334249/Charlie-Hebdo-attack-the Kouachi-brothers-and-the-network-of-French-Islamists-with-links-to-Islamic-State.html
- https://www.nbcnews.com/storyline/paris-magazine-attack/paris-killer-cherif-kouachi-gave-interview-tv-channel-he-died-n283206
- https://www.rediff.com/news/2008/nov/30mumterror-doctors-shocked-at-hostagess-torture.htm

# Kapitel 11

## Terrorismus in Russland I

Terrorismus ist in Russland ein altbekanntes Phänomen, das bereits im Russischen Kaiserreich (1721–1917) begann. Peter der Große hatte sich 1721 selbst zum Kaiser ernannt und damit offiziell einen Platz unter den Großreichen beansprucht. Zuvor hatten die Herrscher des sogenannten Moskauer Reichs den Titel „Zar“ getragen. Das Russische Kaiserreich war das drittgrößte Reich der Weltgeschichte, nach dem britischen Weltreich und dem mongolischen Reich unter Dschingis Khan.

Karl Kautsky (1884–1938), ein führender Theoretiker der deutschen Sozialdemokratischen Partei, postulierte, dass die Ursprünge des Terrorismus im Russischen Kaiserreich auf „La Terreur“ zurückgingen, die „Schreckensherrschaft“ in Frankreich, die 1793 bis 1794 auf die Revolution folgte. (https://www.marxists.org/archive/kautsky/1919/terrcomm/ch08b.htm#s6)

In Russland waren es dann im 19. Jahrhundert revolutionäre Bewegungen, insbesondere aber die Narodnaja Wolja, der „Volkswille“ (siehe „Spuren des Terrors“, Band I, S. 19), und die nihilistische Bewegung, die jede Autorität ablehnten, sei es Staat, Kirche oder Familie. Narodnaja Wolja organisierte eine der ersten politischen Terrorismuskampagnen der Geschichte: Im März 1881 ermordeten Mitglieder der Bewegung Kaiser Alexander II.

Sergei Gennadijewitsch Netschajew, ein Anarchist, galt als einer der führenden Ideologen dieser politischen Richtung. Er vertrat die Auffassung, dass der Zweck des revolutionären Terrors nicht darin bestehe, die Unterstützung der Massen zu gewinnen, sondern im Gegenteil darin, unter der einfachen Bevölkerung Elend und Angst zu verbreiten. Laut Netschajew muss ein Revolutionär die Bevölkerung terrorisieren, um auf diese Weise Aufstände zu provozieren. Er schrieb: „Ein Revolutionär muss alle gesellschaftlichen Formationen unterwandern, auch die Polizei. Er muss reiche und einflussreiche Leute ausbeuten und sie sich unterordnen. Er muss das Elend des einfachen Volkes verschlimmern, um dessen Geduld zu erschöpfen und es zum Aufstand anzustacheln. Und schließlich muss er sich mit dem wilden Wort des Gewaltverbrechers, des einzigen wahren Revolutionärs in Russland, verbünden.“ Der Historiker Edward Radsinski schrieb in seinem Buch „Stalin –The First In-depth Biography, Based on New Documents from Russia‘s Secret Archives“, dass Stalin die Ideen und Taktiken Netschajews umfangreich genutzt habe.

### Weißer Terror

Der Weiße Terror in Russland bezieht sich auf die von der Weißen Armee während des Russischen Bürgerkriegs (1917–1923) verübten Gewalttaten und Massentötungen. Die Weiße Armee, auch Weißgardisten genannt, war ein Sammelbegriff für die bewaffneten Formationen der sogenannten Weißen Bewegung, die während des russischen Bürgerkriegs die bolschewistischen Regierungen bekämpften. Ihr Gegner war die Rote Armee von Sowjetrussland.

Der Weiße Terror begann nach der Machtergreifung der Bolschewiki im November 1917 und dauerte bis zur Niederlage der Weißen Armee gegen die Rote Armee. Laut einigen russischen Historikern handelte es sich beim Weißen Terror um eine Reihe vorsätzlicher Aktionen, die von den Führern geleitet wurden. Allerdings wird dies von den meisten russischen Historikern bestritten, die den Weißen Terror als spontan und unorganisiert bezeichnen. Die Schätzungen zur Zahl der Opfer des Weißen Terrors schwanken zwischen 20.000 und 100.000 Menschen.

Der amerikanische Historiker Ronald Grigor Suny schreibt in seinem Buch „Red Flag Unfurled – History, Historians, and the Russian Revolution", dass Gesamtschätzungen über die Opfer des Weißen Terrors schwer zu ermitteln seien, da sich die Ereignisse in verschiedenen Verwaltungsgebieten abgespielt hätten und zudem auch undisziplinierte antibolschewistische Kräfte Gewalt ausgeübt hätten. Der Historiker weist jedoch darauf hin, dass rund 40 Prozent der antisemitischen Pogrome und Angriffe durch die Weißen Streitkräfte während des Bürgerkrieges verübt worden seien.

Einige Forscher sind der Ansicht, dass der Weiße Terror eher unorganisiert und spontan war. Er habe nicht als politische Methode fungiert und auch nicht als Mittel zur Einschüchterung der Bevölkerung. Sie sind zudem der Ansicht, dass der Begriff „Weißer Terror" im Gegensatz zum „Roten Terror", den die Bolschewiki als Mittel zur Durchsetzung ihrer politischen Vorherrschaft proklamierten, in der Weißen Bewegung abgelehnt wurde.

### Roter Terror

Der Rote Terror war eine Kampagne politischer Unterdrückung. Hinrichtungen wurden in Sowjetrussland sowie in den besetzten Gebieten in Lettland, Litauen, Estland und Finnland von den Bolschewiki durchgeführt. Ausführendes Organ war vor allem die Tscheka, die bolschewistische Geheimpolizei. Die Kampagne begann Anfang September 1918 und dauerte bis 1922. Sie wurde nach den Attentaten auf Lenin und Trotzki sowie der Ermordung des Petrograder Tscheka-Führers Moisei Uritski als Vergeltung für die angeblichen Massenrepressionen, denen die Bolschewiki ausgesetzt gewesen seien, ins Leben gerufen. Vorbild des Roten Terrors war die „Schreckensherrschaft" der Französischen Revolution. Er hatte als Ziel, die Opposition und jede andere Bedrohung der bolschewistischen Macht auszuschalten.

Die Tscheka war die erste von mehreren sowjetischen Geheimpolizei-Organisationen. Sie wurde am 5. Dezember 1917 gegründet und stand unter der Leitung von Felix Dserschinski, einem polnischen Aristokraten, der zum Bolschewiken geworden war. Bis Ende 1918 entstanden in der Russischen Föderation Hunderte von Tscheka-Ausschüssen auf allen Ebenen, angeblich zum Schutz der Revolution vor reaktionären Kräften. Gegenüber „Klassenfeinden" wie Bourgeoisie und Klerus und allgemein gegenüber allen politischen Gegnern des kommunistischen Regimes wurde sie zum Repressionsinstrument. Auf Anweisung von Wladimir Lenin führte die Tscheka Massenverhaftungen, Inhaftierungen, Folterungen und Hinrichtungen ohne Gerichtsverfahren durch.

Unter westlichen Historikern herrscht keine Einigkeit über die Opferzahlen des Roten Terrors. Die Zahl der in der Anfangszeit Erschossenen wird auf mindestens 10.000 geschätzt. Die

Schätzungen für den gesamten Zeitraum von 1918 bis 1922 reichen von 50.000 bis 140.000 oder sogar 200.000 Hinrichtungen.

Karl Kautsky sagte über den Roten Terror: „Unter den Erscheinungen, die der Bolschewismus zu verantworten hat, ist der Terrorismus, der mit der Abschaffung jeder Form von Pressefreiheit begann und mit einem System der Massenerschießungen endete, sicherlich die auffälligste und abstoßendste von allen." Kautsky erkannte, dass der Rote Terror eine typische Form des Terrorismus darstellte, weil er wahllos in seinen Mitteln war, die Zivilbevölkerung in Angst und Schrecken versetzte und zu seinen Methoden Geiselnahmen und -hinrichtungen gehörten. (https://www.marxists.org/archive/kautsky/1919/terrcomm/ch08b.htm#s6)

## Stalins Terror – die Große Säuberung

Nach dem Tod von Wladimir Lenin im Jahr 1924 entstand in der Kommunistischen Partei, der Regierungspartei in der Union der Sozialistischen Sowjetrepubliken (UdSSR), ein Machtvakuum. Verschiedene etablierte Persönlichkeiten in Lenins Regierung versuchten, seine Nachfolge anzutreten. Josef Stalin, Generalsekretär der Partei, setzte sich gegen seine politischen Gegner durch und übernahm schließlich 1928 die Kontrolle über die Partei.

Anfänglich wurde Stalins Führung weitgehend akzeptiert; sein politischer Hauptgegner Trotzki wurde 1929 ins Exil gezwungen, und die Doktrin des Sozialismus wurde Parteipolitik. Anfang der 1930er-Jahre begannen einige Parteifunktionäre jedoch, das Vertrauen in Stalins Führung zu verlieren, nachdem der erste Fünfjahresplan und die Kollektivierung der Landwirtschaft viele Menschen das Leben gekostet hatten, und forderten seine Absetzung.

1936 erreichten Stalins Maßnahmen zur Festigung seiner Machtposition ihren Höhepunkt. Das Risiko, seine Position zu verlieren, und die mögliche Rückkehr Trotzkis veranlassten ihn, die Große Säuberung zu genehmigen. Die Säuberungen wurden hauptsächlich vom NKWD (Volkskommissariat für innere Angelegenheiten), der Geheimpolizei der UdSSR, durchgeführt. Das NKWD begann mit der Beseitigung der zentralen Parteiführung – der Altbolschewiki –, der Regierungsbeamten und der regionalen Parteichefs. Schließlich dehnte es die Säuberungen auf die Rote Armee und das militärische Oberkommando aus, was katastrophale Auswirkungen auf das Militär hatte.

1938 änderte Stalin seine Haltung und erklärte, die inneren Feinde seien beseitigt worden. Stalin kritisierte den NKWD für die Durchführung von Massenexekutionen und ließ daraufhin Genrikh Yagoda und Nikolai Yezhov hinrichten, die den NKWD geleitet hatten. Dennoch hielt die Atmosphäre des Misstrauens jahrzehntelang an. Wissenschaftler schätzen die Zahl der Todesopfer der Großen Säuberung (1936–1938) auf etwa 700.000 Menschen. (https://www.nationalww2museum.org/war/articles/trotskys-struggle-against-stalin)

## Sowjetischer Staatsterrorismus

Während Wladimir Lenin den Terrorismus der sozialistischen Revolutionäre ablehnte, hatte er jedoch seit den Anfängen seines politischen Wirkens den Einsatz von Staatsterrorismus befürwortet. Auf dem dritten Kongress der Sozialdemokratischen Arbeiterpartei Russlands im

Jahr 1905, als er über die erstrebte Revolution in Russland diskutierte, hatte er argumentiert, dass Massenterror eingesetzt werden müsse, um antirevolutionäre Aufstände zu verhindern. Lenin war von den Schriften des radikalen Revolutionärs Sergej Nechajew beeinflusst worden, in dem der Autor Terror im jakobinischen Stil befürwortete. Lenin forderte, dass jeder kommunistische Revolutionär das Manifest Nechajews lesen solle.
(Gérard Chaliand, Arnaud Blin, The History of Terrorism – From Antiquity to Al Qaeda, S. 198)

Laut den Überläufern des Militärischen Geheimdienstes (GRU) Viktor Suvorov und Stanislav Lunev waren die sowjetischen Geheimdienste die wichtigsten Ausbilder von Terroristen weltweit. Der Terrorismus wurde von der sowjetischen Führung als einzige Möglichkeit gesehen, das Ungleichgewicht zwischen der militärischen und wirtschaftlichen Macht der UdSSR und der westlichen Welt zu verringern. Ion Mihai Pacepa, ein rumänischer Geheimdienstgeneral, der 1978 in die USA übergelaufen war, berichtete, dass KGB-General Aleksandr Sakharovsky einmal gesagt habe: „In der heutigen Welt, in der Atomwaffen die militärische Gewalt überflüssig gemacht haben, sollte der Terrorismus unsere Hauptwaffe werden." Sakharovsky behauptete auch, dass Flugzeugentführungen seine Erfindung seien und dass allein im Jahr 1969 weltweit 82 Flugzeuge von der vom KGB finanzierten PLO entführt worden seien.
(https://www.nationalreview.com/2006/08/russian-footprints-ion-mihai-pacepa/)

Der Führer der PLO, Jassir Arafat, arbeitete Anfang der 1970er-Jahre eng mit der rumänischen Securitate und dem sowjetischen KGB zusammen, wobei die geheime Ausbildung der PLO-Guerillas durch den KGB erfolgte. Die wichtigsten KGB-Aktivitäten und Waffenlieferungen wurden jedoch über Wadi Haddad von der DFLP (Democratic Front for the Liberation of Palestine) abgewickelt, der bei seinen Besuchen in der Sowjetunion gewöhnlich in einer KGB-Datscha (Barvikha-1) wohnte. Unter der Führung von Carlos (Ilich Ramírez Sánchez) führte eine Gruppe von PFLP-Kämpfern 1975 einen spektakulären Überfall auf das Büro der Organisation erdölexportierender Länder (OPEC) in Wien durch. Diese Operation wurde dem KGB mit ziemlicher Sicherheit im Voraus angekündigt. Der US-Analyst Faisal al-Shammeri schreibt den sowjetischen Sonderdiensten die Unterstützung internationaler terroristischer Organisationen zu, die in den 70er- und 80er-Jahren entstanden sind, darunter die PLO und die PFLP. Diese Politik soll nach dem Fall der UdSSR fortgeführt worden sein.
(https://www.arabnews.com/node/1508086)

### Exkurs: Die Entstehung der Russischen Föderation

Die Auflösung der Sowjetunion war ein Prozess des inneren Zerfalls der UdSSR, der das Ende des Landes als eines souveränen Staates und seiner föderalen Regierung zur Folge hatte. Dies führte dazu, dass die 15 Teilrepubliken am 26. Dezember 1991 ihre Unabhängigkeit erlangten. Damit endeten die Bemühungen von Generalsekretär und Präsident Michail Gorbatschow, das politische und wirtschaftliche System der Sowjetunion zu reformieren, durch das der politische Stillstand und der wirtschaftliche Rückschritt beendet werden sollten. Die Sowjetunion war von interner Stagnation und ethnischem Separatismus geprägt. Obwohl das Land bis zu seinen letzten Jahren stark zentralisiert war, bestand es aus 15 Republiken, die als Heimat für verschiedene Bevölkerungsgruppen dienten.

Der Prozess begann mit wachsenden Unruhen in den nationalen Teilrepubliken der Union und entwickelte sich zu einem ständigen politischen Konflikt zwischen ihnen und der Zentralregierung. Estland war die erste Sowjetrepublik, die am 16. November 1988 ihre staatliche Souveränität innerhalb der Union erklärte. Litauen war die erste Republik, die am 11. März 1990 ihre volle Unabhängigkeit von der Sowjetunion wiederherstellte. Die baltischen Nachbarrepubliken und die südkaukasische Republik Georgien schlossen sich ihr in den folgenden zwei Monaten an.

Im August 1991 kam es zu einem erfolglosen Putschversuch vonseiten des Militärs, Gorbatschow zu stürzen und die scheiternden Reformen zu stoppen. Die Unruhen führten dazu, dass die Regierung in Moskau den größten Teil ihres Einflusses verlor und viele Republiken in den folgenden Tagen und Monaten ihre Unabhängigkeit ausriefen. Die Abspaltung der baltischen Staaten wurde im September 1991 anerkannt. Am 8. Dezember unterzeichneten der russische Präsident Boris Jelzin, der ukrainische Präsident Krawtschuk und der weißrussische Präsident Schuschkewitsch das sogenannte Belowescha-Abkommen, in dem sie die gegenseitige Unabhängigkeit anerkannten und die Gemeinschaft Unabhängiger Staaten (GUS) gründeten, die an die Stelle der Sowjetunion treten sollte.

Kasachstan war die letzte Republik, welche die Union verließ und am 16. Dezember ihre Unabhängigkeit proklamierte. Alle ehemaligen Sowjetrepubliken, mit Ausnahme Georgiens und der baltischen Staaten, traten der GUS am 21. Dezember bei und unterzeichneten das Protokoll von Alma-Ata. Am 25. Dezember trat Gorbatschow zurück und übergab seine präsidialen Befugnisse – einschließlich der Kontrolle über die Atomwaffen – an Boris Jelzin, der nun der erste Präsident der Russischen Föderation war. An diesem Abend wurde die sowjetische Flagge zum letzten Mal auf dem Kreml eingeholt und durch die russische Trikolore ersetzt. Am folgenden Tag löste der Oberste Sowjet der UdSSR die Union der Sowjetrepubliken formell auf. Dies bedeutete auch das Ende des Kalten Krieges.

### Der Erste Tschetschenienkrieg

Der Erste Tschetschenienkrieg war ein Unabhängigkeitskampf, den die tschetschenische Republik Itschkeria von Dezember 1994 bis August 1996 gegen die Russische Föderation führte. Dieser Konflikt begann mit einem Angriff auf die Hauptstadt Grosny im November 1994, bei dem Russland versuchte, die neue tschetschenische Regierung zu stürzen. Nach weiteren heftigen Kämpfen in Grosny 1995, die als Pyrrhussieg für die russischen Streitkräfte endeten, stießen die anschließenden russischen Bemühungen, auch die Kontrolle über die verbleibenden Tiefland- und Bergregionen Tschetscheniens zu erlangen, auf den erbitterten Widerstand tschetschenischer Guerillas.

Der tschetschenische Widerstand gegen den russischen Imperialismus geht auf das Jahr 1785 zurück, als Scheich Mansur, der erste Imam (Führer) der kaukasischen Völker, die verschiedenen nordkaukasischen Völker unter seinem Kommando vereinte, um sich gegen die russische Invasion und Expansion zu wehren. Nach langem Widerstand während des Kaukasuskrieges 1817–1864 besiegten die kaiserlichen russischen Streitkräfte die Tschetschenen, annektierten ihr Land und deportierten Tausende in den Nahen Osten. Die Versuche der Tschetschenen, nach dem Zerfall des Russischen Kaiserreichs 1917 ihre Unabhängigkeit zu erlangen, scheiterten, und 1922 wurde Tschetschenien Teil der neuen Sowjetunion (UdSSR).

Im Oktober 1991 bestätigte ein Referendum den tschetschenischen Politiker und Generalmajor a. D. der sowjetischen Luftwaffe Dschochar Dudajew als Präsidenten der tschetschenischen Republik Itschkeria, und er erklärte die Unabhängigkeit von der Sowjetunion.

### Die Geiselnahme von Budjonnowsk

Während des Unabhängigkeitskampfes ereignete sich vom 14. bis 19. Juni 1995 im Krankenhaus der südrussischen Stadt Budjonnowsk ein Geiseldrama. Eine Gruppe von 80 bis 200 tschetschenischen Guerillas unter der Führung von Schamil Bassajew hatte die Stadt angegriffen, die etwa 110 Kilometer nördlich der Grenze zur tschetschenischen Republik liegt.

Die Guerillas fuhren in einer Kolonne von Militärlastwagen, als Russen getarnt, nach Budjonnowsk in der Region Stawropol. Um die Mittagszeit des 14. Juni stürmten sie die Polizeizentrale und das Rathaus und hissten dort tschetschenische Fahnen. Erst nach mehreren Stunden trafen russische Truppen ein. Die Tschetschenen zogen sich in das Wohngebiet zurück und besetzten das Krankenhaus der Stadt. Dort nahmen sie zwischen 1.500 und 2.000 Menschen als Geiseln, darunter auch etwa 150 Kinder.

Am 15. Juni gegen 20 Uhr töteten die Tschetschenen eine Geisel und forderten von den Russen, dass die Presse zugelassen werde. Als aber keine Reporter zum vereinbarten Zeitpunkt eintrafen, wurden auf Bassajews Befehl hin fünf weitere Geiseln erschossen. Die New York Times zitierte den Chefarzt des Krankenhauses mit den Worten, dass „einige der Tschetschenen einfach fünf Geiseln ergriffen und erschossen, um der Welt zu zeigen, dass sie es ernst meinten mit ihrer Forderung, die russischen Truppen sollten ihr Land verlassen“. (https://www.nytimes.com/1995/06/16/world/chechen-rebels-said-to-kill-hostages-at-russian-hospital.html)

Nach dreitägiger Belagerung erhielten die russischen Sicherheitskräfte den Befehl, das Krankenhaus zu stürmen. Beteiligt waren die Militsiya, Truppen und Polizeieinheiten des Innenministeriums sowie Speznaz-Einheiten des Föderalen Sicherheitsdienstes FSB, des KGB-Nachfolgers, darunter die Elitegruppe Alpha. Am Morgen des vierten Tages griffen die Regierungseinheiten an und stießen auf erbitterten Widerstand. Nach mehrstündigen Kämpfen, bei denen viele Geiseln im Kreuzfeuer umkamen, wurde ein Waffenstillstand vereinbart: 227 Geiseln wurden freigelassen, 61 weitere waren von den russischen Truppen befreit worden.

Ein zweiter russischer Angriff auf das Krankenhaus einige Stunden später schlug ebenfalls fehl, ebenso wie ein dritter, der noch mehr Opfer forderte. Die russischen Behörden beschuldigten die Tschetschenen, die Geiseln als menschliche Schutzschilde zu benutzen.

Am 18. Juni führten Verhandlungen zwischen dem Guerillaführer Bassajew und dem russischen Premierminister Viktor Tschernomyrdin zu einem Kompromiss, der zum Wendepunkt des Ersten Tschetschenienkriegs wurde. Im Gegenzug für die Freilassung der Geiseln erklärte sich Russland bereit, die Militäraktionen in Tschetschenien einzustellen und Verhandlungen aufzunehmen. Am 19. Juni kamen die noch übrigen Geiseln frei. Bassajew wurde von 120 Freiwilligen begleitet, die sich als „freiwillige Geiseln" bezeichneten und unter denen sich 16 Journalisten und neun Abgeordnete der Staatsduma befanden, und reiste ohne Zwischenfälle in das tschetschenische Dorf Zandak nahe der Grenze zu Dagestan. Bassajew begab sich dann in Begleitung einiger Journalisten in das tschetschenische Dorf Dargo, wo er wie ein Held empfangen wurde.

Offiziellen Angaben zufolge waren insgesamt 147 tote Zivilisten zu beklagen, 415 wurden verletzt. Von Bassajews Guerillas wurden elf getötet und einer vermisst. Die meisten Leichname brachte man in einem Tiefkühltransporter nach Tschetschenien zurück. In den Jahren nach der Geiselnahme spürten die Russen noch mehr als 40 der überlebenden Angreifer auf und töteten sie.
(http://www.time.com/time/magazine/article/0,9171,983088,00.html)

## Die Bombenanschläge auf russische Wohnhäuser

Seit der Auflösung der Sowjetunion im Jahr 1991 wurde die Regierung der Russischen Föderation mehrfach beschuldigt, terroristische Aktivitäten innerhalb des Landes und in anderen Ländern zu fördern oder zu inspirieren, um ihre politischen Ziele zu erreichen.

Zu den Anschuldigern gehörten mehrere prominente Russen: Der ehemalige FSB-Offizier Alexander Litwinenko, der in den Westen übergelaufen war und 2006 in London vom FSB, dem russischen Geheimdienst, mit Polonium-210 vergiftet wurde; der ehemalige KGB-General Oleg Kalugin; der Wissenschaftler David Satter von der Johns Hopkins University und dem Hoover Institute; und schließlich eine Reihe weiterer russischer Wissenschaftler. Sie alle behaupteten beispielsweise, dass die Bombenanschläge auf russische Wohnungen in der Zeit vom 4. bis zum 16. September 1999 in Wirklichkeit „false flag operations" (unter falscher Flagge) gewesen seien, die vom Geheimdienst FSB verübt worden seien, um die Wiederaufnahme der militärischen Operationen in Tschetschenien zu legitimieren und Wladimir Putin und den FSB an die Macht zu bringen.

Es wurden fünf Bombenanschläge auf Wohngebäude verübt und mindestens drei weitere verhindert. Sie alle wiesen auf dieselbe Urheberschaft hin. In jedem Fall wurde ein starker Sprengstoff verwendet, und die Zeitzünder waren so eingestellt worden, dass die Bomben nachts explodieren und möglichst viele Menschen töten sollten. Die Attentäter platzierten die Sprengsätze so, dass sie die für die Statik wichtigsten Teile der Gebäude zerstörten, um sie zum Einsturz zu bringen. Die Attentäter waren offensichtlich in der Lage, mehrere Tonnen hochexplosiven Sprengstoffs zu beschaffen oder herzustellen und ihn an verschiedene Orte in Russland zu liefern.

**Manegenplatz im Zentrum Moskaus**

Am 31. August 1999 um 20.00 Uhr explodierte eine Bombe in der Spielhalle des unterirdischen Einkaufszentrums Ochotny Rjad am Moskauer Manegenplatz, der unmittelbar westlich des Kreml liegt. Es gab keine Toten, aber mindestens 29 Menschen wurden verletzt. Nach Angaben des FSB wurde die Explosion durch eine Bombe mit 300 g Sprengstoff verursacht – zu wenig, um schwersten Schaden anzurichten. Am 2. September kam die Information an die Öffentlichkeit, dass die Befreiungsarmee von Dagestan den Bombenanschlag für sich reklamierte.

**Buinaksk, Dagestan, nahe der Grenze zu Tschetschenien**

Am 4. September 1999 um 22.00 Uhr detonierte eine Autobombe vor einem fünfstöckigen Wohnhaus in der Stadt Buinaksk in Dagestan. In dem Gebäude waren Soldaten des russischen Grenzschutzes und ihre Familien untergebracht. Bei der Explosion wurden 64 Menschen getötet und 133 verletzt.

Kurz nach der ersten Explosion in Buinaksk wurde eine weitere Bombe entdeckt und entschärft. Sie befand sich ebenfalls in einem Auto und enthielt 2.700 kg Sprengstoff. Anwohner waren auf den Wagen aufmerksam geworden, der auf einem Parkplatz zwischen dem Militärkrankenhaus und Wohngebäuden stand.

**Moskau, Pechatniki-Bezirk im Südosten der Stadt**

Am 9. September 1999 detonierte kurz nach Mitternacht eine Bombe im Erdgeschoss eines neunstöckigen Wohnhauses in der Straße Guryanova 19. Die Sprengkraft entsprach 300 bis 400 kg TNT. Das Gebäude wurde komplett zerstört, 19 umliegende Gebäude beschädigt. Dabei kamen 106 Menschen ums Leben, 249 wurden verletzt. Insgesamt wurden bei dem Bombenanschlag 108 Wohnungen zerstört.

Ein Sprecher des FSB teilte mit, dass Spuren von TNT an Gegenständen gefunden worden seien, die sich im Umkreis des Explosionsortes befunden hätten. Anwohner berichteten, dass sie wenige Minuten vor der Explosion vier Männer gesehen hatten, die in einem Auto von dem Gebäude wegfuhren. Präsident Boris Jelzin ordnete die Durchsuchung von 30.000 Wohngebäuden in Moskau nach Sprengstoff an und übernahm persönlich die Kontrolle über die Untersuchungen. Wladimir Putin, damals Ministerpräsident, erklärte den 13. September zu einem Trauertag für die Opfer der Anschläge.

**Moskau, Kashira-Fernstraße**

Am 13. September 1999 um 05.00 Uhr explodierte eine große Bombe im Keller eines Wohnblocks an der Kashira-Fernstraße im Süden Moskaus, etwa 6 km vom Ort des letzten Anschlags entfernt. Diese Explosion war die verheerendste in der Kette von Bombenanschlägen, da die Wohnhäuser noch aus Ziegeln gebaut waren. 119 Menschen wurden getötet und 200 verletzt. Das achtstöckige Gebäude war vollständig zusammengebrochen, sodass die Straße mit Trümmern übersät war und Betonteile von Decken und Stützpfeilern Hunderte von Metern weit geschleudert wurden.

**Wolgodonsk, 1000 km südlich von Moskau**

Am 16. September 1999 explodierte vor einem neunstöckigen Wohnkomplex in der südrussischen Stadt Wolgodonsk in der Don-Region eine Lkw-Bombe. Sie tötete 17 Menschen und verletzte 69. Der Bombenanschlag erfolgte um 5.57 Uhr morgens. Auch die umliegenden Gebäude wurden beschädigt. Die Explosion ereignete sich 14 km von einem Kernkraftwerk entfernt. Danach unterzeichnete Ministerpräsident Wladimir Putin einen Erlass, in dem er die Behörden aufforderte, innerhalb von drei Tagen Pläne zum Schutz von Industrie, Verkehr, Kommunikation, Lebensmittelverarbeitungszentren und Nuklearkomplexen auszuarbeiten.

**Moskau, verhinderte Bombenanschläge**

Am 13. September 1999 fand und entschärfte die Polizei Bomben in Wohnblöcken in den Straßen Borisovskiye Prudy und Kapotnya in Moskau.

*Im Jahr 1999 fanden auf dem Gebiet der Russischen Föderation in weit auseinander liegenden Orten eine Reihe von Anschlägen statt, die zum Teil dem Geheimdienst FSB zugeschrieben wurden.*

Nach Angaben der Putin-Kritiker Alexander Litwinenko, Juri Felshtinsky und Alex Goldfarb rief ein Mann namens Achemez Gochiyayev am 13. September 1999 die Polizei an und berichtete von Bomben, die an mehreren Orten platziert worden seien. Gochiyayev behauptete, er sei von einem alten Bekannten, einem FSB-Offizier, reingelegt worden; dieser habe ihn gebeten, an vier Orten Kellerräume als Lagerräume zu mieten. Nach der zweiten Explosion, der an der Kashira-Fernstraße, erkannte Gochiyayev, dass er nur benutzt worden war, und berichtete der Polizei von den Kellern zweier weiterer Gebäude in Borisovskie Prudy und Kapotnya; dort wurde tatsächlich Sprengstoff gefunden, sodass die Explosionen verhindert werden konnten. Im Jahr 2002 erhielten Felshtinsky und Litwinenko eine schriftliche Aussage von Gochiyayev sowie eine Videoaufnahme und mehrere Fotos. Die gleiche Aussage wurde an die Nachrichtenagentur Prima News geschickt.

### Der Vorfall in Rjasan – eine FSB-Übung?

Am 22. September 1999 um 20.30 Uhr bemerkte Alexej Kartofelnikow, Bewohner eines Mehrfamilienhauses in der Großstadt Rjasan, zwei Männer, die Säcke aus einem Auto in den Keller trugen. Das Nummernschild wies darauf hin, dass das Auto im 200 km entfernten Moskau zugelassen war. Über die letzten beiden Ziffern war ein Blatt Papier mit einer handgeschriebenen Nummer geklebt; diese Ziffern sollten zeigen, dass es sich um ein lokales Fahrzeug handelte.

Kartofelnikow fand das alles verdächtig. Er alarmierte die Polizei, doch als diese eintraf, waren das Auto und die Männer verschwunden. Im Keller fand die Polizei drei Säcke mit jeweils 50 kg weißem Pulver. An den Säcken waren eine Sprengkapsel und ein Zeitzünder angebracht. Der Zeitzünder war auf 5.30 Uhr morgens eingestellt. Juri Tkatschenko, Leiter des örtlichen Bombenentschärfungskommandos, montierte den Zünder und den Timer ab. Berichten zufolge testete Tkatschenko die drei Säcke mit der weißen Substanz mit einem Gasanalysator. Dieser wies Hexogen-Dämpfe nach – Hexogen, auch RDX genannt, ist ein hoch explosiver und giftiger Sprengstoff, der während des Zweiten Weltkrieges in großen Mengen hergestellt wurde.

Die Bewohner des Wohnblocks wurden evakuiert. Der Russlandkenner David Satter berichtet in seinem Buch „Darkness at Dawn“, dass die Bewohner der umliegenden Gebäude in Panik aus ihren Wohnungen flüchteten, sodass fast 30.000 Personen die Nacht auf der Straße verbringen mussten. Polizei und Rettungsfahrzeuge kamen aus allen Teilen der Stadt, und bis zu 1200 Polizeibeamte wurden in Alarmbereitschaft versetzt. Die Bahnhöfe und der Flughafen wurden abgeriegelt und auf den Autobahnen Straßensperren errichtet.

In der Stadt hängte man Phantombilder von drei mutmaßlichen Terroristen aus, zwei Männern und einer Frau, und zeigte die Bilder auch im Fernsehen. Doch als man die drei festnahm, legten sie FSB-Ausweise vor, und sie wurden auf Anweisung aus Moskau wieder freigelassen. Die Haltung der russischen Behörden zu diesem Vorfall in Rjasan änderte sich im Laufe der Zeit erheblich. Zuerst war der Vorfall vom FSB und der föderalen Regierung als echte Bedrohung eingestuft worden. Nachdem jedoch die Personen, welche die Bombe gelegt hatten, identifiziert worden waren, änderte sich die offizielle Version. Am 24. September gab der Direktor des FSB, Nikolai Patruschew, bekannt, dass es sich um einen Test gehandelt habe; der strategische Umgang mit solchen Situationen, von denen es gerade mehrere gegeben hatte, sollte geübt werden. Der FSB entschuldigte sich zudem öffentlich für den Vorfall.

Wladimir Putin lobte die Wachsamkeit der Einwohner von Rjasan und forderte als Reaktion auf die Terroranschläge die Bombardierung der tschetschenischen Hauptstadt Grosny. Denn die Bombenanschläge mit insgesamt 306 Toten und 651 Verletzten wurden tschetschenischen Rebellen angelastet. Sie dienten dem Kreml als Vorwand, einen blutigen zweiten Krieg gegen Tschetschenien zu beginnen. Diese Vorfälle waren auch ausschlaggebend für die Übernahme des Präsidentenamtes durch Wladimir Putin: Im Jahr 2000 wurde er zum Nachfolger Jelzins ernannt und dominierte von da an die russische Politik.

Wie John B. Dunlop in „The Moscow Bombings of September 1999“ darlegt, waren die Anschläge für die Russen das Äquivalent zum 11. September 2001 in den USA. Sie weckten eine Angst vor dem Terrorismus – zusammen mit dem Wunsch nach Rache an den Tschetschenen –, die sie nicht mehr gekannt hatten, seit Stalin die angebliche terroristische Bedrohung als Vorwand für seine blutigen Säuberungen in den 1930er-Jahren genutzt hatte. Doch anders als im Fall des 11. Septembers unterbanden die russischen Behörden alle Bemühungen, herauszufinden, wer hinter diesen Terroranschlägen steckte und was die Gründe dafür waren. In der Staatsduma, dem russischen Parlament, wurden zwei Anträge auf eine parlamentarische Untersuchung des Rjasan-Zwischenfalls abgelehnt. Die kremlnahe Partei „Einiges Russland“, gegründet im Oktober 1999 und unterstützt von Jelzin und Putin, stimmte dafür, dass alle mit dem Vorfall in Rjasan zusammenhängenden Dokumente für die nächsten 75 Jahre unter Verschluss bleiben müssten, und verhinderte eine Untersuchung des Vorfalls.

## Rückblick auf die politische Entwicklung

Die Zielrichtung der Reformen von Michael Gorbatschow, der seit 1985 Generalsekretär des Zentralkomitees der Kommunistischen Partei der Sowjetunion war, lauteten Glasnost (Offenheit) und Perestroika (Umgestaltung). Während der Umgestaltung profilierte sich Boris Jelzin als Radikalreformer und geriet dadurch sowohl mit Gorbatschow als auch mit den konservativen Kräften der KPdSU in Konflikt. Als Konsequenz verlor Jelzin in den folgenden Jahren seine Parteiämter. Auf dem XXVIII. Parteitag der KPdSU am 12. Juli 1990 gab er seinen Austritt aus der KPdSU bekannt.

Am 12. Juni 1991 wurde Boris Jelzin bei der ersten russischen Präsidentschaftswahl zum Präsidenten der Russischen Teilrepublik (RSFSR) gewählt und war maßgeblich an der Auflösung der Sowjetunion beteiligt. Während des Putsches vom 19. bis 21. August 1991 unternahm eine Gruppe von Funktionären den Versuch, den Präsidenten Michail Gorbatschow abzusetzen und das Land unter ihre Kontrolle zu bekommen. In Moskau bezog Boris Jelzin öffentlich Stellung gegen die Putschisten und verschanzte sich im Weißen Haus in Moskau, das von der Bevölkerung erfolgreich verteidigt wurde. Der Putschversuch scheiterte, da die Streitkräfte den Putschisten die Gefolgschaft verweigerten. Doch der Zerfall der Sowjetunion war nicht mehr aufzuhalten.

Jelzin erklärte am 8. Dezember 1991 gemeinsam mit seinen Amtskollegen Leonid Krawtschuk aus der Ukraine und Stanislau Schuschkewitsch aus Belarus in den Belowescher Vereinbarungen, dass die Sowjetunion aufgehört habe zu existieren. Sie gründeten die Gemeinschaft Unabhängiger Staaten (GUS). Jelzin war nun Präsident des unabhängigen Staates Russland.

## Putin: Erste Karrierestufen

Wladimir Wladimirowitsch Putin diente von 1985 bis 1990 als KGB-Offizier in Dresden unter einer Tarnidentität als Übersetzer. Während seines Einsatzes arbeitete Putin als einer der Verbindungsoffiziere des KGB zur Stasi und wurde Berichten zufolge zum Oberstleutnant befördert. Doch während der Demonstrationen in Dresden und nach dem Zusammenbruch der DDR-Regierung musste er aus dem aktiven KGB-Dienst ausscheiden – in Moskau war man sich seiner Linientreue nicht mehr ganz sicher. So kehrte er Anfang 1990 als Mitglied der aktiven Reserve in seine Heimatstadt Leningrad zurück und erneuerte die Freundschaft zu seinem ehemaligen Professor Anatoli Sobtschak, der kurz darauf Bürgermeister von Leningrad wurde. Im Mai 1990 ernannte ihn Sobtschak zum Berater in internationalen Angelegenheiten. Als Sobtschak 1996 nicht wiedergewählt wurde, zog es Putin nach Moskau, wo er in der Russischen Präsidialverwaltung eine Anstellung erhielt. Am 25. Mai 1998 wurde er stellvertretender Leiter dieser Verwaltung und zwei Monate später, am 25. Juli 1998, ernannte ihn Präsident Jelzin zum Direktor des Inlandsgeheimdienstes FSB.

Boris Nikolajewitsch Jelzin und sein Clan, zu dem auch seine Tochter Tatjana Djatschenko, sein Berater Valentin Jumaschew, der später Tatjana heiratete, der Oligarch Boris Beresowski sowie Alexander Woloschin, Leiter der Präsidialverwaltung, gehörten, befanden sich im Frühjahr 1999 in einer schweren Krise. Jelzin war gesundheitlich angeschlagen – Alkoholismus setzte ihm schwer zu. Seine Popularität war stark gesunken, und es bestand die Gefahr, dass seine politische Basis – eine lose Bewegung namens „Einheit“ – die Parlaments- und Präsidentschaftswahlen, die für Dezember 1999 bzw. März 2000 angesetzt waren, verlieren würde. Jelzin und seine beiden Töchter sahen sich mit Berichten konfrontiert, in denen ihnen vorgeworfen wurde, durch illegale Transaktionen mit einer Schweizer Baufirma namens Mabetex große Geldbeträge auf geheime Bankkonten im Ausland zu transferieren. Und gegen Beresowski, der die Fluglinie Aeroflot geleitet hatte, wurde wegen Veruntreuung ermittelt.

## Das Schüren des Tschetschenien-Konflikts

John B. Dunlop, Senior Fellow der Hoover Institution, schrieb in seinem Buch „The Moscow Bombings of September 1999“, dass der Ausweg des Jelzin-Clans in dem Plan bestand, Russland zu destabilisieren. Es sollten der Ausnahmezustand ausgerufen und die Wahlen abgesagt oder verschoben werden. Im Juni 1999 berichteten jedoch zwei westliche Journalisten, Jan Blomgren vom schwedischen Svenska Dagbladet und Giulietto Chiesa, langjähriger Moskau-Korrespondent der italienischen Zeitung La Stampa, dass in Russland ein staatlicher Terrorakt bevorstehe. Ziel sei es, Angst und Panik in der Bevölkerung zu verbreiten.

Diesen Berichten folgte im Juli 1999 in der überregionalen Zeitung Moskovskaya Pravda ein Artikel des russischen Journalisten Aleksandr Zhilin mit dem Titel „Sturm in Moskau". In diesem Artikel warnte der Autor unter Berufung auf ein durchgestochenes Kreml-Dokument vor Terroranschlägen in Moskau. Zhilin schrieb, Ziel sei es, den politischen Gegnern Jelzins schwer zu schaden, insbesondere dem Moskauer Bürgermeister Juri Luschkow und dem ehemaligen Ministerpräsidenten Jewgeni Primakow. Doch Zhilins Informationen wurden ignoriert. Was er behauptete, schien undenkbar.

Der zum Jelzin-Clan gehörende Oligarch Boris Beresowski setzte sich nach einem Zerwürfnis mit Putin im Jahr 2000 nach London ab. John B. Dunlop schreibt in „The Moscow Bombings of September 1999", dass Beresowski Drahtzieher eines Plans zur Destabilisierung Russlands gewesen sei, wenn auch nicht unbedingt durch den Einsatz von Bomben zur Tötung unschuldiger Menschen. Beresowski zahlte hohe Lösegelder an extremistische tschetschenische Separatisten, um die Freilassung russischer Geiseln zu erwirken, was die gemäßigteren politischen Kräfte in Tschetschenien schwächte und die Invasion tschetschenischer Rebellen in die benachbarte Republik Dagestan im August 1999 begünstigte. Dunlop belegt in seinem Buch, dass der Kreml die tschetschenische Invasion Dagestans insgeheim unterstützte, um einen Konflikt Russlands mit Tschetschenien zu provozieren. Dies würde einen Vorwand liefern, um den Ausnahmezustand auszurufen und die Wahlen zu verschieben. Wie zahlreiche Zeugen berichteten, konnten die Rebellen ungehindert in Dagestan ein- und ausreisen.

Eine zentrale Rolle bei der Durchführung der Operation in Dagestan spielte Wladimir Putin. Putin hatte die Gunst des Jelzin-Clans gewonnen und war zum Nachfolger Jelzins ernannt worden. Als Chef des FSB hatte er seine Loyalität zu Jelzin unter Beweis gestellt, indem er die Absetzung des russischen Generalstaatsanwalts Juri Skuratow erreichte, der im Korruptionsskandal bei Mabetex ermittelte, in den die Jelzin-Familie verwickelt war. Putins FSB ermittelte auch wegen Geldwäsche gegen Elena Baturina, die reiche Ehefrau des Moskauer Bürgermeisters und Jelzin-Gegners Juri Luschkow.

Doch Putin war in der russischen Öffentlichkeit unbekannt. Sollte es zu Wahlen kommen, und das war offenbar noch nicht entschieden, waren seine Chancen ungewiss. Wenn die Operation „Nachfolger" des Jelzin-Clans erfolgreich sein sollte, musste etwas geschehen, um Putins öffentliches Image zu verbessern und seine Fähigkeit zur starken Führung zu demonstrieren. Da der Einmarsch tschetschenischer Rebellen in Dagestan nicht den gewünschten Effekt hatte, eine allgemeine antitschetschenische Stimmung zu schüren, war – Dunlops Quellen zufolge – mehr Gewalt nötig, um einen Krieg gegen Tschetschenien zu rechtfertigen und Unterstützung für den neuen Ministerpräsidenten zu gewinnen.

Von den Moskauer Bombenanschlägen wusste der FSB schon im Vorfeld: Bereits im Juni 1999 gab es Gerüchte über bevorstehende Terroranschläge. Noch bedeutsamer ist die Tatsache, dass ein angesehener Duma-Abgeordneter, Konstantin Borowoj, am 9. September, dem Tag des ersten Bombenanschlags auf ein Moskauer Wohngebäude, erfuhr, dass es in der Stadt einen Terroranschlag geben würde. Seine Quelle war ein Offizier des Militärgeheimdienstes

GRU. Borowoj gab diese Information an FSB-Beamte weiter, die in Jelzins Sicherheitsrat saßen, doch sie wurde ignoriert. Mindestens eine weitere glaubwürdige Warnung vor einem bevorstehenden Anschlag wurde den Strafverfolgungsbehörden in Moskau am selben Tag gemeldet, ohne dass darauf reagiert wurde.

Unmittelbar nach der zweiten Explosion in Moskau am 13. September erklärte Putin, dass es sich bei den Attentätern des Anschlags in der dagestanischen Stadt Buinaksk und des Anschlags in Moskau höchstwahrscheinlich um Terroristen mit Verbindungen zu Osama bin Laden handele, die in Tschetschenien ausgebildet worden seien. Wenige Tage später, am 25. September, griff FSB-Chef Nikolai Patruschew das Thema in der Zeitung Moskovskii Komsomolets auf. Auf die Vermutungen in der russischen Presse, seine Behörde stecke hinter den Bombenanschlägen, antwortete er, dass die Organisatoren nicht etwa Verschwörer im Kreml seien, sondern internationale Terroristen, die sich in Tschetschenien verschanzt hätten. Der FSB und die russische Staatsanwaltschaft identifizierten später als Drahtzieher aller Anschläge zwei arabische Islamisten, al-Khattab und Abu Umar, die später in Tschetschenien getötet wurden, wahrscheinlich vom FSB.

## Komplizenschaft des FSB

Doch die offiziellen Erklärungen konnten den Verdacht auf eine Komplizenschaft des FSB unter den Jelzin-kritischen Journalisten nicht zerstreuen. Sie hatten bereits begonnen, auf eigene Faust zu recherchieren, und ihr Verdacht erhärtete sich durch einen merkwürdigen Vorfall, der sich am 22. September in der Stadt Rjasan, etwa 100 km südöstlich von Moskau, ereignete (siehe S. 242). Bewohner eines Wohnkomplexes hatten ungewöhnliche Aktivitäten im Keller gemeldet und beobachtet, wie drei Personen Säcke, deren Inhalt sie nicht erkennen konnten, aus einem Auto mit teilweise überklebten Nummernschildern luden. Ein professionelles Entschärfungskommando traf ein und stellte fest, dass die Säcke nicht nur Zucker, sondern auch Sprengstoff, darunter Hexogen, enthielten und dass ein Zünder angebracht war. Nachdem die Säcke untersucht worden waren, wurden sie vom örtlichen FSB nach Moskau geschickt.

Wenn es sich tatsächlich nur um eine Übung handelte, ist es schwer zu verstehen, warum der russische Innenminister Wladimir Rusailo, der auch die Anti-Terror-Kommission leitete, im Vorfeld nichts davon gewusst hatte. Immerhin sprach Rusailo öffentlich über den unterbundenen Terroranschlag in Rjasan und lobte die Bewohner der Stadt für die Vereitelung des Anschlags. Wie Dunlop und viele andere feststellten, handelte es sich bei dem in Rjasan gefundenen Material um die Bestandteile einer echten Bombe, und der FSB wurde vermutlich auf frischer Tat bei einem False-Flag-Anschlag ertappt. Angesichts dieser Beweise, so Dunlop, sei es wahrscheinlich, dass auch die Terroranschläge vom September das Werk des FSB gewesen waren. Der Sprengstoff war bei allen Anschlägen der gleiche.

Es stellte sich heraus, dass es nicht notwendig war, die Wahlen abzusagen, denn das russische Volk scharte sich um Putin und befürwortete seine Absicht, sich an den Tschetschenen zu rächen. Am 1. Oktober marschierten russische Truppen in Tschetschenien ein, und Putins Zustimmungswerte stiegen sprunghaft an: von 31 Prozent Mitte August auf 78 Prozent im November. Dieser stetige Anstieg von Putins Popularität ging einher mit dem Anstieg des Hasses der Russen auf die Tschetschenen.

Es ist wohl unbestritten, dass der FSB unter der Leitung von Patruschew für die Durchführung der Anschläge verantwortlich war. Doch wer gab den Befehl von oben? John B. Dunlop hält es für wahrscheinlich, dass es drei Mitglieder von Jelzins „innerem Kreis" waren: Alexander Woloschin, Walentin Jumaschew und Jelzins Tochter Tatjana. Diese drei standen Jelzin am nächsten. Auf die mögliche Rolle Beresowskis geht Dunlop allerdings nicht ein.
(Zusammengestellt nach John B. Dunlop, The Moscow Bombings of September 1999)

Beresowski, der nach einem Zerwürfnis mit Putin im Jahr 2000 nach London floh, war – Dunlop zufolge – der Drahtzieher des Plans zur Destabilisierung Russlands. Von London aus behauptete Beresowski dann bei zahlreichen Gelegenheiten öffentlich, der FSB stecke hinter den Bombenanschlägen. Der New York Times erklärte Beresowski, dass er allerdings keine Beweise dafür habe, dass Putin persönlich von der Beteiligung der Sicherheitsdienste an den Bombenanschlägen auf Wohngebäude wusste. Er wisse aber, „dass der Chef des FSB involviert ist und dass andere Leute vom FSB beteiligt sind". Er sagte auch, dass die Beweise auf Patruschew hindeuteten, aber er habe keine Antwort auf die Frage, wer den Befehl gegeben habe – ob es Putin oder jemand anderes gewesen sei.
(https://www.nytimes.com/2002/02/01/world/russian-says-kremlin-faked-terror-attacks.html)

Welche Rolle spielte Putin, der damals Ministerpräsident und Sekretär des Sicherheitsrates war? In seinem im Jahr 2000 veröffentlichten Selbstporträt „First Person" bestreitet Putin, dass der FSB beteiligt gewesen sei: „Was?! Unsere eigenen Häuser in die Luft sprengen? Wissen Sie, das ist wirklich ... totaler Schwachsinn! Das ist totaler Wahnsinn. Niemand in den russischen Spezialdiensten wäre zu einem solchen Verbrechen gegen das eigene Volk fähig." (Vladimir Putin, First Person, S. 143 f.)

Dem hält Dunlop entgegen: Natürlich war der FSB in der Lage, diese Tat zu begehen. Und es ist unvorstellbar, dass dies ohne Putins Billigung geschehen sein könnte.

Am 31. Dezember 1999 trat Jelzin überraschend zurück, und Putin wurde gemäß der russischen Verfassung zum Präsidenten der Russischen Föderation ernannt; er war bereits einer der drei stellvertretenden Ministerpräsidenten gewesen. Der erste Präsidialerlass, den Putin am 31. Dezember 1999 unterzeichnete, trug den Titel „Über Garantien für den ehemaligen Präsidenten der Russischen Föderation und seine Familienangehörigen". Es sicherte zu, dass „Korruptionsvorwürfe gegen den scheidenden Präsidenten und seine Familienangehörigen" nicht weiterverfolgt würden. Diese Amnestie betraf vor allem die Korruptionsaffäre Mabetex, in die Familienmitglieder Jelzins verwickelt waren. Am 30. August 2000 wurde ein strafrechtliches Ermittlungsverfahren (Nr. 18/238278-95) eingestellt, in dem Putin selbst als Mitglied der

Stadtverwaltung von St. Petersburg zu den Verdächtigen gehörte. Nach dem Rücktritt Jelzins fanden dann am 26. März 2000 Präsidentschaftswahlen statt, die Putin im ersten Wahlgang mit 53 Prozent der Stimmen gewann.

## Versuche einer unabhängigen Untersuchung

Am 21. März 2000 lehnte die russische Staatsduma zwei Anträge auf eine parlamentarische Untersuchung des Rjasan-Zwischenfalls ab. In der Duma stimmte die kremlnahe Partei „Einiges Russland" dafür, alle Dokumente zum Vorfall in Rjasan für die nächsten 75 Jahre unter Verschluss zu halten und eine Untersuchung des Vorfalls zu verbieten. Der amtierende Präsident Wladimir Putin hatte bereits die Behauptung einer Beteiligung des FSB als unmoralisch bezeichnet, so die Moscow Times. (https://web.archive.org/web/20060310062941/http://www.eng.terror99.ru/publications/049.htm)

Als Konsequenz dieses Parlamentsbeschlusses wurde unter Vorsitz des Duma-Abgeordneten Sergej Kowaljow eine unabhängige öffentliche Kommission zur Untersuchung der Bombenanschläge auf Wohngebäude eingesetzt. Die Kommission begann ihre Arbeit im Februar 2002. Am 5. März 2002 flogen Sergej Kowaljow und Juli Rybakow, ebenfalls Duma-Abgeordneter, nach London, wo sie die ehemaligen Mitglieder des FSB Alexander Litwinenko und Michail Trepashkin trafen. Nach diesem Treffen nahm Michail Trepashkin, der auch Rechtsanwalt in Moskau war, seine Arbeit in der Kommission auf.

Letztendlich wurde die Arbeit der Kommission durch die Weigerung der Regierung, auf Anfragen zu antworten, zunichte gemacht. Zwei wichtige Mitglieder der Kommission waren der hochrangige Politiker Sergej Juschenkow und der Journalist Juri Schtschekotschichin, beide Mitglieder der Duma. Juschenkow war stellvertretender Vorsitzender der Kowaljow-Kommission. Seine Auffassung, dass der FSB die Bombenanschläge inszeniert habe, um öffentliche Unterstützung für den Tschetschenienkrieg zu gewinnen, ist vergleichbar mit der des amerikanischen Journalisten und Russlandkenners David Satter, der als Erster diese Behauptung aufgestellt hatte.

Juschenkow sprach während seines Besuchs in den Vereinigten Staaten im April 2002 von einem geheimen Befehl Boris Jelzins zur Einleitung des zweiten Tschetschenienkriegs. Der Befehl wurde als Reaktion auf die Forderung von 24 russischen Gouverneuren erteilt, dass Jelzin, der in weiten Teilen der Bevölkerung geringes Ansehen genoss, alle Regierungsbefugnisse an den Ministerpräsidenten Wladimir Putin übertragen sollte. Jelzins Befehl datiert vom 23. September 1999, dem Tag, an dem FSB-Agenten auf frischer Tat ertappt wurden, als sie eine Bombe in dem Wohnkomplex in Rjasan platzierten. Danach hörte die Serie von Bombenanschlägen in russischen Städten plötzlich auf. Am folgenden Tag begann Wladimir Putin den Zweiten Tschetschenienkrieg. Juschenkow zufolge war Putins Machtübernahme ein vom FSB organisierter Staatsstreich.
(https://web.archive.org/web/20060924195935/http://www.hro.org/editions/yushenkov/02_06_03.htm)

## Mit dem Leben bezahlt

Juri Schtschekotschichin war Journalist bei der Nowaja Gaseta. Er recherchierte über die Bombenanschläge auf Wohngebäude und den Korruptionsskandal „Drei Wale", in den hochrangige FSB-Offiziere verwickelt waren und der mit Geldwäsche durch die Bank of New York in Verbindung gebracht wurde. Die Aufklärung des Falles „Drei Wale" stand unter der persönlichen Kontrolle von Präsident Wladimir Putin. Im Juni 2003 nahm Schtschekotschichin wegen der Verbindung des Falls mit der Bank of New York Kontakt zum FBI auf und erhielt ein US-Visum, um mit den US-Behörden zu sprechen. Aufgrund seines plötzlichen Todes konnte er nicht mehr in die USA reisen.

Schtschekotschichin starb am 3. Juli 2003 nach einer mysteriösen 16-tägigen Krankheit. Seine medizinische Behandlung und die Autopsie fanden in einem Krankenhaus statt, das unter der Kontrolle des FSB stand, weil dort hochrangige russische Beamte behandelt wurden. Seinen Angehörigen verweigerte man den medizinischen Bericht über die Ursache seiner Krankheit, und es wurde ihnen untersagt, Gewebeproben für eine unabhängige medizinische Untersuchung entnehmen zu lassen. Journalisten der Nowaja Gaseta gelang es trotzdem, solche Proben an ausländische Spezialisten zu schicken, die aber zu keinem eindeutigen Ergebnis kamen. Die weit verbreiteten Spekulationen über die Todesursache verstummten nicht, zumal ein weiteres Mitglied der Kowaljow-Kommission, Sergej Juschenkow, im selben Jahr ermordet wurde. (http://news.bbc.co.uk/2/hi/programmes/file_on_4/6324241.stm)

Sergej Juschenkow wurde am 17. April 2003 in der Nähe seines Hauses in Moskau erschossen, nur wenige Stunden nachdem er die erforderlichen Registrierungen für die Teilnahme seiner Partei „Liberales Russland" an den Parlamentswahlen in 55 Regionen erhalten hatte. Die Wahlen sollten im Dezember 2003 stattfinden. Sergej Juschenkow hatte auch die Rolle des FSB bei der Geiselnahme im Moskauer Dubrowka-Theater am 23. Oktober 2002 untersucht (siehe S. 252).

## Verhaftung Trepashkins

Der ehemalige FSB-Mitarbeiter Michail Trepashkin recherchierte für die Kommission und fand heraus, dass der Keller eines der bombardierten Gebäude von dem FSB-Offizier Vladimir Romanovich angemietet worden war und dass dies mehrere Personen bezeugen konnten. Trepashkin hatte auch einen Brief geprüft, den vermutlich Achemez Gochiyayev geschrieben hatte – das war der Mann, der am 13. September die Polizei telefonisch von der Platzierung der Bomben berichtet hatte. Dabei stellte Trepashkin fest, dass der Bekannte von Gochiyayev, der die Lieferung der Säcke arrangiert hatte, Alexander Karmishin hieß und aus Vyazma stammte.

Trepashkin war aber nicht mehr in der Lage, seine Erkenntnisse dem Gericht vorzulegen oder zu veröffentlichen, da er im Oktober 2003 wegen illegalen Waffenbesitzes verhaftet wurde. In einem Interview mit Radio Free Europe/Radio Liberty erklärte Trepashkin, dass seine ehemaligen Vorgesetzten und Kollegen beim FSB ihm versprochen hätten, ihn nicht zu verhaften, wenn er die Kowaljow-Kommission verlassen und zusammen mit dem FSB gegen Alexander Litwinenko, der 2003 nach England geflohen war, vorgehen würde.

(https://web.archive.org/web/20080307024135/http://www.svobodanews.ru/Transcript/2007/12/01/20071201143422327.html)

Im Februar 2000 erklärte US-Außenministerin Madeleine Albright vor dem Senatsausschuss für auswärtige Angelegenheiten, dass sie keine Beweise für einen Zusammenhang zwischen den Bombenanschlägen und Tschetschenien kenne.
(https://www.foreign.senate.gov/imo/media/doc/FinalRR.pdf)

Der Russland-Experte David Satter widersprach dieser Einschätzung. Er erklärte bei seiner Aussage vor dem Repräsentantenhaus der Vereinigten Staaten: „Für den Erfolg der Operation ‚Nachfolger' war jedoch eine massive Provokation erforderlich. Meiner Meinung nach war diese Provokation die Bombenanschläge auf die Wohnhäuser in Moskau, Buinaksk und Wolgodonsk im September 1999. Im Anschluss an diese Anschläge, die 300 Menschenleben forderten, wurde wieder ein Krieg gegen Tschetschenien begonnen. Putin, der neu ernannte Ministerpräsident, dem die Leitung dieses Krieges übertragen wurde, erlangte über Nacht Popularität." (https://web.archive.org/web/20110927065706/http://www.hudson.org/files/publications/SatterHouseTestimony2007.pdf)

## USA: Verweigerter Einblick in Dokumente

Am 14. Juli 2016 reichte David Satter Anträge auf Informationsfreiheit (Freedom of Information Act, FOIA) beim Außenministerium, bei der CIA und beim FBI ein, in denen er um Dokumente zu den Bombenanschlägen, zum Vorfall in Rjasan und zu den Personen bat, die versucht hatten, die Bombenanschläge zu untersuchen und dabei getötet worden waren. Die Behörden bestätigten den Eingang der Anträge, aber Satter erhielt innerhalb der gesetzlichen Frist keine weitere Antwort. Daraufhin reichte er Klage gegen die Behörden ein.

Die CIA weigerte sich jedoch, die Existenz einschlägiger Aufzeichnungen zu bestätigen, da dies sehr spezifische Aspekte der nachrichtendienstlichen Interessen offenbaren würde. Das Außenministerium antwortete nun mit einer teilweise geschwärzten Kopie eines Telegramms der US-Botschaft in Moskau. Dem Telegramm zufolge erklärte ein ehemaliges Mitglied des russischen Geheimdienstes am 24. März 2000 einem US-Diplomaten, dass die wahre Geschichte über den Vorfall in Rjasan niemals bekannt werden dürfe, weil dies das Land zerstören würde. Der Informant sagte auch, dass Wiktor Tscherkessow, der erste stellvertretende Direktor des FSB und Verhörspezialist für Dissidenten, genau die richtige Person sei, um solche Aktionen anzuordnen und auszuführen. Satter versuchte es weiter und erhielt dann ein Dokument, das von den Behörden verwendet wird, um das Zurückhalten von Informationen in FOIA-Fällen zu rechtfertigen. Darin heißt es, dass die Veröffentlichung dieser Informationen „das Potenzial hätte, die Beziehungen zur russischen Regierung, die für die nationale Sicherheit der USA von entscheidender Bedeutung sind, zu beeinträchtigen oder ernsthaft zu schädigen".
(https://web.archive.org/web/20171211163027/http://www.nationalreview.com/article/444493/cia-russias-1999-apartment-bombings-if-putin-was-responsible-it-could-well-know)

Die Politikwissenschaftler Yuri Felshtinsky und Vladimir Pribylovsky rekonstruierten die Ereignisse in ihrem Buch „The Corporation – Russia and the KGB in the Age of President Putin" (S. 133–138). Dort heißt es: „Die Bombenanschläge in Buinaksk wurden von einem Team von zwölf Offizieren des Militärnachrichtendienstes GRU ausgeführt. Sie wurden unter Aufsicht von General Nikolai Kostechko, Leiter des 14. Direktorats, nach Dagestan geschickt. [...] Der Bombenanschlag in Buinaksk wurde vom GRU durchgeführt, um einen Ressortkonflikt zwischen dem FSB und dem Verteidigungsministerium zu vermeiden.

In Moskau, Wolgodonsk und Rjasan wurden die Anschläge vom FSB organisiert; beteiligt waren der Leiter der Abteilung für Terrorismusbekämpfung, General German Ugryumov, sowie die FSB-Agenten Maxim Lazovsky, Vladimir Romanovich, Ramazan Dyshekov und andere. Achemez Gochiyayev, Alexander Karmishin und eine Frau namens Tatyana Korolyeva mieteten Lagerhäuser, in die als Zucker getarnte Hexogenlieferungen erfolgten; sie wussten aber nicht, dass es sich um Sprengstoff handelte. Darüber hinaus rekrutierten FSB-Agenten Adam Dekkushev, Yusuf Krymshamkhalov und Timur Batchayev, die sich als tschetschenische Separatisten ausgaben, um Sprengstoff nach Wolgodonsk und Moskau zu liefern. Die Namen und der Verbleib der FSB-Agenten, welche die Bombe in der Stadt Rjasan platzierten, sind nach wie vor unbekannt."
(Felshtinsky, Yuri, Pribylovsky, Vladimir, The Corporation – Russia and the KGB in the Age of President Putin, S. 133–138)

Es hatte schon früher in Moskau eine Serie von Bombenanschlägen gegeben, bei denen sieben Menschen getötet und 37 weitere schwer verletzt worden waren. Am 8. Januar 1977 explodierte um 17.33 Uhr in einem überfüllten Zug der Moskauer Metro zwischen den Stationen Izmailowskaja und Perwomaiskaja eine Bombe. Um 18.05 Uhr detonierte eine zweite Bombe in einem Lebensmittelgeschäft in der Nähe des KGB-Hauptquartiers Lubjanka. Fünf Minuten später erfolgte die Explosion einer dritten Bombe in einem Lebensmittelgeschäft in der Straße des 25. Oktober, nur wenige hundert Meter vom Sitz der Kommunistischen Partei der Sowjetunion entfernt. Niemand bekannte sich zu den Bombenanschlägen. Trotzdem wurden nach Ermittlungen des KGB und einem folgenden Geheimprozess drei Mitglieder einer armenisch-nationalistischen Organisation hingerichtet. Kurz nach diesen Anschlägen veröffentlichte der Kernphysiker und Menschenrechtler Andrej Sacharow einen offenen Brief, in dem er seine Befürchtung darüber zum Ausdruck brachte, dass die Bombenanschläge „eine neue Provokation seitens der Repressionsorgane" sein könnten. Es wurde öffentlich nie endgültig geklärt, wer die Explosionen verursacht hatte.
(https://chronicle-of-current-events.com/2019/06/26/concerning-the-explosions-in-moscow-march-1977-44-16/)

Offenbar sind für den KGB und dessen Nachfolger FSB Operationen „unter falscher Flagge" kein unbekanntes Mittel, somit auch nicht für Wladimir Putin. Auch die Geiselnahme im Moskauer Dubrowka-Theater am 23. Oktober 2002 soll vom FSB inszeniert worden sein.

Das Drama der Geiselnahme im Moskauer Dubrowka-Theater begann am Abend des 23. Oktober 2002. In dem vollbesetzten Theater nahmen etwa 50 tschetschenische Terroristen rund 850 Menschen als Geiseln. Die Angreifer, angeführt von Mowsar Barajew, bekannten sich zu einer islamistischen Separatistenbewegung in Tschetschenien. Sie forderten das Ende des Zweiten Tschetschenienkriegs und den Abzug aller russischen Streitkräfte aus Tschetschenien.

**Der Ablauf des Angriffs im Dubrowka-Theater**

Das Dubrowka-Theater befindet sich im Haus der Kultur im Moskauer Stadtteil Dubrowka, etwa vier Kilometer südöstlich des Moskauer Kremls. Während des zweiten Akts einer ausverkauften Vorstellung des Musicals „Nord-Ost" fuhren kurz nach 21.00 Uhr etwa 50 schwer bewaffnete, maskierte Männer und Frauen in schwarzer Tarnkleidung mit einem Bus vor und stürmten den Saal, wobei sie mit ihren Sturmgewehren AK-47 in die Luft schossen. Sie nahmen etwa 850 Menschen als Geiseln, Zuschauer und Darsteller.
(https://www.nytimes.com/2002/10/24/world/chechens-seize-moscow-theater-taking-as-many-as-600-hostages.html)

Die Reaktion der Geiseln auf die Bedrohung durch Terroristen war nicht einheitlich: Einige blieben ruhig, andere reagierten hysterisch, wieder andere fielen in Ohnmacht. Einige Darsteller, die sich hinter der Bühne befanden, entkamen durch ein Fenster und riefen die Polizei; insgesamt gelang es etwa 90 Personen, aus dem Gebäude zu fliehen oder sich zu verstecken.

Die Terroristen wurden von Mowsar Barajew, dem Neffen des getöteten tschetschenischen Rebellenführers Barajew, angeführt. Es handelte sich also offensichtlich um Tschetschenen. Sie drohten, die Geiseln zu erschießen, wenn die russischen Streitkräfte nicht unverzüglich und bedingungslos aus Tschetschenien abgezogen würden. Sie sagten, die Frist betrage eine Woche, danach würden sie mit dem Töten der Geiseln beginnen. Auch sollte der russische Präsident Wladimir Putin öffentlich erklären, dass er sich um die Beendigung des Krieges in Tschetschenien bemühe. Zum Zeitpunkt der Geiselnahme waren in diesem Konflikt im Durchschnitt drei russische Soldaten pro Tag gefallen.
(https://www.csmonitor.com/2002/1025/p01s03-woeu.html)

Aus den Handygesprächen zwischen den im Gebäude eingeschlossenen Geiseln und ihren Angehörigen ging hervor, dass die Geiselnehmer Handgranaten, Minen und Sprengsätze bei sich trugen und weitere Sprengsätze im Theater deponiert hatten. Die Terroristen sprachen sich untereinander mit arabischen Namen an, die Terroristinnen trugen Niqabs im arabischen Stil, eine Komplettverhüllung, die nur die Augen frei lässt. Diese Bekleidung ist im Nordkaukasus, also auch in Tschetschenien, ungewöhnlich.
(http://news.bbc.co.uk/2/hi/europe/2565585.stm)

Alle Geiseln wurden im Zuschauersaal festgehalten, der Orchestergraben diente als Toilette. Die Stimmung im Saal änderte sich häufig, je nach Anspannung der Geiselnehmer, welche die

Berichterstattung in den Medien verfolgten. Jede falsche Information und jedes Gerücht lösten bei den Geiseln Verzweiflung und bei den Geiselnehmern neue Aggressionen aus. Sie drohten damit, die Geiseln zu erschießen und das Gebäude in die Luft zu sprengen. Doch sie erlaubten den Geiseln, per Handy zu telefonieren. Eine Geisel bat die Behörden, den Saal nicht zu stürmen. Inzwischen hatten Polizei und Militär das Gebäude mit gepanzerten Fahrzeugen umstellt. (https://www.nytimes.com/2002/10/24/world/chechens-seize-moscow-theater-taking-as-many-as-600-hostages.html)

## Tage der Angst

### Tag 1: 23. Oktober 2002

Die Angreifer ließen in den ersten Stunden nach dem Angriff 150 bis 200 Personen frei, darunter Kinder, Schwangere, Muslime, einige Ausländer sowie Personen, die eine ärztliche Versorgung benötigten. Zwei Frauen konnten entkommen, wobei sich eine auf der Flucht verletzte. Die Terroristen erklärten, wenn die Sicherheitskräfte angreifen sollten, würden sie für jeden ihrer Kämpfer, der getötet würde, zehn Geiseln erschießen.

### Tag 2: 24. Oktober 2002

Wegen der Krise sagte Präsident Putin eine Auslandsreise ab, bei der auch ein Treffen mit dem damaligen US-Präsidenten George W. Bush und anderen westlichen Politikern vorgesehen war. Die russische Regierung bot den Geiselnehmern nun die Ausreise in ein anderes Land als Russland oder Tschetschenien an, wenn sie alle Geiseln unverletzt freiließen. Die Geiseln appellierten – möglicherweise unter Zwang – an Putin, den Krieg in Tschetschenien zu beenden und das Gebäude nicht anzugreifen.

Nach Angaben des FSB ließen die Terroristen am 24. Oktober weitere 39 Geiseln frei, wiederholten aber ihre frühere Drohung, die übrigen Gefangenen zu erschießen, falls Russland ihren Forderungen nicht nachkommen sollte. Die Verhandlungen über die Freilassung der nichtrussischen Staatsangehörigen wurden von verschiedenen Botschaften geführt, und die Tschetschenen versprachen, alle ausländischen Geiseln freizulassen. Die Terroristen behaupteten, sie seien bereit, 50 russische Geiseln freizulassen, wenn Achmad Kadyrow, der Chef der prorussischen Verwaltung Tschetscheniens, als Verhandler ins Theater käme, aber Kadyrow reagierte nicht, und auch die Freilassung fand nicht statt.

### Tag 3: 25. Oktober 2002

Am dritten Tag nahm auch die Journalistin Anna Politkowskaja an den Verhandlungen teil. Die Terroristen forderten Gespräche mit einem offiziellen Vertreter von Wladimir Putin. Währenddessen veranstalteten Angehörige der Geiseln eine Antikriegsdemonstration vor dem Theater und im Zentrum Moskaus.

Die Geiselnehmer erklärten sich bereit, 75 ausländische Staatsbürger in Anwesenheit diplomatischer Vertreter ihrer Länder freizulassen. Außerdem wurden 15 russische Staatsbürger freigelassen, darunter acht Kinder im Alter von 7 bis 13 Jahren. Nach einem Treffen mit Putin bot der FSB-Chef Nikolai Patruschew an, das Leben der Tschetschenen zu schonen, wenn sie die übrigen Geiseln unverletzt freilassen würden.

Eine Gruppe russischer Ärzte konnte das Theater betreten, um Medikamente für die Geiseln zu bringen. Sie erklärten danach, dass die Terroristen ihre Gefangenen weder geschlagen noch bedroht hätten. Es hieß, die meisten Geiseln seien ruhig und nur zwei oder drei seien in Panik. Das Rote Kreuz brachte Essen, Kleidung und Medikamente.

**Tag 4: 26. Oktober – Gasangriff und Erstürmung**

In der Nacht appellierte Achmed Sakajew, ein tschetschenischer Politiker und Mitarbeiter des separatistischen Präsidenten Aslan Maschadow, an die Extremisten, „keine unüberlegten Schritte zu unternehmen“. Die Tschetschenen teilten der BBC per Handy mit, dass ein von Präsident Putin gesandter Vermittler am nächsten Tag zu Gesprächen in das Theater kommen wolle. Zwei Mitglieder der Speznaz-Alpha-Gruppe, die sich dicht am Gebäude aufhielten, wurden von einer Granate der Terroristen schwer verletzt.

Der stellvertretende Innenminister Wladimir Wassiljew erklärte, die Erstürmung sei bereits kurz nach der Geiselnahme geplant worden; angeordnet wurde sie, nachdem aufgrund der Erschießung zweier weiblicher Geiseln Panik unter den Gefangenen ausgebrochen war. Diese Hinrichtung ereignete sich etwa drei Stunden vor Beginn der Operation. Um 5.00 Uhr morgens standen dann schwer bewaffnete und maskierte Kräfte der Gruppen Alpha und Vympel der Speznaz sowie eine SOBR-Einheit des Innenministeriums bereit. Doch zunächst leitete man ein Gas durch die Klimaanlage des Theaters in den Saal. Obwohl viele Geiseln zunächst einen Brandgeruch wahrzunehmen glaubten, wurde sowohl ihnen als auch den Terroristen bald klar, dass ein Gas in das Gebäude gepumpt wurde. Später erklärte der russische Gesundheitsminister Juri Schewtschenko, dass dies ein Gas auf Fentanylbasis gewesen sei, ein synthetisches Opioid.

Die Geisel Anna Andrianowa, Korrespondentin der Moskauer Prawda, rief die Radiostation „Echo von Moskau“ an und rief, dass die Regierungstruppen eine Operation begonnen hätten und Gas in die Halle pumpten: „Bitte geben Sie uns eine Chance. Wenn Sie etwas tun können, dann tun Sie es bitte! ... Ich weiß nicht, um welches Gas es sich handelt. Aber ich sehe, wie die Tschetschenen reagieren. Sie wollen nicht, dass wir sterben, und unsere Offiziere wollen, dass keiner von uns lebend rauskommt! Ich weiß es nicht. Wir sehen es, wir riechen es, wir halten uns Stoff vor den Mund [...] Es begann von außen. Das ist es, was unsere Regierung beschlossen hat – dass keiner von uns diesen Ort lebend verlassen soll.“
(http://news.bbc.co.uk/2/hi/europe/2363679.stm)

Nachdem das Gas 30 Minuten lang gewirkt hatte, begann der Angriff der Speznaz-Einheiten. Die Terroristen forderten die Geiseln auf, sich in den Theatersitzen zusammenzukauern. Die Geiseln berichteten, dass einige von ihnen eingeschlafen waren und dass einige der Terroristen Gasmasken angelegt hatten. Als viele Menschen im Saal – Terroristen und Geiseln – bewusstlos waren, versuchten einige Terroristinnen, auf den Balkon zu gelangen, doch noch vor der Treppe wurden sie ohnmächtig. Sie wurden später erschossen aufgefunden. Nach Angaben der russischen Regierung sollen die Kämpfe zwischen den Speznaz-Einheiten und den tschetschenischen Terroristen, die noch bei Bewusstsein waren, etwa 30 Minuten bis eine Stunde gedauert haben.

Um 7.00 Uhr morgens begannen die Rettungskräfte, die Leichname der Geiseln aus dem Gebäude zu tragen. Sie wurden im Foyer und auf dem Bürgersteig vor dem Haupteingang des Theaters aufgereiht. Nick Paton Walsh, Korrespondent des Guardian, berichtete, dass keine der Leichen, die er sah, Schusswunden oder Anzeichen von Blutungen aufwies, aber „ihre Gesichter waren wächsern, weiß und gezeichnet, ihre Augen offen und leer". Bald waren das gesamte Foyer und der Bürgersteig mit Toten und bewusstlosen, aber noch lebenden Menschen gefüllt, bei einer Außentemperatur um den Gefrierpunkt.
(https://www.theguardian.com/world/2002/oct/27/chechnya.russia3)

Fast alle 117 Geiseln, die am Samstag bei der Erstürmung des Moskauer Theaters von russischen Spezialeinheiten getötet worden waren, seien an einer Gasvergiftung gestorben, wie es hieß. An die 50 tschetschenische Rebellen wurden bei dem Angriff getötet, doch es blieb unklar, wie viele von ihnen an den Folgen des Gases starben und wie viele erschossen wurden. Von den fast 650 geretteten Geiseln wurden 150 wegen Gasvergiftung im Krankenhaus behandelt, alle auf der Intensivstation; 45 von ihnen befanden sich in einem kritischen Zustand, wie Dr. Seltsowski, Vorsitzender des Gesundheitsausschusses der Stadt Moskau, bekannt gab.
(http://news.bbc.co.uk/2/hi/europe/2365383.stm)

### Offene Fragen

Die Regierung erklärte die Operation zu einem Sieg im anhaltenden Krieg gegen Tschetschenien, doch viele Russen, darunter Politiker, Journalisten und Geheimdienstler, waren nicht davon überzeugt. Nachdem die Duma auch diesmal einen Untersuchungsausschuss abgelehnt hatte, begannen dieselben Personen, die auch die Aufklärung der Ereignisse rund um die Wohnhausbomben betrieben hatten, mit einer privaten Untersuchung. Zu dieser Gruppe gehörte neben Juschenkow, Litwinenko und Trepashkin auch die Journalistin Anna Politkowskaja.

Alexander Litwinenko, der ehemalige Offizier des FSB im britischen Exil, war der Ansicht, dass die Ereignisse um das Dubrowka-Theater viele Fragen aufgeworfen hätten:

- Wie konnten 50 bewaffnete und Kampfanzüge tragende Terroristen, darunter eine Reihe von Frauen im Niqab, unbemerkt durch Moskau fahren?
- Warum wurden alle Terroristen, die zusammen mit den Geiseln durch das Gas betäubt worden waren, erschossen, anstatt sie am Leben zu lassen, um sie zu verhören?
- Wo waren die Leichen von zwei Informanten? Sie waren an der Besetzung des Theaters beteiligt und dem FSB gut bekannt gewesen. Wurden sie vorher freigelassen?

Litwinenko war der Überzeugung, dass diese beiden Männer – einer mit dem Namen „Abu Baker" (wohl ein Kriegsname) –, die für den FSB arbeiteten, andere Tschetschenen überredet hatten, sich ihnen für eine Geiselnahme in großem Stil anzuschließen. Litwinenko meinte, dass der FSB die Belagerung des Theaters organisiert hatte und dass alle anderen, die an der Inszenierung beteiligt gewesen waren, getötet wurden, um die Beteiligung des FSB zu vertuschen.

## Frühe offizielle Einordnung des Anschlags

Am 24. Oktober 2002, einen Tag nach der Erstürmung des Theaters durch die Terroristen, erklärte Putin, er betrachte die Geiselnahme als Teil des internationalen Terrorismus und als Terroranschlag, wie er kurz zuvor beispielsweise auf der indonesischen Insel Bali verübt worden sei (siehe S. 178). Es hieß auch, dass einer der Terroristenführer im Dubrowka-Theater ein Araber namens „Yasir" gewesen sei, ein Mann aus Saudi-Arabien und angeblicher Führer von al-Qaida. Es stellte sich aber bald heraus, dass „Yasir" nur ein anderer Name für „Abubakar" oder „Abu Bakar" war. Der richtige Name dieses Mannes, eines Tschetschenen, lautete Ruslan Elmurzajev. Nach offiziellen russischen Angaben allerdings war der Anführer der Terroristen ein anderer: ein junger Mann, der sich Mowsar Barajew nannte und auch unter den Namen Mowsar Salamow oder Mowsar Suleimenow bekannt war. Seine einzige Berühmtheit bestand darin, dass er ein Neffe des verstorbenen tschetschenischen Warlords Arbi Barajew war, eines berüchtigten Mannes, der Berichten zufolge Verbindungen sowohl zum FSB als auch zum russischen Militärgeheimdienst GRU unterhielt. So stand es jedenfalls am 8. August 2000 in der Zeitung Moskovskie Novosti.

Im Januar 2003 berichtete die französische Journalistin Anne Nivat, dass der GRU bereits zwei Monate vor der Geiselnahme die Verhaftung von Mowsar Barajew verkündet habe (crimesofwar.org, 6. Januar 2003). Sollte diese Information stimmen, befand sich Barajew zum Zeitpunkt des Terroranschlages auf das Theater in russischem Gewahrsam. Nivat berichtete darüber hinaus, dass sich zwei der angeblich beteiligten Terroristinnen zum Zeitpunkt der Geiselnahme ebenfalls in Haft befunden hätten. Der Journalist und Duma-Abgeordnete Schtschekotschichin schrieb am 20. Januar 2003 in der Novaja Gaseta außerdem, dass sich eine weitere Terroristin während der Geiselnahme in russischem Gewahrsam befunden habe. Schtschekotschichin starb am 3. Juli 2003 an einer mysteriösen Erkrankung (siehe S. 249).

Der ehemalige Offizier des FSB und Rechtsanwalt Michail Trepaschkin gab an, dass Elmurzajew (alias Abubakar oder Abu Bakar) nach seinen Informationen nicht in Tschetschenien, sondern in Moskau gewohnt habe und an verschiedenen kriminellen Geschäften beteiligt gewesen sei, die er vom Hotel Salyut in Moskau aus betrieben habe.
(https://www.rferl.org/a/1344376.html)

Entsprechend all diesen privaten Recherchen hatte der FSB nicht nur von der Ankunft der Terrorgruppe in Moskau gewusst, sondern hatte sie sogar mithilfe eines Agenten namens Khanpascha Terkibajev zum Theater geführt. Im April 2003 übergab Litwinenko in London Informationen über Terkibajew, die sogenannte Terkibajew-Akte, an Sergej Juschenkow, als dieser ihn erneut besuchte. Juschenkow reichte diese Akte an Anna Politkowskaja weiter, und die Journalistin konnte Terkibajew persönlich befragen. Einige Tage danach wurde Juschenkow in Moskau von einem unbekannten Täter erschossen. Terkibajew kam offenbar am 15. Dezember 2003 bei einem Autounfall nahe der tschetschenischen Hauptstadt Grosny ums Leben.

Anna Politkowskaja schrieb dann in der Nowaja Gaseta: „Allem Anschein nach ist Khanpascha Terkibajew die Person, die wir alle, die wir über die ‚Nord-Ost'-Tragödie recherchieren, seit Langem suchen – die Person, die den Grundstein für diesen terroristischen Akt von innen heraus gelegt hat. Nach den Informationen, die unserer Zeitung vorliegen (und die er selbst nicht leugnet), ist Khanpascha ein von den Sonderdiensten eingeschleuster Agent. Er betrat das Gebäude zusammen mit den Terroristen, als Mitglied ihrer Einheit. Nach seinen eigenen Worten hat er dafür gesorgt, dass sie unbemerkt nach Moskau und zum Theater gelangen konnten. Er war es auch, der den Terroristen versicherte, dass ‚alles unter Kontrolle' sei, dass ‚es viele korrupte Leute gibt', dass ‚die Russen wieder Bestechungsgelder angenommen haben', so wie sie es früher getan hätten, um die Ausreise aus dem belagerten Grosny zu ermöglichen ... dass es nur notwendig sei, ‚Lärm zu machen', um ‚ein zweites Budjonnowsk' zu schaffen und so Frieden zu erreichen – und dass man uns dann, nachdem die Mission erfüllt wäre, ‚entkommen lassen würde', wenn auch nicht alle."

Nach Anna Politkowskajas Darstellung verließ Terkibajew das Theater, bevor die russischen Kommandos es stürmten. Er hatte einen Plan des Gebäudes, den nicht einmal der Anführer Mowsar Barajew hatte, und auch nicht die Kommandos selbst. Der Grund dafür war nach Ansicht Politkowskajas, dass er zu den Kräften gehörte, die in der Hierarchie der Sonderorgane weit höher standen als die einfachen Kommandos. Der wesentliche Punkt war, dass, wenn es einen solchen Agenten im Theater gab, dies bedeutete, dass die Behörden von der terroristischen Aktion im Voraus gewusst hatten – und dass sie an deren Vorbereitung beteiligt gewesen waren. (Novaja Gaseta, 24. Mai 2003)

Im Juni 2007 stellte die Staatsanwaltschaft in Moskau die Ermittlungen zum Terroranschlag auf das Dubrowka-Theater ein. Offiziell hieß es, dass es nicht möglich sei, die Aufenthaltsorte der 52 Verdächtigen zu ermitteln. Es war überraschend, dass die Staatsanwaltschaft 52 Personen als Verdächtige bezeichnete, denn bisher hatte es immer geheißen, das Theater sei von 39 Terroristen überfallen worden, die alle beim Sturm der Spezialkräfte erschossen wurden.

Anna Politkowskaja wurde am 7. Oktober 2006, an Wladimir Putins Geburtstag, im Fahrstuhl ihres Wohnhauses in Moskau getötet. Zwei Schüsse trafen sie in der Brust, einer in der Schulter und einer im Kopf. Der Täter, vermutlich ein Auftragskiller, wurde nie gefunden.

## Quellen: Terrorismus in Russland I

### Bücher


- Dunlop, John B., The Moscow Bombings of September 1999 – Examinations of Russian Terrorist Attacks at the Onset of Vladimir Putin's Rule, Stuttgart 2014
- Dunlop, John B., The 2002 Dubrovka and 2004 Beslan Hostage Crises – A Critique of Russian Counter-Terrorism, Stuttgart 2006

- Felshtinsky, Yuri, Pribylovsky, Vladimir, The Corporation – Russia and the KGB in the Age of President Putin, New York 2009
- Felshtinsky, Yuri, Litvinenko, Alexander, Blowing up Russia – The Secret FSB Plot that Delivered Russia to Putin, London 2022
- Putin, Vladimir, First Person – An Astonishingly Frank Self-Portrait by Russia's President, New York 2000
- Satter, David, Darkness At Dawn – The Rise of the Russian Criminal State, New Haven 2003
- Satter, David, The Less You Know, the Better You Sleep – Russia's Road to Terror and Dictatorship under Yeltsin and Putin, London 2016
- Williams, Brian Glyn, Inferno in Chechnya, Lebanon, New Hampshire 2015


## Zeitschriften/Studien


- https://www.marxists.org/archive/kautsky/1919/terrcomm/ch08b.htm#s6
- https://www.nationalreview.com/2006/08/russian-footprints-ion-mihai-pacepa/
- https://www.arabnews.com/node/1508086
- https://www.nytimes.com/1995/06/16/world/chechen-rebels-said-to-kill-hostages-at-russian-hospital.html
- https://www.nationalww2museum.org/war/articles/trotskys-struggle-against-stalin
- https://www.nybooks.com/articles/2012/11/22/finally-we-know-about-moscow-bombings/
- https://www.nytimes.com/1999/09/17/world/another-bombing-kills-18-in-russia.html?scp=6&sq=russia+apartment+bombings&st=cse
- https://web.archive.org/web/20110512225457/http://www.independent.co.uk/news/world/europe/did-alexei-stumble-across-russian-agents-planting-a-bomb-to-justify-chechen-war-727330.html
- https://web.archive.org/web/20071221162151/http://www.time.com/time/specials/2007/personofthe-year/article/0,28804,1690753_1690757_1690766-4,00.html
- https://web.archive.org/web/20060310062941/http://www.eng.terror99.ru/publications/049.htm
- https://web.archive.org/web/20060924195935/http://www.hro.org/editions/yushenkov/02_06_03.htm
- https://www.foreign.senate.gov/imo/media/doc/FinalRR.pdf
- https://web.archive.org/web/20110927065706/http://www.hudson.org/files/publications/SatterHouse Testimony2007.pdf
- https://www.nationalreview.com/2016/08/vladimir-putin-1999-russian-apartment-house-bombings-was-putin-responsible/
- https://www.nytimes.com/2002/10/24/world/chechens-seize-moscow-theater-taking-as-many-as-600-hostages.html
- https://www.csmonitor.com/2002/1025/p01s03-woeu.html
- https://www.nytimes.com/2002/10/25/world/hostage-drama-moscow-hostage-voices-cellphones-let-families-hear-ordeal-captives.html
- https://web.archive.org/web/20080929062125/http://www.jamestown.org/edm/article.php?volume_id=409&issue_id=3525&article_id=2370469
- https://www.theguardian.com/world/2002/oct/27/russia.chechnya
- https://www.nytimes.com/2002/10/28/world/hostage-drama-moscow-aftermath-hostage-toll-russia-over-100-nearly-all-deaths.html
- http://news.bbc.co.uk/2/hi/europe/2363679.stm
- https://www.rferl.org/a/1344376.html
- https://jamestown.org/program/mysterious-figure-implicated-in-russian-theater-tragedy-2/
- https://wyborcza.pl/7,75399,4195682.html

# Kapitel 12

## Terrorismus in Russland II

Nach der Auflösung der Sowjetunion proklamierten tschetschenische Nationalisten unter der Führung von Dschochar Dudajew die tschetschenische Republik Itschkerien und damit die Abspaltung Tschetscheniens von Russland. Nach zwei verheerenden Kriegen mit der Russischen Föderation in den 1990er-Jahren begannen ab dem Jahr 2000 tschetschenische Kämpfer einen Guerillakrieg gegen die russischen Streitkräfte und ihre Verbündeten, die von Aslan Maschadow angeführt wurden. Obwohl die Republik Itschkerien größtenteils von nationalistisch motivierten Muslimen gegründet worden war, gewann unter den Tschetschenen im Laufe der Zeit die salafistische Form des Islams an Popularität, was zu einer Spaltung zwischen Nationalisten und Salafisten führte.

### Die Tschetschenienkriege

Für Moskau war Tschetschenien von strategischer Bedeutung, da es Zugang zu den Öl- und Gaspipelines bot, die von Zentralasien über Aserbaidschan und das Schwarze Meer ins russische Kernland führen. Der gewählte tschetschenische Präsident Dudajew wollte die Zeit des Umbruchs nach dem Ende der Sowjetunion nutzen, um Tschetschenien aus der sich neu bildenden Russischen Föderation herauszulösen. Dies jedoch war für den Kreml unannehmbar.

Der erste Tschetschenienkrieg begann auf Befehl von Boris Jelzin im Dezember 1994. Russische Truppen wurden nach Tschetschenien geschickt, um die separatistischen Kräfte zu bekämpfen; Dudajew ordnete die Mobilisierung an und drohte sogar mit einem Dschihad gegen Russland. Nach der Geiselnahme von Budjonnowsk, als tschetschenische Kämpfer ein Krankenhaus besetzt und über 1000 Personen als Geiseln festgehalten hatten (siehe S. 238), kam es zu Verhandlungen zwischen den Geiselnehmern und dem russischen Ministerpräsidenten Wiktor Tschernomyrdin. Das Ergebnis: Die Geiseln wurden freigelassen und die russischen Truppen zogen ab. Friedensverhandlungen sollten folgen, doch dazu kam es nicht.

Zwei russische Brigaden blieben in Tschetschenien stationiert. Maschadow, inzwischen Staatschef, bemühte sich um den Wiederaufbau des Landes und seiner zerstörten Hauptstadt Grosny, indem er Öl an Länder wie Großbritannien verkaufte. Die Verwüstungen des Krieges und der Mangel an wirtschaftlichen Möglichkeiten führten dann aber dazu, dass viele ehemalige Guerillakämpfer keine Arbeit fanden. Die mit Gewalt ausgetragenen Konflikte erreichten ihren Höhepunkt im Juli 1998, als in der Stadt Gudermes Kämpfe zwischen Maschadows Nationalgarde und militanten Kräften ausbrachen. Dabei wurden mehr als 50 Menschen getötet. Über Tschetschenien wurde der Ausnahmezustand verhängt.

Maschadow gelang es auch nicht, die Sicherheit der Ölpipeline zu gewährleisten, die vom Kaspischen Meer aus durch Tschetschenien verläuft. Illegale Ölentnahmen und Sabotageakte brachten sein Regime um wichtige Einnahmen und verärgerten seine Verbündeten in Moskau.

Im Dezember 1998 suspendierte das Oberste Islamische Gericht Tschetscheniens das Parlament mit der Begründung, es entspreche nicht den Normen der Scharia. Im Februar 1999 entzog Präsident Maschadow dem Parlament auch formell die Gesetzgebungsbefugnisse und berief einen islamischen Staatsrat ein. Gleichzeitig gründeten mehrere prominente ehemalige hohe Offiziere die sogenannte „Mehk-Schura", eine islamische Parallelregierung. Diese Schura befürwortete die Schaffung einer islamischen Konföderation im Nordkaukasus, welche die Völker Tschetscheniens, Dagestans und Inguschetiens einschließen sollte.

Am 9. August 1999 infiltrierten islamistische Kämpfer aus Tschetschenien die russische Region Dagestan, erklärten die Region zum unabhängigen Staat und riefen zum Dschihad auf, bis alle Ungläubigen vertrieben seien.

Kurz darauf, im September 1999, erfolgten mehrere Anschläge auf Wohnhäuser in Moskau und anderen Städten (siehe Kapitel 11), bei denen mehr als 300 Personen getötet wurden. Es war eine Operation des russischen Inlandsgeheimdienstes FSB unter „falscher Flagge", die den Tschetschenen zugeschrieben wurde und als Begründung für den Zweiten Tschetschenienkrieg dienen sollte. Dieser Krieg, der 1999 begann, wurde von Putin im April 2002, also nach knapp drei Jahren, für beendet erklärt. Die folgende Bekämpfung tschetschenischer Guerillas wurde von russischer Seite als „Friedenssicherung" bezeichnet.

### Putins Begründung

In einem Artikel in der New York Times vom 14. November 1999 rechtfertigte Wladimir Putin diesen Krieg: „Die Russen müssen sich nicht den neuesten James-Bond-Film ansehen, um zu wissen, wie sich diese makabre Geschichte entwickelt hat. Vielmehr haben wir es in der Realität erlebt, als tschetschenische Guerillas blutige Überfälle auf das benachbarte Dagestan unternahmen. Sie besetzten gewaltsam mehrere Dörfer und terrorisierten die Bewohner. Erklärtes Ziel war die Errichtung einer ‚Islamischen Republik', eine Idee, die der überwiegenden Mehrheit der Bevölkerung völlig fremd ist. […]

Keine Regierung kann untätig bleiben, wenn der Terrorismus zuschlägt. Es ist die Pflicht aller Regierungen, ihre Bürger vor Gefahren zu schützen. Die Amerikaner haben dies offensichtlich verstanden. Als zwei US-Botschaften in Afrika (Nairobi und Daressalam) in die Luft gesprengt wurden, sandten die USA kurz darauf amerikanische Kampfflugzeuge in den Sudan und nach Afghanistan, um mutmaßliche Terroristenstützpunkte zu bombardieren. Die Amerikaner haben auch aus erster Hand Erfahrungen mit religiösem Fanatismus gemacht, der aus dem Ausland finanziert wird. Der Bombenanschlag auf das World Trade Center in New York war das traurige Ergebnis eines solchen Extremismus."
(https://www.nytimes.com/1999/11/14/opinion/why-we-must-act.html?_r=0)

Nach den Anschlägen vom 11. September 2001 in New York verknüpften die russische Regierung und Putin den noch nicht beendeten Krieg in Tschetschenien mit Präsident Bushs globalem Kampf gegen den Terrorismus. Dieser „War on Terror" wurde in Russland zum zentralen Argument, mit dem man den Tschetschenienkrieg rechtfertigte.

Diesmal stieß die russische Invasion jedoch auf weit weniger Widerstand als im Ersten Tschetschenienkrieg. Die Kämpfe zwischen den rivalisierenden Fraktionen innerhalb Tschetscheniens und das Erstarken radikaler Dschihadisten brachten mehrere ehemalige Separatistenführer und ihre Milizen dazu, die Seiten zu wechseln. Mithilfe dieser Überläufer eroberten die Russen zwischen Oktober und Dezember 1999 die kleineren Städte und das Umland der Hauptstadt Grosny. Nach heftigen Kämpfen fiel Grosny im Februar 2000; ein Großteil der Stadt wurde zerstört. Einige Mitglieder der Regierung von Itschkerien flohen ins Exil, etwa nach Polen und Großbritannien.

Im Juni 2000 wurde Achmed Kadyrow von Moskau zum neuen „Statthalter" in Tschetschenien ernannt. Kadyrow war umstritten, u. a. kritisierte man den Personenkult, den er um sich betreiben ließ; zudem war er weder von den russischen noch von den tschetschenischen Einwohnern demokratisch gewählt worden.

### Das Kaukasus-Emirat

Da ein Großteil der ursprünglichen Nationalisten von den russischen Streitkräften getötet worden war, nahm der Aufstand zunehmend salafistische Züge an, was sich an Kommandeuren wie Schamil Bassajew und dem arabischen Feldkommandanten Ibn al-Chattab zeigte. Viele der überlebenden Nationalisten gaben den Kampf auf, und als Dokka Umarow im Juni 2006 zum Präsidenten von Itschkerien erklärt wurde, gewannen die Islamisten in der Bewegung verstärkt an Einfluss.

Am 7. Oktober 2007 löste Präsident Umarow die Tschetschenische Republik Itschkerien auf und rief das „Kaukasus-Emirat" aus, zu dessen Emir er sich selbst ernannte. Das Emirat wurde von dem im Exil lebenden Außenminister Achmed Sakajew verurteilt. Sakajew forderte alle tschetschenischen Separatisten und Politiker auf, einen Eid auf seine Exilregierung zu schwören. Doch Sakajews Einfluss war und blieb gering.

Bei dem Kaukasus-Emirat handelte es sich praktisch um eine Dschihad-Organisation, die allerdings im Laufe der Jahre immer schwächer wurde und 2015 schließlich kaum noch existierte. Die meisten der Mitglieder waren in der Zwischenzeit zum lokalen Ableger des Islamischen Staates übergelaufen. Am 23. Juni 2015 gab der IS die Gründung der Gruppe IS-Kaukasusprovinz bekannt und ernannte Rustam Asildarov zu ihrem Anführer. Obwohl Asildarov und mehrere Mitglieder seiner Führungsgruppe 2016 im Rahmen einer russischen Antiterror-Operation getötet worden waren, agierten einige Einzelkämpfer noch mehrere Jahre lang in ihrem Namen weiter.
(https://web.archive.org/web/20110512025515/http://southdistr.eng.kavkaz-uzel.ru/articles/11635/)

## Terroranschläge

Nach diesem kurzen geschichtlichen Abriss ist es kaum überraschen, dass die Täter bei den folgenden Terroranschlägen in vielen Fällen Tschetschenen waren, die sich für die Zerstörung ihres Landes rächen und gegen den russischen Einfluss in ihrem Land wehren wollten.

## 2003: Bombenanschlag in Tuschino, Moskau

Nach offizieller Darstellung verübten zwei tschetschenische Shahidka, muslimische Selbstmordattentäterinnen, am Eingang des Rockfestivals „Krylya“ (Flügel), das auf dem Flugplatz Tuschino im Nordwesten Moskaus stattfand, einen Anschlag. Die erste Attentäterin, die 20-jährige Zulikhan Elikhadzhiyeva, zündete bei der Einlasskontrolle ihre Bombe, die lediglich teilweise explodierte und nur sie selbst tötete. Wenige Meter entfernt brachte die 26-jährige Zinaida Alijewa 15 Minuten später ihren Sprengsatz zur Explosion und tötete elf Menschen auf der Stelle, während mindestens 60 Menschen verletzt wurden, von denen vier später im Krankenhaus starben. Die russischen Behörden erklärten, dass die Zahl der Opfer deutlich höher gewesen wäre, wenn es den Attentäterinnen gelungen wäre, auf das Flugfeld zu gelangen. (https://edition.cnn.com/2003/WORLD/europe/07/05/russia.blast/)

## 2004: Moskauer U-Bahn-Bomben

Am 6. Februar 2004 verübte ein Selbstmordattentäter mit einer Rucksack-Bombe einen Bombenanschlag auf die Moskauer U-Bahn, bei dem 41 Menschen getötet wurden. Etwa 250 Menschen wurden verletzt – sie erlitten meist Knochenbrüche und Rauchvergiftungen. Die Explosion ereignete sich um 08.32 Uhr in einem Zug der U-Bahn-Linie Zamoskworezkaja, als er sich in einem Tunnel nahe der Station Awtozawodskaja befand. Der Selbstmordattentäter wurde später als Anzor Izhayev aus dem Dorf Uchkeken in der Nordkaukasus-Republik Karatschai-Tscherkessien identifiziert, die zwischen Russland und Georgien liegt.

Die Rettungsdienste brachten die verletzten Passagiere durch den Tunnel in Sicherheit, während die Feuerwehr versuchte, einen durch die Explosion verursachten Großbrand zu löschen. Zahlreiche Pendler, viele mit blutverschmierten und vom Rauch geschwärzten Gesichtern, strömten benommen auf die Straße, um den Flammen zu entkommen. Hubschrauber des russischen Katastrophenschutzministeriums kreisten über der Station Paveletskaya, während die Polizei die versammelte Menge über Lautsprecher informierte, dass die U-Bahn geschlossen sei. (http://news.bbc.co.uk/2/hi/europe/3464545.stm#graphic)

Am 31. August 2004 kurz nach 20.00 Uhr sprengte sich ein tschetschenischer Selbstmordattentäter vor dem Eingang der U-Bahn-Station Rizhskaya in die Luft. Dabei wurden zehn Menschen getötet und 50 weitere verletzt.

Eine bis dahin unbekannte tschetschenische Terrorgruppe bekannte sich zu dem Bombenanschlag im Februar. Die Erklärung stammte von einer Gruppe, die sich Gazoton Murdash nannte, und war von Lom-Ali (Ali der Löwe) unterzeichnet. Anlass des Attentats sei der vierte Jahrestag der Ermordung zahlreicher tschetschenischer Zivilisten durch russische Soldaten am 5. Februar 2000 in Novye Aldy, einem Vorort von Grosny, gewesen. Bei diesem Massaker erschossen betrunkene Soldaten aus nächster Nähe etwa 80 Dorfbewohner, meist Alte und Kranke. Einige Häuser wurden anschließend in Brand gesteckt, um Spuren zu beseitigen. (https://www.theguardian.com/world/2000/feb/23/chechnya.ameliagentleman)

Im Mai 2005 wurden drei Männer aus Karatschai-Tscherkessien verhaftet, die man beschuldigte, an Terroranschlägen beteiligt gewesen zu sein. Sie alle waren Mitglied einer militanten islamistischen Gruppe namens Muslimische Gesellschaft Nr. 3. Die Mitglieder dieser Gruppe sollen für die Explosionen in Wohnhäusern 1999 in Moskau und Wolgodonsk verantwortlich gewesen sein. Darüber hinaus sollen sie an den beiden Terroranschlägen in der Moskauer U-Bahn im Februar und im August 2004 mit etwa 50 Toten und 300 Verletzten beteiligt gewesen sein. Zudem wurden ihnen weitere Terroranschläge in Krasnodar und Woronesch im Gebiet Rostow am Don vorgeworfen. Alle drei Männer erhielten lebenslange Haftstrafen.

## 2004: Zwei Flugzeugbomben

In der Nacht des 24. August 2004 wurden an Bord zweier Passagierflugzeuge, die vom internationalen Flughafen Domodedowo in Moskau gestartet waren, Sprengsätze gezündet, die beide Flugzeuge zerstörten und alle 90 Menschen an Bord in den Tod rissen. Die anschließenden Ermittlungen ergaben, dass zwei tschetschenische Selbstmordattentäterinnen für die Bombenanschläge verantwortlich waren, zu denen sich später auch Schamil Bassajew, der Anführer der tschetschenischen Aufständischen, bekannte.

Das erste Flugzeug war eine Tu-134 von Volga-Avia, Expressflug 1303. Die Maschine stürzte auf dem Weg von Moskau nach Wolgograd ab. Sie hatte den internationalen Flughafen Domodedowo am 24. August 2004 um 22.30 Uhr verlassen. Die Kommunikation mit dem Flugzeug brach um 22.56 Uhr ab, als es sich über der Region Tula befand, 180 km südöstlich von Moskau. Die Flugzeugtrümmer und der Flugschreiber wurden einige Stunden später gefunden. An Bord der Maschine hatten sich 34 Passagiere und 9 Besatzungsmitglieder befunden. Alle waren beim Absturz ums Leben gekommen.

Wenige Minuten nach dem ersten Absturz verschwand auch der Flug 1047 der Siberia Airlines von den Radarschirmen. Die Tu-154 mit der Kennzeichnung RA-85556 war um 21.35 Uhr in Moskau gestartet und befand sich auf dem Flug nach Sotschi am Schwarzen Meer. Nach Angaben einer Regierungsquelle gegenüber der russischen Nachrichtenagentur Interfax hatte das Flugzeug um 22.59 Uhr beim Überfliegen der Region Rostow am Don eine Entführungswarnung gesendet. Später stellte sich heraus, dass es sich um den automatisch aktivierten Notsender (ELT) gehandelt hatte, während sich die Besatzung keiner Gefahr bewusst gewesen war. In diesem Moment befand sich das Flugzeug in 12.100 m Höhe. Kurz darauf verschwand es vom Radar und stürzte ab. An Bord waren 38 Passagiere und acht Besatzungsmitglieder.

Nach der Auswertung des Flugschreibers dieser Maschine und des Flugschreibers von Flug 1013 sowie der Analyse der Wrackteile deutete alles darauf hin, dass in beiden Fällen eine Explosion an der rechten Seite des Flugzeugs bei Sitzreihe 25 stattgefunden hatte, während das Flugzeug sich in 12.100 m Höhe befand. (https://www.nytimes.com/2004/08/28/world/explosive-suggests-terrorists-downed-plane-russia-says.html)

Die beiden fast zeitgleichen Abstürze lösten Spekulationen über einen terroristischen Hintergrund aus. Präsident Wladimir Putin beauftragte den Föderalen Sicherheitsdienst (FSB), die Abstürze zu untersuchen. Am 28. August 2004 fand der FSB in den Wrackteilen der beiden

Flugzeuge Spuren des Sprengstoffs RDX. Die Untersuchung ergab, dass die Bomben von zwei tschetschenischen Selbstmordattentäterinnen aus Grosny gezündet worden waren.

Der tschetschenische Kommandeur Schamil Bassajew übernahm in einem offenen Brief, der am 17. September 2004 auf den Internetseiten der tschetschenischen Separatisten veröffentlicht wurde, die Verantwortung für die Bombenanschläge. Er behauptete, diese Anschläge hätten insgesamt 4.000 Dollar gekostet.
(https://edition.cnn.com/2004/WORLD/europe/09/17/russia.beslan/)

**2006: Moskauer Tscherkisowski-Markt**

Am 21. August 2006 explodierte eine selbstgebaute Bombe mit einer Sprengkraft von mehr als 1 kg TNT auf dem Moskauer Tscherkisowski-Markt, der vornehmlich von nichtrussischen Händlern besucht wurde. Bis zum 3. Oktober 2006 wurden 13 Todesopfer bestätigt: sechs Tadschiken, drei Usbeken, ein Weißrusse, ein Chinese und zwei Russen. Acht Personen starben am Tatort, zwei noch am selben Tag im Krankenhaus und drei zu einem späteren Zeitpunkt. Darüber hinaus wurden 50 Personen verletzt, sechs schwer.
(https://www.washingtonpost.com/wp-dyn/content/article/2006/08/22/AR2006082200756.html)

Drei Verdächtige russischer Herkunft wurden festgenommen: Kostyrew, Tichomirow und Schukowtsew. Der Moskauer Generalstaatsanwalt Syomin klagte sie des rassistisch motivierten Mordes an. Die Ermittlungen hatten ergeben, dass sie Mitglieder der Organisation „Der Erlöser" waren, einer nationalistischen, paramilitärischen Neonazi-Gruppe. Der Anführer der Organisation, Koroljow, sowie zwei weitere Mitglieder, der ehemalige FSB-Offizier Klimuk und der Polizeischüler Senjukow, wurden ebenfalls angeklagt. Der Vorwurf lautete: Mord, Terrorismus, Bildung einer kriminellen Vereinigung sowie illegale Herstellung und Lagerung von Sprengstoff.

Am 15. Mai 2008 befand ein Schwurgericht Koroljow, Klimuk, Kostyrew und Tichomirow für schuldig. Man verurteilte sie zu lebenslanger Haft. Vier weitere Mitglieder Organisation erhielten geringere Haftstrafen.

**2007: Bombenanschlag an der Strecke Moskau – St. Petersburg**

Am 13. August 2007 entgleiste ein Zug der Neva-Express-Linie, die von Moskau nach St. Petersburg führt, nachdem eine an den Schienen platzierte Bombe nahe der Gemeinde Malaja Wischera explodiert war. 30 Menschen wurden verletzt. Zwei Männer aus der Region Inguschetien im Nordkaukasus, Dsakhkijew und Chidrijew, wurden im Zusammenhang mit diesem Anschlag angeklagt. Im Januar 2010 kam das Gericht zu dem Schluss, dass sie den Sprengstoff dem Anführer der Terrorzelle, Pawel Kosolapow, der sich zum Zeitpunkt des Prozesses auf freiem Fuß befand, zwar übergeben hatten, aber nicht wussten, wie er verwendet werden würde. Sie erhielten Haftstrafen, entgingen aber der Verurteilung wegen Terrorismus. Allerdings wurden Dzakhkijew und sein Verteidiger, Magomed Rasakow, darüber hinaus wegen versuchter Bestechung des Ermittlers verurteilt.
(https://edition.cnn.com/2007/WORLD/europe/08/14/russia.train.reut/index.html)

## 2010: Erneut Bomben in der Moskauer U-Bahn

Zwei weitere Bombenanschläge auf die Moskauer U-Bahn erfolgten am 29. März 2010. Die Selbstmordattentate wurden von islamistischen Terroristinnen, Mitgliedern des sogenannten Kaukasus-Emirats, während des morgendlichen Berufsverkehrs im Abstand von etwa 40 Minuten verübt. Mindestens 40 Menschen starben dabei und mehr als 100 wurden verletzt.

Russische Beamte bezeichneten den Terroranschlag als den schwersten in Moskau seit sechs Jahren und bezogen sich damit auf die Bombenanschläge an der Awtosawodskaja- und der Rischskaja-Straße im Jahr 2004. Zum Zeitpunkt der Anschläge hatten schätzungsweise 500.000 Menschen die Moskauer U-Bahn benutzt.

Die erste Explosion ereignete sich im Bahnhof Lubjanka um 7.56 Uhr. Der Zug war von der Station Jugo-Sapadnaja abgefahren und hielt im Bahnhof Lubjanka. Sobald sich die Türen des Zuges öffneten, detonierte die Sprengstoffweste, den eine Frau im zweiten Waggon trug. Der Sprengstoff hatte eine Sprengkraft von 1,5 kg TNT. Fünfzehn Zugpassagiere und elf Personen auf dem Bahnsteig wurden getötet.

Um 8.38 Uhr erfolgte im Bahnhof Park Kultury eine zweite Explosion, wiederum ausgelöst von einer Frau. Zum Zeitpunkt der ersten Explosion befand sich dieser Zug im Tunnel zwischen den Stationen Frunzenskaja und Park Kultury. Über Lautsprecher wurde bekannt gegeben, dass die Zugfahrt wegen technischer Probleme an der nächsten Station – Park Kultury – enden werde und die Passagiere aussteigen sollten. Es dauerte aber noch etwa 40 Minuten, bis der Zug den Bahnhof Park Kultury erreichte. Als sich die Türen öffneten, löste die zweite Frau die Explosion aus, bei der 14 Fahrgäste ihr Leben verloren. In beiden Bahnhöfen kam es zur Panik und einer Massenflucht. Der zweite Anschlag wurde von einer Frau verübt, die Sprengkörper mit einer Sprengkraft von 2 kg TNT an ihrer Hüfte trug. Beide Bomben waren mit Metallmuttern, Bolzen und Schrauben umhüllt, um die zerstörerische Wirkung der Explosionen zu erhöhen.

Erste Ermittlungen ergaben, dass die Bombenanschläge vom islamistischen Kaukasus-Emirat organisiert worden waren. Am 31. März bekannte sich der Anführer des Emirats, Doku Umarow, in einem im Internet veröffentlichten Video zu den Anschlägen. Er erklärte zudem, dass solche Anschläge in Russland so lange fortgesetzt würden, bis Russland den muslimischen Staaten im Nordkaukasus die Unabhängigkeit gewähre.
(https://edition.cnn.com/2010/WORLD/europe/03/30/russia.subway.explosions/index.html)

## 2011: Bombe auf dem Flughafen Moskau-Domodedowo

Am 24. Januar 2011 zündete ein Selbstmordattentäter eine Bombe auf dem Moskauer Flughafen Domodedowo in der Ankunftshalle für internationale Flüge. Dabei wurden 37 Menschen getötet und 173 verletzt, von denen 86 im Krankenhaus versorgt werden mussten. Von den Opfern starben 31 noch am Tatort.

Das russische Ermittlungsteam identifizierte den Selbstmordattentäter später als einen 20-Jährigen aus dem Nordkaukasus und erklärte, der Anschlag habe sich in erster Linie gegen ausländische Bürger gerichtet. (https://www.bbc.com/news/world-europe-12315608)

Die Explosion ereignete sich in der internationalen Ankunftshalle im Bereich der Gepäckausgabe. Die Ermittler erklärten, die Explosion sei durch den Sprengsatz eines Selbstmordattentäters ausgelöst worden. Der Sprengsatz hatte eine Sprengkraft von 2 bis 5 kg TNT und war mit Schrapnellen und Drahtstücken gespickt, um größtmöglichen Schaden anzurichten. (http://news.bbc.co.uk/2/hi/europe/9372022.stm)

**2013: Bomben in Wolgograd**

Nachdem im Oktober in Wolgograd ein Anschlag auf einen Bus verübt worden war, folgten im Dezember 2013 im Abstand von einem Tag zwei Selbstmordattentate auf den öffentlichen Verkehr, bei denen 32 Menschen und die beiden Attentäter getötet wurden.

Der erste dieser beiden Anschläge erfolgte am 29. Dezember 2013 im Bahnhof Wolgograd-1. Dabei wurden 18 Menschen getötet und mindestens 44 verletzt, von denen 38 im Krankenhaus behandelt werden mussten. Der Anschlag ereignete sich gegen 12.45 Uhr Moskauer Zeit in der Nähe der Metalldetektoren am Eingang des Bahnhofs. Die Bombe hatte die Sprengkraft von 10 kg TNT. Die Explosion wurde von zwei Kameras innerhalb und einer außerhalb des Bahnhofs aufgezeichnet.

Ein zweiter Selbstmordanschlag ereignete sich am Morgen des 30. Dezembers gegen 8.30 Uhr Moskauer Zeit im Wolgograder Bezirk Dserschinski. Der Anschlag richtete sich gegen den Trolleybus Nr. 1233 der Linie 15A. Augenzeugenberichten zufolge ereignete sich die Explosion im hinteren Teil des Trolleybusses, als dieser an einem Markt vorbeifuhr. Das Selbstmordattentat wurde im Innern des Busses von der Islamistin Naida Asijalowa verübt, die einen Sprengstoffgürtel zündete. Bei dem Anschlag wurden 16 Menschen getötet und 41 verletzt. (https://www.theguardian.com/world/2013/dec/29/volgograd-train-station-suicide-bombing)

**2014: Bombe in Grosny**

Am 5. Oktober 2014 fand in Grosny der „Stadttag von Grosny" statt, der zufällig mit dem Geburtstag des tschetschenischen Präsidenten Ramsan Kadyrow zusammenfiel. Anlässlich dieses Ereignisses wurde vor dem Rathaus ein Volksfest veranstaltet. Plötzlich fiel den anwesenden Polizeikräften ein junger Mann auf, der sich verdächtig benahm. Als sie ihn anhielten und durchsuchen wollten, explodierte ein Sprengsatz, den der Mann bei sich trug. Fünf Polizisten und der Attentäter wurden getötet und zwölf weitere Personen verletzt. Der Täter war, wie sich herausstellte, ein 19-Jähriger namens Opti Mudarow. (https://www.bbc.com/news/world-europe-29498909)

**2017: U-Bahn-Bombe in St. Petersburg**

Am 3. April 2017 wurde in der St. Petersburger Metro zwischen den Stationen Sennaya Ploshchad und Tekhnologichesky Institut ein Sprengstoffanschlag verübt. Sechs Menschen und der Attentäter starben, später erlagen acht weitere ihren Verletzungen, sodass sich die Gesamtzahl auf 15 erhöhte. Mindestens 45 weitere Personen erlitten Verletzungen. Der Sprengsatz hatte sich in einem Aktenkoffer befunden. Einen zweiten Sprengsatz fand man in der Metrostation Ploshchad Vosstaniya; er konnte entschärft werden. Bei dem mutmaßlichen Täter handelte es sich um Akbarzhon Jalilow, einen russischen Staatsbürger, der als gebürtiger Usbeke aus Kirgisistan stammte.

Vor diesem Attentat soll die Propaganda des Islamischen Staates ihre Anhänger, so vermutlich auch Jalilow, zu Angriffen in Moskau und anderen Städten ermuntert haben. (https://www.bbc.com/news/world-europe-39486640)

Diese Aufstellung von Terroranschlägen über die Jahre hinweg zeigt, dass fast immer Tschetschenen oder andere Kaukasier für die Anschläge verantwortlich waren. Diese Anschläge standen in der Regel in keiner Verbindung mit den bekannten großen Terrornetzwerken, auch wenn arabische Dschihadisten vor Ort versuchten, Einfluss zu nehmen, und auch wenn der Islamische Staat auf dem Kaukasus propagandistisch tätig war. Auf dem Kaukasus muss man eher von einer Gemengelage ausgehen: Die Motive waren teils islamistischer Natur – etwa bei dem Versuch, in Tschetschenien einen Scharia-Staat zu errichten –, doch ein Hauptmotiv war die Unabhängigkeitsbestrebung und somit der Kampf gegen Moskau. Der fundamentalistische, salafistische Islam, wie ihn al-Qaida, der Islamische Staat und die Taliban vertraten, hatten und haben auf dem Kaukasus nur geringe Chancen.

Ein Terroranschlag, der weltweit am meisten Aufsehen erregte, fehlt noch in dieser Chronologie. Dieser Anschlag aus dem Jahr 2004 forderte zum einen über 300 Todesopfer, darunter mehr als 180 Kinder, zum anderen gingen seine Folgen weit über Moskau hinaus: Der Europäische Gerichtshof für Menschenrechte wurde eingeschaltet, und die Beziehung zwischen dem russischen Präsidenten Putin und seinem amerikanischen Amtskollegen Bush, die sich bis dahin recht gut verstanden hatten, kühlte schlagartig drastisch ab.

## Geiselnahme in der Schule von Beslan

Die Geiselnahme in der Schule in Beslan, oft auch als Massaker von Beslan bezeichnet, war ein Terroranschlag, der am 1. September 2004 begann. Er dauerte drei Tage. Mehr als 1.100 Menschen wurden während dieser Belagerung gefangen genommen, darunter 777 Kinder. Am Ende waren 333 Menschen tot, darunter 186 Kinder, sowie 31 Attentäter.

Es begann damit, dass Terroristen die Schule Nr. 1 in der Kleinstadt Beslan in Nordossetien, einer autonomen Republik im russischen Kaukasus, besetzten. Die Geiselnehmer gehörten zur tschetschenischen Terroreinheit „Rijadus-Salichin“, die von ihrem Befehlshaber, dem Tschetschenen Schamil Bassajew, geschickt worden waren. Bassajew forderte den Rückzug Russlands aus Tschetschenien und die Anerkennung der Unabhängigkeit Tschetscheniens.

### Erste Hinweise

Am 21. und 22. Juni 2004 überfiel Bassajew ein Waffenlager des russischen Innenministeriums (MVD) in Inguschetien, einem schmalen Staat, der zwischen Tschetschenien und Nordossetien liegt. Bassajews Männer erbeuteten 1.200 Schusswaffen und 71.000 Schuss Munition. Dabei

wurden insgesamt 80 Männer getötet, darunter 57 Polizisten. 106 Männer trugen Verletzungen davon, darunter 51 Polizisten. Einige dieser Waffen – sieben automatische Waffen und drei Pistolen – wurden in Beslan von den Terroristen eingesetzt, wie die Staatsanwaltschaft später bekannt gab. Während der Beslan-Besetzung forderten die Angreifer die Freilassung der beim Überfall auf das inguschetische Waffenlager verhafteten Männer.
(John B. Dunlop, The 2004 Beslan Hostage Crisis, S. 24)

Am 18. August 2004 warnte das russische Innenministerium alle regionalen Polizeikommandeure vor einem geplanten Anschlag: „Es gibt Hinweise darauf, dass tschetschenische Rebellen eine Operation in Nordossetien planen. Die Operation soll dem Anschlag ähneln, den Schamil Bassajew im Sommer 1995 auf das Krankenhaus in Budjonnowsk verübt hat“ (siehe S. 238). Regierungsgebäude, Polizeistationen und Bahnhöfe sollten besonders bewacht werden, aber das Hauptaugenmerk lag auf Krankenhäusern und Hauptverkehrsadern. Dass Terroristen, die einmal ein Krankenhaus angegriffen haben, auch eine Schule als Ziel wählen könnten, wurde offenbar erst einige Tage später in Betracht gezogen.
(https://www.spiegel.de/politik/putins-ground-zero-a-33b53051-0002-0001-0000-000038730401)

Der Anschlag auf das Waffenlager hatte in Inguschetien eine hohe Terrorwarnstufe ausgelöst. Es gibt jedoch Beweise dafür, dass die Polizei Inguschetiens am 20. August 2004, also kurz nach der Warnung des russischen Innenministeriums, von mehreren Treffen von Terroristen in den Wäldern Inguschetiens wusste und nichts unternahm. Am 21. August erteilte das russische Innenministerium den Sicherheitsdiensten der Region die Anweisung, die Sicherheit in den Bildungseinrichtungen am ersten Schultag zu erhöhen bzw. zu verstärken. Am 28. August wurde die Zivilbevölkerung auf die erhöhte Bedrohungslage aufmerksam gemacht. Ein Einwohner von Beslan berichtete, sein Fahrzeug sei durchsucht worden, weil eine Gruppe von Rebellen in die Stadt eingedrungen sei.
(https://www.washingtonpost.com/wp-dyn/content/article/2005/12/28/AR2005122800194.html)

Später, während des Beslan-Prozesses gegen den einzigen überlebenden Terroristen, Nur-Pascha Kulajew, sagten mehrere ehemalige Geiseln und Anwohner aus, dass die Terroristen bereits vor den Ereignissen vom 1. bis 3. September Zugang zu der Schule gehabt hatten. Es wurde beispielsweise erklärt, dass die Terroristen vor dem Angriff eine Reihe von Waffen in der Schule versteckt hätten. ITAR-TASS, die offizielle russische Nachrichtenagentur, erhielt Berichte von der örtlichen Strafverfolgungsbehörde, wonach als Handwerker getarnte Männer die Schule betreten und im Juli 2004 wohl auch Waffen und Sprengstoff versteckt hätten. Es wurde sogar ausgesagt, dass die Terroristen in der Lage gewesen seien, auf dem Dachboden der Schule über der Turnhalle ein mit Ziegelsteinen und Sandsäcken befestigtes Scharfschützennest zu errichten.

Es gab auch Hinweise, dass eine Vorhut der Terroristen in der Nacht vom 31. August auf den 1. September die Kontrolle über das Gebäude übernahm. Um 5.00 Uhr erhielten die Beamten des russischen Innenministeriums einen Geheimdienstbericht, in dem es hieß, dass (am

selben Tag) die Besetzung einer Schule in der Stadt Beslan geplant sei. Dieser Geheimdienstbericht wurde am frühen Morgen des 1. Septembers während des Verhörs eines Verdächtigen erstellt, der in einem anderen Zusammenhang festgenommen worden war. Die Information wurde aber nicht an die örtlichen Behörden in Beslan weitergegeben, auch nicht an die bewaffnete Verkehrspolizei (GAI), die sich am ersten Schultag normalerweise in der Nähe der Schule aufhält. Am Eingang der Schule Nr. 1 stand lediglich eine unbewaffnete Polizistin.
(John B. Dunlop, The 2004 Beslan Hostage Crisis, S. 26)

Alle Berichte stimmen darin überein, dass die Hauptgruppe der Täter die Schule Nr. 1 um 9.30 Uhr erreichte und diese angriff. (https://www.washingtonpost.com/wp-dyn/content/article/2005/12/28/AR2005122800194.html)

## Die politische Lage in Nordossetien

Nordossetien liegt im Nordkaukasus und grenzt entlang fast seiner gesamten Ostgrenze an Inguschetien; nur im Nordosten hat es eine kurze gemeinsame Grenze mit Tschetschenien. Alle drei Staaten gehören, wie auch ihre Nachbarregionen im Osten und Westen, zur Russischen Föderation. Die Bevölkerung Nordossetiens ist mehrheitlich christlich-orthodox. Als die wohlhabendste und wirtschaftlich am weitesten entwickelte der nordkaukasischen Republiken genoss Nordossetien eine relative Stabilität und stand in enger Beziehung zu Moskau.

Der überlebende Attentäter Nur-Pascha Kulajew sagte aus, die Wahl sei auf eine Schule mit Frauen und Kindern als Geiseln gefallen, um einen Krieg im Kaukasus auszulösen – in der

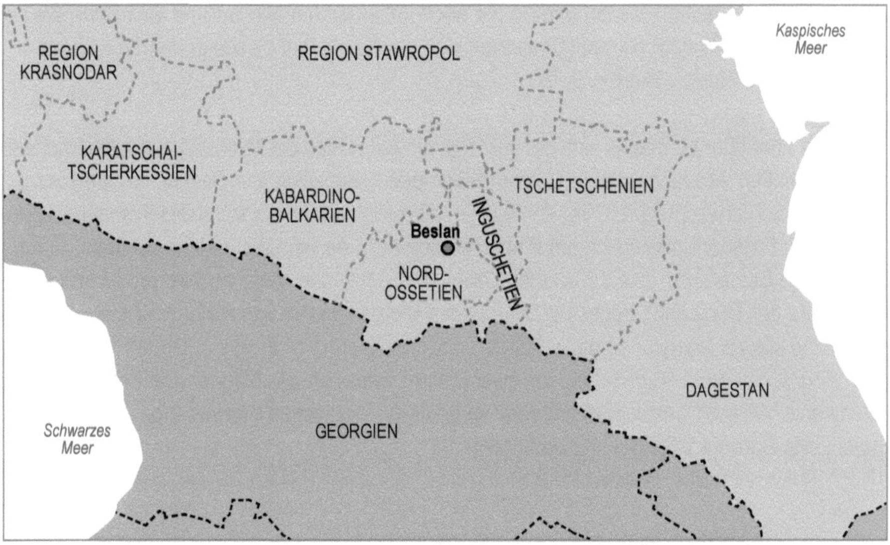


*Die kaukasische Stadt Beslan liegt in Nordossetien nahe der Grenze zu Inguschetien. Alle hellgrau eingefärbten Regionen gehören zur Russischen Föderation, teils als autonome Gebiete.*

Hoffnung, dass sich die christlichen Osseten an ihren muslimischen Nachbarn, den Inguschen und den Tschetschenen, rächen würden. So könnte man den Konflikt zwischen Nordossetien und Inguschetien von 1992 wieder aufleben lassen.

Beslan hat 35.000 Einwohner. Es liegt nahe dem nordossetischen Bezirk Prigorodny, knapp 50 km von der Grenze zu Inguschetien entfernt. Einige der Täter waren Inguschen, Flüchtlinge, die im Zuge des Konflikts aus der Provinz Prigorodny vertrieben worden waren, nachdem Nordossetien die Eroberung des Bezirks durch Inguschetien abgewehrt hatte. Einer der Täter war ein ehemaliger Schüler der Schule Nr. 1, und ein Teil der Informationen, welche die Terror-Organisatoren über die Schule erhielten, könnte aus dieser Quelle stammen.

Die Schule Nr. 1, die neben dem Gebäude der Bezirkspolizei lag, war die größte der sieben Schulen von Beslan. Sie beschäftigte etwa 60 Lehrer und hatte mehr als 800 Schüler. Die 10 x 25 m große Turnhalle, in der später die meisten der Geiseln 52 Stunden lang festgehalten wurden, war erst kurz zuvor gebaut worden.

### „Tag des Wissens“

Am Morgen des 1. Septembers 2004, des ersten Tages im neuen Schuljahr, bereiteten sich Kinder und Lehrer in ganz Russland, also auch in Beslan, auf die Feierlichkeiten zu diesem „Tag des Wissens“ und insbesondere auf die Zeremonie des ersten Glockenschlags vor. Die Kinder hatten neue Schuluniformen und Schuhe an. In den Schultaschen befanden sich die neuen Schulbücher und Federmäppchen. Die Brotdosen waren noch gut gefüllt. Die kleinen Schulanfänger waren besonders aufgeregt, wie ihre Eltern. Lehrerinnen und Lehrer der Erstklässler dachten an ihre neuen Klassen und an die noch unbekannten Namen und Gesichter, die sie sich einprägen mussten, andere kümmerten sich um den Ablauf dieses ersten Schultages.
(Nach Timothy Phillips, Beslan, S. 9)

Auch die Attentäter bereiteten sich auf den Tag vor. Sie hatten die Nacht im Wald von Psedakh in Inguschetien verbracht, einige Dutzend Kilometer nordöstlich von Beslan. Als sie kurz vor Tagesanbruch erwacht waren, beteten einige, während andere ein schnelles Frühstück zubereiteten und wieder andere sich um Waffen kümmerten, sie reinigten und überprüften. Auf der Fahrt nach Beslan war dies ihr zweites Lager, ihr Lastwagen hatte sie hier am Abend zuvor im Schutz der Dunkelheit abgesetzt. An diesem Morgen waren mindestens 32 Menschen im Lager, die alle zur Märtyrer-Brigade „Rijadus-Salichin“ gehörten. Einige von ihnen lebten schon seit Wochen im Wald. Abgesehen von zwei Frauen waren es alle Männer. Die Frauen, die als „Schwarze Witwen“ bezeichnet wurden, verbrachten die letzten Minuten vor dem Aufbruch damit, sich Sprengstoffgürtel umzuschnallen.
(Nach Timothy Phillips, Beslan, S. 18 f.)

Auf einer guten Straße ging die Fahrt dann Richtung Beslan. Sie näherten sich dem ossetischen Kosakendorf Staryi Batakoyurt, an dessen Zugangsstraßen es vier Polizeikontrollposten gab. Der überlebende Terrorist Kulajew sagte aus, dass Vladimir Chodov, einer der Anführer der Terroristen, behauptet habe, ein Teil der Operation habe darin bestanden, die Verkehrspolizei zu bestechen. Man habe 20.000 Dollar gezahlt, damit die Polizei den Lastwagen unkontrolliert durchließ.

Außerhalb des Dorfes Churikau in Nordossetien nahmen die Terroristen einen inguschetischen Polizisten namens Guraschew gefangen, der ihr Fahrzeug angehalten hatte, so zumindest die Version des Polizisten – der erstaunlicherweise von den Terroristen freigelassen wurde, als sie die Schule in Beslan erreicht hatten.
(https://www.spiegel.de/politik/putins-ground-zero-a-33b53051-0002-0001-0000-000038730401)

### Tag 1: Mittwoch, 1. September 2004

**09.00 Uhr** Schüler und Eltern versammeln sich auf dem Hof der Schule Nr. 1 für eine Feier zu Ehren des „Tages des Wissens", also des ersten Schultages. Da sind Schüsse zu hören. Maskierte Männer sowie Frauen mit Bombengürteln stürmen auf den Schulhof und schießen in die Luft. In dem ausbrechenden Chaos können rund 50 Personen fliehen; sie verständigen die Sicherheitsbehörden.

**09.30 Uhr** Nach einem Schusswechsel mit der Polizei und einem bewaffneten Zivilisten, bei dem ein Angreifer getötet und zwei verwundet werden, übernehmen die Terroristen die Kontrolle über das Schulgebäude.

1.200 Kinder und Erwachsene werden in die neue Turnhalle getrieben und müssen niederknien. Dort erfahren sie die Regeln: keine Handys und kein Reden ohne Erlaubnis.

Als ein Vater aufsteht, um die Menschen zu beruhigen und die Regeln in der Landessprache Ossetisch zu wiederholen, kommt ein Bewaffneter auf ihn zu und fragt, ob er fertig sei. Dann schießt er ihm in den Kopf. Ein anderer Vater, der sich weigert, niederzuknien, wird von einem Angreifer angeschossen und verblutet.

**Bomben überall** Die Angreifer befehlen den männlichen Schülern, ihnen dabei zu helfen, Bomben an der Decke und an den Basketballkörben aufzuhängen sowie weitere Sprengsätze auf dem Boden zu verteilen.

**11.30 Uhr** Der Präsident von Nordossetien, Alexander Dsasokhov, erscheint vor der Schule, und Präsident Wladimir Putin bricht seinen Urlaub in Sotschi ab. Nach Regierungsangaben verlangen die Geiselnehmer die Freilassung der Verhafteten, die nach dem Angriff auf das russische Waffenlager in Inguschetien gefangen genommen worden sind.

**11.50 Uhr** Inzwischen ist die Schule von Sicherheitskräften umringt. Die Geiselnehmer drohen damit, die Schule zu sprengen, wenn sie gestürmt werden sollte. Es heißt auch, dass eine weibliche Geisel den Behörden die Forderung der Geiselnehmer übermittelt hat: Zwei bekannte Lokalpolitiker sowie der Kinderarzt Dr. Leonid Roshal sollen die Verhandlungen führen.

**Explosion** Die Terroristen wählen 15 bis 20 kräftige Männer aus und bringen sie in den zweiten Stock, in einen Korridor neben der Cafeteria. Plötzlich erfolgt auf dem Korridor eine Explosion: Die Sprengstoffgürtel der beiden „Schwarzen Witwen" detonieren und töten sie. Der Anführer hat die Sprengungen per Fernbedienung ausgelöst. Der Grund: Beide Frauen haben dem Anführer in Bezug auf den Umgang mit den Kindergeiseln offen widersprochen. Die Explosion tötet auch einige der männlichen Geiseln.

Die überlebenden Geiseln dieser Gruppe müssen sich vor der Cafeteria hinlegen und werden von einem der Terroristen mit einer Kalaschnikow AK-47 erschossen.

**14.00 Uhr** Präsident Wladimir Putin nimmt an einer Krisensitzung teil. Ein Regierungsmitarbeiter bestätigt, dass die Hauptforderung der Terroristen der Rückzug der russischen Truppen aus Tschetschenien sei.

**Geiselzahl** Die Zahl der Geiseln wird von der Regierung zunächst mit 200 bis 400 angegeben, dann aus unbekannten Gründen auf exakt 354 beziffert. Im folgenden Jahr 2005 gibt die Regierung die Gesamtzahl mit 1.128 an.

**Absperrung** Drei Wohnhäuser in Sichtweite der Turnhalle werden evakuiert und von den Spezialkräften übernommen. Die von ihnen errichtete Absperrung befindet sich in einem Umkreis von 225 m um die Schule, was der maximalen Reichweite der Granatwerfer der Besetzer entspricht. Trotz der maximalen Gefahrenlage stehen nur wenige Krankenwagen bereit, und Einsatzfahrzeuge bzw. Löschzüge der Feuerwehr sind nicht vorhanden.

Um zu vermeiden, dass sie wie die Geiselnehmer bei dem Moskauer Theater-Anschlag 2002 von einem Gasangriff überwältigt werden, schlagen die Terroristen die Fenster ein.

**„Hungerstreik“** Die Entführer hindern die Geiseln am Essen und Trinken; sie nennen dies einen „Hungerstreik“, der so lange dauern soll, bis die Verhandlungen beginnen.

Im Nordkaukasusdienst von Radio Free Europe/Radio Liberty verurteilt Achmed Sakajew, der in London ansässige Sprecher des tschetschenischen Separatistenführers Aslan Maschadow, die Geiselnahme und weist die Behauptungen des Kremls zurück, Maschadow sei daran beteiligt.

**16.30 Uhr** Die russischen Sicherheitskräfte haben die Schule abgeriegelt. Diese Kräfte bestehen aus der russischen Polizei (Militsiya), regulären Truppen des Innenministeriums, Kräften der russischen Armee, Speznaz-Truppen mit den Eliteeinheiten Alpha und Vympel des FSB sowie den OMON-Spezialeinheiten des russischen Innenministeriums. Die russische Regierung erklärt, das sie eine Kommunikationsverbindung mit den Geiselnehmern hergestellt habe.

**Dr. Leonid Roshal** Die Verhandlungen mit den Geiselnehmern werden unter Leitung von Leonid Roshal, dem Kinderarzt, den die Besetzer angefordert haben, geführt. Die Terroristen verlangen die Anwesenheit von drei Politikern: Alexander Dsasokhov, Präsident von Nordossetien (der bereits vor Ort ist), von Murat Zyazikov, Präsident von Inguschetien, sowie von Aslambek Aslakhanov, dem Tschetschenienberater von Präsident Putin.

Der FSB, der sein eigenes Krisenzentrum eingerichtet hat, droht Dsasokhov mit Verhaftung, falls er versuchen sollte, in die Schule zu gelangen.

**23.00 Uhr** Die ersten Gespräche werden ergebnislos auf den nächsten Tag verschoben.

### Tag 2: Donnerstag, 2. September 2004

**09.00 Uhr** Die russische Regierung kündigt an, dass sie keine Gewalt zur Rettung der Geiseln anwenden werde. Die Verhandlungen von Dr. Roshal und den Geiselnehmern werden fortgesetzt, doch die Terroristen verweigern den Geiseln weiterhin Essen, Trinken und Medikamente.

**Gefälschte Zahlen** Vonseiten der russischen Regierung wird wiederholt behauptet, es handele sich um 354 Geiseln. Außerdem wird mehrmals öffentlich erklärt, dass sich lediglich 15 bis 20 Geiselnehmer in der Schule befinden.

**Offizielles Schweigen** Präsident Wladimir Putin wie auch die politische Führung Russlands schweigen zunächst zu dieser Krise. Erst am zweiten Tag äußert sich Putin bei einem Treffen mit dem jordanischen König Abdullah II. in Moskau öffentlich zu der Geiselnahme: „Unsere Hauptaufgabe besteht natürlich darin, das Leben und die Gesundheit der Geiseln zu retten. Alle Maßnahmen unserer Streitkräfte, die an der Rettung der Geiseln beteiligt sind, werden ausschließlich dieser Aufgabe gewidmet sein."

**12.00 Uhr** Am Mittag zeigt Generaloberst Wladimir Pronitschew, stellvertretender Direktor des FSB, Dsasokhov einen vom russischen Ministerpräsidenten Michail Fradkow unterzeichneten Erlass, dem zufolge der Chef des nordossetischen FSB, Generalmajor Waleri Andrejew, zum Leiter des operativen Hauptquartiers ernannt wird.

**Zwei Hauptquartiere** Später, im April 2005, werden einem Journalisten von Moscow News jedoch Fotokopien der Protokolle von Dsasokhov und Andrejew zugespielt, aus denen hervorgeht, dass es in Beslan während der Belagerung zwei Hauptquartiere gibt: ein offizielles, ziviles, das die gesamte Verantwortung trägt, und ein geheimes, vom FSB eingerichtetes, das sogenannte Schwere Hauptquartier, das die eigentlichen Entscheidungen trifft und in dem Andrejew nicht das Sagen hat, sondern General Tichonow.

**Abschlussbericht** Laut dem Abschlussbericht des Staatsduma-Abgeordneten Juri Saweljew habe sich das offizielle, zivile Hauptquartier um eine friedliche Lösung bemüht, während sich das geheime, vom FSB eingerichtete Hauptquartier auf einen Angriff vorbereitet habe. Saweljew schreibt, dass die sogenannten „Schweren" die Aktionen der „Zivilisten" in vielerlei Hinsicht einschränkten, insbesondere bei ihren Versuchen, mit den Geiselnehmern zu verhandeln.

**12.40 Uhr** Ruslan Auschew, der ehemalige Präsident Inguschetiens, begibt sich vor die Schule und stellt sich auf eigene Initiative als Vermittler zur Verfügung. Die Geiselnehmer gestatten ihm, das Schulgebäude zu betreten und mit den Geiseln zu sprechen. Später stimmen sie zu, dass elf stillende Mütter mit ihren Babys in Auschews Begleitung die Schule verlassen dürfen. Die älteren Kinder dieser Frauen müssen zurückbleiben. Als eine Mutter sich weigert, die Schule zu verlassen, nimmt Auschew ihr jüngstes Kind mit.

**Ein Video** Die Terroristen übergeben Auschew ein in der Schule aufgenommenes Video und eine Note mit Forderungen ihres Anführers Schamil Bassajew, der nicht in Beslan anwesend ist. Die Existenz dieser Note wird von den russischen Behörden geheim gehalten und das Band als leer deklariert, was sich später als falsch herausstellt.

**Forderung** Von russischer Seite wird behauptet, die Geiselnehmer hätten keine Forderungen gestellt, was nicht stimmt; denn in der Note fordert Bassajew die Unabhängigkeit Tschetscheniens im Rahmen der Gemeinschaft Unabhängiger Staaten (GUS).

**15.20 Uhr** Der Kommandeur des FSB-Einsatzzentrums, General Tichonow, bittet die 58. Armee um die Entsendung von Panzern und gepanzerten Einsatzwagen. Panzer und Schützenpanzer sollen dem direkten Befehl des FSB unterstehen.

**Hauptquartier** Die nahegelegene Berufsschule Nr. 48 wird zum Hauptquartier der Armee-Einheiten und der Spezialkräfte (GRU-Speznaz, OMON, Alfa und Vympel). Diese Einheiten, schreibt die Novaja Gaseta am 6. September 2004, seien für den Sturm auf die Schule bereit und warteten auf ihren Einsatz.

**Die Qualen der Kinder** In der überfüllten Turnhalle ist es heiß. Der Mangel an Nahrung und Wasser fordert seinen Tribut besonders von den jüngeren Kindern; sie sind ausgehungert und dehydriert. Viele Kinder fallen in Ohnmacht, und die Eltern fürchten um ihr Leben. Einige der Geiseln trinken ihren eigenen Urin. Später am Tag fallen auch einige Erwachsene dehydriert in Ohnmacht.

**Hysterie bei den Geiselnehmern** Im Laufe des Tages und der Nacht werden die Geiselnehmer durch die Kombination aus Stress und Schlafentzug immer unberechenbarer. Das Weinen der Kinder irritiert sie, und mehreren Müttern wird gedroht, dass sie erschossen würden, wenn ihr Kind nicht aufhöre zu weinen.

Am Abend gehen drei Panzer vor der Schule in Stellung. Die anwesenden Jounalisten sind überrascht, damit hat offenbar niemand gerechnet.

**Tag 3: Freitag, 3. September 2004**

**Früher Morgen** Nach Angaben von Achmed Sakajew Achmed Sakajew, dem in London ansässigen Sprecher des tschetschenischen Separatistenführers Aslan Maschadow, hat es am frühen Morgen mehrere Telefongespräche mit dem tschetschenischen Präsidenten Maschadow gegeben. Ruslan Auschew und Alexander Dsasokhov hätten ihn gebeten, alles zu tun, um einen Weg aus dieser Krise zu finden, ohne dass den Kindern etwas geschehe. Er habe sich, so Sakajew, bereit erklärt, nach Beslan zu kommen, um mit den Geiselnehmern zu verhandeln. Seine einzige Bedingung sei, ungehindert zur Schule zu kommen. Doch nach diesem Telefongespräch überschlagen sich die Ereignisse und machen eine weitere Verhandlung sinnlos.

**13.00 Uhr** Die Geiselnehmer gestatten vier Sanitätern des Katastrophenschutzministeriums, mit zwei Krankenwagen 20 Leichname aus dem Schulgebäude zu holen. Gleichzeitig fordern sie, dass der Leichnam eines auf dem Schulgelände getöteten Terroristen in das Gebäude gebracht wird.

**13.03 Uhr** Als die Sanitäter vor der Schule ausgestiegen sind, ist eine Explosion in der Turnhalle zu hören. Daraufhin eröffnen die Terroristen das Feuer auf die Sanitäter und töten zwei von ihnen. Die beiden anderen gehen hinter ihrem Fahrzeug in Deckung.

**13.05 Uhr** Eine zweite, ganz anders klingende Explosion ist 20 Sekunden später zu hören. Auf dem Dach der Turnhalle bricht ein Feuer aus, und schon bald fallen brennende Dachsparren und Teile des Daches auf die Geiseln herab. Es gibt zahlreiche Verletzte, aber keine Toten.

**13.10 Uhr** Generalmajor Waleri Andrejew, Chef des nordossetischen FSB und Leiter des operativen Hauptquartiers, befiehlt den bewaffneten Angriff auf das Schulgebäude.

**13.25 Uhr** Vier Militärhubschrauber kreisen über der Schule. Sie beobachten, greifen aber nicht ein.

**13.30 Uhr** Das gesamte brennende Dach stürzt in die Halle, und das Feuer breitet sich aus. Die Flammen töten Berichten zufolge etwa 160 Menschen – mehr als die Hälfte der Geiseln, die bei diesem Terrorangriff insgesamt ums Leben kommen.

**Offizielle Version** Ein Teil der Außenmauer der Sporthalle ist durch die Explosionen zerstört worden, sodass einige Geiseln fliehen können. Die Geiselnehmer beginnen zu schießen, und das Militär erwidert das Feuer. In diesem Kreuzfeuer werden vermutlich mehrere Menschen getötet. Die russischen Behörden berichten später, dass die Terroristen auf die fliehenden Geiseln geschossen hätten und das Militär das Feuer dann erwidert habe. Die Regierung behauptet, die Soldaten hätten keine andere Wahl gehabt, als das Gebäude zu stürmen, nachdem das Feuergefecht begonnen habe. Doch einige Berichte der Einwohner von Beslan widersprechen dieser offiziellen Version der Ereignisse.

**Angriff** Die Militärkräfte dringen in die Schule ein. Zu diesen Kräften gehören die Angriffsgruppen des FSB sowie die Truppen der russischen Armee und des russischen Innenministeriums. Unterstützt werden sie von drei T-72-Panzern der 58. russischen Armee, gepanzerten Mannschaftswagen vom Typ BTR-80 und bewaffneten Hubschraubern, darunter mindestens ein Mi-24-Kampfhubschrauber.

Ein Schützenpanzer fährt nahe an die Schule heran und schießt mit seinem schweren Maschinengewehr in die Fenster des zweiten Stockwerks. Augenzeugen, darunter auch Journalisten, sehen, wie zwei T-72-Panzer auf die Schule vorrücken, von denen mindestens einer mehrmals sein 125-mm-Hauptgeschütz abfeuert.

**Kinder an den Fenstern** Zahlreiche Kinder werden von den Geiselnehmern aus der brennenden Halle in andere Teile des Gebäudes gebracht, insbesondere in die Cafeteria im ersten Stock, wo sie gezwungen werden, als menschliche Schutzschilde an den Fenstern zu stehen. Viele von ihnen werden nach Angaben der Überlebenden von den Soldaten draußen erschossen. Nach Angaben des Duma-Abgeordneten Juri Saweljew, der den Abschlussbericht über die Ereignisse von Beslan fertigen wird, seien 106 bis 110 Geiseln gestorben, nachdem sie in die Cafeteria gebracht worden seien.

**15.10 Uhr** Zwei Stunden nach Beginn des militärischen Angriffs haben die russischen Truppen den größten Teil der Schule unter ihre Kontrolle gebracht. Bei Einbruch der Dunkelheit gehen die Kämpfe auf dem Gelände weiter, unter anderem gegen einige Terroristen, die sich im Keller der Schule verschanzt haben.

**15.28 Uhr** Fast zweieinhalb Stunden nach Ausbruch des Brandes trifft das erste Löschfahrzeug mit Wasser ein. Zwar ist eine halbe Stunde zuvor die Feuerwehr eingetroffen, doch sie kann ihre Schläuche nicht an die Hydranten anschließen. Ein weiteres Löschfahrzeug trifft etwa 15 Minuten später ein.

**Flucht** Während der Kämpfe durchbricht eine Gruppe von etwa 13 Terroristen die militärische Absperrung und versucht, in der Nähe unterzutauchen. Einige von ihnen sollen in ein zweistöckiges Gebäude eingedrungen sein, das gegen 21.00 Uhr von Panzern und Flammenwerfern zerstört wird. Andere Terroristen scheinen über die Bahnlinie geflohen zu sein und werden von Hubschraubern verfolgt.

**Nur-Pascha Kulajew** Ein unbewaffneter Terrorist wird gefangen genommen, als er versucht, sich unter einem Lastwagen zu verstecken. Er ist am Ende der einzige überlebende Terrorist und wird später als Nur-Pascha Kulajew identifiziert.

## Tote und Verletzte

Das einzige Krankenhaus in der Kleinstadt Beslan war natürlich nicht auf die Behandlung einer so großen Anzahl von Verletzten vorbereitet. Es fehlte an Betten, Röntgengeräten und Medikamenten. Viele Verletzte starben, bevor sie zur nordossetischen Hauptstadt Wladikawkas in ein besser ausgestattetes Krankenhaus gebracht werden konnten. Angehörigen wurde der Zutritt zu den Krankenhäusern, in denen die Verletzten behandelt wurden, verwehrt.

Am 7. September 2004 gaben russische Beamte an, dass 333 Menschen tot seien, darunter 186 Kinder; zu jenem Zeitpunkt wurden noch 200 Menschen vermisst oder waren nicht identifiziert. Die Behörden gaben an, dass mehr als 200 der Toten Verbrennungen aufwiesen und 100 oder mehr von ihnen lebendig verbrannt waren.

Die Zahl der Menschen, die ambulant behandelt wurden, wird auf etwa 700 geschätzt. Der Moskauer Militäranalyst Pavel Felgenhauer kam am 7. September 2004 zu dem Schluss, dass 90 Prozent der überlebenden Geiseln Verletzungen erlitten hatten. Mindestens 437 Personen, darunter 221 Kinder, wurden in Krankenhäuser eingeliefert; 197 Kinder wurden in das Kinderkrankenhaus von Wladikawkas gebracht.

Am 29. August 2005 zitierte die politische Wochenschrift Kommersant-Wlast die abschließenden offiziellen Angaben: Es starben 330 Menschen. Unter den Opfern waren 317 Geiseln, davon 186 Kinder. Außerdem kamen zehn Soldaten der russischen Spezialeinheit FSB und zwei Mitarbeiter des russischen Katastrophenschutzministeriums bei dem Einsatz ums Leben.

Ein Einwohner von Beslan starb bei dem Chaos während der Erstürmung des Gebäudes und der Evakuierung der Geiseln. Insgesamt wurden 728 Menschen verletzt.

Am Tag nach der Erstürmung brachten Bulldozer die Trümmer des Gebäudes auf eine Mülldeponie. Die erste der zahlreichen Beerdigungen fand am 4. September statt, weitere folgten kurz darauf, darunter ein Massenbegräbnis mit 120 Toten. Der örtliche Friedhof war zu klein und musste um ein angrenzendes Grundstück erweitert werden.

Präsident Putin kam am frühen Morgen des 4. Septembers ins Krankenhaus von Beslan, um einige der Verletzten zu besuchen. Später wurde er dafür kritisiert, sich nicht mit den Familien der Opfer getroffen zu haben. Nach seiner Rückkehr nach Moskau ordnete er für den 6. und 7. September eine zweitägige Staatstrauer an. (https://web.archive.org/web/20080206214443/http://www.time.com/time/magazine/article/ 0,9171,692846-1,00.html)

## Offizielle Untersuchung

Auf einer Pressekonferenz mit internationalen Journalisten am 6. September 2004 lehnte Wladimir Putin eine offene öffentliche Untersuchung ab, stimmte aber der Einsetzung eines parlamentarischen Untersuchungsausschusses in der Duma zu, die von den kremlnahen Parteien dominiert wurde. Zwei Jahre später, am 22. Dezember 2006, schloss diese Sonderkommission ihre Untersuchung ab. Ihr Bericht kam zu dem Schluss, dass 32 bewaffnete Männer in die Schule eingedrungen waren, und warf Polizei in Nordossetien Versagen vor. Darüber hinaus wurde erklärt, dass der Angriff auf die Schule von tschetschenischen Terroristenführern, einschließlich Aslan Maschadow, geplant worden sei. Weiterhin wurde in dem Bericht behauptet, dass das Feuergefecht, das schließlich zum Ende der Belagerung geführt hatte, von den Terroristen und nicht von den Sicherheitskräften begonnen worden sei. (http://news.bbc.co.uk/2/hi/europe/6202735.stm)

Der Kreml hatte versprochen, dass die Sonderkommission, die aus putintreuen Politikern bestand und fast ausschließlich hinter verschlossenen Türen arbeitete, die Fakten aufklären werde. Im Rahmen einer Pressekonferenz wurde der Bericht der Sonderkommission vorgestellt. Die Überlebenden und Hinterbliebenen reagierten verbittert. Einige Journalisten, etwa der New York Times, bezeichneten den Bericht als Schönfärberei, mit dem Ziel, den Kreml von der Verantwortung zu entlasten. So kam die Kommission z. B. zu dem Schluss, dass kein Panzer der 58. russischen Armee auf die Schule geschossen habe, während sich noch Geiseln im Gebäude befanden, also nach 21.00 Uhr. Das hatten Journalisten und Überlebende zuvor jedoch behauptet. Sie hätten an jenem Nachmittag zwischen 14.00 Uhr und 16.00 Uhr gesehen, wie zwei T-72-Panzer auf die Schule vorrückten, von denen mindestens einer mehrmals feuerte.
(https://www.nytimes.com/2006/12/23/world/europe/23beslan.html?ex=1324530000&en=a-84fe5fbaabab7af&ei=5088&partner=rssnyt&emc=rss)

Die offizielle Version wird von einigen Augenzeugen und ehemaligen Geiseln angezweifelt. Für die Zeitung Iswestija interviewte deren Reporter einen der Rettungssanitäter, der in den

Minuten vor dem Schusswechsel zur Schule fuhr. Dieser erklärte, er habe zunächst keine Explosionen gehört. Er sagte auch, jemand habe von außerhalb der Schule das Feuer eröffnet, worauf die Geiselnehmer zurückgeschossen hätten. Andere Zeugen vermuten, dass die ersten Schüsse wohl aus der Menge der draußen wartenden Eltern und anderen Bürgern gekommen sein könnten. (https://www.rferl.org/a/1054767.html)

Dies bestätigte auch die Geisel Fatima Dudijewa, eine Polizeibeamtin, die am Morgen der Geiselnahme zur routinemäßigen Sicherung an die Schule geschickt worden war. Dudijewa sagte, sie sei sicher, dass der erste Schuss außerhalb der Schule abgegeben worden sei. Er habe sie an der Hand getroffen. „Wir saßen schon eine Weile, und ich streckte mich etwas. Dabei hob ich auch meine Hand. Da war ein Schuss, und Blut rann an meiner Hand herunter", berichtete Dudijewa.
(https://web.archive.org/web/20210411165053/https://www.latimes.com/archives/la-xpm-2005-aug-27-fg-beslan27-story.html)

Der Staatsduma-Abgeordnete Juri Saweljew, Mitglied der Beslan-Kommission sowie Waffen- und Sprengstoffexperte, vertrat ebenfalls eine von der offiziellen Linie abweichende Meinung. Laut Saweljew begann der Schusswechsel nicht mit Explosionen innerhalb des Schulgebäudes, sondern mit zwei Schüssen, die von außerhalb abgefeuert wurden.

Die ehemalige Geisel, Marina Miskowa, erklärte: „Nach den ersten zwei Explosionen gab es kein Feuer in der Halle. [...] Das Glas in den Fenstern war zersplittert und herausgebrochen. Die Wände waren zerstört. Es gab viele Leichen entlang der Wand. Aber das Dach war heil. [...] Es begann zu brennen, als sie [die Spezialeinheiten] darauf mit etwas schossen."
(John B. Dunlop, The 2004 Beslan Hostage Crisis, S. 88)

Juri Saweljew erläuterte, dass der erste Schuss höchstwahrscheinlich von einer RPO-A Shmel-Infanterierakete vom Dach des nahegelegenen fünfstöckigen Gebäudes Nr. 37, einem anderen Schulgebäude, abgefeuert worden sei und den Dachboden der Turnhalle getroffen habe. Der zweite Schuss sei von einem RPG-27-Granatwerfer abgefeuert worden, der sich auf dem Gebäude Nr. 41 in derselben Straße befunden und einen Teil der Turnhallenmauer zerstört habe. Saweljew führte als Beleg an, dass leere Granaten und Raketenwerfer auf den Dächern dieser Häuser gefunden worden seien.

Die RPO-A Shmel-Infanterierakete, in Russland auch als Flammenwerfer bezeichnet, ist ein leichter, tragbarer Raketenwerfer, der in der in Beslan genutzten Version mit einem thermobarischen Sprengkopf ausgerüstet worden war. Dieser Sprengkopf erzeugt eine große Druck- und Hitzewelle, die zu Verbrennungen führt. Seine Reichweite beträgt 600 m.

Bei einem Treffen mit den Einwohnern von Beslan erklärte der stellvertretende Generalstaatsanwalt Nikolai Shepel, dass die Raketenwerfer von den Terroristen und nicht von den Spezialeinheiten eingesetzt worden seien. Doch niemand glaubte ihm, da es unmöglich ist, solche Raketenwerfer innerhalb eines Gebäudes abzuschießen, ohne sich selbst dabei umzubringen. Anwohner bekräftigten, dass sich auf den Dächern der beiden Gebäude, von denen

die Flammenwerfer abgefeuert worden waren, keine Terroristen, sondern Spezialeinheiten befunden hätten. „Die Menschen hier“, so die Journalistin Elena Milaschina im Dezember 2004 in der Novaja Gaseta, „beschuldigen direkt unser Militär, nach den ersten Explosionen Flammenwerfer eingesetzt und das Dach der Turnhalle angezündet zu haben. Dies führte zu einem Brand, und das brennende Dach stürzte auf die verletzten, aber noch lebenden Geiseln“.
(John B. Dunlop, The 2004 Beslan Hostage Crisis, S. 89 f.)

Der Duma-Abgeordnete Saweljew kam zu dem Schluss, dass die Behörden, wahrscheinlich der FSB, beschlossen hätten, das Schulgebäude zu stürmen. Sie wollten jedoch den Eindruck erwecken, dass dies eine Reaktion auf die Aktionen der Geiselnehmer sei. Er bezeichnete die Untersuchung als Vertuschung und die offizielle Version der Ereignisse als erfunden.

### Auswirkungen der Beslan-Krise

Am 26. Juni 2007 reichten 89 Angehörige von Opfern beim Europäischen Gerichtshof für Menschenrechte (EGMR) in Straßburg eine Sammelklage gegen Russland ein. Die Kläger machten geltend, dass ihre Rechte sowohl während der Geiselnahme als auch im anschließenden Gerichtsverfahren verletzt worden seien. Das Gericht verurteilte Russland zur Zahlung von 2,9 Millionen Euro Schadensersatz und zur Übernahme der 88.000 Euro Gerichtskosten. Die russische Regierung wies die Entscheidung des Gerichts zurück. Obwohl Russland als Unterzeichnerstaat der Europäischen Menschenrechtskonvention verpflichtet ist, das Urteil zu akzeptieren, bezeichnete der Kreml das Urteil als inakzeptabel.
(https://news.sky.com/story/russias-response-to-beslan-school-attack-had-serious-failings-10835210)

Der Umgang der Regierung von Wladimir Putin mit der Belagerung wurde von einer Reihe von Beobachtern und Organisationen, darunter den „Müttern von Beslan“, kritisiert. Auch die Europäische Union beanstandete das Vorgehen der russischen Sicherheitskräfte. Die russische Regierung wies jegliche Kritik zurück. Präsident Putin bezeichnete die Haltung des westlichen Auslands als Methode aus den Zeiten des Kalten Krieges und vertrat die Auffassung, der Westen sei nur darauf aus, Russland zu schwächen.
(https://archive.ph/20071225075931/http://context.themoscowtimes.com/stories/2007/10/12/105.html)

### Kein internationaler Terroranschlag

Beslan war das Ergebnis eines innerrussischen Problems – der Versuch, die Unabhängigkeit Tschetscheniens mit terroristischen Mitteln zu erzwingen. Die russischen Regierungsbehörden stellten das Ereignis hingegen als internationalen Terroranschlag dar, in der Hoffnung, dadurch ihre laufenden Aktionen in Tschetschenien zu legitimieren. Nach dem Anschlag wies die russische Regierung immer wieder auf die Verbindung der Täter zu internationalen Terrornetzwerken hin. Doch die Hauptforderung der Täter waren der Abzug der russischen Streitkräfte aus Tschetschenien und die Anerkennung der Unabhängigkeit des Landes. Der Anschlag von Beslan muss deshalb im politischen Kontext des Tschetschenienkonflikts gesehen werden und nicht im Rahmen des internationalen Dschihadismus.

## Putin und die USA

Die Terroranschläge vom 11. September in den USA hatten eine unerwartete Annäherung zwischen den Vereinigten Staaten und der Russischen Föderation zur Folge. Russland schloss sich der US-geführten Koalition an und unterstützte die Operation „Enduring Freedom“ bzw. den Krieg gegen den Terror. Die amerikanisch-russische Zusammenarbeit in Afghanistan war intensiver als die meisten früheren Bemühungen um Kooperation, insbesondere in heiklen Bereichen wie dem Austausch nachrichtendienstlicher Erkenntnisse. Allerdings zeigten die Meinungsverschiedenheiten über die Invasion im Irak, dass die USA und Russland keineswegs eine strategische Partnerschaft eingegangen waren.

Die russisch-amerikanische Antiterror-Allianz zerbrach nach dem Anschlag der tschetschenischen Separatisten auf die Schule in Beslan. Putin warf den USA vor, die Separatisten zu unterstützen, indem sie gemäßigten Tschetschenen Asyl gewährten und Russland aufforderten, mit ihnen zu verhandeln. Eine Schlagzeile in der Prawda lautete: „Wie würden sich die Amerikaner fühlen, wenn Russland Osama bin Laden Zuflucht gewähren würde?“ Drei Tage nach dem Terroranschlag von Beslan hielt Putin im Kreml eine flammende Rede, in der er seine Empörung über den Westen in einer Sprache zum Ausdruck brachte, die er bis dahin nicht benutzt hatte: „Wir haben uns als schwach erwiesen. Und die Schwachen werden besiegt.“ Und dann fügte Putin in unmissverständlicher Anspielung auf die USA hinzu: „Einige würden uns gerne ein saftiges Stück vom Kuchen wegnehmen. Andere helfen ihnen [...] mit der Begründung, Russland sei immer noch eine der großen Atommächte der Welt und als solche immer noch eine Bedrohung für sie.“

Die Ansicht, dass Beslan einen Wendepunkt darstelle, wird von vielen hochrangigen Beamten aus den Bush-Jahren geteilt. „Unsere Beziehungen zu Russland waren ruhig, sogar herzlich“, schrieb Condoleezza Rice 2011 in ihren Memoiren „No Higher Honor“. Rice, die Russisch spricht, war in Bushs erster Amtszeit Nationale Sicherheitsberaterin und dann Außenministerin. Sie wies darauf hin, dass Bush und Putin eine strategische Dialoggruppe und eine präsidiale Checkliste entwickelt hätten, um gemeinsam Probleme anzugehen.

Bereits bei ihrem ersten Treffen, schrieb Rice, waren Putin und Bush „zwei Männer, zwischen denen es eine persönliche Chemie gab“. Bush drückte dies 2001 in einem ganz ungewöhnlichen Kompliment aus: „Ich sah dem Mann in die Augen. [...] Ich konnte seine Seele fühlen.“ Doch jenseits von Bushs Überschwang gab es durchaus reale Anzeichen für eine Partnerschaft, wie eines der jetzt freigegebenen Dokumente aufzeigt. „Putin war nicht nur der erste Staatschef der Welt, der Präsident Bush nach den Terroranschlägen vom 11. September die Hand schüttelte, er stand auch Präsident Bushs Initiativen weitgehend aufgeschlossen gegenüber und zeigte früh seine Unterstützung für den Krieg gegen den Terror und die US-Operationen in Afghanistan.“

„Um der CIA bei der Organisation ihrer Kampagne gegen al-Qaida in Afghanistan nach dem 11. September 2001 zu helfen, setzte sich Putin über seine Sicherheitsleute hinweg und sagte, dass Russland die Bemühungen der USA, Stützpunkte in Usbekistan und Kirgisistan zu finden, nicht blockieren würde", berichtete Thomas Graham, damals Bushs leitender Direktor für Russland im Nationalen Sicherheitsrat. Russland versorgte die Vereinigten Staaten zudem mit nachrichtendienstlichen Informationen aus seinem Agentennetz in Afghanistan.

Dann kam Beslan. War Putins Vorwurf, Amerika unterstütze die tschetschenischen Separatisten, gerechtfertigt? Laut dem Belfer Center der Harvard Kennedy School, einer unabhängigen Denkfabrik, hatte Putin nur teilweise recht. Der Belfer-Bericht stellt fest, dass die USA 2004 Iljas Achmadow, dem Außenminister einer tschetschenischen Separatistenregierung im Exil, Asyl gewährt hatten. Die Bush-Regierung hatte Achmadows Asylantrag zunächst abgelehnt, änderte dann aber ihre Haltung auf Druck republikanischer Senatoren.

Später stellte Putin die Behauptung auf, die US-Geheimdienste hätten die tschetschenischen Separatisten unterstützt. Das Belfer-Zentrum fand aber keine Beweise für eine direkte Unterstützung bewaffneter Gruppen, die in Tschetschenien oder anderen Teilen des Nordkaukasus operieren, durch die US-Regierung. Auch wenn es demzufolge keine Beweise für eine militärische Unterstützung der tschetschenischen Separatisten durch die USA gab, so war Putin doch überzeugt, dass sich die USA auf anderen Wegen in der Region einmischten, und ab Ende 2004 wuchs seine Wut über die „Machenschaften des Westens". Bestätigt sah er sich durch die Ereignisse rund um die Maidan-Revolution in der Ukraine, auf die seiner Überzeugung nach die USA Einfluss genommen hatten – wie übrigens er selbst auch.

## Quellen: Terrorismus in Russland II

### Bücher


- Dunlop, John B., The 2002 Dubrovka and 2004 Beslan Hostage Crises, Stuttgart 2006
- Lansford, Lynn Milburn, Beslan, Shattered Innocence, Charleston 2006
- Phillips, Timothy, Beslan, The Tragedy of School No. 1, London 2008
- Williams, Brian Glyn, Inferno in Chechnya, The Russian-Chechen Wars, the Al Qaeda Myth and the Boston Bombings, Lebanon 2015


### Zeitschriften/Studien


- https://www.spiegel.de/politik/putins-ground-zero-a-33b53051-0002-0001-0000-000038730401
- https://www.nytimes.com/1999/11/14/opinion/why-we-must-act.html?_r=0)
- https://edition.cnn.com/2003/WORLD/europe/07/05/russia.blast/
- https://web.archive.org/web/20130121192414/http://www.guardian.co.uk/commentisfree/2008/sep/30/russia.chechnya
- https://web.archive.org/web/20110512025515/http://southdistr.eng.kavkaz-uzel.ru/articles/11635/

- https://www.npr.org/templates/story/story.php?storyId=5740009
- http://news.bbc.co.uk/2/hi/europe/3464545.stm#graphic
- https://www.theguardian.com/world/2000/feb/23/chechnya.ameliagentleman
- https://www.nytimes.com/2004/08/28/world/explosive-suggests-terrorists-downed-plane-russia-says.html
- https://edition.cnn.com/2007/WORLD/europe/08/14/russia.train.reut/index.html
- https://edition.cnn.com/2007/WORLD/europe/08/14/russia.train.reut/index.html
- https://edition.cnn.com/2010/WORLD/europe/03/30/russia.subway.explosions/index.html
- https://www.bbc.com/news/world-europe-12315608
- https://www.theguardian.com/world/2013/dec/29/volgograd-train-station-suicide-bombing
- https://www.cbc.ca/news/world/russia-kremlin-metrojet-bomb-1.3322272
- https://www.bbc.com/news/world-europe-39486640
- https://edition.cnn.com/2004/WORLD/europe/09/17/russia.beslan/
- https://www.nytimes.com/2004/09/02/world/europe/insurgents-seize-school-in-russia-and-hold-scores.html?pagewanted=2
- https://static.rusi.org/200703_whr_negotiating_the_impossible.pdf
- https://www.theguardian.com/world/2004/sep/05/russia.chechnya
- https://www.rferl.org/a/1054767.html
- http://news.bbc.co.uk/2/hi/europe/4205208.stm
- https://web.archive.org/web/20210411165053/https://www.latimes.com/archives/la-xpm-2005-aug-27-fg-beslan27-story.html
- https://www.nytimes.com/2006/12/23/world/europe/23beslan.html?ex=1324530000&en=a84fe5fbaa-bab-7af&ei=5088&partner=rssnyt&emc=rss
- https://web.archive.org/web/20080206214443/http://www.time.com/time/magazine/article/0,9171,692846-1,00.html
- https://www.theguardian.com/world/2004/sep/07/russia.chechnya
- http://news.bbc.co.uk/2/hi/europe/6202735.stm
- https://archive.ph/20071225075931/http://context.themoscowtimes.com/stories/2007/10/12/105.html
- https://www.washingtonpost.com/opinions/2023/03/09/putin-bush-chechnya-ukraine-war/

# Kapitel 13

## Terrorismus in Afrika

Während sich der Fokus der westlichen Medien auf die Terrorbekämpfung durch die amerikanische Allianz gegen den Terror richtete und diese sich hauptsächlich auf al-Qaida und den Islamischen Staat (IS) beschränkte, entstand in den 1970er-Jahren in Afrika und Asien eine Sonderform des islamistischen Terrorismus. Im Unterschied zu den bekannten islamistischen Organisationen, etwa der palästinensischen Hamas, den Taliban in Afghanistan oder der libanesischen Hisbollah, verstehen die Terroristen Afrikas und Asiens ihren Dschihad, den bewaffneten Kampf, nicht nur als Mittel, um ein politisches Ziel zu erreichen, sondern sie erheben ihn zu einer zentralen Glaubenspflicht des Islams. Dieser Kampf ist somit Teil einer viel größeren Auseinandersetzung, die erst mit der Niederlage aller Gegner ihrer Religion enden kann.

### Boko Haram in Nigeria

Die islamistisch-terroristische Bewegung Boko Haram formierte sich zu Beginn des 21. Jahrhunderts, doch ihre Wurzeln liegen in der fernen Vergangenheit Nordnigerias. Die gesamte Region, deren Zentrum die heutigen nigerianischen Bundesstaaten Borno und Yobe umfasst und hauptsächlich von den Hausa bevölkert wird, war 800 Jahre lang vom Islam geprägt. Mächtige Sultanate entwickelten dort eine muslimische Hochkultur, die auch fortbestand, als die Sultanate durch den Kriegszug des Fulbe-Herrschers Usuman Dan Fodio im Jahr 1812 unterworfen wurden. Usuman Dan Fodio schuf ein einheitliches Kalifat, das sich über Nordnigeria hinaus auch auf die Nachbarländer erstreckte. Das Kalifat geriet – zusammen mit zahlreichen kleineren Sultanaten – im Jahr 1903 unter britische Herrschaft. In dieser Zeit verbreiteten christliche Missionare ihre Botschaft in der Region und bekehrten einen Großteil der nigerianischen Bevölkerung. Die britische Herrschaft endete mit der Unabhängigkeit Nigerias im Jahr 1960.

Es war der Einfluss des Christentums, den der muslimische Teil der Bevölkerung ablehnte. Schließlich formierte sich die Bewegung Boko Haram, die zu immer radikaleren Mitteln griff, um dem Islam wieder zu alter Geltung zu verhelfen. Aber nicht nur das: Ab 2009 entwickelte sich Boko Haram zu einer sunnitisch-salafistischen dschihadistischen Bewegung, welche die Umwandlung des säkularen Staates Nigeria in ein islamisches Kalifat forderte. In der Folge wollten sie alle Völker unter ihre Herrschaft bringen, wobei moderne Staaten sowie die emotionale und intellektuelle Bindung der Bürger an ihre Heimat abgeschafft werden sollen.

Schätzungen zufolge wurden zwischen 2009 und 2020 über 35.000 Menschen durch Boko Haram getötet. Zu den Taktiken der Gruppe gehören Selbstmordattentate, Entführungen, Folter, Vergewaltigungen, Zwangsehen, Rekrutierung von Kindersoldaten, Angriffe auf die Infrastruktur und auf politische und religiöse Führer sowie Zivilisten. Inzwischen gilt die Gruppe, die als „Taliban Nigerias“ bezeichnet wird, als eine der brutalsten Terrororganisationen der Welt.

Der Name Boko Haram bezeichnet in der Hausa-Sprache eine Gruppe, die im Arabischen offiziell als „Jama'atu Ahlis Sunna Lidda'awati Wal-Jihad" bekannt ist (Diejenigen, die sich der Verbreitung der Lehren des Propheten und dem Dschihad verschrieben haben). Der Name Boko Haram wiederum, der von Muslimen aus dem Norden geprägt und später von der Presse aufgegriffen wurde, bedeutet frei übersetzt „Westliche Bildung ist verboten". Dies leitet sich von einer der wichtigsten Lehren von Mohammed Yusuf ab, dem frühen Anführer der Gruppe. Dieser hatte behauptet, dass westliche Bildung – „boko" in der Hausa-Sprache – im Islam religiös verboten, also „haram" seien. Das Gleiche gilt für die Ausübung von Regierungsämtern. Generell lehnt Boko Haram die Verwestlichung der nigerianischen Gesellschaft ab, die sie für die in Nigeria herrschende Korruption verantwortlich macht.
(https://web.archive.org/web/20150823110758/http://pulitzercenter.org/reporting/nigeria-boko-haram-terrorist-group-islam-christian-church-targets-youth-military)

## Der Gründer Mohammed Yusuf

Als einer von mehreren jungen nigerianischen Geistlichen, die sich Mitte der 1990er-Jahre der wahhabitisch-salafistischen Strömung des Islams in Saudi-Arabien anschlossen, rief Mohammed Yusuf die Muslime dazu auf, die säkulare Regierung Nigerias zu stürzen – notfalls mit Gewalt – und durch einen islamischen Staat zu ersetzen. Seine aggressive Rhetorik, die wachsende Zahl seiner Anhänger und die Befürchtung, dass die Gruppe Waffen horte (was sich später als begründet erwies), beunruhigten bald die nigerianischen Behörden.

Nach jahrelangen Spannungen und einer Reihe kleinerer Zwischenfälle kam es schließlich im Juli 2009 zum Eklat. Eine Gruppe von Yusufs Anhängern wurde in der Stadt Maiduguri, dem zentralen Stützpunkt von Boko Haram, von der Polizei angehalten, als die jungen Männer per Motorrad auf dem Weg zum Friedhof waren, um ein Gruppenmitglied zu beerdigen. Die Beamten, die an einer Sonderoperation zur Bekämpfung von Gewalt und Kriminalität im Nordosten des Bundesstaates Borno beteiligt waren, forderten die Männer auf, Helme aufzusetzen, wie es in der Straßenverkehrsordnung vorgeschrieben war. Diese weigerten sich, und während der folgenden Auseinandersetzung schoss die Polizei mehrere Männer an. Daraufhin organisierte Yusuf einen bewaffneten Aufstand, bei dem Boko Haram in Gefängnisse einbrach und Regierungsgebäude und Polizeistationen angriff. Die Kämpfe breiteten sich schnell auf fünf nördliche Bundesstaaten aus und dauerten mehrere Tage. Die Bundesregierung in der nigerianischen Hauptstadt Abuja reagierte mit aller Härte. Bundessoldaten, die eingesetzt worden waren, um der muslimischen Rebellen Herr zu werden, wurden dabei gefilmt, wie sie mutmaßliche Kämpfer auf offener Straße erschossen. Yusuf starb in Polizeigewahrsam; seine Leiche wurde mit Handschellen gefesselt aufgefunden. Insgesamt kamen bei den Kämpfen mehr als 1.000 Menschen ums Leben.

Nach diesen Ereignissen wurden Boko Haram von der Regierung verboten und die Moscheen der Bewegung abgerissen. Die überlebenden Mitglieder tauchten unter. Yusufs Stellvertreter, Abubakar Shekau, übernahm aus dem Untergrund die Führung von Boko Haram. Die nigerianischen Sicherheitskräfte behaupteten, Shekau sei bei den Kämpfen 2009 getötet worden.

Deshalb war die Überraschung groß, als er sich 2010 per Video meldete und den Anspruch auf die Führung von Boko Haram bekräftigte.

Staatliche Exzesse bei der Bekämpfung von Boko Haram blieben meist im Dunkeln, weil die nigerianische Regierung private Firmen mit den besonders heiklen Aufgaben beauftragte. Ein weiterer Grund ist, dass die umkämpften Gebiete nur schwer zugänglich sind und sich Journalisten deshalb nicht näher mit den Repressionsmaßnahmen befassen. So entsteht ein Teufelskreis: Die im Namen des Staates begangenen Verbrechen – willkürliche Verhaftungen und Folter im Gefängnis – dienen den muslimischen Rebellen als Begründung für den Kampf gegen die als „gottlos" erklärten Sicherheitskräfte. Indem Mohammed Yusuf die Polizei und die Korruption des Staates anprangerte, zog er Anhänger aus der arbeitslosen Jugend an. (https://monde-diplomatique.de/artikel/!5647168)

## Glaubensgrundsätze

Mohammed Yusuf selbst sprach sich 2009 in einem Interview nicht nur generell gegen westliche Bildung aus, sondern im Besonderen auch gegen die Evolutionstheorie. Außerdem sei die Erde nicht kugelförmig, sondern eine Scheibe, und die Vorstellung, dass Regen durch die Verdunstung durch die Sonne entstehe, sei ein Irrtum, denn Regen werde direkt von Gott geschaffen und herabgesendet.

Entsprechend ihrem Alleinvertretungsanspruch denunzierte die Gruppe die Sufi- und die schiitischen Glaubensrichtungen als Ungläubige – aber auch gemäßigte sunnitische Muslime, die den Dschihad von Boko Haram nicht unterstützen wollten. Diese Bereitschaft zum sogenannten Takfir, d. h. zur Anklage und Hinrichtung von muslimischen Glaubensbrüdern als Abweichler und Abtrünnige, ist eine Besonderheit des salafistischen Dschihadismus.

## Die Entwicklung von Boko Haram

Der Gründer von Boko Haram, Mohammed Yusuf, soll von dem fundamentalistischen Prediger Mohammed Marwa – auch Maitatsine genannt – inspiriert worden sein, der das Lesen von Büchern verurteilte, mit Ausnahme des Korans. Ausgebildet wurde er von dem salafistischen Scheich von Izala, Ja'afar Mahmud Adamu aus Kano, der Yusuf als Führer der Jugend bezeichnete. Beide predigten in der Indimi-Moschee in Maiduguri, die auch der stellvertretende Gouverneur des nordöstlichen Bundesstaates Borno besuchte.

2002 gründete Yusuf in Maiduguri, der Hauptstadt von Borno, eine religiöse Sekte, die als Boko Haram bekannt wurde. Er ließ einen religiösen Komplex und eine Schule errichten, die arme muslimische Familien aus ganz Nigeria und den Nachbarländern anzogen. Die Aktivitäten in diesem Zentrum dienten dem politischen Ziel, einen islamischen Staat auf der Grundlage der Scharia zu errichten. Folgerichtig wurde es zu einem Rekrutierungsort für Dschihadisten.

Laut einiger Berichte hatte Mohammed Yusuf anfangs die im Bundesstaat Borno bestehende Infrastruktur der Izala-Gesellschaft, einer populären konservativen islamischen Sekte, genutzt, um Mitglieder zu rekrutieren. Doch dann spaltete er sich von ihr ab und gründete seine eigene Gruppe: Boko Haram. Die Izala wurde zunächst von der Regierung akzeptiert, wie auch

die Menschen, die mit Yusuf sympathisierten. In den ersten sieben Jahren ihres Bestehens operierte Boko Haram mehr oder weniger friedlich und zog sich in besonders abgelegene Gebiete im Nordosten zurück, um sich vor dem eigentlichen Beginn des Dschihads zu konsolidieren. Die Zahl der Kämpfer wurde zu diesem Zeitpunkt auf 100 bis 1.500 geschätzt. Eine andere Quelle geht von 4.500 bis 6.000 Kämpfern aus.
(https://ctc.westpoint.edu/the-rise-of-boko-haram-in-nigeria/)

Im Jahr 2009 verübte Boko Haram eine Reihe von Anschlägen auf Polizeistationen und andere Regierungsgebäude in Maiduguri. Bei Schusswechseln in den Straßen wurden Hunderte von Boko-Haram-Angehörigen getötet. Tausende Einwohner flohen aus der Stadt. Nigerianische Sicherheitskräfte nahmen schließlich das Hauptquartier der Gruppe ein, überwältigten die Terroristen und töteten Yusuf. Die Sicherheitskräfte erklärten daraufhin, Boko Haram sei zerschlagen worden.

Doch das entsprach nicht der Wahrheit. Es gab weitere Anschläge, zunächst gegen ungeschützte Ziele, aber ab 2011 auch Selbstmordattentate, z. B. auf Polizeigebäude und das Büro der Vereinten Nationen in Nigerias Hauptstadt Abuja. Die Verhängung des Ausnahmezustands durch die Regierung Anfang 2012, der im folgenden Jahr auf den gesamten Nordosten Nigerias ausgeweitet wurde, führte zu einer Zunahme der Übergriffe durch Sicherheitskräfte sowie Anschläge unterschiedlicher militanter Gruppen. Von den 2,3 Millionen Menschen, die ab Mai 2013 aufgrund der Unruhen vertrieben wurden, verließen mindestens 250.000 Nigeria ganz und flohen nach Kamerun, Niger oder Tschad.

Im September 2015 gab der Pressesprecher des nigerianischen Verteidigungsministeriums bekannt, dass alle Lager von Boko Haram zerstört worden seien. Dennoch gingen die Angriffe der Gruppe weiter. Im Jahr 2019 erklärte der nigerianische Präsident Muhammadu Buhari die Gruppe Boko Haram für „technisch besiegt". Was das heißen sollte, blieb unklar.

## Gefängnisausbruch in Bauchi

Zweifellos bedeuteten die Niederschlagung der Rebellion von 2009 und die Tötung von Mohammed Yusuf durch die nigerianischen Sicherheitskräfte im Juli jenes Jahres einen Wendepunkt für Boko Haram. Trotzdem gelang den Terroristen während des Ramadans 2010 (Anfang September) eine große Aktion: ein Gefängnisausbruch in der Stadt Bauchi in Zentralnigeria. Dort hatten Yusuf und seine Anhänger mehr als ein Jahr zuvor ihren Aufstand begonnen.

Am Abend des 7. Septembers stürmte eine Gruppe von etwa 50 Männern, schwer bewaffnet mit AK-47 und offenbar selbstgebauten Bomben, unter „Allahu-Akbar"-Schreien das Gefängnis von Bauchi. Boko Haram hatte den Angriff auf das Gefängnis in Bauchi für jenen Abend geplant, da sie davon ausgingen, dass die muslimischen Gefängniswärter während des Ramadans am Abendgebet teilnehmen würden.

Ein älterer Aufseher, der während des Anschlags Dienst hatte, berichtete, dass er und seine Kollegen am Haupteingang von einer Horde Bewaffneter überwältigt worden seien. Die Angreifer stürmten von Zelle zu Zelle, brachen die Schlösser auf und legten Feuer, bevor sie in dem Chaos entkamen. Mehr als 700 Häftlinge wurden befreit, darunter etwa 150 mutmaßliche Boko-Haram-Mitglieder. Vier Menschen wurden getötet, darunter ein Polizist, sechs mussten ins Krankenhaus eingeliefert werden. Eine Zeugin berichtete, dass das Sicherheitspersonal beim Anblick der schwer bewaffneten Angreifer die Flucht ergriffen habe. Viele der bei dem Gefängnisausbruch befreiten Häftlinge warteten auf ihren Prozess im Zusammenhang mit den Gewalttaten des Jahres zuvor, bei denen mindestens 700 Menschen getötet worden waren.

Die Polizei vermutete, dass sich viele der entflohenen Boko-Haram-Mitglieder in den ländlichen, gebirgigen Regionen um Bauchi herum versteckt hielten. Mehr als 30 Häftlinge kehrten zur Verbüßung ihrer kurzen Strafe in das Gefängnis zurück, 35 wurden erneut verhaftet.
(Mike Smith, Boko Haram, S. 107)

Boko Haram nutzte diesen Angriff auch, um Propagandaschriften unter die Leute zu bringen. Im Gefängnis wurden Flugblätter mit ihrem Manifest und einem Aufruf gefunden, sich ihnen anzuschließen und für ihre Sache zu den Waffen zu greifen. Die Formulierungen in diesen Propagandaschriften waren so gewählt, dass sie als offizielle Kriegserklärung an die Regierung verstanden werden mussten. Das bisherige Muster der Morde an Beamten, Polizisten und Geistlichen setzte sich in den folgenden Monaten fort und führte zu Dutzenden von Toten. Es gab auch Banküberfälle, die offenbar dazu dienten, die Terroroperationen zu finanzieren. Doch so beunruhigend die Situation auch war – die Unruhen konzentrierten sich auf den Nordosten Nigerias, weit entfernt vom Sitz der Macht in Abuja und eine Welt entfernt vom wirtschaftlichen Zentrum Lagos im Südwesten am Golf von Guinea.

### Selbstmordattentate

Die Veröffentlichung eines Märtyrervideos im September 2011 war ein Medienereignis, das nicht mit heimischen islamistischen Gruppen in Verbindung gebracht wurde. Vielmehr deutete das Video darauf hin, dass Boko Haram mit großen salafistischen Dschihad-Organisationen in Kontakt getreten war, etwa mit AQIM (al-Qaida im islamischen Maghreb) oder al-Shabaab in Somalia, die beide Selbstmordattentate nutzten und immer noch nutzen. Interessant ist, dass von Boko Haram kein größeres ideologisches Statement bekannt ist, das die Ziele oder das Programm der Gruppe benennt. Wie der Name schon sagt, definiert sich die Gruppe durch das, wogegen sie kämpft: die westliche Kultur. Interessant ist auch, dass die Ziele von Boko Haram – im Gegensatz zu anderen muslimischen Terrorgruppen – überwiegend staatliche Einrichtungen oder Repräsentanten waren. Ein anderer Teil ihrer Anschläge fand im Rahmen von Säuberungsaktionen gegen andere Muslime statt, seltener gegen Christen.

Der erste Einsatz eines Selbstmordattentäters durch Boko Haram war ein Anschlag auf das Polizeihauptquartier in der Hauptstadt Abuja am 16. Juni 2011, bei dem ein Polizist und der Attentäter getötet wurden. Zwei Monate später folgte der Anschlag auf das Hauptquartier der Vereinten Nationen, ebenfalls in Abuja, am 26. August 2011. Abgesehen von al-Shabaab in Somalia und auch al-Qaida im islamischen Maghreb hatte bis dahin keine andere afrikanische islamistische Gruppe Selbstmordattentate verübt. Während der Anschlag auf das Polizeihauptquartier als eine Fortsetzung des Kampfes von Boko Haram gegen die nigerianische Polizei und Armee gesehen werden kann, ähnelt der Anschlag auf die Vereinten Nationen der Vorgehensweise von weltweit tätigen Terror-Organisationen. Es gab Berichte, dass mindestens einer der Angreifer auf das UN-Gebäude von al-Shabaab ausgebildet worden war. Diese Tat erinnert stark an den Selbstmordanschlag auf die Vereinten Nationen in Bagdad im August 2003, der einer der ersten Anschläge des irakischen Aufstands war.

Nach Angaben des nigerianischen Geheimdienstes handelte es sich bei dem Drahtzieher des Anschlags auf das UN-Gebäude um einen Mann namens Mamman Nur, der zum Zeitpunkt des Aufstands von 2009 der dritte Mann im Boko-Haram-Kommando gewesen sein soll, nach Mohammed Yusuf und Abubakar Shekau. Seine Nationalität war umstritten: Einige behaupteten, er stamme aus dem Tschad oder sei vielleicht in Maiduguri als Sohn tschadischer Eltern geboren, während andere sagten, er sei Kameruner. Es wurde vermutet, dass er zu denjenigen Boko-Haram-Führern gehörte, die Verbindungen zu AQIM und al-Shabaab unterhielten, da er kurz vor dem Angriff auf die Vereinten Nationen aus Somalia zurückgekehrt war.

Die nigerianischen Behörden gaben an, sechs Tage vor dem Anschlag Informationen erhalten zu haben, dass Boko-Haram-Mitglieder einen Anschlag auf nicht näher bezeichnete Ziele in Abuja verüben wollten, und verhafteten am 21. August zwei Verdächtige. Der Anschlag konnte jedoch nicht verhindert werden.

## Der Anschlag auf das UN-Gebäude in Abuja

Am 26. August 2011, einem Freitag, durchbrach gegen 11.00 Uhr ein Fahrzeug mit einer Autobombe zwei Sicherheitssperren im Diplomatenviertel von Abuja, das im Zentrum der Stadt liegt. Der Fahrer lenkte das Auto vor den Empfangsbereich der Vereinten Nationen und zündete die Bombe. Die Explosion verwüstete die unteren Stockwerke. Rund 400 UN-Beschäftigte arbeiteten in dem Haus, doch wie viele sich zum Zeitpunkt des Anschlags tatsächlich im Gebäude befanden, ist unklar.

Ein Flügel des Gebäudes stürzte ein. Rettungskräfte waren schnell vor Ort, um Verletzte ins Krankenhaus zu bringen und Leichen zu bergen. Kräne wurden eingesetzt, um Trümmer zu beseitigen und sicherzustellen, dass niemand verschüttet war. Bei der Explosion wurden mindestens 21 Menschen getötet und 73 verletzt. UN-Generalsekretär Ban Ki-moon bezeichnete den Anschlag als „Angriff auf diejenigen, die sich der Hilfe für andere verschrieben haben". Der Anschlag war der erste Selbstmordanschlag in Nigeria, der sich gegen eine internationale Organisation richtete.

Boko Haram übernahm die Verantwortung für den Anschlag. Im Bekennervideo des mutmaßlichen Attentäters wurde eine Nachricht, die möglicherweise von Shekau gesprochen wurde, abgespielt. Dazu zeigte das Video ein Bild Shekaus mit Bart, rot-weißer Kefije, dem arabischen Kopftuch, und weißem Gewand. Hinter ihm lehnte eine AK-47 an der Wand, deren Magazin mit Klebeband umwickelt war. Er sagte, eines der Hauptziele der Gruppe sei die Einführung der Scharia, und seine Anhänger seien bereit, dafür zu sterben: „Meine muslimischen Brüder, ihr solltet euch über den Vorfall in Abuja freuen, einem Hort des globalen Übels namens

UNO. Möge Gottes Zorn über sie kommen. [...] Unsere Mission ist es, die Scharia einzuführen, damit die Muslime ihre Religion in Frieden ausüben können, und die zweite Mission, selbst wenn wir dieses Ziel nicht erreichen, hat ein höheres Ziel: Möge Gott uns alle töten, uns von der Erde vertilgen, anstatt dass wir am Leben bleiben, während Allahs Gesetze missachtet werden. Seid nicht stolz darauf, uns zu töten. [...] Wir suchen den Märtyrertod."
(Mike Smith, Boko Haram, S. 123 ff.)

### Angriffe auf Schulen

Bereits zuvor, im Jahr 2010, hatte Boko Haram mit Angriffen auf Schulen begonnen. Die UNO gab bekannt, dass bis zum Jahr 2014 Hunderte von Schülern und mindestens 2.000 Lehrer getötet und etwa 1.400 Schulen zerstört worden seien. Ein Sprecher von Boko Haram erklärte, die Angriffe würden fortgesetzt, solange die nigerianische Regierung die traditionelle islamische Bildung behindere. Die Islamisten sind auch dafür berüchtigt, dass sie Mädchen entführen, um sie von jeglicher Schulbildung fernzuhalten, und sie für Hausarbeit einsetzen. Oder sie werden als Sexsklavinnen missbraucht.

Am 25. Februar 2014 wurden 59 Schüler des Buni Yadi Federal Government College im nigerianischen Bundesstaat Yobe getötet. Terroristen waren nachts in das College eingedrungen, hatten Sprengsätze in die Schlafsäle geworfen und um sich geschossen. Ein Augenzeuge berichtete, dass die Jungen, die versuchten, aus den Fenstern zu klettern, von den Terroristen auf brutalste Weise niedergemetzelt wurden. Andere wurden auf der Flucht erschossen. Alle 24 Gebäude des College-Komplexes brannten nieder. Niemand bekannte sich zu dem Terroranschlag, aber Medien und Staatsbeamte vermuteten Boko Haram dahinter.

Kurz danach, Anfang März 2014, schloss die Regierung des Bundesstaates Borno alle 85 weiterführenden Schulen und schickte mehr als 120.000 Schüler nach Hause, weil sich die Angriffe von Boko Haram auf Schulen häuften. Ihr Anführer Shekau hatte genau wie sein 2009 getöteter Vorgänger Mohammed Yusuf nie einen Hehl daraus gemacht, dass er die aufklärerische Bildung westlicher Prägung verachtete. Noch bevor Boko Haram mit der Entführung und Tötung von Schulkindern begann, warnte er, die Gruppe werde „nicht zulassen, dass verfälschte konventionelle Bildung die islamischen Lehren ersetzt".

### Die Verschleppung der Schulmädchen von Chibok

In der Nacht auf den 14. April 2014 überfielen Mitglieder von Boko Haram das staatliche Internat für Mädchen in Chibok, einem mehrheitlich christlichen Städtchen im Bundesstaat Borno. Wenige Stunden zuvor hatten Bewohner von Chibok Anrufe aus Nachbargemeinden erhalten, in denen sie vor einem Angriff gewarnt worden waren. Diese Nachbarn hatten Konvois mit bewaffneten Aufständischen in Richtung Chibok fahren sehen.

Zwischen 23.30 und 23.45 Uhr stürmten Dutzende Angreifer auf Pickups und Motorrädern in die Stadt. Die Boko-Haram-Mitglieder brannten mehrere Gebäude nieder, während die in Chibok stationierten Soldaten flohen. Pastor Enoch Mark berichtete, dass er die Explosionen und Schüsse von seinem Haus aus hören konnte. Er beschloss, mit seinen Kindern in den

Busch zu fliehen. Niemand konnte genau sagen, wie viele Angreifer in jener Nacht in die Stadt gekommen waren; ein Regierungsbeamter schätzte, dass es etwa 100 waren.

Die Angreifer von Boko Haram nahmen in jenen Nachtstunden das Mädchen-Internat ins Visier. Sie gaben sich als Soldaten der nigerianischen Streitkräfte aus und trugen entsprechende Militäruniformen. Sie sagten: „Keine Angst, keine Angst, kommt. Wir sind vom Sicherheitsdienst, wir sind Soldaten, euch kann nichts passieren. Wir sind hier“, beschrieb ein 18-jähriges Mädchen, dem die Flucht gelungen war, später die Situation. Als die Männer zu schießen begannen und „Allahu Akbar“ riefen, wurde den Mädchen klar, dass dies keine Soldaten waren. Einige Mädchen konnten entkommen, doch für die meisten war es zu spät. Die falschen Soldaten sagten: „Wenn ihr sterben wollt, setzt euch hier hin. Wir werden euch töten. Wenn ihr nicht sterben wollt, steigt in die Lastwagen.“ Die Mädchen wurden aufgefordert, den „Soldaten“ zu Lastwagen zu folgen, die einige hundert Meter von der Schule entfernt abgestellt waren. Die Männer zwangen sie, auf die Ladeflächen zu steigen. Inzwischen brannten die Terroristen die Schulgebäude nieder. In einigen Berichten war auch die Rede davon, dass sie vorher noch versucht hatten, die Lebensmittelvorräte zu plündern. Nach Angaben der Einwohner von Chibok hielten sich die Boko-Haram-Angreifer bis etwa 4 Uhr morgens in der Stadt auf. Vom nigerianischen Militär war nichts zu sehen.
(Mike Smith, Boko Haram, S. 179 ff.)

Während der Fahrt beschlossen einige der Mädchen, die Flucht zu wagen und von den Lastwagen zu springen. Unter ihnen war auch die 16-jährige Dauda. „Einer der Lastwagen blieb tatsächlich stehen, hatte ein Problem, einen Motorschaden, musste stehen bleiben. Also ließen sie ihn stehen. Der Konvoi musste bremsen.“ Dabei streifte der Lastwagen, auf dessen Ladefläche Dauda hockte, einen Baum. Dauda hielt sich an einem Ast fest, während der Lastwagen weiterfuhr. Zwei andere Mädchen berichteten der New York Times, dass ihr Lastwagen am Ende des Konvois langsamer geworden und zurückgefallen sei. Daraufhin seien sie und eine ganze Gruppe von Mädchen abgesprungen und durch den Busch gerannt.
(https://www.nytimes.com/2014/05/15/world/africa/tales-of-escapees-in-nigeria-add-to-worries-about-other-kidnapped-girls.html)

Nach der Aussage einiger der Mädchen wollten die Boko-Haram-Männer eigentlich eine Maschine stehlen und wussten zunächst nicht, was sie mit den Mädchen tun sollten. Gemeint war ein Gerät zum Herstellen von Tonziegeln. Diese Aussage stimmte mit einem Eintrag in einem Tagebuch überein, das zwei der Mädchen, Naomi Adamu und Sarah Samuel, während ihrer Gefangenschaft schrieben.
(https://www.theguardian.com/commentisfree/2014/apr/23/200-girls-missing-nigeria-care-sewol-tragedy)

Unmittelbar nach dem Angriff durchsuchten Bürgerwehren und Eltern den Sambisa-Wald, ein einige Kilometer nordöstlich von Chibok beginnendes sumpfiges Gebiet, um die entführten

Mädchen zu retten. Sie konnten sie aber nicht finden. Es waren 276 christliche Schülerinnen im Alter von 16 bis 18 Jahren entführt worden, von denen 57 auf der Fahrt fliehen konnten.

Der Boko-Haram-Führer Shekau bekannte sich in einem Video, das am 5. Mai 2014 kurz nach 13 Uhr veröffentlicht wurde, zu den Entführungen. Er sagte: „Allah hat mir befohlen, sie zu verkaufen. [...] Ich werde seine Anweisungen ausführen." Und: „Sklaverei ist in meiner Religion erlaubt, und ich werde Menschen gefangen nehmen und sie zu Sklaven machen." Er fügte hinzu, dass die Mädchen nicht hätten zur Schule gehen, sondern heiraten sollen, da Mädchen im Alter von neun Jahren heiratsfähig seien.
(https://www.bbc.com/news/world-africa-27283383)

Die Außenminister der Europäischen Union forderten die sofortige Freilassung der Mädchen. Der damalige US-Präsident Barack Obama und der Senat der Vereinigten Staaten verurteilten die Entführung. Doch neben den Stimmen der internationalen Politik zeigten auch Privatleute in den sozialen Medien unter dem Hashtag #bringbackourgirls (Bringt unsere Mädchen zurück) ihre Anteilnahme. Prominente, wie etwa die Präsidentengattin Michelle Obama, ließen sich mit diesem Slogan fotografieren.

Im Oktober 2016 wurden nach Verhandlungen mit den Entführern 21 Schülerinnen an das Rote Kreuz übergeben. Am 7. Mai 2017 ließ Boko Haram nach längeren Verhandlungen weitere 82 der verschleppten Mädchen frei. Im Austausch dafür wurden inhaftierte Boko-Haram-Leute von den nigerianischen Behörden freigelassen. Der Spiegel schrieb, dass bis Februar 2021 noch etwa 100 Mädchen vermisst wurden.

### Boko Haram und der IS

Ursprünglich waren Boko Haram und der Islamische Staat Verbündete, da sie die gleichen Ziele verfolgten. Im März 2015 schwor Shekau dem selbsternannten IS-Kalifen Abu Bakr al-Baghdadi die Treue, und Boko Haram wurde zur „Westafrikanischen Provinz" des Islamischen Staates (ISWAP) erklärt. Boko Harams Ziel war es, internationale Reputation und Bekanntheit zu erlangen. Allerdings wollte al-Baghdadi im August 2016 Shekau durch Abu Musab al-Barnawi ersetzen, den Sohn des ehemaligen Boko-Haram-Führers Mohammed Yusuf. Der Grund war, wie es hieß, dass Shekau alle Muslime, die ihn nicht unterstützten, der Abtrünnigkeit bezichtigte und sie töten wollte.

Shekau jedoch weigerte sich, zurückzutreten, was zu einer Spaltung von Boko Haram führte. Im Jahr 2017 gab es drei Fraktionen, die aus Boko Haram hervorgegangen waren. Ihnen gemeinsam war, dass sie Demokratie, Säkularismus sowie westlichen Einfluss ablehnten und einen islamischen Scharia-Staat gründen wollten. Eine Fraktion war die alte Gruppe Boko Haram, die von Shekau kontrolliert wurde, eine andere die ISWAP, die dritte Ansaru, eine neue Abspaltung, die al-Qaida treu ergeben war und das Kalifat von al-Baghdadi ablehnte.

Rund vier Jahre lang waren diese nicht verfeindet gewesen und hatten bei einigen Terroranschlägen sogar zusammengearbeitet. Doch ab 2021, vielleicht sogar schon früher, wurden Boko Haram und der „Islamische Staat – Westafrikanische Provinz" zu Feinden. Am 20. Mai

2021 überfielen Bewaffnete des ISWAP Shekau; dies war das erste größere Gefecht zwischen den beiden Gruppen. Mehrere Boko-Haram-Mitglieder wurden getötet. Shekau soll sich selbst in die Luft gesprengt oder es versucht haben, um einer Gefangennahme zu entgehen. Sein Tod wurde im Juni von seinen Anhängern unter der Führung von Bakura Saalaba bestätigt, der nun an Shekaus Stelle trat und die Angriffe und Überfälle fortsetzte. Am 11. Dezember 2020 entführte die Terrorgruppe 344 männliche Schüler einer Sekundarschule. Doch im Gegensatz zu den Mädchen waren die Verschleppten nach einer Woche wieder frei.

Die Unfähigkeit des Staates, mit der Bedrohung fertig zu werden, ist nach Ansicht des Sicherheitsanalysten Kabiru Adamu von der nigerianischen Beacon Consulting darauf zurückzuführen, dass sich der Staat zu sehr auf die militärische Bekämpfung von Boko Haram verlässt. „Das ist der Grund, warum wir nach fast elf oder zwölf Jahren noch keine wirklichen Erfolge sehen", sagte er der BBC. „Das Militär vertreibt die Terroristen, aber weil sie immer noch über Einfluss verfügen, können sie Mitglieder rekrutieren, Finanzmittel beschaffen, Waffen kaufen und sich neu formieren. Die Realität ist, dass man mehr als militärische Operationen braucht, um Aufstände oder Terrorismus zu bekämpfen", so Adamu. Er verweist darauf, dass das Land schlecht regiert werde, sodass die Bevölkerung arm, unzufrieden und ungebildet bleibe. Darin sieht er einen der Hauptgründe für den Erfolg der Aufrührer.
(https://www.bbc.co.uk/news/world-africa-57117296)

Am 25. Februar 2023 hat Nigeria einen neuen Präsidenten und die Nationalversammlung gewählt. Die bisherige Regierungspartei stellte mit Tola Tinubu erneut den Präsidenten. Die bisherigen Machtstrukturen blieben also erhalten. Außerdem fanden am 18. März Gouverneurs- und Landesparlamentswahlen statt. Auch bei diesen Wahlen haben sich die etablierten Parteien durchgesetzt. In der Politik Nigerias hat sich also nichts grundlegend geändert.

## Al-Shabaab in Somalia

Auch im ostafrikanischen Somalia gab und gibt es eine starke islamistische Bewegung. Vor allem die Harakat (Bewegung) Shabaab al-Mujahidin, der militante Flügel der „Union islamischer Gerichte", spielte dabei eine Rolle. Al-Shabaab („Jugend"), wie sie kurz genannt wird, war und ist eine von Clans organisierte Rebellen- und Terrorgruppe, die mit Guerillakrieg und terroristischen Aktionen gegen die Regierung das Land ins Chaos stürzte. In der zweiten Hälfte des Jahres 2006 brachte sie den größten Teil Südsomalias unter ihre Kontrolle, erlitt aber 2007 eine Niederlage durch somalische und äthiopische Streitkräfte. Trotzdem setzte al-Shabaab ihren gewaltsamen Aufstand in Süd- und Zentralsomalia fort. Die Gruppe erlangte zeitweise und in manchen Regionen auch dauerhaft die Kontrolle über strategisch wichtige Orte, indem sie lokale Unterclans und deren Milizen rekrutierte.

Eine der verheerendsten Serien von Terroranschlägen, die al-Shabaab zugeschrieben werden, fand im Jahr 2017 in Mogadischu, der Hauptstadt Somalias, statt.

**Samstag, 14. Oktober 2017, Mogadischu**

**Mittagszeit** Es ist Mittagszeit im ostafrikanischen Somalia, der Himmel ist leicht bewölkt, das Thermometer zeigt 35 Grad Celsius an. Zum Abend hin sinkt die Temperatur auf 32 Grad. Es ist windstill trotz der Nähe zum Meer.

In Mogadischu, der Hauptstadt des armen Landes, herrscht eine zuversichtliche Stimmung. Im Februar ist ein neuer Präsident gewählt worden, Mohamed Abdullahi Mohamed, der Hoffnung in Millionen Menschen geweckt hat: Er ist mit der Zusage angetreten, al-Shabaab zu bekämpfen und zu vertreiben.

**Hintergrund** Somalia leidet auch 2017 weiterhin unter einer der schlimmsten Dürren seit 40 Jahren, und Bürgerkrieg und unzureichende Regierungsmaßnahmen verstärken die Auswirkungen der Dürre noch. Die ländliche Bevölkerung in weiten Teilen Süd- und Zentralsomalias wird von al-Shabaab kontrolliert. Die Organisation ist so stark, dass sie ein Verbot humanitärer Hilfe in den von ihr beherrschten Gebieten durchsetzen kann. In Mogadischu ist es zwar bereits 2010 gelungen, die Terrororganisation aus der Stadt zu vertreiben. Trotzdem finden in der Hauptstadt Anschläge statt.

**Verdächtiger Lkw** An einem Verkehrskontrollpunkt an der Straße, die von der Kleinstadt Bariire kommend nach Mogadischu hineinführt, fordern Soldaten den Fahrer eines Lkw auf, das Fahrzeug zu parken und auszusteigen. Der staubbedeckte Lkw, bei dem es sich um einen umgebauten britischen Militärlaster handelt, dessen Ladefläche mit einer Plane abgedeckt ist, hat das Misstrauen der Soldaten erregt. Der Fahrer steigt aus, greift zum Handy und ruft einen bei den Sicherheitskräften bekannten Mann an, der für den Lkw bürgt. Anschließend darf der Lkw in die Stadt fahren. Dass er auf dem Weg zum Flugplatz ist, um dort einen Bombenanschlag auszuführren, weiß man da noch nicht.

**Explosion** Im zentral gelegenen Hodan-Distrikt von Mogadischu halten Sicherheitsbeamte den Lkw erneut an, als dieser auf der verkehrsreichen Straße KM4 in einem Stau steht. Bevor der Lkw durchsucht werden kann, gibt der Fahrer Gas und durchbricht eine Absperrung. Die Sicherheitsbeamte schießen auf die Reifen. Da der Fahrer nicht zu seinem eigentlichen Ziel gelangen kann, zündet er hier die Sprengladung, die unter der Plane zwischen Gemüse, Zucker und Reis versteckt ist.

Der Lkw ist, wie später geschätzt wird, mit zwei Tonnen Sprengstoff beladen. Die gewaltige Explosion zerstört fast alle umliegenden Gebäude in dem belebten Viertel. Das Hotel Safari stürzt ein und begräbt viele Menschen unter seinen Trümmern. Auch die Botschaft von Katar wird schwer beschädigt. Ein in der Nähe stehender Tanklastwagen geht in Flammen auf und verursacht ein Inferno, das ein Gebiet in der Größe von drei Fußballfeldern verwüstet.

„Es gab einen Stau, und die Straße war voller neugieriger Passanten und Autos", berichtete Abdinur Abdulle, Kellner eines Restaurants ganz in der Nähe. „Es war eine Katastrophe." Ein weiterer Zeuge, Ismail Yusuf, erklärte gegenüber der französischen Nachrichtenagentur AFP: „Es war schrecklich, die Bombe explodierte an der belebten Straße, und es gab viele Tote. Ich habe mehrere Leichen gesehen, konnte sie aber nicht zählen. Es war furchtbar."

**30 Minuten später** Weniger als 300 m vom Explosionsort entfernt, im Stadtteil Medina, ereignet sich ein zweiter Bombenanschlag. Ob dieser Anschlag mit der Explosion auf der KM4 in Verbindung steht, bleibt ungeklärt. Zwei Menschen kommen zu Tode.

**Minivan** Ein mit Sprengstoff beladener Toyota Minivan wird ebenfalls abgefangen und explodiert, doch es wird niemand verletzt. Der Fahrer wird verhaftet und verhört. So erfährt die Polizei von den Planungen und Hintergründen der Anschläge.

## Al-Shabaab als Verantwortliche

Al-Shabaab bekannte sich nicht zu der Anschlagserie, doch der von den Sicherheitskräften verhaftete Fahrer des Minivans sagte in Verhören aus, dass al-Shabaab den Anschlag geplant habe und er zu der Terrorgruppe gehöre. Ein Polizeibeamter berichtete: „Das ist das somalische 9/11. Der Mann, den wir festgenommen haben, hat gestanden. Er ist stolz auf das, was er getan hat. Er sagt, es war für den Dschihad. Wir sind den Verantwortlichen auf der Spur und werden sie vor Gericht bringen."

Der Festgenommene verriet den Vernehmungsbeamten die weiteren Einzelheiten des Plans. Er sagte aus, dass sein Ziel und das Ziel des auf der KM4 explodierten Lkws das Flughafengelände in Mogadischu gewesen sei. Dieses Gelände war mit Sicherheitszäunen umgeben, denn dort befanden sich auch die Niederlassung der UN, die meisten Botschaften und das Hauptquartier der 22.000 Mann starken Friedenstruppe der Afrikanischen Union (Amisom). Der kleinere Sprengsatz im Minivan sollte das schwer bewachte Medina-Tor zum Flugplatz sprengen, um den Weg für die größere Bombe freizumachen – eine übliche Taktik von Terroristen.

Die Beamten erkannten, dass es sich bei dem Fahrer des Minivans um einen der Polizei bekannten Rebellen handelte, der bereits in frühere Anschläge in Mogadischu verwickelt gewesen war, darunter in den Anschlag auf das Hotel Jazeera im Jahr 2012, bei dem acht Menschen ums Leben gekommen waren.

Der bei der Explosion auf der KM4 umgekommene Fahrer des Lastwagens war 2010 in die Armee eingetreten, aber etwa fünf Jahre später zur al-Shabaab übergelaufen.

## Rache und Bestechung?

Zwei Monate zuvor, im August, war die 50 km westlich von Mogadischu gelegene Kleinstadt Bariire von regulären Truppen und US-Spezialkräften angegriffen worden. Bariire war eine Hochburg von al-Shabaab. Bei diesem Angriff waren zehn Zivilisten getötet worden. Die Ermittler stellen fest, dass die beiden Fahrzeuge, die bei dem Anschlag am Samstag benutzt wurden, offenbar in Bariire gestartet waren und dass der Besitzer des Lastwagens mit der größeren Bombe aus der Stadt oder der umliegenden Gegend stammte. Der Lkw-Anschlag am Samstag könnte also als Racheakt geplant gewesen sein.

Die Ermittler prüften, ob einige der Personen, die die Kontrollpunkte auf der Route der Bombenfahrzeuge von Bariire nach Mogadischu überwachten, in den Anschlag verwickelt gewesen sein könnten. Alle Personen, die am Samstag am äußeren Kontrollpunkt im Dienst waren, wurden von ihren Posten abberufen, und es wurde gegen sie ermittelt. Unverdächtig waren nur die Personen, die am inneren Kontrollpunkt das kleinere Fahrzeug, den Minivan, gestoppt hatten und den Fahrer festnahmen. Die Beamten, die den auf der KM4 im Stau stehenden Lkw hatten stoppen wollen und auf die Reifen geschossen hatten, wurden alle bei der Explosion getötet.

**5. März 2018**

**587 Tote** Im Abschlussbericht des „Zobe Rettungs-Committees" über die Opfer des Anschlages vom 14. Oktober 2017 wird festgestellt, dass es 587 Todesopfer gegeben hat. Darüber hinaus seien 316 Personen verletzt worden, von denen 122 im Ausland behandelt werden mussten.

Das Committee berichtet auch, dass in drei verschiedenen Anschlägen im Jahr 2017 insgesamt 656 Menschen getötet und weitere 340 verletzt worden seien. Über den Anschlag vom 14. Oktober hinaus seien weitere 46 Menschen am 28. Oktober bei einem Angriff auf das Hotel Hablod und 23 am 14. Dezember bei einem Angriff auf die Polizei-Akademie getötet worden.

Die al-Shabaab war mit an Sicherheit grenzender Wahrscheinlichkeit für den Bombenanschlag mit dem Lastwagen verantwortlich, zumal der an dem Anschlag beteiligte Minivan-Fahrer dies ausgesagt hatte. Dass al-Shabaab die Verantwortung nicht übernahm, könnte daran liegen, dass die Bevölkerung, nicht nur in Mogadischu, mit Wut und Ablehnung auf den Anschlag reagierte. Der Anschlag zeigte allerdings, dass die Gruppe zu den gefährlichsten militanten Organisationen der letzten 20 Jahre gehört.

Ein Grund für die relativ geringe Aufmerksamkeit, die al-Shabaab in den letzten Jahren in Washington, London und anderen westlichen Hauptstädten erfahren hat, besteht darin, dass die Gruppe lediglich regional aktiv ist. Obwohl sie seit 2011 offiziell zu al-Qaida gehört, hat sie keine Terroranschläge gegen europäische oder US-amerikanische Ziele geplant oder ausgeführt. Inzwischen hat al-Shabaab all jene, die dem IS im Irak und in Syrien die Treue schwören wollten, aus ihren Reihen entfernt.

## Die Entwicklung

Al-Shabaab hat ihre Wurzeln in einer Reihe von gewalttätigen islamistischen Bewegungen, die seit etwa 40 Jahren in Somalia entstanden sind. Ein Gründungsdatum – wenn es denn eines gab – ist nicht bekannt. Es wird davon ausgegangen, dass sie Teil der „Union islamischer Gerichte" (UIG) war, einer Dachorganisation, die bis zur äthiopischen Invasion im Dezember 2006 in weiten Teilen Somalias de facto die Regierungsgeschäfte führte. In den Jahren 2007/2008 etablierte sich al-Shabaab als eigenständiger Akteur und gewann durch den bewaffneten Widerstand gegen die äthiopische Besatzung an Bedeutung. Viele ihrer frühen Anführer und Mitglieder hatten zuvor nicht nur der „Union islamischer Gerichte" angehört, sondern auch der älteren Bewegung „Al-Ittihad al-Islamiya", die 1983 durch den Zusammenschluss mehrerer islamischer Gruppen entstanden war und sich auf die Zeit nach dem Sozialisten Mohammed Siad Barre vorbereitet hatte. Das Ziel war damals schon ein islamischer Gottesstaat. Es war eine Gruppierung, die auf den Prinzipien des Salafismus und der Ablehnung des Clanwesens basierte, das in Somalia vorherrscht. Viele der frühen Al-Shabaab-Führer waren als Mudschaheddin in Afghanistan und Syrien ausgebildet worden und hatten dort auch gekämpft.

Durch die äthiopische Invasion in Somalia Ende 2006 erlangte al-Shabaab große Bekanntheit. Trotz ihrer Neigung zu einer strengen Auslegung des Islams wurde die Gruppe nach der

Invasion von vielen Teilen der somalischen Gesellschaft unterstützt, da sie weithin als echte Widerstandsbewegung gegen die äthiopische Militärbesatzung angesehen wurde, die wegen ihres brutalen Vorgehens verhasst war. Al-Shabaab schürte den Nationalismus, nutzte ihn vor allem zu Rekrutierungszwecken und wurde in den folgenden zwei Jahren durch die Kämpfe gegen die Besatzer gestärkt. Al-Shabaab baute Netzwerke und territoriale Stützpunkte auf, die sich besonders auf die ländlichen Gebiete in Süd- und Zentralsomalia konzentrierten. Ab 2009/2010 kontrollierte die Organisation den größten Teil dieser Gebiete und schuf Strukturen zu deren Verwaltung.

## Das Mandat der AMISOM

Am 19. Januar 2007 richtete der Friedens- und Sicherheitsrat der Afrikanischen Union (AU) die „Mission der Afrikanischen Union in Somalia" (AMISOM) ein und stattete sie mit einem Mandat von zunächst sechs Monaten aus. Am 21. Februar 2007 billigte der Sicherheitsrat der Vereinten Nationen das Mandat der Mission. Sie wurde beauftragt, die somalische Übergangsregierung bei der Umsetzung eines nationalen Sicherheitsplans zu unterstützen, somalische Sicherheitskräfte auszubilden und bei der Schaffung eines sicheren Umfelds für humanitäre Hilfe mitzuwirken.

Bei einem Treffen hinter verschlossenen Türen im ugandischen Kampala am 22. Juli 2010 einigten sich die AU-Minister darauf, das Mandat der Mission von einer friedenserhaltenden zu einer friedenserzwingenden Mission zu machen, die direkt gegen al-Shabaab vorgehen sollte. Die Entscheidung fiel kurz nach tödlichen Bombenanschlägen in der ugandischen Hauptstadt, die al-Shabaab zugeschrieben wurden. Wenige Tage später beschloss die AU auf Druck der UN, Präventivschläge gegen al-Shabaab zu erlauben und die Truppen mit Soldaten aus anderen afrikanischen Ländern zu verstärken.

Im August 2011 kündigte al-Shabaab einen strategischen Rückzug aus Mogadischu an, obwohl sie von den Außenbezirken aus weiterhin Einfluss in der Stadt ausübte und tödliche Guerillaangriffe ausführte. Im Oktober und November 2011 begannen Kenia und Äthiopien Offensiven gegen Hochburgen von al-Shabaab: Kenia mit der Operation Linda Nchi an der Südfront, während Äthiopien sich von Westen näherte. Die Terrorgruppe verlor Gebiete an beide Armeen, insbesondere im Februar 2012 Baidoa an Äthiopien und im Oktober 2012 die wirtschaftlich wichtige Hafenstadt Kismayo an Kenia. Der militärische Druck auf al-Shabaab hielt bis 2013 an.

Nach den territorialen Verlusten ging al-Shabaab zu einer asymmetrischen Kriegsführung über und begann mit Guerilla-Angriffen auf AMISOM-Stellungen und die Regierungsgebiete.

## Überläufer

Ab Mitte 2011 und bis ins Jahr 2012 hinein sah sich al-Shabaab mit einer zunehmenden Zahl von Überläufen aus ihren Reihen konfrontiert. Es war nicht die erste Welle dieser Art: Schon Ende 2009, nach dem Abzug Äthiopiens aus Somalia, waren mehrere Anführer zur somalischen Regierung übergelaufen. Sie kritisierten, dass al-Shabaab Selbstmordattentate und

Hinrichtungen durchführe, den Islam falsch auslege und auf Erpressung und ausländische humanitäre Hilfe setze. Solche Überläufer wurden von den Gegnern al-Shabaabs als strategisch wichtig angesehen – nicht nur aus Gründen der Propaganda, sondern auch, weil ehemalige Kämpfer Informationen über die Kampfstrategie von al-Shabaab liefern konnten.

## Ideologie

Nach Angaben der von westlichen Regierungen und Organisationen eingesetzten International Crisis Group ist der Salafismus das verbindende Grundprinzip von al-Shabaab, auch wenn dieses Prinzip von den Führern und Mitgliedern der Organisation nicht einheitlich interpretiert wird. Insbesondere befürwortet al-Shabaab offiziell und allgemein eine Form des salafistischen Dschihadismus, der seine Motivation aus der empfundenen Notlage von Muslimen in aller Welt bezieht, also auch aus den somalischen Missständen. Aus dieser Perspektive wurden die Angriffe Äthiopiens – und später Kenias, der USA und anderer Länder – auf Somalia als nichtmuslimische Aggressionen in muslimisch geprägten Ländern betrachtet.
(https://web.archive.org/web/20220912012157/https://www.crisisgroup.org/africa/horn-africa/somalia/309-considering-political-engagement-al-Shabaab-somalia)

Dieser globale Ansatz wird jedoch innerhalb der Organisation nicht einheitlich vertreten und führt immer wieder zu internen Konflikten. Ein Großteil der somalischen Anhänger von al-Shabaab ist stark nationalistisch eingestellt und sieht die Errichtung eines stabilen islamischen Staates in Somalia als Hauptziel an.

Der somalische Nationalismus ist ein wichtiger Bestandteil der Ideologie von al-Shabaab. Patriotische Propaganda, welche die Somalier vor Verschwörungen internationaler Nichtregierungsorganisationen (NGOs) „christlicher Kreuzritter“ warnt, ist weit verbreitet. Mit den „christlichen Kreuzrittern“ sind die USA, Äthiopien, AMISOM und deren Verbündete gemeint. Während der äthiopischen Invasion in Somalia profilierte sich al-Shabaab als nationalistische Miliz im Rahmen der islamischen „Muqawwama“, der Widerstandskoalition der „Union islamischer Gerichte“. Nach deren Auflösung im Jahr 2007 begann al-Shabaab mit einem eigenen Aufstand und gewann die Unterstützung der Somalier für die Verteidigung des Landes gegen den „amerikanischen Imperialismus“ und die Besatzung durch Kenia und Äthiopien.
(https://www.institute.global/insights/geopolitics-and-security/what-you-need-know-understand-al-Shabaab)

## Kontrolle

In den von ihr kontrollierten Gebieten übt al-Shabaab in der Regel eine begrenzte, aber effektive administrative Kontrolle über die dort ansässige Bevölkerung aus und bietet Dienstleistungen wie die Beilegung von Streitigkeiten durch Scharia-Gerichte an. Anfang 2010 beanspruchte al-Shabaab einen Teil des Ruhmes für die hervorragenden Ernteerträge Somalias und behauptete, die somalische Getreideproduktion sei aufgrund der von der al-Shabaab betriebenen Reduzierung der Nahrungsmittelimporte aufgeblüht. Diese Politik habe zu einer Umverteilung von Einkommen an arme somalische Bauern geführt. Jedoch soll die Organisation in ihren Gebieten auch zahlreiche Menschenrechtsverletzungen gegen die Bevölkerung begangen haben, unter anderem durch eine brutale Auslegung und Anwendung der islamischen Rechtsprechung bezüglich der Hudud-Strafen. Diese reichen von öffentlichen Auspeitschungen bis hin zu Steinigungen zum Tode, Amputationen von Händen und auch Kreuzigungen.

## Al-Qaida und al-Shabaab

Obwohl die Zusammenarbeit zwischen al-Qaida und al-Shabaab zunächst nur begrenzt und unregelmäßig war, entwickelte sich im Jahr 2010 trotz des Verlustes von Führungspersönlichkeiten eine enge Beziehung zwischen den beiden Organisationen. Auslöser war vermutlich, dass der IS im Nordosten Somalias Fuß fassen konnte.

Die Ankündigung des Zusammenschlusses im Februar 2012 leitete jedoch keine Periode des Aufschwungs ein. Im Jahr 2012 stand al-Shabaab unter starkem Druck, und zu ihrer Enttäuschung hielt die Ankündigung den Niedergang kaum auf. Zum einen trug al-Shabaab wenig zu al-Qaidas „Krieg gegen den fernen Feind" bei, zum anderen machte die Legitimität, die al-Shabaab von al-Qaida erhielt, den Ansehensverlust der somalischen Organisation nicht wett, geschweige denn ihre Gebietsverluste und die daraus resultierenden sinkenden Einnahmen. Dennoch zog al-Shabaab Nutzen aus der Beziehung zu al-Qaida. Der Zusammenschluss half nicht nur verhindern, dass sich Überläufer dem IS anschlossen, sondern eröffnete al-Shabaab auch den Zugang zu finanziellen Mitteln und dschihadistischem Prestige – bei gleichzeitiger Wahrung eines hohen Maßes an Autonomie.

Al-Qaida wiederum hat die Allianz mit al-Shabaab mehr geschadet als genützt. Al-Shabaab konzentrierte sich auf den Wandel in Somalia und trug wenig zum Kampf gegen den Westen bei. Die Organisation fokussierte sich auf ihre eigene Region. Die Niederlagen auf somalischem Boden veranlassten sie dazu, ihre Angriffe auf das benachbarte Kenia und sogar auf Uganda auszuweiten, zwei Länder, die im Rahmen der AU al-Shabaab in Somalia bekämpften. (Barak Mendelsohn, The Al-Qaeda Franchise, S. 140 f.)

Ab 2009 hatte die Verbindung zwischen al-Shabaab und al-Qaida erhebliche Auswirkungen auf die Struktur und die operative Strategie von al-Shabaab. Zunächst veränderte sich ihre Führungsstruktur durch die Zugehörigkeit zu al-Qaida. Nach dem Tod des Al-Qaida-Anführers Aden Hashi Ayro im Mai 2008 übernahm eine Reihe von Al-Qaida-Kernmitgliedern Führungspositionen in der Kommandostruktur von al-Shabaab. Zuvor hatte al-Shabaab relativ konventionelle Guerillataktiken genutzt, um die äthiopischen Streitkräfte aus Somalia zu vertreiben. Die zunehmende Nähe der Gruppe zu al-Qaida führte dann dazu, dass Selbstmordattentate als Mittel zur Durchsetzung der Ziele genutzt wurden. Die Partnerschaft mit al-Qaida hatte auch zur Folge, dass al-Shabaab in ganz Somalia Trainingslager für Selbstmordattentäter einrichtete. Die Organisation wurde sogar mit der Ausbildung der nigerianischen islamistischen Terrorgruppe Boko Haram in Verbindung gebracht.
(https://cvir.st-andrews.ac.uk/articles/10.15664/jtr.826)

### Al-Shabaabs Anschläge

Ab 2008 hatte al-Shabaab bewiesen, dass die Organisation in der Lage war, tödliche Anschläge gegen sogenannte „Vorposten des Westens" und vermeintliche Feinde außerhalb Somalias zu verüben. Im Oktober 2008 führte al-Shabaab fünf Selbstmordanschläge durch: auf das Gelände des Entwicklungshilfeprogramms der UNO, auf das äthiopische Konsulat sowie auf verschiedene Regierungsbüros, bei denen mehrere Dutzend Menschen getötet wurden. Im September 2009 erfolgte ein Bombenanschlag auf die Friedensmission der Afrikanischen Union in Mogadischu, bei dem mehr als 20 Menschen getötet wurden.

Am 11. Juli 2010 bekannte sich al-Shabaab zu einem Selbstmordanschlag auf zwei Gruppen von Fußballfans in der ugandischen Hauptstadt Kampala, bei dem mehr als 70 Menschen starben. Die Anschläge in Uganda wurden laut al-Shabaab verübt, um das Nachbarland für seine Unterstützung der AMISOM-Truppen in Somalia zu bestrafen. Eine ähnliche Rechtfertigung gab es für den Anschlag auf die Westgate-Mall 2013 in Nairobi: Damit sollten Kenias Militäroperationen in Somalia seit dem August 2011 gerächt werden.

### Selbstmordattentate in Kampala

In Kampala, der Hauptstadt Ugandas, wurden am 11. Juli 2010 an zwei Orten Selbstmordattentate auf Menschen verübt, die die Übertragung des Endspiels der Fußball-Weltmeisterschaft aus Südafrika verfolgten. Die Anschläge forderten insgesamt 74 Todesopfer und 85 Verletzte. Al-Shabaab bekannte sich zu den Anschlägen als Vergeltung dafür, dass Uganda die AMISOM unterstützt hatte.

Der erste Bombenanschlag wurde auf das Restaurant „Ethiopian Village" im Stadtteil Kabalagala verübt. Bei diesem Anschlag wurden 15 Menschen getötet. Der zweite Anschlag, der aus zwei kurz aufeinander folgenden Explosionen bestand, ereignete sich um 23.18 Uhr im Kyadondo Rugby Club in Nakawa, wo die staatliche Zeitung New Vision das Endspiel als Public Viewing übertrug. Augenzeugenberichten zufolge ereignete sich die erste Explosion um die 90. Spielminute, gefolgt von einer zweiten Explosion. Der Anschlag ereignete sich direkt vor dem Großbildschirm, auf dem die Übertragung aus Südafrika gezeigt wurde, und tötete 49 Menschen. Der Fund eines abgetrennten Kopfes und eines Beines auf dem Rugbyfeld deutete auf einen Selbstmordanschlag eines Einzeltäters hin. Eine dritte, nicht explodierte Sprengstoffweste wurde später gefunden. Ein Polizeibeamter gab die Gesamtzahl der Todesopfer mit 64 an. Weitere 71 Personen wurden in Krankenhäuser eingeliefert, von denen 14 nur leichte Verletzungen erlitten hatten. Al-Shabaab bekannte sich zu den Anschlägen.
(https://edition.cnn.com/2010/WORLD/africa/07/12/uganda.bombings/?hpt=T1)

### Westgate-Mall, Nairobi

Die Westgate-Mall, erbaut mit israelischer Beteiligung, liegt im Norden der kenianischen Hauptstadt Nairobi, im Stadtteil Westlands – einem Viertel für wohlhabende Bewohner, ob nun Europäer oder Kenianer. Zwischen den Bürotürmen und modernen Hotels befinden sich viele Restaurants und Schnellimbisse mit den unterschiedlichsten Angeboten, von italienischer

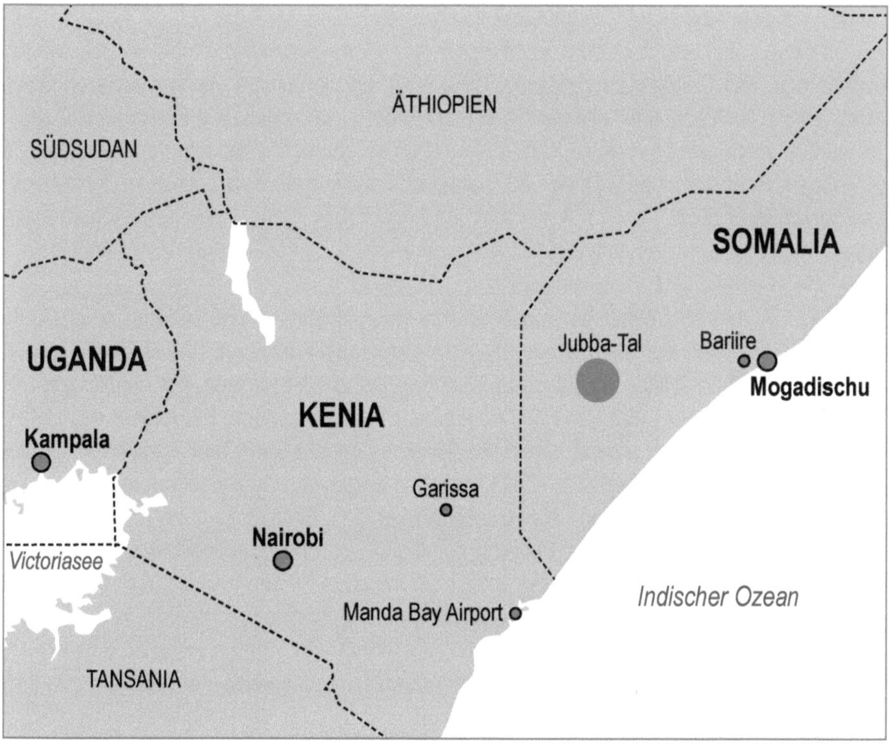


*Die Operationsgebiete der somalischen al-Shabaab in Ostafrika: Somalia, Kenia und Uganda*

Küche bis zum Streetfood. Einkaufszentren wie die Westgate-Mall und der Westlands Market laden zum Shoppen ein, das rege Nachtleben spielt sich in Bars und Clubs ab.

Am 21. September 2013, dem von der UNO verkündeten „Tag des Friedens", überfielen bewaffnete und maskierte Männer zur Mittagszeit die Westgate-Mall. Erst drei Tage später, am 24. September konnten kenianische Militäreinheiten das Einkaufszentrum sichern. Über die Zahl der Toten gibt es widersprüchliche Berichte, da ein Feuer einen Teil der Mall zum Einsturz brachte und viele Menschen unter sich begrub. Die (ungesicherte) Zahl der Todesopfer betrug 71, darunter 62 Zivilisten, fünf kenianische Soldaten und wahrscheinlich auch die vier Täter. Etwa 200 Menschen wurden bei dem Massaker verletzt.

## Der Überfall

Ersten Polizei- und Medienberichten zufolge sollen 10 bis 18 maskierte Angreifer das Einkaufszentrum gestürmt haben. Sie sollen mit AK-47 Schnellfeuergewehren und Handgranaten bewaffnet gewesen sein und um sich geschossen haben. Nach Augenzeugenberichten sollen

sie sich bei dem Angriff auf Nichtmuslime konzentriert haben. Muslime, die sie daran erkannten, ob sie wussten, wie der Name der Mutter Mohammeds (Amina bint Wahb) lautete, wurden aufgefordert, das Gelände zu verlassen. Diejenigen, die den Namen nicht wussten, wurden erschossen. Die Polizei umstellte das Gebiet und forderte die Anwohner auf, sich fernzuhalten. Sie erklärte noch, dass sie einige Kunden in Sicherheit gebracht habe und nun versuche, die Bewaffneten festzunehmen. Wie es hieß, sollten sich die Angreifer mit Geiseln im Zentrum der Mall verschanzt haben.
(https://www.aljazeera.com/news/2013/9/21/gunmen-storm-nairobi-mall-in-deadly-attack)

Rob van Dijk, ein Mitarbeiter der niederländischen Botschaft, schilderte, dass er in einem Restaurant gewesen sei, als der Angriff mit Handgranaten begonnen habe. Dann folgten Schüsse, die Gäste schrien und stürzten zu Boden. Andere berichteten, der Angriff habe vor dem „Art Caffè" an der Außenseite des Einkaufszentrums begonnen. Ein Kellner des Cafés, Patrick Kuria, sagte aus: „Zuerst hörten wir Schüsse von draußen. Dann kamen sie ins Gebäude, und wir gingen in Deckung." Das Fernsehen zeigte, wie Dutzende von Menschen aus einem Hintereingang flüchteten. Als Krankenwagen das Einkaufszentrum erreicht hatten, begannen Rettungskräfte mit der Bergung der Opfer aus dem Eingangsbereich. Angestellte des Einkaufszentrums halfen dabei, indem sie verletzte Kinder in Einkaufswagen zu den Krankenwagen brachten. Inzwischen hatten sich die Bewaffneten offenbar im Nakumatt-Supermarkt verbarrikadiert.
(https://eu.usatoday.com/story/news/world/2013/09/21/witness-kenya-mall-attackers-target-non-muslims/2846319/)

An diesem ersten Tag kam es immer wieder zu Schusswechseln mit den Geiselnehmern. Kunden des Einkaufszentrums, die sich versteckt hatten, konnten in der folgenden Nacht fliehen. Der Minister für Innere Sicherheit, Mutea Iringo, erklärte, die Regierung habe die Situation unter Kontrolle. Gegen 2.30 Uhr meldete das National Desaster Operations Centre (NDOC), „eine umfangreiche Operation" sei im Gange.
(https://edition.cnn.com/2013/09/21/world/africa/kenya-mall-gunbattle/index.html?hpt=hp_t1)

### Ausbruch eines Feuers mit schweren Folgen

Am nächsten Tag, dem 22. September, dauerte die Belagerung des Einkaufszentrums durch die Sicherheitskräfte an, in unregelmäßigen Abständen unterbrochen durch Schusswechsel. Währenddessen drangen Spezialeinheiten der kenianischen Armee in das Einkaufszentrum ein, geleitet von israelischen Militärberatern. Am dritten Tag der Geiselnahme, dem 23. September, war laut der kenianischen Regierung die Befreiung fast aller Geiseln gelungen, doch es kam immer wieder zu Schusswechseln. Dann brach ein Feuer aus und drei Stockwerke der Mall stürzten ein. Zahlreiche Menschen wurden unter den Trümmern begraben.
(https://edition.cnn.com/2013/09/24/world/africa/kenya-mall-attack/index.html?sr=fb-092413mallsiege145p)

Laut dem New York Police Department, das eine eigene Untersuchung des Anschlags durchführte, wurden die Terroristen am Sonntag, dem 22. September 2013, um 00.54 Uhr zum letzten Mal von Videokameras des Einkaufszentrums erfasst, also fast zwölf Stunden nach Beginn des Anschlags. Es sei nicht bekannt, ob die Terroristen getötet worden seien oder aus dem Einkaufszentrum hätten entkommen können. Diese Ungewissheit sei dem Versäumnis geschuldet, eine Sicherheitszone um das Einkaufszentrum herum einzurichten.

Am Dienstag, dem 24. September um 18.00 Uhr, wurde die Westgate-Mall für sicher erklärt, und der terroristische Anschlag endete nach etwa 78 Stunden.
(https://de.scribd.com/document/190795929/NYPD-Westgate-Report#dow)

Der Bericht des New York Police Department, der im Dezember 2013 veröffentlicht wurde, legt nahe, dass lediglich vier Al-Shabaab-Terroristen an dem Anschlag beteiligt waren, die höchstwahrscheinlich alle lebend aus dem Einkaufszentrum entkamen. Eine Untersuchung, die von kenianischen und US-amerikanischen Beamten durchgeführt wurde, ergab ebenfalls, dass nur vier bewaffnete Männer den Anschlag verübt hatten; doch im Unterschied zu dem Bericht des NYPD seien alle vier wahrscheinlich während der Schusswechsel getötet worden.

Al-Shabaab-Sprecher Scheich Abdul-Aziz Abu Muscab erklärte in einem Interview, das von Al Jazeera ausgestrahlt wurde, der Angriff sei eine Vergeltung für den Einmarsch kenianischer Truppen in Somalia gewesen, und al-Shabaab fordere nach wie vor den Rückzug Kenias aus Somalia. In dem Interview begründete der Scheich den Angriff auf das Einkaufszentrum.

- Al Jezeera: „Der Angriff fand in der Westgate-Mall statt, die zum Zeitpunkt des Angriffs voller Kunden war. Warum greift al-Shabaab einen Ort an, der voller Zivilisten ist?"
- Scheich: „Der Ort, den wir angegriffen haben, ist die Westgate-Mall. Das ist ein Ort, an dem Touristen aus aller Welt einkaufen, an dem sich Diplomaten treffen. Es ist ein Ort, an dem Kenias Entscheidungsträger entspannen und sich vergnügen. Westgate ist ein Ort, wo es jüdische und amerikanische Geschäfte gibt. Also müssen wir sie angreifen. Was die Opfer unter der Zivilbevölkerung betrifft, so sollte zuerst Kenia gefragt werden, warum es unschuldige somalische Zivilisten in Flüchtlingslagern bombardiert hat, warum es unschuldige Menschen in den Regionen Gedo und Jubba bombardiert hat. Das sollten sie zuerst gefragt werden."

(https://www.aljazeera.com/features/2013/9/25/qa-al-shabab-defends-nairobi-attack)

Die Berichterstattung in den Medien war insgesamt widersprüchlich, und was mit den Attentätern geschah, wurde nicht erwähnt. Das lag wohl auch daran, dass unterschiedliche Quellen bzw. Gesprächspartner herangezogen wurden.

Darüber hinaus gab es ein weiteres Ereignis, über das weitgehend geschwiegen wurde. Ein Ausschnitt aus der Los Angeles Times: „Kenianische Medien berichteten, dass Soldaten, als sie am Tatort eintrafen, mit dem Plündern begannen, während sich Angreifer und Geiseln noch im Gebäude befanden. [...] Ein Juweliergeschäft in dem noblen Einkaufszentrum wurde ausgeraubt, und kostbare Edelsteine im Wert von Tausenden von Dollar verschwanden. Lokalen Medienberichten zufolge plünderten Sicherheitskräfte auch Uhren- und Modegeschäfte,

brachen Kassen und Geldautomaten auf und versuchten sogar, sich den Weg zum Tresor eines Casinos freizuschießen."
(https://www.latimes.com/world/worldnow/la-fg-wn-kenya-mall-siege-looting-20131003-story.html)

## Anschlag auf die Universität von Garissa

Die kenianische Großstadt Garissa ist die Hauptstadt des gleichnamigen Bezirks im Osten des Landes, der an Somalia grenzt. Die Stadt, die etwa 200 km von der somalischen Grenze entfernt liegt, weist trotz der hohen Kindersterblichkeit ein rasantes Bevölkerungswachstum auf. Im Jahr 2020 sollen es rund 660.000 Bewohner gewesen sein, davon etwa 80 % Analphabeten. Die größte Bevölkerungsgruppe bilden Somalis.

Die ganze Region gilt als gefährlich. Im November 2011 fielen zwei Menschen einem Handgranatenangriff auf eine christliche Kirche zum Opfer. 2012 wurden im nahegelegenen Flüchtlingslager Dadaab vier ausländische Helfer entführt und ihre Fahrer erschossen, und im Juni desselben Jahres wurden in Garissa zwei Terroranschläge auf christliche Kirchen verübt, bei denen 17 Menschen getötet und 40 verletzt wurden.

Insgesamt hatte al-Shabaab bis 2013 mehr als 200 Menschen in Kenia getötet, den Überfall auf die Westgate-Mall 2013 einbezogen. All diese Anschläge hatten erhebliche Auswirkungen auf die kenianische Tourismusbranche.

## Der Angriff

Am 2. April 2015 stürmten fünf Bewaffnete das University College in Garissa. Sie töteten 148 Menschen und verletzten mindestens 79. Die Gruppen al-Qaida und al-Shabaab übernahmen die Verantwortung für den Angriff. Mehr als 700 Studenten wurden als Geiseln genommen. Die Terroristen ließen die Muslime frei und töteten diejenigen, die sich als Christen zu erkennen gaben. Die Belagerung endete noch an demselben Tag. Vier Angreifer waren tot, der fünfte sprengte sich selbst in die Luft.

Der Angriff begann gegen 5.30 Uhr, als zwei unbewaffnete Wächter am Eingang getötet wurden. Die kenianischen Sicherheitskräfte riegelten die Universität ab. Das Innenministerium und das Kenya National Disaster Operation Centre gaben bekannt, dass drei der vier Studentenwohnheime evakuiert worden seien. Michael Bwana, ein geflohener Student, sagte, dass die meisten der Personen im vierten Wohnheim Studentinnen seien. Dort hielten sich die Bewaffneten vermutlich versteckt. Unter den 20 Schülern, die von Soldaten gerettet wurden, befand sich auch Collins Wetangula, der berichtete, er habe mindestens fünf maskierte und bewaffnete Männer gesehen, welche die christlichen Studenten erschossen. Andere Überlebende sagten aus, dass die Bewaffneten die Studenten aufforderten, ihre Schlafräume zu verlassen und sich mit dem Gesicht nach unten auf den Boden zu legen. Dann wurden sie erschossen.

Die Belagerung endete nach etwa 15 Stunden, kurz nach Einbruch der Dunkelheit. Die maskierten Angreifer trugen AK-47-Gewehre und Sprengstoffwesten. Vier Terroristen wurden von den kenianischen Kommandos erschossen, dem fünften gelang es, seine Selbstmordweste zu zünden. Dabei wurden einige Soldaten verletzt.

Von den 148 Toten waren 142 Studenten, 3 Soldaten und 3 Polizeibeamte. 587 Studenten konnten entkommen, dabei wurden 79 verletzt. Die Behörden erklärten abschließend, dass alle Studenten in der Zwischenzeit gefunden worden seien.

(https://www.nytimes.com/2015/04/03/world/africa/garissa-university-college-shooting-in-kenya.html)

**Erneuter Anschlag im Stadtteil Westlands von Nairobi**

Im Januar 2019 war erneut der Stadtteil Westlands in Nairobi Ziel eines Terrorangriffs der al-Shabaab, bei dem 22 Zivilisten und alle fünf Terroristen ums Leben kamen. Der Anschlag galt dem 14 Riverside Drive Complex, einer gehobenen Hotel- und Büroanlage, in der sich das Hotel „DusitD2" und mehrere internationale Firmen befanden.

Der Überfall begann am 15. Januar 2019 um 14.30 Uhr und endete am folgenden Tag kurz vor 10.00 Uhr. Die fünf Angreifer kamen in zwei Fahrzeugen. Einer der Angreifer betrat das Gelände und sprengte sich in der Nähe des Restaurants „Secret Garden" in die Luft. Nach der Explosion schossen die anderen Terroristen auf die Wachen des Komplexes 14 Riverside Drive und warfen Handgranaten auf sie, um sie zu zwingen, die Tore zu öffnen. Während sie in den Komplex eindrangen, setzten sie einige abgestellte Fahrzeuge in Brand.

Die Recce Commandos, eine paramilitärische Elitetruppe der kenianischen Polizei, wurde angefordert. In der Zwischenzeit waren die ersten, die reagierten, private Sicherheitsleute, die in dem Komplex Dienst taten, sowie Bürger und einige Polizeibeamte außer Dienst.

Ein mit einer Sturmhaube maskierter Angehöriger des britischen SAS, Deckname Christian Craighead, der sich als Ausbilder im Land aufhielt, begann, Stockwerk für Stockwerk des Bürogebäudes und des Parkhauses zu räumen. Unterstützt wurde er dabei von einem Angehörigen der australischen DPS-TRU (Diplomatic Protective Services Tactical Response Unit), der das Schild „Agent" und das Abzeichen seiner Einheit an seiner taktischen Weste trug. Die beiden riefen „Eagle Eagle Security Forces", um die Geiseln, die sich versteckt hielten, herbeizurufen. Auf den Videos der Überwachungskameras, die in den Medien übertragen wurden, waren die beiden Männer zu sehen, wie sie Geiseln gruppenweise eskortierten, Verwundete trugen und dann in den Komplex zurückliefen – das alles unter dem Sperrfeuer der Terroristen. Als man nach einigen Stunden glaubte, der Angriff sei beendet, waren am Morgen des 16. Januars erneut Schüsse und Explosionen zu hören. Christian Craighead tötete zwei weitere Angreifer.

Präsident Uhuru Kenyatta sprach zunächst von 14 Toten; später, am 16. Januar, hieß es, 21 Zivilisten und fünf Angreifer seien getötet worden. Al-Shabaab übernahm noch während des Angriffs die Verantwortung und erklärte, er sei eine Reaktion auf die Anerkennung Jerusalems als Hauptstadt Israels durch den US-Präsidenten Donald Trump.
(https://www.bbc.com/news/world-africa-46888682)

Anfang Januar 2020 erfolgte ein weiterer größerer Anschlag von al-Shabaab in Kenia. Der Angriff galt Camp Simba und dem dazugehörigen Flugplatz, einem militärischen Außenposten, auf dem auch US-Truppen stationiert waren. Der Anschlag auf den am Indischen Ozean gelegenen

Stützpunkt, der wegen seiner Lage auch als Manda Bay bezeichnet wird und sich etwa 100 km südlich der somalischen Grenze befindet, begann in den frühen Morgenstunden des 5. Januar 2020. Die Terroristen benutzten eine Autobombe, die von einem Selbstattentäter gezündet wurde. Dann drangen sie in die Hauptanlage ein und stürmten auch die Landebahn.

Bei dem Überfall wurden drei Soldaten getötet. Sechs Flugzeuge und Hubschrauber wurden beschädigt oder zerstört. Darunter befand sich auch eine zweimotorige Turboprop-Maschine des US-Militärs, die für Nachrichtendienst-, Überwachungs- und Aufklärungsaufträge eingesetzt wurde.

### Wiederbelebung

Von jenem Jahr 2020 an war es al-Shabaab möglich, in weiten Teilen des ländlichen Somalias frei zu operieren, wobei sich ihr Hauptstützpunkt im Jubba-Tal befand. Seit Juli 2022 wird die Organisation allgemein als wieder aktiv angesehen, was einerseits auf eine Reduzierung der Luftangriffe durch die USA zurückzuführen ist, die von 2016 bis 2018 Trainingslager von al-Shabaab bombardiert hatten, andererseits auf die Konkurrenz durch den IS in Somalia, der mit einer eigenen Expansionskampagne begonnen hatte. Im August 2022 erklärte der somalische Präsident Hassan Sheikh Mohamud in einer Fernsehansprache den „totalen Krieg" gegen al-Shabaab, nachdem die Organisation einen tödlichen Anschlag auf ein Hotel in Mogadischu verübt hatte. Doch diese Offensive schwächte nur die Kontrolle der al-Shabaab über ihre Gebiete, stoppte aber die Angriffe der Gruppe selbst keineswegs.

Nach dem offensichtlichen Wiedererstarken von al-Shabaab schätzte das United States Africa Command die Zahl der Terrorkämpfer im Jahr 2020 auf 5.000 bis 10.000. Ein Expertenteam, das seinen Bericht dem Sicherheitsrat der Vereinten Nationen Anfang Februar 2022 vorlegte, gab die Zahl der Al-Shabaab-Kämpfer mit 7.000 bis 12.000 an. Die Organisation wird von einem Schura-Rat geleitet, der sich aus hochrangigen, vom Emir ernannten und mit Ressorts betrauten Führern zusammensetzt, und verfügt über mehrere interne Sicherheitsorgane, darunter die Spionageeinheit Amniyat und die polizeiähnliche Truppe Jeysh al-Hisbah.

Es bestehen weiterhin Zweifel, ob Somalia in der Lage sein wird, al-Shabaab zu stoppen, vor allem weil nur die nördlichen Clans die Bereitschaft zeigten, sich gegen al-Shabaab zu wenden, die südlichen Clans aber nicht. Die Hoffnung, die Al-Qaida-Verbündeten in Somalia und am gesamten Horn von Afrika zu besiegen, ist nicht sehr groß.

## Quellen: Terrorismus in Afrika


### Bücher

- Hansen, Stig Jarle, Al-Shabaab in Somalia, London 2016
- Hentz, James J., Hussein, Solomon, Understanding Boko Haram, Terrorism and Insurgency in Africa, London 2017
- Joseph, Dan, Maruf, Harun, Inside Al-Shabaab – The Secret History of Al-Qaeda's Most Powerful Ally, Bloomington 2016
- Mendelsohn, Barak, The Al-Qaeda Franchise – The Expansion of al-Qaeda and its Consequences, Oxford 2016
- Smith, Mike, Boko Haram – Inside Nigeria's Unholy War, London 2015

### Zeitschriften/Studien

- https://web.archive.org/web/20150823110758/http://pulitzercenter.org/reporting/nigeria-boko-haram-terrorist-group-islam-christian-church-targets-youth-military
- https://library.fes.de/pdf-files/bueros/nigeria/11066.pdf
- https://monde-diplomatique.de/artikel/!5647168
- http://news.bbc.co.uk/2/hi/africa/8172270.stm
- https://ctc.westpoint.edu/the-rise-of-boko-haram-in-nigeria/
- https://www.reuters.com/article/us-un-assembly-boko-haram-aid-idUSKCN0RP2IF20150925/
- https://www.bbc.com/news/world-africa-31784538
- https://www.theguardian.com/world/2010/sep/08/muslim-extremists-escape-nigeria-prison
- https://www.nytimes.com/2011/08/27/world/africa/27nigeria.html
- https://web.archive.org/web/20120506224112/http://www.ctc.usma.edu/posts/the-rise-of-boko-haram-in-nigeria
- https://www.bloomberg.com/news/articles/2014-08-05/amnesty-says-gruesome-nigerian-footage-shows-war-crimes
- https://www.theguardian.com/commentisfree/2014/apr/23/200-girls-missing-nigeria-care-sewol-tragedy
- https://www.nytimes.com/2014/05/15/world/africa/tales-of-escapees-in-nigeria-add-to-worries-about-other-kidnapped-girls.html
- https://www.bbc.com/news/world-africa-27283383
- https://www.theguardian.com/world/2021/may/20/boko-haram-leader-abubakar-shekau-nigeria-forest?CMP=Share_iOSApp_Other
- https://www.bbc.co.uk/news/world-africa-57117296
- https://www.theguardian.com/world/2017/oct/16/mogadishu-bombing-al-Shabaab-behind-deadly-blast-officials-say
- https://www.nytimes.com/2017/10/15/world/africa/somalia-bombing-mogadishu.html
- https://www.theguardian.com/world/2017/oct/14/somalia-several-killed-in-mogadishu-truck-bomb
- https://www.theguardian.com/world/2017/oct/17/somalia-bomber-was-ex-solider-whose-town-was-raided-by-us-forces
- https://theconversation.com/what-drives-al-Shabaab-in-somalia-foreign-forces-out-sharia-law-in-and-overthrow-the-government-191366
- https://storage.googleapis.com/jnl-up-j-cvsajir-files/journals/1/articles/826/submission/proof/826-1-1862-1-10-20140210.pdf

- https://www.criticalthreats.org/analysis/al-Shabaabs-area-of-operations
- https://www.bbc.com/news/magazine-18364762
- https://web.archive.org/web/20220909130246/https://www.criticalthreats.org/briefs/africa-file/africa-file-al-Shabaab-surges-bombings-amid-somali-political-crisis
- https://www.institute.global/insights/geopolitics-and-security/what-you-need-know-understand-al-Shabaab
- https://www.bbc.com/news/10602791
- https://edition.cnn.com/2010/WORLD/africa/07/12/uganda.bombings/?hpt=T1
- https://www.aljazeera.com/news/2013/9/21/gunmen-storm-nairobi-mall-in-deadly-attack
- https://eu.usatoday.com/story/news/world/2013/09/21/witness-kenya-mall-attackers-target-non-mus-lims/2846319/
- https://www.nytimes.com/2013/09/22/world/africa/nairobi-mall-shooting.html
- https://edition.cnn.com/2013/09/24/world/africa/kenya-mall-attack/index.html?sr=fb092413mallsie-ge145p
- https://www.aljazeera.com/features/2013/9/25/qa-al-shabab-defends-nairobi-attack
- https://www.nytimes.com/2015/04/03/world/africa/garissa-university-college-shooting-in-kenya.html
- https://www.bbc.com/news/world-africa-46888682
- https://www.thedrive.com/the-war-zone/31721/3-americans-dead-6-aircraft-destroyed-or-damaged-in-cluding-a-rare-spy-plane-in-kenya-attack
- https://web.archive.org/web/20081006145537/http://jamestown.org/terrorism/news/article.php?articleid=2369782

# Kapitel 14

## Terrorismus in Asien

Asien, wo die überwiegende Mehrheit der Muslime der Welt lebt, ist die am stärksten vom Terrorismus betroffene Region überhaupt. Das Problem des Terrorismus ist dort jedoch nicht neu: Asien wird schon seit Jahrzehnten von Aufständen, militanten Bewegungen und Terroranschlägen heimgesucht. Die Faktoren, die den Terrorismus begünstigen, reichen von willkürlichen kolonialen oder postkolonialen Grenzziehungen bis hin zur Verbreitung militanter Ideologien. Auch staatliche Repressionen gegen ethnische oder religiöse Minderheiten lösen terroristische Reaktionen aus. Und nicht zuletzt spielen bei der Verbreitung der dschihadistischen Ideologie die Petrodollars aus den Ölscheichtümern eine entscheidende Rolle.

## Jemaah Islamiyah in Indonesien

Jahrzehnte bevor al-Qaida Gestalt angenommen hatte, legten religiöse Radikale in Südostasien den Grundstein für einen Kampf zur Verwirklichung einer rückwärtsgewandten Utopie. Jemaah Islamiyah (JI), eine Geheimorganisation, die in nicht weniger als einem halben Dutzend Ländern in Asien präsent ist, strebt die vollständige Umsetzung ihrer intoleranten Auffassung vom Islam an, so Ken Conboy in seinem Buch „The Second Front". Die Jemaah Islamiyah hat ihre Wurzeln im Darul Islam, übersetzt „Haus des Islams", einer radikal-islamischen und antikolonialistischen Bewegung im Indonesien der 1940er-Jahre.

### Darul Islam

Die indonesische Rebellen-Bewegung Darul Islam wurde 1942 von einer Gruppe muslimischer Milizen gegründet, die von dem indonesischen islamischen Prediger Sekarmadji Marijan Kartosuwirjo geführt wurde. Das Ziel war die Unabhängigkeit Indonesiens und die Errichtung von „Negara Islam Indonesia", einem Islamischen Staat auf der Grundlage der Scharia.

Nach der Erlangung der Souveränität Indonesiens im Jahr 1949 prägte eine chronische Instabilität das Land, und unter der Führung von Kartosuwirjo rebellierte Darul Islam in den folgenden Jahren gegen die Zentralregierung. Im Jahr 1957 beherrschte sie schätzungsweise ein Drittel Westjavas und mehr als 90 Prozent der Provinzen Südsulawesi und Aceh, wo die Regierung nur noch die Städte kontrollierte. Darul Islam verfügte über rund 15.000 Guerillakämpfer, die unter dem Banner einer „Indonesischen Islamischen Armee" operierten. Ebenfalls 1957 versuchten Mitglieder von Darul Islam, den indonesischen Präsidenten Sukarno während einer Veranstaltung in Cikini, Zentral-Jakarta, mit Handgranaten zu töten. Nach dem Attentat wurde der Notstand in Indonesien ausgerufen. Von da an gerieten die Darul-Islam-Rebellen zunehmend in die Defensive, und 1962 wurde ihr Anführer Kartosuwirjo gefasst.
(https://www.academia.edu/8303411/The_History_of_Darul_Islam_DI_and_Kartosuwiryo)

## Die Hinrichtung Kartosuwirjos

Es gibt eine Schilderung, wie Sekarmadji Marijan Kartosuwirjo exekutiert wurde. „Das sechsköpfige militärische Erschießungskommando bezog seine Position im Sand eines Strandes in einer trostlosen Ecke der Tausend Inseln, wie die idyllische Inselkette vor der indonesischen Hauptstadt Jakarta genannt wird. Wie von der Armee vorgeschrieben, waren fünf ihrer Gewehre mit Platzpatronen geladen, nur eines enthielt eine echte Patrone. Ihr Ziel, zehn Meter vor ihnen, war ein stoischer, älterer Mann, der mit seinen Alterserscheinungen kämpfte. Kaum zu glauben, dass dieser Mann seit mehr als einem Jahrzehnt der meistgesuchte Flüchtling Indonesiens war." (Ken Conboy, The Second Front, S. 1)

Im Jahr 1965 war auch der letzte Widerstand von Darul Islam gebrochen. Überlebende Mitglieder gingen in den Untergrund und versuchten, ihren Kampf fortzusetzen.

## Die Entstehung der Jemaah Islamiyah

Die Jemaah Islamiyah entstand als loser Zusammenschluss verschiedener islamistischer Gruppen. Um das Jahr 1969 begannen zwei islamische Geistliche, Abu Bakar Bashir und Abdullah Sungkar, sowie ein Dritter namens Shahrul Nizam, die Darul-Islam-Bewegung erneut zu propagieren. Auch ihr Ziel war es, einen islamischen Staat zu errichten. Bashir und Sungkar wurden von der Regierung des indonesischen Präsidenten Suharto verhaftet und verbrachten mehrere Jahre im Gefängnis.

Nach ihrer Freilassung gingen Bashir und Sungkar 1982 nach Malaysia und hielten sich dort versteckt, um der Verfolgung durch das Suharto-Regime zu entgehen. Aus Indonesien, Malaysia, Singapur und den Philippinen rekrutierten sie Mitglieder für ihren Kampf um einen islamischen Staat. Die Gruppe nannte sich nun Jemaah Islamiyah, Islamische Gemeinschaft. Das offizielle Gründungsdatum war der 1. Januar 1993. Nach dem Sturz des Suharto-Regimes 1998 kehrten die beiden Männer nach Indonesien zurück, wo die JI einen gewissen Einfluss erlangte, als einer ihrer Gründer, Abdullah Sungkar, Kontakt zu Osama bin Ladens Al-Qaida-Netzwerk aufnahm.

## Ideologie und Struktur

Die Jemaah Islamiyah ist eine salafistische Dschihadistengruppe, die von derselben Ideologie wie al-Qaida inspiriert ist und die indonesische Regierung sowie andere Staaten in der Region als illegitim betrachtet. Die Gruppe strebt die Wiederbelebung einer fundamentalistischen Form des Islams und die Errichtung eines panislamischen Staates in Südostasien an, der nach den Prinzipien der Scharia regiert werden soll. In der Öffentlichkeit wurde die Organisation erst bekannt, als sie die Verantwortung für die Anschläge von Bali im Oktober 2002 übernahm. Dabei waren 202 Menschen getötet worden (siehe S. 178 ff.).

Die Führung der JI ist nach wie vor antiwestlich eingestellt und der Meinung, der gewaltsame Dschihad – auch Anschläge auf heimischem Territorium – sei ein legitimes Mittel zur Erreichung ihrer Ziele. Die JI hat keinen öffentlich bekannten Führer, verfügt aber über einen

Nachfolgeplan für den Fall, dass der amtierende Emir ausfällt. So wurde nach der Verhaftung des Emirs Zarkasih im Juni 2007 kein neuer Emir bekannt. Die Mitgliederzahl wird auf 900 bis mehrere Tausend geschätzt, die sich zwar hauptsächlich auf Java konzentrieren, aber in ganz Indonesien und den angrenzenden südostasiatischen Ländern wie Malaysia, den Philippinen, Thailand, Kambodscha und Myanmar präsent sind.

In den letzten Jahren ist Jemaah Islamiyah zunehmend zum Hauptziel indonesischer Antiterrormaßnahmen geworden. Im Jahr 2019 waren nur 8 Prozent der Festnahmen JI-Mitglieder, doch bis zum Jahr 2021 stieg der Anteil auf mehr als 49 Prozent, und im Jahr 2023 lag der Anteil bei etwa 59 Prozent. Insgesamt wurden in den letzten fünf Jahren 346 JI-Mitglieder verhaftet, darunter auch der JI-Führer Para Wijayanto und weitere hochrangige Mitglieder der Organisation. Trotz dieser polizeilichen Erfolge ist die JI nach wie vor eine funktionierende paramilitärische Organisation, die den Einsatz von Gewalt befürwortet, wann immer ihr dies strategisch geboten erscheint.
(https://www.icct.nl/publication/understanding-jemaah-islamiyahs-organisational-resilience-2019-2022)

## Die alte Führung

Abu Bakar Bashir, geboren 1938, ist nach Ansicht der Vereinten Nationen und der Geheimdienste der Region das geistliche Oberhaupt der Jemaah Islamiyah. Andere bezeichnen ihn als deren ideologischen Paten. Bisher gibt es keine Beweise, dass Bashir an Terroranschlägen der Geheimorganisation beteiligt war. Im Jahr 2011 wurde er zu 15 Jahren Haft verurteilt, weil er ein Ausbildungslager für Dschihad-Kämpfer unterstützt hatte. 2014, während seiner Haft, schwor er dem Führer des IS, Abu Bakr al-Baghdadi, die Treue. Im Januar 2021 wurde er aus der Haft entlassen und musste sich einem Programm zur Entradikalisierung unterziehen.
(https://web.archive.org/web/20081006145537/http://jamestown.org/terrorism/news/article.php?articleid=2369782)

Der andere Mitbegründer der Jemaah Islamiyah, Abdullah Sungkar, geboren 1937, führte Jemaah Islamiyah bis zu seinem Tod durch Herzversagen im Oktober 1999. Abu Bakar Bashir wurde daraufhin Emir der Organisation, und Riduan Isamuddin, besser bekannt unter seinem Kriegsnamen Hambali, wurde militärischer Führer der JI. Hambali genoss das Vertrauen der Führungsriege von al-Qaida und war das wichtigste Bindeglied zwischen den beiden Organisationen. Zudem war er ein enger Freund von Khalid Sheikh Mohammed, der die Anschläge vom 11. September geplant hatte. Hambali galt darüber hinaus als der führende Kopf der Al-Qaida-Zellen in diesem Teil der Welt. Im Jahr 2003 wurde er im Zuge einer gemeinsamen Operation der CIA und der thailändischen Polizei festgenommen und drei Jahre lang von der CIA an einem geheimen Ort festgehalten. Anschließend wurde er in das Gefangenenlager Guantanamo Bay auf Kuba verbracht.
(https://www.theage.com.au/national/we-will-fight-until-we-run-out-of-blood-20021015-gduotq.html)

### Die Anschläge

Die Jemaah Islamiya ist dafür bekannt, dass sie nach ihren Anschlägen keine Bekennerschreiben oder sonstigen Verlautbarungen veröffentlicht. Obwohl sie in den ganzen 1990er-Jahren aktiv war, gab es bis Ende 2000 kaum überprüfbare Berichte über Anschläge der JI. Im August 2000 ermordete die terroristische Organisation den Botschafter der Philippinen in Indonesien, Leonides Caday. Als sein Fahrzeug in die philippinische Botschaft im Zentrum Jakartas einfuhr, explodierte eine Bombe und tötete den Botschafter und zwei weitere Personen; 21 Personen wurden bei dem Anschlag verletzt. Am 13. September 2000 explodierte eine Autobombe in einer voll besetzten Tiefgarage unter der Börse von Jakarta, wobei 15 Menschen getötet und 20 verletzt wurden. In beiden Fällen gab es, wie immer, keine Erklärungen der Jemaah Islamiya, sondern nur Verdachtsmomente der Polizei.

### Die Heiligabend-Bomben

Am Heiligabend des Jahres 2000 ereignete sich in Indonesien eine Reihe von Bombenanschlägen, die Teil eines groß angelegten Terrorangriffs von al-Qaida und Jemaah Islamiyah waren. Die Anschläge galten Kirchen in Jakarta und sieben weiteren Städten, bei denen 18 Menschen getötet und viele weitere verletzt wurden. Die ohnehin schwierigen Beziehungen zwischen Muslimen und Christen auf dem indonesischen Archipel verschlechterten sich noch mehr – was sicher das Ziel der Operation gewesen war.

Die Explosionen fanden zu Beginn der Vespergottesdienste an Heiligabend statt. Es gab keine unmittelbaren Bekenntnisse seitens der Täter.

Die Geschehnisse an Heiligabend:

- Jakarta: In fünf Kirchen, darunter der römisch-katholischen Kathedrale, wurden Bomben versteckt. Der Explosion fielen mindestens drei Menschen zum Opfer.
- Pekanbaru: Vier Polizeibeamte wurden beim Versuch, eine Bombe zu entschärfen, getötet; dabei kam auch ein Zivilist ums Leben.
- Medan: Mehrere Bomben-Explosionen in Kirchen; es gab keine Opfer.
- Bandung: Während der Herstellung einer Bombe kam diese zur Explosion; die drei Attentäter starben.
- Insel Batam: Drei in Kirchen platzierte Bomben verletzten 22 Personen.
- Mojokerto: In drei Kirchen wurden Bomben versteckt; es gab einen Toten. Bei dem Versuch, eine Bombe entfernen, wurde ein Freiwilliger des Sicherheitsdienstes getötet.
- Mataram: Bombenanschlag auf drei Kirchen; es gab keine Opfer.
- Sukabumi: Bombenanschläge forderten drei Menschenleben.

Den endgültigen Zahlen der Polizei zufolge wurden 45 Bomben an 38 verschiedenen Orten versteckt. 24 dieser Bomben explodierten, 21 wurden von der Polizei entschärft. 18 Menschen starben bei den Anschlägen, 36 erlitten schwere und 48 leichte Verletzungen. Zwei Verdächtige konnten nach den Bombenanschlägen verhaftet werden. Die indonesische Polizei erklärte, sie habe Dokumente gefunden, nach denen Hambali in die Bombenanschläge verwickelt sei. (https://web.archive.org/web/20060508092844/http://www.terrorismcentral.com/Library/terroristgroups/JemaahIslamiyah/JITerror/WJ2000.html)

Sechs Tage später, am 30. Dezember, erfolgte im Großraum Manila auf den Philippinen eine Reihe von Bombenanschlägen. Die Explosionen ereigneten sich innerhalb weniger Stunden, töteten 22 Menschen und verletzten über 100 weitere. Es war der sogenannte Rizal-Tag, ein Gedenktag für einen philippinischen Nationalhelden, der gegen die spanische Kolonialherrschaft rebelliert hatte. Vier Jahre später wurden Mitglieder der Jemaah Islamiyah für die Bombenanschläge zu langen Haftstrafen verurteilt.

## Anschlag auf das Marriott-Hotel Jakarta

Ein Selbstmordattentäter zündete am 5. August 2003 eine Autobombe vor der Lobby des Marriott-Hotels in Jakarta. Zuvor, am 20. Juli 2003, war von Unbekannten ein Toyota gekauft und mit Sprengstoff beladen worden. Das Fahrzeug fuhr vor das Marriott Jakarta und hielt in der Nähe des Eingangs. Die Überwachungskameras zeigten einen Sicherheitsbeamten, der sich dem Fahrzeug näherte und mit dem Fahrer sprach. Dann drehte sich der Sicherheitsbeamte um, und es kam zu einer Explosion. Es ist unklar, ob die Explosion durch eine Fernzündung ausgelöst wurde oder ob ein Zeitzünder vorzeitig explodierte. Wäre das Fahrzeug direkt vor die Eingangshalle gefahren, wäre der Schaden mit Sicherheit größer gewesen. Die Wucht der Druckwelle war an den zerborstenen Fensterscheiben der umliegenden Gebäude sichtbar. Nach Angaben der indonesischen Polizei handelte es sich bei der Zündsubstanz der Autobombe um die gleiche Chemikalie, die bei den Bombenanschlägen auf Bali im Jahr 2002 verwendet worden war. Bei der Explosion vor dem Marriott-Hotel wurden zwölf Menschen getötet und 150 verletzt. Das Hotel, ein moderner Glaspalast, galt als Symbol westlicher Kultur und wurde von der US-Botschaft für verschiedene Veranstaltungen genutzt.

Sechs Tage später, am 11. August 2003, bekannte sich al-Qaida über Al Jazeera zu dem Anschlag. Die Ausführung hatte Jemaah Islamiyah übernommen. Die Verbindung zwischen beiden Organisationen wurde vom indonesischen Verteidigungsminister bestätigt. Er sagte, die Attentäter seien bei al-Qaida in Afghanistan und Pakistan ausgebildet worden.
(https://www.smh.com.au/world/al-qaeda-singles-out-australia-report-20030812-gdh8sf.html)

## Der zweite Bombenanschlag auf Bali

Am 1. Oktober 2005 ereignete sich im Süden der indonesischen Insel Bali eine Reihe von Bombenanschlägen. Die Bomben explodierten an zwei Orten: im Jimbaran Beach Resort und im 30 km entfernten Kuta. Bei dem Terroranschlag starben 20 Menschen, mehr als 100 wurden verletzt. Auch die drei Attentäter kamen ums Leben. In Indonesien wird der Anschlag als der zweite Bombenanschlag auf Bali bezeichnet. Der erste war am 12. Oktober 2002 erfolgt, dem zweiten Jahrestag des Anschlags auf die USS Cole im Hafen von Aden, Jemen (siehe S. 178 ff.). Die indonesische Nachrichtenagentur ANTARA berichtete, dass sich die ersten Explosionen um 18.50 Uhr Ortszeit in der Nähe eines Lebensmittelmarktes in Jimbaran ereignet hätten, die dritte um 19.00 Uhr auf dem Marktplatz von Kuta.

Eine der Explosionen traf das Raja's Restaurant am Kuta Square im Zentrum von Kuta. Zwei weitere Bomben explodierten am Strand von Jimbaran, eine davon in der Nähe des Four Seasons Resort. Diese Anschlagsziele wurden ausgewählt, weil sie bei westlichen Touristen sehr beliebt waren. Die Polizei teilte später mit, dass sie drei Blindgänger in Jimbaran gefunden hätten. Diese waren offenbar nicht explodiert, weil die Sicherheitskräfte nach den ersten Explosionen das Mobilfunknetz auf der Insel abgeschaltet hatten.

Nach Angaben des indonesischen Chefs der Terrorismusbekämpfung deuteten erste Hinweise darauf hin, dass die Anschläge von mindestens drei Selbstmordattentätern verübt worden waren, ähnlich wie die Bombenanschläge von 2002. Überreste von Rucksäcken und verstümmelte Leichen galten als Beweis dafür. (http://news.bbc.co.uk/2/hi/asia-pacific/4301630.stm)

### Der Bombenanschlag auf den Markt in Palu

Am 31. Dezember 2005 wurde auf einem Markt in Palu, Zentral-Sulawesi, ein Bombenanschlag verübt. Ein improvisierter Sprengsatz, der als Nagelbombe beschrieben wurde, explodierte gegen 7.00 Uhr morgens auf einem Metzgereimarkt, der hauptsächlich von Christen besucht wurde, die für das Neujahrsfest einkauften.

Der Markt lag in einem Bezirk, in dem die christliche Bevölkerungsgruppe der Minahasa die Mehrheit bildet. Ihnen galt der Anschlag offenbar, da die Provinz Zentral-Sulawesi bereits in den Jahren zuvor Schauplatz erheblicher Konflikte zwischen christlichen und muslimischen Gruppen gewesen war. Zwischen 1998 und 2002 waren diesen gewaltsamen Auseinandersetzungen mehr als tausend Menschen zum Opfer gefallen.

Der Sprengsatz, der von der Polizei als selbstgebaut und mit geringer Sprengkraft beschrieben wurde, explodierte um 7.05 Uhr gegenüber der Bethel-Kirche an einem Fleischstand vor einem Schlachthaus, in dem für die christliche Kundschaft Schweine geschlachtet wurden. Nach Angaben der Polizei war die Bombe mit Nägeln und Kugeln gefüllt, und die meisten Opfer erlitten durch die Splitter des Sprengkörpers Verletzungen an den Gliedmaßen. Passanten trugen die Verletzten vom Markt zur Straße, hielten Autos an und forderten die Fahrer auf, sie ins Krankenhaus zu bringen. Mindestens 20 Marktbesucher waren schwer verletzt.
(https://www.abc.net.au/news/2006-01-01/indonesian-police-detain-man-after-market-bombing/771326)

### Hotelbomben in Jakarta

Am 17. Juli 2009 fand in Jakarta erneut ein terroristischer Bombenanschlag statt, vier Jahre nach dem letzten schweren Terroranschlag in Indonesien. Zwischen 7.47 Uhr und 7.57 Uhr wurden in den im südlichen Stadtteil Setiabudi gelegenen Hotels Marriott und Ritz-Carlton im Abstand von fünf Minuten zwei Bomben gezündet. Den Explosionen fielen neun Menschen zum Opfer, mehr als 50 erlitten Verletzungen. Beide Bombenanschläge wurden von Selbstmordattentätern verübt, die einige Tage zuvor als Gäste in den Hotels eingecheckt hatten.

Der erste Anschlag galt dem Marriott, fünf Minuten später folgte die Bombe im Ritz-Carlton. Die Bombe im Marriott wurde in einem kleinen Frühstücksraum gezündet, der für eine Veranstaltung gemietet worden war, und nicht im Hauptrestaurant. Um 12.00 Uhr fand die Polizei in Zimmer 1808 des Marriott eine nicht explodierte Bombe sowie Material zum Bombenbau. Diese Bombe war so programmiert, dass sie vor der anderen Bombe explodieren sollte, aber der Zeitzünder hatte nicht funktioniert. Die Polizei ging davon aus, dass diese erste Bombe Panik erzeugen sollte. Die Gäste sollten aus ihren Zimmern fliehen, um das Hotel durch die Lobby zu verlassen. Dort wären also viele Menschen zusammengekommen. Wäre dies wie geplant geschehen, hätte die Bombe in der Lobby möglicherweise viel mehr Menschen getötet.

Die Explosion im Ritz-Carlton, so wird vermutet, soll im Restaurant „Airlangga" im zweiten Stock stattgefunden haben. Dort nahmen die Gäste gerade ihr Frühstück ein. Fenster zersprangen, und ein Teil der Fassade des Hotels wurde durch die Explosion weggesprengt. (https://www.nytimes.com/2009/07/18/world/asia/18indo.html)

Diese beiden Anschläge auf Hotels in Jakarta waren die letzte Operation, die man der Organisation Jemaah Islamiyah zuschrieb. Die Schlagzeilen der folgenden Jahre vermeldeten meistens die Verhaftung oder Erschießung von Führungspersonen der Organisation. Die Verhaftung ihrer wichtigsten Anführer wie Bashir und der Verlust der Unterstützung durch lokale Rebellengruppen schwächten die Jemaah Islamiyah in den Jahren nach 2009 deutlich. Rohan Gunaratna, Direktor des International Centre for Political Violence and Terrorism Research an der Nanyang Technological University in Singapur, wurde vom Magazin Time so zitiert: „Das Kommando 88, das nach Bali 2002 als Antiterror-Einheit aufgestellt wurde, jagt die Terroristen: Entweder sie werden getötet, oder sie können sich rehabilitieren." Man lasse den Terroristen religiöse Beratung zukommen und reintegriere sie in die Gesellschaft. Und schließlich würden sie zu Informanten der Polizei.

Heute hat der IS den Raum in Indonesien eingenommen, der einst von der Jemaah Islamiyah und al-Qaida beherrscht wurde, erklärte Gunaratna. Viele ihrer Anhänger seien zum Islamischen Staat übergelaufen, darunter auch Bahrun Naim, der mutmaßliche Organisator eines Anschlags vom 14. Januar 2016 in Jakarta, bei dem vier Zivilisten und die vier Attentäter getötet wurden. Naim soll den IS-Ableger in Südostasien von Syrien aus geleitet haben. (https://time.com/4181557/jakarta-terrorist-attacks-indonesia-isis/)

## Die pakistanische Laschkar-e Taiba

Laschkar-e Taiba (LeT), was so viel wie „Armee der Gerechten" oder „Armee der Reinen" bedeutet, ist eine militante sunnitische Gruppierung in Pakistan, die Anfang der 1990er-Jahre als militärischer Arm einer karitativen fundamentalistischen Organisation gegründet wurde. Sie opponierte in den 1980er-Jahren gegen die sowjetische Präsenz in Afghanistan, anschließend war sie aber kaum mehr in Pakistan aktiv, sondern vorrangig in Kaschmir und Indien. Das langfristige Ziel der LeT ist die Errichtung eines islamischen Kalifats in ganz Südasien.

## Die geschichtliche Entwicklung der Region

Das muslimische Mogulreich, das vom 16. bis zum 19. Jahrhundert bestand, umfasste in seiner Blütezeit das heutige Pakistan, Teile Süd-Afghanistans und eine große Region in Nordindien. In diesem Gebiet gab es untergeordnete Königreiche, in denen die Mehrheit der Untertanen aus Hindus bestand. Der muslimische Aufstieg in einem nichtmuslimischen Umfeld verlangte von den Herrschern ein verhältnismäßig hohes Maß an religiöser Toleranz, nicht nur gegenüber den Hindus, sondern auch gegenüber den unterschiedlichen Gruppen von Muslimen. So kam es zu einer Vermischung der von den ansässigen Muslimen praktizierten Varianten des Islams. Anders als im Nahen Osten war die Durchsetzung der Scharia im historischen Indien nie umfassend oder vollständig erfolgt. Gleichzeitig genossen muslimische Rechtsgelehrte und Richter, aber auch muslimische Laien ein relativ hohes Ansehen. Doch als Indien 1858 offiziell in das britische Empire eingegliedert wurde, bedeutete dies das Ende der privilegierten Stellung der Muslime.

Im 19. Jahrhundert entstand die erste Dschihad-Gruppe in Indien. Sie operierte an der nordwestlichen Grenze des Landes sowie im heutigen Pakistan und Afghanistan. Diese fundamentalistische militante Bewegung kämpfte ursprünglich gegen die Sikh-Herrscher der Region. Mit dem Aufstieg der Briten änderten sich nur die Ziele der Kämpfer.

Der Gründer der Bewegung, Sayyid Ahmed Barelwi, war von den Ideen Ibn-Abdul Wahhabs beeinflusst worden, die er auf einer Pilgerfahrt nach Mekka kennengelernt hatte. Er forderte eine Rückkehr zur frühislamischen „Reinheit“ und die Wiederherstellung der politischen Macht der Muslime. Sayyid Ahmeds Wiederbelebung der Dschihad-Theologie wurde zum Prototypen späterer militanter islamischer Bewegungen in Süd- und Zentralasien und übte auch den Haupteinfluss auf das Dschihad-Netzwerk von al-Qaida und ihr nahestehende Gruppen in der Region aus – bis heute.

Kurz nach der Unabhängigkeit Pakistans erklärte die verfassungsgebende Versammlung im Jahr 1949, dass die südasiatischen Muslime Pakistan mit dem Hauptziel gegründet hätten, ihr Leben in Übereinstimmung mit den Lehren und Anforderungen des Islams zu gestalten. Deshalb wurden islamistische Gruppen gefördert und unterstützt; sie sollten die Innenpolitik beeinflussen und die nationale Identität Pakistans stärken.
(https://carnegieendowment.org/files/ideologies.pdf)

## Die Gründung von Laschkar-e Taiba

1985 gründeten Hafez Saeed und Zafar Iqbal eine Organisation für Predigt, die Jamaat-ud-Dawah (JuD). Dies war eine kleine Missionsgruppe, die sich der Förderung der Ahl-e-Hadith-Version des Islam verschrieben hatte, einer regionalen Ausprägung des Wahhabismus. Im folgenden Jahr schloss sich die JuD mit einer Gruppe antisowjetischer Dschihadisten zusammen; diese beiden bildeten das sogenannte Markaz-ud Dawah-wal-Irshad, abgekürzt MdI (Zentrum für Predigt und Führung). Das MdI bekam auch einen militärischen Arm, die Laschkar-e Taiba (LeT), die 1990 in der afghanischen Provinz Kunar gegründet wurde und Anfang der 1990er-Jahre an Bedeutung gewann.

Das Hauptanliegen der MdI ist die Dawah, der Aufruf, sich zum Islam zu bekennen, während sich der militärische Arm LeT auf den Dschihad konzentriert. Allerdings propagiert der Islam Hafez Saeed zufolge sowohl die Dawah als auch den Dschihad. „Beide sind gleich wichtig und untrennbar miteinander verbunden. Da der Islam unser ganzes Leben bestimmt, sind sowohl Dawah als auch Dschihad unverzichtbar; wir können nicht das eine dem anderen vorziehen." (http://newamerica.net/sites/newamerica.net/files/policydocs/Tankel_LeT_0.pdf)

## Die Entwicklung

Seit etwa 2000 hat sich die LeT zu einer der tödlichsten und fähigsten militanten Gruppierungen Pakistans entwickelt. Ihr Ansatz folgt einer langfristigen Perspektive, sowohl im Umfang als auch in der Reichweite ihrer Aktivitäten. Ziel ihres missionarischen Aktivismus ist die Dawa, um die pakistanische Gesellschaft von innen zu reformieren und einen gewaltsamen Dschihad im Ausland durchzuführen.

Während die Organisation in der Vergangenheit von der Regierung in der Hauptstadt Islamabad als Instrument der Außenpolitik genutzt wurde, um einen langfristigen Zermürbungskampf im indischen Kaschmir zu führen, deutet eine Reihe von Vorfällen, die sich in den letzten zehn Jahren ereigneten, darauf hin, dass sich die Ziele der LeT wandeln und ihre Operationen in Zukunft umfassender sein könnten.

Die Terroranschläge im indischen Mumbai im November 2008 sind ein wichtiger Hinweis auf die Fähigkeit der Gruppe, komplexe, mehrstufige Operationen gegen regionale und internationale Ziele aus der Distanz durchzuführen und taktisch zu steuern, und dies auf eine medienwirksame Weise (siehe S. 201 ff.).

Die Aufklärung dieser Anschläge unter der Leitung des Amerikaners David Headley sowie das Komplott gegen die dänische Zeitung Jyllands-Posten, die 2005 Karikaturen des Propheten Mohammed veröffentlicht hatte, verstärkte die Besorgnis, dass es sich bei den Anschlägen von Mumbai möglicherweise nicht um Einzelfälle gehandelt habe. Die Terrorangriffe könnten Anzeichen für einen umfassenderen strategischen oder ideologischen Wandel innerhalb der Terrororganisation sein, der weitere internationale Anschläge nach sich ziehen könnte. (http://newamerica.net/sites/newamerica.net/files/policydocs/Tankel_LeT_0.pdf)

Obwohl das Hauptaktionsgebiet der LeT immer noch das Kaschmirtal ist, beschränkt sich die Organisation nicht auf die Anfechtung der indischen Souveränität über das indische Unionsterritorium Jammu und Kaschmir. Vielmehr betrachtet die LeT die Kaschmirfrage als Teil eines umfassenderen globalen Kampfes. Sobald Kaschmir aus Indien herausgelöst ist, will die LeT es als Operationsbasis nutzen, um Indien zu erobern und die muslimische Herrschaft über den indischen Subkontinent durchzusetzen.

Im Gegensatz zu anderen salafistisch-dschihadistischen Terrororganisationen Pakistans hat die LeT öffentlich der Gewalt gegen Angehörige anderer islamischer Glaubensrichtungen abgeschworen. Während sie außerhalb Pakistans einen gewaltsamen Dschihad führt, hat die Gruppe innerhalb des Landes erhebliche Anstrengungen und Ressourcen für Predigten und soziale Wohlfahrt aufgewendet. Zusammen mit ihrem Bekenntnis, nicht gegen diejenigen zu kämpfen, die sich zum Islam bekennen, hat dies zu einer beträchtlichen Akzeptanz unter den Pakistanern geführt, insbesondere unter frommen Muslimen und Armen.

Die LeT betrachtet die pakistanischen Machthaber als Heuchler. Trotzdem unterstützen sie keinen Dschihad im eigenen Land. In der Broschüre „Warum wir den Dschihad führen" heißt es: „Wenn wir denen den Krieg erklären, die sich zum Glauben bekennen, können wir keinen Krieg gegen diejenigen führen, die sich nicht zum Glauben bekennen." Stattdessen versucht die Organisation, „irrende" Muslime durch die Dawah zu bekehren. Ihr Ziel ist es, die Gesellschaft, in der sie leben, zu verändern, indem sie die Pakistaner zur LeT-Interpretation des Ahl-e-Hadith-Islams führen, zu ihrem eigenen Wahhabismus.
(http://newamerica.net/sites/newamerica.net/files/policydocs/Tankel_LeT_0.pdf)

## Die Struktur

Erkenntnissen von Terrorismusexperten zufolge hat die Organisation ihr Hauptquartier in Muridke nahe Lahore und wird von Hafez Saeed, einem ehemaligen Professor für Islamische Studien, geführt. Nach Angaben des South Asia Terrorism Portal (SATP) umfasst der LeT-Hauptquartierkomplex eine Madrassa, eine religiöse Ausbildungsstätte, ein Krankenhaus, einen Markt, einen großen Wohnbereich für Gelehrte und Fakultätsmitglieder, eine Fischzucht und landwirtschaftliche Nutzflächen. Nach Angaben des South Asia Terrorism Portal betreibt die Gruppe 16 islamische Einrichtungen, 135 weiterführende Schulen, einen Rettungsdienst, mobile Kliniken, Blutbanken und mehrere Seminare in ganz Pakistan. Das US-Außenministerium ließ wissen, dass die Größe der gesamten Organisation nicht bekannt sei, dass sie aber in der Kaschmir-Region mehrere tausend Mitglieder habe. In einigen Quellen wird die Zahl der Kämpfer mit 3000 bis 5000 angegeben. Die meisten LeT-Mitglieder sind Pakistaner, die an Madrassas studieren. Es heißt auch, dass die Organisation durch Zusammenarbeit mit nichtpakistanischen Terrorgruppen an Stärke gewonnen habe. Die LeT veröffentlicht ihre Ansichten auf ihrer Website und in verschiedenen Printmedien, darunter in Voice of Islam, einer englischsprachigen Monatszeitschrift.

Verschiedenen Quellen zufolge erhält die Organisation reichlich Spendengelder: von der pakistanischen Auslandsgemeinde am Persischen Golf sowie in Großbritannien, von islamischen NGOs, pakistanischen Geschäftsleuten und Geschäftsleuten aus Kaschmir. Es ist so gut wie sicher, dass die Organisation auch Gelder vom ISI erhält, dem pakistanischen Geheimdienst Inter Service Intelligence, sowie aus Saudi-Arabien. Zudem koordiniert die LeT ihre Wohltätigkeitsaktivitäten über Jamaat-ud-Dawah (JuD), zu der sie gehört.

## Ausbildungslager

Die Ausbildungslager der LeT-Terroristen befinden sich an verschiedenen Orten in Pakistan. In diesen Lagern, zu denen das Basislager Markaz-e Taiba in Muridke bei Lahore und ein Lager bei Manshera gehören, werden die Kämpfer ausgebildet. Obwohl die Lager seit 2006 nicht mehr operieren dürfen, werden sie vom mächtigen pakistanischen Geheimdienst ISI geduldet, weil sie in der Konfrontation mit Indien und in Afghanistan nützlich sind. Nach Erkenntnissen des französischen Antiterror-Spezialisten Jean-Louis Bruguière wurden die zukünftigen Terroristen von Anfang an von regulären pakistanischen Armee-Offizieren ausgebildet. (https://web.archive.org/web/20091117111832/http://www.dnaindia.com/world/report_pakistani-army-ran-muslim-extremist-training-camps-anti-terrorist-expert_1311559)

Im Jahr 1987 richtete die LeT zwei Ausbildungslager für Terroristen in Afghanistan ein. Das erste Lager war Muaskar-e Taiba in Jaji in der Provinz Paktia, das zweite Muaskar-e Aqsa in der Provinz Kunar. US-Geheimdienstanalysten rechtfertigten die außergerichtliche Inhaftierung mindestens eines Guantanamo-Häftlings damit, dass er ein LeT-Ausbildungslager in Afghanistan besucht habe.

Laut Muhammad Amir Rana, Direktor des Pakistan Institute of Peace Studies (PIPS), gab es fünf weitere Ausbildungslager. Vier davon, Muaskar-e Taiba, Muaskar-e Aqsa, Muaskar Umm-al-Qura und Muaskar Abdullah bin Masood, befanden sich im pakistanisch besetzten Jammu und Kaschmir, das fünfte, Markaz Mohammed bin Qasim, im Distrikt Sanghar in der Provinz Sindh. In diesen Lagern sollen bis 2004 Zehntausende Kämpfer ausgebildet worden sein.

## Angriffe und Anschläge

Die erste bekannte Operation der LeT in Indien war der Überfall von 1990 auf eine kleine Gruppe von Angehörigen der indischen Luftwaffe. 1993 stellte die Organisation ihre Stärke mit einem erfolgreichen Angriff auf einen schwer bewachten indischen Armeestützpunkt in Poonch unter Beweis. Bis Mitte der 1990er-Jahre agierte die LeT ausschließlich gegen die indische Militärpräsenz in Jammu und Kaschmir. Doch am 5. Januar 1996 machte die LeT durch das erste von vielen Massakern an Minderheiten in Kaschmir auf sich aufmerksam, bei dem 16 Hindus in Barshalla, Provinz Doda, getötet wurden. Ein weiteres Massaker, das als Chattisinghpora-Angriff bekannt wurde, verübte die Organisation am 20. März 2000, als 35 Sikh in der Ortschaft Anantnag getötet wurden. Es war der Vorabend eines Staatsbesuchs von US-Präsident Bill Clinton in Indien.

Obwohl sich die Operationen der LeT auf Jammu und Kaschmir konzentrierten, war die Beseitigung der indischen Vorherrschaft in der Region stets das übergeordnete Ziel. Hafez Saeed nutzte die Spannungen zwischen Hindus und Moslems, um indische Moslems für Anschläge der LeT in ganz Indien zu rekrutieren. Einer der ersten Anschläge dieser Art war der Angriff auf das Rote Fort in Neu-Delhi am 22. Dezember 2000, der symbolischen Charakter hatte, da das Rote Fort der Palast der letzten muslimischen Herrscher des indischen Subkontinents war. Obwohl es sich nicht um einen der verheerendsten Anschläge der LeT handelte, etablierte sich die Organisation damit als militante Bedrohung für Indien.

Am 13. Dezember 2001 griffen Bewaffnete das indische Parlament an und töteten sieben Menschen. Obwohl die LeT die Verantwortung für das Attentat zurückwies, löste der Anschlag eine erneute Konfrontation zwischen Indien und Pakistan aus und führte dazu, dass die Vereinigten Staaten die LeT offiziell als ausländische terroristische Organisation einstuften. Pakistan

musste daraufhin nachziehen und verbot die LeT am 13. Januar 2002. Hafez Saeed verkündete nun die Trennung von Markaz-ud Dawa-wal-Irshad von der LeT. Er erklärte, nicht länger mit ihr verbunden zu sein. Das Markaz-ud Dawa-wal-Irshad übernahm nun wieder den alten Namen Jamaat-ud-Dawah. Bei dieser Trennung und auch der Namensänderung handelte es sich aber lediglich um eine Tarnung. JuD und LeT arbeiteten auch nach der offiziellen Spaltung in ganz Pakistan zusammen und behielten sogar die meisten ihrer gemeinsamen Büros. FBI-Berichte deuten darauf hin, dass es auch 2009 noch Überschneidungen zwischen den beiden Gruppen gab.
(https://cisac.fsi.stanford.edu/mappingmilitants/profiles/lashkar-e-taiba)

Während die Gewalt in Kaschmir Mitte der 2000er-Jahre ihren Höhepunkt erreichte und danach zurückging, blieb die LeT weiterhin aktiv. Der berüchtigtste Großangriff der Organisation fand im November 2008 in Mumbai statt. Bei diesen Anschlägen (siehe S. 201 ff.) wurden die üblichen LeT-Taktiken angewandt, allerdings in einem weitaus größeren Ausmaß als bei den vorherigen Anschlägen. Zehn Attentäter töteten innerhalb von 60 Stunden 166 Menschen an fünf bei Ausländern beliebten Orten in der Stadt. Die Tatsache, dass Menschen aus westlichen Kulturen, insbesondere Juden und Israelis, im Mittelpunkt dieser Anschläge standen, zeugt von der globalen Agenda der LeT. Hafez Saeed leugnete, dass seine Organisation für den Großangriff verantwortlich sei, aber Untersuchungen und Geheimdienstinformationen bestätigten, dass es sich um eine Operation der LeT handelte. Die Aussagen eines überlebenden Attentäters und eines weiteren verhafteten LeT-Aktivisten unterstrichen die tiefe Verstrickung des pakistanischen Geheimdienstes ISI sowohl in die Anschläge vom 26.11. als auch in die LeT-Operationen insgesamt.

Auf Druck der USA setzte der pakistanische Präsident Musharraf im November 2003 Jamaat-ud-Dawah auf eine Beobachtungsliste. Husain Haqqani, außerordentlicher Professor an der Boston University und Autor der „Carnegie Endowment for International Peace (CEIP)“, berichtete jedoch 2005, dass die pakistanischen Behörden nur zögerlich gegen LeT oder Jamaat-ud-Dawah vorgingen. Er stellte fest, dass die LeT ihre bewaffneten Angriffe auf Indien reduziert hatte, um Pakistan zu helfen, seine Verpflichtungen gegenüber den USA und Indien zu erfüllen, während Saeed frei blieb und seine Organisation weiter ausbauen konnte. Die pakistanische Regierung lehnte es immer wieder ab, ausländischen Ermittlern Zugang zu Hafez Saeed zu gewähren.

## UN-Resolution

Am 11. Dezember 2008 verhängte der Sicherheitsrat der Vereinten Nationen Sanktionen gegen die JuD und erklärte sie zu einer weltweiten terroristischen Vereinigung. JuD-Führer Saeed erklärte, seine Organisation werde die gegen sie verhängten Sanktionen anfechten. Am selben Tag verbot die pakistanische Regierung die JuD in allen vier Provinzen sowie im pakistanisch besetzten Jammu und Kaschmir zu verbieten. Als Reaktion auf die UN-Resolution und das Verbot der Regierung reorganisierte sich die JuD unter dem Namen Tehreek-e-Tahafuz Qibla

Awwal (TTQA). Am 25. Juni 2014 setzten die Vereinigten Staaten mehrere Mitgliedsorganisationen der LeT, darunter Jamaat-ud-Dawah und Tehreek-e Tahafuz Qibla Awwal, auf die Liste der ausländischen Terrororganisationen.

Pakistan widersetzte sich stets den vielen Aufforderungen, gegen die LeT vorzugehen. Der Grund dafür liegt darin, dass es sich bei der LeT um eine der wenigen militanten Gruppen handelt, die keine Anschläge in Pakistan selbst verübt. Wenn sie es täte, wäre dies angesichts ihrer ausgebildeten Kämpfer und Ressourcen sehr gefährlich für die Stabilität Pakistans. Darüber hinaus betrachten die pakistanische Armee und ihr einflussreicher Geheimdienst ISI die LeT als das verlässlichste Druckmittel Pakistans gegenüber Indien, vor allem, wenn es um Verhandlungen geht. Daher ist man sich einig, dass Schritte zur Zerschlagung der Gruppe zumindest kurzfristig vor allem Indien nützen würden.

## Die Khalistan-Bewegung

Es war 9.15 Uhr am Morgen des 31. Oktober 1984. Die indische Premierministerin Indira Gandhi, die Frau, die fast zwanzig Jahre lang die indische Politik beherrscht hatte, trat aus der Seitentür ihres Hauses und ging über den Hof zu ihrem Büro. Der schlichte weiße Bungalow im Kolonialstil, den die Briten als eines von vielen Häusern für ihre Verwaltungsbeamten in Neu-Delhi gebaut hatten, lag in der Safdarjang Road Nr. 1.

Die Premierministerin war auf dem Weg zu einem Fernsehinterview mit Peter Ustinov, dem britischen Schauspieler und Universalkünstler. Obwohl sie eine scharfe Kritikerin der westlichen Medien war, reagierte sie stets positiv auf Interview-Anfragen von Prominenten. Als Führerin eines großen, bedeutenden Landes war Frau Gandhi stolz und eitel; sie wählte ihre Saris immer sehr sorgfältig aus, und an diesem Morgen trug sie Safran, weil die gelbe Farbe im Fernsehen gut zur Geltung kam.

Als die Premierministerin, die wie immer von ihrem persönlichen Assistenten R. K. Dhawan begleitet wurde, durch das Gittertor trat, lächelte sie den diensthabenden Sikh-Polizeiinspektor Beant Singh freundlich an. Doch Singh zog seinen Revolver und schoss. Indira Gandhi fiel zu Boden, und Satwang Singh, der diensthabende Sikh auf der anderen Seite des Tores, schoss ebenfalls auf die am Boden liegende Frau.

Beide Leibwächter wurden zu dem Polizeiposten auf dem Gelände des Anwesens gebracht, wo es zu einer Auseinandersetzung mit den indisch-tibetischen Grenzpolizisten kam, die für die äußere Sicherheit des Hauses der Premierministerin verantwortlich waren. Beant Singh wurde erschossen, Satwan Singh schwer verletzt. (Tully & Jacob, Amritsar, S.1 f.)

Erst um 18.00 Uhr jenes Tages berichtete der Regierungssender All India Radio über die Ermordung der Premierministerin – fünf Stunden, nachdem die Inder die Nachricht bereits über die Lokalsender oder die External Services der BBC erhalten hatten. Der Grund für den Mordanschlag war sofort klar: Es war Rache für den Angriff der indischen Armee in der Nacht des 5. Juni 1984 auf das Heiligtum der Sikh, den Goldenen Tempel in Amritsar, der Hauptstadt des Pandschab.

## Nach dem Anschlag

Noch am selben Tag wurde Rajiv Gandhi, der älteste Sohn von Indira Gandhi, zum Premierminister ernannt. Seine Führungsqualitäten sollten schon in den nächsten Tagen auf die Probe gestellt werden: Organisierte Mobs hetzten in Delhi gegen die Sikh-Gemeinde und richteten grausame Massaker an. Die Zahl der getöteten Sikh wurde auf 8.000 bis 17.000 geschätzt.

Die Regierung selbst gab zu, dass bei den Unruhen in ganz Indien viele Menschen getötet worden waren, fast ausschließlich Sikh. Nach offiziellen Schätzungen flohen 50.000 Sikh aus der Hauptstadt in den nördlich von Neu-Delhi gelegenen Bundesstaat Pandschab, um sich in Sicherheit zu bringen. Weitere 50.000 suchten Zuflucht in Lagern, die von der Regierung und freiwilligen Organisationen eingerichtet worden waren.

Rajiv Gandhi wusste, dass der Angriff der Armee auf den Goldenen Tempel hätte verhindert werden können, wenn seine Mutter früher gegen Sant Singh Bhindranwale vorgegangen wäre, der im Pandschab, dem hauptsächlich von Sikh bewohnten Bundesstaat, Gewalt und Hass verbreitet hatte. Der tief religiöse Mann hatte den heiligen Schrein der Sikh in eine Festung verwandelt, von der aus er die Legitimität der indischen Regierung und der Armee infrage stellte. Rajiv Gandhi hatte öffentlich kritisiert, dass die Regierung Bhindranwale nicht verhaftet hatte, bevor er den Goldenen Tempel befestigte, aber seine Mutter hatte nicht auf ihn gehört.

Nach Ansicht von Mark Tully, dem langjährigen Korrespondenten der BBC in Indien, hinterließ Indira Gandhi ihrem Sohn eine tief gespaltene Nation. Die Sikh, die wohlhabendste und fortschrittlichste Gemeinschaft Indiens, waren gedemütigt worden. Indira Gandhi hatte den Sikh-Fundamentalisten in die Hände gespielt, und viele von ihnen waren nun offene Separatisten. Die Unruhen und Pogrome nach Indira Gandhis Tod führten auch dazu, dass viele Sikh, die nie an eine Abspaltung gedacht hatten, sich nun fragten, ob sie in Indien noch sicher seien. (Tully & Jacob, Amritsar, S. 11)

## Der Sikhismus

Der Sikhismus ist eine indische Religion und Philosophie, die Ende des 15. Jh. n. Chr. in der indischen Region Pandschab entstand. Der Sikhismus entwickelte sich aus den spirituellen Lehren von Guru Nanak (1469–1539) und den ihm nachfolgenden neun Sikh-Gurus. Zu jener Zeit hatte das Pandschab keine zentrale Regierung, sondern viele regionale Machthaber. Zwar gab es zwei vorherrschende Glaubensrichtungen, den Hinduismus und den Islam, doch waren diese aufgrund der Sprachbarrieren (Sanskrit und Arabisch) für einfache Leute oft schwer zugänglich. Da Nanak in der heimischen Landessprache Pandschabi predigte, fanden seine Lehren und Gebete vor allem bei armen Hindus und Muslims Anklang, und es bildete sich um ihn eine Glaubensgemeinschaft, deren Angehörige als „Sikh“ (Schüler) bezeichnet wurden.

Unter diesen Voraussetzungen entstand allmählich ein neues Pandschabi-Bewusstsein. Durch die Gründung der großen Gemeinschaftsküche Langar, zu der ausnahmslos alle Zugang hatten, also auch kastenlose Bürger sowie Unberührbare, öffnete sich die neue Glaubensgemeinschaft für weite Kreise der Bevölkerung. Die Religion und das Gesellschaftsverständnis der Sikh waren und sind vor allem egalitär. Der Sikhismus bekämpfte von Anfang an die sozialen Unterschiede des Kastensystems, das Unterdrückung und Ausbeutung der sozial Schwächeren mit sich brachte. Die Umwälzung der gesellschaftlichen Strukturen war vor allem für niedere Kasten, die in der Landwirtschaft tätig waren, von großer Bedeutung, vor allem für das Pandschab. Denn diese Region im Norden Indiens war und ist die „Grüne Insel" des Landes; dort war und ist der größte Teil der Bevölkerung in der Landwirtschaft tätig. Heute ist dieser Bundesstaat einer der wohlhabenderen Indiens.

## Britische Herrschaft

Vor der Eroberung durch die Briten bestand im Pandschab ein unabhängiges Sikh-Reich. Es zerfiel im Jahr 1849, nach dem Ende des sogenannten zweiten Anglo-Sikh-Krieges, in einzelne Fürstenstaaten sowie die britische Provinz Pandschab (Punjab). In den britisch eroberten Gebieten entstanden als Reaktion auf die britische Verwaltungspolitik religiös-nationalistische Bewegungen. Die Aktivität christlicher Missionare bei der Bekehrung von Hindus, Sikh und Muslimen spielte bei dieser Entwicklung ebenfalls eine Rolle.

Als sich das Britische Empire in den 1930er-Jahren aufzulösen begann, forderten die Sikh erstmals ein Heimatland für sich. Als die sogenannte Lahore-Resolution der Muslim-Liga forderte, das Pandschab zu einem muslimischen Staat zu machen, sahen die Sikh darin einen Versuch, sich historisches Sikh-Gebiet anzueignen. Die Sikh-Partei Shiromani Akali Dal plädierte daraufhin für eine geografische Trennung von Hindus und Muslimen. Die Sikh-Partei stellte sich Khalistan, ein nicht genauer definiertes Gebiet im Pandschab, als einen theokratischen Staat vor, der von einem Maharadscha mithilfe eines Kabinetts aus Vertretern aller im Land vertretenen Gruppierungen regiert werden sollte.

Im Jahr 1947 wurde Britisch-Indien aufgeteilt, und zwar nach religiösen Gesichtspunkten. Das neu gegründete Pakistan wurde den Muslimen zugewiesen, das übrige Indien Hindus und anderen Religionen. Die neue Grenzziehung lief aber darauf hinaus, dass das Pandschab geteilt wurde, denn ein Teil lag nun auf pakistanischem Gebiet, ein Teil auf indischem. Die Folge war, dass ein Großteil der Sikh zusammen mit Hindus aus dem pakistanischen Pandschab in das indische Pandschab einwanderte.

## Die Sikh-Organisation Babbar Khalsa

Babbar Khalsa (BK) war und ist eine militante Sikh-Organisation, deren Ziel die Schaffung einer unabhängigen Sikh-Nation Khalistan im Pandschab ist. Um dieses Ziel zu erreichen, verübte sie bewaffnete Angriffe, Attentate und Bombenanschläge und wird von mehreren Regierungen als terroristische Vereinigung eingestuft. Außer in Indien ist sie auch in Nordamerika und Europa aktiv. Der Name Babbar Khalsa geht auf die Babbar-Akali-Bewegung von 1920 zurück, die gegen die britische Herrschaft in Indien kämpfte. Die heutige BK wurde 1978 von Talwinder Singh Parmar und Sukhdev Singh Babbar gegründet. Sie ist eine von 45 in Indien verbotenen Organisationen. Neben Babbar Khalsa sind noch vier weitere Sikh-Organisationen als terroristische Gruppen verboten worden. Das Ziel war und ist in allen Fällen gleich: der unabhängige Sikh-Staat Khalistan, das „Land der Reinen".

Sukhdev Singh Babbar war einer der Anführer der militanten Gruppe Babbar Khalsa International, die vornehmlich im Ausland aktiv war. Er scheint für den Bombenanschlag auf den Air-India-Flug 182 im Jahr 1985 mit 329 Toten verantwortlich zu sein, obwohl seine Beteiligung nie offiziell festgestellt wurde. Zuvor, 1980 oder 1981, war eine der ersten bestätigten Aktivitäten von Babbar Khalsa die Ermordung des einflussreichen Politikers Shaadi Lal gewesen, einem der sieben Hauptakteure („Sterne") der Nirankari, einer Abspaltung vom Sikhismus.

Die Bewegung der Nirankari war bereits Mitte des 19. Jahrhunderts entstanden. Ihre Anhänger glauben an einen lebenden Guru, im Gegensatz zu den traditionellen Sikh, für die das heilige Buch „Guru Granth Sahib" die einzige maßgebende Instanz ist. Anfang der 1950er-Jahre nahmen die Zusammenstöße zwischen Sikh und Nirankari immer mehr zu, und die Spannungen hielten bis in die 1960er-Jahre an, als das Damdami Taksal, eine Bildungseinrichtung der Sikh, entstand. Sie sollte dem Einfluss der Nirankari entgegenwirken.

### Das Damdami Taksal

Das Damdami Taksal, das die reine Botschaft des Sikhismus vermitteln soll, hat seine Zentrale in der Stadt Mehta Chowk, etwa 40 km nördlich von Amritsar. Als religiöse Bildungseinrichtung der traditionellen Sikh-Lehre befand sie sich stets im Konflikt mit der indischen Regierung. So

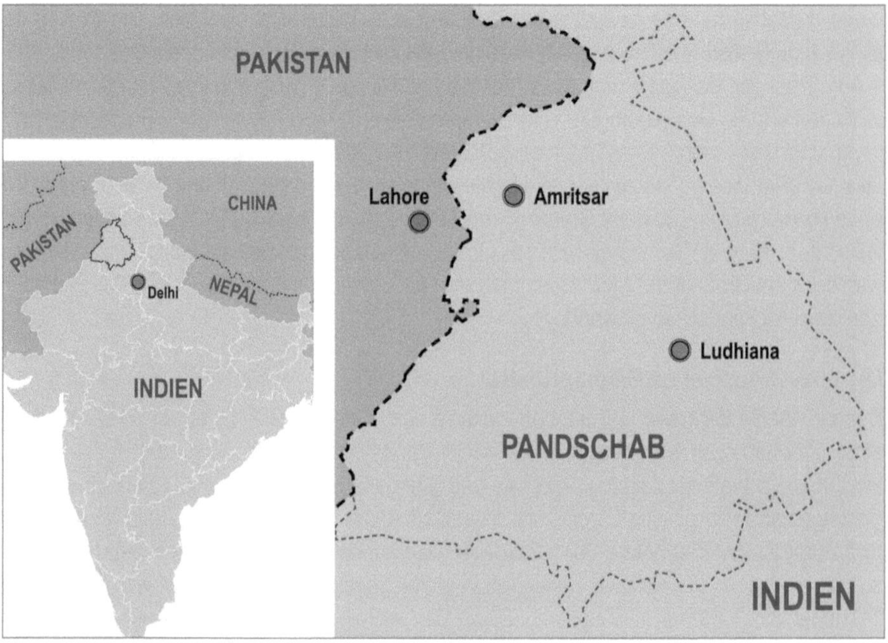


*Der indische Bundesstaat Pandschab (engl. Punjab) grenzt im Westen an Pakistan. Jenseits der Grenze liegt der pakistanische Teil des Pandschab mit seiner Hauptstadt Lahore.*

war auch einer ihrer Führer, Sant Kartar Singh Bhindranwale, ein scharfer Kritiker von Indira Gandhi. Im Jahr 1975 kam es zum Eklat. Indira Gandhi und Sant Kartar Singh Bhindranwale nahmen an einer großen Veranstaltung zum 300. Jahrestag des Martyriums von Guru Tegh Bahadur teil. Als Indira Gandhi die Bühne betrat, auf der auch das heilige Buch „Guru Granth Sahib" ausgestellt war, erhoben sich ihr zu Ehren alle Gäste auf der Bühne. Nur Sant Kartar Singh Bhindranwale blieb sitzen. Er ergriff dann das Wort und sagte, dass niemand mächtiger sei als das heilige Buch. „Wir sind nicht verpflichtet, aufzustehen und ihr (Indira Gandhi) Respekt zu zollen." Die Anwesenden im Saal applaudierten.

Dieses Ereignis war der Auslöser für ernste Spannungen zwischen dem Damdami Taksal und der von der Kongresspartei Indira Gandhis geführten Zentralregierung. In dem Streit ging es im Kern darum, wer die Autorität über die Sikh habe, die religiösen Führer der Sikh und ihr heiliges Buch „Guru Granth Sahib" – oder Indira Gandhi?

## Sant Singh Bhindranwale

Geboren als Jarnail Singh Brar 1947 in Rode (Pandschab), war Sant Singh Bhindranwale eine führende Persönlichkeit der Khalistan-Bewegung, obwohl er nicht für eine unabhängige Sikh-Nation eintrat. Bhindranwale, der 1984 starb, war und ist eine umstrittene Figur. Vom Jathedar, dem höchsten Vertreter der Sikh, wird er als Märtyrer bezeichnet. Bei der ländlichen Sikh-Bevölkerung genoss er große Popularität. Sie sahen in ihm einen mächtigen Führer, der sich gegen die Herrschaft und Unterdrückung durch den indischen Staat auflehnte. Hingegen war er für viele andere Inder die Spitze einer extremistischen und terroristischen Bewegung.

Im Jahr 1965 wurde der junge Jarnail Singh Brar von seinem Vater an der Schule Bhindran Taksal bei Moga im Pandschab eingeschrieben. Diese Schule war eine regionale Niederlassung der Damdami Taksal, die die reine Botschaft des Sikhismus vermitteln soll. Der Lehrer von Jarnail Singh Brar, Kartar Singh Khalsa, starb am 16. August 1977 bei einem Autounfall. Vor seinem Tod hatte er den damals 31-jährigen Jarnail Singh Brar zu seinem Nachfolger ernannt, und dieser wurde am 25. August 1977 in einer Zeremonie in Mehta Chowk formell zum 14. Jathedar gewählt. Damit war er oberster Führer des Damdami Taksal und höchster Vertreter der Sikh. Er nahm den Beinamen Bhindranwale an, was bedeutet, dass er aus dem Ort Bhindran Kalan kam, in dem sich der Bhindran-Taksal-Zweig der Damdami Taksal befindet. Außerdem erhlelt er den religiösen Titel Sant – Wegweiser und Gesandter Gottes.

Von Juli 1977 bis Juli 1982 bereiste Sant Singh Bhindranwale Städte und Dörfer im Pandschab, um den Sikh-Glauben zu predigen. Die Menschen kamen mit ihren Sorgen zu ihm und baten um Unterstützung und geistlichen Rat. Er besuchte auch andere indische Bundesstaaten und trat dabei meist in Gurdwaras auf, den Versammlungs- und Gottesdienstorten der Sikh.

## Die Entwicklung

Die sogenannte Grüne Revolution, die Einführung neuer Anbaumethoden und Mechanisierung der Landwirtschaft, die die traditionelle Bewirtschaftung des Bodens ersetzten, erhöhte die sozialen Probleme im Pandschab. Insbesondere die Mechanisierung machte viele Jugendliche arbeitslos. Aus dieser Situation im Pandschab erwuchsen Forderungen nach Autonomie der Sikh. Diese Bewegung verlief zunächst friedlich, aber der politische Druck führte zu immer heftigeren Reaktionen der indischen Behörden. Sowohl Polizeibrutalität als auch Korruption innerhalb der Behörden verschärften die angespannte Situation.

Im Jahr 1978 kam es erneut zu Zusammenstößen zwischen Sikh und Nirankari, bei denen 16 Menschen ihr Leben verloren. Nun setzte sich Sant Singh Bhindranwale für die Verabschiedung einer sogenannten „Anandpur-Resolution" ein, in der ein eigenes Land Khalistan als Heimatland für die Sikh gefordert wurde. Es war vorgesehen, dass Khalistan Teil der föderalen Union Indiens bleiben sollte, wobei die Zuständigkeit für Außenpolitik, Verteidigung, Währung und Kommunikationswesen bei der indischen Zentralregierung liegen sollten. Harchand Singh Longwal, Führer der Sikh-Partei Akali Dal, erklärte, dass die Sikh nicht die Absicht hätten, sich von Indien zu lösen. Sie wollten nur innerhalb Indiens frei von Einmischung in ihre religiös geprägte Lebensweise sein. Trotz dieser Erklärung betrachtete Premierministerin Indira Gandhi die Anandpur-Resolution als ein sezessionistisches Dokument.

### Eine KGB-Operation

In den frühen 1980er-Jahren war eines der Hauptziele des sowjetischen KGB in Indien, fingierte Beweise zu liefern, dass die CIA und der pakistanische Geheimdienst ISI hinter dem wachsenden Separatismus der Sikh im Pandschab steckten. 1981 starteten die Sowjets die Operation „Kontakt", in deren Mittelpunkt ein gefälschtes Dokument stand, das angeblich Einzelheiten über Waffen und Gelder enthielt, die der ISI an militante Sikh lieferte, die einen unabhängigen Staat gründen wollten. Agentenberichten zufolge deutete die alarmierte Reaktion der indischen Botschaft in Islamabad auf die pakistanische Unterstützung für die Sikh-Separatisten darauf hin, dass die Operation Kontakt ihr Ziel erreicht hatte.

Die Sowjets benutzten einen neuen Mitarbeiter in ihrer Residenz in Neu-Delhi namens „Agent S.", der Indira Gandhi nahestand, als wichtigen Kanal für die Übermittlung irreführender Informationen. Agent S. versorgte Indira Gandhi mit gefälschten Dokumenten, die eine pakistanische Beteiligung an der Khalistan-Verschwörung beweisen sollten. Im November 1982 stimmte der sowjetische Staatschef Juri Andropow dem Vorschlag zu, weitere Dokumente des pakistanischen Geheimdienstes zu falsifizieren, in denen Pläne des ISI detailliert beschrieben wurden, mithilfe der CIA Unruhen im Pandschab zu schüren und die Gründung von Khalistan als unabhängigen Sikh-Staat voranzutreiben. Der KGB war zuversichtlich, Indira Gandhi auf unbestimmte Zeit täuschen zu können. Die Entscheidung der Premierministerin, Truppen in den Pandschab zu entsenden, beruhte also darauf, dass sie die sowjetischen Fehlinformationen über die geheime Unterstützung der Sikh durch ISI und CIA ernst nahm.
(Andrew, The Mitrokhin Archive II, S. 336 ff.)

Die indische Regierung machte Bhindranwale für den Beginn der Sikh-Militanz im Pandschab verantwortlich. Durch ihn wuchs die Zahl der Menschen, die sich der Babbar Khalsa anschlossen. Er hatte das Bewusstsein der Bevölkerung für die anhaltenden Angriffe auf die Werte der

Sikh geschärft. Zahlreiche Protestbewegungen wurden initiiert, darunter auch Dharam Yudh Morcha, eine Protestbewegung, die nicht nur die Identität der Sikh stärken sollte, sondern auch die soziale und ökonomische Ungleichheit im Pandschab anklagte. Hauptziel der Bewegung blieb jedoch die Umsetzung der Anandpur-Resolution, die von Indira Gandhi als sezessionistisch zurückgewiesen worden war. Den Unruhen sollen ab Februar 1984 mindestens 135 Menschen zum Opfer gefallen sein.

Im Jahr 1978, nach dem erneuten Zusammenstoß der Sikh mit den Nirankari, begannen Bhindranwale und seine Anhänger, Schusswaffen zur Selbstverteidigung zu tragen. Im Juli 1982 lud Harchand Singh Longowal, Vorsitzender der Sikh-Partei Alkali Dal, Bhindranwale ein, sich im Komplex des Goldenen Tempels in Amritsar niederzulassen. Im Dezember 1983 machte Bhindranwale das religiöse Zentrum der Sikh zu seinem Hauptquartier. Mit Unterstützung des pensionierten Generalmajors Shabeg Singh begann er nun eine Kampagne zur Erreichung der Autonomie des Pandschab. Als die öffentliche Gewalt gegen die Sikh Anfang 1984 immer mehr zunahm, verschanzten sich die beiden Männer im inzwischen befestigten Akal Takht, einem ebenfalls heiligen Gebäude gegenüber dem Harmandar Sahib, dem Goldenen Tempel.

## Operation „Blue Star“

Nach Angaben des damaligen stellvertretenden Generalstabschefs, S. K. Sinha, begann die Armee bereits 18 Monate vor dem geplanten Angriff auf den Goldenen Tempel mit den Vorbereitungen – also lange bevor Bhindranwale dort einzog und den Akal Takht befestigte. Die Armee übte im Doon-Tal den Angriff an einer Nachbildung des Goldenen Tempels. Zwei Monate vor der Operation ließ die Luftwaffe Hubschrauber über dem Tempel fliegen, um Fotos zu machen. Nach Aussage von General S. K. Sinha hatte Indira Gandhi bereits 1982 an eine solche Operation gedacht.

Inzwischen wurde die Sikh-Partei Akali Dal in Verhandlungen verwickelt, um von den tatsächlichen Vorbereitungen abzulenken. Der Tag des Angriffs wurde auf den 3. Juni 1984 gelegt, den Gedenktag Guru Arjuns; an diesem Tag wurden viele Pilger im Goldenen Tempel erwartet. Die Zentrale Polizeireserve CRPF umstellte den Tempel, ließ die Pilger aber hinein.

## Der 25. Mai 1984

Es war gegen Mitternacht. In dieser Sommernacht im Pandschab war die Spannung im Hauptquartier der 9. Infanteriedivision der indischen Armee mit Händen zu greifen. Der Countdown für die sogenannte „H-Hour“, den Angriff auf den Goldenen Tempel, hatte begonnen. Während die Offiziere noch einmal die Pläne durchgingen, überprüften die Soldaten ihre Waffen. Im Lagezentrum erschien Generalmajor Kuldip Singh Brar. In seinem typischen knappen Ton erläuterte er rasch seinen Angriffsplan. Während die Truppen sich bereit machten und auf den Angriffsbefehl warteten, besprach die Führung in Neu-Delhi und in Shimla, wo sich das Hauptquartier des Westkommandos befand, die letzten Einzelheiten der Operation „Blue Star“. Außerhalb der Lagezentren war die Operation nach wie vor ein Geheimnis.
(Shekhar Gupta, The Punjab Story, S. 73 f.)

**1. Juni 1984**

**Augenzeugen** Berichten von Pilgern zufolge wird der Goldene Tempel bereits am 1. Juni von Sicherheitskräften beschossen und nicht erst am 5. Juni, wie von der Armee dargestellt. Der Beschuss beginnt um 12.40 Uhr und dauert bis 20.40 Uhr. Die Schüsse werden von der Zentralen Polizeireserve (CRPF) abgegeben, die auch Maschinengewehre einsetzt. Acht Pilger, darunter eine Frau und ein Kind, werden im Tempel getötet, 25 weitere verletzt. Singh Duggal, ein Bibliothekar, sagt später aus, die Verteidiger hätten den Befehl erhalten, nicht zu schießen, bis Armee oder Sicherheitskräfte den Tempel beträten.

**2. Juni 1984**

**Kontrolle der Armee** Die Armee schließt die Grenze zu Kaschmir im Norden und Rajasthan im Süden. Mindestens sieben Divisionen mit Infanteristen werden in den Dörfern des Pandschabs stationiert. Die Soldaten übernehmen von den Polizeieinheiten die Kontrolle, auch über die Stadt Amritsar, wo sich der Goldene Tempel befindet. Die Armee gestattet den Pilgern weiterhin den Zugang zum Tempelkomplex. Bei Einbruch der Dunkelheit beginnt für Presse und Medien eine partielle Nachrichtensperre. Der Bahn-, Straßen- und Flugverkehr im Pandschab wird eingestellt und Ausländern die Einreise in den Bundesstaat verweigert. Die Strom- und Wasserversorgung wird unterbrochen.

Am 2. Juni befahl Indira Gandhi den Zugriff. Das politische Risiko, die Armee in den Komplex des Goldenen Tempels zu schicken, war enorm. Indira Gandhi kannte auch die Gefahr für ihre Familie. Kurz vor 20 Uhr unterbrachen die von der Regierung kontrollierten Radio- und Fernsehsender ihr Programm und kündigten für 20.30 Uhr eine Erklärung der Premierministerin an. Mit einer Dreiviertelstunde Verspätung ging Indira Gandhi schließlich auf Sendung.

Sie erklärte der Nation, dass das eigentliche Problem bestehe darin, dass die Sikh-Partei Alkali Dal die Kontrolle über die Protestbewegung Morcha in die Hände von Bhindranwale gelegt habe. Die Premierministerin bot an, die Verhandlungen wieder aufzunehmen, warnte aber gleichzeitig, „es sollte klar sein, dass keine Regierung Gewalt und Terrorismus als Mittel zur Lösung von Problemen akzeptieren kann. Diejenigen, die sich solchen antisozialen und antinationalen Aktivitäten hingeben, sollten sich darüber nicht täuschen".

Die Premierministerin beendete ihre Ansprache an die Nation mit einem eindringlichen Appell: „Lasst uns einander die Hände reichen, um die Wunden zu heilen. [...] Ich appelliere an alle Teile der Pandschabi – vergießt kein Blut, verbreitet keinen Hass." Doch die Premierministerin hatte bereits entschieden, dass sie Blut vergießen werde, wenn es nötig sei.

Kurz nach dieser Sendung meldete All India Radio, dass die Armee in den Pandschab beordert worden sei, „um die zivilen Behörden zu unterstützen", wie es im Militärhandbuch heißt. (Tully & Jacob, Amritsar, S. 141 ff.)

**3. Juni 1984**

**Pilger** Nach Angaben der All India Sikh Students Federation sind rund 10.000 Pilger vor Ort, darunter viele Frauen und etwa 4.000 Jugendliche. Zu den Pilgern gesellen sich noch 1.300 Mitglieder der Akali-Partei, die an der Protestbewegung Dharam Yudh Morcha teilnehmen. Alle, die sich im Areal aufhalten, dürfen es am 3. Juni nach 22.00 Uhr nicht mehr verlassen: Das Militär hat eine Ausgangssperre verhängt. Tausende von Pilgern und Hunderte von Anhängern der Akali-Partei befinden sich bereits seit Tagen in dem Tempelkomplex.

Über den gesamten Bundesstaat Pandschab wird eine Ausgangssperre verhängt. Armee und Paramilitärs patrouillieren im ganzen Land.

**Sikh-Generäle** General Brar, Kommandant der 9. Division, gehört – wie auch Bhindranwale – der Gruppe der Jat-Sikhs an. Unter den sechs Generälen, die die Operation leiten, befinden sich vier Sikhs. General Brar kennt auch Bhindranwales Verbündeten Shabeg Singh, der sein Ausbilder an der indischen Militärakademie gewesen ist.

**Aufteilung** Die Operation wird in zwei Kategorien aufgeteilt. Eine ist die Operation Metall, für die die 9. Infanteriedivision von General Brar eingesetzt wird: Ausschalten der Kämpfer, einschließlich Bhindranwale und Shabeg Singh, im Komplex des Goldenen Tempels. Die zweite ist die Operation Shop: Angriffe auf extremistische Gebiete im gesamten Bundesstaat Pandschab und Vorgehen gegen die verbleibenden Militanten auf dem Land.

Darüber hinaus führt die Armee noch die Operation Woodrose durch, bei der Militäreinheiten in die Grenzgebiete verlegt werden, um die paramilitärischen Grenzschutztruppen zu ersetzen.

## Der Journalist Subhash Kirpekar bei Bhindranwale

„Am Abend des 3. Juni ging ich zum Goldenen Tempel, weil ich unbedingt den Mann treffen wollte, den alle fürchteten. [...] Als ich den Akal Takht betrete, werde ich von einem bewaffneten Wachmann Bhindranwales gefilzt [...] und muss einige Zeit warten. [...] Ich werde hineingebeten.“ Subhash Kirpekar gibt das Interview und weitere Geschehnisse in seinem Buch „The Punjab Story“ wieder.

> „Kirpekar: Unterstützen Sie die Schaffung von Khalistan?
> Bhindranwale: Ich war nie dagegen, und ich habe es auch nicht unterstützt (er schaut mich lächelnd an, um zu sehen, ob ich von seiner wortkargen Antwort beeindruckt bin).
> Kirpekar: Aber Sie sind der Meinung, dass die Sikh nicht in Indien leben können?
> Bhindranwale: Ja. Sie können weder in noch mit Indien leben. Wenn sie als Gleichberechtigte behandelt werden, ist es vielleicht möglich. Aber offen gesagt, glaube ich nicht, dass das möglich ist.“

„Als ich den Akal Takht verließ, [...] hatte ich das Gefühl, dass mehrere Augenpaare auf mich gerichtet waren und jeden meiner Schritte beobachteten. [...] Eine unheimliche Stille lag über dem Areal, etwas Schreckliches würde geschehen. [...] Im Goldenen Tempel brannte kein Licht. Aber von der Terrasse meines Hotels aus konnte ich sehen, dass er in grelles Scheinwerferlicht getaucht war. Etwas tönte aus den Lautsprechern. Ich verstand die Worte nicht, aber es hätte ein Aufruf an die Menschen im Inneren sein können, herauszukommen und sich zu ergeben.

Um 4.43 Uhr am 4. Juni löste sich die Spannung. Die Aktion begann. Ohrenbetäubender Kanonendonner durchbrach die Stille, Vogelschwärme kreischten in der Luft. Das Ziel schien

die Stellung auf einem hohen Gebäude in der Nähe des Akal Takht zu sein. In den kurzen roten Feuerblitzen, die auf Sand und Ziegelsteine trafen, konnte ich Sandsäcke erkennen. Leichtes Maschinengewehrfeuer antwortete dem Beschuss."
(Subhash Kirpekar, The Punjab Story, S. 104–108)

Bhindranwale wusste, wie sehr die Sikh den Goldenen Tempel verehrten. Er wusste, welche Belastungen ein Angriff auf den Goldenen Tempel für die Einheit Indiens mit sich bringen würde. Er wusste auch, dass er die Armee zum Angriff zwingen konnte. Er wusste, dass er durchhalten konnte, bis die Armee gezwungen sein würde, den heiligen Schrein Akal Takht und wahrscheinlich auch den Goldenen Tempel selbst anzugreifen. Bhindranwale hatte also eine Sache, für die es sich zu sterben, aber nichts, wofür es sich zu leben lohnte. Das war sicherlich der Grund, warum Bhindranwale sich weigerte zu kapitulieren.
(Tully & Jacob, Amritsar, S. 150)

**4. Juni 1984**

**Angriff** Die Armee beginnt mit der Beschießung der historischen Wachtürme, des Wassertanks und anderer befestigter Stellungen. Dafür nutzt sie 25-Pfünder-Feldgeschütze. Nachdem sie die von Shabeg Singh errichteten äußeren Verteidigungsanlagen zerstört hat, schickt die Armee Panzer und Schützenpanzer vor.

**Augenzeugen** Ein Augenzeuge, Bhan Singh, Verwaltungsangestellter im Tempelkomplex, berichtet, dass die Armee den Beginn des Angriffs nicht angekündigt habe und Pilger und Teilnehmer der Dharam Yudh Morcha am Verlassen der Stadt gehindert worden seien. Eine Frau erinnert sich, dass sich nur einige Priester, Freiwillige und Pilger am Goldenen Tempel aufgehalten hätten, aber keine Kämpfer. Auch Prithpal Singh, Beschäftigter in der Pilgerherberge, sagt aus, dass sie vom Militär beschossen worden seien. Eine andere Überlebende berichtet, dass die Armee die Menschen aufgefordert habe, ihre Verstecke zu verlassen. Sicheres Geleit und Wasser seien garantiert worden. Doch am nächsten Morgen habe sie die Leichen der Pilger gesehen, die den Durchsagen gefolgt seien. Sie hätten im Parikrama gelegen, einem überdachten Rundweg.

**5. Juni 1984**

Am Morgen beginnt der Beschuss der Gebäude innerhalb des Komplexes, also auch des Goldenen Tempels selbst. Das widerspricht der Darstellung im Weißbuch der Armee vom 4. Juli. Die 9. Infanteriedivision startet einen Frontalangriff auf den Akal Takht, kann das Gebäude jedoch nicht einnehmen und muss sich zurückziehen.

In einem Pressebriefing erläuterte General Sunderji die von der Regierung erhaltenen Befehle: Er habe den Auftrag gehabt, die Extremisten aus dem Goldenen Tempel zu vertreiben, ohne den Tempel zu zerstören und so wenig Schaden wie möglich am Akal Takht zu verursachen.

Generalleutnant Dayal erklärte gegenüber der Presse: „Das Prinzip der minimalen Gewaltanwendung wurde durchgehend angewandt", und er beschrieb die Operation „Blue Star" als typische Infanterieoperation. Dayal betonte auch, dass alle Truppen angewiesen worden seien, den Goldenen Tempel nicht zu beschädigen. Dayal war ein tief religiöser Mann, der seit seinem

14. Lebensjahr zum Beten in den Goldenen Tempel kam. Gegenüber der Presse sagte der Generalleutnant, er hätte keinen Zweifel gehabt, dass seine Männer den Befehl, das Heiligtum nicht zu beschädigen, befolgen würden.
(Tully & Jacob, Amritsar, S. 157 f.)

**19.00 Uhr** Das Hotel Temple View außerhalb des Tempelkomplexes ist von Kämpfern Bhindranwales besetzt. Wie der Name sagt, hat man von dort eine hervorragende Sicht auf den Haupteingang der Tempelanlage. Neben dem Hotel befindet sich die Brahmbuta Akhara, ein großes Gebäude, welches das Hauptquartier einer Sikh-Sekte beherbergt. Diese beiden Außenposten stehen in direktem Kontakt zum Verteidigungsposten im Akal Takht, zu General Shabeg Singh.

**22.00 Uhr** Nach drei Stunden sind die beiden Gebäude unter der Kontrolle der indischen Armee.

Daraufhin beschließen die drei Generäle Brar, Sunderji und Dayal einen gleichzeitigen Angriff von drei Seiten – den Hauptangriff.

**Hohe Verluste** Ein erster Versuch der Kommandotruppen, in Darshani Deori, dem Eingangstor, Fuß zu fassen, scheitert unter verheerendem Beschuss der Verteidiger, woraufhin weitere Versuche unternommen werden, mit unterschiedlichem Erfolg. Trotz der zunehmenden Verluste befiehlt General Sunderji einen vierten Angriff der Kommandotruppen. Diesmal wird das Einsatzbataillon durch zwei weitere Kompanien verstärkt. Doch auch diesen Truppen gelingt es nicht, zum Parikarma vorzudringen, dem überdachten Rundweg. Daraufhin wird Panzerunterstützung angefordert; es ist bereits ein gepanzerter Mannschaftstransporter zerstört worden.

**6. Juni 1984**

**07.30 Uhr** Am Morgen kommt der Einsatzbefehl. Der Kampfpanzer Vijayanta ist der wichtigste Kampfpanzer der Armee, eine in Indien gebaute Version des 38-Tonnen-Panzers von Vickers. Seine 105-mm-Hauptbewaffnung schießt hoch explosive Squash-Head-Granaten (HESH) in den Akal Takht. Diese Granaten wurden im Zweiten Weltkrieg für die Zerstörung von Betonbunkern entwickelt.

Die Auswirkungen dieses Feuers auf den Akal Takht sind verheerend. Die gesamte Fassade des heiligen Schreins wird zerstört, kaum eine Säule bleibt stehen.

**10.00 Uhr** Die Schlacht ist zu Ende. Etwa 50 Sikhs haben gegen die Armee gekämpft, bis sie sterben oder ihnen die Munition ausgegangen ist.

**7. Juni 1984**

Die Leichname von Bhindranwale und Shabeg Singh werden entdeckt, als die Armee am in den Akal Takht eindringt. In den Treppenhäusern des Gebäudes und in den verwinkelten Gängen liegen die Leichen weiterer Kämpfer.
(Mahmood, Faith and Nation, S. 91)

Für die drei Generäle Brar, Sunderji und Dayal war die ganze Operation ein zweifelhafter Erfolg. Zwar war Bhindranwale tot und der Komplex des Goldenen Tempels wurde geräumt, aber der Akal Takht, der Teil des Heiligtums, der so wenig wie möglich beschädigt werden sollte, wurde in Schutt und Asche gelegt. (Tully & Jacob, Amritsar, S. 159)

Laut dem offiziellen Bericht der indischen Regierung, dem „White Paper on the Punjab Agitation", der noch im Jahr 1984 veröffentlicht wurde, kamen bei der Operation Blue Star 554 militante Sikh und unbewaffnete Zivilisten ums Leben. Von den Armeeangehörigen wurden 83 getötet, vier Offiziere und 79 Soldaten; 236 Soldaten wurden verletzt. Unabhängige Beobachter gingen jedoch von wesentlich höheren Opferzahlen aus.

Laut General Brar habe die Armee nach bestem Wissen und Gewissen gehandelt, um so wenig Schaden wie möglich anzurichten. Trotzdem sprach er ebenfalls das zögerliche Verhalten von Premierministerin Indira Gandhi an. Wie Rajiv Gandhi bereits vor der Ermordung seiner Mutter war auch Brar der Ansicht, dass Operation Blue Star durch rechtzeitiges Handeln der Regierung hätte vermieden werden können. Doch letztendlich kam es zu dem Einsatz, und die Armee war gezwungen, das Beste aus der Situation zu machen. General J. S. Aurora fasste es so zusammen: „Die Armee wurde eingesetzt, um ein von der Regierung geschaffenes Problem zu lösen. Dies ist aber die Art von Aktion, die die Armee letztendlich ruinieren wird."
(Parmar, Jenny, Operation Blue Star – Analyse und Perspektiven, S. 88)

Christopher Andrew, emeritierter Professor für moderne und zeitgenössische Geschichte an der Universität Cambridge und Autor der „Mitrokhin Archives", kam 2005 zu dem Schluss, dass letztlich der KGB dafür verantwortlich sei, dass Indira Gandhi und andere Mitglieder der indischen Zentralregierung die Bedrohung durch militante Sikh, Pakistan und die CIA übertrieben. Die Rolle des KGB bei der Durchführung der Operation Blue Star wurde bereits 1992 von dem indischen Politiker Subramanian Swamy bestätigt. Er stellte fest, dass die Operation Blue Star 1984 notwendig geworden sei, weil der KGB umfangreiche Fehlinformationen über Sant-Bhindranwale verbreitet habe, die von der indischen Kongresspartei im Parlament übernommen worden seien.

## Konsequenzen

Sant Bhindranwale war zwar tot, doch der Sikh-Aufstand war damit keineswegs beendet, sondern nur unterdrückt. Nach der Operation Blue Star gab es im Pandschab mehr Gewalt denn je. Starben im Jahr 1983 bei Unruhen 99 Personen, so stieg die Zahl der Todesopfer bis zum Jahr 1987 auf über 1000 Tote jährlich an. 1986 erreichte der Aufstand einen Höhepunkt, als der Goldene Tempel erneut von Sikh besetzt wurde und die Gründung von Khalistan gefordert wurde. Ein Polizeieinsatz beendete die Besetzung.

In den Jahrzehnten danach waren mehrere militante Gruppen aktiv, welche die Sikh-Gemeinschaft führen. Mehrere dieser Gruppen sind weltweit organisiert; sie koordinieren ihre militärischen Aktivitäten mit dem Ziel der Schaffung von Khalistan. In den 1980er- und frühen 1990er-Jahren waren diese Gruppen am aktivsten. Die meisten der in Indien organisierten Gruppen wurden 1993 im Rahmen der Aufstandsbekämpfung zerschlagen. Zu den in späteren Jahren noch bestehenden Gruppen gehören Babbar Khalsa, International Sikh Youth Federation und die Khalistan Zindabad Force, die nicht nur in Indien als terroristische Organisationen gelistet sind.

## Aum Shinrikyo in Japan

Die bekannteste terroristische Organisation in Japan war die Japanische Rote Armee (JRA), eine militante kommunistische Organisation. Sie wurde im Februar 1971 von Fusako Shigenobu und Tsuyoshi Okudaira gegründet. In den 1970er- und 1980er-Jahren war sie am aktivsten, wobei sie hauptsächlich vom Libanon aus operierte, mit der PFLP zusammenarbeitete und von Libyens Muammar Gaddafi finanziert wurde. Bekannt wurde sie durch das Massaker am israelischen Flughafen Lod, einen Terroranschlag, der am 30. Mai 1972 verübt wurde (siehe Spuren des Terrors, Band I, S. 170 ff.). Ende der 1980er- und Anfang der 1990er-Jahre tauchte in Japan eine neue und zunächst religiöse Bewegung auf, die sich zu einer terroristischen Organisation entwickelte: Aum Shinrikyo („Höchste Wahrheit“).

### Die Entwicklung

Die Aum Shinrikyo (oder Aum-Sekte) ging aus einer Idee von Chizuo Matsumoto hervor. Matsumoto war ein problembelastetes Kind gewesen – ein sehbehinderter Schulhofschläger, der aber den Traum hatte, die Universität Tokio zu besuchen und dann Premierminister zu werden. Diese großen Pläne scheiterten jedoch schon bald, als er die Aufnahmeprüfung für die Universität nicht bestand und sich mit einem Job als Masseur begnügen musste.

In dieser Zeit begann Matsumoto, eifrig buddhistische Schriften zu studieren, und schloss sich einer Sekte an, die den tantrischen Buddhismus praktizierte und illegale Medikamente verkaufte. Im Jahr 1982 wurde er verhaftet, weil er nicht zugelassene Medikamente verkauft hatte, und zu einer Gefängnisstrafe verurteilt.

Im Jahr 1984 gründete Matsumoto einen kleinen Verlag und eine Yogaschule, die er nach und nach in eine Sekte umwandelte. Er nannte sich nun Shoko Asahara oder „Helles Licht“. Um Anhänger zu gewinnen, behauptete er, übernatürliche Fähigkeiten zu besitzen, wie zum Beispiel schweben zu können. In den Jahren 1986 und 1987 reiste er nach Indien, angeblich um die Lehren verschiedener Religionen zu studieren. Während seiner zweiten Reise wurde er vom Dalai Lama gesegnet. Ein Foto dieser Begegnung nutzte Matsumoto als Marketinginstrument, um sein Ansehen unter Buddhisten zu steigern. Gleichzeitig zögerte er nicht, großzügig Elemente von anderen Religionen und Philosophien zu übernehmen, von denen er glaubte, sie könnten seiner Sache dienen, etwa dem Zen-Buddhismus und dem Hinduismus.
(Kaplan & Marshall, The Cult at the End of the World, S. 7–12)

Die Anhänger Asaharas nahmen große Entbehrungen auf sich, legten Keuschheitsgelübde ab, kappten alle Verbindungen zu ihrer Vergangenheit, brachen mit ihren Familien und übergaben ihren gesamten Besitz der Sekte, um unter spartanischen Bedingungen zu leben. Die Sektenmitglieder waren ständig den Vorträgen und Lehren des Meisters ausgesetzt und mussten oft ohne Nahrung und Schlaf bleiben. Sie zahlten für seltsame Dinge, etwa batteriebetriebene Kappen, die Stromstöße in der Stärke von 6 Volt abgaben und den Träger mit Asaharas Gehirnströmen verbinden sollten. Außerdem zahlten die Gläubigen für alle möglichen Trunks und Spektakel, um eine höhere Stufe der Erleuchtung und Eintritt in Asaharas inneren Kreis zu erlangen. So kostete die Ehre, das Badewasser des Führers zu trinken, 1.000 Dollar, und eine kleine Ampulle mit Asaharas Blut, das ebenfalls getrunken werden sollte, 10.000 Dollar. In mehreren Fällen verübte die Sekte sogar Morde, um Desertionen zu verhindern.

Trotz dieser Gefahren ging die Anhängerschaft Asaharas bald in die Zehntausende, und es wird vermutet, dass sich in den Kassen der Sekte zwischen 300 Millionen und einer Milliarde Dollar befanden. Steuererleichterungen für religiöse Organisationen hatten die Finanzen der Sekte zusätzlich befördert, ebenso wie der Umstand, dass die Arbeitskräfte für ihre verschiedenen Unternehmungen ehrenamtlich tätig waren.

## Die Lehre vom Weltuntergang

Aum Shinrikyo stützte sich auf Asaharas eigenwillige Interpretationen von Elementen des frühen indischen und tibetischen Buddhismus sowie des Hinduismus. Shiva wurde als Hauptgott verehrt. Shoko Asahara gab als Ziel vor, den ursprünglichen Buddhismus wiederherstellen zu wollen, bediente sich dabei jedoch christlicher Sprachbilder. Im Jahr 1992 veröffentlichte er ein Lehrbuch, in dem er sich selbst als Christus, den einzigen vollständig erleuchteten Meister Japans, und als Lamm Gottes bezeichnete.

Asaharas angebliche Mission bestand darin, die Sünden der Welt auf sich zu nehmen, und er behauptete, seinen Anhängern spirituelle Kraft übertragen und sie von ihren Sünden befreien zu können. Die Menschheit werde untergehen, mit Ausnahme der wenigen Auserwählten, die sich der Aum angeschlossen hätten. Der Weltuntergang sollte im Jahr 1997 stattfinden. Die Mission von Aum bestand also nicht nur darin, das Wort der Erlösung zu verkünden, sondern auch darin, die Endzeit zu überleben.

Während manche Wissenschaftler die buddhistischen Elemente der Lehre und die Zugehörigkeit zum japanischen Buddhismus bestreiten, bezeichnen andere die Bewegung als einen Ableger des japanischen Buddhismus, und als solcher definierte und verstand sich die Bewegung im Allgemeinen auch.

Robert J. Lifton schrieb in seinem Buch „Destroying the World to Save It": „Keine Wahrheit war für Aum zentraler als der Grundsatz, dass die Erlösung der Welt nur durch den Tod fast aller Menschen auf dieser Erde erreicht werden kann. Die Jünger beschrieben, dass sie diese Vision verinnerlicht und ihre Entwicklung aus hinduistischen, buddhistischen und christlichen Lehren verstanden hätten. Sie gingen aber immer davon aus, dass die weltbeendende Gewalt von anderen und nicht von der Sekte selbst ausgehen würde, die Sekte sich aber mit gewaltsamen Mitteln verteidigen würde. Waffen übten eine große Anziehungskraft auf den Sektenführer aus, weil sie ihm das Gefühl vermittelten, dass er allein die Macht habe, die Welt zu zerstören." (Robert J. Lifton, Destroying the World to Save It, S. 8 f.)

## Waffen und das nötige Know-how

Schon bald reichten die Fühler von Aum Shinrikyo bis ins Ausland. Allein in Russland hatte die Sekte mehrere Niederlassungen in Moskau und elf außerhalb der Hauptstadt. Es war kein Zufall, dass sich einige dieser Niederlassungen in der Nähe wichtiger Raketen-, Chemie- und

Biowaffenfabriken befanden, denn eines von Asaharas Hauptanliegen war der Erwerb von Material und Wissen von Experten, die die sowjetischen Waffenprogramme betrieben.

Asaharas Suche nach unkonventionellen Waffen begann nach dem gescheiterten Versuch, Macht und Einfluss der Sekte auszudehnen. Im Februar 1990 hatte die Organisation Aum Shinrikyo den japanischen Wählern eine Liste mit 25 Kandidaten für die Parlamentswahlen vorgelegt, auf der auch der Guru selbst stand. Die darauf folgende Wahlniederlage war demütigend. Die Wähler hatten die Aum-Kandidaten abgelehnt, zum großen Teil wegen der apokalyptischen Töne in den Wahlreden. Verärgert über die Tatsache, dass alle Aum-Kandidaten zusammen nur 1.783 Wählerstimmen in ganz Japan erhalten hatten, begann Asahara zwei Monate später, eine Katastrophe für Japan vorherzusagen. Unter Berufung auf Shiva, den vielarmigen hinduistischen Gott der Zerstörung und Wiedergeburt, der auch die Hauptgottheit der Sekte war, plante Asahara nun, die Regierung zu unterwandern und die Macht mit Gewalt an sich zu reißen.

Asahara verkündete eine Untergangsvision, basierend auf dem biblischen Konzept des Jüngsten Gerichts, der buddhistischen Vorstellung von Anarchie nach dem Ende von Buddhas Weisheit und den apokalyptischen Offenbarungen des Nostradamus. Daher befahl er der Sekte, sich auf den Endkampf vorzubereiten, aus dem seine Anhänger als eine Art Herrenrasse hervorgehen würden. Asahara und einige seiner Anhänger begannen auch Anschuldigungen zu verbreiten, die Sekte sei mit Giftgas angegriffen worden. Gleichzeitig aber priesen sie öffentlich die Vorzüge des chemischen Kampfstoffes Sarin.

Auf Asaharas Geheiß wurden in erster Linie Wissenschaftler und Techniker rekrutiert, um die Waffenprogramme der Sekte zu unterstützen. Die High-Tech-Waffenabteilung befand sich im sogenannten Clear-Stream-Tempel, etwa 35 km vom heiligen Berg Fuji entfernt in Kamikuishiki. Dieser Tempel beherbergte das Aum-Hauptquartier. Im Jahr 1993 eröffnete die Sekte dort eine riesige Fabrik mit Maschinen zur Metallbearbeitung, Drehbänken und anderen Geräten, die für die Herstellung von Waffen benötigt wurden. Aum hatte dafür sehr viel Geld ausgegeben, denn die Sekte hatte es auf futuristische Waffen wie Laser und seismologische Waffen abgesehen. Darüber hinaus aber versuchte sie, sich eine alte Waffe nutzbar zu machen: die Verbreitung von Krankheiten.
(Kaplan & Marshall, The Cult at the End of the World, S. 84 f.)

### Schwere Vorwürfe

Ende der 1980er-Jahre gab es eine Reihe von Kontroversen um die Sekte. Ihr wurde vorgeworfen, Interessenten zu täuschen, Sektenmitglieder gegen ihren Willen festzuhalten und sie zu Geldspenden zu zwingen. David E. Kaplan und Andrew Marshall berichten in ihrem 1996 erschienenen Buch „The Cult at the End of the World" von geheimen Praktiken der Sekte. Bei den Aufnahmeritualen, so die Autoren, seien häufig Halluzinogene wie LSD verwendet worden. Zu den religiösen Riten hätten oft auch extreme asketische Praktiken gehört, die als Yoga bezeichnet würden, aber eher Schocktherapien glichen. Es ist auch bekannt, dass die Sekte die Ermordung mehrerer Personen in Erwägung gezogen hat, die ihr kritisch gegenüberstanden.

Dazu gehörte der Leiter der buddhistischen Sekte Soka Gakkai, die sich für ein friedliches Miteinander einsetzt. Die Organisation Asaharas soll auch tatsächlich ein Mitglied ermordet haben, das im Februar 1989 versucht habe, die Sekte zu verlassen.

## Terroristische Angriffe 1993 bis Anfang 1995

Im Juli 1993 versprühten Mitglieder der Aum-Sekte von einem Kühlturm auf dem Dach ihres Hauptquartiers in Tokio aus eine Flüssigkeit, die Sporen des Milzbrand-Erregers Bacillus anthracis enthielt. Ihr Plan, eine Anthrax-Epidemie auszulösen, schlug jedoch fehl. Der Angriff führte zwar zu zahlreichen Beschwerden über üblen Geruch, aber nicht zu Erkrankungen.

Ende 1993 begann die Sekte insgeheim mit der Herstellung der Nervenkampfstoffe Sarin und später auch VX-Gas. Sarin wurde auf der Banjawarn Station, einer abgelegenen Schafzuchtfarm in Westaustralien, an Schafen getestet; 29 Schafe verendeten.

In den Jahren 1994/95 verwendete die Aun-Sekte bei mehreren Attentatsversuchen sowohl Sarin als auch VX. So verübte sie in der Nacht des 27. Juni 1994 in der zentraljapanischen Stadt Matsumoto einen Chemiewaffenangriff. Mithilfe eines umgebauten Kühlwagens setzten Sektenmitglieder in einer Straße, in der Richter wohnten, eine Sarinwolke frei. Diese Richter leiteten einen Prozess, bei dem eine Auseinandersetzung um Immobilien verhandelt wurde. Der Prozesses schien für die Sekte negativ auszugehen. Bei diesem Angriff in Matsumoto wurden acht Menschen getötet und 500 weitere geschädigt. Die polizeilichen Ermittlungen konzentrierten sich damals auf einen – unschuldigen – Anwohner, während die Sekte ungeschoren davonkam.

Ende 1994 brach die Sekte in das Werk von Mitsubishi Heavy Industries in Hiroshima ein, um technische Unterlagen über Waffensysteme wie Panzer und Artillerie zu stehlen.

Im Dezember 1994 und im Januar 1995 stellte die Aum-Sekte 100–200 g VX her, mit dem drei Personen angegriffen wurden. Am 2. Dezember wurde ein Mann namens Mizuno mit Spritzen, die VX-Gas enthielten, angegriffen und schwer verletzt. Er soll ehemaligen Aum-Mitgliedern bei der Flucht geholfen haben. Ein anderer namens Hamaguchi, den Asahara für einen Spion hielt, wurde am 12. Dezember auf einer Straße in Osaka von zwei Aum-Mitgliedern angegriffen, die ihm das Nervengift in den Nacken spritzten. Er konnte die beiden Attentäter noch etwa 100 Meter verfolgen, bevor er zusammenbrach, ins Koma fiel und zehn Tage später starb. Am 4. Januar wurde Nagaoka, ein führendes Mitglied der Hilfsorganisation „Aum Victims' Society", die gegen die Sekte kämpfte, auf die gleiche Weise ermordet.

Im März 1995 plante die Polizei, in ganz Japan zeitgleich Razzien in mehreren Sektenzentren durchzuführen. Die Staatsanwaltschaft behauptet, Asahara habe davon gewusst und den Anschlag auf die Tokioter U-Bahn angeordnet, um den Razzien zuvorzukommen.

## März 1995: Giftgasanschläge auf die Tokioter U-Bahn

Die Netze der Tokioter U-Bahn und der Toei-Metro befördern mehrere Millionen Fahrgäste pro Tag, in Stoßzeiten vor allem Berufstätige. Die Benutzung öffentlicher Verkehrsmittel ist in Tokio, wie in allen Metropolregionen der Welt, allgemein üblich.

Am 19. März versammelte sich ein Team in Kamikuishiki, dem Zentrum der Aum-Sekte, um einen geplanten Giftgasangriff auf die Tokioter U-Bahn zu besprechen. Um 22.00 Uhr brach das Team zu einer letzten Erkundungsmission auf. Es musste noch einmal überprüft werden, in welchem Zeittakt die Züge fuhren, wie lange die Waggontüren an einer Haltestelle geöffnet blieben und welche Waggons sich am nächsten zu den Bahnhofsausgängen befanden.

Die ausgewählten Attentäter kehrten um 3.00 Uhr morgens nach Kamikuishiki zurück, um dort noch einige Übungen durchzuführen. Mit Regenschirmen, deren Spitzen geschärft worden waren, übten sie, mit Wasser gefüllte Beutel zu durchstechen. Bevor die Teams das Zentrum verließen, erhielten die Sarin-Träger unter ihnen Gegengifttabletten, die sie zwei Stunden vor dem Angriff einnehmen sollten, sowie Spritzen mit einem schnell wirkenden Gegenmittel für den Fall, dass sie nach dem Angriff in ihrem Zug festsitzen würden.

Zuvor, am späten Abend des 19. März, hatte die Sekte einen Brandanschlag auf ihr eigenes Hauptquartier in Tokio verübt, um die Polizei in die Irre zu führen. Es war nur geringer Schaden entstanden, aber es waren Flugblätter verteilt worden, auf denen Asahara bedroht wurde, wodurch der Brandanschlag einer anderen Sekte zugeschrieben werden sollte.

**20. März 1995**

**Montag** Der Berufsverkehr an diesem Tag scheint wie an jedem anderen Morgen zu sein. Die Pendler stehen auf den überfüllten Bahnsteigen dicht an dicht, um sich dann in die Züge zu drängen. Während der Pendelfahrten, die Stunden dauern können, bleiben sie zusammengepfercht geduldig stehen.

**06.00 Uhr** Zwischen 6.00 Uhr und 6.30 Uhr morgens verlassen fünf Teams – jeweils ein Attentäter und ein Fahrer des Fluchtautos – die Zentrale, um die ihnen zugewiesenen Züge zu den vorgesehenen Zeiten zu erreichen. Unter den Pendlern, die an diesem Montagmorgen unterwegs sind, befinden sich somit auch fünf Mitglieder der Aum-Sekte, die mit Sarin gefüllte Beutel bei sich tragen, einer drei Beutel zu je 1,3 Liter, die anderen vier jeweils zwei Beutel zu jeweils 0,9 Liter.

Sarin ist eine heimtückische Substanz. Es ist der flüchtigste aller Nervenkampfstoffe. Das bedeutet, dass er sich schnell von einer Flüssigkeit in ein Gas verwandelt, das in die Umgebung entweicht. So können Menschen Sarin ausgesetzt sein und geschädigt werden, auch wenn sie gar nicht mit der flüssigen Form in Berührung kommen. Indem die Terroristen die durchlöcherten Pakete auf dem Boden liegen lassen, kann sich das Sarin im Waggon und in den Bahnhöfe ausbreiten. Da das Nervengift schnell verdampft, stellt es eine zwar unmittelbare, aber nur kurz andauernde Gefahr dar.

**Chiyoda-Linie, Zug A725K, Richtung Kasumigaseki**

Ein Team aus Ikuo Hayashi und Niimi soll zwei Sarinbeutel auf der Chiyoda-Linie ablegen. Hayashi ist der Attentäter, Niimi sein Fluchtwagenfahrer. Auf dem Weg zum Bahnhof des Stadtteils Sendagi kauft Niimi Zeitungen, um die Sarinbeutel einzuwickeln.

**07.48 Uhr** Hayashi, 48 Jahre alt, ein ehemaliger leitender Mediziner im Ministerium für Wissenschaft und Technik, gehört seit 1990 der Aum-Sekte an und hat dort eine Führungsposition inne. Er besteigt den ersten Waggon des in Richtung Südwesten fahrenden Zuges der Chiyoda-Linie. Als sich der Zug dem Bahnhof Shin-Ochanomizu nähert, der sich im Geschäftsviertel von Chiyoda befindet, durchsticht Hayashi einen der beiden Sarinbeutel und verlässt den Zug in Shin-Ochanomizu.

**Weiterfahrt** Der Zug fährt mit dem durchstochenen Sarinbeutel weiter und erreicht vier Haltestellen später den Bahnhof Kasumigaseki. Dort werden die Beutel von Bahnhofsmitarbeitern entfernt. Der Zug fährt weiter zum nächsten Bahnhof, wo er evakuiert und gereinigt wird. Zwei der Bahnhofsmitarbeiter, die die Beutel entsorgt haben, sterben später.

**Marunouchi-Linie, Zug A777, Richtung Ogikubo**

**06.00 Uhr** Ein Team, das aus dem Attentäter Hirose und dem Fahrer Kitamura besteht, soll zwei Sarinbeutel in der U-Bahn auf der Marunouchi-Linie platziert. Die beiden verlassen die Aum-Zentrale um 6.00 Uhr morgens und fahren zum Bahnhof Yotsuya.

Dort steigt Hirose in einen nach Westen fahrenden Zug, den er an der Station Shinjuku wechselt. Er fährt weiter zum Bahnhof Ikebukuro. Dort steigt er erneut aus und kauft eine Zeitung, in die er die Sarinbeutel einwickelt.

**07.47 Uhr** Dann steigt er in den zweiten Waggon des Zuges A777 der Marunouchi-Linie.

Hirose, ein 30-jähriger Diplomphysiker, der in der Chemie-Abteilung der Aum-Sekte eine wichtige Position innehat, will die beiden Sarinbeutel aufstechen. Er zögert, weil er glaubt, dass die lauten Geräusche dabei die Aufmerksamkeit eines Schulmädchens in seiner Nähe erregen könnten. Um jedem Verdacht zu entgehen, verlässt er den zweiten Waggon an der nächsten Haltestelle und steigt in den dritten Waggon wieder ein.

**Die Tat** Als sich der Zug der Haltestelle Ochanomizu nähert, lässt Hirose die Zeitungen auf den Boden fallen und durchsticht beide Sarinbeutel mit so viel Kraft, dass er die Spitze seines Regenschirms verbiegt.

**07.59 Uhr** Die gesamten 0,9 Liter Sarin laufen auf den Boden des Zuges. Hirose verlässt den Zug in Ochanomizu und steigt vor dem Bahnhof in den Wagen von Kitamura. Durch die ungeschickte Freisetzung des Sarins hat sich Hirose versehentlich selbst vergiftet. Er spritzt sich in Kitamuras Wagen das Gegenmittel.

**Weiterfahrt** Der Zug fährt mit dem Sarin auf dem Boden weiter. Fünf Haltestellen später, um 08.38 Uhr, erreicht der Zug den Bahnhof Ogikubo, die Endstation der Marunouchi-Linie. Neue Fahrgäste steigen in den Zug, der in umgekehrter Richtung zurückfährt. Zwei Haltestellen später, am Bahnhof Shin-Kōenji, wird er gestoppt und aus dem Verkehr gezogen.

**Marunouchi-Linie, Zug B801, Richtung Ikebukuro**

Zwei 31-jährige Männer, der ehemalige Physikstudent Toyoda und ein Mann namens Takahashi, sollen das Sarin auf der Marunouchi-Linie Richtung Ikebukuro freisetzen. Bei der Ankunft am Bahnhof Shinjuku setzt Toyoda eine Perücke und eine falsche Brille auf.

**07.39 Uhr** Toyoda besteigt den fünften Waggon der Marunouchi-Linie in Richtung Ikebukuro. Als der Zug in den Bahnhof Yotsuya einfährt, beginnt Toyoda, die Sarinbeutel aufzustechen. Am nächsten Bahnhof verlassen Toyoda und Takahashi den Zug und lassen die Sarinbeutel im Waggon zurück. Die Beutel sind nicht vollständig durchlöchert: Ein Paket ist völlig unversehrt geblieben, während der andere lediglich ein kleines Loch hat, wodurch das Sarin nur langsam freigesetzt wird.

**08.30 Uhr** Der Zug erreicht Ikebukuro, die Endstation der Marunouchi-Linie, und soll in entgegengesetzter Richtung zurückfahren. Vor der Abfahrt wird der Zug durchsucht, doch offenbar nicht gründlich genug, denn die Sarinbeutel werden nicht gefunden.

**08.32 Uhr** Der Zug verlässt die Endstation Ikebukuro; er trägt jetzt die Bezeichnung A801, Richtung Shinjuku. Bald darauf haben die Fahrgäste Beschwerden und informieren das Bahnpersonal über die merkwürdigen Zeitungen mit den Beuteln. Eine Station später, in Hongō-sanchōme, entfernt das Personal die Sarinbeutel und wischt den Boden. Der Zug fährt weiter und kommt um 09.09 Uhr in Shinjuku an.

**09.27 Uhr** Unter der neuen Nummer B901 fährt der Zug zurück nach Ikebukuro.

Schließlich wird er am Bahnhof Kokkai-gijidō-mae in Chiyoda angehalten und erst dann außer Betrieb genommen. Eine Stunde und vierzig Minuten zuvor ist das Sarin freigesetzt worden.

**Hibiya-Linie, Zug B711T, Richtung Tobu Dobutsu Koen**

**06.30 Uhr** Der Attentäter Yokoyama und sein Fahrer Tonozaki verlassen das Aum-Hauptquartier. Sie sollen das Sarin auf der nach Nordosten führenden Hibiya-Linie freisetzen.

**07.59 Uhr** An der Station Naka-Meguro steigt Yokoyama in den ersten Waggon des nach Nordosten fahrenden Zuges der Hibiya-Linie. Er sitzt in der Nähe der Tür und legt die Sarinbeutel auf den Boden. Als der Zug zwei Minuten später an der nächsten Station, Ebisu, ankommt, durchsticht Yokoyama beide Beutel und verlässt den Zug. Das ist der am schnellsten durchgeführte von den fünf Anschlägen an diesem Tag.

Zwei Haltestellen später, am Bahnhof Roppongi, spüren die Fahrgäste im ersten Waggon die Auswirkungen des Sarins und öffnen die Fenster.

**Panik** An der nächsten Haltestelle, dem Bahnhof Kamiyacho, geraten die Fahrgäste im ersten Waggon in Panik. Der Waggon wird evakuiert, und mehrere Passagiere werden ins Krankenhaus gebracht. Da der erste Waggon nun leer ist, fährt der Zug weiter und wird erst am Bahnhof Kasumigaseki vollständig evakuiert.

**Hibiya-Linie, Zug A720S, Richtung Naka-Meguro**

Der Attentäter Yasuo Hayashi und sein Partner Sugimoto bilden das Team, das den Auftrag hat, das Sarin in dem Hibiya-Zug zu verteilen, der vom Bahnhof Kita-Senju zur Station Naka-Meguro fährt. Im Gegensatz zu den anderen Angreifern hat Yasuo Hayashi drei statt zwei Sarinbeutel bei sich.

**07.43 Uhr** Nachdem Sugimoto seinen Partner Yasuo Hayashi zum Bahnhof Ueno gebracht hat, steigt dieser in den dritten Waggon und legt seine Sarinbeutel auf den Boden. Zwei Haltestellen später, am Bahnhof Akihabara, durchbohrt er die Pakete, verlässt den Zug und kehrt mit Sugimoto um 08.30 Uhr ins Aum-Hauptquartier zurück.

**Sarin** Der Zug fährt weiter. Beim nächsten Halt spüren die Fahrgäste im dritten Waggon die Auswirkungen des Sarins. Ein Fahrgast bemerkt einen großen, mit Flüssigkeit gefüllten Beutel auf dem Boden und wirft ihn am Bahnsteig der Station Kodenmachō aus dem Waggon. Dennoch fährt der Zug zur nächsten Station weiter.

Auf dem Boden des Waggons bleibt eine Lache Sarin zurück.

**08.10 Uhr** Nachdem der Zug die Station Hatchobori verlassen hat, drückt ein Fahrgast im dritten Waggon die Notruftaste. Zu diesem Zeitpunkt befindet sich der Zug allerdings in einem Tunnel und kann nicht halten. Der Zugführer ist gezwungen, bis zum Bahnhof Tsukiji weiterzufahren. Dort brechen zahlreiche Fahrgäste auf dem Bahnsteig zusammen, und der Zug wird außer Betrieb gesetzt.

Bei diesem Giftgasanschlag, dem wohl weltweit ersten in einer U-Bahn, wurden zwölf Fahrgäste sofort getötet und mehr als 1.365 verletzt. Bei einem Einsatz von Sarin hätten es sehr viel mehr sein können, doch die Aum-Sekte hatte sich nicht viel Zeit genommen, um den Giftstoff herzustellen, weshalb er nur eine Konzentration von 30 Prozent erreichte. Hoch konzentriertes Sarin (100 Prozent) ist eine klare Flüssigkeit, während die für den Anschlag genutzte Substanz eine bräunliche Flüssigkeit mit deutlich reduzierter Wirksamkeit war.

## St. Luke's International Hospital

Um 8.09 Uhr ging bei der Feuerwehr von Tokio der erste Notruf ein. Innerhalb der nächsten Stunde folgten Notrufe aus fünfzehn U-Bahn-Stationen. Die Behörde erkannte schnell, dass alle Anrufe auf eine einzige Ursache zurückzuführen waren. Knapp zehn Minuten später rief die Feuerwehr die Notaufnahme des St. Luke's International Hospital an und meldete eine Gasexplosion. Das Krankenhaus bereitete sich auf die Aufnahme von Patienten mit Verbrennungen und Kohlenmonoxidvergiftungen vor. Kurz darauf trafen die ersten drei Patienten zu Fuß im St. Luke's Hospital ein, gefolgt von etwa zwanzig weiteren Opfern; sie alle klagten über leichte Vergiftungssymptome wie Augenschmerzen, Atembeschwerden und Tränenfluss. Um 8.40 Uhr traf der erste Krankenwagen im St. Luke's ein. Gleichzeitig wurde das Krankenhaus gewarnt, dass noch mit mehreren hundert weiteren Patienten zu rechnen sei. Wenige Minuten später brachte ein Privatfahrzeug ein Opfer mit Herzstillstand, und in der nächsten Stunde suchten etwa fünfhundert Patienten das St. Luke's auf.

## Der Notstand

Um 8.44 Uhr eröffnete die Nationale Polizeibehörde eine Notfalleinsatzzentrale, um Feuerwehr, Polizei und Rettungskräfte des medizinischen Notdienstes zu koordinieren.

Ein erster Patient, der um 8.50 Uhr in der Augenabteilung untersucht wurde, hatte stark verkleinerte Pupillen. Die Mitarbeiter des St. Luke's vermuteten eine Organophosphat-Vergiftung; zu dieser Stoffgruppe gehört auch Sarin. So kam auch die Polizeibehörde zu der Überzeugung, dass ein chemischer Kampfstoff die Ursache für die Katastrophe sei. Sie bat das japanische Militär um die Entsendung von zwei Experten für chemische Kriegsführung, die die Notfalleinsatzzentrale unterstützen sollten. Darüber hinaus wurde angeordnet, dass alle Polizisten und Rettungskräfte auf den U-Bahnhöfen Gasmasken zu tragen hätten. Im St. Luke's wurden alle verfügbaren medizinischen Mitarbeiter in die Notaufnahme beordert.

Um 9.00 Uhr begann die Polizei damit, die Zugänge zu den betroffenen U-Bahnhöfen zu sperren. Die Krankenhausverwaltung des St. Luke's erklärte den Notstand und sagte Routineoperationen und ambulante Dienste ab. Es wurde beschlossen, alle verfügbaren Räume, also auch Flure und die Kapelle, in Patienten- und Behandlungsräume umzuwandeln.

Das Krankenhaus erhielt um 9.30 Uhr einen Telefonanruf von Dr. Nobu Yanagisawa vom Shinshu University Hospital. Dr. Yanagisawa war einer der Ärzte, die die Opfer des Sarinanschlags der Aum-Sekte im Juni 1994 in Matsumoto behandelt hatten (siehe S. 334). Er teilte mit, dass er meine, hier sei erneut Sarin eingesetzt worden.

Gegen 10.00 Uhr trafen ein Arzt und drei Krankenschwestern des Tokioter Armee-Krankenhauses ein, um das Personal von St. Luke's zu unterstützen. Da alle sicher waren, dass der Nervenkampfstoff Sarin der Auslöser der Katastrophe war, erhielten schwer betroffene Patienten intravenös ein Gegenmittel verabreicht.

Gegen 11.00 Uhr wurde in den Fernsehnachrichten berichtet, dass die Polizei mithilfe der Gaschromatograph-Massenspektrometrie Sarin identifiziert habe. Das Shinshu University Hospital verschickte Daten über Sarinvergiftungen und deren Behandlung an alle Krankenhäuser.

Um 14.00 Uhr wurden 528 Patienten aus St. Luke's entlassen, die wegen Augenreizung erfolgreich behandelt worden waren.

Im Juli 2018, also 23 Jahre nach den Anschlägen, wurden 13 Mitglieder der Aum-Sekte, darunter auch ihr Anführer Asahara, gemäß der japanischen Tradition gehängt. Die Sekte hatte eigentlich nach dem Anschlag aufgelöst werden sollen, doch das Religionsgesetz verhinderte dies. Nach dem Prozess gegen Asahara wurde die Struktur der Sekte mehrfach geändert. Ab Februar 2000 agierte sie unter dem Namen Aleph. Die neue Führung entschuldigte sich bei den Opfern des Sarin-Anschlags und richtete einen Entschädigungsfonds ein, doch die Regierung stellte die neue Organisation unter Beobachtung, da man der Ansicht war, dass von ihr immer noch eine Terrorgefahr ausgehe.

## Quellen: Terrorismus in Asien

### Bücher


- Andrew, Christopher, The Mitrokhin Archive II, The KGB in the World, London 2005
- Brar, K.S., Operation Blue Star, The True Story, New Delhi 1994
- Conboy, Ken, The Second Front, Inside Asia's Most Dangerous Terrorist Network, Jakarta 2006
- Kaplan, David, Marshall, Andrew, The Cult at the End of the World, London 1996
- Knaur, Amarjit, The Punjab Story, New Delhi 2004
- Lifton, Robert Jay, Destroying the World to Save it, Aum Shinrikyo, Apocalyptic Violence and the New Global Terrorism, New York 1999
- Mahmood, Cynthia Keppley, Fighting for Faith and Nation, Dialogues with Sikh Militants, Philadelphia 1996
- Murakami, Haruki, Underground, The Tokyo Gas Attack and The Japanese Psyche, New York 2001
- Parmar, Jenny, Operation Blue Star, Analyse und Perspektiven, Saarbrücken 2014

- Russler, Don, The Fights of Lashkar-e-Taiba, Recruitment, Training, Deployment and Death, West Point 2013
- Sidel, John T., Riots, Pogroms, Jihad, Religious Violence in Indonesia, London 2006
- Sidhu, G.B.S., The Khalistan Conspiracy, Uttar Pradesh 2020
- Tully, Mark, Satish, Jacob, Amritsar, Mrs. Gandhi's Last Battle, New Delhi 1985


### Zeitschriften/Studien


- https://www.academia.edu/8303411/The_History_of_Darul_Islam_DI_and_Kartosuwiryo
- https://www.icct.nl/publication/understanding-jemaah-islamiyahs-organisational-resilience-2019-2022
- https://www.aph.gov.au/Parliamentary_Business/Committees/Joint/Completed_Inquiries/pjcis/AQAP_6%20terrorist%20orgs/report/appendixd
- https://web.archive.org/web/20060508092844/http://www.terrorismcentral.com/Library/terroristgroups/JemaahIslamiyah/JITerror/WJ2000.html
- http://news.bbc.co.uk/2/hi/asia-pacific/4301630.stm
- https://www.abc.net.au/news/2006-01-01/indonesian-police-detain-man-after-market-bombing/771326
- https://www.nytimes.com/2009/07/18/world/asia/18indo.html
- https://abcnews.go.com/International/story?id=81856&page=1
- https://www.smh.com.au/world/al-qaeda-singles-out-australia-report-20030812-gdh8sf.html
- https://carnegieendowment.org/files/ideologies.pdf
- https://cisac.fsi.stanford.edu/mappingmilitants/profiles/lashkar-e-taiba
- https://carnegieendowment.org/files/Lashkar-e-Taiba_in_Perspective.pdf
- http://newamerica.net/sites/newamerica.net/files/policydocs/Tankel_LeT_0.pdf
- https://web.archive.org/web/20091117111832/http://www.dnaindia.com/world/report_pakistani-army-ran-muslim-extremist-training-camps-anti-terrorist-expert_1311559
- International Journal of Social Sciences and Management Review, Volume 3, Issue 6, November – December 2020, ISSN 2582-0176, https://ijssmr.org/uploads2020/ijssmr03_140.pdf
- https://www.nytimes.com/1984/06/19/world/punjab-raid-unanswered-questions.html
- https://www.tribuneindia.com/2003/20031102/spectrum/main1.htm
- https://www.indiatoday.in/magazine/indiascope/story/19820430-what-kind-of-man-is-sant-jarnail-singh-bhindranwale-771737-2013-10-15
- https://www.indiatoday.in/magazine/india-today-35th-anniversary/story/20111226-india-today-newsmake-of-1980s-jarnail-singh-bhindranwale-750018-2011-12-14
- https://www.theweek.in/news/india/2019/06/07/operation-blue-star-soviet-conspiracy-sonia-urged-indira-attack.html
- https://www.india.com/news/india/jarnail-singh-bhindranwale-was-not-a-terrorist-declassify-operation-blue-star-files-subramanian-swamy-1132205/
- https://thewire.in/politics/Pandschab-politics-militancy-mass-mobilisation
- https://web.archive.org/web/20160316122438/http://www.cnas.org/files/documents/publications/CNAS_AumShinrikyo_SecondEdition_English.pdf
- https://irp.fas.org/congress/1995_rpt/aum/part03.htm
- https://www.researchgate.net/publication/343395749_The_use_of_VX_as_a_terrorist_agent_action_by_Aum_Shinrikyo_of_Japan_and_the_death_of_Kim_Jong-Nam_in_Malaysia_four_case_studies#pf5

# Kapitel 15

## Terrorismus in den USA nach 9/11

Die terroristische Bedrohung in den Vereinigten Staaten geht heute vom gesamten politischen Spektrum aus, denn die Motive und Ideologien, die zu terroristischen Anschlägen führen, sind außerordentlich unterschiedlich. Zu den Hauptursachen gehört jedoch die politische und religiöse Polarisierung. Wichtig ist in diesem Zusammenhang auch der allgemeine Zugang zu Schusswaffen.

Seit dem 11. September 2001 töteten Dschihadisten in den Vereinigten Staaten 107 Menschen. Die Zahl der Opfer des rechtsextremen Terrorismus ist höher. So ermordeten weiße Rassisten und Abtreibungsgegner insgesamt 134 Menschen. Schwarze Anhänger separatistischer, nationalistischer und frauenfeindlicher Ideologien töteten insgesamt 17 Menschen. Durch linksextremen Terrorismus wurde eine Person getötet. Das heutige Terrorismusproblem in den USA ist also eher hausgemacht. Anschläge von ausländischen terroristischen Organisationen sind selten geworden. Dies ist die Folge eines vielschichtigen Abwehrsystems, zu dem auch der weit verbreitete Einsatz von Informanten gehört.
(https://www.newamerica.org/future-security/reports/terrorism-in-america/what-is-the-threat-to-the-united-states-today/)

### Vom Ausland gesteuerter Anschlag

In den zwei Jahrzehnten nach dem 11. September 2001 gab es nur einen Fall, in dem eine ausländische dschihadistische Terrororganisation einen tödlichen Anschlag in den Vereinigten Staaten durchführte oder in dem ein dschihadistischer Angreifer von einer Gruppe im Ausland ausgebildet und von ihr unterstützt wurde. In diesem einen Fall handelte es sich um den Anschlag auf den Marinefliegerhorst Pensacola in Florida, bei dem ein Terrorist namens Mohammed Al-Shamrani am 6. Dezember 2019 drei Menschen erschoss. Al-Qaida auf der Arabischen Halbinsel (AQAP) übernahm die Verantwortung für den Anschlag. Nach Angaben des FBI belegten Telefonaufzeichnungen von Al-Shamrani, dass er vor seiner Einreise in die Vereinigten Staaten und auch während des Anschlags mit der AQAP und einem ihrer Kämpfer in Kontakt stand. Genaueres ist aber nach wie vor unbekannt.

Dennoch gab es vom Ausland gesteuerte Anschlagsversuche. So scheiterte der Bombenanschlag des von al-Qaida auf der Arabischen Halbinsel ausgebildeten und gesteuerten Umar Farouk Abdulmuttalab am Weihnachtstag 2009 nur daran, dass der Sprengsatz nicht funktionierte. Ein weiteres Beispiel ist der gescheiterte Bombenanschlag auf dem Times Square durch Faisal Shahzad, dem es 2010 nach einer Ausbildung bei den pakistanischen Taliban gelang, eine Autobombe auf dem Times Square zu platzieren. Doch sie explodierte nicht richtig. Es gab auch eine Reihe weiterer vereitelter Anschläge, die von al-Qaida und mit ihr verbundenen Organisationen geplant worden waren.

Trotz dieser Fälle geht die wahrscheinlichste Bedrohung von Einzelpersonen oder Paaren aus, die keine Verbindungen zu dschihadistischen Organisationen im Ausland haben, sich aber von der dschihadistischen Ideologie motivieren lassen. Ein Beispiel dafür ist der Anschlag im kalifornischen San Bernardino im Dezember 2015, der von einem aus Pakistan stammenden Ehepaar verübt wurde und dem 14 Menschen zum Opfer fielen (S. 118). Ein weiteres ist der Anschlag eines Mannes namens Omar Mateen, der im Juni 2016 in Orlando (Florida) in dem Homosexuellen-Club „Pulse“ ein Blutbad anrichtete (S. 119 f.).

## Amerikanische Dschihadisten

Gewaltbereiter Extremismus mit dschihadistischer Prägung ist in Amerika kein neues Phänomen. Bereits in den 1980er-Jahren reiste eine kleine Zahl amerikanischer Bürger und Einwohner nach Afghanistan, um sich den Mudschaheddin anzuschließen, die die sowjetische Invasion bekämpften. In den 1990er-Jahren waren vereinzelte Gruppen amerikanischer Kämpfer in anderen ausländischen Konflikten, wie etwa in Bosnien oder in Tschetschenien, involviert. Andere unterstützten al-Qaida oder auch andere sunnitische Extremistengruppen finanziell. Einer der ersten islamistischen Angriffe in den USA, der Bombenanschlag auf das World Trade Center 1993, wurde von einer in New York und New Jersey ansässigen Gruppe verübt.

Nach den Anschlägen vom 11. September 2001 wurde die Terrorismusbekämpfung in den USA wesentlich intensiver. Das führte zur Aufdeckung von Dutzenden von Personen und Zellen im ganzen Land. Diese amerikanischen Dschihadisten, die von etwa 2000 bis 2010 operierten, waren sehr unterschiedlich hinsichtlich ihrer organisatorischen Zugehörigkeit und ihrer operativen Fähigkeiten. Während einige von ihnen enge Verbindungen zu al-Qaida und verwandten Organisationen unterhielten, waren andere lediglich Sympathisanten der dschihadistischen Ideologie ohne operative Verbindungen. Mit der Zeit stellte sich heraus, dass die größte Bedrohung für die Vereinigten Staaten weniger von ausländischen Gruppen ausging als von einheimischen Extremisten.

Die amerikanischen Dschihadisten waren in vielen Bereichen tätig. Einerseits stellten sie logistische Unterstützung verschiedener ausländischer Terrororganisationen bereit, insbesondere al-Qaida, aber auch der pakistanischen Laschkar-e Taiba und der indonesischen Jemaah Islamiyah. Andererseits engagierten sie sich auch in ausländischen Konflikten, insbesondere in Afghanistan, dem Irak und in Somalia. In einigen Fällen planten diese Personen auch Anschläge auf amerikanischem Boden, doch die meisten konnten von den Behörden verhindert werden. Ab dem 11. September 2001 führte das FBI in großem Umfang verdeckte Ermittlungen durch, um Gewalttaten potenzieller Dschihadisten rechtzeitig zu vereiteln.

Die dschihadistisch-terroristische Bedrohung für die USA ist deshalb relativ begrenzt. Mit der gescheiterten Staatenbildung des IS ist die von dieser Organisation ausgehende Bedrohung zurückgegangen. Seit ihrem Höchststand im Jahr 2015 hat sich die Anzahl terroristischer Vorfälle in den Vereinigten Staaten deutlich vermindert. Dennoch stellt der hausgemachte, also der amerikanische dschihadistische Terrorismus, einschließlich des von ISIS bzw. IS inspirierten, weiterhin eine Bedrohung dar.

## Rechtsextremistischer Terrorismus

Dschihadisten werden im Internet oder über das Internet radikalisiert und machen sich die relativ freie Verfügbarkeit von Waffen, insbesondere der halbautomatischen Schusswaffen, in den Vereinigten Staaten zunutze. Dies gilt ebenso für den Extremismus sogenannter Weißer Rassisten, die zunehmend tödliche Gewalt ausüben. So spielten beispielsweise die „Proud Boys" eine entscheidende Rolle bei der Erstürmung des Kapitols am 6. Januar 2021. Doch bei dieser Gruppe handelt es sich nur um einen Teil des allgemeinen Trends zu rechtsextremer Gewalt, vor allem die weißer Rassisten. Hochrangige Beamte der US-Strafverfolgungsbehörden bezeichnen diese extremistischen Bewegungen als die größte einheimische terroristische Bedrohung für das Land.

Laut der Anti-Defamation League (ADL) nahmen rechtsextremistische Terroranschläge in den USA ab Mitte der 2000er-Jahre zu. Zwischen 2005 und 2007 gab es sieben rechtsextremistische Terroranschläge, 2017 bis 2019 waren es 27 und 2020 bis 2022 sogar 40. Weiße Rassisten waren in den letzten Jahren für mehr Anschläge verantwortlich als jede andere Art von Rechtsextremisten. Den Angriffen der Bewegung Weißer Rassisten fielen auch die meisten Menschen zum Opfer, vor allem Angehörige von Minderheiten. Aber auch regierungsfeindliche Extremisten, Abtreibungsgegner, Antisemiten und andere Rechtsextremisten planten und verübten Anschläge.

Die Mehrzahl der Vorfälle war nicht das Werk von organisierten Gruppen, sondern von Einzeltätern, sei es vom einem Brandstifter, der es auf eine Abtreibungsklinik abgesehen hatte, oder ein White Supremacist, der eine Synagoge angriff. Es zeigte sich, dass Einzeltäter weitaus häufiger in der Lage waren, Anschläge auszuführen.

## White Supremacy, Vorherrschaft der Weißen

In den USA hat die Bewegung der Weißen Rassisten, zu der auch Antisemitismus und Antifeminismus gehört, den Dschihadismus als Hauptziel der Terrorismusbekämpfung in den Schatten gestellt. Anschläge wie die Erschießung von Gläubigen in der Synagoge Tree of Life in Pittsburgh im Oktober 2018 und die Erschießung von Kunden in einem Walmart in El Paso im August 2019 zeigten, welche Gefahr von gewalttätigen weißen Rassisten ausgeht.

Im Herbst 2020 warnte das US-Heimatschutzministerium (Department of Homeland Security, DHS) in einem bekannt gewordenen Entwurf einer Bedrohungsanalyse: „Wir gehen davon aus, dass weiße rassistische Extremisten – die sich zunehmend mit Gleichgesinnten im Ausland vernetzen – die anhaltendste und tödlichste Bedrohung darstellen werden." In ähnlicher Weise stellte das FBI den „rassistisch motivierten gewalttätigen Extremismus" – eine FBI-Kategorie, die hauptsächlich die Weißen Rassisten umfasst – auf die gleiche nationale Bedrohungsstufe wie etwa den IS.

Die weißen Rassisten der Vergangenheit, insbesondere im Süden der USA, konzentrierten ihre Wut und Angst auf das, was sie als Bedrohung ihrer langjährigen Vorherrschaft ansahen. Themen wie die Aufhebung der Rassentrennung in Schulen in den 1950er-Jahren führten zu Reaktionen, die von Gerichtsprozessen bis hin zu Gewalt gegen Bürgerrechtler und schwarze

Führungspersönlichkeiten reichten. Während der Bürgerrechtsbewegung in den 1960er-Jahren sahen sich die weißen Amerikaner mit einer realen und existentiellen Bedrohung ihrer Vorherrschaft konfrontiert. Um dieser Tatsache Rechnung zu tragen, veränderte sich in den folgenden Jahrzehnten ihre Ideologie. Sie behaupteten, eine wachsende Flut von Nichtweißen, gesteuert und orchestriert von Juden, arbeite auf die Auslöschung der weißen Rasse hin. Die Regierung, die einst als Verbündete galt, wenn es darum ging, die Rassentrennung und andere Formen weißer Vorherrschaft zu unterstützen, wurde nun zum Feind, der weiße Rassisten ausspionierte, verhaftete und strafrechtlich verfolgte. In den 2010er-Jahren sahen sich die meisten Weißen Rassisten als Kämpfer gegen das, was einige als „weißen Völkermord" bezeichneten.

In den vier Jahren ihrer Amtszeit hat die Trump-Regierung die Angst der Öffentlichkeit vor Gewalt durch weiße Rassisten verstärkt, indem sie den Eindruck erweckte, dass sie diesen Rassismus toleriert und manchmal sogar unterstützt. Die Rhetorik von Präsident Donald Trump stimmte mit einigen Reden weißer Rassisten überein, indem er Polizeigewalt gegen Schwarze verharmloste, mexikanische Einwanderer als Vergewaltiger bezeichnete und COVID-19 als chinesisches Virus bezeichnete. Wenn es zu Gewalt kam, wie 2017 bei der von weißen Rassisten organisierten Demonstration „Unite the Right" in Charlottesville (Virginia), erklärte Trump, dass es in ihren Reihen sehr gute Leute gebe. Hochrangige DHS-Beamte der Trump-Regierung änderten sogar Geheimdienstberichte, um die Bedrohung durch weiße Rassisten herunterzuspielen. Eine Umfrage aus dem Jahr 2020 ergab, dass die Hälfte der Amerikaner Präsident Trump für einen Rassisten hielt. Diese Bürger waren der Meinung, dass Trump weißen Rassisten größere Handlungsfreiheit einräumte als seine Vorgänger beider Parteien, die das Thema politisch gemieden hatten.
(https://www.newsweek.com/half-americans-think-trump-racist-additional-13-percent-are-unsure-poll-1518272)

White Supremacists waren für einen Großteil der extremistischen Morde in den USA verantwortlich. In dem Jahrzehnt seit 2010 verübten weiße Rassisten 58 Prozent aller 430 extremistisch motivierten Morde (einschließlich linksextremistisch und islamistisch motivierter Morde in den USA) und 77 Prozent der rechtsextremistisch motivierten Morde.

Dennoch können die White Supremacists, wie die meisten amerikanischen Extremisten jeglicher Art, in die Kategorie „große Absichten, geringe Fähigkeiten" eingeordnet werden. Diese Rassistengruppen sind in der Regel klein, schlecht organisiert und sehr oft ohne Kapital. Da sie keine Zufluchtsorte haben, die sie vor den Strafverfolgungsbehörden schützen, werden Organisationen, die sich mit dem Ziel bilden, terroristische Anschläge zu verüben, oder die ein solches Ziel entwickeln, in der Regel schnell aufgelöst. Im Gegensatz zu Amerikanern, die während der Hochzeit von IS oder al-Qaida mit diesen in Verbindung standen, können sich weiße Rassisten nicht auf Organisationen mit einer starken Präsenz im Ausland stützen. Infolgedessen werden die meisten rassistischen Terroranschläge von Weißen in den USA nicht von organisierten Gruppen verübt, sondern von Einzelkämpfern oder kleinen informellen Zellen, was ihre Möglichkeiten weiter einschränkt. Die Einzeltäter sind oft schlecht ausgebildet und kaum in der Lage, ausgeklügelte Angriffe durchzuführen. Trotzdem stellen solche führerlosen Akteure für Strafverfolgungsbehörden und Nachrichtendienste eine große Herausforderung dar, da sie oft schwer zu identifizieren sind.

Wie die meisten Amerikaner haben auch weiße Rassisten Zugang zu nichtautomatischen Schusswaffen, doch es ist für sie nicht einfach, an anspruchsvollere, insbesondere militärische Waffen zu gelangen. Auch Kenntnisse wie die Herstellung von Bomben sind in der rassistischen Bewegung nicht weit verbreitet, wie gelegentliche Sprengstoffunfälle zeigen. Weiße Rassisten entwarfen im Laufe der Jahre viele groß angelegte terroristische Pläne, die sie aber kaum in die Tat umsetzen konnten.

Darüber hinaus machten die mangelnden Fähigkeiten und Ressourcen sie besonders anfällig für verdeckte Ermittlungen, das vielleicht wirksamste Instrument der Strafverfolgungsbehörden im Kampf gegen den inländischen Terrorismus. Bei einer typischen verdeckten Operation gibt ein Informant oder verdeckter Ermittler vor, der Zielperson Mittel wie Sprengstoff oder Waffen anzubieten, die sie zur Ausführung ihrer Pläne benötigt. Lässt sich die Zielperson auf einen solchen Deal ein, kommt sie in Haft.

## Aufschwung des Rechtsextremismus

Der Aufschwung des Rechtsextremismus ist ungebrochen. Dies spiegelt sich in der Zahl der terroristischen Anschläge wider, die seit Ende der 2000er-Jahre kontinuierlich angestiegen ist und in den Jahren 2020–2022 einen Höchststand von 40 Anschlägen erreichte.

Zu der insbesondere seit 2010 ansteigenden Zahl rechtsextremistischer Terroranschläge trugen mehrere Faktoren bei, zu denen die Stärkung des regierungsfeindlichen Extremismus sowie die Zunahme der Rassisten innerhalb der extremen Rechten gehören. Außerdem bildeten sich neue Formen des Rechtsextremismus, wie die Incel-Subkultur, eine Ideologie männlicher Dominanz, die mit Frauenhass einhergeht, und die QAnon-Verschwörungsbewegung, die behauptet, eine geheime (oft jüdische) Organisation habe die USA längst in ihre Gewalt gebracht. Zudem gab es während des gesamten Zeitraums einen Anti-Abtreibungsterrorismus.

Das Ergebnis dieser Entwicklungen wird vermutlich ein weiterer Aufschwung des rechtsextremen Terrorismus in den Vereinigten Staaten sein. Tatsächlich gibt es im Land wohl die höchste Zahl rechtsextremer Terroranschläge seit den Gewalttaten weißer Rassisten während der Bürgerrechtsbewegung Mitte des 20. Jahrhunderts.

## Der Lone Wolf

Ein Lone Wolf (einsamer Wolf) ist ein terroristischer Tätertyp, der nicht unter einem Kommando steht oder von einer Gruppe logistisch unterstützt wird. Einsame Wölfe handeln ohne spezifischen Auftrag Dritter und meist als Einzeltäter. Sie können jedoch Helfer haben.

Tom Metzger, der Begründer der Neonazi-Gruppe White Aryan Resistance (Weißer Arischer Widerstand) in Indiana, prägte den Begriff „einsamer Wolf“. Metzger, ehemals Mitglied des Ku-Klux-Klan, veröffentlichte Mitte der 1990er-Jahre ein Manifest, in dem es heißt: „Ich bin

der Untergrundkämpfer und unabhängig. Ich bin in deiner Nachbarschaft, in den Schulen, Polzeistationen, Bars, Coffeeshops, Einkaufszentren et cetera, und ich bin ‚der einsame Wolf'."
(https://www.zeit.de/2017/42/attentat-muenchen-rechtsextremismus-behoerden)

## Angriff in Austin, Texas

Am 28. November 2014, kurz nach 2.20 Uhr, eröffnete ein Mann namens Larry Steve McQuilliams, bekleidet mit einer taktischen Weste und einem Trinkrucksack sowie bewaffnet mit einer halbautomatischen AK-47, das Feuer. Er gab mehr als 100 Schüsse ab, zunächst auf das Gebäude des Bundesgerichts von Austin, dann auf das mexikanische Konsulat, das er zusätzlich mit einer Brandbombe zu sprengen versuchte, und schließlich auf das Hauptquartier der Polizei von Austin.

Bevor seine Schüsse Schaden anrichten konnten, wurde der 49-jährige McQuilliams durch einen Pistolenschuss eines Polizeibeamten aus 95 m Entfernung getötet. Bei der Durchsuchung seiner Leiche und seines Wagens fand die Polizei ein weiteres Gewehr, Hunderte von Patronen, eine Karte mit 34 Gebäuden in der Innenstadt, die offenbar seine Ziele gewesen waren, sowie ein Buch und eine Notiz, aus denen hervorging, dass er Mitglied der Phineas-Priesterschaft war, also ein Rassist, der glaubte, von Gott persönlich dazu berufen zu sein, seine Feinde zu töten.

Auf seiner Brust stand mit schwarzer Tinte geschrieben: „Let Me Die" (Lasst mich sterben). Diese Inschrift bedeutete, dass er als Priester gegen die Gottlosen kämpfte. Da er anscheinend mit niemandem über seine Pläne gesprochen und auch keine Hilfe hatte, war es unwahrscheinlich, dass man mehr über ihn erfahren würde, als dass er ein „einsamer Wolf" war, einer der unabhängig und allein agierenden Terroristen, die am schwersten aufzuhalten sind. „Was mich um den Schlaf bringt", erklärte der Polizeichef von Austin, Art Acevedo, der McQuilliams einen amerikanischen Extremisten nannte, „sind diese Typen, die einsamen Wölfe".
(https://www.splcenter.org/20150211/lone-wolf-report)

Laut Prof. Ramón Spaaij von der Victoria University in Melbourne gab es seit 1940 in den Vereinigten Staaten 124 politisch motivierte Anschläge durch einsame Wölfe, und die Anzahl der Anschläge pro Jahr sei seit 2000 ständig angestiegen.

Michael Jensen, leitender Wissenschaftler am „National Consortium for the Study of Terrorism and Responses to Terrorism" (START) an der University of Maryland, führte aus, dass 70 Prozent der Terroristen, die Anschläge in den Vereinigten Staaten verübten, Einzeltäter seien oder Mitglieder von isolierten Cliquen, also kleinen Gruppen von drei oder vier Personen. „Das heißt, diese Leute sind vielleicht Einzelkämpfer, aber sie sind dennoch keine einsamen Akteure", erklärte Jensen. „Sie sind eingebettet in verschiedene Online-Systeme, in denen sie sich täglich austauschen."

Jensen leitet das Projekt „Profiles of Individual Radicalization in the United States" (PIRUS), eine Datenbank, die verfolgt, wie sich US-Extremisten radikalisieren. Die Daten zeigen, dass 90 Prozent der Fälle als einheimisch („domestic") eingestuft werden. Von den einheimischen

Extremisten sind laut Jensen 95 Prozent rechtsextrem, meist White Supremacists, Proud Boys, Anti-Regierungsgruppen und Immigrationsgegner.

Die Zahl ihrer Anschläge habe besorgniserregend zugenommen. Vor 2016 registrierten Jensen und sein Team etwa 150 Personen pro Jahr, die Straftaten begingen und einer extremistischen Ideologie anhingen. Ab 2016 stieg die Zahl der Personen, die solche Straftaten begingen, auf etwa 300 bis 350 Fälle pro Jahr an, so Jensen. Ein weiterer enormer Anstieg war nach dem 6. Januar 2021 zu verzeichnen, nach dem „Storming of the United States Capitol" (Sturm auf das Kapitol) in Washington.

Mit dem Aufkommen der sozialen Medien wurde rassistisches Gedankengut entsprechender Gruppen oder Einzelpersonen auf Tastendruck verfügbar, so Jensen. Der Weg, sich zu radikalisieren, ist viel einfacher geworden. „Vor dem Internet und vor der Zeit der sozialen Medien war es eher wahrscheinlich, dass eine Person durch eine persönliche Beziehung in der realen Welt radikalisiert wurde."
(https://www.theguardian.com/world/2023/may/28/lone-wolf-far-right-terror-attack-warning)

**Der Anfang**

Der Lone Wolf bzw. das Konzept des terroristischen Einzelgängers ist kein Phänomen der jüngsten Vergangenheit. Es begann schon 1920.

Am 16. September fuhr ein Mann mit seinem von einem Pferd gezogenen Wagen auf der Wall Street in New York City. Vor dem Haupteingang der Bank J. P. Morgan & Co. hielt er an. Auf dem Wagen lag versteckt eine Bombe, die aus 45 kg Dynamit und 225 kg Eisenkugeln bestand und an eine Uhr gekoppelt war. Als die Bombe zur festgelegten Zeit explodierte, tötete sie 38 Menschen und verletzte mehr als 100. Von dem Wagen und dem Pferd blieben nur Fetzen und Splitter übrig. Der Kutscher war von Zeugen gesehen worden, als er das Gespann verließ und durch eine Seitenstraße flüchtete. Es war zu diesem Zeitpunkt der schwerste Terroranschlag auf amerikanischen Boden.

Dieser traurige Rekord hielt mehr als 35 Jahre lang, bis am 1. November 1955 in Denver, Colorado, ein junger Mann seine Mutter an Bord eines Flugzeugs brachte. Er hatte mehrere Stangen Dynamit in ihrem Gepäck versteckt. Das Flugzeug explodierte in der Luft und tötete 44 Menschen, darunter die Mutter. Ein Jahr später wurde der Attentäter hingerichtet.

Am 19. April 1995 fuhr ein junger Mann gegen 9 Uhr morgens mit einem Mietwagen vor das Alfred P. Murrah Federal Building in Oklahoma City. Der Wagen war mit einer 2.200 kg schweren Bombe beladen, die aus einer Mischung aus Ammoniumnitratdünger und Heizöl bestand. Der Mann zündete den Sprengsatz und fuhr mit einem anderen Wagen davon. Die Explosion tötete 168 Menschen (siehe „Spuren des Terrors I", S. 251 ff.). Der Täter wurde wenige Tage später gefasst und schließlich hingerichtet.

Dies waren die drei schwersten Terroranschläge in der Geschichte der USA, mit Ausnahme der Anschläge vom 11. September 2001. Sie waren das Werk von Einzelpersonen, die mit minimaler Unterstützung durch andere vorgingen. Die Anschläge zeigen die Bedeutung dieser Art terroristischer Bedrohung. Mario Buda, der Täter von der Wall Street, John Gilbert Graham, der Verantwortliche für die Flugzeugbombe, und Timothy McVeigh, der den Anschlag in Oklahoma City durchführte, waren vollkommen unterschiedliche Menschen. Buda gehörte zu der italienischen Anarchistengruppe der Galleanisti, die Anfang des 20. Jahrhunderts in den USA aktiv war. Nach dem Anschlag kehrte er zurück nach Italien und blieb verschwunden.

Während Buda als ein Mann beschrieben werden konnte, der an eine Sache glaubte, war Graham ein Mörder, dem es um Geld ging. Um eine Lebensversicherungssumme über 37.500 US-Dollar zu kassieren, die er auf seine Mutter abgeschlossen hatte, platzierte er eine Bombe in ihrem Koffer, bevor sie den Flug aus Denver antrat. Der erste große Bombenanschlag auf ein Flugzeug in Amerika war also nicht das Werk eines politischen oder religiösen Extremisten, sondern das eines geldgierigen jungen Mannes.

Timothy McVeigh, der das Bundesgebäude in Oklahoma City in die Luft sprengte, handelte aus Zorn und Rache. Sein Zorn richtete sich gegen die US-Regierung, die er für den Tod von mehr als 80 Mitgliedern der Davidianer-Sekte verantwortlich machte. Die Niederlassung der Sekte in Waco, Texas, war 1993 bei einer Razzia in Flammen aufgegangen. McVeigh wählte den zweiten Jahrestag dieses Ereignisses für seinen Bombenanschlag in Oklahoma City.

## Der Einfluss der „Turner Diaries“

McVeigh war von dem Roman „The Turner Diaries“ (Die Turner-Tagebücher) beeinflusst worden. Dieses Buch geht von der Annahme aus, dass die Vereinigten Staaten bereits unwissentlich einer globalen Verschwörung erlegen seien, von der sie durch terroristische Aktionen und Guerillabewegungen befreit werden müssten.
(https://escholarship.org/content/qt4w99n8tk/qt4w99n8tk.pdf?t=krncoq&v=lg)

Die New York Times nennt „The Turner Diaries“ rassistisch und antisemitisch, und das FBI bezeichnete sie sogar als „Bibel“ der rassistischen Rechten. Das Buch hatte großen Einfluss auf die Entstehung des weißen Nationalismus und der Verschwörungstheorie des „weißen Völkermords“ in den USA. Zahlreiche Hassverbrechen und Terroranschläge waren von dem Buch motiviert, nicht nur das Bombenattentat Timothy McVeigh, sondern beispielsweise auch die Nagelbombenanschläge von London 1999 (siehe „Spuren des Terrors I“, S. 221 ff.). Anders Breivik war ebenfalls ein Fan dieses Buchs und las es vor seinem Amoklauf 2011 in Norwegen (siehe „Spuren des Terrors I“, S. 224–228).

Der fiktive Roman, der insbesondere in rechtsextremen Kreisen in den USA sehr beliebt ist, stellt nichts anderes dar als eine Gebrauchsanweisung zum Rassenkrieg. In diesen fiktiven Tagebüchern wird beschrieben, wie amerikanische Rassisten Anschläge auf Moscheen, Gemeindezentren und auch Polizeistationen verüben, um einen Rassenkrieg zu entfesseln. Laut dem Tagebuch würden diese Anschläge natürlich Gegenschläge provozieren, und so würde es zu einem Endkampf kommen – und zu einem Endsieg. Am Schluss sind alle Afrikaner, Araber und Asiaten ermordet worden, und die weiße Rasse kann die Weltherrschaft übernehmen. Das Buch ist seit 2006 in Deutschland verboten.

## Grundtypen des Lone Wolf

Jeffrey D. Simon zufolge, Autor des Buches „Lone Wolf Terrorism", gibt es fünf Arten von Lone Wolf Terrorism. Drei dieser Kategorien ähneln denen für terroristische Organisationen, während zwei ausschließlich auf die einsamen Wölfe zutreffen. Der erste Typ der fünf Kategorien ist der säkulare Einzeltäter, der wie auch säkulare Terrorgruppen aus politischen, ethnisch-nationalistischen oder anderen Gründen Anschläge verübt. Dies ist sicherlich die vielfältigste Kategorie, denn sie deckt ein breites Themenspektrum ab.

Der zweite Typ ist der religiöse Einzeltäter. Ebenso wie eine terroristische Vereinigung verübt dieser Typ Terroranschläge im Namen einer Religion, sei es des Islams, des Christentums oder des Judentums. Islamische Extremisten und weiße Rassisten gehörten in den letzten Jahren zu den aktivsten religiösen Einzeltätern.

Der dritte Typ ist der einsame Wolf, der im Namen bestimmter Themen wie Abtreibung, Tierschutz oder Umweltschutz Anschläge verübt. Auch diese einsamen Wölfe ähneln ihren Pendants in terroristischen Gruppen.

Während die säkularen, religiösen und themenorientierten einsamen Wölfe in vielerlei Hinsicht die gleichen Ziele und Motivationen haben wie ihre Pendants in den terroristischen Vereinigungen, ist der vierte Typus des einsamen Wolfes eher einzigartig. Dieser ist ein Krimineller, der nur vom Wunsch nach finanziellem Gewinn angetrieben wird. Er verfolgt keine politischen, religiösen oder ethnisch-nationalen Ziele.

Der fünfte Typ ist der idiosynkratische, der „eigenwillige" einsame Wolf. Auch diese Kategorie ist eher einzigartig, denn mit Ausnahme von Sekten, die terroristische Anschläge begehen, gibt es eigentlich keine idiosynkratischen terroristischen Gruppen. Zwar können sie Anschläge im Namen einer bestimmten Sache begehen, aber es sind grundsätzlich ihre psychischen Probleme wie etwa eine schwere Persönlichkeitsstörung, die sie zur Gewalt treiben.

Wie bei jeder Typologie gibt es natürlich auch bei diesen Kategorien Überschneidungen. (Jeffrey D. Simon, Lone Wolf Terrorism, S. 43 ff.)

## Taktik und Ziele

Sieht man sich die Entwicklung des Phänomens Terrorismus genauer an, so wird man feststellen, dass es nur eine begrenzte Anzahl von Taktiken gibt; das gilt für den Terror einer Gruppe ebenso wie für den des einsamen Wolfes.

Erstaunlicherweise sind es nur acht grundlegende Taktiken, die das Verhalten von Terroristen im Laufe der Zeit charakterisieren: Bombenanschläge, Entführungen, Mordanschläge, bewaffnete Angriffe, Geiselnahmen, Freisetzung chemischer oder biologischer Kampfstoffe, Cyberterrorismus und Selbstmordattentate. Die Kategorien überschneiden sich häufig bzw. treten gemeinsam auf, etwa Bombenanschläge und Selbstmordattentate. Und natürlich kann es auch zu Kombinationen von Taktiken kommen, wie bei den Entführungs- und Selbstmordanschlägen vom 11. September 2001 in New York.

Während Einzeltäter vieles tun können, was auch terroristische Gruppen tun, z. B. ein Flugzeug entführen oder einen Regierungschef ermorden, gibt es auch Operationen, die einer allein nicht durchführen kann, etwa Entführungen. Hier sind mehrere Personen erforderlich, um die Zielperson zu überfallen, sie an einen sicheren Ort zu bringen, zu bewachen usw. Auch unterscheiden sich die Ziele von Lone Wolves nicht wesentlich von denen terroristischer Gruppen oder Zellen. Lone Wolves haben schon Anschläge auf Regierungen, Unternehmen, das Militär und zivile Ziele verübt. Doch sie müssen sich – anders als z. B. die Al-Qaida-Mitglieder – nicht an einen Anführer halten, ihm seine persönliche Loyalität versichern oder ihre Wünsche und Vorstellungen denen der Gruppe anpassen.

1992 beschrieb Louis Beam, Ku-Klux-Klan-Mitglied, Verschwörungstheoretiker und Neofaschist, in einem Essay den führerlosen Widerstand als einzige Strategie der White Supremacy, die seiner Meinung nach Aussicht auf Erfolg hatte. „Lasst die kommende Nacht von tausend Zellen des Widerstands erfüllt sein", schrieb er, „wie der Nebel, der sich bildet, wenn die Umstände stimmen, und sich auflöst, wenn sie nicht stimmen, so muss der Widerstand gegen die Tyrannei sein". Timothy McVeigh wollte sich 1995 mit dem Bombenanschlag in Oklahoma City an die Spitze der Revolution stellen, die Louis Beam mit seiner Strategie auszulösen hoffte. Trotz des Scheiterns von McVeigh blieb die Idee des führerlosen Widerstands in den Köpfen der gewaltbereiten Rechtsextremisten lebendig.
(Hoffman & Ware, God, Guns, and Sedition, S. 163 f.)

## Die „Beltway Sniper Attacs" von 2002

Im Oktober 2002 gab es über einen Zeitraum von drei Wochen Scharfschützenangriffe im Großraum Washington, nicht nur im District of Columbia, sondern auch in Maryland und Virginia. Die Attentate, auch als „Beltway Sniper Attacks" bekannt, waren eine Serie koordinierter Überfälle, bei denen zehn Menschen getötet und drei weitere schwer verletzt wurden.

Am Mittwoch, dem 2. Oktober 2002, wurde um 17.20 Uhr durch ein Fenster eines Künstler- und Bastelbedarfsmarkt der Kette Michaels in Aspen Hill, Maryland, geschossen. Die Kugel verfehlte die Kassiererin Ann Chapman nur knapp. Da niemand verletzt wurde, ging man von einem versehentlichen Schuss aus und löste keinen Alarm aus. Etwa eine Stunde später, um 18.30 Uhr, wurde James Martin, ein 55-jähriger Programmierer, auf dem Parkplatz des Shoppers Food Warehouse in Wheaton, Maryland, erschossen.

Am Donnerstag, dem 3. Oktober, gab es mehrere weitere Opfer im Großraum Washington.

- Um 7.41 Uhr wurde James L. Buchanan, ein 39-jähriger Landschaftsgärtner, nahe Rockville, Maryland, erschossen, als er vor der Fitzgerald Auto Mall den Rasen mähte.
- Um 8.12 Uhr wurde Prem Kumar Walekar, ein 54-jähriger Taxifahrer, in Aspen Hill getötet, als er an einer Mobil-Tankstelle tankte.
- Um 8.37 Uhr wurde Sarah Ramos, eine 34-jährige Babysitterin und Haushälterin, im Leisure World Shopping Center in Norbeck, Maryland, ebenfalls ermordet. Sie saß zum Zeitpunkt des Mordes auf einer Bank und las ein Buch.
- Um 9.58 Uhr wurde die 25-jährige Lori Ann Lewis-Rivera beim Aussaugen ihres Autos an der Shell-Tankstelle in Kensington, Maryland, Opfer eines Scharfschützen.
- Um 21.20 Uhr schossen Scharfschützen auf Pascal Charlot, einen 72-jährigen Zimmermann

im Ruhestand, als er auf der Georgia Avenue in Washington, D.C., spazieren ging. Er starb eine knappe Stunde später. Bei jedem dieser Morde wurden die Opfer durch eine einzige, aus größerer Entfernung abgefeuerte Kugel getötet. Jedesmal verschwanden die Scharfschützen gleich danach. Dieses Muster erkannte die Polizei aber erst nach dem 3. Oktober.

## Bewohner in Panik

Als sich die Nachricht von den Morden verbreitete, brach Panik aus. Die Schulen wurden in Alarmbereitschaft versetzt und die Kinder in den Schulgebäuden eingeschlossen. Die Eltern holten ihre Kinder früh ab und hielten sie den ganzen Tag über im Haus.

Die Polizei konnte feststellen, dass alle abgefeuerten Kugeln aus demselben Waffentyp stammten, die Angriffe also miteinander in Verbindung standen. Die Zeugenaussagen waren zunächst widersprüchlich: Einige sagten, sie hätten einen verdächtigen weißen Lieferwagen in der Nähe von Silver Spring, Maryland, gesehen, andere berichteten von anderen Beobachtungen. Nach dem Mord in Washington, D.C., gaben Zeugen an, es sei ein blauer Chevrolet Caprice gesehen worden. Eine eindeutige Spur konnte die Polizei jedoch nicht finden.

Von da an ließen die Schützen zwei bis drei Tage zwischen den Schüssen verstreichen. Innerhalb von 20 Tagen wurde auf sechs weitere Menschen geschossen, von denen fünf starben und ein dreizehnjähriger Junge als einziger überlebte. Als die Polizei den Jungen ins Krankenhaus brachte, fand sie eine Tarotkarte mit der Inschrift „Call me God" (Nennt mich Gott).

Am 22. Oktober wurde der Busfahrer Conrad Johnson um 5.56 Uhr auf den Stufen seines Busses erschossen. Am 23. Oktober fielen keine Schüsse, doch an diesem Tag bestätigte sich, dass der Busfahrer mit derselben Waffe getötet wurde wie die anderen im Raum Washington, D. C. Es war der zehnte Mord.

## Kontakt zur Polizei

Die Schützen nahmen über einen Priester Kontakt mit der Polizei auf. Die Schützen hatten ihn aufgefordert, die Polizei nach einem ungeklärten Raubüberfall auf einen Spirituosenladen im Montgomery County, Maryland, am 21. September 2002 zu fragen. Zu den am Tatort gefundenen Beweismitteln gehörten Fingerabdrücke, die mit denen übereinstimmten, die die Polizei kürzlich bei einem der Scharfschützenangriffe gefunden hatte. Es stellte sich heraus, dass die Fingerabdrücke zu Lee Boyd Malvo gehörten, einem 17-jährigen Jungen aus Jamaika. Seit 2001 waren seine Fingerabdrücke im System, als er von der US-Einwanderungsbehörde registriert worden war. Bald stellte die Polizei fest, dass Malvo mit John Allen Muhammad in Verbindung stand und mit ihm auf Reisen gesehen wurde. Muhammad war Golfkriegs-Veteran und ein erfahrener Scharfschütze.

## Fahndung und Verhaftung

Daraufhin nahmen die Ermittler mit der Ex-Frau von Muhammad Kontakt auf, die in Maryland lebte, also in der Nähe. Sie erhielten einen Hinweis auf ein Auto, das Muhammad kürzlich in New Jersey gekauft hatte. Der Wagen war ein blauer Chevrolet Caprice. Ein Haftbefehl gegen

Muhammad wurde wegen Verstoßes gegen das Waffengesetz ausgestellt, und alle Polizeifunkstationen und Medienkanäle erhielten eine Beschreibung des Fahrzeugs.

Am 24. Oktober 2002, also 22 Tage nach den ersten Schüssen, wurden die Täter gefasst. Muhammad und Malvo wurden in dem Chevrolet Caprice auf der Interstate 70 in Myersville, Maryland, schlafend aufgefunden. Nachdem alle Fluchtwege abgeriegelt waren, nahm ein SWAT-Team die Verdächtigen fest.

Die Ermittler und die Staatsanwaltschaft gingen davon aus, dass Muhammad seine Ex-Frau Mildred töten wollte, die ihm seiner Meinung nach die gemeinsamen Kinder entzog. Die Schüsse in Washington und Umgebung sollten entsprechend dieser Hypothese das eigentliche Tatmotiv verschleiern, wenn Mildred als zufälliges Opfer eines Serienmörders erscheinen würde. Muhammad hielt sich jedoch während der Angriffe häufig in der Gegend auf, in der Mildred wohnte, und einige der Angriffe ereigneten sich auch in der Nähe. Zudem hatte Muhammad seine Ex-Frau bedroht. Mildred selbst war der Meinung, dass sie sein eigentliches Ziel gewesen sei.

Muhammad wurde zum Tode verurteilt und am 10. November 2009 hingerichtet. Da Malvo zum Zeitpunkt der Morde noch nicht 18 Jahre alt war, erhielt er sechsmal Lebenslänglich ohne die Möglichkeit einer Hafterleichterung oder -verkürzung.

## Schüsse in Fort Hood, 2009

Die Bedrohung durch religiös motivierte extremistische Gewalt rückte mit den Anschlägen vom 11. September 2001 in den Blickpunkt der amerikanischen Öffentlichkeit. Während sich die Besorgnis in erster Linie auf al-Qaida und andere islamische Extremistengruppen konzentrierte, griffen auch religiöse Einzelkämpfer zur Waffe. Am 5. November 2009 eröffnete Major Nidal Hasan, Psychiater in der US-Armee, das Feuer mit einer Pistole und tötete auf dem Militärstützpunkt Fort Hood, Texas, 13 Menschen und verletzte 32 weitere. Nidal Hasan war unter anderem über das Internet von einem islamistischen Geistlichen beeinflusst worden.

## Der Ablauf des Anschlags

Am 5. November 2009 betrat Hasan um 13.34 Uhr das Soldier Readiness Processing Center, in dem Soldaten vor einem Einsatz und nach ihrer Rückkehr routinemäßig medizinisch untersucht werden. Auch Hasan bereitete sich mit seiner Einheit auf den Einsatz in Afghanistan vor und hatte das Zentrum bereits mehrfach besucht. Er war mit einer FN-Pistole bewaffnet, die er mit zwei Laser-Visieren, einem roten und einem grünen, ausgestattet hatte.

Als er die Einrichtung betrat, so ein Augenzeuge, erschien nichts an ihm verdächtig. Er nahm sich einen freien Platz an einem Tisch und saß dort einige Minuten mit gesenktem Kopf. Plötzlich stand er auf, rief laut „Allahu Akbar“ und begann zu schießen. Er feuerte unaufhörlich, zunächst fächerförmig. Dann nahm er die Soldaten einzeln ins Visier und schoss immer wieder auf sie. John Gaffaney, Hauptmann der Reserve, warf sich auf Hasan, um ihn zu stoppen, und wurde dabei tödlich getroffen. Michael Cahill, ein Zivilangestellter, griff den Schützen ebenfalls an und warf ihm einen Stuhl in den Weg, um ihn aufzuhalten. Auch er wurde erschossen. Ein weiterer Reservist, Logan Burnett, warf einen Klapptisch in Hasans Richtung, aber auch das konnte den Täter nicht aufhalten. Er schoss auf Burnett und verwundete ihn schwer.

Der Grund, warum die anwesenden Soldaten nicht zurückschossen, war, dass der Stützpunkt eine waffenfreie Zone war. Das Waffentragen war nicht erlaubt, nur bei Übungen wurden Dienstaffen ausgegeben. Augenzeugen sagten aus, dass Hasan nur auf Soldaten in Uniform gezielt habe, Zivilisten habe er nicht beachtet. Als die Polizistin Kimberly Munley mit ihrem Streifenwagen zum Tatort kam, traf sie Hasan vor dem Gebäude an. Er schoss auf sie, sie schoss zurück. Ein Schrapnell verletzte Munleys Hand, als eine von Hasans Kugeln eine Regenrinne traf, zwei Kugeln drangen in ihren Oberschenkel und das Knie ein. Sie ging zu Boden.

Inzwischen drangen Sanitäter und Krankenschwestern in das Gebäude ein und versorgten die Verletzten. Ein Soldat sicherte die südlichen Doppeltüren. Vor dem Gebäude schoss Hasan weiterhin auf fliehende Soldaten. Der Polizeisergeant Mark Todd kam hinzu und forderte Hasan auf, sich zu ergeben. Es kam zu einem Schusswechsel, in dessen Verlauf Hasan seine Waffe leer schoss. Er blieb stehen und griff in seine Tasche, um ein neues Magazin herauszuholen, dann wurde er von Todd mit fünf Schüssen niedergestreckt. Der Sergeant lief zu Hasan, schlug ihm die Pistole aus der Hand, legte ihm Handschellen an und wurde bewusstlos.

Die Schusswechsel dauerten insgesamt zehn Minuten und kosteten zwölf Soldaten und einen Zivilisten das Leben. 32 Menschen wurden schwer verletzt, einige von ihnen trugen mehrere Schusswunden davon. Alle Verwundeten wurden im Krankenhaus behandelt.

**Der Täter: Major Nidal Hasan**

Der gebürtige US-Amerikaner Hasan war praktizierender Muslim, der einem Cousin zufolge nach dem Tod seiner Eltern 1998 und 2001 noch religiöser wurde. Er war ledig und galt als sozial isoliert. Im Mai 2001 nahm Hasan an der Trauerfeier für seine Mutter teil, die in der Dar al-Hijrah Moschee in Falls Church, Virginia, stattfand. Die Moschee hatte 3.000 Mitglieder. Von 2000 bis 2002 war der Imam der Dar al-Hijrah Moschee ein Mann namens Anwar al-Awlaki, dessen Lehren Hasan bewunderte. Al-Awlaki, der in jenen Jahren als gemäßigt galt, schien sich nach 2006 zu radikalisieren und stand deshalb unter Beobachtung. Nachdem Hasan ihm zwischen Dezember 2008 und Juni 2009 an die 20 E-Mails geschrieben hatte, leitete das FBI Ermittlungen ein. In einer Pressemitteilung vom 9. November 2009, also nach dem Anschlag, gab das FBI bekannt, dass Hasan in Kontakt mit der Zielperson der Ermittlungen der Joint Terrorism Task Force (also al-Awlaki) gestanden habe. In einem dieser Briefe hatte Hasan geschrieben: „Ich kann es kaum erwarten, dich im Jenseits zu treffen."

Der Auslöser für Hasans Angriff war wohl seine für den 28. November festgesetzte Entsendung nach Afghanistan, wo er Soldaten hätte betreuen müssen, die auf Muslime schießen würden oder geschossen hätten.

Am 23. August 2013 wurde Hasan verurteilt, nachdem die Geschworenen sieben Stunden lang beraten hatten. Fünf Tage später verurteilte ihn ein US-Militärgericht zum Tode. Doch da seit 1961 kein von einem Militärgericht verhängtes Todesurteil vollstreckt wurde, ist mit seiner Exekution vorerst nicht zu rechnen.

## Nachtrag

Am 6. April 2010 berichtete die New York Times, dass Präsident Obama die gezielte Tötung des Imams al-Awlaki genehmigt habe, der untergetaucht war und im Jemen von der Regierung gesucht wurde. Am 30. September 2011 feuerten zwei Predator-Drohnen Raketen auf ein Fahrzeug, in dem sich al-Awlaki befand, und töteten ihn.

Am 28. August 2014 schrieb Hasan nach Angaben seines Anwalts an Abu Bakr al-Baghdadi, den damaligen Anführer des Islamischen Staates im Irak und in der Levante (ISIL). In dem Brief bat Hasan darum, Bürger des Islamischen Staates zu werden, und fügte seine Unterschrift und die Abkürzung SoA (Soldier of Allah) hinzu.

## Die Todesliste eines weißen Nationalisten

Im Februar 2019 wurde ein ehrgeiziger Anschlagsplan aufgedeckt. Die Behörden erfuhren davon nur, weil die Daten des potenziellen Attentäters unzureichend gesichert waren. Christopher Paul Hasson, Lieutenant der US-Küstenwache und ehemals Marinesoldat und Mitglied der Virginia National Guard, hatte auf seinem Dienstcomputer eine Abschussliste mit prominenten Funktionären der Demokratischen Partei und liberalen Medienvertretern zusammengestellt und ein Manifest verfasst, in dem er die Hintergründe der geplanten Anschläge erläuterte. Hasson hatte auch ein Waffenarsenal zusammengetragen, darunter fünfzehn Schusswaffen, zwei Schalldämpfer und über tausend Schuss Munition. Er plante, die Sprecherin des Repräsentantenhauses, Nancy Pelosi, die Abgeordnete Alexandria Ocasio-Cortez, den Senator Chuck Schumer sowie Medienvertreter wie die beiden CNN-Moderatoren Chris Cuomo und Don Lemon und noch weitere zu ermorden. Er bezeichnete sie alle als Verräter, denn sie hatten sich kritisch über Donald Trump geäußert. Hasson, bekennender weißer Nationalist, wurde verhaftet, nachdem Bundesermittler in seinem Haus in Maryland das Waffen- und Munitionslager entdeckt hatten.

Paul Hasson rief in seinem Manifest zu „gezielter Gewalt“ auf, um ein weißes Heimatland zu schaffen. In den Gerichtsakten von Maryland findet sich das Zitat: „Ich träume von einer Möglichkeit, fast jeden Menschen auf der Erde zu töten“. Die Regierung gab an, er habe ab 2017 Vorräte und Waffen gesammelt, eine Liste mit Zielen erstellt sowie gegoogelt, ob Richter des Obersten Gerichtshofes geschützt seien. Ein konkretes Datum für seinen geplanten Anschlag geht aus den Gerichtsakten jedoch nicht hervor.

Aus den Gerichtsdokumenten geht ebenfalls nicht hervor, was die Strafverfolgungsbehörden des Bundes dazu veranlasste, gegen Hasson zu ermitteln. Sie behaupteten lediglich, dass Hasson das 1.500 Seiten starke Manifest des Rechtsterroristen Anders Breivik studiert habe, der 2011 in Norwegen zwei Anschläge mit 77 Toten verübt hatte. Hasson hatte auch versucht, Breiviks Vorbereitungen für seinen Anschlag nachzuahmen. Beispielsweise hatte der Norweger Steroide und Betäubungsmittel eingenommen, weil er glaubte, dadurch seine Fähigkeiten zur Durchführung von Anschlägen verbessern zu können. Bei einer Razzia in Hassons Wohnung fanden die Strafverfolgungsbehörden einen versiegelten Behälter mit mehr als 30 Ampullen, bei denen es sich offenbar um Wachstumshormone handelte. Außerdem, so hieß es in den

Gerichtsakten, habe er sich ab 2016 mehr als 4.200 Tabletten des Betäubungsmittels Tramadol sowie synthetischen Urin beschafft, um auf mögliche stichprobenartige Drogenkontrollen am Arbeitsplatz vorbereitet zu sein.

Hasson wurde im Februar 2019 festgenommen. Die Behörden beriefen sich in der Anklage auch auf Schriften, die auf dem Computer des Leutnants gefunden wurden. Kurz nach den gewalttätigen Ausschreitungen bei der rechtsextremen Kundgebung in Charlottesville im Jahr 2017 schrieb Hasson den Behörden zufolge einen Brief an einen bekannten Neonazi, in dem er seine Unterstützung für die Idee des Aufbaus einer „weißen Heimat im Pazifischen Nordwesten" zum Ausdruck brachte. „Ich habe nie einen Grund für Massenproteste oder das Tragen von Uniformen gesehen, um herumzulaufen und Leute mit Hakenkreuzen usw. zu provozieren", schrieb er. „Ich war und bin ein Mann der Tat, mit solchen Protesten kann man keine Überzeugungen ändern. Aber mit etwas gezielter Gewalt kann man doch etwas verändern."

Hasson hoffte, dass eine Welle von Attentaten chaotische Zustände in der Gesellschaft auslösen würde, was schließlich zur Errichtung eines autoritären, von Weißen dominierten Staates führen würde. „Schaut euch die Taktiken an, die im ukrainischen Bürgerkrieg angewandt wurden", schrieb er. „Während der Unruhen zielten beide Seiten darauf ab, die Spannung zu erhöhen". Mit anderen Worten: Regierung und Polizei sollten zu Überreaktionen provoziert werden, zu Eskalationen der Gewalt. Im Antrag der Staatsanwaltschaft auf Verhaftung Hassons hieß es: „Der Angeklagte beabsichtigt, unschuldige Zivilisten in einem Ausmaß zu ermorden, wie es in diesem Land bisher kaum vorgekommen ist."

Zu Hassons Motiven gehörte auch sein Ärger über die Bemühungen des Kongresses, Donald Trump wegen angeblicher Versuche anzuklagen, die Ukraine durch die Aussetzung von Waffentransfers unter Druck zu setzen, damit sie bei den Ermittlungen gegen den Sohn von Joe Biden, dem Gegenkandidaten Trumps bei den Präsidentschaftswahlen 2020, kooperierte. Zu den von Hasson im Internet gestellten Suchanfragen gehörten denn auch „Was, wenn Trump illegal angeklagt wird" und „Bester Ort, um Kongressabgeordnete zu treffen" sowie „Bürgerkrieg, wenn Trump angeklagt wird".

Die Anklage, die schließlich gegen Hasson erhoben wurde, machte deutlich, wie schwierig es ist, gewalttätige Extremisten in den Vereinigten Staaten strafrechtlich zu belangen, da es keine speziellen Gesetze gegen inländischen Terrorismus gibt. So wurde Hasson im Jahr 2020 wegen einer Reihe von Waffen- und Drogendelikten angeklagt. Hassons Absicht, aus ideologischen Gründen einen Massenmord an Politikern, Journalisten und Zivilisten zu begehen, um die Regierung der Vereinigten Staaten zu stürzen, spielte für die Anklage eine erstaunlich geringe Rolle. Schließlich wurde er zu 160 Monaten Haft in einem Bundesgefängnis verurteilt. (Hoffman & Ware, God, Guns, and Sedition, S. 165 f.)

### Der Bombenanschlag auf den Boston-Marathon

Der Anschlag auf den alljährlich stattfindenden Boston-Marathon am 15. April 2013 wurde von den Brüdern Dschochar und Tamerlan Zarnajew verübt. Sie platzierten zwei selbstgebaute Bomben in Druckkochtöpfen in der Nähe der Ziellinie des Rennens.

**Sonntag, 14. April 2013**

**Vorbereitung** Am Abend vor dem Boston-Marathon sind Tamerlan Zarnajew und sein jüngerer Bruder Dschochar zu Hause bei Tamerlan in Cambridge, einem Vorort von Boston. Sie unterhalten sich. Oft drehen sich ihre Gespräche um die Politik und die Ereignisse in der kirgisischen Heimat.

Währenddessen bereiten sie sich auf das Rennen am nächsten Tag vor. Sie stehen vor zwei Dampfdruckkochtöpfen, die als Schnellkochtöpfe meist für die Zubereitung von Suppen eingesetzt werden. Tamerlan zeigt seinem jüngeren Bruder, wie man die Töpfe mit Schießpulver, Nägeln, Kugellagern und Vaseline füllt.

**Montag, 15. April 2013**

**Startort Hopkinton** Der alljährliche Boston-Marathon findet am sogenannten Patriot's Day statt. Dies ist schon die 117. Veranstaltung. Am Morgen des 15. April 2013 versammeln sich die Läufer im westlich von Boston gelegenen Hopkinton, Massachusetts. Auf einem Schild außerhalb der Stadt steht: „Hier beginnt alles." Hopkinton ist seit 1924 der offizielle Startort des Boston-Marathons. Die Stimmung ist festlich und heiter, laute Musik beschallt das Gelände – das Ganze gleicht eher einer großen Party als einem Sportwettbewerb. Die Läufer unterhalten sich angeregt. Die größte Sorge der meisten ist, die 42,195 Kilometer entfernte Ziellinie überhaupt zu erreichen.

**Der Rennleiter** David McGillivray ist seit 25 Jahren Rennleiter des Boston-Marathons. Um 6 Uhr morgens ist er in Hopkinton und begibt sich zum Athletendorf, das auf dem Gelände der High School errichtet worden ist. Hier werden sich die Läufer vor dem Rennen versammeln. Schnell inspiziert er alles, von den Meldestellen bis zu den mobilen Toiletten. Dann macht er sich auf den Weg zur Startlinie.

**Zeitplan** Laut Zeitplan sollen die Frauen um 9.32 Uhr und die Männer um 10.00 Uhr starten. Im Durchschnitt schaffen die Männer den Boston-Marathon in etwa vier Stunden, die Frauen brauchen eine halbe Stunde länger. Also wird zwischen 14.00 und 15.00 Uhr der größte Andrang an der Ziellinie herrschen.

**14.49 Uhr** Zwei Bomben werden etwa 190 m von der Ziellinie entfernt gezündet. Die erste Bombe explodiert um 14.49 Uhr vor dem Laufsportgeschäft „Marathon Sports" in der Boylston Street Nr. 671. Die zweite Bombe der Terroristen explodiert 14 Sekunden später und einen Block weiter westlich in der Boylston Street Nr. 755. Die Fenster der angrenzenden Gebäude werden zwar zerstört, aber es sind keine größeren Schäden an den Häusern zu verzeichnen.

Rettungskräfte und medizinisches Personal, die wie immer beim Marathon vor Ort sind, leisten Hilfe, während zusätzliche Polizei-, Feuerwehr- und Sanitätseinheiten, auch aus den umliegenden Städten, sowie private Krankentransporter aus dem ganzen Bundesstaat entsandt werden.

**3 Tote, 264 Verletzte** Bei den Explosionen werden drei Menschen getötet und 264 verletzt.

Einer der Verletzten, Jeff Bauman, befindet sich in unmittelbarer Nähe einer der Bomben. Er verliert beide Beine. Im Krankenhaus schreibt er: „Ich sah den Kerl, er sah mich direkt an." Später liefert er eine detaillierte Beschreibung der Verdächtigen.

Am 18. April, drei Tage nach dem Bombenanschlag, veröffentlicht das FBI Bilder von zwei Verdächtigen mit Rucksäcken und bittet die Öffentlichkeit um Hilfe bei der Identifizierung. Das FBI erklärt, damit wolle es Personen schützen, die in den Nachrichten und sozialen Medien fälschlicherweise als Täter erkannt und beschuldigt worden seien.

**Donnerstag, 18.April 2013**

**17.00 Uhr** Die beiden Verdächtigen auf den von dem FBI veröffentlicht Bildern werden als Tamerlan Zarnajew und sein Bruder Dschochar identifiziert.

**Abend** Die beiden Brüder suchen die Wohnung ihrer Familie in Cambridge auf. Dort beladen sie ihren Honda Civic mit fünf selbstgebauten Sprengsätzen sowie mit Munition, einer halbautomatischen Handfeuerwaffe und einer Machete. Anschließend fahren sie zu dem berühmten MIT, dem Massachusetts Institute of Technology.

**22.25 Uhr** Auf dem Campus des MIT überfallen die Brüder den 27-jährigen Polizisten Sean A. Collier, der in seinem Dienstwagen sitzt. Sie schießen sechsmal auf ihn. Dann versuchen sie, Collier die Pistole abzunehmen, doch sie ist im Holster besonders gesichert und lässt sich nicht herausziehen. Collier stirbt kurz darauf.

**23.00 Uhr** Im Bostoner Stadtviertel Allston-Brighton nehmen die Brüder den Besitzer eines Mercedes-SUVs, den Chinesen Dun Meng, als Geisel. Tamerlan, der den SUV fährt, sagt zu Dun Meng, dass er für den Bombenanschlag in Boston und die Erschießung von Collier verantwortlich sei. Dschochar folgt ihnen in ihrem Honda Civic und steigt später zu ihnen in den SUV. Die Verhöre ergeben später, dass die Brüder spontan beschließen, nach New York zu fahren, um auf dem Times Square eine Bombe zu zünden.

**23.18 Uhr** Die Zarnajew-Brüder zwingen Meng, mit seiner Bankkarte 800 Dollar aus einem Geldautomaten zu ziehen. Sie laden einige Gegenstände in den SUV um, und einer der Brüder soll im Honda Civic folgen. Er ist inzwischen zur Fahndung ausgeschrieben.

**Fahndung** Die Brüder fahren zu einer Shell-Tankstelle am Memorial Drive in Cambridge, um für die lange Fahrt zum New Yorker Times Square aufzutanken. Meng wollen sie mitnehmen. Doch während Dschochar hineingeht, um Snacks zu kaufen, flüchtet Meng.

**Flucht der Geisel** Meng läuft über die Straße zu einer Mobil-Tankstelle und bittet den Angestellten, die Notrufnummer 911 zu wählen. Sein Handy lässt er im Mercedes zurück. Dadurch kann die Polizei den SUV verfolgen.

**Freitag, 19. April 2013**

**24.00 Uhr** Polizei-Officer Reynolds, der zusammen mit Sergeant MacLellan in der westlich von Boston gelegenen Vorstadt Watertown Dienst tut, wird auf den Honda und den Mercedes-SUV aufmerksam. Er hat über Funk gehört, dass die Fahrzeuge gesucht werden. Während Reynolds Verstärkung anfordert, folgt er den beiden. Trotz des hohen Risikos will er die Fahrzeuge anhalten und kontrollieren. Die Brüder biegen in die Laurel Street ein und halten dort an.

**01.00 Uhr** Tamerlan steigt aus dem SUV und schießt auf Reynolds und MacLellan. Die Polizisten erwidern das Feuer und fordern über Funk Hilfe an. Die Verstärkung trifft ein, und es kommt zu Schusswechseln zwischen den Brüdern und den Polizisten. Es fallen schätzungsweise 200 bis 300 Schüsse. Die beiden Brüder zünden auch mindestens eine Druckkochtopfbombe und werfen fünf Handgranaten, von denen drei explodieren.

**Keine Munition** Schließlich geht Tamerlan die Munition aus und er wird von einem Polizisten aus Watertown und Sergeant MacLellan überwältigt. Dschochar fährt mit dem SUV auf Tamerlan und die Polizisten zu, die versuchen, Tamerlan Handschellen anzulegen. Der Wagen verfehlt die Polizisten nur knapp, aber er überrollt Tamerlan und schleift ihn ein kurzes Stück mit. Nach etwa 800 Metern verlässt Dschochar das Auto und flüchtet zu Fuß weiter. Seine Spur verliert sich.

**01.35 Uhr** Der schwer verletzte Tamerlan wird verhaftet und stirbt im Krankenhaus.

Ein Gebiet von 20 Häuserblocks in Watertown wird abgeriegelt. Die Einwohner von Watertown werden über automatische Telefonanrufe aufgefordert, in ihren Häusern zu bleiben. Auch Gouverneur Patrick fordert am Morgen die Bewohner von Watertown und den umliegenden Gemeinden auf, nicht vor die Tür zu gehen.

**Suche** Polizisten in taktischer Ausrüstung durchkämmen das Gebiet. Hubschrauber kreisen über der Stadt, und SWAT-Teams in gepanzerten Fahrzeugen fahren durch die Straßen.

Polizisten gehen von Tür zu Tür und durchsuchen die Häuser. Dieser Einsatz ist der erste große Praxistest für die ressortübergreifenden Task Forces, die nach den Anschlägen vom 11. September gebildet wurden.

**Ausnahmezustand** Der gesamte öffentliche Nahverkehr in Boston ist eingestellt worden, ebenso der Eisenbahnverkehr von und nach Boston. Auch Universitäten, Schulen, viele Unternehmen und andere Einrichtungen bleiben geschlossen.

**18.42 Uhr** Im Verlaufe desselben Tages werden die Schutzmaßnahmen aufgehoben. Am Abend bemerkt David Henneberry, der außerhalb des Suchgebietes wohnt, dass die Plane seines abgestellten Bootes lose ist. Als er unter die Plane schaut, sieht er einen Mann in einer Blutlache liegen. Er verständigt die Polizei, das Boot wird umstellt.

**20.42 Uhr** Die Person im Boot beginnt an der Plane zu rütteln, woraufhin die Polizei das Boot beschießt. Dschochar, der unbewaffnet ist, wird festgenommen und ins Krankenhaus gebracht. Er hat Schusswunden an Kopf, Hals, Beinen und Hand. Die Situation sei chaotisch gewesen, zitiert die Washington Post eine Polizeiquelle; die Schüsse seien im „Nebel des Krieges“ gefallen.

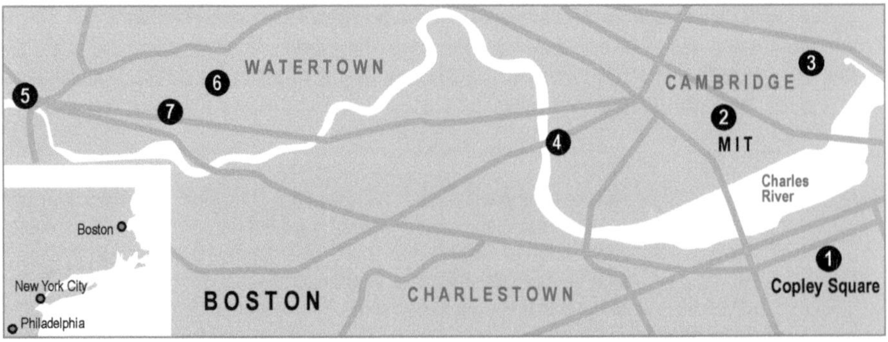


❶ *5. April, 14.50 Uhr – Bombenanschlag auf den Boston-Marathon, Ziellinie am Copley Square*

❷ *18. April, 22.30 Uhr – Polizist Sean Collier wird auf dem Campus des MIT erschossen.*

❸ *18. April, 23.00 Uhr – Die Zarnajew-Brüder entführen einen SUV.*

❹ *18. April, kurz danach – Der Fahrer des SUV entkommt.*

❺ *18. April, 23.18 Uhr – Überwachungskameras zeigen die Brüder an einem Geldautomaten.*

❻ *19. April, 01.00 Uhr – Schusswechsel mit der Polizei in Watertown, Tamerlan Zarnajew wird tödlich verwundet, Dschochar Zarnajew entkommt.*

❼ *19. April, 19.30 Uhr – Dschochar wird in einem Boot in Watertown gefunden, das Boot wird beschossen, Festnahme Dschochars.*

Nachdem Dschochar Zarnajew überlebt hatte und in Gewahrsam genommen worden war, gab das FBI bekannt, dass es schon seit 2011, also seit zwei Jahren, gegen Tamerlan Zarnajew ermittelt hatte, nachdem ein ausländischer Staat die USA wegen einer möglichen Radikalisierung des Muslims gewarnt hatte. Im Rahmen der Ermittlungen des FBI wurde Tamerlan Zarnajew befragt. Damals hatte man aber keine Belege für eine terroristische Betätigung gefunden.

## Die Motive

Laut FBI-Vernehmungsbeamten waren Dschochar und Tamerlan extremistisch beeinflusst, hatten aber keine Verbindung zu bekannten terroristischen Gruppen. Das Bombenbauen lernten sie durch ein Online-Magazin, das von Al-Qaida-Mitgliedern im Jemen herausgegeben wurde. Das FBI verfügte offenbar auch über Erkenntnisse, dass Dschochar und sein Bruder Selbstmordattentate und einen Anschlag auf das Feuerwerksspektakel der Boston Pops am 4. Juli geplant hatten. Doch dann entschieden sie sich für den Einsatz von ferngezündeten Druckkochtopfbomben. Es wird vermutet, dass die Brüder den prestigeträchtigen Boston-Marathon nur deshalb auswählten, weil der Bau der Bomben schneller als erwartet vorangeschritten war.

Dschochar erklärte, er und sein Bruder wollten den Islam gegen die USA verteidigen, und beschuldigte die USA, im Irak und in Afghanistan Krieg gegen Muslime zu führen. Der Fernsehsender CBS berichtete, dass Dschochar mit Filzstift eine Notiz an die Innenwand des Bootes, in dem er sich zuletzt versteckt hielt, gekritzelt hatte. In dieser hieß es, die Bombenanschläge seien eine Vergeltung für die Militäraktionen der USA im Irak und in Afghanistan. Die Opfer in Boston seien Kollateralschäden, so wie unschuldige Opfer in den Kriegen der USA überall auf der Welt Kollateralschäden seien. Fotos der Notiz wurden später im Prozess verwendet.

Politikwissenschaftler vermuten, die Hauptmotive seien Sympathie für die politisch motivierten Unruhen in der Kaukasusregion gewesen, aber auch die Unfähigkeit Tamerlans, sich in die amerikanische Gesellschaft zu integrieren. Laut der Los Angeles Times sagte ein Beamter der Strafverfolgungsbehörden, dass die Rolle Amerikas in der muslimischen Welt Dschochar weniger umgetrieben habe als seinen Bruder. Laut diesem Beamten bezeichnete Dschochar seinen Bruder als die treibende Kraft hinter dem Bombenanschlag und sagte, Tamerlan habe ihn erst kürzlich als Helfer rekrutiert.

Am 4. März 2022 bestätigte der Oberste Gerichtshof der USA die Todesstrafe für Dschochar Zarnajew. Obwohl Massachusetts die Todesstrafe bereits in den frühen Achtzigerjahren abgeschafft hatte, konnte er zum Tode verurteilt werden, weil er nach Bundesrecht vor Gericht stand. Seither sitzt er in einem Hochsicherheitsgefängnis.

## 6. Januar 2021: Marsch auf das Kapitol

Am 6. Januar 2021, zwei Monate nach der Niederlage des noch amtierenden US-Präsidenten Donald Trump bei den Präsidentschaftswahlen 2020 griff eine Gruppe seiner Anhänger das Kapitol in Washington D.C. an, den Sitz des US-Kongresses. Sie wollten Trump im Amt halten, weil sie seine Niederlage für eine Folge von Wahlbetrug hielten. Sie besetzten das Kapitol, um die entscheidende Sitzung des Kongresses zu verhindern, in der die Stimmen des Wahlmännergremiums ausgezählt werden und das Wahlergebnis bestätigt werden sollte, das Joe Biden zum Präsidenten machen würde. Der Angriff blieb letztlich erfolglos und schob nur die Bestätigung des Wahlergebnisses auf. Der Sonderausschuss des Repräsentantenhauses, der den Vorfall untersuchte, kam zu dem Ergebnis, dass der Angriff der Höhepunkt einer Strategie des noch amtierenden Präsidenten Trump war, die Wahl ungültig zu machen.

Innerhalb von 36 Stunden, am 5. und 6. Januar 2021, starben fünf Menschen: Einer wurde von der Capitol Police erschossen, ein weiterer starb an einer Überdosis Drogen, drei starben eines natürlichen Todes, darunter ein Polizist. Viele Menschen wurden verletzt, darunter 174 Polizisten. Mit Stand vom 7. Juli 2022 belief sich der durch die Angreifer verursachte Schaden auf mehr als 2,7 Millionen Dollar.

## Wie es begann

Joe Biden, Kandidat der Demokratischen Partei, hatte bei den Präsidentschaftswahlen von 2020 den amtierenden Präsidenten der Republikanischen Partei, Donald Trump, besiegt. Daraufhin versuchten Trump und andere Republikaner, die Wahl für ungültig zu erklären: Sie unterstellten einen umfassenden Wahlbetrug.

Wenige Stunden nach Schließung der Wahllokale, während die Stimmen noch ausgezählt wurden, erklärte Trump seinen Sieg und forderte, die Auszählung zu stoppen. Auch leitete er eine Kampagne ein, um die Wahl gerichtlich und außergerichtlich anzufechten. Zehn Tage nach der Wahl kamen Trumps Anwälte zu dem Schluss, dass es weder eine faktische Grundlage noch ein stichhaltiges rechtliches Argument für eine Anfechtung des Wahlergebnisses gebe. Ungeachtet dieser Analysen reichte Trump sechzig Klagen ein, von denen zwei vor dem Obersten Gerichtshof verhandelt wurden. Diese Klagen, die darauf abzielten, die Wahlzettel und die für Biden abgegebenen Stimmen für ungültig zu erklären, wurden von den Gerichten wegen mangelnder Beweise oder fehlender Rechtsgrundlagen abgewiesen.

Daraufhin begann Trump, hohe republikanische Amtsträger und Abgeordnete unter Druck zu setzen: Sie sollten das Wahlergebnis für ungültig erklären, sie sollten Bidens Wahlmänner durch Trumps Wahlmänner ersetzen oder Beweise für Wahlbetrug finden. Darüber hinaus forderte er Abgeordnete auf, nach Unregelmäßigkeiten bei den Wahlen zu suchen, beispielsweise durch Vergleiche der Unterschriften auf Briefwahlzetteln, weil er die bisherigen Analysen für unzureichend hielt.

Auch forderte Trump seinen Vizepräsidenten Mike Pence wiederholt auf, Biden an der Amtsübernahme zu hindern. Doch für eine solche Maßnahme war Pence, Vizepräsident und Präsident des Senats, laut Verfassung nicht befugt. Trotzdem wiederholte Trump diese Forderung in seiner Rede bei einer Kundgebung am Morgen des 6. Januar 2021.

Viele Wissenschaftler, Historiker, Politologen und auch Journalisten bezeichneten diese Bemühungen von Donald Trump, die Wahl für ungültig zu erklären, als „Staatsstreich von oben", bei dem ein gewähltes Staatsoberhaupt mit allen Mitteln versucht, im Amt zu bleiben. Es wurde auch von einer „großen Lüge" gesprochen, einer groben Verdrehung oder Entstellung der Wahrheit, die als politische Propagandatechnik eingesetzt wurde. Der „Fact Checker" der Washington Post, Glenn Kessler, schrieb in seinem Buch „Donald Trump and his Assault on Truth" (Donald Trump und sein Angriff auf die Wahrheit), dass Präsident Trump bis zum 20. Januar 2020, also in den ersten drei Jahren seiner Präsidentschaft, mehr als 16.000 „false or misleading claims" (falsche oder irreführende Behauptungen) von sich gegeben habe.

## Planung für den 6. Januar

Am 18. Dezember 2020, vier Tage nach der Abstimmung im Wahlmännergremium, rief Trump vor der für den 6. Januar angesetzten Auszählung seine Anhänger auf Twitter zu einer Kundgebung auf: „Großer Protest in DC am 6. Januar, seid da, es wird wild". Am 28. Dezember beschrieb der Aktivist Ali Alexander seine Zusammenarbeit mit den rechtsextremen Proud Boys und erklärte, das Ziel der Demonstration am 6. Januar sei es, Schwung und Druck zu erzeugen und dann an diesem Tag die Herzen und Köpfe der Kongressabgeordneten zu beeinflussen, die sich noch nicht entschieden hätten.

Am 23. Dezember 2020 veröffentlichte eine Gruppe um Roger Stone, einen Politikstrategen und Berater Trumps, mit „Stop the Steal" (Stoppt den Diebstahl) Pläne für einen Aufmarsch vor dem Kapitol und drohte mit Eskalation, falls die Polizei Widerstand leiste. Die Veranstaltung wurde dann größtenteils von der Trump-Unterstützerin Julie Jenkins Fancelli finanziert, der 72-jährigen Erbin des Publix-Supermarktvermögens. Sie hatte 3 Mio. Dollar für die Veranstaltung veranschlagt und mindestens 650.000 Dollar ausgegeben. Fancellis Geld wurde über den Verschwörungstheoretiker Alex Jones für die Reservierung der Ellipse (ein Rondell südlich vom Weißen Haus) verwendet. Außerdem wurde mit diesen Mitteln eine Robocall-Kampagne (automatische Telefonaktion) gestartet, die Menschen dazu aufrief, zum Kapitol zu marschieren und den Kongress aufzufordern, den Diebstahl (an Wählerstimmen) zu stoppen. Am 2. Januar kündigte Noch-Präsident Trump an, dass er am 6. Januar auf der Kundgebung „March to Save America" sprechen werde.

## Oath Keepers und Proud Boys

Am 9. November 2020, zwei Tage nach den Hochrechnungen, die Joe Biden den Sieg zusprachen, hielten die Oath Keepers (Bewahrer des Eides), eine der größten rechtsextremistischen und paramilitärischen Organisationen in den USA, eine Videokonferenz nur für Mitglieder ab. Darin stellte der Anführer Stewart Rhodes eine Strategie vor, wie die Präsidentschaft Bidens zu verhindern sei. Auch Vorbereitungen für den Einsatz von Gewalt wurden besprochen. Die Oath Keepers planten, im nahe gelegenen Alexandria, Virginia, ein Waffenarsenal anzulegen und eine schnelle Einsatztruppe zu stationieren. Sie planten auch, Boote zu beschaffen, damit sie nicht durch Brückensperren an der Einfahrt nach Washington gehindert werden könnten.

Die Führung der Proud Boys wiederum wählte am 20. Dezember Mitglieder für eine neue Gruppe mit Namen „Ministry of Self Defense" (Ministerium für Selbstverteidigung) aus, die für die Planung nationaler Demonstrationen zuständig sein sollte. Die Anführer nutzten eine

Crowdfunding-Website, um Geld zu sammeln und paramilitärische Ausrüstung wie taktische Schutzwesten und Funkgeräte zu kaufen, und die Mitglieder der Proud Boys wurden zur Teilnahme an der Demonstration aufgefordert, die für den 6. Januar geplant war.

Am 29. Dezember gaben die Anführer bekannt, dass sie am 6. Januar inkognito sein würden, also nicht ihre traditionelle schwarz-gelbe Kleidung tragen würden. Am 30. Dezember kursierte unter den Proud Boys ein internes Dokument mit dem Titel „1776 Returns“; in jenem Jahr hatten die 13 britischen Kolonien ihre Unabhängigkeit von England erklärt und waren zu den Vereinigten Staaten von Amerika geworden. Das Dokument rief dazu auf, am 6. Januar wichtige Regierungs- und Verwaltungsgebäude zu besetzen. Das Kapitol wurde in dem Dokument nicht genannt, doch mit dem Decknamen „Winterpalast“ war eindeutig das Kapitol gemeint.

Am 3. und 4. Januar diskutierte die Führung der Proud Boys explizit die Erstürmung des Kapitols. In der Nacht zum 5. Januar teilten die Anführer der Proud Boys ihre Mitglieder in Teams ein, verteilten Funkgeräte und stellten sie auf bestimmte Kanäle ein. Die Anweisung lautete, sich am folgenden Tag um 10 Uhr am Washington Monument zu versammeln. Die Anführer gaben den Mitgliedern ferner die Anweisung, der Polizei aus dem Weg zu gehen.

### Nationalgarde und Polizei

Am 9. November hatte Präsident Trump Verteidigungsminister Mark Esper entlassen und ihn durch Christopher C. Miller ersetzt. Diese Entlassung bewertete die Direktorin der CIA, Gina Haspel, gegenüber dem Vorsitzenden der Joint Chiefs of Staff (Vereinigter Generalstab), General Mark Milley, in einem Privatgespräch so, dass „wir uns wohl auf einen rechtsgerichteten Staatsstreich zubewegen“.

Am 3. Januar wies Trump den neuen Verteidigungsminister Miller an, am 6. Januar alles Notwendige zu tun, um die Demonstranten zu schützen. Am folgenden Tag unterzeichnete Miller ein Memo, das die Einsatzmöglichkeiten der Washingtoner Nationalgarde einschränkte. Zwar hatte der kommandierende Generalmajor der Nationalgarde von D.C., William J. Walker, den ständigen Befehl, auf zivile Unruhen im Bezirk zu reagieren, doch am 5. Januar erhielt Walker neue Befehle von Armeeminister Ryan McCarthy, die es ihm untersagten, auf zivile Unruhen ohne ausdrückliche Genehmigung von McCarthy und Miller zu reagieren.

Am 4. Januar gab Bürgermeister Bowser bekannt, dass das Metropolitan Police Department von Washington in Absprache mit der Capitol Police, der U.S. Park Police und dem Secret Service die Strafverfolgung im Distrikt übernehmen würde. Am 6. Januar ging die Capitol Police auf Anweisung ihrer Führung ohne tödliche Waffen in den Einsatz. Die Waffenkammer der Capitol Police sei nicht ordnungsgemäß gewartet worden, hieß es: Die Schutzschilde seien unwirksam und die Munitionsvorräte abgelaufen.

### Der 5. Januar 2021

Am 5. Januar fanden von 13.00 bis 17.00 Uhr auf der Freedom Plaza eine Reihe von Pro-Trump-Kundgebungen statt. Zu den prominenteren Rednern gehörten Michael Flynn und Roger Stone. Beide waren in den Wochen zuvor vom Präsidenten begnadigt worden. Michael

Flynn, pensionierter Generalleutnant der US-Armee, hatte sich schuldig bekannt, gegenüber dem FBI falsche Angaben über seine Kommunikation mit dem russischen Botschafter gemacht zu haben und war am 8. Dezember begnadigt worden. Flynn ist ein prominenter Unterstützer von QAnon. Trumps Politikberater Roger Stone, der langjährige Verbindungen zu den Proud Boys und den Oath Keepers hatte, war der Zeugenbeeinflussung, der Falschaussage vor dem Kongress und der Behinderung der Justiz für schuldig befunden worden. Am 23. Dezember hatte Trump auch Stone begnadigt.

Am 5. Januar um 19.40 Uhr wurde ein Mann, der einen grauen Hoodie, eine Gesichtsmaske, Nike-Turnschuhe und eine große Tasche trug, von Überwachungskameras in der South Capitol Street gefilmt. Um 19.52 Uhr saß der Mann auf einer Bank vor dem Parteibüro der Demokraten. Auf dem Videomaterial ist zu sehen, wie der Verdächtige eine Tasche schließt, aufsteht und weggeht. Dort entdeckte man am folgenden Tag unter einem Busch eine Rohrbombe. Um 20.14 Uhr wurde dieselbe Person in der Nähe des Büros der Republikanischen Partei gefilmt, wo am folgenden Tag ebenfalls eine Rohrbombe gefunden wurde. Beide Bomben waren nur wenige Blocks vom Kapitol entfernt platziert worden. Der Verdächtige konnte nicht identifiziert werden. Kurz vor dem zweiten Jahrestag des Vorfalls wurde eine Belohnung von 500.000 Dollar für sachdienliche Hinweise ausgesetzt, aber auch am dritten Jahrestag gab es keine Spur zu dem Täter.

## Der 6. Januar 2021

In den frühen Morgenstunden des 6. Januars versammelten sich Zehntausende Amerikaner aus dem ganzen Land um die Ellipse und das Washington Monument zur Kundgebung „Save America". Sie waren gekommen, um Präsident Trump zu hören und vor allem, um für ihn zu demonstrieren. Der Secret Service hatte Magnetdetektoren aufgestellt, um nach Waffen zu suchen, aber viele Teilnehmer der Kundgebung umgingen die Kontrollen. Noch-Präsident Trump forderte den Abbau der Detektoren, mit der Begründung, er fühle sich nicht gefährdet.

Es sollten von 9.00 bis 15.30 Uhr Reden gehalten werden. Mo Brooks, Mitglied der Republikaner und Mitglied des US-Repräsentantenhauses für den Bundesstaat Alabama, war einer der ersten Redner. Er erklärte: „Heute ist der Tag, an dem amerikanische Patrioten anfangen, Namen zu nennen und ihnen in den Hintern zu treten." Und später folgte seine rhetorische Frage: „Seid ihr bereit, alles zu tun, um für Amerika zu kämpfen?"

Ab 11.58 Uhr hielt Präsident Trump – vorsichtshalber doch hinter einem kugelsicheren Schild – eine Rede, in der er erklärte, dass er die Wahl niemals anerkennen werde, die Medien kritisierte und den Vizepräsidenten Pence aufforderte, das Wahlergebnis zu annullieren. Seine Rede enthielt zahlreiche Unwahrheiten und Falschdarstellungen, die die Menge aufstachelten. In den sozialen Medien deutete Trump an, dass seine Anhänger sogar die Macht hätten, Joe Bidens Amtsantritt zu verhindern.

Der Plan für die Kundgebung sah vor, dass die Menschen in der Ellipse bleiben sollten, bis die Auszählung der Stimmzettel abgeschlossen war. Doch nun forderte Trump die Menschen auf, zum Kapitol zu marschieren, um den Republikanern den Stolz und die Kühnheit zu geben, die sie brauchen, um das Land zurückzuerobern. Trump erklärte auch: „Wir werden unser Land niemals mit Schwäche zurückgewinnen. Wir müssen Stärke zeigen, und wir müssen stark sein." Er bezeichnete diesen Moment als ein letztes Aufbäumen und deutete an, dass Pence und andere republikanische Amtsträger sich selbst in Gefahr brächten, wenn sie Bidens Sieg akzeptieren würden. Während Trumps Rede skandierten seine Anhänger: „Stürmt das Kapitol! Und kämpft für Trump!"

**Sturm auf das Kapitol, 6. Januar 2021**

- Um 10.30 Uhr verließen mehr als 100 Proud Boys unter der Führung von Ethan Nordean und Joe Biggs das Washington Monument.
- Um 11.52 Uhr hatte die Gruppe das Kapitol erreicht und umrundete das Gebäude, bevor sie zur Westseite zurückkehrte. Sie hatten die Sicherheitsvorkehrungen am Gebäude überprüft und nach Schwachstellen gesucht.
- Gegen 12.30 Uhr versammelten sich etwa 300 Personen östlich des Kapitols. Der republikanische Senator Josh Hawley aus Missouri, der bereits im Dezember angekündigt hatte, die Auszählung der Wahlmänner anzufechten, grüßte die Demonstranten mit erhobener Faust, als er auf dem Weg zur Sitzung des Kongresses an ihnen vorbeikam.
- Gegen 12.45 Uhr entdeckte eine Frau eine Bombe neben einem Gebäude, in dem sich Büros der Republikaner befanden.
- Etwa 30 Minuten später, als die Beamten noch bei der ersten Bombe waren, erhielten sie die Nachricht, dass eine zweite Rohrbombe unter einem Busch in der Nähe der Demokratischen Parteizentrale entdeckt worden war. Die Sprengsätze waren baugleich und etwa 30 cm lang. Die Rohrbombe bei den Republikanern wurde um 15.33 Uhr, die Rohrbombe bei den Demokraten um 16.36 Uhr entschärft. In einem Bericht der Washington Post wurde vermutet, dass die Bomben platziert worden seien, um die Polizei vom Kapitol abzulenken.
- Um 12.52 Uhr verließ eine Gruppe von Oath Keepers, die schwarze Hoodies mit auffälligen Logos trugen, die Kundgebung an der Ellipse, zog auf dem Weg zum Kapitol Kampfuniformen an und setzte Helme auf.
- Kurz vor 12.53 Uhr führten Nordean und Biggs eine Gruppe von 200 bis 300 Proud Boys zur Westseite des Kapitols in der Nähe des Peace Monument, des Friedensdenkmals. Diese Westseite war nur durch einen lockeren Kordon von Polizisten geschützt, die vor einem provisorischen Zaun Aufstellung genommen hatten. Weitere Trump-Anhänger trafen ein, und die Menschenmenge vergrößerte sich schnell.
- Gegen 13.00 Uhr durchbrachen Hunderte von Trump-Anhängern den Polizeikordon auf der Westseite und den Absperrzaun. Auf der unteren Westterrasse blockierte die Polizei den Eingang zu einem Tunnel. Dort lieferten sich die Demonstranten einen dreistündigen Kampf mit der Polizei um den Zugang.
- Gegen 13.12 Uhr trafen Verstärkungskräfte des Metropolitan Police Department auf der unteren Westterrasse ein.
- Nach 13.25 Uhr wurden drei Gruppen von Proud Boys beobachtet, die sich von dem verstärk-

ten Polizeikordon zurückzogen. Doch nach einer Viertelstunde nahmen die Proud Boys zwei andere, schlechter gesicherte Zugänge ins Visier.

- Um 13.50 Uhr beurteilte der Einsatzleiter der Polizei die Lage vor Ort als Aufstand („declared a riot"). Doch die Nationalgarde wurde nicht eingesetzt.
- Um 13.58 Uhr entfernten Polizisten der Capitol Police eine Barrikade an der Nordostseite des Kapitols und zogen sich zurück. Hunderte von Demonstranten strömten auf das Gelände.
- Um 14.00 Uhr erreichten die Angreifer die Türen und Fenster des Kapitols und versuchten, in das Gebäude einzudringen.
- Um 14.11 Uhr schlug Dominic Pezzola, ein Anführer der Proud Boys, mit einem gestohlenen Polizei-Schutzschild ein Fenster an der Westseite des Kapitols ein und kletterte in das Gebäude. Die meisten Fenster des Kapitols waren zwar verstärkt worden, doch einige noch nicht; sie bestanden aus Einfachscheiben und konnten leicht eingeschlagen werden.
- Um 14.13 Uhr galt das Kapitol offiziell als gestürmt.

## Pence und Pelosi in Sicherheit

- Ebenfalls um 14.13 Uhr führte der Secret Service Vizepräsident Pence aus dem Senatssaal hinaus und brachte ihn in ein Büro. Von dort wurde er mit Familienangehörigen, die sich anlässlich der Abstimmung im Kapitol eingefunden hatten, in Sicherheit gebracht.
- Gleichzeitig stellte sich Eugene Goodman, Mitglied der Capitol Police, den Demonstranten entgegen. Als diese einen Treppenabsatz erreichten, von dem aus ein ungehinderter Zugang zum Plenarsaal des Senats möglich war, stieß Goodman den Anführer, Doug Jensen, zurück und entfernte sich dann in eine Richtung, die dem Senatssaal entgegengesetzt war – in der Hoffnung, dass die Menge ihm dorthin folgen würde.
- Um 14.15 Uhr wurde die Sitzung des Senats abgebrochen, die Türen wurden geschlossen. Eine Minute später erreichten die Eindringlinge die Türen zur Galerie über dem Plenarsaal des Senats und versuchten, diese aufzubrechen. Mitarbeiter der Senatsverwaltung brachten die Kisten mit den Wahlmännerstimmen und die Dokumente aus dem Sitzungssaal in Sicherheitsräume des Gebäudes.
- Um 14.30 Uhr war der Senatssaal geräumt, die Senatoren in Sicherheit gebracht.
- Aus dem Plenarsaal des Repräsentantenhauses, das sich auf der gegenüberliegenden Seite des Gebäudekomplexes befindet, wurde Parlamentspräsidentin Nancy Pelosi hinausbegleitet.
- Alle Räumlichkeiten des Komplexes wurden abgeriegelt und durften weder betreten noch verlassen werden. Die Angestellten des Kapitols wurden aufgefordert, sich in Sicherheit zu bringen. Während der Mob durch das Kapitol zog, suchten Abgeordnete, Mitarbeiter und Angestellte Schutz in Büros und sogar in Schränken. Die Randalierer drangen auch in das Büro der Senatsverwaltung ein und verwüsteten es.
- Nach der Evakuierung des Gebäudes übernahm die Menge kurzzeitig die Kontrolle über den Plenarsaal des Senats, wobei einige bewaffnete Männer Plastik-Handfesseln bei sich hatten und andere mit erhobenen Fäusten auf dem Podium des Senats posierten, das Vizepräsident Pence zuvor verlassen hatte.

• Am vorderen Eingang des Repräsentantenhauses kam es zu einer kritischen Situation: Als die Menge versuchte, in das Gebäude einzudringen, zogen Polizisten im Inneren ihre Waffen und richteten sie auf die mit Möbeln verbarrikadierten Türen des Plenarsaals.
• Um 14.30 Uhr marschierte eine Gruppe von Oath Keepers („Stack One"), paramilitärisch gekleidet, die Stufen im Osten des Kapitols hinauf, um sich dem Mob anzuschließen, der bereits das Gebäude belagerte.
• Um 14.38 Uhr wurden die Türen zur zentralen Rotunde des Kapitols, über der sich die berühmte Kuppel befindet, durchbrochen. Stack One betrat zusammen mit anderen Angreifern das Gebäude. Eine weitere Gruppe, Stack Two, gelangte um 15.15 Uhr in das Kapitol. Während des gesamten Angriffs hielten die Oath Keepers eine sogenannte Schnelle Eingreiftruppe bereit, die bei Bedarf der jeweiligen Gruppe Nachschub liefern oder sie verstärken sollte.
• Während die Abgeordneten evakuiert wurden, schlug ein Angreifer ein Glasfenster neben einer verbarrikadierten Tür ein. Lieutenant Michael Byrd richtete seine Waffe auf ihn und veranlasste andere, den Angreifer zu warnen: „Er hat eine Waffe." Polizei und Secret Service warnten immer wieder: „Zurück! Runter! Aus dem Weg!" Ein Angreifer, der als Umhang eine Trump-Flagge (eine US-Flagge mit einem großen Bildnis Trumps) trug, erklomm das zerbrochene Fenster, was Lt. Byrd veranlasste, einen Schuss abzufeuern, der den Angreifer in die Schulter traf. Der Mob machte sofort Platz, als ein Notfallteam der Capitol Police anrückte, um Hilfe zu leisten.
• Gegen 15.15 Uhr wurde der Polizist Daniel Hodges niedergeschlagen, während er einen Eingang zu dem ausgedehnten Tunnelsystem unter dem Kapitol gegen Angreifer verteidigte.
• Um 15.21 Uhr wurde ein weiterer Polizist, Michael Fanone, von dem Mob angegriffen und die Treppen des Kapitols heruntergezerrt. Dabei schlugen sie ihn mit Bleirohren, beschossen ihn mit einem Taser und besprühten ihn mit chemischen Reizstoffen, bis er bewusstlos wurde.
• Um 15.39 Uhr kamen Bereitschaftspolizisten aus Virginia am Kapitol an und begannen, den Tunnel zu sichern. Sie benutzten Blendgranaten, um die Angreifer zu vertreiben.

### Polizei räumt das Kapitol

• Um 14.49 Uhr begann eine gemeinsame Operation von Capitol Police und Metropolitan Police, um die Krypta unter der Rotunde zu räumen.
• Um 14.57 Uhr war der Mob vor der Speakers Lobby zurückgedrängt.
• Um 15.25 Uhr war die Rotunde geräumt.
• Um 15.40 Uhr waren die meisten Randalierer auf die West Plaza hinausgedrängt.
• Um 16.22 Uhr richtete Noch-Präsident Trump über die sozialen Medien eine Videobotschaft an seine Unterstützer, in der er sie aufforderte, nach Hause zu gehen.
• Um 17.08 Uhr erhielt der kommandierende Generalmajor der Nationalgarde von D.C., William J. Walker, die Erlaubnis von Verteidigungsminister Miller, die Nationalgarde zum Kapitol zu entsenden. Das erste Kontingent von 155 Mann erreichte um 17.20 Uhr das Kapitol.
• Um 18.00 Uhr war das Kapitol von Randalierern geräumt. Bombenentschärfungskommandos durchsuchten das Gebäude Stockwerk für Stockwerk.

• Um 20.06 Uhr eröffnete Vize-Präsident Pence die unterbrochene Senatssitzung erneut, und um 21.00 Uhr beorderte auch Pelosi die Abgeordneten ins Repräsentantenhaus zurück.
• Um 3.24 Uhr morgens bestätigte der Kongress nach ausführlicher Diskussion und anschließender Abstimmung Bidens Wahlsieg.

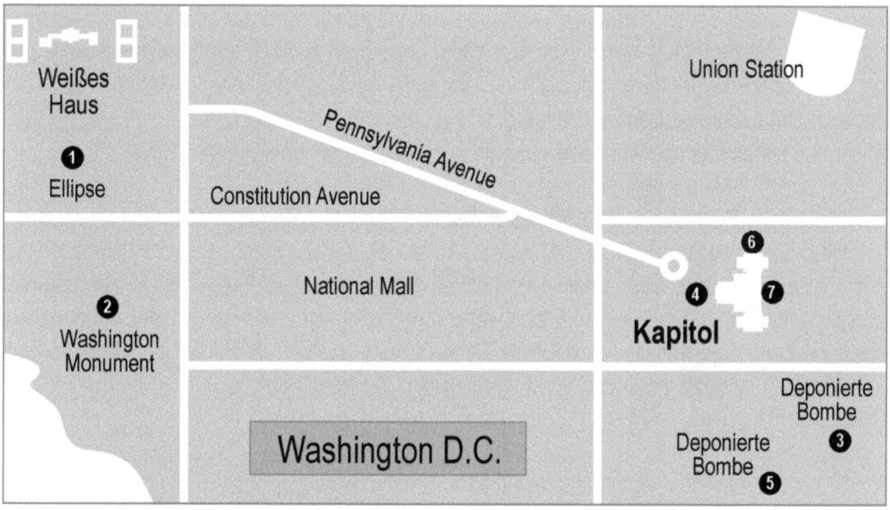


❶ *Demo-Beginn um 9.00 Uhr an der Ellipse*
❷ *Proud Boys versammeln sich um 10.00 Uhr am Washington Monument.*
❸ *Gegen 12.40 Uhr wird eine Bombe in der Nähe der Büros der Republikaner entdeckt.*
❹ *Um 12.53 Uhr durchbrechen die Proud Boys eine Barrikade in der Nähe des Freedom Memorials und betreten das Grundstück des Kapitols.*
❺ *Um 13.07 Uhr wird eine zweite Bombe bei den Büros der Demokraten entdeckt.*
❻ *Um 14.10 Uhr dringen die Proud Boys durch ein zerstörtes Fenster in das Kapitol ein.*
❼ *Um 14.39 Uhr marschieren die Oath Keepers die Treppen hinauf zum Kapitol und dringen durch eine Tür an der Rotunde in das Kapitol.*

### Donald Trumps Rolle

Laut Cassidy Hutchinson, Assistentin von Stabschef Mark Meadows im Weißen Haus, hatte ein Beamter des Secret Service Donald Trump davor gewarnt, Demonstranten Waffen tragen zu lassen. Doch Trump wollte, dass die Magnetometer zur Erkennung metallischer Waffen entfernt würden, damit bewaffnete Unterstützer an der Kundgebung teilnehmen konnten. Hutchinson schrieb: „Ich kann den Präsidenten brüllen hören: ‚Nehmt die verdammten Kontrollmonitore runter!' Er deutet auf die Monitore. ‚Seht euch all diese Leute in den Bäumen an.' Er zeigt auf den Park. ‚Sie wollen hereinkommen. Lassen Sie sie. Lassen Sie meine Leute herein. Nehmen Sie die verdammten Monitore weg, sie wollen mir nichts tun.'" (Hutchinson, Enough, S. 209)

Am 28. Juni 2022 erklärte Cassidy Hutchinson vor dem Sonderausschuss des Repräsentantenhauses zur Untersuchung des Aufstands, dass ihr der damalige stellvertretende Stabschef des Weißen Hauses, Tony Ornato, gesagt habe, dass Trump nach seiner Rede auf der Kundgebung in den Präsidenten-SUV gestiegen sei, um zum Kapitol zu fahren, während seine Anhänger dorthin marschierten. Doch sein leitender Secret-Service-Agent Robert Engel habe ihn gewarnt, das sei zu gefährlich, und habe ihm mitgeteilt, dass sie zum Weißen Haus zurückkehren würden. Laut Hutchinson berichtete Ornato ihr, dass Trump geschrien habe: „Ich bin der f**king Präsident! Bringen Sie mich jetzt zum Kapitol." Trump habe sich dann nach vorn gebeugt, um nach dem Lenkrad zu greifen.
(https://edition.cnn.com/politics/live-news/january-6-hearings-june-28/index.html)

In Hutchinsons Buch „Enough" heißt es weiter über Tony Ornato: „Er bittet mich in sein Büro, als ich in den Westflügel zurückkehre, und schließt die Tür. Er macht große Augen und fragt mich: ‚Hast du gehört, was in dem verdammten SUV passiert ist?' ‚Nein, ich bin gerade erst zurückgekommen.' Tony fährt fort, den wütenden Trump zu beschreiben, der verlangt, ins Kapitol gebracht zu werden, und der die Beherrschung verliert, als Bobby ihn wiederholt mit ‚Mr. President, wir kehren in den West Wing zurück' abblitzen lässt."
(Hutchinson, Enough, S. 212)

Am 5. Januar, nachdem Vizepräsident Mike Pence sich geweigert hatte, sich an der von Trump verlangten Korrektur der Wahl zu beteiligen, warnte Trump, dass er ihn öffentlich kritisieren müsse. Am 6. Januar um 14.24 Uhr, als Pence innerhalb des Kapitols in Sicherheit gebracht worden war, twitterte Trump, Pence habe nicht den Mut, das zu tun, was er hätte tun sollen. Draußen skandierte die Menge „Hängt Mike Pence!", was einige von ihnen auch weiter skandierten, als sie das Kapitol stürmten; mindestens drei Randalierer wurden von einem Reporter gehört, als sie sagten, sie wollten Pence finden und ihn als „Verräter" hinrichten, indem sie ihn an einem Baum vor dem Kapitol aufhängen würden.

Laut Zeugenaussagen berichtete der Stabschef des Weißen Hauses, Mark Meadows, seinen Mitarbeitern, Trump habe sich darüber beschwert, dass Pence in Sicherheit gebracht worden sei. Pence erklärte später, dass Trumps rücksichtslose Worte an jenem Tag seine Familie und jeden im Kapitol in Gefahr gebracht hätten.

In einer im Fernsehen übertragenen Kongressanhörung am 9. Juni 2022 erklärten die Kongressabgeordneten Bennie Thompson und Liz Cheney, dass Trump trotz vieler dringender Bitten um sein Eingreifen nichts unternommen habe, um den Angriff zu verhindern. Sie bezeichneten Trumps Untätigkeit als Pflichtversäumnis. Cheney sagte, Trump habe versucht, eine freie und faire demokratische Wahl zu behindern, indem er eine Verschwörung gefördert habe.
(https://edition.cnn.com/2022/01/03/politics/january-6-committee-firsthand-knowledge-trump-actions/index.html)

„Der Angriff auf das Kapitol war der Höhepunkt von vier Jahren voller Verschwörungen und Lügen, die Trump und seine Verbündeten seinen Anhängern in den sozialen Medien, in Reden

und im Fernsehen aufgetischt hatten", erklärte Fiona Hill, zur Zeit der Trump-Regierung Direktorin des Nationalen Sicherheitsrats für Europa und Russland. „Die große Lüge, dass Trump die Wahl gewonnen habe, wurde auf der Grundlage von Tausenden kleiner Lügen aufgebaut, die Trump in fast jeder seiner Reden verbreitete und die im dichten System der Trump-nahen Medien kultiviert wurden." Zu den Irreführungen Trumps gehörte beispielsweise seine Behauptung, dass Staatsanwaltschaften und Heimatschutz zu wenig taten, um den Linksextremismus zu verfolgen. Infolge der Einflussnahme des Präsidenten wurden Ressourcen zur Bekämpfung des Linksextremismus verstärkt, während in Wirklichkeit die zunehmend gewalttätige Bedrohung durch den Rechtsextremismus anstieg.
(https://www.nytimes.com/2021/01/30/us/politics/trump-right-wing-domestic-terrorism.html?auth=login-google1tap&login=google1tap)

Was die USA heute spaltet und polarisiert, hat sich über einen langen Zeitraum entwickelt, und Rechts- und Linksextremismus sind die Symptome. Man kann den Akzelerationismus – ein neues Wort für eine Strategie politischer Extremisten, durch Terror einen Kollaps der Gesellschaft herbeizuführen – und seinen wachsenden Einfluss auf das Land nicht verstehen, wenn man nicht frühere Entwicklungen untersucht, die die amerikanische Politik an den Punkt gebracht haben, an dem sie sich heute befindet.

Kein anderes Bauwerk symbolisierte die Bedrohung der amerikanischen Demokratie, die sich an jenem 6. Januar 2021 abzeichnete, mehr als die über 2 m hohe Mauer, die in den Tagen nach den Unruhen um das US-Kapitol errichtet wurde. Dies war eine Gegenmaßnahme, die an die drastischen Verschärfungen der Sicherheitskontrollen an Flughäfen nach dem 11. September 2001 und die Einführung der Jersey Barriers (2 m hohe Betonblöcke) zum Schutz von Regierungsgebäuden nach dem Bombenanschlag von 1995 in Oklahoma erinnerte. Washington D.C. sah im Januar 2021 aus wie Bagdad im Januar 2005, als im Irak die ersten demokratischen Wahlen abgehalten wurden. Wie in Bagdad säumten Truppen die Straßen. Etwa 25.000 Soldaten der Nationalgarde wurden mobilisiert, um bei der Amtseinführung von Präsident Biden die Sicherheit zu gewährleisten. Das waren 20.000 Soldaten mehr, als in Afghanistan stationiert waren – ein weiteres Indiz dafür, wie weit sich die Terrorgefahr von ausländischen zu inländischen Feinden verlagert hatte.
(Hoffman & Ware, God, Guns, and Sedition, S. 215)

## Probleme der Strafverfolgung

Die vier Jahre nach Donald Trumps Wahl 2017 waren durch eine Vielfalt an extremistischer Gewalt gekennzeichnet. Susan Corke vom Southern Poverty Law Center erklärte, dass sich die rechtsextreme Szene seit Beginn der Ära Trump zunehmend mobilisiert habe. „Obwohl ein Schütze oder jemand, der gewalttätige Aktionen durchführt, auf eigene Faust handelt, sage ich, dass es sich nicht um Einzeltäter handelt. Die Menschen ‚radikalisieren' sich nicht selbst – sie leben in sozialen und politischen Strukturen, die diese Ideen vermitteln, oft durch gezielte Desinformation und aktive Rekrutierung durch Gruppen, die hasserfüllte Ideologien vertreten."

Eines der Hauptprobleme bei der Bekämpfung des Rechtsterrorismus sei, dass die Staatsanwaltschaften Fälle von Gewalt nicht angemessen verfolgen, so Michael German, ehemals FBI-Spezialagent, der in den 1990er-Jahren als verdeckter Informant in Gruppen der White Supremacists, also der weißen Rassisten, eingeschleust worden war. „Das FBI weiß nicht, wie viele Menschen von den White Supremacists im vergangenen Jahr in den USA getötet wurden. Sie sammeln diese Informationen nicht. Wenn es Angriffe von Weißen Rassisten gibt, werden sie oft auf eine Weise analysiert, die sie herunterspielt", erklärt er. „Gewalttaten von Weißen Rassisten werden oft als Bandenkriminalität und nicht als inländischer Terrorismus eingestuft. Angriffe von Personen mit rechtsextremen Überzeugungen werden oft als Hassverbrechen und nicht als inländischer Terrorismus eingestuft."

„In den 1990er-Jahren gab es Republikaner", so German, „die eine ‚Dog-Whistle'-Politik verfolgten." Dabei handelt es sich um eine Form der verschlüsselten Sprache, die es ermöglicht, eine versteckte Bedeutung in Aussagen einzubetten, die zumeist nur von den eigenen Anhängern verstanden oder erkannt werden. „Heute erleben wir Politiker", so German, „die Gewalt verherrlichen, zu mehr Gewalt aufrufen und Gewalttäter entlasten, die für ihre politische Sache Gewalt angewendet haben. Dies ist die Art von Rhetorik, die zum Aufstand vom 6. Januar geführt hat und auch in Zukunft Probleme bereiten könnte."

„Wenn die Regierung sagt: ‚Tut es für mich und ich werde euch begnadigen' oder ‚Ich werde für eure Gerichtskosten aufkommen' – was heute ja gesagt wird –, dann ist es für Mitglieder der extremen Rechten einfach zu sagen: ‚OK, das ist erlaubt.' So kommt es dann, dass 10.000 Menschen das US-Kapitol angreifen."
(https://www.theguardian.com/world/2023/may/28/lone-wolf-far-right-terror-attack-warning)

## Quellen: Terrorismus in den USA nach 9/11

### Bücher


- Gessen, Masha, The Brothers, The Road To An American Tragedy, New York 2015
- Hoffman, Bruce, Ware, Jacob, God, Guns, and Sedition: Far-Right Terrorism in America, New York 2024
- Hutchinson, Cassidy, Enough, New York 2023
- Kessler, Glenn, Washington Post, Donald Trump and His Assault on Truth, The President's Falsehoods, Misleading Claims and Flat-Out Lies, New York 2020
- Meleagrou-Hitchens, Alexander, Seamus, Hughes, Clifford, Bennett, Homegrown: ISIS in America, London 2021

- Murray, Laura K., Domestic Terrorism, Minnesota 2020
- New York Times, The January 6 Report, Findings from the Select Committee to Investigate the Attack on the U.S. Capitol, New York 2020
- Parker, RJ, Vronsky, Peter, Radical Islamic Terrorism in America Today, North Charleston 2016
- Simon, Jeffrey D., Lone Wolf Terrorism, New York 2013
- Spaaij, Ramón, Understanding Lone Wolf Terrorism, Melbourne 2012


## Zeitschriften/Studien


- https://www.newamerica.org/future-security/reports/terrorism-in-america/what-is-the-threat-to-the-united-states-today/
- https://extremism.gwu.edu/sites/g/files/zaxdzs5746/files/downloads/ISIS%20in%20America%20-%20Full%20Report.pdf
- https://www.adl.org/resources/report/right-wing-extremist-terrorism-united-states
- https://www.brookings.edu/wp-content/uploads/2021/04/Identifying-and-exploiting-the-weaknesses-of-the-white-supremacist-movement.pdf
- https://www.newsweek.com/half-americans-think-trump-racist-additional-13-percent-are-unsure-poll-1518272
- https://www.theguardian.com/world/2023/may/28/lone-wolf-far-right-terror-attack-warning
- https://www.splcenter.org/20150211/lone-wolf-report
- https://www.pbs.org/wgbh/frontline/article/lone-wolf-attacks-are-becoming-more-common-and-more-deadly/
- https://escholarship.org/content/qt4w99n8tk/qt4w99n8tk.pdf?t=krncoq&v=lg
- https://www.theguardian.com/world/2009/nov/06/fort-hood-shootings-nidal-hasan
- https://edition.cnn.com/2014/08/28/us/isis-fort-hood-shooter/index.html?hpt=hp_t2
- https://eu.jacksonville.com/story/news/2019/02/21/self-proclaimed-white-nationalist-planned-widespread-terror-attack-prosecutors-say/5783465007/
- https://www.nytimes.com/2019/02/20/us/christopher-hasson-coast-guard.html
- https://www.theatlantic.com/national/archive/2013/04/boston-marathon-explosions-live/316233/
- https://www.nytimes.com/2013/04/20/us/boston-marathon-bombings.html
- https://www.nytimes.com/2013/04/24/us/boston-marathon-bombing-developments.html
- https://www.latimes.com/nation/la-xpm-2013-apr-19-la-nn-na-morning-boston-bombing-suspects-20130419-story.html
- https://www.washingtonpost.com/world/national-security/officials-boston-suspect-had-no-firearm-when-barrage-of-bullets-hit-hiding-place/2013/04/24/376fc8a0-ad18-11e2-a8b9-2a63d75b5459_story.html
- https://www.nytimes.com/2013/04/24/us/boston-marathon-bombing-developments.html
- https://www.nytimes.com/2021/01/30/us/politics/trump-right-wing-domestic-terrorism.html?auth=login-
- https://www.adl.org/resources/report/murder-and-extremism-united-states-2021)
- https://www.washingtonpost.com/dc-md-va/2021/01/14/dc-police-capitol-riot/
- https://edition.cnn.com/politics/live-news/january-6-hearings-june-28/index.html)
- https://www.cbsnews.com/news/marc-short-alerted-secret-service-pence-risk-before-jan-6/
- https://www.newamerica.org/future-security/reports/terrorism-in-america/)
- https://eu.usatoday.com/story/opinion/2021/02/15/capitol-riots-have-lasting-impact-domestic-terrorism-column/6709778002/

# Kapitel 16

## Erreicht Terrorismus seine Ziele?

Nach Jahrzehnten terroristischer Angriffe, die uns heute noch im Gedächtnis sind, stellt sich die Frage: Was haben die Anschläge eigentlich den Terroristen gebracht? Wurden durch die Vielzahl der Toten, Verletzten und Zerstörungen die propagierten Ziele erreicht oder nicht?

Sollte es sich herausstellen, dass Terrorismus in vielen Fällen nicht zum Erreichen der propagierten Ziele der Täter geführt hat – welche Konsequenzen hätte das dann? Und welche Konsequenzen hätte es, wenn die Ziele tatsächlich erreicht wurden? Die Antworten auf diese Fragen sind sowohl für ideologisierte, durch Gewalt geprägte Menschen als auch für Terrorismusbekämpfer von großer Bedeutung. Unter Terrorismusexperten sind die Meinungen geteilt, zumal die Definition, was Terrorismus sei, durchaus umstritten ist. Die Existenz mehrerer und zum Teil einander widersprechender Definitionen macht es nicht leicht, terroristische Handlungen zu klassifizieren und ihren Erfolg bzw. Misserfolg zu beurteilen.

Wichtig bei der Betrachtung von Terrorismus sind die Reaktionen der Angegriffenen. Diese Reaktionen haben den weltweiten Terrorismus stärker geprägt als die Taten der Terroristen. So hat beispielsweise die Antwort der Länder auf das Attentat von Sarajewo, bei dem der österreichische Thronfolger Franz Ferdinand 1914 getötet wurde (siehe Spuren des Terrors I, S. 21 ff.), die Welt stark verändert, weil sie den Ersten Weltkrieg und seine politischen Folgen auslöste.

Die Reaktionen der Vereinigten Staaten auf die Anschläge vom 11. September 2001 haben das 21. Jahrhundert ebenfalls grundlegend verändert. Sie haben nicht nur die politischen Prioritäten der USA neu geordnet, sondern in der gesamten westlichen Welt zu ganz neuen Sicherheitsmaßnahmen geführt, mit denen man der Angst begegnen wollte – der Angst, von einer nicht vorhersehbaren Gefahr bedroht zu werden. Dass der „War on Terror" der USA nicht zu einem Rückgang der weltweiten terroristischen Gewalt geführt hat, bedeutet nicht, dass er nicht erfolgreich war, da nie bekannt wird, welche und wie viele Anschläge die international enorm verstärkten Geheimdiensttätigkeiten verhindern konnten. Das gilt vor allem für die westliche Welt – im Orient und in Asien ist die terroristische Gefahr nach wie vor groß und wächst sogar; ein Beispiel ist der terroristische Überfall der Hamas auf Israel im Oktober 2023, dem etwa 1140 Menschen zum Opfer fielen und bei dem 5400 verletzt wurden.

### Die „Global Terrorism Database" (GTD)

Die Globale Terrorismus-Datenbank definiert einen terroristischen Akt als die Androhung oder Anwendung von Gewalt zur Erreichung eines politischen, wirtschaftlichen, religiösen oder sozialen Ziels durch Einschüchterung oder Nötigung durch einen nichtstaatlichen Akteur. Der Terrorismus kann dabei viele Formen von Gewalt annehmen, darunter Bombenanschläge, bewaffnete Angriffe, Entführungen oder Geiselnahmen. Auch die Ziele sind unterschiedlich und können sich gegen Zivilisten, staatliche Akteure oder öffentliche Infrastruktur richten.

Die Zahl der Terroranschläge weltweit erreichte laut GTD im Jahr 2014 mit 44.576 Todesopfern ihren Höhepunkt. Im Jahr 2018 ging die Zahl der Todesopfer durch terroristische Anschläge im Vergleich zu 2014 um 52 Prozent zurück, auf 23.238. Im Durchschnitt waren es 24.000 Tote seit 2014. Auch wenn sich die Zahl der Todesopfer verringert hat, die dem Terrorismus zugeschrieben werden, so stieg auf der anderen Seite die Zahl der von Terrorismus betroffenen Länder – im Jahr 2018 handelte es sich um 71 Länder, die mindestens ein Todesopfer zu beklagen hatten.

Gemessen an den Zahlen der Menschen, die weltweit eines durch Krankheit bedingten Todes starben (beispielsweise Herzinfarkt: 18,5 Mio., Krebs: 10 Mio.) ist das recht wenig, nämlich 1 Prozent. Doch in der öffentlichen Wahrnehmung scheint der Terrorismus deutlich mehr Opfer zu fordern; das liegt an dem enormen medialen Interesse: Über jeden Anschlag wurde ausgiebig berichtet. (Global Terrorism Database, 2022)

## Expertenmeinungen

In den letzten Jahren versuchten zahlreiche Wissenschaftler zu zeigen, dass Terrorismus eine wirksame Gewaltstrategie sei. Doch ihre Forschungen stützen sich vor allem auf Einzelfälle oder eine begrenzte Zahl bekannter terroristischer Erfolge. Alan Dershowitz zum Beispiel, Rechtsprofessor aus Harvard, weist mit Nachdruck darauf hin, dass der Terrorismus in der Vergangenheit erfolgreich war. Das bekannteste Beispiel dafür seien die beiden Bombenanschläge einer islamischen Vorgängerorganisation der Hisbollah auf eine Kaserne der US-Marines und eine Kaserne der französischen Fallschirmjäger 1983 in Beirut, bei dem 307 Soldaten getötet und 150 verletzt wurden. Als Folge zogen die USA und Frankreich ihre Truppen aus dem Libanon ab. Dieser Abzug der westlichen Friedenstruppen aus dem Libanon wird somit als Beweis für die Wirksamkeit des Terrorismus angeführt.

Ein anderes Beispiel ist der Rückzug israelischer Truppen aus dem gesamten Libanon im Jahr 2000. Dieser Rückzug hatte eine Vorgeschichte, die 1985 mit dem israelischen Rückzug von Beirut aus in den Südlibanon begann. In jenem Jahr begannen sich militante schiitische Gruppen zu konsolidieren und einen Guerillakrieg mit geringer Intensität gegen die israelische Besatzung im Südlibanon zu führen. Das führte zu 15 Jahre dauernden bewaffneten Auseinandersetzungen. Auch dieser Rückzug im Jahr 2000 wird von vielen Wissenschaftlern als Erfolg des Terrorismus angesehen.

Im Gegensatz dazu vertritt Max Abrahms, Professor für Politikwissenschaft an der Northeastern University in Boston, die Auffassung, dass die Bombenanschläge auf Militärangehörige abgezielt hätten und als solche nicht unter die wichtigsten Definitionen von Terrorismus fielen, bei denen der Schwerpunkt auf Gewalt gegen Zivilisten liegt. Das gelte auch für den israelischen Rückzug aus dem Südlibanon, denn dort sei ein Guerillakrieg gegen eine Besatzungsmacht geführt worden.

Dershowitz, der die These des erfolgreichen Terrorismus vertritt, führt als weiteren Beleg das PLO-Attentat in München 1972 an. „Das Massaker von München erwies sich als uneingeschränkter Erfolg für die palästinensische Sache im Allgemeinen und den palästinensischen

Terrorismus im Besonderen“, denn durch den Anschlag bei den Olympischen Spielen hatte die PLO eine weltweite Medienpräsenz erreicht.

Laut Dershowitz wird der Terrorismus so lange existieren, wie er für diejenigen, die ihn anwenden, erfolgreich ist. Nach seiner Auffassung wird Terrorismus also fortbestehen, weil er oft zum Ziel geführt hat, und seine Erfolge Wiederholungen begünstigen. „Vor dem 11. September hat der Terrorismus funktioniert, nicht in jedem Fall und auch nicht für jede Gruppe, aber oft genug, um als erfolgreiche Taktik angesehen zu werden, die bedeutende Veränderungen herbeiführen kann.“ (Dershowitz, Why Terrorism Works, S. 45 und 31)

Im Gegensatz dazu unterscheiden andere wie etwa Conor Gearty, Professor für Menschenrechte an der London School of Economics, Erfolge und Folgen des Terrorismus. Gearty kommt zu dem Schluss, dass der Terrorismus trotz kurzfristiger Erfolge nur wenige oder gar keine Folgen gehabt habe: Keine Regierung wurde gestürzt, keine Terrorgruppe erreichte mehr als nur einen Bruchteil ihrer langfristigen Ziele. Die meisten Terrorgruppen gerieten in einen Niedergang, einen Strudel der Auflösung, für den sie meist selbst verantwortlich waren. Die Geschichte zeigt, dass keine Gruppe, die politisch motivierte Gewalt einsetzte, jemals in einer liberalen Demokratie obsiegen konnte, und auch in nichtdemokratischen Ländern waren terroristische Organisationen selten erfolgreicher. (English, Does Terrorism Work?, S. 7)

## Die „Lebensdauer“ von Terror-Organisationen

Die Terrorism Knowledge Database (TKB) war ein Online-Portal mit Informationen über terroristische Vorfälle, Anführer, Gruppen und damit verbundene Gerichtsverfahren. Das Portal war von September 2004 bis März 2008 aktiv. Die TKB wurde vom National Memorial Institute for the Prevention of Terrorism (MIPT) gesponsert, einer gemeinnützigen Organisation, die vom United States Department of Homeland Security, also dem Ministerium für Heimatschutz, finanziert wird. Die Gruppenprofile, die in der Datenbank enthalten waren, werden jetzt vom National Consortium for the Study of Terrorism and Responses to Terrorism verwaltet. Audrey K. Cronin vom U.S. National War College in Washington D.C. untersuchte die 457 terroristischen Gruppen in der Datenbank auf ihre „Lebensdauer“. Der Mittelwert dieser Lebensdauer beträgt 8 Jahre, aber angesichts der teilweise ungenauen Datenlage, was Entstehung und Auflösung der Gruppen betrifft, ist es realistischer, von 5 bis 9 Jahren auszugehen.

Von den 457 Gruppen, die Cronin untersuchte, erreichen 156 eine Lebensdauer von nur 1 bis 4 Jahren, 87 Gruppen eine Lebensdauer von 5 bis 9 Jahren, was dem Durchschnitt entspricht, und 60 eine Lebensdauer von 11 bis 14 Jahren. Es gibt sogar sieben Gruppen, die eine Lebensdauer von 46 bis 49 Jahren aufweisen. (Cronin, How Terrorism Ends, S. 212 f.)

Laut Seth G. Jones und Martin C. Libicki (How Terrorist Groups End), die 648 terroristische Gruppen untersuchten, die im Zeitraum von 1968 bis 2006 aktiv waren, wurden die meisten dieser Terrorgruppen aufgelöst, weil sie sich entweder legal politisch betätigten (43 Prozent) oder weil Polizei und Geheimdienst wichtige Mitglieder verhaftet oder getötet hatten (40 Prozent). Militärische Operationen waren selten der Grund für das Ende der Gruppen. In diesem Zeitfenster konnten nur ganz wenige Gruppen Erfolge verzeichnen. Das Problem besteht darin, dass nur die wenigsten Gruppen ihre Ziele und die Gründe für ihr Handeln klar und verständlich vermitteln können, und diese Ziele müssen dann auch für viele wichtig sein. Nur dann gewinnen sie Sympathisanten und Unterstützer.

## Analyse der terroristischen Gruppen

Eine Reihe der im Band I beschriebenen terroristischen Gruppen gibt es heute nicht mehr, wie zum Beispiel die ETA, die IRA und die Rote Armee Fraktion (RAF) in Deutschland. Von allen dreien kann man nicht behaupten, dass sie erfolgreich waren und ihre selbstgesetzten Ziele erreichten; doch darauf wird im Einzelnen noch einzugehen sein.

Die terroristischen Gruppen und ihre Anschläge sind in Band I nach den folgenden Kriterien bzw. Überschriften geordnet worden. 1. Nationalismus und Freiheitskriege, 2. Ethno-nationalistischer Terrorismus, 3. Sozial-linksrevolutionärer Terrorismus, 4. Rassistischer und Rechtsterrorismus und schließlich 5. Staatsterror und Staatsterrorismus.

### Nationalismus und Freiheitskriege

In diese Gruppe sind folgende Organisationen einzuordnen: in Israel die Irgun, auf Zypern die EOKA und in Algerien die Nationale Befreiungsfront FLN.

#### • Irgun, Israel

Nach dem Zweiten Weltkrieg wuchs die internationale Unterstützung für eine groß angelegte jüdische Ansiedlung auf dem Boden des britischen Mandatsgebiets Palästina. Irgun-Führer Menachem Begin wusste, dass Gewalt die internationale Aufmerksamkeit auf seine Sache lenkte und dass das Streben nach einem jüdischen Staat zweifellos terroristische Gräueltaten mit sich bringen würde.

Am 22. Juli 1946 zündete die Irgun in Jerusalem eine Bombe im King David Hotel, dem Sitz der britischen Mandatsverwaltung (siehe Spuren des Terrors I, S. 27 f.). 91 Menschen, die meisten von ihnen Zivilisten, wurden getötet und über 40 weitere schwer verletzt. Am 1. März 1947 tötete die Irgun dann 14 britische Militärangehörige, als sie den britischen Offiziersclub in Jerusalem in die Luft sprengte. In den Jahren 1947/48 griffen sie auch arabische Dörfer an. Im Februar 1947 erklärten die Briten, dass das Palästinaproblem den Vereinten Nationen übergeben werde. Eine UN-Resolution vom November 1947 beendete formell das britische Mandat und teilte das Gebiet in zwei Staaten, einen arabischen und einen jüdischen.

Schon bald brachen Kämpfe zwischen Juden und Arabern aus. Israel erklärte seine Unabhängigkeit, und ein neuer israelischer Staat entstand. Der jüdische Terrorismus, dem zwischen 1945 und 1948 insgesamt 338 Briten zum Opfer fielen, scheint zur Gründung Israels beigetragen zu haben. Doch die Irgun und andere gewalttätige Befürworter eines jüdischen Staates legten nicht nur Bomben: Auch Propaganda, internationale Gespräche und Verhandlungen spielten eine Rolle. Der jüdische Aufstand, der am 31. Oktober 1945 begann, kann als eine erfolgreiche terroristische Kampagne angesehen werden.

**• EOKA, Zypern**

In den 1950er-Jahren verfolgte die EOKA, die Nationale Organisation der zypriotischen Kämpfer, mit Gewalt das zentrale Ziel, die Briten aus Zypern zu vertreiben, was tatsächlich gelang, auch wenn das Fernziel der „Enosis", der Vereinigung der Insel mit Griechenland, nicht erreicht wurde. Die Kampagne der EOKA war brutal; sie dauerte von 1955 bis 1959 und begann am 1. April 1955 mit einer Serie von Bombenexplosionen auf Zypern (siehe Spuren des Terrors I, S. 30 ff.). Die Anschläge richteten sich gegen das britische Militär, britische Einrichtungen und britische Unterstützer. Im November 1955 wurde der Ausnahmezustand ausgerufen, im Frühjahr 1957 waren die EOKA-Kräfte auf der Flucht, und viele EOKA-Führer wurden getötet oder gefangen genommen. Ende 1958 erreichte man jedoch eine Lösung, das Zürcher Abkommen, mit dem Ergebnis, dass Zypern 1959 unabhängig wurde. Es hatte eine Regierung und eine Verwaltung, die entsprechend der Bevölkerungsanteile im Verhältnis 70:30 (griechisch/türkisch) aufgeteilt war. 1959 löste sich die EOKA auf.

In den 1970er-Jahren kam es zu weiteren griechisch-türkischen Konflikten und zur Teilung der Insel in einen türkischen und einen griechischen Teil. Das war nur ein Teilerfolg für die griechisch-zypriotischen Kämpfer: Die Wiedervereinigung mit Griechenland blieb unerreicht.

**• Nationale Befreiungsfront (FLN), Algerien**

Im algerischen Unabhängigkeitskampf von 1954 bis 1962 wurde der Terror gegen die Obrigkeit in einem Ausmaß eingesetzt, der weit über das hinausging, was viele Beobachter als Terrorismus bezeichnen würden; es war eigentlich ein Unabhängigkeitskrieg. Die Nationale Befreiungsfront (FLN) führte einen bewaffneten antikolonialen Kampf gegen Frankreich und trug damit wesentlich zum Abzug der Franzosen bei. Der Feldzug der FLN begann im November 1954 und bestand oft aus willkürlichen Angriffen. Die französischen Reaktionen waren in ihrer Härte meist kontraproduktiv, die Folterung von Gefangenen schadete der französischen Sache mehr, als sie nützte, und rief negative Reaktionen hervor. Darüber hinaus veranlasste die Gewalt der FLN die Franzosen zu Gegengewalt, die die antifranzösischen Einstellungen verstärkte (siehe Spuren des Terrors I, S. 38 ff.). Es scheint wenig Zweifel daran zu geben, dass die Gewalt der FLN den Abzug der Franzosen aus dem Land beschleunigte. Zudem hatten die Rebellen eigene Strukturen entwickelt, wie etwa Gerichte, Steuererhebung und Sozialleistungen, um die Kolonialmacht und ihre Infrastruktur zu delegitimieren. Der Terrorismus funktionierte hier als Teil eines breiteren Spektrums von Aktivitäten und führte schließlich zum gewünschten Ziel, der Unabhängigkeit am 3. Juli 1962.

### Ethno-nationalistischer Terrorismus

Zu dieser Form des Terrorismus sind folgende Gruppen zu zählen: die PLO, die Tamil Tigers, die PKK, die IRA und die ETA. Mit Ausnahme der PLO und der PKK ist derzeit keine dieser Gruppen mehr aktiv, allerdings ist die heute von Mahmud Abbas geführte PLO seit dem Tod von Jassir Arafat 2004 nur noch ein Schatten ihrer selbst. Bei der PKK ist die Einordnung als terroristische Organisation umstritten, auch wenn der türkische Präsident Erdogan sie als solche bezeichnet. Entsprechend der gebräuchlichsten Definition besitzen oder kontrollieren nur Guerillagruppen Landstriche oder Gebiete, aber keine Terror-Organisationen. Demnach ist die PKK eher als eine Guerilla-Organisation einzustufen; sie verübt terroristische Anschläge ausschließlich gegen Militäreinheiten und nicht gegen Zivilisten.

**• Palästinensische Befreiungsbewegung (PLO)**

Es ist die Frage, inwieweit die Gründung Israels dazu beigetragen hat, das zu erreichen, was seine Vertreter ursprünglich anstrebten: eine sichere Heimstätte für die Juden. Der arabische Widerstand gegen Israel hatte einige der folgenschwersten Terroranschläge der modernen Geschichte zur Folge. Am bekanntesten ist das Massaker bei den Olympischen Spielen 1972 in München. Am 5. September überfiel ein Kommando der Gruppe „Schwarzer September“ das Olympische Dorf in München, drang in die Unterkünfte der israelischen Mannschaften ein, erschoss zwei israelische Sportler und nahm neun weitere als Geiseln. Der überlebende Schütze des Massakers, Abu Daouds, argumentierte, dass die Ermordung von elf israelischen Sportlern vor den Augen der Weltöffentlichkeit das politische Anliegen der Attentäter in die Haushalte von 500 Millionen Menschen gebracht habe. (Cronin, How Terrorism Ends, S. 4)

Das Münchner Attentat führte nicht zu der erstrebten Freilassung der Häftlinge. Es gab zwar eine öffentliche Empörung über die Brutalität, die sich negativ auf die Sache der Täter auswirkte, doch Bruce Hoffman hatte schon recht, als er schrieb: „Die olympische Tragödie liefert den ersten eindeutigen Beweis dafür, dass Terroranschläge, die ihr vordergründiges Ziel nicht erreichen, dennoch als Erfolg gewertet werden können, sofern die Operation dramatisch genug ist, um die Aufmerksamkeit der Medien auf sich zu ziehen. München war ein eindeutiger Erfolg, was selbst von höchsten PLO-Funktionären anerkannt wurde.“ München wurde für die Palästinenser ein spektakulärer Publicity-Coup, der die Rekrutierung palästinensischer Terroristen förderte und auch die internationale Gemeinschaft zu der Überzeugung brachte, dass etwas getan werden müsse, um die Lage der Palästinenser zu verbessern.
(Hoffman, Inside Terrorism, S. 69)

Die Gewalt, in die Israel verwickelt war, setzte sich noch lange nach München fort, einschließlich des Krieges zwischen Israel, Syrien und Ägypten im Oktober 1973 und der israelischen Invasionen im Libanon in den Jahren 1978 und 1982. Im letzteren Jahr wurde die Invasion vom israelischen Verteidigungsminister Ariel Sharon geplant, um die PLO zu zerschlagen, deren Hauptquartier sich damals im Libanon befand. Die PLO wurde tatsächlich aus Beirut vertrieben und nach Tunesien verlegt, aber der Preis für Israel war hoch: Die Israelis, die für einige brutale Gewalttaten verantwortlich waren, galten nun als aggressiv.

Die PLO selbst war 1964 gegründet worden und wurde 1974 von der Arabischen Liga zur einzigen legitimen Vertretung der Palästinenser erklärt. Am 13. November 1974 trat der gewählte Führer der PLO, Jassir Arafat, ans Rednerpult der UNO. Er sprach nicht als Staatsoberhaupt oder Regierungsvertreter – dieser Auftritt war ein Novum: Zum ersten Mal wurde ein Führer einer Befreiungsbewegung in diesem Gremium begrüßt. Jassir Arafat konnte damit auf diplomatischem Parkett einen Erfolg verbuchen, der den Palästinensern bei ihrem jahrzehntelangen Kampf um staatliche Anerkennung versagt geblieben war.

Im Jahr 1976 gewannen PLO-Kandidaten die Kommunalwahlen im Westjordanland, und die schwierige Balance zwischen Terrorismus und anderen Formen des politischen Kampfes kennzeichnete nun das Leben der Gruppe unter ihrem langjährigen Führer Jassir Arafat. Die PLO hatte schon früh aus den Erfahrungen der jüdischen Irgun gelernt, dass Terrorismus dazu beitragen kann, die Politik in eine gewünschte Richtung zu lenken. Viele Jahre lang dominierte Arafats Gruppe die palästinensische Welt, und Entführungen brachten ihr Aufmerksamkeit, aber auch Ablehnung ein. Im Laufe der Zeit kam Arafat zu dem Schluss, dass Terrorismus bei der Verfolgung politischer Ziele eher hinderlich als förderlich sei, doch die PLO-Charta von 1968 hatte die gewaltsame Rückeroberung des gesamten historischen Palästina und die Gründung eines unabhängigen palästinensischen Staates als Ziel festgelegt. Doch trotz jahrelanger Gewalt und einiger kleinerer Erfolge und Zugeständnisse hatte die PLO dieses zentrale politische Ziel bis zum Tod Arafats 2004 nicht erreicht.

**• Tamil Tigers, Sri Lanka**

Seit 1948 ist Sri Lanka, die ehemalige britische Kolonie Ceylon, unabhängig. Von den 1970er-Jahren bis 2009 übten Tamilen anhaltende Gewalt gegen den sri-lankischen Staat aus. Die neomarxistische LTTE, besser bekannt als Tamil Tigers, strebte nach einem unabhängigen tamilischen Staat, genannt Tamil Eelam, im Norden und Osten der Insel. Die Gruppe, gegründet von Velupillai Prabhakaran, entstand 1973. Die terroristische Gewalt in Sri Lanka führte 1983 zum Ausbruch eines Bürgerkriegs. Zu den terroristischen Methoden, die die Tamil Tigers während ihrer langen Existenz anwandten, gehörten auch Selbstmordattentate.

Ein erbitterter Bürgerkrieg zwischen 2006 und 2009 endete mit der Tötung eines Großteils der Tamil Tigers, einschließlich Prabhakarans selbst, und der Wiedererlangung der Kontrolle über die gesamte Insel durch den sri-lankischen Staat. Dass der Traum eines eigenen tamilischen Staates nicht realisiert werden konnte, lag an dem Unvermögen von Prabhakaran, zu erkennen, wann die Gewalt kontraproduktiv wurde. Es hatte genügend Möglichkeiten gegeben, in Verhandlungen einen Kompromiss einzugehen.

**• Irisch-Republikanische Armee (IRA)**

Der Nordirlandkonflikt war von Ausbrüchen von Gewalt geprägt, die von beiden Seiten ausging. Dabei kam es regelmäßig zu Zusammenstößen zwischen britischen Sicherheitskräften und paramilitärischen Gruppen wie der IRA.

Nach der Schlacht in der Bogside im August 1979, einer Auseinandersetzung zwischen Protestanten und Katholiken, spaltete sich die IRA in Linksextreme und Traditionalisten. Die Traditionalisten sahen in der Hinwendung zum Marxismus eine Abkehr von der Hauptaufgabe der IRA, dem bewaffneten Kampf für ein vereinigtes Irland. Um dieses Hauptziel zu erreichen, wurde die Provisional Irish Republican Army (PIRA) gegründet, auch Provos genannt. Ihr politischer Arm war Sinn Féin, die in den folgenden Jahren immer mehr an Bedeutung gewann.

Die Provos trugen dazu bei, die politische Agenda zu bestimmen – aber nicht in der Weise, wie sie es mit ihrer Gewalt beabsichtigt hatten. Erst nach einem Regierungswechsel in London im Mai 1997 konnten Friedensgespräche aufgenommen werden. Im Juni 1997 verkündete die PIRA erneut einen Waffenstillstand, und Sinn Féin nahm am 9. September 1997 an Allparteiengesprächen teil. Diese führten am 10. April 1998 zum sogenannten Karfreitagsabkommen, das die Einrichtung eines Regionalparlaments, einer Regionalversammlung, die Freilassung von Gefangenen, die Zusammenarbeit zwischen der Republik Irland und Nordirland sowie die Entwaffnung aller paramilitärischen Organisationen vorsah. Im Gegensatz zu den Tamil Tigers war es der PIRA weitgehend gelungen, das Ausmaß der Gewalt so weit zu kontrollieren, dass diese Gewalt von der eigenen Bevölkerung noch akzeptiert und von der internationalen Öffentlichkeit stillschweigend geduldet wurde.

Die Angriffe der PIRA hatten vor allem den britischen Sicherheitskräften gegolten. Deshalb war für die britische Armee in den 1980er-Jahren die Zerschlagung der PIRA das vorrangige Ziel gewesen, nicht die Herbeiführung einer politischen Lösung. Die britischen Aktionen hätten zwar keineswegs zum Sieg geführt, so eine Studie, aber andererseits der PIRA gezeigt, dass deren gewünschtes Ziel mit Gewalt nicht zu erreichen sei. Mit anderen Worten: Es war ein blutiges Patt entstanden, das schließlich zum Frieden durch Verhandlungen führte. Von einer Vereinigung Nordirlands mit der Republik Irland war nicht die Rede, schon gar nicht, nachdem Großbritannien (einschließlich Nordirland) aus der EU ausgetreten, die Republik Irland aber Mitglied geblieben war.

**• Euskadi Ta Askatasuna, Spanien**

Die ETA, 1959 gegründet, beschreibt sich als eine politische Organisation, die einen bewaffneten Kampf führt. Aber die brutale Gewalt, die sie jahrelang ausübte, kann nur erklärt werden, wenn man die Geschichte der Region berücksichtigt. Doch diese Erklärung hat ab den 1950er-Jahren zu einer verbreiteten Rechtfertigung geführt – zu der Ansicht, dass baskische Gewalt sowohl legitim als auch notwendig sei.

Allerdings gab es neben der Gewalt auch Versuche, sich zu verständigen. Schon bald nach Francos Tod wurden Sondierungsgespräche geführt, um herauszufinden, ob eine Form des Dialogs zwischen den spanischen Behörden und den baskischen Rebellen zustande kommen könnte. Doch in der Regel blieb der spanische Staat hart und unnachgiebig. Die Frage, die sich nun stellt, ist: Hat der Terrorismus der ETA das Baskenland zu den erstrebten Zielen geführt? Die Antwort lautet: nein. Die gewalttätige Sezessionsbewegung beendete ihre Kampagne, ohne die Abspaltung des Baskenlandes von Spanien zu erreichen, zumal das Maximalziel, auch den französischen Teil des Baskenlandes in den unabhängigen Staat zu inkorporieren, von vornherein illusorisch war. Die Terrorismusforscherin Martha Crenshaw stellt fest, dass Terroristen nicht zuletzt darum kämpfen, politische Macht zu erringen. Auch unter diesem Gesichtspunkt ist die ETA gescheitert.

Dass der ETA der strategische Erfolg versagt blieb, lag an der Tatsache, dass die Attentate der ETA von der Bevölkerung zunehmend abgelehnt wurden. Sie riefen Gegenreaktionen hervor, die zu einem deutlichen Rückgang der Unterstützung führte. Heute ist das Baskenland eine sogenannte Autonome Gemeinschaft innerhalb des spanischen Staates, doch Konflikte über den Umfang der Autonomie bestehen immer noch genug, und auch die politischen Stimmen, die eine Abtrennung von Spanien wünschen, sind keineswegs verstummt.

## Sozial-linksrevolutionärer Terrorismus

In diesem Bereich haben wir einige Gruppierungen nicht nur in Europa: die RAF in Deutschland, die Brigate Rosse in Italien, die Action Directe in Frankreich und die N17 in Griechenland sowie der Weather Underground in den USA und die Japanische Rote Armee.

**• Rote Armee Fraktion (RAF), Deutschland**

Die deutsche RAF war Teil einer breiten Bewegung marxistischer Terrorgruppen, die im letzten Drittel des 20. Jahrhunderts in Westeuropa entstanden. Die RAF verkörperte den revolutionären Geist und die Anti-Establishment-Haltung, die für linke Terroristen jener Zeit typisch waren. In Andreas Baaders eigenen Worten vom Januar 1972: „Wir sind hier, um den bewaffneten Widerstand gegen die bestehende Eigentumsordnung und die zunehmende Ausbeutung des Volkes zu organisieren." Das Scheitern der RAF, wie auch das anderer Gruppierungen dieser Zeit, war absehbar. Sie scheiterte nicht nur an der Verkennung der sozialen Realitäten – es gab keineswegs eine vorrevolutionäre Situation im Volk –, sondern auch an der Stabilität und Durchsetzungsfähigkeit des westdeutschen Staates.

Am 2. April 1968 deponierten Baader und Gudrun Ensslin Brandbomben in einem Kaufhaus in Frankfurt, zwei weitere Mitglieder steckten ein anderes Kaufhaus in der Nähe in Brand. Beide Gebäude brannten aus, und die Täter wurden innerhalb von zwei Tagen von der Polizei gefasst. Der Frankfurter Prozess begann am 14. Oktober 1968, und die vier Angeklagten wurden jeweils zu drei Jahren Haft verurteilt. Im Juni 1969, zu Beginn der Verhandlungen in der Berufungsinstanz, wurden sie auf freien Fuß gesetzt, aber als die Berufung im November 1969 erfolglos blieb, flohen Baader und Ensslin über die Grenze nach Frankreich. Im April 1970 wurde Baader aufs Neue verhaftet, konnte aber am 14. Mai von seinen Gesinnungsgenossen gewaltsam befreit werden.

Die Gruppe verfügte über Unterstützung und Verbindungen in den Nahen Osten. Im Juni 1970 reisten Mitglieder zu einem Ausbildungslager der Fatah in der Nähe von Amman, doch in Beirut kam es zu Zwischenfällen, und die Gruppe kehrte nach Deutschland zurück, wo sie anschließend mehrere Anschläge verübte. Alle führenden Mitglieder der Baader-Meinhof-Bande fielen 1972 der Polizei in die Hände und wurden inhaftiert – vermutlich war die Gruppe infiltriert worden. Am 21. Mai 1975 begann der RAF-Prozess, in dem die führenden Mitglieder des mehrfachen Mordes für schuldig befunden und zu lebenslanger Haft verurteilt wurden. Am 18. Oktober 1977 wurden Baader und Ensslin tot in der Justizvollzugsanstalt Stammheim aufgefunden, Jan-Carl Raspe erlag kurz darauf seinen Verletzungen.

Organisatorisch war die RAF in Westdeutschland letztendlich nicht in der Lage, eine so große Gruppe zu bilden und zu führen, wie sie es gehofft hatte. Nach den Selbstmorden in

Stammheim ging die Führung der RAF auf Brigitte Mohnhaupt über, die die sogenannte „zweite Generation" begründete. Ihre Gewaltkampagne dauerte von 1973 bis 1982, wobei die Gruppe ihre Energien und Angriffe auf die Militärpräsenz der USA in Europa konzentrierte. Als Mohnhaupt und ihre Gruppe verhaftet wurden, war es mit der RAF eigentlich vorbei, und die Bewegung kam praktisch zum Erliegen. Eine „dritte Generation" setzte zwar noch eine begrenzte Kampagne fort, doch 1992 erkannte diese letzte RAF-Generation, dass sich die Welt mit dem Zusammenbruch des Kommunismus verändert hatte und sie für ihre Gewalttaten kaum noch Unterstützung fand. Spaltungen unter den wenigen verbliebenen RAF-Mitgliedern schwächten sie weiter, und am 20. April 1998 verkündete die RAF das Ende ihres Projekts und löste sich als Organisation auf.

Was diese Gruppe mit anderen westeuropäischen „revolutionären" Gruppen verband, war eine gewisse Euphorie, die sich aus dem Bewusstsein der Zugehörigkeit zu einer quasi-elitären Sekte nährte. Das propagierte Ziel der ersten Generation der RAF, die politische und soziale Grundordnung der Bundesrepublik Deutschland zu ändern, wurde nicht ansatzweise erreicht. Das lag unter anderem daran, dass es die klassische Arbeiterschaft, den Proletarier, den sie zu vertreten behauptete, in Westdeutschland gar nicht mehr gab. Ihre Sympathisanten waren linke Intellektuelle, die es aber bei der Theorie eines linken Weltbildes bewenden ließen und denen jede „revolutionäre Tat" fern lag, vor allem nach den ersten Morden der RAF. Die zweite Generation der RAF wollte eigentlich nur die erste Generation aus dem Gefängnis befreien. Und die dritte Generation kämpfte nur noch ums eigene Überleben.

**• Brigate Rosse, Italien**

Auch den italienischen Brigate Rosse (Rote Brigaden) gelang es nicht, die angestrebte gesellschaftliche Umwälzung und eine neue Staatsordnung herbeizuführen. Zwar konnten in Italien – im Gegensatz zu Deutschland – Proteste der Arbeiter mit denen der Studenten verbunden werden, doch eine Revolution fand nicht statt. Von Mailand aus hatten sich mehrere linksradikale Gruppierungen gebildet, die Brigate Rosse, die sich auch in andere Städte ausbreitete. Die Gruppe, die sich als „Stadtguerilla" verstand, verübte 73 Mordanschläge und organisierte zahlreiche Entführungen und Banküberfälle. Am 9. Mai 1978 wurde Aldo Moro von der Terrorgruppe getötet, der zweimalige Ministerpräsident, der in jener Zeit eine wichtige Persönlichkeit im politischen Leben Italiens war. Die Ermordung Aldo Moros rächte sich für die Roten Brigaden, da die Behörden nun eine hart durchgreifende Antiterror-Politik verfolgten, die in der Öffentlichkeit auf große Sympathie stieß. Von da an wurden die Operationen der Roten Brigaden von Polizei und Justiz vereitelt.

Im Jahr 1984 erklärten die Roten Brigaden ihre Kampagne für beendet. Eigentlich hatte sich die Gruppe bereits 1982 praktisch aufgelöst, und es war bezeichnenderweise die inhaftierte Führung, die das Ende des gewaltsamen Kampfes verkündete. Die Roten Brigaden hatten die Schaffung eines revolutionären Staates durch gewalttätige Sabotageakte und Banküberfälle angestrebt und waren damit gescheitert. Auch hatten sie den Austritt Italiens aus der NATO gefordert, aber diese Forderung konnten sie mangels politischen Einflusses nicht umsetzen.

**• Action Directe, Frankreich**

Die Action Directe war eine Gruppierung, der es ebenfalls nicht gelang, die angestrebten gesellschaftlichen Veränderungen oder sogar eine Revolution herbeizuführen. Es handelte sich um eine militante linksextremistische Gruppierung, die zwischen 1979 und 1987 für Anschläge in Frankreich verantwortlich war, wie etwa die Ermordung von Renault-Chef Georges Besse 1986. Im Gegensatz zu Deutschland und Italien war die Action Directe nicht aus den Studentenunruhen von 1968 hervorgegangen; vielmehr war sie ein Sammelbecken unterschiedlicher linker und autonomer Bewegungen. Ihre Rhetorik war ähnlich wie in Italien und Deutschland, doch die Gewaltbereitschaft kam erst später hinzu. Als 1983 der erste Mordanschlag erfolgte, ging die in Frankreich starke linke Öffentlichkeit auf Distanz, wie auch die Medien. Nach dem Mordanschlag auf den Renault-Chef Besse 1986 wurde die Führung der Action Directe zur Fahndung ausgeschrieben und im Februar 1987 verhaftet. Die Gruppe zerfiel. Ihr Ziel, eine „proletarische Revolution“ in Frankreich zu inszenieren, war schon in den Ansätzen gescheitert. Dies war schon der Studentenbewegung von 1969 nicht gelungen, obwohl sich damals viele Arbeiter mit ihr solidarisiert hatten.

**• 17N, Griechenland**

Die Revolutionäre Organisation 17. November, 17N genannt, war eine marxistisch-leninistische Stadtguerilla. Die im Jahr 1975 gegründete und von Alexandros Giotopoulos geführte 17N führte eine Kampagne gegen den griechischen Staat, die Banken und große Unternehmen durch. Als revolutionäre Gruppe wollten sie marxistische Ideen und Prinzipien mit Gewalt durchsetzen und das bestehende politische und soziale System in Griechenland stürzen. Sie bekämpften die „Fassade der griechischen Demokratie“ ebenso wie die USA und ihren weltpolitischen Einfluss. 17N glaubte, dass der Sozialismus in Griechenland nur durch den bewaffneten Kampf erreicht werden könne. In der Praxis gelang es der Terrorgruppe jedoch nie, die realen politischen und sozialen Strukturen Griechenlands zu beeinflussen. Die Organisation verübte mindestens 103 bewaffnete Raubüberfälle, Attentate und Bombenanschläge, bei denen 23 Menschen getötet wurden.

Der 17N gelang es jahrelang, sich der Polizei zu entziehen, da fast alle Mitglieder aus einem Familienclan kamen und die Gruppe deshalb nicht infiltriert werden konnte. Als jedoch am 29. Juni 2002 eines ihrer Mitglieder bei dem Versuch eines Bombenanschlags schwer verletzt und gefangen genommen wurde, löste sich die Gruppe auf. Am 5. September 2002 stellte sich einer der Anführer der 17N, Dimitris Koufodimas, der seit der Explosion vom 29. Juni auf der Flucht war, der Polizei.

Es scheint so, als ob die Gewalttätigkeit der 17N einigen Mitgliedern ein gewisses Gefühl von Stolz auf ihren Widerstand gegeben hätte. Und so bedeutete der Zusammenbruch der Gruppe 17N nicht das Ende des griechischen revolutionären Terrorismus. Ihre Forderungen blieben. Dazu gehörten die Schließung der US-Basen in Griechenland, der Abzug der türkischen Streitkräfte aus Nordzypern und der Austritt Griechenlands aus der NATO und der Europäischen Union. Doch bis heute wurde keines dieser Ziele erreicht.

**• Weathermen, USA**

Die Weathermen Underground Organisation (WUO) war eine militante marxistische Gruppe, die 1969 auf dem Campus der Universität von Michigan in Ann Arbor gegründet wurde. Die Gruppe ging aus der nationalen Führung der „Students for a Democratic Society" (SDS) hervor. Das politische Ziel der Gruppe, die sich ab 1970 offiziell Weather Underground Organisation nannte, bestand darin, eine revolutionäre Partei zu gründen, um die Regierung der Vereinigten Staaten zu stürzen, die als imperialistisch angesehen wurde. Auch sie ist mit ihrem strategischen Ziel, die amerikanische Regierung zu stürzen, gescheitert. Sie löste sich 1977 faktisch auf, da sie sich mit ihrem Terrorismus dem verkündeten Ziel nicht genähert hatte.

Auch die **Symbionese Liberation Army (SLA)**, die ebenfalls aus dem Umfeld des US-amerikanischen Linksterrorismus stammte und vornehmlich in Kalifornien aktiv war, scheiterte, da ihre Gewalttaten zwischen 1973 und 1975 keine Auswirkungen auf die bestehende Ordnung der Vereinigten Staaten hatten.

**• Japanische Rote Armee, Libanon**

Auch die Japanische Rote Armee (JRA), eine linke Gruppe, die die japanische Monarchie und Regierung stürzen wollte, aber auch Verbindungen zu Palästinensern, insbesondere der PFPL unterhielt, konnte ihre Ziele nicht erreichen. Dennoch war der Anschlag auf den Flughafen von Tel Aviv im Jahr 1972, bei dem 26 Menschen ums Leben kamen, von erheblicher Auswirkung, denn er löste eine innenpolitische Krise aus: Der Verlauf der Operation scheint anders gewesen zu sein, als es die Israelis offiziell darstellten. Im April 2001 gab Shigenobu, die Gründerin der JRA, aus der Haft heraus eine Erklärung ab, in der sie bekannt gab, dass sich die JRA in ihrer bisherigen Form aufgelöst habe; ihre Kämpfe gegen Monarchie und Regierung sollten fortan mit legalen Mitteln geführt werden.

**• Aum Shinrikyo, Japan**

Die „Höchste Wahrheit", so der Name, war eine religiöse Bewegung und Weltuntergangssekte, die 1987 von dem japanischen Mystiker Shoko Asahara gegründet wurde. Die Gruppe war für die Anschläge auf die Tokioter U-Bahn am 20. März 1995 verantwortlich, bei dem in mehreren Zügen Sarin-Gas freigesetzt wurde, das zwölf Menschen tötete und Tausende verletzte. Die Ziele der Aum-Sekte wurden mit dem Anschlag nicht erreicht: Asaharas apokalyptische Weltuntergangsprophezeiung musste zum Scheitern führen. Im Januar 2000 benannte sich die Sekte in Aleph um, und gegen die zwölf Mitglieder der Sekte ausgesprochenen Todesurteile wurden im Juli 2018 vollstreckt.

### Rassistischer und rechtsextremer Terrorismus

Es gibt eine Vielzahl rechtsextremer Ideologien, die zu Rechtsterrorismus führen. Er kann durch Ultranationalismus, Neonazismus, Antikommunismus, Neofaschismus, Antisemitismus und antistaatliche Einstellungen motiviert sein. Der moderne Rechtsterrorismus entstand vor allem in den 1970er-Jahren in Westeuropa und trat nach der Auflösung der Sowjetunion im

Jahr 1991 auch in Osteuropa und Russland in Erscheinung. In den USA hingegen hat rechtsextremer Terrorismus laut Prof. George Michael von der Westfield State University, Massachusetts, eine lange Tradition, wenn man den Ku-Klux-Klan berücksichtigt, der bereits im Jahr 1865 gegründet wurde.

Das Ziel von Rechtsterroristen ist es, Regierungen zu stürzen und durch rechtsgerichtete Regime zu ersetzen. Sie glauben, dass ihre Aktionen Ereignisse auslösen werden, die schließlich zur Etablierung entsprechender Regierungen führen. Obwohl sie sich häufig vom faschistischen Italien, dem nationalsozialistischen Deutschland oder dem franquistischen Spanien inspirieren lassen, fehlt es den rechtsextremistischen Terrorgruppen oft an einer eigenständigen Ideologie. Das unterscheidet sie von marxistisch-leninistischen Linksterroristen.

Um das Ergebnis vorwegzunehmen: Es gab und gibt keine einzige rechtsterroristische Gruppe – die ohnehin immer kleiner waren als links-terroristischer Gruppen –, die ihre Ziele erreichte. Nie brachten sie größere Teile der Bevölkerung hinter sich. Alle Gruppierungen, wie auch die Einzeltäter, wurden verhaftet und abgeurteilt.

**• Deutschland**

Im Jahr 1980 wurden bei dem ersten rechtsextremen Terroranschlag, dem sogenannten Oktoberfest-Bombenanschlag in München, 13 Menschen, darunter der Attentäter, getötet und 215 verletzt. Die Befürchtungen, dass diesem Anschlag eine Kampagne rechtsextremer Terrorangriffe folgen könnte, haben sich dann aber nicht bewahrheitet.

Die bekannteste rechtsextreme Gruppe in Deutschland war in der Zeit zwischen 2001 und 2010 der **Nationalsozialistische Untergrund (NSU)**, der im November 2011 entdeckt wurde. Die Terrorzelle bestand aus drei Mitgliedern: Uwe Mundlos, Uwe Böhnhardt und Beate Zschäpe, die unter falschen Identitäten zusammenlebten. Darüber hinaus wurden zwischen 100 und 150 Sympathisanten identifiziert, die das Trio während seines jahrzehntelangen Lebens im Untergrund unterstützten, entweder mit Geld, falschen Identitäten oder auch Waffen. Im Gegensatz zu anderen Terrorgruppen bekannte sich der NSU nicht zu seinen Taten. Die Existenz der Gruppe wurde erst nach dem Selbstmord von Böhnhardt und Mundlos und der anschließenden Verhaftung von Zschäpe bekannt. Im Juli 2018 wurde Beate Zschäpe zu einer lebenslangen Freiheitsstrafe verurteilt.

Dem NSU wurden folgende Straftaten zugerechnet: eine Mordserie an neun türkisch-, griechisch- und kurdischstämmigen Migranten zwischen September 2000 und April 2006, die Ermordung einer Polizistin und der Mordversuch an ihrem Kollegen, ein Bombenanschlag in Nürnberg 1999, die Bombenanschläge in Köln 2001 und 2004 sowie 14 Banküberfälle.

**• Italien**

In den 1970er- und 1980er-Jahren erlebte Italien die „Anni di piombo“ (Bleierne Jahre), eine Zeit, die durch häufige Terroranschläge gekennzeichnet war. Diese Jahre begannen mit einem Bombenanschlag auf der Piazza Fontana in Mailand im Dezember 1969, der von der neofaschistischen Gruppe **Ordine Nuovo** (Neue Ordnung) verübt wurde. Bei dem Bombenanschlag wurden 16 Menschen getötet und 90 verletzt. Im Juli 1970 verübte dieselbe Gruppe einen Bombenanschlag auf einen Zug, der von Rom nach Messina fuhr. Sechs Menschen wurden getötet und fast 100 verletzt. Die Gruppe war auch für den Bombenanschlag auf der Piazza della Loggia in Brescia im Jahr 1974 verantwortlich. Die Bombe wurde während einer antifaschistischen Demonstration gezündet. Acht Menschen fielen der Explosion zum Opfer.

Der berüchtigtste rechtsextreme Terroranschlag im Italien der Nachkriegszeit ist das Bombenattentat von Bologna im August 1980, bei dem die neofaschistischen **Nuclei Armati Rivoluzionari** (Bewaffnete revolutionäre Zellen), ein Ableger des Ordine Nuovo, im Bahnhof von Bologna 85 Menschen töteten und 200 verletzten.

**• Norwegen**

Am 22. Juli 2011 verübte der norwegische Rechtsextremist mit einer neonazistischen und faschistischen Weltanschauung **Anders Behring Breivik** Attentate in Norwegen – die verheerendsten Anschläge in Norwegen seit dem Zweiten Weltkrieg.

Zunächst griff Breivik mehrere Regierungsgebäude in Oslo mit Sprengsätzen an. Dabei wurden acht Menschen getötet und mehr als 200 verletzt. Anschließend begab er sich in Polizeiuniform auf die Insel Utøya und schoss auf die Teilnehmer eines Ferienlagers der Arbeiterjugend, wobei er 69 Menschen tötete und mehr als 110 verletzte. Breivik hatte zuvor ein Manifest verfasst, in dem er den Islam, den Kulturmarxismus, den Multikulturalismus und den Feminismus für den kulturellen Selbstmord Europas verantwortlich machte, den es zu verhindern gelte. Eine Änderung der norwegischen bzw. der europäischen Politik erreichte auch er nicht.

**• USA**

Es ist der wohl bekannteste Bombenanschlag durch einen US-Bürger: **Timothy McVeigh**, Veteran der US-Armee und rechtsgerichteter, regierungsfeindlicher Terrorist, glaubte offenbar, mit einem Anschlag auf das Murrah Federal Building in Oklahoma City einen Rassenkrieg in den USA auslösen zu können. Dieses Ziel hat er mit seinem Bombenanschlag am 19. April 1995 nicht erreicht. 168 Menschen wurden zwar durch den mit selbstgebautem Sprengstoff beladenen Mietwagen getötet, doch es kam zu keinem Aufstand, geschweige denn zu einem Rassenkrieg. Der Anschlag war laut McVeigh als Vergeltung für die zwei Jahre zuvor durch Bundeseinheiten erfolgte Belagerung des Anwesens der Davidianer in Waco, Texas, gedacht. McVeigh wurde im Juni 1997 verurteilt und vier Jahre später hingerichtet.

Am 6. Januar 2021 stürmte eine Gruppe von Randalierern, die die Versuche von Präsident Trump unterstützten, die US-Präsidentschaftswahlen 2020 für ungültig erklären zu lassen, das US-Kapitol, während Trump und seine politischen Mitstreiter auf einer Kundgebung scharfe Reden hielten. Nachdem die Trump-Anhänger mehrere Polizeiabsperrungen durchbrochen hatten, beschädigten sie Teile des Gebäudes und hielten es mehrere Stunden lang besetzt.

Bei einer Anhörung vor dem Kongress zwei Monate nach den Ereignissen charakterisierte der FBI-Direktor Christopher Wray den Vorfall als „inländischen Terrorismus". Obwohl Wray den Anschlag nicht einer bestimmten Gruppe zuordnete, machte er deutlich, dass die Beweise eine Verbindung zum Rechtsextremismus, insbesondere zu Milizgruppen, aufwiesen. Auf die Frage, ob rechtsgerichtete, weiß-rassistische Gruppen eine entscheidende Rolle gespielt hätten, erklärte Wray, dass das FBI politische Positionen nicht mit Etiketten versehe, stimmte aber zu, dass im Grunde die in der Frage genannten Gruppen gemeint seien. Er erklärte auch, dass die größte Bedrohung im Inland von jenen gewalttätigen Extremisten ausgehe, die für die Überlegenheit der weißen Rasse einträten. Erst danach komme die Bedrohung durch den Islamischen Staat.

**• Die Hamas im Gazastreifen**

Der Name der im Gazastreifen herrschenden **HAMAS** ist ein Akronym für „Harakat al-Muqawama al-Islamiya" (Bewegung Islamischer Widerstand), und zugleich ist Hamas ein arabisches Wort für „Eifer". Beides passt gut zusammen: Der Eifer der islamischen Widerstandsbewegung verbindet die Elemente des Terrorismus, der Politik und der Sozialarbeit. Die Gruppe, die offiziell am 14. Dezember 1987 gegründet wurde, war eine islamistische Alternative zur PLO und von Anfang an kompromisslos und extrem gewalttätig.

Sie ging aus der alteingesessenen Muslimbruderschaft hervor und wurde als militärischer Flügel der palästinensischen Muslimbruderschaft gegründet. Gründer der Gruppe und ihr spiritueller und symbolischer Führer war Scheich Ahmed Yassin. Bis zu seiner Verhaftung 1989 war er die unangefochtene Führungspersönlichkeit der Gruppe. Die islamistische Hamas war eine erbitterte Rivalin der eher weltlichen PLO, deren führende Rolle als Trägerin des bewaffneten palästinensischen Kampfes seit dem Auftreten der Hamas äußerst umstritten war. Zu den zentralen Mitteln der Hamas gehörten neben Terrorismus auch eine gewalttätige Interpretation des Dschihad, nach dem Motto: Es gibt keine Lösung für das palästinensische Problem außer durch den Dschihad.

Zwischen Mitte der 1990er- und Mitte der 2000er-Jahre setzte die Hamas wiederholt Selbstmordattentate bzw. „Märtyrer"-Operationen als Taktik ein. Mit 217 Selbstmordattentaten zwischen 1993 und 2006 waren Israel und die besetzten palästinensischen Gebiete die Orte für Selbstmordattentate, bevor der Irak nach dem Krieg (ab 2003) diese Position einnahm. In jenen Jahren gab es in der palästinensischen Bevölkerung eine starke Unterstützung für diese brutale Methode. Die Selbstmordattentate der Hamas sind sorgfältig geplante politische Instrumente, die von den Organisatoren strategisch eingesetzt werden.

Was will die Hamas, was sind ihre Ziele? Wie bei allen terroristischen Gruppen kann nicht zwischen individuellen und gruppenspezifischen Motiven und Ambitionen unterschieden werden: Sie operieren zwar auf unterschiedlichen Ebenen, sind aber miteinander verbunden. Die Gewalt der Hamas wird von einer Organisation initiiert, aber von kleinen Gruppen oder sogar Einzelpersonen ausgeführt. Das zentrale Ziel der Hamas ist die Auslöschung Israels und die Errichtung eines unabhängigen islamischen palästinensischen Staates auf dem Gebiet des ehemaligen britischen Mandatsgebiets. Scheich Yassin äußerte sich im Jahr 1997 folgendermaßen: „Israel als jüdischer Staat muss von der Landkarte verschwinden." (English, Does Terrorism Work?, S. 158)

Ist die Hamas dabei, mit Terrorismus ihre Ziele zu erreichen? Experten wie Alan Dershowitz sind der Meinung, dass die Anwendung politischer Gewalt in diesem Kontext wirksam sei: „Der palästinensische Terrorismus ist das Paradebeispiel für Terrorismus, der funktioniert hat." (Alan Dershowitz, Why Terrorism Works, S. 88)

Zeitgleich mit der zweiten Intifada, die im September 2000 begann, stieg der Anteil der Palästinenser, die glauben, dass ihre nationalen Ziele mit Gewalt erreicht werden könnten, von weniger als 33 Prozent im Juli 2000 auf 59 Prozent im Juli 2001 und auf 71 Prozent im September 2001. Eine Umfrage vom Mai 2002 ergab, dass fast 70 Prozent der Palästinenser Terroranschläge gegen israelische Ziele für legitim halten. Eine Umfrage vom März 2005 ergab, dass 75 Prozent der befragten Palästinenser den Rückzugsplan des israelischen Premierministers Ariel Sharon aus dem Gazastreifen als Erfolg der Hamas-Gewalt betrachteten.

Die Hamas begrüßte die Tatsache, dass die Gewalt der zweiten Intifada ab 2000 die gemäßigte Mitte der israelischen Politik zu schwächen schien und sich die öffentliche Meinung in Israel in Richtung einer kompromissloseren Hardliner-Politik verschob. So brachte der Terrorismus der Hamas den rechten Parteien in Israel bei den Wahlen deutliche Stimmenzuwächse. Die Wähler gehen davon aus, dass der rechte Block sich stärker auf Abschreckung und Bekämpfung des Terrorismus konzentriert. So kann die Gewalt der Hamas dazu beitragen, dass ein Friedensprozess, wie etwa Oslo II, scheitert.

Am 7. Oktober 2023 begann die Hamas einen Terrorangriff auf Israel. Mehrere Tausend Raketen wurden auf Israel abgefeuert, während gleichzeitig schätzungsweise 3.000 Kämpfer den Grenzzaun zwischen dem Gazastreifen und Israel durchbrachen und israelische Militärstützpunkte und Zivilgemeinden angriffen. Bei dem Angriff wurden 1.139 israelische und ausländische Staatsbürger getötet, darunter 766 Zivilisten und 373 Sicherheitskräfte, und mehr als 5.400 verletzt. 253 Israelis und Ausländer wurden in den Gazastreifen verschleppt. Am 8. Oktober 2023 rief Israel den Kriegszustand aus und verschärfte die Blockade des Gazastreifens. Es folgte eine schwere Bombardierungskampagne. Am 27. Oktober begann die israelische Bodeninvasion, deren erklärtes Ziel es war, die Hamas zu zerschlagen und die Kontrolle über den Gazastreifen wiederzuerlangen. Seit Beginn der israelischen Operation wurden nach Angaben der Hamas mehr als 33.000 Palästinenser im Gazastreifen getötet; es wird geschätzt, dass ein Drittel davon Kämpfer gewesen seien. Mehrere tausend weitere werden vermisst und sind vermutlich unter Trümmern begraben. Die Verschärfung der israelischen Blockade, die den Zugang zu Nahrungsmitteln, sauberem Wasser und Medikamenten verhindert, sowie die Angriffe auf die Infrastruktur haben zu einer humanitären Krise im Gazastreifen geführt, die den Zusammenbruch der Gesundheitsversorgung und eine anhaltende Hungersnot zur Folge hat. Dies führte zu der Beschuldigung Israels, dass es Hunger als Kriegswaffe benutze. Die Hamas ihrerseits erklärte, die vielen Toten seien notwendige Opfer, die gebracht werden müssten.

Zu Beginn des Jahres 2024 hat es den Anschein, als wenn sich die Hamas diesmal übernommen hätte. Die Kämpfe zwischen den palästinensischen Gruppen unter der Führung der Hamas und der israelischen Armee halten an, und es ist die Frage, wie weit der israelische

Premierminister Netanjahu in diesem Krieg gehen wird. Durch die Vernichtung der Hamas wird der Terrorismus im Nahen Osten sicherlich nicht abgeschafft werden: Es werden immer wieder neue Gruppen entstehen.

**• Die Hisbollah im Libanon**

Die **Hisbollah** („Partei Gottes") ist eine radikale schiitische, pro-iranische Bewegung, die 1982 im Südlibanon gegründet wurde. Es war das Jahr, in dem Israel in den Libanon einmarschierte, um die PLO-Führung, die sich damals in Beirut befand, zu vernichten. Tatsächlich verließ die PLO das Land. Doch die jahrelange Besetzung des Südlibanons brachte Israel einen weiteren Hauptgegner ein: die Hisbollah. Der damalige israelische Premierminister Ehud Barak sagte: „Als wir in den Libanon einmarschierten [...] gab es keine Hisbollah. [...] Es war unsere Anwesenheit dort, die die Hisbollah schuf." (Norton, Hezbollah, S. 33)

Die Hisbollah ist eine ausgesprochen religiöse Gruppe. In ihrem Programm von 1985 wird das Selbstverständnis der Organisation formuliert: „Wir sind die Söhne der Umma, der muslimischen Gemeinschaft, der Partei Gottes [...]. Wir sind eine Umma, eine Gemeinschaft, die mit den Muslimen der ganzen Welt durch das religiöse Band des Islam verbunden ist."

Das Ziel der Hisbollah war und ist die Errichtung einer islamischen Regierung in einem islamischen Staat Libanon, der die Unterstützung des Volkes besitzen sollte. Und natürlich forderte sie auch den Abzug Israels und der USA sowie ihrer Verbündeten aus dem Libanon. Allerdings waren die US-Marines auf Bitten der libanesischen Regierung erst im August 1982 als Teil einer internationalen Friedenstruppe nach Beirut gekommen.

Am frühen Sonntagmorgen, dem 23. Oktober 1983, griff ein Selbstmordattentäter der Hisbollah mit einem LKW, auf dem sich mehr als 5.000 kg Sprengstoff befanden, die Beiruter Kaserne der US-Marines an (siehe Spuren des Terrors, S. 68 ff.). Dabei kamen 220 Marines, 18 Matrosen, 3 Soldaten und 5 Zivilisten ums Leben. Am selben Tag wurden auch 58 französische Soldaten durch einen zweiten mit einer Selbstmordbombe beladenen Lastwagen in der Kaserne der französischen Friedenstruppe getötet. Sowohl die amerikanischen als auch die französischen Streitkräfte waren Teil einer multinationalen Friedenstruppe, die nach Beirut entsandt worden war, um den Libanon nach der israelischen Invasion von 1982 zu stabilisieren. Nach jenen verheerenden Anschlägen von 1983 beschloss US-Präsident Ronald Reagan Anfang 1984, alle US-Kampftruppen aus dem Libanon abzuziehen. Gleichzeitig verließen auch die französischen und die anderen internationalen Truppen das Land.

Ein hochrangiger Beamter des US-Außenministeriums äußerte damals kritisch, die langfristige Wirkung des US-Abzuges bestehe darin, dass Terroristen den Eindruck hätten, man müsse nur Amerikaner verletzen, um zu bekommen, was man wolle. Tatsächlich führte Osama bin Laden den amerikanischen Rückzug wiederholt als Zeichen dafür an, dass Amerika kein Rückgrat habe, um zu kämpfen, und dass es mit Gewalt gestürzt werden könne. Die Hisbollah wurde als Organisation gefeiert, der es gelungen war, die Amerikaner und Franzosen aus Beirut zu vertreiben. Der Erfolg der Hisbollah-Operationen im Libanon wurde zum Vorbild für andere Terroristen.

Jahre später, im Mai 2000, zog Israel unter dem Druck der Hisbollah-Kämpfer seine Besatzungsarmee aus dem Südlibanon ab. So war mit den Methoden von Terrorismus und Guerillakrieg in entscheidenden Momenten ein wichtiges Ziel erreicht worden. Ein weiteres zentrales Ziel der Hisbollah bestand in der Verteidigung des Libanons gegen Israel, und hier sind die Ergebnisse nicht so eindeutig. So hat der Krieg von 2006, der durch die Gefangennahme israelischer Soldaten durch die Hisbollah ausgelöst wurde, dem Libanon enormen wirtschaftlichen Schaden zugefügt.

Im Laufe der Jahre hatte die Hisbollah großen politischen und sozialen Einfluss gewonnen. Sie betreibt Krankenhäuser, Waisenhäuser, Schulen und Wohnungen und bietet Finanzdienstleistungen an. Sie hilft bei der Organisation der Wasser- und Stromversorgung, und auf lokaler Ebene regiert sie sogar. Mit solchen gewaltfreien Aktivitäten, aber auch mit Gewalt hatte die Hisbollah gewisse Erfolge zu verzeichnen. (English, Does Terrorism Work?, S. 225)

**• Die Dschihadisten**

Dschihad ist ein arabisches Wort, das „Streben" oder „Kampf" bedeutet, insbesondere im Hinblick auf ein lobenswertes Ziel. Im islamischen Kontext kann sich der Begriff auf fast alle Bemühungen des **Dschihadisten** beziehen, das persönliche und gesellschaftliche Leben mit Gottes Führung in Einklang zu bringen: Bekämpfung eigener schlechter Neigungen, Einsatz für die Missionierung oder Bemühungen um eine moralische Verbesserung der Umma, der muslimischen Gemeinschaft.

Das Wort Dschihad kommt im Koran häufig vor, ob mit oder ohne militärischen Hintergrund. In der Neuzeit hat der Begriff Dschihad jedoch seine historische Bedeutung verloren und ist auf den ideologischen und politischen Diskurs eingeschränkt worden. Am häufigsten wird der Begriff nun mit dem bewaffneten Kampf gegen Ungläubige in Verbindung gebracht.

**• Al-Qaida**

Im August 1988 wurde in Peshawar, Pakistan, von Osama bin Laden und einer kleinen Gruppe von Mitstreitern, alles Veteranen des Afghanistan-Krieges, **al-Qaida** („Die Basis") gegründet. Nach der sowjetischen Invasion Afghanistans im Jahr 1979 hatte der Kampf der Mudschaheddin gegen die „ungläubigen Eindringlinge" die Voraussetzung für die Entstehung dieser Gruppe geschaffen. Sie ist eine eher informelle Organisation mit komplexen Strukturen, die zeitweise einen diffusen bzw. undurchsichtigen Charakter aufwiesen.

Im Westen tauchte der Name al-Qaida erstmals in einer Datenbank der CIA auf, die die Namen der ausländischen Kämpfer enthielt, die am Afghanistankrieg teilgenommen hatten.

Osama bin Laden verkündete seine erste Fatwa am 23. August 1996. Darin erklärte er den Vereinigten Staaten den Krieg, und zwar in einer blumig formulierten Drohung, er werde nicht hinnehmen, dass die Amerikaner in Saudi-Arabien, dem Land der heiligen Stätten, anwesend waren. Die Resonanz unter den Muslimen auf die Fatwa war gleich Null; trotzdem verübte al-Qaida Anschläge, bei denen über 250 Menschen getötet wurden.

Der 7. August 1998 war ein symbolischer Tag, denn acht Jahre zuvor waren die ersten amerikanischen Truppen nach Saudi-Arabien gekommen – eine Folge der irakischen Invasion von Kuwait. An jenem Tag verübte al-Qaida Selbstmordanschläge auf die US-Botschaften in Nairobi und Daressalam (siehe Spuren des Terrors I, S. 367–374) und zwei Jahre später, am 12. Oktober 2000, einen Anschlag auf die USS Cole im Hafen von Aden (Jemen). Diese Gewalttaten entsprachen dem Muster der „Kriegserklärung" Osama bin Ladens von 1996, in der er dazu aufgerufen hatte, die Anstrengungen auf die Bekämpfung und Tötung des amerikanischen Feindes zu konzentrieren, bis dieser durch Allahs Gnade vollständig besiegt sei.

Zu den wichtigsten Zielen von al-Qaida zählten die Vertreibung der USA aus den muslimischen Ländern und die Beseitigung des amerikanischen Einflusses. Bin Laden wollte die seiner Meinung nach demütigende militärische Präsenz der USA in diesen Regionen beenden. In seinen eigenen Worten: „Angesichts der Aggression und Ungerechtigkeit der USA gegenüber den Muslimen haben wir den Dschihad gegen die USA ausgerufen, denn in unserer Religion ist es unsere Pflicht, den Dschihad zu führen, damit das Wort Gottes befolgt wird und wir die Amerikaner aus allen muslimischen Ländern vertreiben." (Bergen, Holy War, Inc., S. 19)

Bin Laden war überzeugt, dass sich die Gewalt der Mudschaheddin gegen die USA in Somalia gelohnt habe. Die USA hätten sich 1993/94 als feige und schwach erwiesen, denn sie zogen ihre Truppen ab, nachdem achtzehn ihrer Soldaten im Oktober 1993 in Mogadischu getötet worden waren. Mit Blick auf die Ereignisse in Somalia erklärte bin Laden sarkastisch: „Als Dutzende eurer Soldaten in kleineren Gefechten getötet wurden und ein toter amerikanischer Pilot durch die Straßen von Mogadischu geschleift wurde, habt ihr den Ort in Enttäuschung und Demütigung verlassen." Eine ähnliche Lehre zog er aus der Reaktion der USA auf den Angriff im Libanon, als 1983 der Bombenanschlag auf die Kaserne der Marines verübt wurde. Bin Laden vertrat darüber hinaus die Ansicht, dass er und seine muslimischen Mitstreiter nicht nur die Sowjetunion aus Afghanistan vertrieben, sondern damit auch einen wichtigen Beitrag zum Frieden geleistet hätten. In Bezug auf den Afghanistankrieg behauptete bin Laden, dass der Mythos der amerikanischen Supermacht nicht nur in seinem, sondern in den Köpfen aller Muslime zerstört worden sei. (English, Does Terrorism Work?, S. 54)

Um es mit bin Ladens eigenen Worten zu sagen: „Wir können feststellen, dass Amerika eine Supermacht ist, mit einer enormen militärischen Stärke und einer gewaltigen wirtschaftlichen Macht, aber das Ganze ist auf einem Fundament aus Stroh gebaut. Es ist also möglich, dieses Fundament ins Visier zu nehmen und sich auf seine Schwachstellen zu konzentrieren. Selbst wenn man nur ein Zehntel davon trifft, wird das ganze Gebäude zusammenbrechen und seine ungerechte Führung in der Welt aufgeben."
(Lawrence, Messages to the World, The Statements of Osama bin Laden, S. 195)

Am Morgen des 11. September 2001 wurden im Rahmen der „Operation Heiliger Dienstag" (bin Laden) vier Passagierflugzeuge entführt. 19 Hijacker, darunter 15 saudische Staatsbürger, steuerten zwei Flugzeuge in die Türme des World Trade Center in New York und eines in das Pentagon in Washington, D.C. Ein viertes Flugzeug erreichte sein vermutliches Ziel nicht, das

Kapitol in Washington. Die amerikanische 9/11-Kommission bezeichnete den 11. September als einen Tag des Schocks und des Leids, der in der Geschichte der USA beispiellos sei.

Es drängt sich der Eindruck auf, dass in der Zeit nach dem 11. September 2001 viele von al-Qaida inspirierte oder mit ihr verbundene Gruppen für mehr Terroranschläge verantwortlich waren als von einer zentral kontrollierten Al-Qaida-Organisation selbst. Bruce Hoffman beschreibt al-Qaida nach 9/11 „als eine vernetzte transnationale Gruppe und nicht mehr als die monolithische internationale Terrororganisation mit einem erkennbaren Kommando- und Kontrollapparat, die sie einmal war. [...] Heute gibt es viele al-Qaidas und nicht mehr die eine al-Qaida der Vergangenheit".
(Hoffman, Inside Terrorism, S. 282)

Nach dem 11. September 2001 erwies sich al-Qaida als agile, flexible und anpassungsfähige Organisation. Aufgrund ihrer Widerstandsfähigkeit konnten die Erfolge, die die USA und ihre Verbündeten in der ersten Phase des globalen „Krieges gegen den Terrorismus" (War on Terror) erzielten, als Ausbildungslager und Operationsbasen von al-Qaida sowie das Kommando- und Kontrollzentrum in Afghanistan zerstört worden waren, in den nachfolgenden Phasen nur schwer erreicht werden. Auch wenn Afghanistan für al-Qaida verloren war, scheint dies ihre Fähigkeit, Terroranschläge zu verüben, nicht sonderlich beeinträchtigt zu haben. Schon frühere Anschläge, die anspruchsvoll oder kompliziert waren, hatten gezeigt, dass die Stärke al-Qaidas nicht in ihrer geografischen Dominanz oder der Besetzung eines bestimmten geografischen Gebiets liegt, sondern in ihrer Flexibilität.

Bin Laden selbst wiederum unterschätzte die Stärke der USA und die Kraft des amerikanischen Volkes, sich von dem schweren Schlag des 11. Septembers zu erholen. Seine Hoffnung, die Supermacht zu zerstören, ist gescheitert. Sein Vergleich des antisowjetischen Kampfes in Afghanistan mit dem Dschihad gegen Amerika war in mehrfacher Hinsicht unzutreffend. Er übertrieb den Anteil des afghanischen Aufstandes am Zusammenbruch der Sowjetunion, wie auch seine eigene Rolle und die der nichtafghanischen Kämpfer, der Mudschaheddin.

Bin Laden war außerdem von einer Gleichwertigkeit von Moskau und Washington ausgegangen, einem Gleichgewicht der Kräfte, das es, wie sich herausstellte, nicht gab. Es war die Stärke der USA, die bei der Niederlage der Sowjetunion in Afghanistan eine entscheidendere Rolle spielte als der muslimische Widerstand: Es waren das Geld und die Waffen der USA und der Saudis, die den Mudschaheddin den Kampf gegen die Sowjets ermöglichten. Die Annahme al-Qaidas bzw. bin Ladens, dass Amerika nicht stark genug sei, um muslimischer Gewalt zu widerstehen, war eine eklatante Fehleinschätzung.

Am 1. Mai 2011 erklärte US-Präsident Barack Obama, dass Osama bin Laden von einem „kleinen Team von Amerikanern" bei einem Angriff auf ein befestigtes Haus in Abbottabad, Pakistan, getötet worden sei. „Nach einem Feuergefecht töteten sie Osama bin Laden und nahmen seinen Leichnam in Gewahrsam", fügte Obama hinzu. Osama bin Laden wurde später im Arabischen Meer beigesetzt. Sein Tod war sicherlich ein schwerer Schlag für al-Qaida. Er war ein charismatischer Führer gewesen, der eine professionelle Terrororganisation aufgebaut hatte, die für den Tod Tausender Amerikaner und Tausender Muslime verantwortlich ist. Am 31. Juli 2022 tötete ein Drohnenangriff der USA den Nachfolger von Osama bin Laden, den Ägypter Ayman al-Zawahiri, in einem Gästehaus der Taliban in Kabul. Ein Jahr später hatte al-Qaida noch immer keinen Nachfolger für al-Zawahiri bekannt gegeben.

Für eine Organisation, die nach dem 11. September 2001 Millionen von Amerikanern in Angst und Schrecken versetzte und einen sogenannten globalen Krieg gegen den Terror auslöste, der die US-Politik zwei Jahrzehnte lang neu ausrichtete, ist das fast vollständige Verschwinden von al-Qaida aus den Schlagzeilen und aus den politischen Diskussionen in den USA bemerkenswert. Die Zentralorganisation verübte nach dem 11. September 2001 keinen Anschlag mehr in den USA, und auch in Europa folgte – nach einer Reihe blutiger Attentate – seit den Londoner Anschlägen von 2005 kein Anschlag mehr, also seit fast 20 Jahren. Dies erschwert es der Zentralgruppe, die Führung der globalen Dschihad-Bewegung zu beanspruchen oder auch nur ein wichtiger Akteur auf regionaler oder internationaler Ebene zu bleiben. Ihre Ableger, beispielsweise al-Qaida auf der Arabischen Halbinsel, waren aktiver, wie der Angriff dieser Terrorgruppe auf Charlie Hebdo im Jahr 2015 zeigte. Aber auch derartige Anschläge sind in den letzten Jahren zurückgegangen. Der IS verübte mehr Anschläge als die Al-Qaida-Ableger, darunter die verheerenden Angriffe und die Selbstmordattentate in Paris und Brüssel 2015 bzw. 2016.
(https://foreignpolicy.com/2023/07/31/al-qaeda-zawahiri-death-strength-decline-terrorism/)

**• Islamischer Staat (ISIL/IS)**

Der Anschlag von al-Qaida am 11. September 2001 in New York und die Politik des damaligen Verteidigungsministers Donald Rumsfeld führten zu zwei Kriegen in muslimischen Staaten, in Afghanistan und im Irak. Während Afghanistan als Rückzugsort von al-Qaida noch plausibel erschien, waren die Gründe für die Invasion des Iraks, das Vorhandensein von Massenvernichtungswaffen, nur vorgeschoben und führten zum muslimischen Widerstand, aus dem ein weiterer Ableger von al-Qaida erwuchs, al-Qaida im Irak (AQI). Aus diesem Ableger entwickelte sich mit Unterstützung ehemaliger Angehöriger des irakischen Geheimdienstes ein weiterer ernstzunehmender Gegner des Westens: der **Islamische Staat** im Irak und in der Levante (ISIL). Die Einnahme der nordirakischen Provinzhauptstadt Mossul durch den ISIL am 10. Juni 2014 war ein Zeichen dieser zukünftigen Bedrohung. Diese Eroberung hatte ein hohes Maß an taktischem Geschick erfordert, und letztendlich kontrollierte der ISIL weite Teile des Iraks und auch Syriens. Ende 2015 beherrschte er ein Gebiet mit etwa zwölf Millionen Einwohnern, in dem er die Scharia, die extreme Auslegung des islamischen Rechts, durchsetzte, ein Jahresbudget von über einer Milliarde US-Dollar verwaltete und mehr als 30.000 Kämpfer befehligte.

Dass der Islamische Staat 2014 ein Kalifat für Teile des Iraks und Syriens ausrief, stellt zwar eine wichtige Entwicklung dar, blieb aber weit hinter den Zielen von al-Qaida zurück. Als selbsternanntes Kalifat forderte er den religiösen, politischen und militärischen Gehorsam der Muslime weltweit, obwohl seine Legitimität von vielen Muslimen und seine Staatlichkeit von den Vereinten Nationen und den meisten Regierungen abgelehnt wurde.

Der von den Vereinten Nationen und anderen als Terrororganisation eingestufte Islamische Staat war für seine massiven Menschenrechtsverletzungen bekannt. Während seiner Herrschaft im Nordirak verübte er einen Völkermord an den Jesiden, verfolgte Christen und schiitische Muslime, veröffentlichte Videos, auf denen Enthauptungen von Soldaten, Journalisten und Entwicklungshelfern dokumentiert waren, und zerstörte Stätten des kulturellen Welterbes.

Im August 2014 begannen die USA mit Luftangriffen auf Ziele des IS im Irak. Seither haben 14 weitere Länder einer US-geführten Koalition Luftangriffe gegen den IS im Irak und in Syrien durchgeführt. Am 17. Oktober 2014 gründete das US-Verteidigungsministerium offiziell eine sogenannte Combined Joint Task Force, die Operation „Inherent Resolve“, um die laufenden militärischen Maßnahmen gegen den IS im Irak und in Syrien zu koordinieren.

In den Monaten nach Beginn der Luftangriffe verlor der IS sowohl im Irak als auch in Syrien an Boden. Im Dezember 2017 ging man davon aus, dass der IS nach langen Kämpfen kein Gebiet mehr im Irak und nur noch fünf Prozent des syrischen Territoriums kontrollierte. Am 9. Dezember 2017 erklärte der Irak den Kampf gegen den IS für gewonnen und den Krieg für beendet. Am 23. März 2019 war der IS nach der verlorenen Schlacht von Baghuz Fawqani in Syrien besiegt und ging in den Untergrund.

### Fazit

Keine der beiden dschihadistischen Organisationen, weder al-Qaida noch der Islamische Staat, hat ihre Ziele erreicht. Al-Qaida konnte den Einfluss der USA im Nahen Osten – und schon gar nicht in Saudi-Arabien – weder einschränken noch beenden. Und auch die Bekämpfung des sogenannten „fernen Feindes“ (Osama bin Laden), der USA, war ein Fehlschlag. Der Angriff auf New York war sicherlich ein Erfolg für al-Qaida, doch damit waren die USA nicht besiegt. Der „Krieg gegen den Terror“ führte dann zu einer langsamen, aber stetigen Reduzierung der Möglichkeiten von al-Qaida, und damit ging auch der Anspruch der Organisation verloren, den Dschihad anzuführen.

Dem Islamischen Staat erging es nicht viel besser: Nach dem rasanten Wachstum, der durch militärische Erfolge bedingt war, begann der schrittweise Abstieg. Zwar konnte zunächst das Hauptziel, das Kalifat, verkündet werden, doch damit begann die Bombardierung durch eine westlich dominierte Allianz, die die gesamten Strukturen des Kalifats zerstörte und seine letzten Kämpfer in den Untergrund trieb.

## Quellen: Erreicht Terrorismus seine Ziele?

### Bücher


- Crenshaw, Martha, Explaining Terrorism, London 2011
- Cronin, Audrey Kurth, How Terrorism Ends, Understanding the Decline and Demise of Terrorist Campaigns, Princeton 2009

- Dershowitz, Alan M., Why Terrorism Works, Understanding the Threat, Responding to the Challenge, New Haven 2002
- English, Richard, Does Terrorism Work? A History, Oxford 2016
- Hoffman, Bruce, Inside Terrorism, New York 2006
- Jones, Seth G., Libicki, Martin C., How Terrorist Groups End, Santa Monica 2008
- Lawrence, Bruce, Messages to the World, The Statements of Osama bin Laden, London 2005
- Muro, Diego, When Does Terrorism Work? London 2019
- Neumann, Peter R., Smith, M.L.R., The Strategy of Terrorism, How it Works and Why it Fails, London 2008
- Wright, Lawrence, The Looming Tower, London 2006


## Zeitschriften/Studien


- https://ourworldindata.org/terrorism
- https://www.belfercenter.org/sites/default/files/legacy/files/is3102_pp042-078_abrahms.pdf
- https://www.diw.de/documents/publikationen/73/diw_01.c.354138.de/diw_econsec0012.pdf
- https://theconversation.com/does-terrorism-work-we-studied-90-groups-to-get-the-answer-109035
- https://www.fpri.org/article/2022/09/five-trends-driving-the-future-of-terrorism/
- https://www.brookings.edu/wp-content/uploads/2016/06/Benjamin_VO.pdf
- https://library.fes.de/pdf-files/ipg/ipg-2000-3/arthirschmann.pdf
- https://connections-qj.org/article/future-terrorism-practitioners-view
- https://web.archive.org/web/20140903062853/http://www.oxfordislamicstudies.com/article/opr/t125/e1199
- https://obamawhitehouse.archives.gov/the-press-office/2014/09/10/statement-president-isil-1

# Anhang

## Was ist Terrorismus?

Der Begriff „Terror“ kommt aus dem Lateinischen und bedeutet Furcht, Angst, Schrecken. Er bezieht sich also nicht auf die Gewaltanwendung als Hauptmerkmal, sondern auf die psychologische Wirkung. In den deutschen Sprachgebrauch fand „Terror“ im 18. Jahrhundert Eingang, und zwar als Synonym für die Schreckensherrschaft der Jakobiner in Frankreich. Diese „Terrorherrschaft“, Régime de la Terreur genannt, war eine Periode der Französischen Revolution, die im Juni 1793 begann, als der Nationalkonvent Terrormaßnahmen beschloss, um die konterrevolutionären Aktivitäten im Land zu unterbinden. Die Terrorherrschaft wurde vom sogenannten Wohlfahrtsausschuss geleitet, einem Gremium von zwölf Männern, das zunächst von Georges Danton geführt wurde, nach dessen Entmachtung von Maximilien de Robespierre. Letzterer rechtfertigte den Terror am 5. Februar 1794 in einer Erklärung vor dem Nationalkonvent: „Der Terror ist nichts anderes als unmittelbare, strenge, unbeugsame Gerechtigkeit; er ist also Ausfluss der Tugend; er ist weniger ein besonderes Prinzip als die Konsequenz des allgemeinen Prinzips der Demokratie in seiner Anwendung auf die dringendsten Bedürfnisse des Vaterlandes.“

La Terreur war weder ziellos noch blind, sondern organisiert und systematisch. Die Schreckensherrschaft forderte 35.000 bis 40.000 Todesopfer, die zumeist durch die Guillotine hingerichtet wurden. Nachdem Robespierre den Rückhalt in der Pariser Bevölkerung verloren hatte, wurde er verhaftet und am 27. Juli 1794 selbst hingerichtet. Damit endete in dieser Phase der Französischen Revolution auch die Schreckensherrschaft durch Terror.

### Heutige Nutzung des Begriffs Terror

In der Französischen Revolution hing der Terrorismus also mit den Idealen der Tugend und der Demokratie zusammen, doch während er diese Ideale durchzusetzen versuchte, indem er Gegner ausschaltete, öffnete er dem Machtmissbrauch Tür und Tor. Es geht dabei um Methoden eines staatlichen Terrors gegenüber der eigenen Bevölkerung oder einer Gruppierung in der Bevölkerung – Gewalt von oben, ein Herrschaftsinstrument, das die Macht einer neuen Regierung festigen sollte. Der Terrorismus der Französischen Revolution hatte eine Eigenschaft mit der modernen Variante gemeinsam: Sein Ziel und seine Rechtfertigung lagen in der Schaffung einer neuen und besseren Gesellschaft.

Andererseits ist Terrorismus auch Gewalt von unten, die Gewalt von gesellschaftlichen Gruppen gegen den Staat. Durch den Sprachgebrauch in den Massenmedien sind die Unterschiede zwischen Terror von oben und Terror von unten verwischt. Beide werden heute synonym benutzt, doch in der Regel ist der Terror von unten gemeint, wenn von Terrorismus die Rede ist. Entsprechend werden Personen und Gruppen, die Anschläge verüben, von Politik und Medien unter dem Begriff „Terroristen“ zusammengefasst.

**Definitionen von Experten**

Auch in der Wissenschaft spielt die Unterscheidung zwischen Terror von oben und Terror von unten nur noch selten eine Rolle. Es entspricht dieser Unschärfe, dass es heute immer noch keine allgemein akzeptierte wissenschaftliche Definition des Begriffs Terrorismus gibt. Da es verschiedene wissenschaftliche Untersuchungsansätze gibt, wie etwa einen soziologischen, philosophischen und politikwissenschaftlichen, überrascht es nicht, dass in der vielzitierten Studie von 1984 „Political Terrorism – A Research Guide“ von Alex Schmid und Albert Jongman die Autoren auf über hundert diskutierte Terrorismusdefinitionen kamen.

Erschwerend für die Klassifizierung kommt hinzu, dass der Begriff Terrorist kaum von einer Person oder einer Gruppe als Selbstbezeichnung genutzt wird. Sie werden von anderen so genannt, meistens von den Regierungen der Staaten, gegen die sich die Angriffe richten. Mit anderen Worten: Die Einstufung als Terrorist ist immer vom Standpunkt des Betrachters abhängig. Terroristen sehen sich allgemein als Kämpfer gegen Unterdrückung. Ihr Anliegen sei daher moralisch gerecht und durch das Verhalten des Gegners gerechtfertigt. Da dieser Gegner mit Unterdrückung und Gewalt vorgehe, könne er nur mit seinen eigenen Waffen geschlagen werden. Da er aber immer stärker sei, müsse er mit einer Nadelstichtaktik der Gewalt zum Einlenken und zur Aufgabe gezwungen werden.

Der Altmeister der Terrorismusforschung, Walter Laqueur, kam schon in den 1970er-Jahren zu dem Schluss, dass Terrorismus nicht zu definieren sei. Er bezieht sich dabei auch auf Nietzsche. Laqueur: „Warum ist es so schwierig, eine allgemein akzeptierte Definition von Terrorismus zu finden? Nietzsche lieferte einen wichtigen Hinweis, als er schrieb, dass nur Dinge, die keine Geschichte haben, definiert werden können; der Terrorismus hat natürlich eine sehr lange Geschichte. Außerdem gibt es nicht nur eine einzige Form des Terrorismus, sondern viele, die oft nur wenige gemeinsame Merkmale aufweisen. Was für die eine Form gilt, muss nicht unbedingt auch für die andere gelten. Heute gibt es mehr Varianten als vor dreißig Jahren, und viele unterscheiden sich so sehr von denen der Vergangenheit und voneinander, dass der Begriff Terrorismus auf einige von ihnen nicht mehr passt.“ (Laqueur, The New Terrorism, S. 6)

Bruce Hoffman, Professor an der Georgetown University in Washington, sagte zu der Frage, warum es so schwierig sei, Terrorismus zu definieren: „Der vielleicht einleuchtendste Grund ist, dass sich die Bedeutung des Begriffs [Terrorismus] in den letzten zweihundert Jahren so häufig gewandelt hat.“ (Bruce Hoffman, Inside Terrorism, S. 3)

Der britische Historiker Charles Townshend stimmt mit Laqueur und Hoffman überein: „Sowohl die politische als auch die akademische Auseinandersetzung mit dem Terrorismus ist immer wieder an der Frage der Definition, der Abgrenzung von krimineller Gewalt oder militärischen Aktionen gescheitert. [...] Einige Autoren haben vorgeschlagen, dass es statt einer genauen Definition sinnvoller wäre, eine Typologie der Arten von Handlungen zu erstellen, die allgemein als terroristisch angesehen werden.“ (Townshend, Terrorism, S. 4 f.) Doch auch diese Typologie löst das Problem nicht, denn viele terroristische Aktionen können auch militärische oder kriminelle Handlungen sein. Darüber hinaus schlägt Townshend einen weiteren

Ansatz vor, eine Definition, die auf fast alle Formen des Terrorismus zutrifft: Terrorismus sei eine besondere Form des modernen politischen Handelns, die darauf abziele, die Fähigkeit eines Staates, die Sicherheit seiner Bürger zu gewährleisten, infrage zu stellen und damit auch den Anspruch eines Staates auf Legitimität. Ähnlich sieht es Walter Laqueur: Terrorismus sei eine Strategie des Aufstandes, die von Leuten der unterschiedlichsten politischen Richtungen angewendet werden kann.

### Allgemeine Charakterisierung

Terrorismus wird in der Terrorismusforschung als Gewalt verstanden, die sich gegen Zivilisten und zivile Einrichtungen richtet. Terroristen geht es vornehmlich um die psychischen Folgen der Gewaltanwendung: Furcht, Angst und Unsicherheit. Widerstandskämpfer wiederum beschränken sich in der Regel auf militärische Ziele und versuchen auf diese Weise, das bestehende politische System zu beseitigen. Laut dem Terrorismusexperten Franz Wördemann streben Terroristen zwar nach Anerkennung ihrer Aktionen in der Bevölkerung, doch sie agieren nicht militärisch wie Freiheitskämpfer oder Guerilla. Vielmehr wollen sie „das Denken besetzen", um Veränderungsprozesse zu erzwingen.

Doch erst in Verbindung mit den modernen Massenmedien wird Terrorismus zu einer politischen Strategie. Zu welchen Mitteln Terroristen auch immer greifen – entscheidend ist für sie, eine größtmögliche Publizität zu erreichen. Nur durch die Verbreitung ihrer Aktionen in Wort und Bild haben sie die Möglichkeit, Einfluss auf die Politik zu nehmen und Unterstützung in der Bevölkerung zu generieren.

## Der wehrhafte Staat

Seit Mitte des 20. Jahrhunderts, als das Phänomen des Terrorismus immer virulenter wurde, sahen sich die meisten Staaten gezwungen, für die Bekämpfung und Strafverfolgung derartiger Bedrohungen gesetzliche und organisatorische Grundlagen zu schaffen.

### Europäische Union

Seit Jahrzehnten ist Europa Schauplatz terroristischer Anschläge. Ausgelöst durch sozialrevolutionäre Gruppen wie etwa die RAF in Deutschland, die Action Directe in Frankreich, die Brigate Rosse in Italien, die GRAPO in Spanien und die 17N in Griechenland, kam es 1977 in der damaligen EWG zum ersten Übereinkommen zur Bekämpfung des Terrorismus in Europa. Das Hauptziel dieser Regelung war vorrangig die Auslieferung von Terroristen an den durch den Terrorakt betroffenen Staat, damit die Bestrafung der Täter gewährleistet war. In diesem Abkommen gab es keine Definition von Terrorismus, sondern nur einen Katalog von Terrorakten entsprechend dem Strafgesetzbuch.

Nach den Anschlägen vom 11. September 2001 wurde in der EU mit dem Rahmenbeschluss vom 13. Juni 2002 zur Terrorismusbekämpfung eine gemeinsame Definition eingeführt. Sie dient der Angleichung der Definition terroristischer Straftaten in den Mitgliedstaaten.

In dem Rahmenbeschluss heißt es: „Jeder Mitgliedstaat trifft die erforderlichen Maßnahmen, um sicherzustellen, dass die [...] nach den einzelstaatlichen Rechtsvorschriften als Straftaten definierten vorsätzlichen Handlungen, die durch die Art ihrer Begehung oder den jeweiligen Kontext ein Land oder eine internationale Organisation ernsthaft schädigen können, als terroristische Straftaten eingestuft werden, wenn sie mit dem Ziel begangen werden,

- die Bevölkerung auf schwerwiegende Weise einzuschüchtern oder
- öffentliche Stellen oder eine internationale Organisation rechtswidrig zu einem Tun oder Unterlassen zu zwingen oder
- die politischen, verfassungsrechtlichen, wirtschaftlichen oder sozialen Grundstrukturen eines Landes oder einer internationalen Organisation ernsthaft zu destabilisieren oder zu zerstören."

Zu der Liste der möglichen terroristischen Taten gehören neben Mord, Entführung, Geiselnahme, Raub und Waffenbesitz auch die Drohung,

„– schwere Beschädigungen an staatlichen oder öffentlichen Einrichtungen, einem Transportsystem, einer Infrastruktur, wozu auch ein Informationssystem gehört, einer in der Erde befestigten Plattform, einem öffentlichen Platz oder einem Privateigentum zu verursachen, wodurch Menschenleben gefährdet oder ein beträchtlicher wirtschaftlicher Schaden hervorgerufen werden kann".

Es reicht schon die Absicht aus, entweder die Bevölkerung ernsthaft einzuschüchtern oder Druck auf die Regierung oder eine internationale Organisation auszuüben. Der Rahmenbeschluss enthält noch eine weitere Motivationsvariante, nämlich die Absicht, die Grundstrukturen eines Staates oder einer internationalen Organisation zu destabilisieren oder zu zerstören. Terrorismus wird von der Europäischen Union bereits als eine Sammlung bestehender Straftatbestände gesehen, ohne eine politische, ideologische oder religiöse Motivation der Tat.

Schon im Dezember 2001 verabschiedete die Europäische Union als Reaktion auf die Anschläge vom 11. September 2001 die Verordnung 2580/2001. Diese Verordnung dient vorrangig dem Kampf gegen die Finanzierung des internationalen Terrorismus. Eine Liste von Personen, Vereinigungen und Organisationen, die an Terrorhandlungen beteiligt waren, wurde veröffentlicht und wird seither stets aktualisiert. Im April 2024 umfasste diese Liste 13 Einzelpersonen und 21 Vereinigungen oder Organisationen.

## USA

In den USA gibt es vier verschiedene Definitionen von Terrorismus, die von der jeweiligen mit dem Problem des Terrorismus befassten Behörde abhängig ist. Diese Behörden sind: das Außenministerium, das Verteidigungsministerium, das Heimatschutzministerium (Department of Homeland Security) und das FBI.

Das US-Außenministerium verwendet eine Terrorismus-Definition, die im Abschnitt 22 des United States Code formuliert ist: „Vorsätzliche, politisch motivierte Gewalt, verübt gegen Nichtkombattanten durch substaatliche Gruppen oder geheime Agenten, gewöhnlich in der

Absicht, die Öffentlichkeit zu beeinflussen.“ In einer Fußnote dazu heißt es: „Für Zwecke der Definition umfasst der Ausdruck ‚Nichtkombattant‘ neben Zivilisten auch Militärpersonal, das zum Zeitpunkt des Vorfalls unbewaffnet oder nicht im Dienst ist. [...] Als terroristische Akte begreifen wir auch Angriffe auf militärische Einrichtungen und/oder bewaffnetes militärisches Personal, falls an dem betreffenden Ort kein Kriegszustand herrscht, zum Beispiel Bombenanschläge auf US-Militärbasen in Europa, auf den Philippinen oder anderswo.“ Ausdrücklich ausgeschlossen sind Handlungen, die von anerkannten Staaten begangen werden.

Dem US-Außenministerium unterstellt ist das Bureau of Counterterrorism, das eine Liste „ausländischer terroristischer Vereinigungen bzw. terroristischer Organisationen (FTOs)“ führt. Nach US-amerikanischer Auffassung ist diese Liste ein wirksames Mittel, um die Unterstützung für terroristische Aktivitäten einzudämmen. Sie muss wenigstens alle zwei Jahre überprüft und aktualisiert werden. Es gibt zwei Teile: Im ersten sind 61 aktuelle Organisationen gelistet, im zweiten zwölf Organisationen, die aus dem ersten Teil der Liste gestrichen worden sind. Sinn der zweiten Liste ist, die gestrichenen Organisationen weiterhin im Blick zu behalten.

Die anderen Terrorismus-Definitionen der USA berücksichtigen die Aufgabenstellungen der jeweiligen Behörden. Das US-Verteidigungsministerium bewertet die Androhung von Gewalt genauso wie den tatsächlichen Einsatz von Gewalt. Die Definition des FBI betont – im Gegensatz zum Außenministerium – die psychologische Dimension des Terrors und den Nötigungsaspekt. Die Formulierungen des FBI und insbesondere die des Ministeriums für Heimatschutz, das nach den Angriffen vom 11. September 2011 gegründet wurde, zielen auf innerstaatliche terroristische Akte ab. Sind es beim FBI Vandalismus, Sabotage und Anschläge, so richtet sich das Augenmerk des Heimatschutzministeriums in erster Linie auf Schlüsselbereiche der Infrastruktur, bei denen ein terroristischer Angriff gravierende Folgen für die Bevölkerung und das gesellschaftliche Leben haben könnte.

### Russische Föderation

Nach dem Zerfall der Sowjetunion im Herbst 1991 wurde am 1. Januar 1992 die Russische Föderation (RF) zu ihrer Rechtsnachfolgerin. Seit 1994 befindet sich im Strafgesetzbuch der Russischen Föderation auch der Tatbestand des „Terrorismus“; er wurde 1998 überarbeitet, und nach einer grundlegenden Reform im Jahr 2006 gibt es nun im russischen Recht zwei Definitionen. Die eine findet sich im neuen Terrorismusbekämpfungsgesetz (TG 2006) Art. 3 Abs. 1, die zweite legt im Strafgesetzbuch den Tatbestand des „terroristischen Aktes“ fest (Art. 205). In der russischen Fachliteratur wird die Definition im TG 2006 Art. 3 Abs.1 bezeichnet als „vielseitige Erscheinung des gesellschaftlichen Lebens, wie etwa Faschismus oder Kommunismus“. Mit anderen Worten: Diese Definition beschränkt sich auf die politisch-soziale Erscheinungsform des Terrorismus.

Hingegen ist die Definition im Strafgesetzbuch Art. 205 enger gefasst und ähnelt mehr den internationalen Ansätzen. Welche Straftaten eine „terroristische Ausrichtung“ haben, befand das Oberste Gericht in einer Stellungnahme vom Februar 2012, um, wie es heißt, eine „strafrechtliche Gewährleistung der Terrorismusbekämpfung“ zu sichern. Unter diesen Straftaten, die den internationalen Definitionen weitestgehend entsprechen, finden sich allerdings auch solche, die eine gewaltsame Abtrennung von der Russischen Föderation erreichen wollen, wie etwa „Bewaffneter Aufstand".

In der Russischen Föderation ist Terrorismus ein Oberbegriff, der zwei selbstständige Bereiche vereint: den „terroristischen Akt" selbst sowie „Straftaten, die terroristische Tätigkeiten fördern". Wie auch in den europäischen Staaten gibt es in der Russischen Föderation eine Liste von Organisationen, darunter Auslands- und internationale Organisationen, die nach den Gesetzen der Russischen Föderation als Terrororganisationen eingestuft sind. Insgesamt sind es 25. Neben den bekannten islamistischen Terrororganisationen befinden sich auch fünf innerrussische Organisationen darunter.

### Unterschiedliche Listen

Es kann also nicht überraschen, dass es keine allgemeingültige politische Definition des Terrorismus gibt, da die Formulierung einer solchen oft nicht einmal innerhalb des gleichen Regierungsapparats möglich ist, wie das Beispiel der USA zeigt. Warum sollte es bei unterschiedlichen Staaten anders sein? Staaten definieren Terrorismus gemäß ihren geschichtlichen Erfahrungen und nach einer Bedrohung, sei sie nun real oder fiktiv. Dementsprechend gibt es keinen internationalen Konsens über eine rechtliche Definition des Terrorismus, auch wenn es im Rahmen der UNO derartige Bemühungen gab.

Die USA bezeichnen 61 Organisationen weltweit als terroristisch, die Russische Föderation 25, während die Europäische Union 21 Organisationen und 13 Einzelpersonen nennt. In Großbritannien sind es 71 internationale und 14 nordirische Organisationen, in Kanada 54. Die Schweiz listet zwei Terror-Organisationen, al-Qaida und den sogenannten Islamischen Staat.

## Quellen: Was ist Terrorismus?


- Hoffman, Bruce, Inside Terrorism, New York 2006
- Laqueur, Walter, The New Terrorism, London 2002
- Parys, Annette, Terrorismusstrafrecht in Russland, Baden-Baden 2014
- Schmid, Alex P., Jongman, Albert J., Political Terrorism, A New Guide to Actors, Authors, Concepts, Data Bases, Theories, and Literature; New Brunswick 2008
- Townshend, Charles, Terrorism, Oxford 2011

# Register

## A



## B

## C



## D

# T



# U



# V

## W



## Y



## Z